信息化委员会

首次达到10亿元，利税率15%以上企业数超过30户。升规升级完成了三年总任务的34%。

2020年以来，区经信委坚持疫情防控和经济社会发展两手抓、两促进。一季度末，全区规上企业、重点项目复工复产率100%，返工率达到98%，均超出全市平均水平。上半年，涪陵工业经济加快恢复，主要经济指标由负转正，实现规上工业产值797.2亿元，增速达到3.4%，较一季度提高9.8个百分点；规上工业增加值增长4%，较一季度提升9.6个百分点；完成工业投资99.97亿元，增长2.8%，较一季度提升21个百分点。

重庆海林生猪发展有限公司

公司创始人李海林走南闯北专注养猪30余年，2000年返乡创业，于2007年成立重庆海林生猪发展有限公司。经过10多年打拼，现已形成涪陵黑猪育种、商品猪养殖、屠宰、加工、销售、服务为一体的全产业链市级龙头企业。每年向社会提供种猪5000余头、商品猪40000余头。公司始终坚持“三品、三生、三共”的创新发展理念，为我国现代农业可持续发展探索出一条新的路径。

“涪陵黑猪”品牌相对于其他产品特色化、差异化突出，以鲜美的口感、健康的品质倍受消费者青睐。现公司和永辉、新世纪、重百等大型商超及加盟商深度合作开设连锁专卖店共达150余家，是国内最知名的黑猪肉品牌。

公司与重庆市畜科院，重庆市农委畜牧技术推广总站、涪陵区畜牧兽医局等科研单位深度合作，以盆周山地猪为主要育种素材，开发培育“涪陵黑猪”新品系，具有适应性强，产仔率高，耐粗，不饱和脂肪酸含量高，风味口感独特等优点。公司的盆周山地猪原种场是重庆市市级资源保种场，具有完全自主知识产权。

涪陵黑猪因喜吃草料、生长周期较长、耐热耐寒，食用生物饲料，在通风、透气透光的大自然环境下生长，其生产的猪肉大理石花纹明显，肉香浓郁、细嫩、风味口感好、肌间脂肪含量适中，滋糯、有嚼劲。

公司根据多年实践与科学研究，正与重庆市涪陵区技术监督局合作制订了涉及涪陵黑猪的品种、圈舍设计、饲养管理、投入品安全、疫病防控、猪肉质量等一系列标准，做到科学生产，在国内同行中处于领先水平。

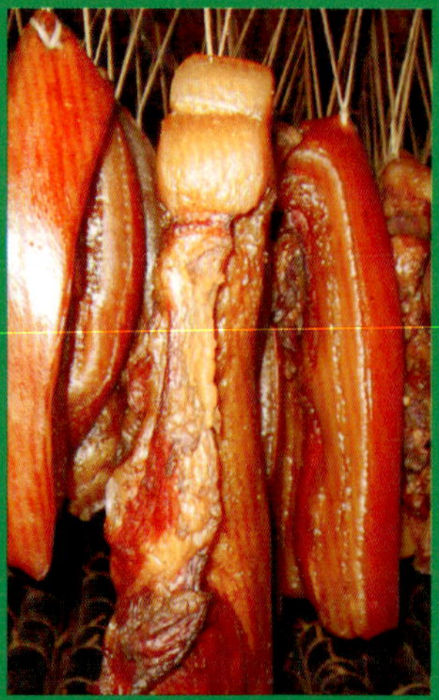

涪陵黑猪（盆周山地猪）

涪陵年鉴

2020

重庆市涪陵区地方志研究室 编纂

西南师范大学出版社
国家一级出版社 全国百佳图书出版单位

图书在版编目（CIP）数据

涪陵年鉴. 2020 / 重庆市涪陵区地方志研究室编纂
. —重庆 : 西南师范大学出版社, 2020.11
ISBN 978-7-5697-0522-5

Ⅰ. ①涪… Ⅱ. ①重… Ⅲ. ①涪陵区－2020－年鉴
Ⅳ. ①Z527.193

中国版本图书馆CIP数据核字(2020)第216909号

涪陵年鉴（2020）
FULING NIANJIAN（2020）
重庆市涪陵区地方志研究室　编纂

责任编辑：张燕妮　路兰香　翟腾飞
责任校对：鲁　艺
装帧设计：重庆渝鉴商务信息咨询中心
照　　排：重庆渝鉴商务信息咨询中心
出版发行：西南师范大学出版社
网　址：http://www.xscbs.com
地　址：重庆市北碚区天生路1号
邮　编：400715
电　话：023-68868624
经　　销：新华书店
印　　刷：中雅（重庆）彩色印刷有限公司
幅面尺寸：210mm×285mm
印　　张：20.75
插　　页：67
字　　数：775千字
版　　次：2020年12月第1版
印　　次：2020年12月第1次印刷
书　　号：ISBN 978-7-5697-0522-5
定　　价：198.00元

《涪陵年鉴》编辑委员会

《涪陵年鉴》编辑部

编辑说明

一、《涪陵年鉴》于2001年创刊，是重庆市涪陵区人民政府主办，重庆市涪陵区地方志研究室编辑出版的综合年鉴，以马克思列宁主义、毛泽东思想、邓小平理论、“三个代表”重要思想、科学发展观、习近平新时代中国特色社会主义思想为指导。它逐年真实、全面、系统地记载和反映涪陵区改革开放、经济发展、社会进步的情况，收录年度主要文献和重要统计资料，旨在为决策服务、为经济导航、为民众提供信息、为修志积累资料，并公开发行，是各级、各部门、各单位人士了解涪陵的一个窗口。

二、《涪陵年鉴（2020）》是涪陵区第20部年鉴，主要记载涪陵区2019年度经济建设和社会发展的基本状况及各条战线、各行各业在深化改革、扩大开放、脱贫攻坚、促进发展、改善民生中取得的成绩和新进展（部分内容延至2020年年初）。按目录顺序排各部分名称。全书设图片展示、特载、大事记、区情概览、中共重庆市涪陵区委员会、重庆市涪陵区人大常委会、重庆市涪陵区人民政府、政协重庆市涪陵区委员会、民主党派•工商联、群众团体、法治、军事、生态文明、农业农村、扶贫开发、榨菜、工业、商贸服务、交通•邮政、城乡建设、信息产业、金融业、财政•税务、经济管理监督、重庆涪陵综合保税区、科学技术、社会科学、教育、文化•旅游•体育、卫生健康、人民生活与社会事务、乡镇•街道、人物•光荣榜、统计资料34个类目。

三、《涪陵年鉴》采用分类编辑法，由类目、分目、条目组成，即类日下设分目，分目下设条目。为便于查阅，条目标题均用黑体字加【】表示。

四、本年鉴所用资料均由区级各部门和区内有关单位提供。年鉴中的“统计资料”由区统计局提供。因统计口径等原因，各部门、各单位所用数据与“统计资料”中的数据可能不尽一致，采用时请予注意。

五、本年鉴的编辑出版，得到了全区各部门、各单位和各级领导的大力支持，在此深表谢意。由于水平有限，编辑疏漏与不足在所难免，恳请读者批评指正。

数字涪陵

（2019年）

⊙土地面积	2942.34平方千米
⊙常住人口	117.03万
⊙地区生产总值（当年价）	1178.66亿元
⊙一般公共预算收入	54.44亿元
⊙一般公共预算支出	126.90亿元
⊙工业增加值（当年价）	493.42亿元
⊙农林牧渔总产值（当年价）	107.87亿元
⊙全社会固定资产投资	391.87亿元
⊙社会消费品零售总额	454.49亿元
⊙金融机构人民币存款余额	828.18亿元
⊙金融机构人民币贷款余额	583.61亿元
⊙外贸进出口总额	84.17亿元
⊙旅游总收入	161.25亿元
⊙森林覆盖率	53%
⊙城区环境空气质量优良天数	322天
⊙高中阶段教育入学率	99%
⊙常住人口每万人拥有卫生技术人员	62.61人
⊙全区常驻人口城镇化率	69.77%
⊙全区建设小康社会实现程度	99.5%
⊙全区常住人口人均生产总值	100814元
⊙城镇常住居民年人均可支配收入	39940元
⊙农村常住居民年人均可支配收入	16175元

▶ 1月，插旗山公园正式向市民开放。插旗山公园位于江东街道，与涪陵江南城区隔江相望，公园占地面积约为35万平方米，是集生态休闲、健身康体、文化科普的综合性城市休闲公园。图为公园一角。

▶ 1月5日，涪陵区重点产业项目集中开工暨万凯年生产120万吨PET项目奠基仪式在龙桥工业园区举行，重庆市人民政府副市长李殿勋（中）宣布开工。

▶　1月8日—10日，首届“中国重庆·涪陵榨菜产业博览会”在涪陵区举行。博览会由重庆市农业农村委、商务委、文旅委及涪陵区委、区政府主办，主题为“弘扬榨菜文化，加快产业转型”。图为市民在博览会上品尝涪陵榨菜。

▶　1月19日，涪陵区人民政府与伟光汇通旅游产业发展公司举行涪陵北山国际文旅康养度假区项目签约仪式。项目总投资约115亿元。

▶ 4月21日，2019年重庆市青少年游泳锦标赛在涪陵奥体中心游泳馆落下帷幕，全市共27支区县代表队的543名运动员参赛。

▶ 5月13日，“白鹤梁·水文化遗产与人类文明国际学术研讨会”在涪陵举行，来自美国、法国、希腊、意大利等国家和国内20余家大学及科研机构的专家学者共商提高对水与人类文明之间关系的认识，增强应对全球水危机的能力，推动水历史学科在中国的发展及白鹤梁题刻申报世界文化遗产的进程。

▶ 7月19日，涪陵万达广场开业，广场集购物、休闲、美食、娱乐、文化为一体，为市民提供更加多样化的新鲜体验和购物选择。

▶ 7月29日，重庆市旅游景区质量等级评定委员会发出公告，批准涪陵816工程景区为国家AAAA级景区。

▶ 8月8日，华为（涪陵）云计算大数据中心上线·华为中国生态之行重庆峰会暨区政府与通信企业签约仪式在涪陵举行。华为（涪陵）云计算大数据中心的正式上线，标志着涪陵大数据智能化发展进入新的历史阶段。

▶ 8月18日，涪陵高山湾交通枢纽全面启用。该交通枢纽率先在重庆市使用实名制人脸识别检票系统，装备驾乘人员自助机自助报班及进出站监管系统，更加方便市民出行。

▶ 9月10日，以“点亮长江眼、美荔万千乡村”为主题的2019年全国龙眼荔枝产业大会在涪陵举行，图为开幕式现场。

▶ 8月2日，第二届重庆文旅新地标、首届重庆最美历史文化古迹颁奖典礼举行，白鹤梁水下博物馆入选“首届重庆最美历史文化古迹20强”。

▶ 9月19日—20日，2019年中国城市科学研究会历史文化名城委员会西南片区会议在涪陵召开。来自全国各地的专家学者共话历史文化遗产保护传承及历史文化名城保护与发展的经验和做法。

▶ 10月1日上午，涪陵区庆祝中华人民共和国成立70周年升国旗仪式在涪陵广场隆重举行，区四大班子全体在家领导与社会各界代表一起，庆祝中华人民共和国成立70周年。

▶ 11月29日，涪陵启迪孵化器启动仪式在涪陵区启迪清创孵化器路演大厅举行，标志着启迪清创（涪陵）孵化器正式落地涪陵。

▶　11月30日，由中共重庆市涪陵区委党史研究室、原重庆市西南服务团历史研究会联合建立的中国人民解放军西南服务团历史陈列馆在望州公园开馆。

▶　12月7日，2019年全国农产品产销对接扶贫（重庆）活动涪陵分会场暨第二届中国重庆·涪陵榨菜产业博览会在涪陵体育场开幕。

▶　12月27日，涪陵区举行重点项目集中开工仪式和招商引资项目集中签约仪式。涉及新材料、教育医疗等多个行业的15个集中开工项目总投资达233.6亿元，42个招商引资集中签约项目协议投资352.93亿元。

▶　12月27日，三峡库区腹地首个海关特殊监管区域——重庆涪陵综合保税区（一期）顺利通过国家验收，标志着涪陵综合保税区正式进入封关运营阶段。图为国家联合验收组组长、海关总署自贸司副司长盛甫斌（右）向涪陵区政府区长种及灵（左）颁发《综合保税区验收合格证书》。

涪陵区住房和城乡建委

重庆市政府副市长陆克华调研涪陵装配式建筑示范工程

2019年，区住房和城乡建委以初心践行使命，认真贯彻习近平新时代中国特色社会主义思想和党的十九大精神，围绕“两点”定位、“两地、两高”目标及“四个扎实”要求，对标对表“三大攻坚战”“八项行动计划”“三篇大文章”各项要求，统筹推进住房城乡建设事业发展，致力高质量发展、开创高品质生活，全面完成各项目标任务。

城市提升成效明显。基础设施网络日趋畅通、公共空间品质持续提升，城市功能短板加快弥补，城市建成区面积达70.1平方千米。新城区主战场地位彰显，“两线三片”齐头并进、加速扩张，涞滩河库岸整治部分建成蓄水，学府路三期、平安园建成投用，玉屏公园、站前大道二期等37个项目加快建设，太白大道北延伸段、轴线公园开工建设。江南城区建成城市道路约8.9千米，对外交通进一步改善；积极引导社会资本建成5个公共停车场，新增1200余个停车位，缓解了部分区域的停车难题；建设3个人行过街设施，保障行人过街安全，提高通行效率；建成污水管网23.7千米，城市污水处理率达95%；扎实推进城市排水防涝，完成城区廊桥水岸、新大兴农资市场等6个堵水严重的内涝点治理，建设雨水管网6千米；完成23户4691平方米征收扫尾，新启动并全面完成长江师院附中教师宿舍楼30户、2344平方米房屋征收。

全力推进住房保障。全年新增配租廉租房和公租房923套，发放廉租住房租赁补贴70户，累计为20531户居民提供安全住房保障，极大改善城市住房困难群众的居住条件和生活环境。实施“五沿”农村旧房整治3000户，完成5146户农村建档立卡贫困户等4类重点对象改造任务，动态消除突发新增农村贫困人员危房安全隐患。

全年完成建筑业在地产值541亿元，同比增长12%；实现增加值118亿元，增长10%，占全区GDP的10%，据四经普数据反馈占比达13%；完成税收约7 亿元。发挥“两院”科技创新优势，“装配式钢-混凝土混合结构建筑及其信息化建造成套技术”获得“重庆市科技进步一等奖”，截至目前已实施和在建装配式建筑约40余万平方米。

全年完成房地产业投资112.9亿元，同比增加6.9%，占全区固定资产投资额比重达26.25%；新开工面积226.62万平方米，增加95.6%；竣工面积205.58万平方米，增加26%；销售面积125.57万平方米，增加0.8%；从业人员4983人，增加22.43%；从业人员工资总额19513万元，增加37.5%。全年淘汰僵尸企业14家，升级一级资质1家，评选“十强”开发企业7家。

提升物业服务行业素质，激励物业企业转型升级做强做优。创建市级智能物业示范小区10个，达标小区19个，创建涪陵区节水型小区15个。引导物业企业积极参与“创文”“创卫”。开展高层建筑消防安全专项整治和打通“生命通道”集中治理行动，督促企业全面排查服务区域安全隐患。

全年安全形势总体可控，工程结构质量安全可靠。建设工程清欠、房地产开发、工程质量投诉及物业矛盾纠纷等矛盾问题较为突出方面工作措施有力，积极应对今年以来处理各类信访事项147件，已办结134件。

扶贫领域“以案四说”会场

机构改革挂牌

加强职工廉政教育

建筑业管理讲座

民工送锦旗

涪陵区新城区

区委书记周少政、区人大常委会主任李景耀、
区政府区长种及灵等参观华为涪陵云计算中心

区政府区长种及灵（前排左二）在涪陵高新区展示中心调研

涪陵新城区距离涪陵江南城区8千米，城市规划面积58平方千米，其中产业集聚区规划面积23平方千米，城市集聚区规划面积35平方千米。涪陵新城区是重庆“十强工业园区”、国家级新型工业化产业（食品）示范基地，长江经济带国家级转型升级示范开发区、国家火炬现代中医药特色产业基地，重庆主城核心区以外第一个千亿级工业园区、市级高新技术产业开发区，正在积极创建国家级高新区，2019年涪陵综合保税区正式封关运行。

涪陵新城区围绕“高端产业基地、综合交通枢纽、对外开放门户、创新开放中心”四大定位，按照“互联互通、兴业兴城、共建共享、宜居宜游”的发展理念，科学编制规划，合理布局生产、生活、生态空间，着力构建“3+1”主导产业布局（即生物医药与大健康、先进制造与自动化、电子信息和现代服务业），重点打造“两线三片”城市建设新格局，力争将新城区建设成为一座宜居宜业的靓丽新城。

2019年，涪陵新城区实现地区生产总值385.96亿元，同比增长15.2%；规上工业增加值实现340.6亿元，同比增长12%；工业总产值和规上工业产值双双突破千亿元大关，分别达到1037.1亿元、1027.9亿元，工业总产值增长16.2%，规上工业产值增长16.3%；完成全社会固定资产投资150亿元，同比增长15.4%；全年共有26个项目列为市、区级重点，完成投资74亿元，其中华三爱海陵扩建项目、道道全二期等2个项目已建成投产。

启动仪式现场

涪陵高新区规划展示中心

管 委 会

(装备制造)三爱海陵生产线

(医药食品)榨菜集团产品华安榨菜厂生产线

(电子信息)华通电脑生产线

新城区干部职工大会

美心翼申智能化车间

重庆涪陵综合保税区

涪陵区发展和

委领导班子“不忘初心、牢记使命”专题民主生活会

委领导班子“不忘初心、牢记使命”专题民主生活会

成渝地区双城经济圈战略协作签约仪式

涪陵区发展和改革委员会是拟定并组织实施全区国民经济和社会发展战略、中长期规划、年度计划，统筹协调经济社会发展，优化重大经济结构，安排重大建设项目，指导和推进经济体制改革的综合经济管理部门。 2019年，全委干部职工认真贯彻新发展理念，坚决落实区委、区政府重大决策部署，立足部门，服务全区，认真履行牵头抓总职能，积极发挥参谋助手作用，把主要精力转到管宏观、谋全局、抓大事上来，加强跨部门、跨区域、跨行业、跨领域的重大战略规划、重大改革、重大工程的综合协调，统筹全面创新改革，提高经济发展质量和效益。进一步减少微观管理事物和具体审批事项，最大限度减少对市场资源的直接配置，最大限度减少对市场活动的直接干预，提高资源配置效率和公平性，激发各类市场主体活力，推动发展改革各项工作取得了新的成绩。

2019年，按照机构改革工作要求和时间节点，围绕转隶组建这一关键环节，通过党委学习动员、细致思想政治工作和谈心谈话活动，平稳有序地推进人员转隶，不折不扣执行机构改革决定。全委有办公室、组织人事教育科、国民经济综合科、规划改革科、固定资产投资科、基础设施建设科、产业发展科、能源资源综合利用和环境保护科、社会发展科、招投标科、价格管理科、粮油调控管理科、离退休人员管理科共13个科室和价格认证中心、节能监察中心下属事业单位2个。全委共有行政编制42个、事业单位编制13个，机关工勤事业编制3个。实有人员行政编制42人、事业单位人员11名、机关工勤人员3人。

改革委员会

委干部职工开展接受警示教育活动

发改委考察团赴绵阳开展成渝地区双城经济圈建设调研

开展庆祝新中国成立七十周年知识竞赛活动

开展庆祝新中国成立七十周年知识竞赛活动

召开"不忘初心、牢记使命"调研成果交流会

参观罗云红军烈士陵园，开展"重温入党誓词、铭记初心使命"主题党日活动

砥砺奋进的

区四大班子主要领导调研科教产业实训基地建设

2019年，全区有各级各类学校373所，比上年增加2所，增加0.5%；在校学生175656人，比上年增加1456人，增加0.8%；有教职工13131人，比上年减少232人，减少1.7%。全区学校占地375.72万平方米，比上年增加2.63万平方米，增加0.7 %；校舍建筑面积213.35万平方米，比上年增加0.91万平方米，增加0.4%。全年教育经费总收入31.79亿元，比上年增加5.98亿元，增加23.2%；总支出31.19亿元，比上年增加5亿元，增加19.1%。全年财政性教育经费拨款28.3亿元，其中中央、市级资金4.5亿元。在足额划拨各类教育经费的同时，落实中职“双师型”教师、外聘教师补助资金608万元，推动中职学校提档升级。安排义务教育维修改造长效资金2848万元、薄弱环节改善与能力提升2636万元，保障学校日常校舍维修。

全区教育大会

区幼儿园“我和我的祖国”快闪活动现

涪陵教育

区教育系统2019年党组织书记培训开班仪式

办学模式改革：涪陵九中南沱校区揭牌仪式

捐赠仪式现场

区第十二届中等职业学校职业技能大赛开幕式

区庆祝第35个教师节暨优秀教师先进事迹宣讲活动

区教育系统庆祝建党98周年展演活动

重 庆 市 涪 陵

区政府区长种及灵讲“不忘初心、牢记使命”主题教育专题党课

区政协主席徐志红带队到马武镇检查“四好农村路”有关问题整改情况

区政府副区长赵昌辉召集区交通局等部门约谈“四好农村路”建设进度滞后的乡镇街道

2019年1月29日，原重庆市涪陵区交通委员会正式更名为重庆市涪陵区交通局。2019年底，涪陵区交通局机关共有在职职工36人，其中班子成员10人（含公路局、港航局、运管处主要领导）。内设11个科室（即办公室、政策法规科、综合规划科、财务审计科、组织人事教育科、公路建设养护科、港航管理科、综合运输科、铁路民航科、安全监督科、科技信息科），下属7个事业单位（即公路局、港航局、

区交通局局长易先勇检查交通安全暨创文创卫工作

区交通局局长易先勇走访贫困户

区交通局

揭牌仪式

区交通系统庆祝中国共产党成立98周年庆祝大会

运管处、桥管处、路政支队、质监站、渡管所），归口联系6个中渝驻涪交通运输单位（邮政管理局、海事处、长江航道处、乌江航道处、成铁涪陵车务段、成铁涪陵工务段），交通系统机关事业单位在职干部职工488人。交通局党委下辖4个党委、7个党总支、43个党支部，共有党员1048名。

区交通局局长易先勇在区交通系统庆祝
中华人民共和国成立70周年合唱音乐会上致辞

长江干线水上联合搜救演习在黄旗码头水域举行

中华人民共和国成立70周年交通系统与国旗合影

局机关党员干部到潼南
杨闇公烈士陵园接受革命传统教育

渝怀铁路二线
新磨溪2号隧道全隧贯通

区运管处工作人员
帮助市民查看公交App

重庆市涪陵区规划

自然资源部国土空间规划局副局长孙雪东和
市规划自然资源局党组副书记、副局长扈万泰对涪陵区
资源环境承载能力和国土空间开发适宜性双评价工作开展现场调研

自然资源部矿产资源保护监督司司长鞠建华一行到
重庆市涪陵区调研指导矿产资源领域扫黑除恶和绿色矿山建设工作

区委书记周少政到蔺市镇梨香村5组查看地灾险情

重庆市涪陵区规划和自然资源局于2019年2月22日挂牌成立，由原涪陵区规划局、原涪陵区国土资源局整合组建而成，隶属于重庆市规划和自然资源局，位于重庆市涪陵区体育南路7号，主要履行全民所有自然资源资产所有者职责和国土空间用途管制职责。设17个行政科室、26个基层规划和自然资源所（派出机构）、9个直属事业单位。2019年末共有在编在岗职工371人，其中局机关50人（包括工勤人员），基层所199人，直属事业单位122人。

2019年，涪陵区规划和自然资源局以机构改革为新起点，凝心聚力再出发，围绕“两统一”职责，勇担新使命，争创新作为，有效服务了地方经济社会发展。全年共承办市局和区委、区政府交办件425件，办结417件，办结率98%；成功承办2019年中国名城委西南片区会；睦和村村规划作为全市6个

区政府区长种及灵、副区长钟涛带队检查
江北街道李寺村四组二蹬坪地质灾害点

重庆市涪陵区规划和自然资源局正式挂牌成立

和自然资源局

村规划之一报送自然资源部参加优秀村规划展示；办理人大代表、政协委员意见建议32件，办结率和满意度均为100%。

顺利启动涪陵区国土空间总体规划编制工作。扎实推进第三次国土调查，完成全国五个试点城市之一的“双评价”试点工作，获得用地空间指标300公顷，初步构筑涪陵“融入主城、辐射两群”的空间发展蓝图。

成都督察局副专员苏孝宽到龙桥街道实地检查三调成果

市规划自然资源局副局长张远率相关处室到新妙镇岔河村调研脱贫攻坚工作

全力保障发展用地需求。获批建设用地62宗、480.19公顷，供应土地83宗、510.45公顷，土地价款入库58亿元。处置批而未供土地144公顷，收回闲置土地85.62公顷。

加强国土空间生态保护修复。完成土地整治项目13个、4.5万亩，新增耕地4495亩；清查整治“大棚房”“违建别墅”项目73个；建成绿色矿山9座，修复关闭矿山6座、43.04公顷。

市规划自然资源局副局长张睿一行来涪对接中国名城委西南片区会议相关事宜，副区长赵昌辉参加对接

用心做好民生实事。争取地灾防治资金7070万元，完成龙潭镇湾里头滑坡等地灾治理项目20个，避险搬迁51户209人，成功预警和处置江北二蹬坪滑坡险情，得到市规划自然资源局通报表扬；优化不动产登记服务，在全市率先实现不动产登记24小时自助领证，发放不动产权证45298本；解决历史遗留问题11件，办理老旧住宅增设电梯规划审批99件。

全面加强从严治党。高质量完成“不忘初心、牢记使命”主题教育，全面落实监督执纪“四种形态”，开展“六为”乱象集中整治，充分用好内部巡查督导工作机制，推动党风廉政教育常态化、规范化，全局党风政风持续向好。

区规划自然资源局党组书记、局长冯涛带队督导江北街道李寺村四组二蹬坪滑坡险情

区规划自然资源局庆祝中华人民共和国成立70周年“坚定信念守初心砥砺奋进担使命”首届职工运动会胜利召开

区规划自然资源局在涪陵广场开展“世界地球日”宣传活动

区规划资源局20余名党员赴816核军工洞开展革命传统教育

重庆市涪陵区

区委书记周少政马路办公查看垃圾渗滤液治理达标排放取样

区政府区长种及灵马路办公检查白鹤路边坡绿化工程

区政府副区长赵昌辉马路办公检查南门山道路暴雨后中修工程

2019年，涪陵区城市管理局坚持以习近平新时代中国特色社会主义思想为指导，围绕“干净整洁有序、山清水秀城美、宜居宜业宜游”的城市管理总体目标，推进“七大工程”，突出“城市三管”，扎实推进各项工作。

一是全面推进“城综管理”。圆满完成机构整合，实现对接无缝、融合高效。区政府成立由区长任组长的城镇综合管理工作领导小组，统筹推进城镇综合管理各项工作，推进城镇综合管理考评，以考促管、以管促效。大力践行“马路上办、马上就办”的工作理念，区领导带头深入推进“马路办公”，各级开展马路办公1100次，发现和整改问题3268个，城市问题现场早发现早治理的快处机制得以建立。二是全力提升“品质涪陵”。深入推进拆违治乱、街净巷洁、城美山青等“七大工程”，精益求精提升城市品质。全年清运生活、餐厨垃圾20.1万吨、水域垃圾1.1万吨，收运船舶垃圾213吨、生活污水804吨。新（改）建城乡公厕45座，垃圾中转站9座。城乡生活垃圾分类工作启动推进，党政机关垃圾分类实现全覆盖，农村生活垃圾治理行政村覆盖率均达到100%。桥南公园、新城区平安园建成开放，补栽乔木、灌木14万株，更换节点鲜花120万余株，人均公园绿地面积18.65平方米，建成区绿化覆盖率达43.41%。蔺市、武陵山、大木3个乡镇成功创建国家园林城镇。完成城区隧道整治5588平方米、清洗璃幕墙10.7万平方米。江南城区违规大型户外T型广告牌全部拆除到位。修补城市沥青路面1.4万平方米、人行道5030平方米；改造LED路灯105基，新建碧筱社区路灯40基，LED达标率45%。李渡二水厂加快推进，白鹤水厂完成主体工程，供水能力达15.1万立方米/日，出厂水质合格率100%。完成市级年度违建整治任务10.3万平方米、违建彩钢棚整治21.24万平方米；集中开展23次专项整治行动，劝阻清理占道经营26万余人次，清理城区“牛皮癣”1.2万张，基本实现“坐商归店、农贸归

城市管理局

市、散摊归区”管理目标。三是着力强化城市三管。加强细管，推广环卫深度保洁模式，“夜间立体化冲洗+精扫、白天全时段保洁+降尘”的作业模式初步形成。坚持问需于民，问计于民，统筹打造市街景观，基本实现“一街一景、推窗见绿、出门见景、四季见花”目标。以“蓝天行动”为基石，创建10条扬尘控制示范道路，检查运渣车辆3975台次。突出智管，数字城管全年立案6.31万件，结案6.18万件，结案率99.69%。深度利用公安视频监控，路灯智能控制系统、智能环卫作业系统、化粪池气体安全监控预警系统运行良好，园林绿化信息平台二期基本建成。倡导众管，倡行“文明在行动•涪陵更洁净”活动，开展了“区树区花”征集评选，市民全方位参与；400余名志愿者开展劝导活动1200余次。

2020年，我们将坚持以人民为中心的发展思想，以及中央关于推动成渝地区双城经济圈建设的重大战略部署，围绕“干净整洁有序、山清水秀城美、宜居宜业宜游”的城市管理总体目标，紧盯目标任务，细化工作责任，加大落实力度，打好“六大战役”，推进“城市三管”，为涪陵加快建设重庆市区域性中心城市而不懈努力！

迎春灯饰

新区太白大道

高压式洒水车在滨江路涪陵港实施降尘作业

沙溪沟大桥定期检测

江东滨江公园四号公厕

迎宾大道立体绿化

两江广场节点鲜花

重庆市涪陵区

区委书记周少政带队检查幼儿园安全工作

涪陵区应急管理局贯彻落实党中央、国务院关于应急工作的方针政策、决策部署和市委、市政府关于应急管理工作的安排部署以及区委、区政府的工作要求，在履行职责过程中坚持和加强党对应急工作的集中统一领导，加强、优化、统筹全区应急能力建设，构建统一领导、权责一致、权威高效的应急能力体系，推动形成统一指挥、专常兼备、反应灵敏、上下联动、平战结合的应急管理体制，指导各级各部门应对安全生产类、自然灾害类等突发事件和综合防灾减灾救灾工作，负责安全生产综合监督管理和工矿商贸行业安全生产监督管理工作。

区政府区长种及灵带队检查交通劝导站设置情况

国务院安委办危化品重点县专家组对涪陵区危化重点企业进行安全指导检查

应急管理局

区政府常务副区长杜海波检查企业安全生产工作

安全生产集中整治动员部署会

2020年防汛抢险应急救援演练

“不忘初心 牢记使命”主题教育专题学习研讨

全国危险化学品重点县（涪陵）专家指导服务预备会

2019年安全生产行政执法业务培训

践行初心使命

涪陵区人力资源

局党委书记、局长蒋丰陵深入企业走访调研

开展“不忘初心　牢记使命”主题教育学习会

2019年，涪陵区人力社保工作以习近平新时代中国特色社会主义思想为指引，深入贯彻落实党的十九大和十九届二中三中四中全会精神，紧紧围绕习近平总书记对重庆提出的“两点”定位、“两地”“两高”目标、发挥“三个作用”和营造良好政治生态的重要指示要求，坚持稳中求进工作总基调，锐意改革，创新发展，全力做好就业创业、社会保障、人才人事、劳动关系、人社扶贫等重要工作，促进各项业务和公共服务能力提质增效。稳妥推动机构改革落地落实，扎实开展“不忘初心、牢记使命”主题教育，持之以恒抓好人社系统行风建设，努力提高依法行政水平，抓好干部队伍建设，积极构建人社发展新格局，为全区经济社会发展大局作出了积极贡献。

2019年，被市委、市政府授予“重庆市文明单位”荣誉称号；被市人力社保局授予“2015—2019年度重庆市人力资源和社会保障工作先进集体”称号。

涪陵区2019年度根治欠薪冬季攻坚行动工作会

学习贯彻习近平总书记关于扶贫工作重要论述宣讲会

干担当作为

和社会保障局

开展社保降费减负政策宣传进园区活动

开展"不忘初心 牢记使命"主题教育志愿服务活动

开展"送岗位、送政策、送培训"三送服务活动

开展12333全国统一咨询日活动

涪陵区春风行动大型户外招聘会

参加重庆市人社窗口单位业务技能比武总决赛颁奖仪式

参加涪陵区庆祝中华人民共和国成立70周年群众合唱音乐会

涪陵区退役

区“四大班子”主要领导
出席军政座谈会，区委书记周少政发表讲话

区委书记周少政看望退役军人事务系统干部职工

区政府副区长、区公安局局长古明洪主持
召开全区部分退役士兵社保接续工作会

“八一”期间，区委常委、区人武部部长李毅，
区退役军人事务局党组书记、局长杨正勇一行，
为荣立三等功现役军人家属送立功喜报及慰问品

涪陵区退役军人事务局于2018年11月30日经中共重庆市涪陵区委机构编制委员会批准设立，机构规格为正处级，系区政府组成部门；2018年12月5日挂牌并正式运行。

2019年，是区退役军人事务局的起步之年。一年来，在区委、区政府的坚强领导下，全区退役军

市退役军人事务局党组书记、局长张邦平一行，
到涪陵调研指导退役军人事务工作

市退役军人事务局党组成员、副局长、市双拥办主任、
市双拥模范城创建第三验收组组长宁光贤一行实地查看双拥小区

军人事务局

局党组书记、局长杨正勇指导基层退役军人服务站规范化建设

涪陵区创建市级双拥模范城工作接受验收，区委副书记、区政府区长种及灵就双拥模范城创建相关情况进行了汇报

人事务系统以“开局就是决战，起步就是冲刺”的奋进姿态，深入贯彻落实习近平总书记关于退役军人工作重要论述和视察重庆重要讲话精神，以“让军人成为全社会尊崇的职业”为目标，以维护退役军人合法权益为核心，以退役军人服务保障体系建设为主线，坚持边组建边工作、边摸索边完善，移交安置工作成效凸显，创业就业工作不断创新，抚恤优待政策落实到位，褒扬纪念活动深入推动，尊崇军人氛围日益浓厚，权益维护工作取得新进展，双拥模范城创建开启新篇章，全区退役军人工作取得阶段性成果，极大的增强了退役军人的获得感、幸福感、荣誉感，有力的服务了全区发展稳定大局。

组织军休干部开展庆祝新中国成立70周年主题活动

局机关在职支部在816核工程烈士陵园红色教育基地开展“不忘初心、牢记使命”主题教育

组织开展2019年退役士兵“退役第一课”培训班

老战士易禄亨受邀参加中央宣传部、退役军人事务部、中央军委政治工作部联合举办的2019年“最美退役军人”发布仪式

重庆市涪陵

浙江省委书记车俊来涪视察对口支援工作

市委常委、市纪委书记、市监察委员会主任、
大溪河市级河长穆红玉到大溪河涪陵白涛街道段巡河

区委书记周少政调研

区政府区长、区总河长、乌江区级河长种及灵
这种召开乌江涪陵段一河一策及综合整治工作推进会

区水利局是主管全区水资源及水利建设工作的区政府工作部门。2019年，局机关内设办公室、组织人事科、财务审计科、规划计划科、水资源管理科、河道管理科、水利水保科、水利工程建设与安全监督科、移民工作科、三峡库区工作科、信访法规与行政审批科等11个行政科室，下辖5个正科级参公管理单位（区防汛抗旱指挥部办公室、区水政监察支队、区水土保持办公室、区水利管理站、区移民工程管理中心）和1个正科级全额拨款事业单位（区水利电力基本建设质量监督管理站）。另辖4个差额拨款事业单位（3个中型水库管理所，1个小（一）型水库管理站）。局机关行政编制（包括工勤人员）42名，在编30人；参公事业编制60名，在编51人；全额拨款事业编制6名，在编6人；差额拨款事业编制15名，在编14人。

2019年，我区完成各类水利建设投资7.24亿元，其中：水利项目建设投资3.22亿元，三峡后续项目建设投资4.02亿元。累计建成各类水库160座（中型水库6座，小（一）型水库22座，小（二）型水库132座），小型

区水利局

区人大常委会主任李景耀率队前往浙江省交通运输厅，座谈交流两地对口支援交通工作，共话两地情谊，共谋两地交通事业发展

区委常委夏艺调研石沱镇毛家沟河长制工作

区委政法委书记、麻溪河河长刘康中在焦石镇麻溪河开展巡河

区政协副主席况东权率队巡查来龙河

重庆市河长制工作督导组来涪督导乌江河长制工作推进情况

引水渠埝358条，江河固定电力提灌工程77处，山坪塘1.34万口，蓄、引、提水能力1.86亿立方米，有效库容1.48亿立方米；全区农田水利灌溉面积57.75万亩，其中有效灌溉面积37.91千公顷。农村小水电装机累计81处80523千瓦，水电年发电量24156万千瓦时。

2019年以来，区水利局相继被国家水利部、中国农林水利气象工会联合授予“全面推行河长制先进单位”国家级荣誉表彰，被市水利局、市总工会联合授予“全面推行河长制先进单位”市级荣誉表彰。同时，荣获全区“2018年度耕地保护工作先进集体”表彰。

易家坝广场开展“世界水日”“中国水周”宣传活动

巴渝“河小青”益行母亲河系列活动——徒步乌江涪陵段启动仪式在白涛街道江西湾移民广场举办

清理消落区非法种植物

重庆市涪陵区

国家发展改革委综合运输研究所所长汪鸣一行调研龙头港

区政府区长种及灵、区委组织部长喻显镔、
区政府副区长席红到区物流办调研

区政府副区长席红参加区物流办成立揭牌仪式

区政协副主席刘加胜调研涪陵电商园

重庆市涪陵区物流办公室（简称区物流办）于2019年1月29日挂牌成立，属区政府工作部门，级别为正处级。2019年是区物流办成立的开局起步之年，克服“无工作基础、无平台抓手、无力量保障”等诸多困难，重点在摸底数、谋思路、打基础、建平台、求突破上下工夫，工作取得了“两个基本、两个启动、两个建立、两个突破”的积极成效，（即：基本摸清了全区物流行业状况、基本明晰了全区物流发展思路；启动了全区物流业发展规划编制和支持物流业发展政策文件的调研起草；建立了物流统计监测体系和物流管理机构队伍；在物流招商引资、开行西部陆海新通道涪陵始发班列等物流改革创新事项上取得了较大突破）。

2019年，全区物流业增加值达到50.1亿元，增长5%，占全区第三产业增加值455.5亿元的10.9%。完成货运量8657.5万吨，工业物流货运量达到近3500万吨，增长16%。累计培育物流仓储企业659户，其中主营业务收入过亿元的物流企业9家。规模以上物流企业达到76家，实现营业收入36亿元、增长10.2%，营业利润2.9亿元、增长22.3%。进出口货物量26.5万吨，其中进口10.8万吨，出口15.7万吨。监管的进出口集装箱量10889标箱，其中进口集装箱784标箱，出口集装箱10105标箱。

物流办公室

开通西部陆海新通道涪陵至广西钦州铁海联运班列

与中新南向通道（重庆）公司
签订共建“西部陆海新通道”合作协议

天津大学运营与供应链管理系
主任、教授刘伟华一行来涪座谈交流

签订成渝地区双城经济
圈涪陵—泸州物流合作协议

区物流办党组书记、
主任王强余一行调研龙桥电商城

中国集装箱行业协会副会长、交通运输部
多式联运专家组成员李牧原来涪开展专题讲座

召开2020年度涪陵区
社会物流统计工作培训会

区物流办干部参加第二届
中国西部国际投资贸易洽谈会

涪 陵 区

区委书记周少政调研森林防火工作

区人大常委会主任李景耀参加全民义务植树活动

区政府区长种及灵调研森林防火工作

2019年，涪陵区林业局以习近平新时代中国特色社会主义思想为指导，全面贯彻落实习近平总书记对重庆提出的重要指示要求，秉承新发展理念，聚焦高质量发展，坚持以党的建设为统领，以提质增效为路径，以项目建设为抓手，紧扣国土绿化提升行动、森林资源保护、自然保护地整治等重点工作，凝心聚力，克难奋进，林业保护发展改革取得新进展，为建设山清水秀美丽涪陵幸福涪陵做出了林业贡献。

国土绿化谱新篇。全年营造林90300亩，全民义务植树255万株。南沱镇睦和村等8个村被国家林草局评为“国家森林乡村”，大顺乡天宝寺村等15个村创建为“重庆市级绿色示范村”。森林资源重保护。严格林木“两伐”、停

区政协主席徐志红参加义务植树活动

区政府副区长赵昌辉组织召开森林防火工作推进会

林　业　局

伐管理、林地用途管制、林火隐患排查、重大有害生物防控，严打破坏森林资源行为。林木采伐总量持续下降，林地征占规范有序，防火形势平稳趋好，松材线虫病快速扩散蔓延势头得到持续遏制，全年林木采伐量、林地消耗量、森林火灾损失率和森林病虫害危害率，均达到年度控制目标要求。自然保护地强整治。拆除自然保护地违建3.7万平方米，制订自然保护地范围功能优化调整方案，武陵山国家森林公园《总体规划》获得批准。挂牌保护古树名木，建立野生动物救助站积极救助野生动物。林业产业产值突破37亿元。局机关改革快速有序，集体林权改革持续深化。评选出涪陵“区树”“区花”，创建国家森林城市蹄疾步稳。

2019年，涪陵林业行业稳，资源安，产业进，秩序优。

区政府副区长钟涛副调研林业工作

创建国家森林城市动员大会

技术人员开展林业有害生物除治

区林业局职工在武陵山开展松材线虫检疫执法宣传活动

区林业局在体育场开展以“大地植绿，心中播绿”的绿色理念为主题的宣传活动

护林员在武陵山开展巡山护林工作

涪陵区自来

区人大常委会主任李景耀、区政府常务副区长杜海波赴涪陵自来水公司二水厂开展节前安全大检查

区水利局局长黄明斌、区城管局局长李国荣检查白鹤水厂

区城管局副局长任正武检查疫情防控和供水保障工作

涪陵区自来水有限公司成立于1993年，现拥有二水厂、李渡水厂、江东水厂及乡镇水厂等供水单位。下属有涪陵区水利供水公司、枳城水务工程公司和群星公司三个全资子公司。共有在职职工600余人。

公司注册资本5.9亿元，资产总额13.46亿元。主要负责江南主城、涪陵新区、江东江北片区以及19个乡镇及街道近80万人口的生活和生产用水任务。拥有DN100以上输水管300千米，日供水能力为26.2万吨。出厂水水质合格率100%，管网服务压力合格率100%。除供水主业外，公司还拥有桃子沟和红星2座中型水库，并负责白鹤水厂、黑塘水库、李渡二水厂的建设开发任务。

水有限公司

涪陵区红星水利工程顺利通过竣工验收

涪陵自来水公司举办党建和纪检业务培训班

涪陵自来水公司党委举办《民法典》宣讲会

庆祝建国70周年文艺演出

新建红星水库（中型）

武陵山乡镇水厂

二水厂制水车间

中石化重庆涪陵页岩气

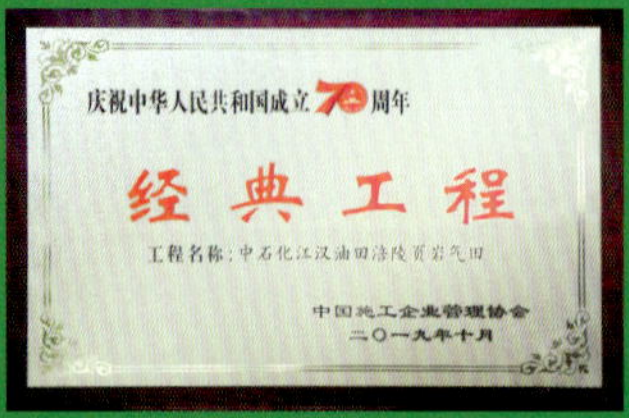

2019年，中石化重庆涪陵页岩气勘探开发有限公司认真践行习近平新时代中国特色社会主义思想，严格落实中国石化和重庆市委市政府各项决策部署，在涪陵区委区政府的正确领导下，坚持天然气大发展战略，以助力涪陵区经济社会发展为己任，围绕“上产增效领先”中心任务，优快推进产建开发，突出强化科研攻关，不断深化经营管理，切实抓好安全环保，持续加强队伍建设，着力夯实党建工作，超额完成全年生产经营任务。

生产经营硕果累累。全年生产页岩气63.33亿立方米，销售60.79亿立方米，同比增长5.18%；缴纳税费9.48亿元（其中向涪陵区缴税8.83亿元）。蝉联重庆市环保诚信企业、中国石化红旗采气厂称号，获评中国企业信用评价AAA级信用企业、重庆企业100强、重庆制造业企业100强。焦石坝区块一期工程产建项目获评国家优质投资项目特别奖、国家优质工程金奖、新中国成立70周年百项经典工程。

核心技术换代升级。依托国家重大科技专项“涪陵页岩气示范工程”，完成开发技术政策、优快钻井、高效压裂三大核心工艺技术更新换代，促进了焦石坝区块储量动用程度和采收率的双提高，有力支撑了气田产量稳中有升，继续保持国内页岩气高效开发核心技术领先地位。先后获得中国石油和化学工业联合会技术发明特等奖1项、国土资源部科技进步二等奖2

焦页23号平台压裂施工

企地共建3维护当地道路

企地共建4企地鱼水情深共抗旱

企地共建2为村民修建蓄水池

勘探开发有限公司

区委理论学习中心组来公司调研

联建联创

中央企业劳动模范、重庆创新创业领军人才——刘尧文

中国石化十大杰出青年岗位能手——沈金才

巴渝工匠——刘乔平

项、重庆市科技进步二等奖1项、中国石化科技进步二等奖1项。

社会责任深入履行。帮助涉气村社新建水窖、完善基础设施建设，及时维修涉气损毁道路，有力改善地方群众生活及出行条件。持续开展助农收菜头、慰问敬老院、帮助孤寡困、宣讲进校园、助力微心愿等公益活动，赢得周边群众和中小学生对开发利用页岩气的理解和支持，巩固了企地一家亲的和谐局面。涪气扶贫帮困志愿服务项目获评中国石化优秀志愿服务项目。

思想引领作用凸显。扎实做好"不忘初心、牢记使命"主题教育、党支部"1+X"联建联创，受到中央第13巡回督导组、中国石化第4巡回指导组、涪陵区委理论学习中心组的一致好评。技术中心党支部被评为国务院国资委先进基层党组织，技术中心获评全国工人先锋号、全国青年文明号，技术中心气藏工程所获评全国五一巾帼标兵岗；并推出中央企业劳动模范、重庆英才·创新创业领军人才刘尧文，中国石化十大杰出青年岗位能手沈金才，重庆五一劳动奖章张连平，巴渝工匠刘乔平等一批先进典型。

宣讲进校园

敬老院慰问

助农收菜头

助力微心愿

华晨鑫源重庆

董事长　龚大兴

华晨鑫源是由华晨汽车集团与东方鑫源集团有限公司合资组建的大型汽车企业，拥有独立的汽车生产资质。总部位于重庆，在北京、上海、深圳、意大利、美国均有市场布局，公司成立于2012年，拥有完善的设计、研发、制造、销售、服务产业链体系。公司相继获得了国家高新技术企业、重庆市企业技术中心、重庆市知识产权优势企业、重庆市高成长性科技型企业、重庆市工业互联网试点示范企业的称号。旗下有SWM斯威汽车乘用车品牌、金杯和SRM商用车品牌，产品涵盖SUV、MPV、微客、微卡、新能源汽车等。

公司在意大利、重庆建有设计中心和研发中心；在重庆涪陵建有年产30万辆乘用车和30万台发动机生产基地，在重庆高新区建有年产10万辆商用车生产基地。

目前公司销售、服务网络覆盖全国1000多个县市，产品远销南美、非洲、中东、东南亚等40多个国家和地区，2019年产值突破140亿，现有员工近5000人。

冲压车间

焊装车间

涂装车间

总装车间

汽车有限公司

SWM斯威汽车意大利设计中心

SWM斯威汽车中国研发中心

SWM斯威G01 F版

发动机车间

核心价值观：

北斗七星，简称北斗，古人以北斗导航，用来辨方向，定季节。

鑫源七条核心价值观，即鑫源的“北斗七星”，寓意价值观是指引鑫源人明辨方向、企业发展壮大的航标。

采用三角形正反交叉组合而成，橙色三角形代表个人修养，黄色三角形代表团队追求，蓝色中心代表客户至上，七条价值观彼此交织、融会贯通、共生共荣。

三种颜色，代表企业创造物质、知识和精神财富。

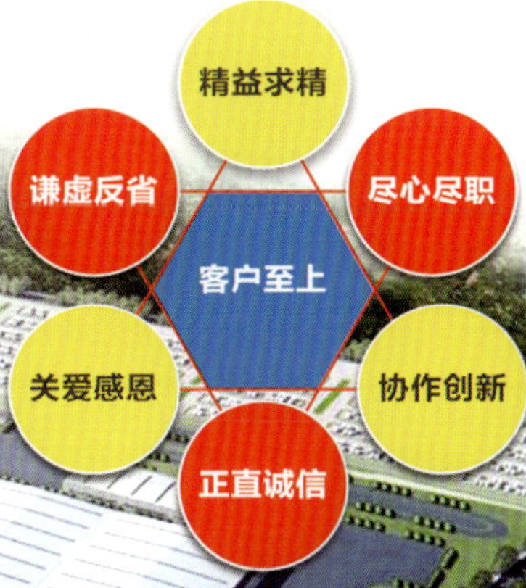

SWM斯威汽车涪陵制造基地

太极集团

太极集团涪陵医药城(A区），定位为智能化药品生产，年产值约100亿元

太极集团有限公司创立于1997年，连续十六年入围中国企业500强，拥有15000名员工、13家制药厂、30多家医药商业公司、10000家药房及两大研发机构，是集医药研发、工业生产、医药商业、大健康产业于一体的全国医药产业链最完整的大型企业集团。现有中西药品规1500多个，全国独家生产品种55个、国家中药保护品种40个、国家基药品规366个，共有420个品种进入2019版国家医保目录，年销售额逾亿元的品种14个，过千万的品种逾100个。集团拳头产品藿香正气口服液、急支糖浆等产品已在印度尼西亚、新加坡、马来西亚、泰国等14个海外国家和地区注册销售。

位于太极医药城内的桐君阁药厂固体制剂生产线，太极集团首个数字化车间

太极集团下属涪陵制药厂生产抗疫药品藿香正气液

太极集团中药材种植基地

有限公司

2019年集团实现销售、利税双增长，销售收入394亿元，荣获中国企业500强第380位，中国医药工业100强第44位，中国中药工业100强第13位，新中国成立70周年“中国医药企业公民楷模”、“医药产业脊梁企业”等荣誉称号；取得人参茎叶皂苷胶囊等生产批件8项；大力推进一致性评价研究工作并启动新品芪灯明目胶囊“附条件批准上市”临床研究等工作。

太极集团捐赠藿香正气液驰援抗疫一线

太极集团智能化建设高质量推进，旗下桐君阁药厂、涪陵制药厂分获“重庆市智能制造标杆企业”和“市级绿色制造体系示范单位”称号；涪陵制药厂八分厂、桐君阁李渡固体制剂车间经重庆市经信委认定为数字化车间。太极实业通过两化融合管理体系评定复审。太极股份荣获中国上市公司2019年度“金牛奖”。

太极藿香正气液助力泰国等国际社会抗疫

太极集团作为农业产业化国家重点龙头企业，积极融入国家“脱贫攻坚”战略，在重庆涪陵、石柱、彭水等12个区县建立中药材种植扶贫基地10万余亩，产值过亿元，惠及农户3.5万户。

2020年初，为抗击新冠病毒肺炎疫情，太极集团全力保障抗疫物资供应，干部及工人、采购、药房、物流等多线员工取消春节休假，生产提前复工，在医用物资储备和配送、保障抗疫药品生产、公益驰援捐赠等多条战线贡献力量，捐赠1000余万元藿香正气液用于国内疫情防控，送达湖北、四川、重庆、浙江等地抗疫一线；捐赠300余万元藿香正气液助力国际抗疫，送达泰国、新加坡等十余个国家抗疫一线，并捐赠藿香正气液、防风通圣丸等药品，随国家医疗队前往阿尔及利亚等国家和地区，助力海外疫情防控。

2020年，“守诚信、遵规则、负责任、创业绩”的企业精神和“聚焦主业、规范治理、突破销售、提质增效”企业经营方针将推动、保障集团高质量持续发展。太极集团以传承创新中医药和发展现代医药为使命，不断向前，为人类健康创造最大价值！

重庆市涪陵

国家药物临床试验机构资料认定现场检查通报会

区人大领导来院调研公立医医院改革工作

市卫健委领导来院调研党建工作

2019年，医院在区委、区政府的坚强领导下，在区卫健委的直接领导下，坚持以习近平新时代中国特色社会主义思想和党的十九大、十九届二中三中四中全会精神为指导，认真落实党委领导下的院长负责制工作要求，全体干部职工团结拼搏、求真务实，进一步腾空间调结构，紧紧围绕“762”工作目标，全面完成了上级下达的各项目标任务。

●加强医疗管理，保障质量安全

医疗质量持续提高。加大对首诊负责制、交接班、会诊、围手术期管理等核心医疗制度的监管力度；组建病案首页质控员队伍；深入推进多学科综合诊疗；修订重大审批手术目录；持续加强非计划再手术管理；制订《医疗质量与医疗安全督导方案（试行）》；开展日间手术试点。

护理管理持续提升。护理不良事件较去年同期下降19%，质量指标完成率95.24%；加强护理专科品牌建设，“老年患者心脏康复护理服务模式”获重庆市护理管理专委会最具价值案例奖；扎实开展“六横六纵”三基培训工作。

院感管理持续严控。认真开展院感病例和消毒灭菌效果及环境卫生学监测，全年无院感暴发；围手术期预防性抗菌药物使用率持续下降，Ⅰ类切口和“7类手术”的手术预防性抗菌药物使用率均达到国家卫健委要求。

药事管理持续强化。努力控制药占

比；顺利通过国家药物临床试验机构资格认定；抗菌药物使用强度达到国家卫健委要求；探索开展“专+兼”的临床药学服务模式，临床药师覆盖全院50%的临床科室。

预防保健持续抓实抓细。完成各种传染病、重点慢性病、食源性疾病和死因监测等各项监测报告任务；顺利通过“国家慢性病综合防控示范区”现场检查验收，成功创建涪陵区首批“健康促进”医院。

迎接创建国家慢性病示范管理区检查

●加强教学科研，助推学科发展

学科建设有新突破。耳鼻咽喉头颈外科、肿瘤血液科成功获批重庆市区域医学重点建设学科；重症医学科、肾内科、护理学、神经内科、病理科顺利通过重庆市临床重点专科验收；成功创建涪陵区院士专家工作站。

临床科研有新成绩。消化内科团队获得重庆市科技进步三等奖；全年共申报各级各类科研项目67项，成功获批21项，其中市级项目11项；获上级财政拨款101万元；全年发表科技论文139篇，其中SCI收录10篇，统计源期刊以上69篇；成功获批重庆市卫生适宜技术项目1项，成为重庆市卫生适宜技术应用示范基地（全市五家基地之一）。

教学培训有新作为。顺利通过国家2019年助理全科培训基地评估检查；参加全国2019年住培年度业务水平测试，排重庆市第3名；全年共50人参加住培医师结业考核，首次结业通过率为96%；我院助理全科住培医生2019年首次结业考核通过率为100%；规培护士毕业通过率首次达100%。

技能竞赛有新荣誉。参加2019年第三届重庆市住培临床技能竞赛，荣获全市第四名；参加第二届贵州省高等医学院校大学生临床技能大赛，荣获一等奖；参加遵义医科大学临床教学基地青年教师讲课比赛，两名参赛人员分获二、三等奖；参加西南医科大学举办的实习生技能竞赛，荣获三等奖。

●加强行政管理，提升运营效率

抓实运营管理。医院资产负债率28.7%，远低于重庆市三级公立医院平均负债率；科学合理编制预算；规范各科室成本数据，有效提高成本数据的质量和效率。

抓实医保管理。住院次均费用、报销率、全自费率等医保三大核心指标均达标；落实36种国家谈判药品、17种国家谈判抗癌药品医保报销政策；全面实施医保异地就医全国跨省联网结算服务；为医保患者提供“无假日出院结算”服务58795人次，全年累计垫付基金达6.3亿元以上。

抓实对外医疗。启动与贵阳市清镇市第一人民医

重庆市涪陵

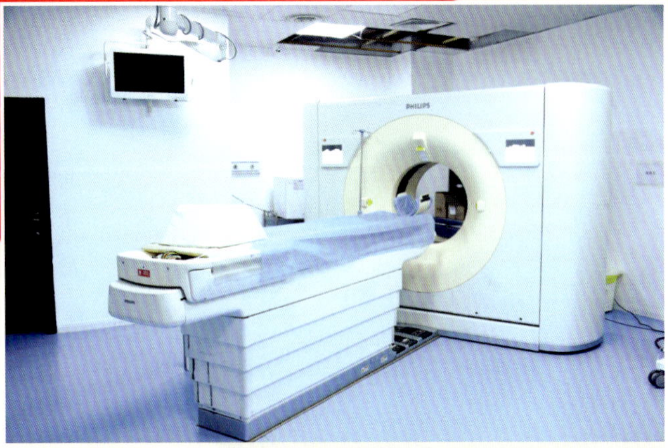

128排超高端螺旋CT

3.0T磁共振

院渝黔两地医疗帮扶合作；选派2名业务骨干常驻城口县人民医院肝胆外科和口腔科执行以院包科二甲创建任务；派出2名优势学科专家坐诊忠县人民医院儿科和心血管内科；派出20名医护人员对口帮扶武隆区人民医院和区内5所基层医院。落实我院与区内外56家医疗机构签订的医联体合作协议责任，派出62名业务和管理骨干赴医联体单位指导服务，免费接收来院中长期进修培训40余人次。持续推进远程心电、临床病理、远程放射协同服务，完成远程心电诊断2338人次、临床病理诊断2095人次、远程放射诊断19366人次。全院出院患者随访率达95.62%，出院患者满意率达97.75%。

抓实安全生产。开展全院性消防培训和实战演练；加强特种设备管理；投入安全隐患整改经费20余万元，完成10个安全隐患整改工作，全年无重大安全事件发生。

抓实医学装备。完成医疗设备采购394台（件）；完成医用材料（含试剂）采购入库共23034.54万元，同比增长0.68%；建立完备的计量档案，保障了设备检测准确性。

抓实信息化建设。完成急诊急救分级评分管理等4个新系统建设，完成新HQMS接口改造等6个系统升级改造；做好完成HIS、LIS、PACS、电子病历等12个软件系统的维护维保工作；完成银医二期项目建设，上线智慧门诊微信和支付宝功能、自助机扫码支付功能，统一号源管理；完成信息安全三级等保测评，启动了信息安全三级等保整改及智慧医院创建工作。

●抓好重点工作，稳步促进发展

抓实健康扶贫。组建健康扶贫管理员队伍，建立健康扶贫制度机制；对建卡贫困户患慢性病、重大疾病门诊医疗救助减免79人次共2.61万元；积极开展健康扶贫公益性医疗服务。

抓实新城区医院建设。完成新城区医院项目一期主体工程门诊医技楼87根基础桩砼浇筑、门诊医技楼区域负二楼底板基础施工、住院楼区域负一楼施工等，投资4234.5万元，完成主体工程形象进度30.5%，圆满完成区政府下达的目标任务。

抓实创文创卫工作。制订创文相关工作方案，持续整改，顺利通过国家创文暗访；大力推进创卫工作，顺利通过病媒生物防制C级达标和创国卫市级专

中心医院

家技术评估；启动“美丽医院”创建。创文创卫工作获上级充分肯定。

●深化公立医院改革，推进医院高质量发展

公立医院改革进一步深化。2019年12月22日零时起全面取消医用耗材加成同步调整医疗服务项目价格，1295项医用耗材取消加成，3336项医疗服务价格同步调整，实实在在让利于人民群众；调整执行药品目录2709项，保障医保政策及时落地惠民；有序推进分级诊疗，健全双向转诊激励机制，康复期下转患者881人次，同比增长11.38%。

公立医院绩效考核全面推进。成立了三级公立医院绩效考核工作领导小组，制订了医院三级公立医院绩效考核工作实施方案；分层分级开展培训，印发《三级公立医院绩效考核文件汇编》；发挥绩效考核的“指挥棒”作用，修订管理制度、考核办法。

医德医风进一步强化。制订了《重庆市涪陵中心医院医德考评办法（2019版）》；开展全院医务人员医德医风等级考评工作；加大不合理用药、不合理使用高值耗材、不合理使用大型设备检查的督查力度。

两个效益进一步提高。门急诊146.3万人次，同比增长2.02%；出院患者6.62万人次，同比增长8.5%；完成手术5.21万台次，同比增长22.5%；区外住院患者1.21万人次，同比增长9.09%，占出院患者数的18.16%；体检人次3.44万人次，同比增长10.1%；完成120院前急救5472车次，接诊5004人次；抢救危重患者4104人次，抢救成功率为98%；参与大型事故医疗救援41起，救护170人次。在经济下行压力下，总收入14.09亿元，其中业务收入13.16亿元，同比增长9.27%。

医院获得多项荣誉表彰。获批全国第一届促进母乳喂养优秀医疗保健服务机构、全国第二批心脏康复中心单位、全国科普日活动优秀组织单位、重庆市优秀卫生单位、重庆市卫生健康系统先进集体、重庆市结核病诊疗工作先进单位、区级国家安全人民防线建设小组先进单位；获批国家药物临床试验机构资格、成为国家高级卒中中心建设单位，胸痛中心建设通过初评，重庆市年终督导艾滋病抗病毒治疗工作总体评价获“优”。获评涪陵区事业单位纪检组织一等奖，医院领导班子连续三年被区委、区政府评为“先进领导班子”等荣誉表彰。

在建中的新城区医院.

李渡新城区医院一期项目开工仪式

涪陵区中医院

大渡口区卫生健康委来院调研（中为区卫健委党委书记、主任章和平，左为院党委书记陈宏）

政协领导视察我院

接受区委宣传部创文督查

2019年，是医院实行党委领导下的院长负责制的第一年。区中医院在市卫生健康委的关心下，在区委区政府的领导、支持下，全体院领导班子带领全院职工深入学习习近平新时代中国特色社会主义思想，将党的十九大精神和习近平总书记系列重要讲话精神践行到实际工作中，认真开展“不忘初心、牢记使命”主题教育，学习贯彻全国中医药大会精神，始终坚持坚定的政治信念，在思想上和行动上始终与党中央保持高度一致，树牢“四个意识”、坚定“四个自信”、坚决做到“两个维护”。并以习近平新时代中国特色社会主义思想为指引，秉承“病人至上”，围绕目标任务，攻坚克难、奋力突破，通过加强人才队伍建设、提升医疗服务质量、突显中医特色优势、加强重点专科建设、增强科研教学能力等强化医院内涵建设；通过建立健全现代医院管理制度试点工作、全面取消医用耗材加成、对口支援帮扶及医联体合作等工作持续推进公立医院改革；积极开展创文创卫、扎实落实扶贫帮扶工作，圆满完成基本公共卫生服务、中医基层指导工作等各项指令性任务，切实加强党的建设，狠抓安全生产管理，使医院医疗服务质量持续改进，服务管理水平进一步提升，基本实现了医院稳步、良好的发展态势。

接受国家医师资格考试实践技能考试基地复评

接受健康扶贫检查，区卫健委党委书记、主任章和平陪同

新中国成立70周年大型义诊活动

中国创伤救治培训

参演涪陵区庆祝第二个中国医师节文艺展演

参演涪陵儿女为祖国母亲庆生演出

重庆市涪陵区儿童

区委书记周少政及区委组织部部长喻显镔、
区政府副区长董代文、区卫健委主任章和平到院慰问

区政府副区长董代文到院检查指导工作

重庆市涪陵区儿童医院（区人民医院）是一所集医疗、教学、科研于一体的国家二级综合医院，成立于1958年，先后为四川省涪陵县人民医院、重庆市涪陵区第二人民医院，2006年更名为重庆市涪陵区人民医院。先后获得“重庆市文明单位”“涪陵区平安医院”等荣誉称号。

医院分为A、B两个院区：A区位于涪陵区民康巷6号，占地面积40余亩，医疗业务用房11000平方米；B区位于涪陵区步阳路9号，医疗业务用房1998平方米。医院现有编制床位380张。目前，在建住院综合大楼项目工程预计2020年10月投入使用，总建设面积约22253平方米，预设床位500张。

截至2020年8月底，全院在岗职工总数522人，专业技术人员462人，有卫生专业技术人员高级职称57人，硕士7人；有中国针刀医学名医1人、市级优秀青年中医1名、区级名医6人、区级名中医2人、区级科技拔尖人才1人；有国家级学会专委会委员3人，市级学会副主任委员、委员22人，区级学会副主任委员、委员7人。

医院服务功能完善，科室设置齐全，设有内、

重庆市人民医院和区人民医院领导共同
揭牌——重庆市人民医院涪陵分院

2019年度总结表彰大会

医院（区人民医院）

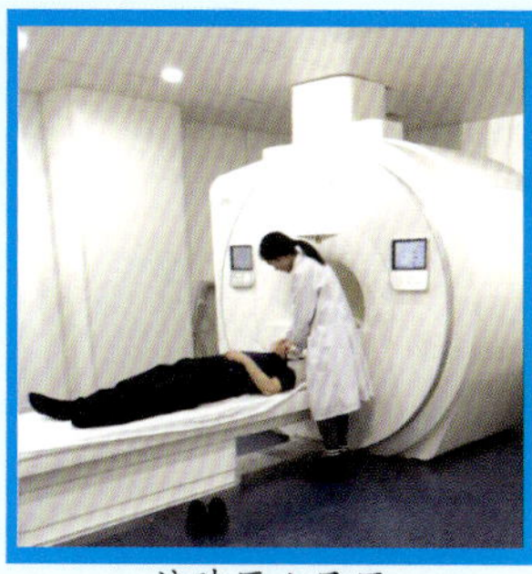

涪陵区人民医院先进设备——核磁共振－UMR560

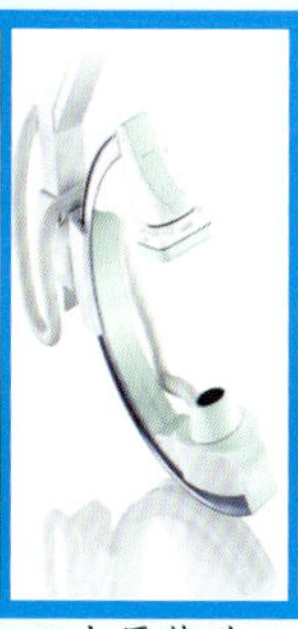

日本原装进口新一代平板血管造影系统Trinias C12

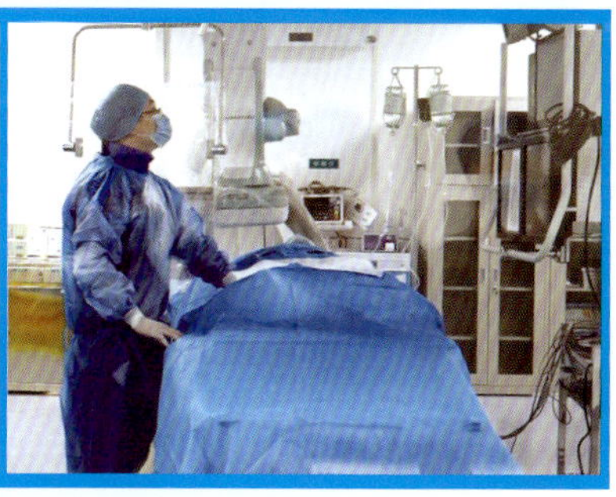

正在为患者开展心脏介入手术

外、妇、儿、中医、重症监护、疼痛康复病房共20个临床科室30余个专业组，医技科室6个，行政职能科室16个，分别设有门诊部3个。区域重点学科1个，区级临床重点专科2个。能开展腹腔镜下胃肠恶性肿瘤根治术、肾脏肿瘤切除术、肝胆等多种微创外科手术以及妇科恶性肿瘤根治术、子宫全切术、宫腹联合不孕手术、冠心病介入诊疗技术、血液透析、连续性肾脏替代治疗（CRRT），开展乳腺癌根治术、甲状腺癌根治术、肝叶部分切除术、食管癌根治术、全髋关节置换术、经皮椎体成形术、脊柱及四肢骨折内固定术、经皮椎间孔镜下髓核切除术、经皮肾镜钬激光碎石取石术、钬激光输尿管硬（软）镜碎石取石术、超声联合气压弹道腔内碎石取石术、等离子前列腺电切术及内科各种常见病多发病疑难危重症的诊断及治疗。各学科形成自身特色优势，综合诊治能力居区级前列。

医院有1.5T超导磁共振、16排螺旋CT、数字减影血管造影X线机（DSA）、DR、数字胃肠机、四维彩超、电子胃镜、肠镜、高清腹腔镜、全自动生化分析仪、全自动化学发光免疫分析仪等一批先进医疗设备，能为临床诊断治疗提供准确、及时、安全的医疗服务。

特色医疗服务：疼痛与康复医学科、妇产科、中医与老年病科、眼科、心血管内科、普通外科等专业。疼痛与康复医学科为区域重点学科，普外科及心血管内科为区级临床重点专科，妇产科及眼科纳入临床重点专科建设项目。

医院领导与回涪的抗疫队员合影

深入社区、单位开展健康知识讲座

迎春登山活动

全院职工爱心献血助力抗疫

凝心聚力勇担新使
奋力开创卫生健

区委书记周少政调研国家卫生区创建工作。区政协主席徐志红等区领导参加

区政府区长种及灵调研卫生健康重点项目建设

区政府副区长董代文为重庆市涪陵区卫生健康委员会揭牌

2019年，是涪陵卫生健康机构改革、转变职能开局之年，是全区卫生健康事业继往开来、稳中有进之年。涪陵区卫生健康委坚持以习近平新时代中国特色社会主义思想为指导，认真落实党的卫生健康工作方针，创造性落实市卫生健康委和区委、区政府的决策部署，强基础、提能力、惠民生、保稳定、促健康，人民群众健康获得感不断增强，卫生健康事业发展向好。区卫生健康委获重庆市卫生健康系统先进集体，列渝西片区22个区县综合考核第3名。

●国家卫生区创建取得关键进展。巩固深化国家卫生区创建成果，成功通过市级技术评估、一次性通过全国爱卫办申报资料评审、一次性通过国家暗访等评审程序，顺利进入国家技术评估阶段。深入开展爱国卫生运动，创建为国家卫生乡镇4个、市级卫生镇1个。全年完成农村改厕1.2万户，其中贫困户三类人员9030户，农村贫困户和长乌两江沿线农户改厕实现全覆盖。

●健康涪陵建设协调推进。开局起步健康中国涪陵行动，及时出台《“健康涪陵人”行动计划》，荣获重庆市首届创意健骨操大赛优秀组织奖，“万步有约”职业人群健走激励大奖赛位居全市第5位。积极推进健康知识和健康教育“五进五入”活动，广泛开展“健康中国行”主题宣传，创建为市级无烟机关示范单位3个。国家级“慢性病综合防控示范区”通过国家专家组评审。

●医药卫生体制改革持续深化。深化公立医院综合改革，38家公立医疗机构取消医用耗材加成，同步调增医疗服务价格1842项。推进人员总量备案等3项试点，在浙江大学举办现代医院管理制度院长培训班1期。积极构建分级诊疗服务体系，实现“区乡村”全覆盖。优化药品供应保障机制，新增药品采购品规237个。突出全行业全过程

继往开来扬帆新征程
改革发展新局面
——重庆市涪陵区卫生健康委员会

监管，形成“大执法、大监督”格局。

●医疗服务能力明显增强。区公共卫生服务中心投用，涪陵中心医院新城区医院一期主体施工；改造村卫生室50个，新建数字化接种门诊7个。启动智慧医院、美丽医院建设，抓实信息化基础，建成重庆市首批甲级基层医疗卫生机构2个。注重中医传承创新，获批市级科卫联合科研中医药项目2个，建设全国基层名老中医药专家传承工作室1个，打造精品中医馆2个。

●公共卫生服务水平稳步提高。实施14大类55项基本公共卫生服务，项目绩效考核位居全市第11位。完善传染病联防联控机制，及时控制传染病聚集疫情93起。建成疫苗全程可追溯、温度自动监控管理系统，做好突发事件紧急医学救援，全区无传染病暴发流行、无突发公共卫生事件、无精神障碍患者肇事肇祸案（事）件发生，无地方病现症病例，保持碘缺乏病区消除状态。

●人才队伍和科技创新发展提速。坚定不移走“人才强卫、学科强院”高质量发展新路子，初步形成区域性医疗卫生中心建设构想。成立人才导师工作室13个，评为涪陵区第五届拔尖人才13名。通过高级专业技术职称评审91名，招聘基层紧缺实用卫生人才编制43名，每万人口拥有全科医生数2.41人。获批市级科卫联合科研项目5项，市级区域医学重点学科、临床重点专科建设项目各2个；首次获批卫生适宜技术应用示范基地1个。

●重点人群健康服务深入推动。实施母婴安全、儿童健康行动计划，孕产妇死亡率13.7/10万、婴儿死亡率

涪陵区迎接国家慢性病综合防控示范区检查

涪陵区卫生健康系统扎实开展
“不忘初心、牢记使命”主题教育工作

涪陵区2019年万步有约启动仪式

重庆市涪陵区卫生健康委员会

涪陵区卫生健康系统庆祝新中国成立70周年

3.29‰，均优于市控指标。建立老年健康服务体系，建成市级示范社区养老服务中心1个。促进人口均衡发展，符合政策生育率99.03%，二孩率43.47%。关心关怀计生特殊群体，足额发放奖扶特扶帮扶资金4093.22万元。公共场所母婴设施配置率继续全覆盖。

●健康扶贫工作成效明显。落实健康扶贫政策，完善“先诊疗后付费”“一站式结算”服务体系，建立重病兜底救助机制。中央巡视组脱贫攻坚专项巡视和市级成效考核反馈问题全部整改到位，建卡贫困对象“基本医疗保障”得以实现，建卡贫困户住院自付比例8.04%、特殊病种门诊自付比例15.62%，自付比例均控制在规定范围之内。深化与武隆医疗结对关系，构建联动机制。

●卫生健康执业环境全力改善。落实“两证合一”政策，行政许可精简为20大项。推进卫生健康监督能力建设，严厉打击非法行医，专项整治医疗乱象、中医养生保健服务乱象，查处违法违规行为74起。开展尘毒危害专项治理，启动尘肺病防治攻坚行动，职业病危害因素检测率78.5%。持续做好“扫黑除恶”专项斗争工作，全力抓好风险隐患排查整治，系统总体平安稳定。

●全面从严治党纵深发展。扎实开展“不忘初心、牢记使命”主题教育，集中学习研讨28次，深入基层调研119人次，完成有深度调研课题10篇，检视问题、查找问题、提醒问题全部整改。出台《涪陵区公立医院党的建设工作实施细则》，区级公立医院全面实现党委领导下的院长负责制，党支部覆盖所有内设科室。完成区委巡察反馈意见整改，立案查处违纪违法案件4起，运用“四种形态”处置126人。制发文件、召开会议同比精简30%。

涪陵区卫生健康系统庆祝第二个中国医师节

与时同时，顺利完成机构改革，落实“三定”方案，开展全国文明城区、国家森林城市、国家生态文明建设示范区创建，开展新中国成立70周年系列庆祝活动，做好干部保健、统战工作，加强财务管理、专项审计，充分发挥老干部、工会联合会、妇委会、共青团、红十字会、医学会、计生协会等作用，形成推动卫生健康事业发展合力。

卫生应急演练

目　录

涪陵区地图
版权页
《涪陵年鉴》编辑委员会
《涪陵年鉴》编辑部
编辑说明
数字涪陵

特　载

中共重庆市涪陵区委关于深入学习宣传贯彻党的十九届四中全会精神的意见……1
政府工作报告……9

大 事 记

1 月……23
2 月……24
3 月……25
4 月……26
5 月……27
6 月……29
7 月……30
8 月……31
9 月……32
10 月……33
11 月……34
12 月……35

区情概览

地理气候……37
区域资源……39
政区建置……41
民族宗教……42
国民经济和社会发展概述……42
文化建设概况……44

中共重庆市涪陵区委员会

概述……47
重要会议……47
重要文件目录……47
组织工作……49
纪检监察……52
宣传思想工作……53
统一战线工作……55
政法工作……57
编制工作……59
信访……60
政策调研……61
老干部工作……62
区委直属机关工作委员会……63
区委党校 涪陵行政学院……65
党史……66

重庆市涪陵区人大常委会

概述......68
重要会议......68
主要工作......70

重庆市涪陵区人民政府

概述......74
重要会议......74
重要决策及措施......76
重大综合性工作......77
行政服务......77
机关事务管理......77

政协重庆市涪陵区委员会

概述......79
重要会议......79
主要工作......81

民主党派•工商联

民革重庆市涪陵区委员会......84
民盟重庆市涪陵区委员会......86
民建重庆市涪陵区委员会......87
中国农工民主党重庆市涪陵区委员会......89
九三学社重庆市涪陵区委员会......91
重庆市涪陵区工商业联合会（涪陵区总商会）...92

群众团体

涪陵区总工会......95
共青团涪陵区委......98
涪陵区妇女联合会......99
涪陵区科学技术协会......101
涪陵区归国华侨联合会......102
涪陵区文学艺术界联合会......103
涪陵区社会科学界联合会......104
涪陵区残疾人联合会......105

法　治

公安......107
检察......108
法院......112
司法行政......113

军　事

涪陵区人民武装部......116
人民防空......117
退役军人管理......117

生态文明

概述......119
城市环境......119
水环境......120
污染防治......121
生态监控......121
生态保护与修复......122
生态文明宣传......122

农业农村

概述......123
种植业......124
林业......125

畜牧水产业……127
农业机械……127
乡村振兴……127
农业生态……128
水利建设……128

扶贫开发

概述……130
扶贫措施……131
扶贫保障……132
扶贫机制……132

榨　菜

概述……134
行业发展……134
安全管理……135
园区建设……136
品牌建设……136
脱贫帮扶……136
部分榨菜龙头企业简介……137

工　业

概述……139
国家级页岩气示范区……139
主导产业……139
工业园区……140

商贸服务

概述……146
批发零售业……146
特种商品流通……147
餐饮业及其他生活服务业……147
会展业……147
广告业……147
粮油购销……148
供销商业……150
对外经贸……152
烟草商业……152

交通•邮政

概述……153
公路交通……153
水路交通……155
交通安全……156
物流……156
邮政……157

城乡建设

概述……160
勘察设计……160
城市建设……160
村镇建设……161
建筑业……161
房地产业……162
城市管理……162

信息产业

网络信息……164
大数据应用发展……164
工业信息化建设……165
网络信息企业……165

金融业

概述……168

银行......169
保险......171
证券......174
其他金融机构......174

财政•税务

财政......177
税务......178

经济监督管理

规划和自然资源管理......181
国有资产管理......183
固定资产投资......185
公共资源交易......185
物价管理......186
安全生产监督管理......187
劳动管理......188
市场监督管理......189
知识产权管理......191
涪陵海关......192
审计......192
统计......194

重庆涪陵综合保税区

概述......196
基础设施建设......196
招商引资......197
运行管理......198

科学技术

概述......199
科技创新平台建设......200
高新技术及产业化......205
科技成果选介......208
气象科技......210

社会科学

概述......211
档案......212
地方志......213

教　育

概述......214
高等院校......219
国家、市级重点中等职业教育学校......220
市级重点普通中学校......222
主要初级中学校......222
九年一贯制学校......223
主要小学校......223
主要学前教育学校......224
其他教育机构......225

文化•旅游•体育

文化......226
出版印刷......227
巴渝都市报社......230
涪陵广播电视台......230
旅游......232
旅游区......233
体育......235

卫生健康

概述......237

全国卫生城区创建……238
疾病预防与控制……238
公共卫生……238
基层卫生……239
医疗管理……239
卫生法治与改革……240
卫生教育科研与合作交流……240
三甲医院简介……241

人民生活与社会事务

人民生活概述……243
民政专项社会事务……244
社会保障……245
老年人……246
残疾人……246
精神文明……247
全国文明城区创建……249
应急救援……249
灾害与防治……250

乡镇•街道

敦仁街道……252
崇义街道……253
荔枝街道……254
江东街道……255
江北街道……258
李渡街道……260
龙桥街道……262
白涛街道……263
马鞍街道……265
珍溪镇……267
百胜镇……269
青羊镇……272
南沱镇……274
马武镇……276
新妙镇……278
蔺市镇……281
清溪镇……283
石沱镇……285
龙潭镇……287
义和镇……290
焦石镇……294
武陵山乡……297
大顺乡……299
同乐乡……302
罗云乡……303
增福乡……305
大木乡……307

人物•光荣榜

全国职工职业道德建设标兵单位……309
全国工人先锋号获得者……309
第七届全国敬业奉献道德模范（提名）、
敬业奉献“中国好人”……310
重庆五一劳动奖状获奖单位……311
重庆市工人先锋号获得单位……311
重庆五一劳动奖章获得者……311
重庆市道德模范获得者……311
“重庆好人”获得者……311

统 计 资 料

涪陵区国民经济和社会发展主要统计指标数据……312
涪陵区乡镇街道基本情况一览表……321
2019 年涪陵区乡镇街道 GDP 总量及增速……322
2019 年涪陵区乡镇街道财政收入和支出……323
2019 年涪陵区乡镇街道固定资产投资和农村
劳动力转移……324
2019 年涪陵区乡镇街道农业增加值和粮食产量……325
2019 年涪陵区乡镇街道农村居民和城镇居民
人均可支配收入……326

特　载

中共重庆市涪陵区委关于深入学习宣传贯彻党的十九届四中全会精神的意见

2019 年 12 月 13 日中国共产党重庆市涪陵区第五届委员会第八次全体会议通过

为深入学习宣传贯彻党的十九届四中全会精神以及市委五届七次全会精神，全面落实党中央关于坚持和完善中国特色社会主义制度、推进国家治理体系和治理能力现代化的重大决策部署，根据《中共重庆市委关于深入学习宣传贯彻党的十九届四中全会精神的决定》（渝委发〔2019〕24 号），结合涪陵实际，现提出如下意见。

一、提高政治站位，切实把握学习宣传贯彻党的十九届四中全会精神的重大意义

党的十九届四中全会是在新中国成立 70 周年之际、我国正处于实现“两个一百年”奋斗目标的历史交汇点上、中华民族伟大复兴到了关键时期，召开的一次具有开创性、里程碑意义的重要会议。全会重点研究坚持和完善中国特色社会主义制度、推进国家治理体系和治理能力现代化问题并作出决定，充分体现了以习近平同志为核心的党中央高瞻远瞩的战略眼光和强烈的历史担当，充分反映了新时代党和国家事业发展的新要求和人民群众的新期待，具有重大而深远的意义。全区上下要深刻认识全会的重大意义，切实增强学习宣传贯彻全会精神的政治自觉、思想自觉和行动自觉。

（一）深入把握重大政治意义。中国共产党领导是中国特色社会主义最本质的特征，是中国特色社会主义制度的最大优势。以习近平同志为核心的党中央的坚强领导是推进国家治理体系和治理能力现代化的定盘星、主心骨。全会对坚定维护党中央权威和集中统一领导作出系列制度安排，从制度层面保证了把“两个维护”落到实处，抓住了国家治理的关键和根本。贯彻落实好全会精神，有助于推动全区上下进一步增强“四个意识”、坚定“四个自信”、做到“两个维护”，以实际行动兑现市委“三个确保”政治承诺。全区上下要把党的领导落实到基层治理各领域各方面各环节，确保涪陵各项工作始终沿着正确方向前进。

（二）深入把握重大理论意义。全会以习近平新时代中国特色社会主义思想为指导，准确把握我国国家制度和国家治理体系的演进方向和规律，深刻回答了“坚持和巩固什么、完善和发展什么”这个重大政治问题，提出了一系列新思想新论断新要求，是对马克思主义国家制度建设和国家治理理论的创新发展。全区上下要自觉抓好全会精神的学习宣传贯彻，准确把握其中蕴含的理论观点、思想方法、重大部署和工作要求，学思用贯通、知信行统一，真正做到内化于心、外化于行、转化为果。

（三）深入把握重大现实意义。当今世界正经历百年未有之大变局，国际形势复杂多变，改革发展稳定、内政外交国防、治党治国治军各方面任务之繁重前所未有，我们面临的风险挑战之严峻前所未有。全会明确提出了坚持和完善中国特色社会主义制度、推进国家治理体系和治理能力现代化的总体要求、总体目标、重点任务和根本保证。全区上下要全面对标对表全会决策部署，加快推进制度创新和治理能力建设，努力在坚持和完善中国特色社会主义制度、推进国家治理体系和治理能力现代化进程中展现新作为、作出新贡献。

二、坚持学深悟透，牢牢把握党的十九届四中全会精神实质

学习宣传贯彻党的十九届四中全会精神，要原原本本学、融会贯通学、联系实际学，深刻领会把握全会精神实质和核心要义。

（一）深刻领会把握中国特色社会主义制度和国家治理体系的科学内涵、本质特征。中国特色社会主义制度和国家治理体系是以马克思主义为指导、植根中国大地、具有深厚中华文化根基、深得人民拥护的制度和治理体系，在实践中彰显出强大生命力和巨大优越性，充分证明这一制度和治理体系是能够持续推动拥有近十四亿人口大国进步和发展、确保拥有五千多年文明史的中华民族实现“两个一百年”奋斗目标进而实现伟大复兴的制度和治理体系。全区上下要增强政治敏锐性和政治鉴别力，始终坚定“四个自信”，做政治上的明白人、老实人。

（二）深刻领会把握中国特色社会主义制度和国家治理体系的显著优势。全会从13个方面系统阐述了我国国家制度和国家治理体系的显著优势。这些显著优势，是“中国之治”的制度密码所在。长期保持并不断增强这些优势，是新时代坚持和完善中国特色社会主义制度、推进国家治理体系和治理能力现代化的努力方向。全区上下要坚定不移坚持中国特色社会主义制度的根本制度、基本制度、重要制度，坚定制度自信、强化制度执行，让国家制度和国家治理体系优势在涪陵得到充分彰显。

（三）深刻领会把握坚持和完善中国特色社会主义制度、推进国家治理体系和治理能力现代化的目标要求。全会明确提出了坚持和完善中国特色社会主义制度、推进国家治理体系和治理能力现代化的总体要求和总体目标。全区上下要严格对标对表总体要求和总体目标，坚决按照中央部署和时间节点安排，结合涪陵实际，围绕党中央明确的国家治理急需的制度、满足人民对美好生活新期待必备的制度，加快推进治理体系和治理能力现代化。

（四）深刻领会把握坚持和完善中国特色社会主义制度、推进国家治理体系和治理能力现代化的重大部署。全会从坚持和完善党的领导制度体系、人民当家作主制度体系等13个方面部署了推进治理体系和治理能力现代化的重点任务。这些重大部署，体现了党中央深远的战略谋划，是新时代坚持和发展中国特色社会主义在制度层面的具体展开，是发挥我国制度优势、提高国家治理水平的主攻方向和着力点。全区上下要强化责任担当，全面落实党中央关于国家制度和治理体系、治理能力建设新部署新要求，确保取得实效。

（五）深刻领会把握坚持和完善中国特色社会主义制度、推进国家治理体系和治理能力现代化的根本保证。坚持党对一切工作的领导，是党和国家的根本所在、命脉所在，是全国各族人民的利益所在、幸福所在。习近平总书记领航掌舵是“中国之治”的决定因素，“两个维护”是“中国之制”的根本保证。全会从强化制度执行、加强制度理论研究和宣传教育、提高党员干部治理能力、支持各类人才贡献智慧和力量、推进制度创新等方面提出明确要求。这些要求对学习好、宣传好、贯彻好全会精神具有根本性、基础性保障作用。全区上下要坚持和加强党的全面领导，完善践行“两个维护”制度机制，为坚持和完善中国特色社会主义制度、推进国家治理体系和治理能力现代化提供根本保证。

三、严格对标对表，全面落实党的十九届四中全会确定的各项重点任务

中央有部署，重庆有行动，涪陵就要落地落实。全区上下要按照党中央决策部署，紧紧围绕全面贯彻习近平总书记对重庆提出的“两点”定位、“两地”“两高”目标、发挥“三个作用”和营造良好政治生态的重要指示要求，以及市委相关安排，重点在10个方面着力，认真落实好全会部署的各项任务。

（一）认真落实“坚持和完善党的领导制度体系”的要求，加强党对各项事业的领导。坚决落实维护党中央权威和集中统一领导的各项制度，完善推动党中央重大决策部署落实机制，严格执行请示报告制度，健全贯彻习近平总书记对重庆所做重要讲话和系列重要指示精神“回头看”制度，坚决把“两个维护”落到实处。持续巩固“不忘初心、牢记使命”主题教育成果，把不忘初心、牢记使命作为全区加强党的建设的永恒课题和党员、干部的终身课题，健全完善制度机制。坚决落实党的全面领导制度，完善各级党委（党组）工作制度，健全党领导各项事业的具体制度，完善机构职能体系。坚决落实为人民执政、靠人民执政各项制度，全面开展“党员联系群众、群众评价党员”工作制度，创新互联网时代群众工作机制，健全联系广泛、服务群众的群团工作体系，始终保持党同人民群众的血肉联系。认真落实提高党的执政能力和领导水平制度，坚持民主集中制，完善区委常委会及区委议事协调机构定期研究重要工作制度，健全集中学习制度和集中调研工作制度，完善干部担当作为的激励机制，确保党的领导更加坚强有力。坚决落实全面从严治党制度，深化党的建设制度改革，健全以党的政治建设为统领，全面推进党的各方面建设的体制机制，健全党管干部、选贤任能制度，严明政治纪律和政治规矩，严格落实中央八项规定及其实施细则精神，持续深入肃清孙政才恶劣影响和薄熙来、王立军流毒，推动全区政治生态整体向好、持续向好。

（二）认真落实“坚持和完善人民当家作主制度体系”的要求，发展社会主义民主政治。坚持和完善人民代表大会制度这一根本政治制度，支持和保证人民通过人民代表大会行使国家权力，健全代表联络机制，完善评议、听证等制度，切实加强区人大及其常委会和乡镇人大建设。坚持和完善中国共产党领导的多党合作和政治协商制度，贯彻长期共存、互相监督、肝胆相照、荣辱与共的方针，健全相互监督特别是中国共产党自觉接受监督、完善支持民主党派和无党派人士履行职能方法，对重大决策部署贯彻落实情况实施专项监督等机制；发挥人民政协作为政治组织和民主形式的效能，落实人民政协专门协商机构制度，健全协商规则，健全发扬民主和增进团结相互贯通、建言资证和凝聚共识双向发力的程序机制；坚持社会主义协商民主的独特优势，统筹推进政党协商、人大协商、政府协商、政协协商、人民团体协商、基层协商以及社会组织协商，构建程序合理、环节完整的协商民主体系。巩固和发展最广泛的爱国统一战线，坚持大统战工作格局，落实照顾同盟者利益政策，做好民族、宗教、侨务工作和港澳台统战工作，落实党外代表人士队伍建设制度，加强党外知识分子工作和新的社会阶层人士统战工作，谋求最大公约数，画出最大同心圆。健全基层党组织领导的基层群众自治机制，加强和完善城乡社区治理，着力推进基层民主制度化、规范化、程序化，健全以职工代表大会为基本形式的企事业单位民主管理制度，充分激发基层民主活力。

（三）认真落实“坚持和完善中国特色社会主义法治体系”的要求，提高依法治区、依法执政能力。坚持宪法法律至上，健全保证宪法全面实施的体制机制，加强宪法实施和监督，完善规范性文件合法性审查机制，坚决维护国家法制统一、尊严、权威。健全社会公平正义法治保障制度，加强人权法治保障，坚持有法必依、执法必严、违法必究，深化司法体制综合配套改革，大力推动智慧法院、智慧检务、智慧警务、智慧司法等建设，完善律师制度，全面落实司法责任制，确保司法公正高效权威。加强对法律实施的监督，保证行政权、监察权、审判权、检察权得到依法正确行使，严格落实公益诉讼制度，加大对严重违法行为处罚力度，实行惩罚性赔偿制度，严格刑事责任追究；加大全民普法工作力度，全面落实“谁执法谁普法”普法责任制，完善公共服务法律体系，增强全民法治观念，全区各级各单位及领导干部要带头尊法学法守法用法，提高运用法治思维和法治方式深化改革、推动发展、化解矛盾、维护稳定、应对风险的能力。

（四）认真落实“坚持和完善中国特色社会主义行政体制”的要求，构建职责明确、依法行政的政府治理体系。立足构建职责明确、依法行政的政府治理体系，着力深化行政体制机制改革，创新行政管理和服务方式，提高行政效能，努力建设人民满意的服务型政府。健全部门协调配合机制，深化行政执法体制改革，积极探索实行跨领域跨部门综合执法，落实行政执法责任制和责任追究制度，大力推行政务服务“全渝通办”，健全强有力的行政执行系统。优化政府职责体系，推进落实行政权责清单制度，促使行政权力运行制度化、规范化，持续深入推进简政放权、放管结合、优化服务，深化行政审批制度改革，着力打造市场化、法治化营商环境，完善中长期经济社会发展规划制度，完善预算制度，完善公共服务体系，建立健全运用互联网、大数据、人工智能等技术手段进行行政管理的制度规则。优化政府组织结构，推进机构、职能、权限、程序、责任法定化，严格机构编制管理，形成高效率组织体系。

（五）认真落实“坚持和完善中国特色社会主义基本经济制度”的要求，推动经济高质量发展。毫不动摇巩固和发展公有制经济，深化国有企业改革，大力发展混合所有制经济，增强国有经济竞争力、创新力、控制力、影响力、抗风险能力；毫不动摇鼓励、支持、引导非公有制经济发展，深化开展服务企业“三百”行动，健全支持民营经济、外商投资企业发展的法治环境，全面落实促进民营经济高质量发展意见，完善构建亲清政商关系的政策体系，健全支持中小企业发展制度，促进非公有制经济健康发展和非公有制经济人士健康成长。坚持按劳分配为主体、多种分配方式并存，加强劳动保障守法诚信制度建设，健全劳动、资本、土地、知识、技术、管理、数据等生产要素由市场评价贡献、按贡献决定报酬的机制，健全以税收、社会保障、转移支付等为主要手段的再分配调节机制，发挥好第三次分配作用。建设高标准市场体系，完善公平竞争制度，全面实施市场准入负面清单制度，加快国家知识产权试点城市建设，深化电、气、油等重点能源领域改革，深化 12315“五进”建设，健全推动先进制造业、振兴实体经济的体制机制。健全城乡融合发展体制机制，抓实乡村振兴和城市提升两个基本面，加快完善农村基本经营制度，全面推进农村集体产权制度改革，稳步扩大农村“三变”改革试点，全面推进“三社”融合发展；加快推进“两线三片一城”项目建设，积极创建全国文明城区和国家卫生区，不断提升城市“颜值”和“气质”。落实区域协调发展新机制，积极推动“一圈两群”协调发展和成渝城市群一体化发展。完善科技创新体制机制，推动大数据智能化为引领的科技创新，以创建国家级高新区为载体，建立健全创新研发平台体系，健全鼓励支持应用研究及基础研究的体制机制，创新促进科技成果转化机制，完善科技人才发现、培养、激励机制。建设更高水平开放型经济新体制，积极参与“一带一路”建设，主动融入长江经济带发展、新时代西部大开发、西部陆海新通道等国家战略，突出东向、深化西向、提升南向、扩大北向，依托重庆涪陵综合保税区等开放平台，落实外商投资准入前国民待遇加负面清单管理制度，加快建设重庆内陆开放高地重要支点。建立健全适应我区高质量发展的指标、政策、标准、统计等体系，并认真落实绩效评价和政绩考核办法。

（六）认真落实“坚持和完善繁荣发展社会主义先进文化的制度”的要求，巩固全区人民团结奋斗的共同思想基础。必须坚定文化自信，牢牢把握社会主义先进文化前进方向，坚持马克思主义在意识形态领域指导地位的根本制度，全面贯彻落实习近平新时代中国特色社会主义思想，突出抓好领导干部理论学习，进一步完善党委（党组）理论学习中心组学习制度；深入实施马克思主义理论研究和建设工程，着力推出更多有说服力、有穿透力的研究成果；加强和改进学校思想政治教育，用科学理论培养人、用正确思想引导人、用主流价值涵育人；落实意识形态工作责任制，完善阵地建设和管理制度，压紧压实做好意识形态工作的政治责任、领导责任。坚持以社会主义核心价值观引领文化建设制度，以“社会主义核心价值观全民行动、思想道德铸魂行动、时代新人培育行动、基层思想政治工作固本行动、基层工作阵地提升行动”为抓手，推动理想信念教育常态化、制度化；大力弘扬民族精神和时代精神，加强党史、新中国史、改革开放史教育，加强爱国主义、集体主义、社会主义教育，实施公民道德建设工程，加快推进我区新时代文明实践中心建设，不断提升人民思想觉悟、道德水准、文明素养和全社会文明程度；完善弘扬社会主义核心价值观的法律政策体系，把社会主义核心价值观要求融入法治建设和社会治理，体现到国民教育、精神文明创建、文化产品创作生产全过程；稳步推进中华优秀传统文化传承发展工程，深入挖掘涪陵历史文化底蕴；健全诚信建设长效机制，加强社会信用体系建设，加大诚信宣传教育力度，开展诚信缺失突出问题专项治理。健全人民文化权益保障制度，完善城乡公共文化服务体系，优化城乡文化资源配置，健全支持开展群众性文化活动机制，鼓励社会力量参与公共文化服务体系建设。完善坚持正确导向的舆论引导工作机制，建立以内容建设为根本、先进技术为支撑、创新管理为保障的全媒体传播体系，加快推动媒体融合发展，构建网上网下一体、内宣外宣联动的主流舆论格局，健全重大舆情和突发事件舆论引导机制，加强网络舆论引导力量和工作机制建设；建立健全网络综合治理体系，压实互联网企业主体责任，营造清朗的网络空间。坚持以人民为中心的工作导向，建立健全把社会效益放在首位、社会效益和经济效益相统一的文化创作生产体制机制；深化文化体制改革，推动文化事业和文化产业高质量发展；完善文化和旅游融合发展体制机制，深入挖掘旅游资源的文化内涵，依托旅游资源推出更多具有涪陵特色的文艺精品。

（七）认真落实“坚持和完善统筹城乡的民生保障制度”的要求，满足人民日益增长的美好生活需要。落实就业优先政策，健全有利于更充分更高质量就业的促进机制，完善重点群体就业支持体系，实施就业技能提升行动，健全劳动关系协调机制，促进广大劳动者实现体面劳动、全面发展。构建服务全民终身学习的教育体系，深化教育领域综合改革，完善立德树人体制机制，加强师德师风建设，推动城乡义务教育一体化发展，健全学前教育、特殊教育和普及高中阶段教育保障机制，完善职业技术教育、高等教育、继续教育统筹协调发展机制，支持和规范民办教育、合作办学，发挥网络教育和人工智能优势，加快建设学习型社会。完善覆盖全民的社会保障体系，坚持应保尽保原则，落实统筹城乡、可持续的基本养老保险制度、基本医疗保险制度，统筹完善社会救助、社会福利、慈善事业、优抚安置等制度，完善退役军人服务保障体系和保障制度，完善农村留守儿童和妇女、老年人关爱服务体系，严格落实多主体供给、多渠道保障、租购并举的住房制度。坚决打赢精准脱贫攻坚战，加强贫困人口动态监测，全面推行入户走访“六看六问”工作法，切实巩固脱贫攻坚成果；加强脱贫攻坚与乡村振兴统筹衔接，推广“一庄一园”农村“三变”扶贫改革经验，探索建立解决相对贫困的长效机制。强化提高人民健康水平的制度保障，深化医药卫生体制改革，落实基本医疗卫生制度，健全医改便民长效机制；健全现代医院管理制度，推进公立医院综合改革；加强公共卫生和重大疾病防控，健全重特大疾病医疗保险和救助制度；实施健康中国涪陵行动，构建以居家为基础、社区为依托、机构充分发展、医养康养相结合的多层次养老服务体系。优化体育公共服务设施布局，完善体育健康设施共建共享机制，健全促进全民健身制度性举措。健全每年兴办一批民生实事机制，着力解决好群众的急难愁盼。

（八）认真落实“坚持和完善共建共治共享的社会治理制度”的要求，保持社会稳定、维护国家安全。完善正确处理新形势下人民内部矛盾有效机制，大力实施“枫桥经验”重庆实践十项行动，畅通和规范群众诉求表达、利益协调、权益保障通道，完善信访制度，完善人民调解、行政调解、司法调解联动工作体系，健全社会心理服务体系和危机干预机制，加快“驻所调解室”建设，构建上下联系、左右联通、整体联动、无缝衔接、畅通高效的社会矛盾纠纷多元预防调处化解综合机制，努力把矛盾化解在基层。健全社会治安防控体系，充分发挥“雪亮工程”功能作用，提高社会治安立体化、法治化、专业化、智能化水平，形成问题联治、工作联动、平安联创的工作机制，切实提高预测预警预防各类风险的能力，增强社会治安防控的整体性、协同性、精准性。健全公共安全体制机制，坚持安全第一、预防为主、综合治理方针，完善和落实安全生产责任和管理制度，建立公共安全隐患排查和安全预防控制体系，坚决遏制重特大安全事故发生，构建统一指挥、专常兼备、反应灵敏、上下联动的应急管理体制，提高防灾减灾救灾能力；完善食品药品安全监管制度，坚守生命安全红线和健康底线。推动社会治理和服务重心向基层下移，完善群众参与基层社会治理的制度化渠道，健全党组织领导的自治、法治、德治相结合的城乡基层治理体系，加快推进我区社会治理现代化，推进乡镇街道综治中心规范化建设，深化“全科网格”建设，打造基层社会治理新格局。坚持总体国家安全观，认真贯彻落实《党委（党组）国家安全责任制规定》，加强国家安全人民防线建设，增强全民国家安全意识，落实国家安全风险研判、防控协同、防范化解机制，高度警惕、坚决防范和严厉打击敌对势力渗透、破坏、颠覆、分裂活动，筑牢维护国家安全的铜墙铁壁。

（九）认真落实“坚持和完善生态文明制度体系”的要求，促进人与自然和谐共生。实行最严格的生态环境保护制度，完善源头预防、过程控制、损害赔偿、责任追究的生态环境保护体系，完善国土空间规划和用途统筹协调管控制度，统筹划定落实生态保护红线、永久基本农田、城镇开发边界等空间管控边界，落实主体功能区制度，落实绿色生产和消费的法律制度和政策导向，构建以排污许可制为核心的固定污染源监管制度体系，加强农业农村环境污染防治，落实生态环境保护法律体系和执法司法制度。全面建立资源高效利用制度，落实资源有偿使用制度，完善资源节约集约循环利用政策体系，实行垃圾分类和资源化利用制度，完善自然资源监管体制，发挥页岩气示范基地的资源优势，推进绿色开发力度，加大本地利用总量。健全生态保护和修复制度，统筹山水林田湖草一体化保护和修复，严格按程序调整优化自然保护地规划，落实国家公园保护制度。加强长江、乌江和三峡库区生态保护和系统治理，加强化工园区环保能力建设、环境风险防范、主体责任落实，严格固废危废管理，努力提升废物综合利用率。大力开展国土绿化行动，加强水土流失、石漠化、地质灾害和消落区综合治理，加快打造长江上游重要生态屏障区。落实生态环境保护责任制度，健全生态文明建设目标评价考核制度，严格落实企业主体责任和政府监管责任；强化环保基础设施建设，全面建成城市污水管网，实现建制镇、撤并场镇管网全覆盖、污水全收集、排放全达标；开展领导干部自然资源资产离任审计，推进生态环境保护综合行政执法；健全生态环境保护督察体制机制，落实生态环境公益诉讼制度，落实生态补偿和生态环境损害赔偿制度，实行生态环境损害责任终身追究制。

（十）认真落实“坚持和完善党和国家监督体系”的要求，强化对权力运行的制约和监督。认真落实《中国共产党党内监督条例》，完善党内监督体系，落实各级党组织监督责任；完善领导班子内部监督制度，破解“一把手”监督和同级监督难题；加大对党的理论和路线方针政策以及重大决策部署贯彻落实情况的监督检查，进一步完善巡视巡察整改、督查落实情况报告制度；持续深化纪检监察体制改革，健全派驻（派出）机构履责工作机制，增强纪委监委监督的严肃性权威性；积极探索强化监督的途径和渠道，推进纪律监督、监察监督、派驻监督、巡察监督同向发力，完善人大监督、民主监督、行政监督、司法监督、群众监督、舆论监督制度，发挥好审计监督、统计监督职能作用。紧盯权力运行各环节，完善权力配置和运行制约机制，健全分事行权、分岗设权、分级授权和定期轮岗制度，健全党务、政务、司法和各领域办事公开制度，把公权力置于严密监督之下；探索建立权力运行可查询、可追溯的反馈机制，深化运用监督执纪“四种形态”，完善发现问题、纠正偏差、精准问责有效机制，推动各方面制度更加成熟更加定型，压减权力设租寻租空间。构建一体推进不敢腐、不能腐、不想腐体制机制，坚决查处政治问题和经济问题交织的腐败案件；深化标本兼治，着力推动审批监管、执法司法、工程建设、资源开发、金融信贷、公共资源交易、公共财政支出等重点领域监督机制改革和制度建设，切实强化风险防控；加强思想道德和党纪国法教育，建立“以案四说”长效机制，探索开展“以案四改”，巩固和发展反腐败斗争压倒性胜利。

对全会提出的“坚持和完善党对人民军队的绝对领导制度”“坚持和完善‘一国两制’制度体系”“坚持和完善独立自主的和平外交政策”等重大部署要求，要在党中央统一领导下，按照市委有关工作要求，认真抓好贯彻落实。

四、加强组织领导，把学习宣传贯彻党的十九届四中全会精神引向深入

学习宣传贯彻党的十九届四中全会精神，是当前和今后一个时期的重要政治任务。全区各级党组织要坚决扛起政治责任，用心学进去，用情讲出来，用力做起来，不断把学习宣传贯彻全会精神引向深入。

（一）严格落实主体责任。各级党委（党组）要严格按照党中央统一部署以及市委工作要求，迅速兴起学习宣传贯彻党的十九届四中全会精神热潮。主要负责同志要切实担负起第一责任人责任，带头抓学习、抓宣讲、抓贯彻，层层传导压力、层层压实责任。分管负责同志要负起直接责任，加强对分管领域学习宣传贯彻工作的督促指导。组织、宣传、统战部门和其他有关部门要密切配合，

共同把学习宣传贯彻工作做深做实。工会、共青团、妇联、社科联、工商联等人民团体要发挥自身优势，在各自联系的群众中积极开展学习教育活动。

（二）切实加强学习培训。各级党组织要把学习全会精神作为党的理论武装工作的重点任务，结合开展“不忘初心、牢记使命”主题教育，精心制定学习计划，利用党委（党组）会、理论学习中心组学习会、干部职工会等形式，认真组织广大党员干部特别是领导干部学习。要把全会精神纳入各类培训学习的重要内容，分级分类、分期分批对全体党员干部开展培训。要把全会精神纳入学校思想政治教育和课堂教学的重要内容，推动全会精神进教材、进课堂、进头脑，把制度自信教育贯穿国民教育全过程。要切实抓好离退休人员、新经济组织和社会组织从业人员、流动人口中党员的学习。

（三）扎实开展宣传宣讲。要按照中央部署以及市委要求，开展好全会精神宣讲活动。区委已组建宣讲团，各乡镇街道和区级部门也要成立以党委（党组）班子成员、机关党员干部、典型模范等为骨干的宣讲队，深入基层开展对象化、分众化、互动化宣讲活动。区领导和各乡镇街道、区级部门主要负责同志要带头到一线开展宣讲，与干部群众面对面交流。要统筹区内新闻媒体力量和资源，坚持网上网下一体推进，拿出重要版面、重点时段，开辟专题、专栏，及时推出和转载一批有分量的深度报道、权威专访和理论文章，营造坚定中国特色社会主义制度自信的浓厚氛围。要依托区内高校、智库等社科力量对全会精神进行深入研究阐释，推出一批有深度、有分量、有影响的理论研究成果。要严格落实意识形态工作责任制，加强舆情管控，科学分析研判，及时发现和处置倾向性、苗头性问题，确保意识形态绝对安全。

（四）着力提升能力水平。各级党组织和领导干部要切实强化制度意识、制度思维，严格遵守和执行各项制度，带头维护制度权威，做制度执行的表率，不断提高运用制度干事创业的能力，带动广大党员干部群众自觉尊崇制度、严格执行制度、坚决维护制度。要把提高治理能力作为新时代干部队伍建设的重大任务，把制度执行力和治理能力作为干部选拔任用、考核评价的重要依据，推动广大干部严格按照制度履行职责、行使权力、开展工作，提高贯彻落实党中央决策部署以及市委工作要求的能力和水平。要健全权威高效的制度执行机制，加强对制度执行的监督，坚决杜绝做选择、搞变通、打折扣现象，不断增强制度的权威性和执行力，让制度管用见效。

（五）深入做好督查考核。各级各单位要把全会提出的重点任务分解落实到位，并明确时间节点、进度要求。要把各领域制度落实情况列为年度领导班子绩效考核的重要内容，确保全会部署的各项目标任务顺利推进。要对各级各单位学习宣传贯彻全会精神情况持续开展督促检查，务求取得实效，力戒形式主义、官僚主义。要注意总结提炼学习贯彻全会精神的好做法好经验，及时向区委报告有关工作推进情况。

全区上下要更加紧密地团结在以习近平同志为核心的党中央周围，坚持以习近平新时代中国特色社会主义思想为指导，深入学习宣传贯彻党的十九届四中全会精神以及市委五届七次全会精神，不忘初心、牢记使命，沉心静气、开拓进取，切实把制度优势更好转化为治理效能，为加快建设高质量发展、高品质生活的美丽涪陵幸福涪陵，在全市“一圈两群”协调发展中担当更大使命、实现更大作为而努力奋斗。

政府工作报告

——2020年1月6日在重庆市涪陵区第五届人民代表大会第四次会议上

重庆市涪陵区人民政府区长 种及灵

各位代表：

现在，我代表区人民政府，向大会报告工作，请予审议，并请各位政协委员提出意见。

一、2019年工作回顾

2019年，是涪陵经济社会发展稳中有进、稳中向好的一年。我们坚持以习近平新时代中国特色社会主义思想为指导，全面落实习近平总书记对重庆提出的“两点”定位、“两地”“两高”目标、发挥“三个作用”和营造良好政治生态的重要指示要求，在市委、市政府和区委的坚强领导下，坚持稳中求进工作总基调，深入贯彻新发展理念，落实高质量发展要求，深化供给侧结构性改革，确保“三大攻坚战”“八项行动计划”“三篇大文章”等重点任务顺利推进，高质量发展、高品质生活的美丽涪陵幸福涪陵建设又迈出了新步伐。

过去一年，践行新发展理念、推动高质量发展成效显著。预计地区生产总值达到1180亿元、增长8.5%，人均地区生产总值突破10万元大关。三次产业结构优化为5.9 ∶ 56.6 ∶ 37.5；工业增加值增长9.5%；社会消费品零售总额突破300亿元、增长10.8%；在大规模减税降费背景下，完成一般公共预算收入54.4亿元、增长1%，地方税收占比提高到79%。创新发展动力增强。战略性新兴产业增加值占规上工业增加值比重提高到34.5%，高技术产业增加值增长19.3%，数字经济产业规模突破80亿元；全社会研发经费支出占比达到2.1%，新增授权发明专利增长25.8%，连续5年获得市科技进步一等奖。协调发展统筹推进。乡村振兴提质加力，榨菜产业总产值达到115亿元，中药材种植面积达到7万亩，“五沿”引领全域农村人居环境整治，乡村正在成为人人向往的美丽家园；城市提升成效明显，新城区“两线三片”加速扩张，老城区有机更新持续推进，城市建成区面积达到70.1平方千米，国家卫生区创建顺利通过国家暗访，全国文明城区创建接受中央文明办年度测评。绿色发展全面推动。城区环境空气质量优良天数达到322天、比率保持在88%以上，新增城市绿地70万平方米，完成后溪河次级河流整治，新增营造林9万亩，森林覆盖率达到53%，国家级、市级绿色工厂总量居全市区县前列，国家生态文明建设示范区、国家森林城市创建积极推进。开放发展势头强劲。实际利用外资、进出口总额分别增长2.5%、36.9%；重庆涪陵综合保税区实现封关运营，国家现代农业产业园成功创建，国家高新区进入科技部考察名单；成功纳入西部陆海新通道东线主通道；招商引资再添硕果，光纤陀螺及传感器件生产基地、百汇商业中心等一批重大项目落户涪陵。共享发展水平提升。农村贫困人口减少2236人，建卡扶贫对象脱贫率达到99.86%，城镇乡村常住居民人均可支配收入分别增长8.5%、9.5%，16件重点民生实事顺利完成，全面建成小康社会实现程度达到99%。

一年以来，面对发展环境日趋严峻、经济下行压力加大、区域竞争愈发激烈的复杂局面，全区上下勠力同心、攻坚克难，主要抓了以下六个方面工作：

（一）全力推进经济平稳健康发展

供给侧结构性改革不断深化。着力巩固“三去一降一补”成果，加大“僵尸企业”处置力度，持续推进降本增效，强化补短板的精准性和有效性。多措并举促进房地产市场健康发展，去化周期保持在合理区间。规上工业企业资产负债率持续下降。落实更大规模减税降费政策，减税降费21亿元；中小企业商业价值、科技型企业知识价值信用贷款风险补偿基金和转贷应急周转金共计提供贷款3.3亿元，为企业减少融资成本1400余万元。

三大攻坚战扎实开展。打好精准脱贫攻坚战，“两不愁三保障”突出问题实现动态清零，全面完成中央脱贫攻坚专项巡视反馈意见整改任务，创新建立以股份合作社为载体的产业带贫惠贫机制。打好污染防治攻坚战，“五大环保行动”目标任务顺利完成，PM_{10}、二氧化氮等空气质量指标明显改善，乌江涪陵段水质均达到或优于Ⅲ类，再开发利用地块土壤环境调查与风险评估率达到100%。打好防范化解重大风险攻坚战，政府性债务遏增量、减存量扎实推进，新增政府债券资金23.3亿元。全力做好防风险保安全护稳定迎大庆工作，扫黑除恶专项斗争深入推进，敦仁派出所成功创建全国“枫桥式公安派出所”。深化信访突出问题专项治理，实现网格化管理与社会治安立体化防控体系有机融合。重点行业领域大排查大整治大执法行动深入开展，防灾减灾救灾能力明显提升，安全生产形势总体平稳。

“六稳”工作有序推进。着力稳就业，把稳就业摆在更加突出的位置，重点解决好农民工、退役军人等群体就业，新增城镇就业2.6万人。着力稳金融，银行业不良贷款率保持在较低水平，社会融资规模超过1600亿元、增长11%。着力稳外贸，鼓励“涪陵造”加快布局国际市场，完成进出口总额76.3亿元。着力稳外资，实际利用外资1.6亿美元，成功组织智博会、进博会等大型展会。着力稳投资，完成固定资产投资430亿元，其中工业投资增长10%。着力稳预期，工业用电量、货运量、贷款余额等先行指标分别增长15%、7%、6%，市场预期持续向好。

营商环境明显改善。“放管服”改革不断深化，“全渝通办”全面落实，“互联网+政务服务”有力推进，审批服务事项“一窗受理”“一网通办”可办率达到80%，100个高频事项实现“最多跑一次”。工程建设领域政府投资项目、一般社会投资项目审批时限分别压缩60.6%、58.3%。商事制度改革持续推进，企业开办时间压缩至3个工作日内，新发展市场主体1.1万户。“双随机、一公开”监管模式改革扎实推进。深入开展服务企业“三百”行动，处置化解涉企困难200余个。

（二）全力构建现代产业体系

大数据智能化成效显著。实施智能化改造类项目47个，新增涪陵卷烟厂、华峰集团2个市级智能工厂和太极桐君阁、葵花药业等13个数字化车间，总量位居全市区县第一位。新增国家级两化融合贯标企业4户、全市智能制造标杆企业1户。智能建筑研究院、智能科技研究院技术支撑作用进一步发挥，建筑业增加值增长10%，装配式钢混结构及信息化建造技术荣获市科技进步一等奖，矿山基地、钢结构及PC部件部品生产基地成功投产。开业运营网麦电商产业园一期。新建5G通信基站210个、公共区域免费无线接入点55个。华为（涪陵）云计算大数据中心上线运营。“五朵云”功能加快完善，其中平安云视频实战共享平台获得全国政法智能化建设优秀创新案例奖。“智慧河长”系统荣获全国最佳公安业务创新奖。

工业发展质效提高。规上工业产值增长11%，规上工业利润占全市比重达到10%。工业园区规上工业产值增长13.5%，园区规模工业集中度达到92%。五大主导产业加快集聚，新材料产业产值突破400亿元，装备制造、信息技术产业产值增速均超过20%。华峰铝业一期达产，万凯新材料、太极医药城B区提取项目和华峰己二酸四期、差别化氨纶三期等项目即将竣工，华通电脑二期、涪陵榨菜绿色智能化生产基地开工建设。工业企业提升“双百”行动成效初显，新升规企业35户，产值或利税率提升的亿元级企业36户。新增50亿元级企业1户，8户企业入选重庆制造业企业100强，9户企业认定为首批重庆市制造业产业链龙头企业。

服务业发展步伐加快。万达广场、中慧西街开业运营，建成涪陵农资商贸城，大型商业综合体辐射作用凸显。建成运营11个社区便民超市。批发零售商品销售额突破1000亿元、增长13%。白鹤梁题刻入选中国申报世界文化遗产备选项目，816工程成功创建国家4A级景区。美心红酒小镇成为全市网红打卡新地标。接待游客人次、旅游综合收入分别增长11.3%、31.7%。交通运输行业加快发展，物流业增加值增长5%。金融业健康发展，金融业增加值达到37.4亿元、增长7.4%。

农业发展稳健有力。完成农业增加值71.2亿元、增长4.2%，粮食总产量43.9万吨。榨菜、中药材“2+X”百亿级产业集群加快壮大，涪陵黑猪、增福土鸡等畜牧业稳步发展，果品总产值增长10.4%，蚕农实现销售收入7938万元。新获认证无公害农产品36个、绿色食品23个，成功创建全国绿色食品（青菜头）原料标准化生产基地，涪陵青菜头获得国家农产品地理标志产品认证，新发展农民合作社285个、家庭农场12个。主要农作物耕种收综合机械化率达到49.5%。农产品加工业总产值增长8.8%，农产品网络零售额增长21.7%，乡村旅游接待人次突破1000万。

（三）全力统筹城乡协调发展

规划引领作用不断凸显。深入开展“多规合一”，有序推进第三次国土调查，高质量完成涪陵资源环境承载能力和国土空间开发适宜性“双评价”试点工作。完成李渡组团中心区、高铁片区、大鹅片区等控规修改，高起点编制国土空间总体规划，适度降低开发强度，人居环境品质不断提高。

城市品质颜值持续提升。新城区主战场地位彰显，“两线三片”齐头并进，涞滩河库岸整治部分建成蓄水，学府路三期、平安公园建成投用，玉屏公园建设顺利推进，站前大道二期等37个项目加快建设，太白大道北延伸段、轴线公园开工建设。江南城区不断提档升级，通江路、插旗支路等建成通车，乌江大桥西桥头立交一期、江东文化广场二期建成投用。高山湾综合客运换乘枢纽获得中国建设工程“鲁班奖”。深入实施城市细管、智管、众管，扎实推进街净巷洁等“七大工程”，滨江环湖灯饰二期建成投用，拆除违法建筑10.3万平方米，“马路办公”解决问题3268个；数字城管覆盖面积达到60平方千米；落地实施“五长制”，实现“门前三包”网络体系全覆盖。

美丽乡村建设深入推进。基础设施条件持续改善，完成农村饮水安全巩固提升工程75个、惠及群众13万人，硬化油化场镇道路62千米，建成通组公路1480千米，实施农网升级改造项目105个，基本实现农村居民聚居地4G网络全覆盖。农村人居环境整治扎实推进，编制完成村规划144个，实施农房整治3000户、户厕改造1.2万户，新改建农村公厕75座。乡村振兴试验示范成效明显，成功创建国家园林城镇3个、国家卫生乡镇4个，江北街道二渡村获评全国乡村治理示范村，新增市级生态文明示范乡镇7个、美丽庭院1050个。

（四）全力推动创新改革开放

创新驱动发展提速。国家高新区创建有力推进，建成区科技创新中心、高新区展示中心，新增国家高新技术企业20户、市级科技型企业148户，新创市级众创空间3家，启迪清创孵化器落地运行。国家农业科技园区通过验收。获批国家知识产权试点城市，万人有效发明专利拥有量增至3.51件。获重庆市科学技术奖6项。入选重庆“英才计划”领军人才11名、创新创业示范团队4个。高新技术产品产值增长21.2%，科技进步贡献率提高到56%。

重点改革纵深推进。国企改革力度持续加大，深化区属六大国企集团改革重组，13户市属在涪国企剥离办社会职能基本完成；国有资产规模达到2254亿元、增长7.8%，区属国企营业收入、利润总额分别增长8.4%、3.3%。审计管理体制改革持续深化，审计项目和组织方式“两个统筹”有力推进。财政预算绩效管理全面实施，部门预算项目支出绩效评价实现全覆盖。税费征管体制改革纵深推进。农业农村改革大力推进，土地承包经营权确权登记颁证顺利完成，榨菜、中药材产业“三变”改革不断深化，创新建立“两份保证金、一条利益链”股份合作机制。司法行政体制、文化体制、社会保障体制等改革全面推进。

开放水平加速提高。综保区首期基础设施全面建成，签约项目11个、协议进出口总额30亿美元。建成新涪食品公用型保税仓库。龙头港二期提速建设，进港铁路专用线建设加快推进。涪陵港集装箱吞吐量达到5.5万标箱的历史新高。南两高速、渝怀铁路涪陵至梅江段即将完工，渝万高铁完成工程可行性研究报告评审。涪陵绕城高速、白涛至白马高速等6条高速公路纳入全市规划。卷大路、梓白高速项目克服重重困难、实现全面复工，江东至焦石公路改造工程完工，鹅颈关至涪陵西快速通道、马武至龙潭一级公路等项目顺利推进。招商引资成效显著，新签投资亿元以上项目35个，其中战略性新兴产业项目19个；投资10亿元以上项目11个，产值50亿元以上项目6个。

（五）全力改善生态环境质量

加强环保基础设施建设。完成3个乡镇污水处理设施技术改造，新建城镇二、三级污水管网60千米，城市、乡镇、农村生活污水集中处理率分别达到96%、80%、70%。完成百胜榨菜废水集中处理厂扩建改造和37户榨菜企业废水处理设施技术改造。规模养殖场粪污处理设施装备配套率达到95%。完成18个集中式饮用水水源地保护区规范化建设，城市、乡镇集中式饮用水水源水质达标率分别达到100%、88%。

狠抓突出环境问题治理。长江经济带固体废物大排查深入开展，污水偷排直排乱排专项整治行动扎实推进，分类整治长乌江入河排污口143个。城区生活垃圾无害化处理率、农村生活垃圾有效治理行政村覆盖率达到100%。完成32个长江干流岸线利用项目清理整改，境内渔船全部退捕。中化涪陵化工现址全面关停，第一轮中央环保督察反馈问题整改全部完成，第二轮群众投诉问题45个已整改37个。复绿关停矿山5座。完成自然保护地问题整改76个。“大棚房”、违建别墅清理整治全面完成。

强化环境监管执法改革。完成第二次全国污染源普查，严格落实“三线一单”管控要求。完善环境联合执法机制。积极探索垃圾分类资源化利用体系建设，公共机构试点实现全覆盖。生态环境损害赔偿制度改革持续推进，启动渠溪河上下游、梨香溪流域横向生态补偿试点。荣获水利部“全面推行河长制先进单位”。

（六）全力增进民生福祉

民生实事取得明显成效。社会保险待遇水平稳步提高，新增参保8.4万人次，发放医疗保险、生育保险、医疗救助12.3亿元。着力保障农民工工资支付，追讨欠薪1800余万元。新配租公租房廉租房923套，分配征地拆迁安置房4040套、安置群众1万余人。李渡二水厂开工建设。出台养老设施布局规划，完成区社会福利院改造一期工程，新建12个社区养老服务站、2个市级示范养老服务中心，建成区残疾人康复托养中心、区失能特困人员集中供养中心。优化调增公交线路9条，新增新能源公交车50辆。新增公共停车场5个、车位1200个。基层综合文化服务中心升级改造全面完成。开展庆祝新中国成立70周年演出等文化惠民活动1200余场次。成为全市唯一的全国首批社会足球场地设施建设重点推进城市。

教育事业提质均衡发展。公办在园幼儿占比达到44.8%，普惠率达到86%。小学“大班额”占比下降3.7个百分点。科教产业实训基地建设有序推进。高考综合改革持续深化。职业院校学生就业率达到98.2%。新增国家级特色学校12所，学生参加市级以上艺体、科技大赛获奖1200余项。长江师范学院建成市级一流专业8个，重庆工贸职院通过市级优质高职院校初评。建成涪陵教育云中心，创建智慧校园18所。

医疗卫生水平不断提升。国家慢性病综合防控示范区创建通过国家专家组评审。深化医药卫生体制改革，取消公办医疗机构医用耗材加成，区内就诊率超过90%，基层就诊比例达到68%。新改建村卫生室50个，区公共卫生服务中心建成投用，区人民医院住院综合大楼、区妇幼保健院新院投入试运行，中心医院新城区医院加快建设。获批市级区域医学重点学科2个、临床重点专科2个，创建等级基层医疗卫生机构2个。医疗卫生行业综合监管实现全覆盖。

一年来，我们在自身建设方面不断加力，坚决落实全面从严治党要求，全力推动“不忘初心、牢记使命”主题教育走深走实，政府施政能力和服务水平不断提升。政治方向更加坚定。增强“四个意识”，坚定“四个自信”，做到“两个维护”，坚持把党中央国务院决策、市委市政府部署和区委安排不折不扣落到实处。坚决肃清孙政才恶劣影响和薄熙来、王立军流毒，兑现落实市委“三个确保”政治承诺。依法行政更加深入。法治政府建设稳步推进，自觉接受区人大及其常委会法律监督、工作监督和区政协民主监督，认真落实区人大及其常委会的决议、决定和审议意见，办理人大代表建议247件、政协提案278件。审计监督广度深度进一步拓展，全面接受司法监督、群众监督和舆论监督，政府公信力持续提升。作风转变更加扎实。严格落实中央八项规定精神、市委《实施意见》和区委《具体措施》，坚决防止“四风”问题反弹回潮。大兴调查研究之风，形成一批调研成果，解决一批实际问题。集中整治形式主义、官僚主义，基层减负取得积极进展。严格落实过“紧日子”要求，压减“三公”经费13%。深入落实政府系统廉政建设主体责任六项工作制度。实现公共资金、国有资产、国有资源和领导干部履行经济责任审计全覆盖。圆满完成第四次全国经济普查任务。

与此同时，统计、消防、人防、气象、地震、民兵预备役、退役军人事务、双拥共建、档案、保密、修志、工会、妇女、儿童、青年、老龄、残疾人、红十字、民族宗教、外事、对台等工作都取得了新的进展。

各位代表！过去的一年，全区经济社会发展取得的成绩来之不易，这是区委统揽全局、科学决策的结果，是区人大区政协有效监督、大力支持的结果，更是全区人民团结一心、努力奋斗的结果。在此，我代表区人民政府，向全区人民，向人大代表和政协委员，向各民主党派、工商联、人民团体和社会各界人士，向中渝在涪单位，向驻涪部队、武警官兵，向离退休老同志，向广大建设者和投资者，向所有关心支持涪陵发展的同志们、朋友们，表示衷心的感谢并致以崇高的敬意！

各位代表！成绩固然可喜，但我们也要清醒地认识到还存在诸多问题和困难。一是经济下行压力仍然较大，经济平稳运行的基础还不够牢固，经济持续健康增长的难度还在加大。二是产业结构升级仍需加快，创新能力还不够强，产业层次有待提高，结构性体制性矛盾还比较突出，新旧动能转换亟须提速。三是有效投资仍待加力，少数重点项目建设进度滞后，梓白高速、白鹤水厂等建设进度未达到预期。四是发展短板仍旧突出，对外通道不足、高层次人才缺乏等制约日益凸显，民生领域存在欠账，污染防治任务繁重，公共服务供给能力与人民日益增长的美好生活需要还有差距。五是政府职能转变仍不到位，行政效能有待提高，少数政府部门工作人员的能力和作风与新时代新要求不相适应。对此，我们将高度重视、增添措施，下大力气加以解决。

二、2020 年工作目标和重点任务

各位代表！2020 年，是全面建成小康社会和“十三五”规划收官之年。市委市政府赋予了涪陵主城都市区发展重要支撑，“一区”连接“两群”重要节点，在全市发展格局中具有重要地位的“三个重要”定位，激励我们勇立潮头；区委做出了在全市“一区两群”协调发展中担当更大使命、实现更大作为的工作部署，加快打造成渝城市群区域性综合交通枢纽、重庆市区域性中心城市、重庆重要的现代制造业基地、重庆建设内陆开放高地的重要支点和长江上游重要生态屏障区，鞭策我们奋勇争先。

今年政府工作的总体要求是：以习近平新时代中国特色社会主义思想为指导，全面贯彻党的十九大、十九届二中三中四中全会精神和中央经济工作会议精神，增强“四个意识”，坚定“四个自信”，做到“两个维护”，深化落实习近平总书记对重庆提出的“两点”定位、“两地”“两高”目标、发挥“三个作用”和营造良好政治生态的重要指示要求，贯彻落实党中央关于推动成渝地区双城经济圈建设的重大战略部署，紧扣全面建成小康社会目标任务，坚持稳中求进工作总基调，坚持新发展理念，坚持以供给侧结构性改革为主线，坚持以改革开放为动力，推动高质量发展，坚决打赢“三大攻坚战”，深入实施“八项行动计划”，认真做好“三篇大文章”，全面做好“六稳”工作，积极融入主城都市区发展，确保涪陵经济实现量的合理增长和质的稳步提升，确保全面建成小康社会和“十三五”规划圆满收官，努力在全市“一区两群”协调发展中担当更大使命、实现更大作为。

主要预期目标是：地区生产总值增长 8%，规上工业增加值增长 9%，固定资产投资增长 8%，社会消费品零售总额增长 10%，一般公共预算收入增长 1%、其中税收收入增长 3%，全社会研发经费支出占比达到 2.15%，城镇新增就业 2.3 万人，城乡居民人均可支配收入分别增长 8.5%、9.3%，现行标准下农村贫困人口全部脱贫，节能减排降碳等约束性指标完成市上下达任务。

要实现以上目标，需要把握好四个方面：

——*坚定不移贯彻新发展理念*。创新、协调、绿色、开放、共享的新发展理念，是涪陵实现高质量发展必须坚持的理念先导。我们要努力实现创新成为第一动力、协调成为内生特点、绿色成为普遍形态、开放成为必由之路、共享成为根本目的的发展，把注意力集中到解决各种不平衡不充分的问题上，牢固树立全面、整体的观念，坚持稳字当头，积极进取，推动高质量发展之路越走越宽广。

——*坚定不移打好三大攻坚战*。脱贫攻坚、污染防治、防范化解重大风险三大攻坚战，是涪陵实现高质量发展必须跨越的险阻关口。我们要坚持目标导向、问题导向、结果导向，以更加自觉的责任担当、埋头苦干的实际行动和坚韧不拔的顽强意志，精准发力、倒排工期，确保顺利实现全面建成小康社会目标。

——**坚定不移践行以人民为中心的发展思想**。聚焦民生“七有”，持续用力、精准发力，尽力而为、量力而行，从最困难的群体入手，从最突出的问题着眼，从最具体的工作抓起，努力做好普惠性、基础性、兜底性民生建设，不断提升人民群众获得感、幸福感、安全感，切实把全面建成小康社会体现在人民生活改善上，不断实现人民对美好生活的向往。

——**坚定不移融入“一区两群”协调发展**。更加注重从全局谋划一域、以一域服务全局，以时不我待的紧迫感和舍我其谁的责任感，立足“三个重要”定位，将涪陵经济社会发展与落实中央决策、市委部署结合起来，与抓重点、补短板、强弱项结合起来，与未来发展大势走向结合起来，聚焦互联互通、兴业兴城、共保共治、共建共享等发展重点，科学编制“十四五”规划，深度融入“一区两群”协调发展，为助推重庆发挥“三个作用”贡献更大的担当和作为，积极助力成渝地区双城经济圈建设。

重点抓好以下十个方面工作：

（一）锁定目标，坚决打好三大攻坚战。突出主攻方向，抓住主要问题，精准施策、接续用力，保持攻坚态势，强化攻坚责任，确保取得决定性胜利。

坚决打好精准脱贫攻坚战。坚持以脱贫攻坚统揽经济社会发展全局，持续抓好专项巡视和成效考核等各类巡视督查反馈问题整改，全面彻底解决“两不愁三保障”突出问题，坚决防止脱贫人口返贫、边缘人口致贫。加大涉农资金整合力度，强化产业、就业、金融等扶贫措施和兜底保障。持续实施63个扶贫村的交通、网络、电力、人居环境提升工程，深化志智双扶，切实巩固脱贫成果。扎实开展脱贫攻坚普查工作，认真落实“四个不摘”要求，严把贫困人口退出关，建立返贫监测预警和动态帮扶机制，确保脱贫攻坚任务如期全面完成。

坚决打好污染防治攻坚战。打好碧水保卫战，深化饮用水水源地保护，推进监测断面水质不稳定达标河库综合治理，持续开展长乌江入河排污口排查整治，确保2个国考断面水质优良比例保持在100%。打好蓝天保卫战，突出重点区域、重点行业大气污染联防联控，确保$PM_{2.5}$年均浓度不高于37微克/立方米，城区环境空气质量优良天数保持在310天以上。打好净土保卫战，推进耕地土壤环境质量类别划分，化肥农药利用率提高到40%、用量减少200吨，实施中化涪陵化工原址地块环境综合整治。扎实整改生态环境突出问题，确保第二轮中央生态环保督察反馈问题按时“见底清零”。

坚决打好防范化解重大风险攻坚战。着力防范化解金融风险，严厉打击非法金融活动，用好债委会机制，积极化解重点企业信用风险，帮助有条件的企业轻装上阵恢复经营能力。强化政府性债务管控，严格控增量、有序降存量，积极争取、用好用足政府债券资金。不断完善应急管理机制，提升应急处置能力，有效防范处置各类安全事故和突发公共事件。加快推动公安派出所“驻所调解室”实现全覆盖。

（二）破解难题，加速释放经济高质量发展潜能。更加强化制度意识，推动各项制度更加成熟更加定型，加大改革力度，加快破除发展面临的障碍和瓶颈。

构建高质量发展制度体系。健全政策体系，完善支持高质量发展的财税金融政策，强化实施“三大攻坚战”和“八项行动计划”的支持政策，建立城乡融合发展、区域协调发展的机制和政策体系。

健全标准体系，大力推进标准化建设，积极开展对标达标提升行动，推动一批领军骨干企业达到国际标准。构建统计体系，对照高质量发展指标体系，不断健全统计监测体系。建立分级分类绩效评价和政绩考核制度，更好发挥推动高质量发展的“指挥棒”作用。

精准加力补短板。千方百计扩大有效投资，支持企业加大技术改造和新上项目投资力度，确保工业、基础设施、房地产投资分别增长10%、5%、10%。坚持“房住不炒”定位，探索建立符合市场规律的管理调控机制。加快完善金融服务中小企业长效机制，增加制造业中长期融资，提高直接融资比重。持续淘汰落后产能、化解过剩产能，加快企业优化重组，稳妥降低一批企业负债水平。继续下大力气降低企业用电、用气、物流等成本，巩固和拓展减税降费成效，进一步提升企业获得感。

深化重点领域改革。提升国资国企改革综合成效，持续推动太极集团等国企混改，加快城建、交旅等集团转型发展，完成中渝在涪国企剥离办社会职能；深化国企“三项制度”改革，推动国企进一步完善中国特色现代企业制度。持续深化财税金融改革，推进“全方位、全过程、全覆盖”预算绩效管理体系建设，持续提升财政投资评审质效；加强科技金融、消费金融、普惠金融等产品创新。深化工程招投标、政府采购、土地使用权和矿业权出让、国有产权转让等公共资源交易监管改革，促进公共资源交易法治化、规范化、透明化。

积极壮大民营经济。坚持“两个毫不动摇”，大力支持民营企业做大做强做优。营造公平竞争的市场环境，全面落实放宽民营企业市场准入的政策措施，全面清理与企业性质挂钩的行业准入、资质标准、产业补贴等规定和做法。完善精准有效的政策环境，强化政银企协调联动，进一步缓解融资难融资贵问题；对民营企业外引内联、技术研发、扩产改造、发展新业态新模式等，给予更大力度帮助支持。健全平等保护的法治环境，保护民营企业和企业家合法财产。构建亲清政商关系，注重“一企一策”精准帮扶。力争民营经济增加值占GDP比重达到58%以上。

优化提升营商环境。对标世界银行营商环境评价指标体系，加快打造市场化法治化国际化营商环境。持续深化“放管服”改革，纵深推进“多证合一”“证照分离”改革，在市场监管领域实现“双随机、一公开”联合监管常态化，确保监管事项覆盖率、结果公示率达到100%。进一步提高企业获得水电气便利度，一般工商业电价平均降低10%，获得用气耗时压减50%。深化外商投资和对外投资管理体制改革，全面实行外商投资准入前国民待遇加负面清单制度。推动7×24小时预约通关服务保障延伸，将进出口环节验核监管证件由86种减至46种，减少进出口企业经营成本，增强通关服务能力。

（三）做强实体，巩固提升工业发展水平。把制造业高质量发展放到更加突出位置，继续做大做强工业支柱，提升产业基础能力和产业链现代化水平。

提质升级产业集群。做强工业发展主战场，加快推动园区扩容提档、资源高效利用、产业集聚融合，力争园区工业增加值增长9%、利税额增长10%、高技术产品产值占比达到15%，李渡、白涛、龙桥、清溪四大组团规上工业产值分别增长13%、22%、33%、11%。加快健全以清洁能源、食品医药、新材料、装备制造、信息技术为主导的工业产业体系，推动特色产业向优势产业集群升级。加快页岩气开发建设，产能提升至120亿立方米；建设乌江榨菜绿色智能化生产基地，推进太极医药城项目建设；投产万凯新材料一期和华峰己二酸四期五期、氨纶三期项目，建成全球最大氨纶生产基地；力促华晨鑫源汽车生产基地二期等项目投产达产，引导整车及零部件向高端制造提档；

建设华通电脑二期等项目，不断提升信息产业聚集度。

大力发展智能新兴产业。坚持内培和外引并重，围绕智能制造，推进数字产业化、产业数字化，壮大数字经济。大力发展云计算、大数据、人工智能、智能终端等新兴产业，构建大数据产业链、价值链和生态系统，培育形成新增长点。滚动实施智能化改造计划，推动中小企业“上云上平台”，普及工业机器人、智能立体库数字化装备，分类引导大中小微企业开展两化融合贯标，提高企业全生命周期智能化程度。实施30个智能化改造提升项目，打造数字化车间8个、智能工厂1个、智慧园区2个，国家级两化融合贯标企业突破10户，力争数字经济产业规模增长10%以上、战略性新兴产业增加值占比达到35%以上。

做优做强骨干企业。深入实施工业企业提升“双百”行动，精准扶持一批主业突出、成长性高的中小微企业，落实升规入统和升级提质激励政策，推动20户规下企业升规、20户亿元级企业产值升级或利税率提高。激发“双十强”等骨干企业带动作用，鼓励企业以大带小、互为配套，力争50亿元级企业有新增。大力扶持培育一批创新能力强、增长潜力大的“专精尖特”企业。夯实能源企业基础，加快电网升级，完善气网布局，健全量足质优价低的能源供给体系。

（四）聚焦短板，努力推动服务业创新发展。更好依靠市场机制和创新驱动，积极培育壮大生产性服务业和生活性服务业，为高质量发展和高品质生活提供更多支撑。

升级传统服务业。提质核心商贸，积极融入重庆国际消费中心城市建设，大力发展新城区、江南城区核心商圈，加快建设百汇商业街、绿地铂金酒店，力争开工建设绿地缤纷城，推动万达、奥特莱斯落地新城区，改造提升金科商业步行街，力争商圈交易额达到180亿元。提速发展旅游业，建立旅游资源数据库，加力推动武陵山大裂谷创5A级景区、武陵山旅游区创国家级旅游度假区。提档升级816工程，加快建设北山国际文旅康养度假区、五桂堂传统文化街区。力争接待游客突破2300万人次，旅游综合收入增长20%以上。提升现代物流，建立物流公共信息平台，加快韵达物流、龙头港物流园区等项目建设，力争铁公水货运量达到9300万吨；集聚建设大型快递物流分拨中心，大力发展保税国际物流，力争物流主营业务收入亿元以上企业达到10户。发展新型金融，积极引进科技支行、金融租赁公司。壮大房地产服务业，完善住房租赁配套公共服务，扩大建筑设计、物业管理、装饰装潢等服务规模。

壮大新兴服务业。依托华为（涪陵）云计算大数据中心，培育大数据增值应用新业态，持续推进“五朵云”系统化、平台化建设，开发新型智慧城市综合服务平台。依托数资区块链研究院，探索多领域场景应用，实施好“涪陵榨菜”溯源及保护、“涪陵黑猪”产业园精准扶贫等区块链应用项目，推动区块链与农业、工业、金融、医疗、教育等领域广泛融合。依托综保区，积极拓展服务外包行业领域，应用大数据、云计算、物联网等新技术推动服务外包方式创新，大力发展软件和信息技术、数据处理、工业设计等领域服务外包。

（五）坚持优先，深入推进乡村全面振兴。精准落实“五个振兴”要求，加快补齐全面小康“三农”领域短板，全力抓好农业稳产保供和农民持续增收，确保农村同步全面建成小康社会。

抓好乡村产业振兴。认真落实粮食安全和“菜篮子”行政首长责任制。持续抓好非洲猪瘟等疫病防控，加快恢复稳定生猪生产。持续壮大“2+X”特色高效农业，力争榨菜产业产值达到120亿元，建成太极集团大顺中药材加工厂，巩固提升柑橘、蚕桑等地方特色产业，精心建设龙眼、荔枝标准化示范园。深入推进农业“接二连三”，积极探索脱贫攻坚与乡村振兴统筹衔接机制，着力抓好市级乡村振兴示范村建设，力争新增农产品“三品一标”和农业品牌30个以上，实现农产品加工业产值360亿元，乡村旅游接待游客1200万人次。

激发农村内生动力。深入推进农村集体产权制度改革，努力消除“空壳村”。持续抓好“三变”改革试点，深化农业项目财政补助资金股权化改革，推进“三社”融合发展。加快培育家庭农场、农民合作社等新型农业经营主体。保持土地承包关系长久稳定，探索放活土地经营权，规范运行并充分发挥涪陵农村产权交易市场作用，盘活农村承包地、宅基地、集体建设用地资源，充分调动农民群众和工商资本参与积极性。

改善农村人居环境。全面完成303个村规划编制。加快推进三峡后续项目建设，力争到位三峡后续资金4亿元。提速建设双江、黑塘水库，开工建设水利沟、殷家沟水库。实施龙潭、梓里、丛林等片区农村饮水安全巩固提升工程，新增城乡供水一体化乡镇6个，改善15万人饮水质量。持续开展新一轮农村电网升级改造，加快解决珍溪镇百汇片区供电问题。全面完成“四好农村路”三年建设目标任务。扎实开展“三清一改”村庄清洁行动，实施江北街道农村人居环境整治示范片建设项目，完成旧房整治提升2000户、户厕改造1.3万户，建成市级绿色示范村庄15个。

（六）完善功能，不断提升城市能级品质。加快推进“两线三片一城”项目建设，进一步提升城市现代化水平，推动形成融入主城、辐射周边、联动发展的城市群效应。

加强规划引领。高质量推进国土空间总体规划编制，超前谋划新时代国土空间开发保护格局，总体控制国土空间开发强度，强化可持续发展的空间保障。进一步优化空间布局，积极对接主城区都市圈，构建“一带两轴四片”中心城区空间结构，加快形成100万人口大城市骨架。发挥好功能组团、中心镇辐射带动作用，统筹推进沿江、坪上和后山示范带规划建设，构建城乡联动、以点带面的发展格局。开展李渡组团义和南区控规修编和涪陵北站一体化设计、李渡组团滨江片区城市设计。

加快城市建设。完善城市公共服务功能，增强城市承载能力，努力实现城市让生活更美好。高效推动“两线三片”建好新城区，加快太白大道北延伸段、轴线公园建设和涞滩河库岸整治，开工建设集绣大道、玉屏路，建成站前大道二期、鹤凤大道二期和玉屏公园，进一步完善医疗、教育、购物、游憩等配套功能。品质提升江南城区，完善两江四岸过江通道，启动江南城区至新城区有轨电车前期工作，健全江东、江北、江南片区快速环线公路网。畅通“微循环”，推进乌江一路、乌江大桥西桥头立交、中山西路综合改造、人民路综合整治等项目。开工南滨路二期、乌江大桥至涪陵南道路景观绿化工程，丰富城市季相、林相，办好北山花展，打造花园城市，促进景城融合。统筹地上与地下建设，开工建设集绣大道综合管廊，实施中医院段排水箱涵整治、江北片区污水管网工程，使城市既有“面子”，又有“里子”。

强化城市治理。深入推进大城智管、大城细管、大城众管，强化大数据智能化应用，让城市管理更智能、更精细、更有温度。从最有效的管理手段抓起，加强各类政务数据资源跨部门、跨领域、跨层级的整合利用，努力实现民生、城管、交通、公共安全等城市综合服务“一张网”，提升数字城管中心功能，扩大智慧小区、智慧交通、智慧城管等覆盖面。从最直接的市民感受抓起，深入推进城镇综合管理“七大工程”，深化“马路办公”常态化工作方式，强化落实“门前三包”“五长制”。加快推进垃圾分类，城区垃圾分类示范街道比例达到50%。从最根本的体制机制抓起，加强小区治理，提升物业综合服务水平，完善基层管理网格，提高城市管理协同化水平。持续抓好市民素质提升、文明素养养成，全力确保国家卫生区通过终验、全国文明城区创建实现新进展。

（七）强化引领，着力增强区域创新能力。深入实施创新驱动发展战略，深化科技体制改革，加快建立产学研一体化创新机制，充分释放全社会创新创业活力。

打造创新平台。围绕主导产业，加快构建“一个支柱产业一个创新中心，一个重点企业一个研发平台”的技术创新体系，实施市级以上研发项目20项。推进涪陵现代中医药特色产业基地建设，力争获批国家火炬特色产业基地。聚力打造涪陵页岩气产业技术研究院、华峰新材料研究院等重点研发平台。推进榨菜全产业链核心技术和智能装备攻关。推动环长江师范学院创新生态圈建设，优化高校“双创”环境，促进高端人才和科技资源与产业对接，发展智力增值型经济。打造启迪清创孵化器、互爱科技园等创新创业孵化平台，力争创建市级孵化器或众创空间2家。

培育创新主体。实施科技型企业助推计划，引导企业建立研发团队，加大研发投入，促进成果转化，新增市级科技型企业100户。实施高新技术企业培育计划，引导企业建立研发机构，加强自主创新，鼓励协同创新，新培育国家高新技术企业10户。实施科技成长型企业提升计划，筛选有核心知识产权、成长性好、产业形态先进的优势企业进行梯度培育，助推企业参与国内外高端产业分工。推进国家知识产权试点城市建设，推动知识产权质押融资、贯标认证等政策落地。

营造创新生态。扩大研发机构自主权，推进科技项目第三方管理，建立科研诚信机制，充实完善科技咨询专家库，探索构建科学、规范、高效、诚信的科技评价体系。扩大科技型企业知识价值信用贷款额度，加大研发费用加计扣除、研发准备金等政策落实力度，畅通科技企业融资渠道。构建产学研一体化创新机制，促进科技研发成果转化。完善科技人才发现、培养、使用激励机制，落实推进重庆“英才计划”，强化拔尖人才管理，培育技术经纪人队伍，营造“近者悦、远者来”的科技人才环境。

（八）高位谋划，积极培育开放优势。大力实施全面融入共建“一带一路”加快建设内陆开放高地行动计划，扩大高水平开放，全面推进内陆开放高地重要支点建设。

加快建设开放平台。提速推进“3+5”开放平台建设，进一步发挥开放门户作用。编制完成高新区发展战略规划和产业发展规划，发展高科技、加快产业化、培育新生态，确保创建成功。编制完成综保区产业发展规划，加快建设标准化厂房，围绕保税加工、保税物流、保税服务等业态开展精准招商，加快项目落地形成产能。全面提升国家现代农业产业园建设水平，加快建设中国榨菜城、特色产业科技创新与示范基地等项目。推动船舶出口基地产业升级。理顺龙头港投资运营体制，推动黄旗港外贸集装箱口岸功能转移，启动国家水运开放口岸申报工作。大力推进对外交流合作，积极开展缔结国际友好城市工作。力争进出口总额增长10%以上，实际利用外资达到1.8亿美元。

全面推进互联互通。统筹“东西南北四个方向、铁公水空四种方式”，提高外联内畅水平。推进龙头港铁路专用线、两江新区至龙头港快速路等项目；加强重庆城区至涪陵市域铁路、涪陵至黔江、涪陵至垫江高速公路及渝武高铁、广涪柳货运铁路等重大交通项目谋划和对接；制定交通互联互通建设方案，力争重大项目纳入国网、市网规划；开工渝万高铁涪陵段，推进涪陵绕城高速建设；建成通车梓白高速、南两高速、鹅颈关至涪陵西快速通道和渝怀铁路二线。加快推进马武至龙潭一级公路建设，改造涪陵南至大溪河等15条国省县乡道。

强力推进招商引资。坚持把招商引资作为扩增量、提质量、调结构的重要抓手，加快形成分工协同、多元联动、统筹高效的招商引资工作格局。围绕五大主导产业顺藤摸瓜、补链成群，紧盯长三角、珠三角、京津冀等重点区域，依托智博会、西洽会、支洽会等重点平台，瞄准行业领军企业、“隐形冠军”企业，突出精准招商，努力在智能制造、新材料、生物医药等领域实现新突破。不断提高合同履约率、资金到位率和项目开工投产率，力争新引进投资亿元以上项目35个，其中战略性新兴产业项目15个；投资10亿元以上项目10个、产值50亿元以上项目4个。

（九）精准施策，持续推动生态文明共保共治。坚持生态优先、绿色发展，学好用好“两山论”、走深走实“两化路”，认真做好“三篇大文章”，加快建设山清水秀美丽之地。

持续构筑绿色屏障。深入推进国家生态文明建设示范区、国家森林城市创建。大力实施国土绿化提升行动，加快建设“两岸青山，千里林带”，完成退耕还林1万亩、营造林10万亩。加强自然保护地监管，开展生态红线勘界定标。深入落实河（库）长制，完成4条次级河流整治，启动红星水库集雨区养鱼池污染整治，完成35个集中式饮用水水源地规范化建设，确保长乌江涪陵段水质保持或优于Ⅲ类标准。持续推进已关闭非煤矿山、废弃露天矿山、受损弃置地生态修复，启动梨香溪小流域水土保持综合治理。

加快发展绿色产业。推行绿色建造，倡导精明设计、精细建设，加快发展装配式建筑，推动建筑产业转型升级，力争建筑业增加值增长10%。积极发展生态农业、生态旅游、生态康养等绿色产业，培育绿色低碳新增长点。大力发展绿色金融，引导金融机构加大绿色信贷投放，推动绿色债券发行。严把关口推动绿色转型，严格落实企业投资负面清单和规划环评制度，推进能源资源“双控”行动，开工中化涪陵化工环保技改搬迁项目一期，力争新增市级绿色工厂2家以上。

努力建设绿色家园。扎实开展河库“清四乱”，全面完成长江干流岸线利用项目清理整顿，推进三峡水库消落区环境专项整治行动，有序实施三峡后续地质灾害防治项目。严格落实长乌江禁捕制度。推进农作物秸秆资源化利用、废弃农膜回收利用。积极倡导绿色低碳生活，推广使用绿色环保节能产品，大力推进节水型社会创建。加快推进公交都市创建，持续完善公交基础设施，优化公交线路，提升绿色出行水平。

（十）共建共享，倾力发展民生和社会事业。坚持以人民为中心的发展思想，像落实发展指标一样落实民生任务，织密织牢民生兜底保障网，推动发展成果更多更公平惠及人民群众。

用心办好民生实事。确保基本民生特别是困难群众基本生活得到有效保障和改善。稳定就业总量，提高就业质量，抓好重点群体就业帮扶，实施职业技能提升行动，确保零就业家庭动态清零。深入实施全民参保计划，不断扩大社会保险覆盖面。加快社会救助综合改革，实现“一门受理、协同办理”。抓好城镇住房保障和农村贫困人员危房改造，新分配公租房廉租房500套。完善物业管理监督体系，有序推进老旧住宅小区电梯安装。进一步发挥政府引导、市场主体作用，构建多元化社会养老服务体系，探索乡镇敬老院“整合托管”机制，新建街道养老服务中心7个、社区养老服务站57个，基本实现城市社区养老服务全覆盖。新增公共停车场4个、停车位800个。建成5G基站500座以上。

办好人民满意教育。加强城镇小区配套幼儿园治理，公办在园幼儿占比达到50%。完善城区校点布局规划，减少义务教育学校“大班额”。建成普通高中市级课程创新基地3个。组建名校教育集团6个，加快建设科教产业实训基地、十四中兴华中路校区项目。推动重庆医药卫生学校、区职教中心建设重庆市高水平中职学校。支持长江师范学院推进“新师范”“新工科”建设，推动重庆工贸职院建设重庆市优质高等职业院校。强化与浙江省优质院校交流合作，持续提升全区教育质量和办学水平。

实施健康中国涪陵行动。启动国家健康城市建设，成功创建国家慢性病综合防控示范区。免费基本公共卫生服务增至31大类。深化医药卫生体制改革，完善基本医疗卫生制度，持续推进市级试点任务。启动建设智慧医疗暨全民健康信息平台，加快建设涪陵中心医院新城区医院一期，全面投用区人民医院住院综合大楼、区妇幼保健院新院。建设等级基层医疗卫生机构5家，推进智慧医院、美丽医院建设。

丰富群众文体生活。优化城乡公共文体服务体系和资源配置，建设社区健身点7个，投用社会足球场地11块。广泛开展全民阅读、全民健身，支持行业协会开展群众性文体活动，组织文体惠民活动1250场次，不断满足人民群众精神文化生活新期待。抓好文物保护利用，加速改造点易园，力争完成小田溪巴王陵遗址博物馆前期工作，加力推进白鹤梁题刻申遗，力促中国水文博物馆落地涪陵。精心备战市六运会，积极申办大型体育赛事。

加强创新社会治理。统筹推进市域社会治理现代化建设，切实提高社会治理系统化、社会化、精细化、法治化、智能化水平。完善安全风险分级管控和安全隐患排查治理机制，强化落实企业一线岗位从业人员安全生产责任制，完善自然灾害应急救助体系建设。坚持“四个最严”理念，确保食品药品“产得安全、管得到位、吃得放心、用得安全”。完善社会治安防控体系，形成问题联动、工作联动、平安联创的工作机制。圆满完成“七五”普法，进一步完善公共法律服务体系建设。深化城乡社区“三治融合”，推广基层治理“三事分流”。扎实做好信访稳定工作。认真做好第七次全国人口普查。强化国防教育，做好退役军人安置、权益维护和双拥共建工作。

三、深入推进政府自身建设

全面加强政府自身建设，牢记使命与责任，切实把制度优势转化为治理效能，忠诚履职、科学理政，加快推进政府治理体系和治理能力现代化。

强化政治建设。坚持以党的政治建设为统领，增强“四个意识”，坚定“四个自信”，做到“两个维护”。持续巩固深化“不忘初心、牢记使命”主题教育成果。严守政治纪律和政治规矩，不折不扣贯彻落实党中央国务院决策、市委市政府部署和区委安排。持续深入肃清孙政才恶劣影响和薄熙来、王立军流毒，坚决兑现市委“三个确保”政治承诺。全面落实意识形态工作责任制。认真抓好市委巡视反馈意见整改落实。

坚持依法行政。依法接受区人大及其常委会法律监督和工作监督，主动接受区政协民主监督，自觉接受监察监督、司法监督和社会监督，推进审计监督全覆盖，确保行政权力在阳光下运行。完善行政决策机制，健全法律顾问制度。积极落实行政执法“三项制度”，深化重点领域综合行政执法改革。加强行政复议和行政应诉工作。深化政务公开，不断拓展涉企惠民政策公开渠道和方式。

主动担当作为。坚持问题导向、目标导向、结果导向，改进推动政府工作的方式方法。强化正视问题的担当，增添解决问题的真招，大力发扬涪陵精神，坚持主动作为不观望、急难险重不回避、服务群众不懈怠，做到守土有责、守土尽责。加强目标管理，强化工作指导、任务督导、责任传导，发扬钉钉子精神，确保事事有回音、件件有着落。坚持用实干考量、凭实绩说话，强化结果运用。着力打造高素质干部队伍，进一步激励广大干部新时代新担当新作为。

彰显廉洁政风。切实履行全面从严治党主体责任和“一岗双责”，着力构建廉政风险防控长效机制。弘扬真抓实干、雷厉风行的良好政风，力戒形式主义、官僚主义。坚持政府过“紧日子”，执守简朴、力戒浮华，强化预算刚性约束，持续压缩一般性支出，把资金更多用于为发展增添后劲、为民生雪中送炭。紧盯脱贫攻坚、就业、医保、救助等领域民生资金管理使用，深化“以案四说”“以案四改”，坚决整治群众身边的不正之风和腐败问题。

各位代表！使命在肩、只争朝夕，初心如磐、不负韶华。让我们更加紧密地团结在以习近平同志为核心的党中央周围，在市委、市政府和区委的坚强领导下，笃定前行、锐意进取，确保全面建成小康社会和“十三五”规划圆满收官，努力建设高质量发展、高品质生活的美丽涪陵幸福涪陵，为推动全市“一区两群”协调发展做出更大贡献！

大事记

1月

重庆市检察机关三级“两长”护河大巡察活动在涪陵开展

2日，重庆市检察院、分院、区县院三级检察机关及市河长办在涪陵开展“两长”护河大巡察活动。涪陵区政府区长、区总河长种及灵，市河长办副主任谢飞，涪陵区政府副区长、区河长办主任钟涛一同巡察。

涪陵页岩气田 2018 年产销量保持全国第一

5日，《巴渝都市报》载：截至 2018 年 12 月 31 日，涪陵页岩气田全年生产页岩气 60.2 亿立方米，超产 50 万立方米，销售 57.8 亿立方米，年度产销量保持全国第一。

涪陵区重点产业项目集中开工暨 120 万吨 PET 新材料项目奠基仪式

5日，涪陵区委、区政府举行重点项目集中开工仪式和正凯集团教育基金捐赠仪式。重庆市政府副市长李殿勋参加万凯年产 120 万吨 PET 项目奠基仪式并讲话。

首届中国重庆涪陵榨菜产业博览会开幕

8日，首届中国重庆涪陵榨菜产业博览会开幕，市领导、市级部门负责人、院士专家、有关区县代表团及区外有关榨菜经销商参加。博览会期间，先后举办了榨菜交易签约仪式、中国榨菜产业发展高峰论坛、中国榨菜及长江乌江流域特色商品展销会、涪陵非物质文化遗产特色产品现场展示展销等活动。

涪陵区第五届人大常委会举行第十八次会议

8日，涪陵区第五届人大常委会第十八次会议开幕。区人大常委会主任李景耀主持会议。区人大常委会副主任姚明勇、于淑萍、冉义明出席会议。

中共重庆市涪陵区政协第五届委员会第三次会议开幕

14日，重庆市涪陵区政协第五届委员会第三次会议在区委会议中心开幕。中共涪陵区委书记周少政出席大会并讲话。区政协五届三次会议应出席委员 321 人，实到 308 人，符合规定人数。

涪陵插旗山公园建成开放

15日，位于江东街道，与涪陵江南城区隔江相望的插旗山公园建成，并向市民开放。

涪陵区五届人大三次会议举行第二次全体会议

16日，涪陵区五届人大三次会议举行第二次全体会议，听取区人大常委会、区人民法院、区人民检察院工作报告。本次会议应到代表 339 人，实到 312 人，符合规定人数。

涪陵牵手伟光汇通，打造北山国际文旅康养度假区

18日，涪陵区人民政府与伟光汇通旅游产业发展公司举行涪陵北山国际文旅康养度假区项目签约仪式，总投资约 115 亿元。项目按国家 5A 旅游景区标准打造，计划分五年建成。涪陵区委副书记、区政府区长种及灵，伟光汇通旅游产业发展有限公司总裁陆学伟见证签约。

涪陵四人一道一巷一景观灯饰一公厕获“最美”殊荣

20日，重庆市第二届“最美环卫工”系列推选活动颁奖典礼在重庆园博园举行。市政府副市长潘毅琴，市委宣传部副部长、市文明办主任马岱良出席颁奖典礼，并为获奖者颁奖。涪陵区四人一道一巷一景观灯饰一公厕获“最美”殊荣。

渝怀铁路涪秀二线新涪陵隧道顺利贯通

22日，由中铁四局承建的渝怀铁路涪秀二线新涪陵隧道顺利贯通。在洞内进出两端开展施工掘进的两支队伍在隧道进口段1700余米处胜利会师，全场4545米，为时速120千米的电气化铁路单线隧道。

长江涪陵段和渠溪河建设水质自动监测站

24日，涪陵区环境保护局如期建成长江清溪场、渠溪河木瓜洞两个水站，并通过国家生态环境部验收，投入使用。长江清溪场水站位于涪陵区清溪镇东升铝业公司厂内，监控河流为长江。渠溪河木瓜洞水站位于涪陵区珍溪镇新湾村，监控河流为长江北岸支流渠溪河。

区领导集中慰问劳动模范和建档困难职工

25日，涪陵区委书记周少政，区委副书记、区政府区长种及灵，区人大常委会主任李景耀等领导慰问重庆市劳模黄静、困难职工况建平、建档困难职工冉启兵。

涪陵代表团审议市政府工作报告

27日下午，参加重庆第五届人民代表大会第二次会议的涪陵代表团按照大会日程安排，审议市政府工作报告。市人大代表、市政府副市长陆克华出席代表团审议活动，涪陵区委书记周少政、区政府区长种及灵、区人大常委会主任李景耀等代表做了发言。

2月

重庆海关关长山巍率队调研涪陵综合保税区建设工作

1日，重庆海关关长山巍率队调研涪陵综合保税区建设工作。他指出，重庆海关将与涪陵区进一步加强合作，共同加快涪陵综合保税区建设，确保顺利通过国家验收封关运行。

涪陵区领导看望慰问春节坚守一线的工作人员

2日，涪陵区委书记周少政，区委副书记、区政府区长种及灵，区人大常委会主任李景耀，区政协主席徐志红分别看望慰问了坚守一线岗位的基层公安民警、环卫工人、商场营业员、新闻工作者、医护人员、交通执法人员和铁路职工等。

区领导新春扶贫助农收青菜头

11日，涪陵区委书记周少政、区人大常委会主任李景耀、区政协主席徐志红、区委副书记周波等领导来到江北街道邓家村，帮助贫困户、缺老户、种植大户收青菜头。

中国共产党重庆市涪陵区第五届纪律检查委员会第四次全体会议召开

12日，中国共产党重庆市涪陵区第五届纪律检查委员会第四次全体会议开幕。会议指出，涪陵区必须坚定不移推进全面从严治党，不断开创党风廉政建设和反腐败工作新局面。区委书记周少政出席会议并讲话。

重庆洋人街整体搬迁至美心红酒小镇

14日下午，在重庆洋人街存在了13年的两条100多米长挂满同心锁的铁索搬迁至涪陵蔺市美心红酒小镇，这标志着重庆洋人街整体搬迁至美心红酒小镇正式拉开序幕。

涪陵区委常委会召开会议

15日，涪陵区委常委会召开会议，深入学习习近平总书记重要讲话精神，审议《涪陵区乡村振兴战略规划（2018—2022）》，学习贯彻市政府副市长陆克华来涪陵开展脱贫攻坚蹲点“促改督战”座谈会讲话精神等。涪陵区委书记周少政主持会议并讲话。

涪陵区委、区政府召开全区教育大会

20日，涪陵区委、区政府召开全区教育大

会，深入学习贯彻习近平总书记关于教育的重要论述，全面贯彻落实全国、全市教育大会精神，安排部署全区教育工作。区委书记周少政出席会议并讲话，区委副书记、区政府区长种及灵就全区教育工作进行安排部署。

武陵山乡创建国家卫生乡镇通过专家组评估验收

20日，全国爱卫会委托重庆卫生健康委员会专家到涪陵区武陵山乡，对该乡创建国家卫生乡镇工作进行技术评估验收。经评估专家组评定，武陵山乡创建“国家卫生乡镇”目前工作已经达到《国家卫生镇标准》。

涪陵区委、区政府召开创建国家森林城市动员大会

22日，涪陵区委、区政府召开创建国家森林城市动员大会，安排部署和全面启动涪陵区创建国家森林城市创建工作。

共青团涪陵区委举行涪陵区首届榨菜文化抖音大赛

24日，共青团涪陵区委举行“寻味榨菜 抖出精彩”涪陵区首届榨菜文化抖音大赛，征集到200余个优秀短视频。开赛后，该200余个作品在抖音平台上的播放量超过250万余次。

涪陵43个产品获市级高新技术产品认定

25日，位于涪陵新城区的三爱海陵、喜旋生物、群崴电子等21家企业的43个产品荣获重庆市2018年高新技术产品认定。其中：鑫源动力、茂捷、正高等8个企业的EG18发动机、变速器总成等19个产品首次获此认定。

“涪陵脐橙”荣获“重庆市三峡柑橘十佳名品”

26日，“2019三峡柑橘国际交易会”在万州区开幕，吸引了104家国内外经销商。涪陵有7家企业参加本次交易会，在26日举行的第二届“三峡杯”优质晚熟柑橘的评选结果中，“涪陵脐橙”荣获“重庆市三峡柑橘十佳名品”。

3月

涪陵区委常委会召开会议

1日，涪陵区委常委会召开会议，审议调整优化全区农业产业结构的实施方案，研究乡村振兴等工作。

涪陵区开展“向春天报到”“3·5”学雷锋主题志愿服务活动

3日，由涪陵区文明委主办的涪陵区“向春天报到”“3·5”学雷锋主题志愿服务活动在涪陵广场举行，涪陵区人大常委会副主任项显文、区政协副主席唐勇出席启动仪式。此次活动以“弘扬雷锋精神，共创文明城区”为主题，分为“我和我的祖国”快闪、启动仪式、志愿集市、街头志愿服务活动和鲜花送雷锋志愿服务活动五个部分。

涪陵三家医院纳入异地就医全国联网结算

5日，涪陵启动异地就医联网结算，涪陵中心医院、区人民医院、区中医院三家医疗机构纳入国家异地就医结算系统，在外生病住院直接可以报销结算。

区委全面深化改革委员会召开第一次会议

5日，区委全面深化改革委员会召开第一次会议，深入学习贯彻中央、市委全面深化改革委员会会议精神，总结2018年改革工作，研究部署2019年重点改革工作。区委副书记、区长、区委全面深化改革委员会副主任种及灵主持会议并讲话。

涪陵增设个人信用报告自助查询点

6日，人民银行涪陵中心支行负责人为建设银行涪陵分行授牌，标志该分行个人信用报告自助查询点正式运行服务。全区共有六处个人信用报告自助查询点，分别位于人民银行大厅、农业银行马鞍新区支行、平安银行涪陵支行、兴业银行涪陵支行、招商银行涪陵支行、建设银行涪陵支行。

涪陵3名优秀女性荣获表彰

7日，在国家级、市级三八红旗手和三八红旗集体评选中，涪陵区江北街道党工委书记钟玉秀被评为全国三八红旗手，太极集团党委副书记、监事会主席张春宏和涪陵区绣花一族职业培训学校校长胡华芳获得重庆市三八红旗手荣誉。

白鹤梁水下博物馆联合涪陵区水利局举办研学活动

10日，白鹤梁水下博物馆联合涪陵区水利局举办以“鹤舞九天，水照斜阳”为主题的系列研学活动，组织来自各中小学的30名学生开展“一江碧水，家乡的河”研学课堂活动。

涪陵开展集中义务植树活动

12日，为纪念植树节40周年，在石沱镇青春村龙海石化卫生防护隔离区，涪陵石沱镇开展了2019年春季区级机关干部集中义务植树活动。涪陵区委副书记、区政府区长种及灵，区人大常委会主任李景耀，区政协主席徐志红等四大领导班子全体在家领导参加义务植树活动。

涪陵区常委会召开会议

18日，涪陵区常委会召开会议，听取大木山等自然保护地生态环境问题整改、全区“大棚房”专项清理整治工作情况汇报，审议全区2019年政府投资项目计划、区级重点项目、民生实事项目等。涪陵区委书记周少政主持会议并讲话。区委副书记、区政府区长种及灵等区委常委出席会议。

涪陵获选全国儿童青少年近视防控试点区

20日，教育部办公厅公布全国儿童青少年近视防控试点县（市、区），涪陵区上榜全国84个儿童青少年近视防控试点县（市、区）名单。全区先后投入经费2782万元，中小学卫生（保健）室设置率达100%。

涪陵八个项目入选市级重点工业项目

21日，市经信委公布重庆市2019年重点工业建设项目清单，涪陵区8个项目入选，计划总投资36.45亿元，居全市区县前列。

涪陵成立全市首支踏查毒品原植物志愿服务队

24日，涪陵区“护春”踏查毒品原植物志愿服务队成立。该志愿服务队由热心市民、在校大学生、无人机爱好者、登山爱好者等120余人组成，是全市首支踏查毒品原植物志愿服务队。

4月

首届“感动涪陵十大人物”颁奖典礼举行

1日，第一届“感动涪陵十大人物”涪陵榜样颁奖典礼在涪陵广播电视台演播厅举行。涪陵区领导周波、姚明勇、席红、唐勇出席活动并为获奖者颁奖。10名获奖者集体亮相。

涪陵区召开生态环境保护突出问题整改会议

2日，涪陵区召开生态环境保护突出问题整改会议，涪陵区委书记周少政出席会议并讲话，区委副书记、区政府区长种及灵主持会议。

涪陵少年斩获市青少年拳击锦标赛2金1银11铜

4日，在2019年重庆市青少年拳击锦标赛上，涪陵区代表队的青少年斩获2枚金牌、1枚银牌、11枚铜牌。2019年重庆市青少年拳击锦标赛于3月27日至30日在大渡口区体育馆举行，吸引了渝北区、涪陵区、云阳县等16个区县代表队的289名运动员参加。

涪陵清明小长假接待游客48.39万人次

8日，清明小长假期间，涪陵区实现接待游客、旅游综合收入双增长。涪陵区共接待游客48.39万人次，较去年同期增长59.33%。旅游综合收入3.44亿元，较去年同期增长78.9%。

太极藿香正气口服液成功进入非洲市场

10日，太极藿香正气口服液获得莫桑比克卫计委批准在非洲销售，证书有效期至2023年10月22日。该口服液已拿到八张国际通行证和港澳通行证。

台湾基层代表来涪陵参访

10日，在渝参加第七届渝台基层乡镇交流

活动的35名台湾同胞来涪参访，在涪期间，参访团成员参观考察了白鹤梁水下博物馆和武陵山大裂谷。涪陵区委常委夏艺、区政协副主席杨平出席欢迎仪式。

涪陵区开展第三十一个爱国卫生月集中宣传活动

12日，涪陵区爱国卫生运动委员会结合国家卫生区创建工作实际，组织有关单位和医疗机构在涪陵广场举行以“共推厕所革命，共促卫生健康”为主题的集中宣传活动。

涪陵区船舶生活污水接收处治工作正式启动

17日，“涪陵水域环卫24号”开始接收船舶生活污水，日接收污水80余立方米，填补了涪陵船舶生活污水接收处置空白。

涪陵18家企业获评市级重点工业企业“百强”

18日，2019年重庆市100户重点工业企业和市级百户成长型企业名单发布，涪陵共有18家企业上榜市级重点工业企业“百强”，另有8家工业企业入围市级百户成长型企业名单。

中共涪陵区委召开党外代表人士双月座谈会

19日下午，中共涪陵区委召开全区各民主党派、工商联负责人和无党派代表人士双月座谈会，通报全国文明城区创建情况，听取大家的意见和建议，进一步加强政党协商，切实推动全国文明城区创建工作。中共涪陵区委书记周少政主持会议并讲话。

市青少年游泳锦标赛在涪陵奥体中心落幕

21日下午，市青少年游泳锦标赛在涪陵奥体中心落幕。全市共有27支区县代表队的543名青少年运动员参加比赛。2019年重庆市青少年游泳锦标赛由市体育局主办，涪陵区文化和旅游发展委员会承办。

涪陵区召开第五届拔尖人才命名大会

24日，涪陵区第五届拔尖人才命名大会召开。会议为100名拔尖人才颁发荣誉证书。涪陵区委书记周少政出席会议并讲话。涪陵区委副书记、区政府区长种及灵主持会议。

涪陵区首届物业服务技能大赛开赛

27日，“涪州工匠”杯2019年涪陵区首届物业服务技能大赛在涪陵奥体中心体育场开赛，共有72家物业企业参与，17个代表队、1200余人参赛。涪陵物业服务托管面积达到2700万平方米，相关从业人员近1.5万人，为18万户、40余万人提供物业服务。

5月

五一假期涪陵旅游揽金近9亿

五一假期，全区共接待境内外游客116.67万人次，实现旅游收入87493.95万元，同比分别增长51%、80%。

涪陵区召开学习贯彻习近平总书记在纪念五四运动100周年大会上重要讲话精神座谈会

6日，全区广大青年深入学习贯彻习近平总书记在纪念五四运动100周年大会上重要讲话精神和视察重庆重要讲话精神。涪陵区委书记周少政强调，全区广大青少年要深入学习贯彻习近平总书记在纪念五四运动100周年大会上重要讲话精神和视察重庆重要讲话精神，用心学进去、用情讲出来、用力做起来，继续发扬伟大五四精神，不忘重托、不负众望，沿着总书记指引的正确方向砥砺前行。

涪陵开展“5•8世界红十字日博爱周”纪念活动

7日，以“爱心相伴，‘救’在身边”为主题的“世界红十字日”纪念活动在涪陵区敦仁移民小区举行。志愿者手把手教居民应急救护知识，现场模拟展示。区红十字会和区红十字社区志愿服务队设立咨询台提供服务。

涪陵区创建国家卫生区工作通过“市考”

8日，由重庆市卫生健康委副巡视员程超带队的市级技术评估验收专家，按照国家相关技术标准对涪陵创建国家卫生区工作进行考核验收，专家组认为，涪陵区各方面指标基本达到国家卫生城区标准要求，现场宣布通过市级技术评估验收。

涪陵首座110千伏装配式智能变电站投运

9日，涪陵首座新一代110千伏装配式智能变电站——铜鼓湖变电站，在涪陵新城区正式投入运行。110千伏铜鼓湖变电站位于涪陵新城区太白大道毗邻的铜鼓湖湿地公园。该站由国网重庆市电力公司投资兴建，于2017年12月启动开工，工程建设历时17个月。

涪陵19名教练员获评市级金牌教练员

9日，由重庆市道路交通运输协会主办的全市首届金牌驾驶培训教练员评选活动揭晓，涪陵区参选的10所驾校19名驾校教练员获"重庆市金牌教练员"荣誉称号。

涪陵首次发现外来物种草地贪夜蛾

10日，涪陵区农业农村委员会农技人员在江北街道邓家村8组首次发现外来危害农作物害虫——草地贪夜蛾。涪陵是重庆继北碚区后发现草地贪夜蛾危害的第二个区县。

2019水文化遗产与人类文明国际学术研讨会在涪陵举行

13日，2019白鹤梁水文化遗产与人类文明国际学术研讨会在涪陵举行。来自美国、法国、希腊、意大利等国家和国内20余家大学及科研机构研究水文化和人类遗产保护的专家学者参加。涪陵区委常委、宣传部部长徐瑛致辞。

涪陵美心红酒小镇成功创建为3A景区

16日，重庆市文化和旅游发展委员会发布公示消息，该景区美心红酒小镇被批准为国家AAA级旅游景区。2019"中国旅游日"重庆涪陵区主题活动及第二届红酒小镇红酒文化节将在5月18日举行。

涪陵参加"西洽会"

16—19日，由商务部、水利部、国务院国资部、中国侨联、中国贸促会、重庆市人民政府共同主办的第二届中国西部国际投资贸易洽谈会，在重庆国际博览中心举办。涪陵展馆面积450平方米，主要展示重庆涪陵综合保税区、重庆涪陵高新技术产业开发区、国家现代农业产业园区、武陵山旅游区以及涪陵城世纪商贸建设发展等成果。

家族式网络制贩枪支嫌疑犯团伙落网

20日，涪陵公安局发布消息，在深入推进"净网2019"专项行动中，历时7天，打掉一个家庭式网络制贩枪支犯罪团伙，抓获犯罪嫌疑人8名，缴获枪支2支、零部件720余件、钢珠200余颗。

全国人大代表调研涪陵生物医药产业发展

22日，重庆市人大常委会副主任张定宇率10余位重庆市全国人大代表到涪陵，专题调研生物医药产业发展情况。全国人大代表、涪陵区委书记周少政参加调研。区政府区长种及灵代表涪陵区汇报全区经济社会及生物医药学产业发展情况，并提出意见建议。

涪陵三学校入选创建全国文明校园先进学校名单

23日，涪陵第十四中学校、涪陵城区第七小学校、涪陵城区实验小学入选创建全国文明校园先进学校名单。

涪陵区委常委会召开（扩大）会议

24日，涪陵区委常委会召开（扩大）会议，传达学习习近平总书记在亚洲文明对话大会开幕式上的重要讲话精神，传达市委五届六次全会的精神。区委书记周少政出席会议并讲话。区委副书记周波等区委常委出席会议。

涪陵福运网正式启动上线

28日，由涪陵商务委、大数据局、物流办、龙桥工业园区主办的福运网上线启动仪式暨电子商务融合产业发展研讨会在涪陵新城区美居酒店举行。区政府副区长席红出席活动并宣布福运网正式上线启动。

6月

涪陵4选手获市青少年科技模型大赛一等奖

1日，第30届重庆市青少年科技模型大赛（上半年）在涪陵实验中学举行。来自全市各区县的1200余名参赛选手同台竞技。经过比赛，4名涪陵选手获得一等奖。

《一个美国人在巴黎》在涪陵大剧院演出

2日，百老汇原版音乐剧《一个美国人在巴黎》正式亮相涪陵大剧院，为涪陵人民带来了一场高质量、高水平的经典演出，也标志该音乐剧的国际巡演之旅正式开启。

涪陵至王场管道年输能力增至100亿立方米

3日，涪陵页岩气田涪陵至王场天然气管道增压扩能工程顺利完工，恢复向川气东送管道供气，输气量由每年60亿立方米增至100亿立方米，此管道是涪陵页岩气田唯一大口径高压力外输管道。

涪陵举行首场退役军人专场招聘会

5日，涪陵区退役军人事务局举行退役军人专场招聘会，11名参加招聘会的退役军人与招聘单位签订意向协议书。

涪陵区上调村（社区）干部补贴标准

6日，涪陵区委组织部、区财政局、区民政局联合印发《关于调整村（社区）干部补贴标准的通知》，从2019年1月1日起，涪陵区全面上调村（社区）干部补贴标准。村党组织书记、村委会主任每月每人2900元，社区党组织书记、居委会主任每月每人3700元，本次调整比上一次调整支出总额每年增加1275.36万元。

中共重庆市涪陵区委五届七次全会召开

10—11日，中国共产党重庆市涪陵区第五届委员会第七次全体会议召开。全会的主要任务是：深入学习贯彻习近平总书记视察重庆重要讲话和在解决“两不愁三保障”突出问题座谈会上的重要讲话精神，全面贯彻落实习近平总书记对重庆提出的“两点”定位、“两地”“两高”目标、发挥“三个作用”和营造良好政治生态的重要指示要求，深刻领会、把握市委五届六次全会精神，动员全区干部群众坚决打赢脱贫攻坚战，在推进西部大开发形成新格局中展现新作为实现新突破，确保习近平总书记殷殷嘱托在涪陵落地生根、开花结果，以优异成绩迎接新中国成立70周年。涪陵区委常委会主持会议，涪陵区委书记周少政讲话，种及灵做说明。

涪陵首个供水污泥处理系统投用

11日，《巴渝都市报》载：龙桥工业园区投资700多万元，建设了供水污泥处理系统。涪陵区龙桥工业园区供水项目中污泥处理系统是涪陵辖区自来水厂中首次采用污泥处理设备处理制水中产生的污泥。该系统日处理50吨左右。

中西部地区百县百场公益巡演走进涪陵

12日，由中国残疾人联合会指导，国家艺术基金资助，中国残疾人事业新闻宣传促进会主办的“共享芬芳 共筑小康”中西部地区百县百场公益巡演在长江师范学院举行，5000余观众欣赏艺术精品。

涪陵举办“信用记录关爱日”主题活动

14日，在全国第12个“信用记录关爱日”到来之际，涪陵举办“信用记录关爱日”主题活动，开展信用宣传教育，打造“诚信涪陵”品牌。

2019重庆市科协年会在涪陵举行

17日上午，以“创新驱动 绿色发展”为主题的2019重庆市科协年会在涪陵大剧院举行开幕式暨大会特邀报告会。中国科学院、中国工程院多名院士与相关领域专家学者参加。涪陵区委书记周少政在开幕式上致辞，市科协党组书记、常务副主席王合青主持。

“大木山货”标贴外观设计获专利

18日，涪陵区大木乡自主设计的“大木山货”标贴外观设计获得国家专利，专利权期限为10年，专利权人为大木乡农业服务中心。

涪陵召开区委理论学习中心组（扩大）学习会

19日，涪陵召开区委理论学习中心组（扩大）学习会，听取市委宣传团成员做学习贯彻习近平总书记视察重庆重要讲话精神，扎实开展“不忘初心、牢记使命”主题宣传报告。

涪陵举行“好人在身边”微访谈市级示范活动

21日，以“不忘初心、牢记使命”为主题的“好人在身边”微访谈市级示范活动在涪陵大剧院举行。重庆市委宣传部副部长曾维伦，涪陵区委书记周少政、区人大常委会主任李景耀、区政协主席徐志红等四大班子在家领导出席。

涪陵警方破获特大制毒贩毒案

25日，涪陵区公安局对外披露，年内打掉一个横跨川、闽、渝三省市的制度团伙，抓获涉案人员13人，查获液态冰毒25千克，手枪1支，扣押涉案车辆4辆。是历年来单案缴毒数量最大的毒品案件。

涪陵区庆祝中国共产党成立98周年大会召开

27日，涪陵区庆祝中国共产党成立98周年大会召开。号召全区各级党组织和广大党员干部不忘初心、牢记使命，锐意进取、攻坚克难，努力为加快建设高质量发展、高品质生活的美丽涪陵幸福涪陵贡献智慧和力量。区委书记周少政出席会议并讲话，区委副书记、区政府区长种及灵主持会议。

7月

涪陵八项目成功入选第六批市级非遗产代表性项目名录

2日，重庆市人民政府正式公布了重庆市第六批市级非物质文化遗产代表性项目名录，涪陵区有八项非物质文化遗产项目名录成功入选。至此，涪陵共计有十六项入选市级名录。

周少政调研重庆涪陵综合保税区筹建工作

4日，涪陵区委书记、重庆涪陵综合保税区筹建工作领导小组组长周少政调研综保区筹建工作，并现场主持召开协调会。涪陵区委常委、涪陵新城区党工委书记田景斌，区政府副区长席红参加调研活动。

涪陵出台31条举措推进产业扶贫

5日，涪陵区扶贫办推进产业扶贫，引导发展长期稳定的脱贫产业项目，帮助贫困户稳定增收，持续巩固脱贫成果，出台31条举措。31条举措包含9个方面，分别是实施扶贫特色产业提升工程、推动扶贫产业到村到户、增强新型经营主体带贫能力、强化产业扶贫科技支撑、扶持扶贫农产品产销对接、构建完善利益联结机制、做好产业扶贫与乡村振兴的衔接、加大产业扶贫政策支持力度、保障措施。

中国联通乒乓球挑战赛（重庆赛区）选拔赛在涪举行

6日，以“乒乓在沃，极速起航”为主题的第七届中国联通乒乓球挑战赛（重庆赛区）选拔赛在涪陵体育馆举行。重庆市政协副秘书长、市乒乓球协会主席王济光出席开幕式并宣布开幕。涪陵区委常委、区政府常务副区长杜海波出席开幕式并致辞。

渝怀铁路涪秀二线新磨溪2号隧道贯通

8日，处于涪陵区江东街道境内的渝怀铁路涪秀二线新磨溪2号隧道顺利贯通。上午10时，掘进队伍在隧道3302米处胜利会师，宣告这一历时37个月施工的涪秀二线重点控制性工程提前顺利实施贯通。施工单位在新磨溪2号隧道斜井工区采用微台阶法开挖，创下了软弱围岩月成洞108米的国内纪录。

涪陵区委书记周少政调研生态环境保护工作

11日，涪陵区委书记周少政调研生态环境保护工作。区委常委、区政府常务副区长杜海波一同调研。

涪陵妹周美玲夺得国际大赛冠军

11日，涪陵妹周美玲在7月9日举行的韩国春川国际跆拳道公开赛女子57千克级决赛中，以 28 ∶ 18 的比分击败对手，夺得冠军，在国际舞台上展示中国运动员别样风采。

涪陵生物医药产业总量位居全市第一

16 日，《巴渝都市报》载：作为涪陵支柱产业之一的生物医药产业近年来发展强劲，2018 年完成规上工业产值 127.72 亿元、增长 22.2%，总量位居全市第一。2019 年前 5 月继续保持了两位数的增长幅度。

浙江—重庆对口支援三峡库区经贸交流会举行

17 日下午，浙江—重庆对口支援三峡库区经贸交流会在杭州市举行，来自浙江省近 200 名企业家参与。国家水利部水库移民局副司长赵晓明，浙江省发改委副主任陈伟，重庆市水利局党组成员、副巡视员罗治洪，涪陵区政府副区长钟涛等出席交流会。

涪陵万达广场开业

19 日，涪陵万达广场开业，是重庆第 10 座万达广场，涪陵首个情景体验式购物中心。涪陵区政府副区长赵昌辉致辞，副区长席红，万达商管集团高级总裁助理、西南运营中心总经理陈洪涛等出席开业庆典。

“最美巴渝 感动重庆月度人物”发布会在涪举行

21 日，由重庆市委宣传部、市委网信办、市文明办主办的 2019 年第五期“最美巴渝 感动重庆月度人物”发布会在涪陵举行。重庆市委宣传部副巡视员钱陵，涪陵区委常委、宣传部部长徐瑛，区人大常委会副主任项显文为获奖者颁奖。

816 地下核工程成功创建国家 4A 级旅游景区

29 日，《巴渝都市报》载：816 地下核工程成功创建国家 4A 级旅游景区。

8 月

杨云荣登 7 月“中国好人榜”

3 日，中央文明办发布 7 月“中国好人榜”，全国共有 109 位身边好人上榜。重庆兴达实业（集团）有限公司项目部泥工班组组长杨云上榜，获评敬业奉献好人。杨云是涪陵区南沱镇秀山村 6 组人，2011 年成为重庆兴达实业（集团）有限公司员工。

华为（涪陵）云计算大数据中心上线

8 日，华为（涪陵）云计算大数据中心上线，华为中国生态之行重庆峰会暨区政府与通信企业签约仪式在涪陵举行。涪陵区委书记周少政，区委副书记、区政府区长种及灵，区人大常委会主任李景耀等出席仪式。

涪陵学生获国际舞蹈比赛大奖

13 日，涪陵区特殊教育学校的聋哑学生秦聪、李南香在 2019 中国昆明拉丁舞 + 国际冠军对抗赛 / 第四届世界拉丁舞国际公开赛 / 全国舞蹈大赛中斩获多个大奖。

涪陵党政代表团与浙江省发改委领导座谈

15 日上午，赴浙江省开展对口支援交流合作学习考察的涪陵区党政代表团与浙江省发改委领导座谈。涪陵区委书记周少政介绍涪陵经济社会发展及对口支援工作推进情况。

李景耀带队考察欧路莎卫浴和星星集团

16 日，涪陵区人大常委会主任李景耀率涪陵区党政代表团第一组成员前往浙江省台州市，考察欧路莎卫浴和星星集团。涪陵区政府副区长钟涛随组考察。台州市常委蒋华江、市人大常委会副主任周先苗等陪同。

市委常委、重庆警备区司令员韩志凯到涪陵调研民兵调整改革工作

21 日，市委常委、重庆警备区司令员韩志凯一行到涪陵调研民兵调整改革工作。涪陵区委书记、区人武部党委第一书记周少政，区委副书记、区政府区长、区国动委主任种及灵，区委常委、区人武部部长李毅，区人武部政委王同海参加活动。

2019 年全国国际象棋青少年锦标赛（团体）涪陵代表队获奖

21日，2019年全国国际象棋青少年锦标赛（团体）落幕，涪陵代表队获1枚金牌3枚银牌。涪陵区代表队派出32名青少年参加此次比赛，其中5名棋手成功晋升为“国家一级运动员”，2名棋手成功晋升为“国家二级运动员”。

2019年重庆最美书香家庭名单揭晓，涪陵两家庭上榜

21日，在重庆市委宣传部、市妇联、市教委、市文化旅游委联合开展的“书香润万家”家庭阅读活动中，涪陵市民谭明、周静两户家庭被评为2019年重庆最美书香家庭。

白鹤梁水下博物馆入选首届重庆最美历史文化古迹20强

2日，第二届重庆文旅新地标、首届重庆最美历史文化古迹颁奖典礼举行，白鹤梁水下博物馆等20处历史文化古迹入选“首届重庆最美历史文化古迹20强”。

种及灵巡视中国国际智能产业博览会涪陵展馆和参展企业

26日，2019中国国际智能产业博览会在重庆国际博览中心正式开幕。涪陵区政府区长种及灵巡视了涪陵展馆和启迪科技集团、中科大业、榨菜集团、华晨鑫源等涪陵企业展出情况。区领导夏艺、徐瑛、席红、阳森、石鹏、刘加胜巡视参展情况。

涪陵区政府与华为软件公司签约

27日，在2019中国国际智能产业博览会上，涪陵区政府与华为软件技术有限公司签署了云计算服务深化战略合作协议。涪陵区政府区长种及灵出席签约仪式，区政府副区长席红作为签约人签约。

中科控股捐500万元助义和镇脱贫攻坚

30日，重庆市中科控股有限公司在涪陵举行助力脱贫攻坚捐赠仪式，向义和镇捐赠人民币500万元，支持农村改厕、危房改造及重大疾病救助等。涪陵区政府区长种及灵出席捐赠仪式。

9月

涪陵儿女深情高歌颂祖国

2日，“歌唱祖国”——重庆市庆祝中华人民共和国成立70周年涪陵区群众合唱音乐节在涪陵大剧院热烈上演。

涪陵龙头港铁路专用线项目核准事项通过批复

5日，《巴渝都市报》载：重庆新建涪陵龙头港铁路专用线项目核准事项通过市发改委批复。线路全长2.97千米，自渝怀铁路引出，将实现铁路和水运优势互补，进一步提效率降成本。

涪陵学生何雨辰获全国演讲比赛三等奖

5日，《巴渝都市报》载：涪陵第十五中学小学生何雨辰荣获全国“新时代好少年”主题教育读书活动演讲比赛三等奖。

沙坪坝区党政代表团到涪陵考察

5日，沙坪坝党政代表团到涪陵考察产业发展、工业智能化和文旅融合发展等。双方共叙友好情谊，共话合作交流。沙坪坝区委书记江涛、区人大常委会主任赖明才、区政协主席黎方宏、区委副书记许宁等参加考察活动。涪陵区委书记周少政、区人大常委会主任李景耀、区政协主席徐志红、区政府副区长席红陪同考察。

杨云荣获第七届全国道德模范提名奖

5日，第七届全国道德模范及提名奖获得者公布，涪陵区南沱镇秀山村6组杨云荣获全国敬业奉献模范提名奖。至此，涪陵区共有4人获得全国道德模范及提名奖。

2019年全国龙眼荔枝产业大会在涪陵开幕

10日，以“点亮长江龙眼、美荔万千乡村”为主题的2019年全国龙眼荔枝产业大会在涪陵开幕。全国龙眼荔枝行业产学研精英汇聚一堂，共商共推全国龙眼荔枝产业高质量发展。涪陵区委书记周少政出席开幕式。

涪陵区召开“不忘初心、牢记使命”主题教育工作会议

11日，涪陵区召开“不忘初心、牢记使命”主题教育工作会议。涪陵区委书记主题教育领导小组组长周少政做动员讲话，市委巡回指导三组副组长孙宁、李进涛到会指导。

涪陵区首批稳岗返还补贴资金发放到位

16日，涪陵区2019年第一批困难企业稳岗返还补贴资金1473.1万元落实到位，惠及11家企业共计4412名职工。

2019中国名城委西南片区会在涪陵召开

20日，2019中国城市科学研究会历史文化名城委员会西南片区会议在涪陵召开。中国城市科学研究会副秘书长、中国名城委副主任曹昌智，重庆市政府副秘书长岳顺，涪陵区政府区长种及灵出席开幕式。

涪陵盲人街头免费按摩回馈社会关爱

19日，涪陵区60余名盲人按摩工作者走上街头，为市民免费按摩，回馈社会各界关爱，并以这种方式庆祝新中国成立70周年暨第36个国际盲人节。

涪陵百余儿童共绘百米长卷颂祖国

21日，涪陵区庆祝中华人民共和国成立70周年——“我与祖国共成长 百米画卷颂祖国”活动举行，100余名儿童共绘百米画卷，为祖国送上祝福。

金科股份为涪陵捐资1570万元

24日，金科股份援建涪陵区公益项目捐赠仪式举行。金科股份为涪陵区捐资1570万元，用于支持养老服务设施和美丽乡村建设。涪陵区委书记周少政出席捐赠仪式并讲话，金科控股集团董事局主席黄红云致辞。

市第二十三届基层门球赛在涪陵举行

26日，由重庆市门球协会、涪陵区文化和旅游发展委员会主办的重庆市第二十三届基层门球比赛暨2019年中国门球冠军总决赛重庆选拔赛在涪陵区门球馆开赛。全市65支门球队参赛。

10月

涪陵区举行庆祝中华人民共和国成立70周年升国旗仪式

1日上午，涪陵区庆祝中华人民共和国成立70周年升国旗仪式在涪陵广场隆重举行。涪陵区委书记周少政，区委副书记、区政府区长种及灵，区人大常委会主任李景耀，区政协主席徐志红等四大班子全体在家领导与社会各界代表一起升国旗。

3贫困村入股高新技术企业

7日，涪陵区白涛街道石门村等3个贫困村与重庆逸合峰生物科技有限公司签订入股投资合作协议，采取“入股分红”的合作模式来增强空壳村、薄弱村的自我“造血”功能，助推村集体经济发展壮大。

涪陵10名女性获得重庆市首届“百优”殊荣

8日，在重庆市首届手工制作“巴渝巧姐”、农村电商“巴渝网姐”、家政服务“巴渝大姐”十佳百优评选中，涪陵10名优秀妇女荣获重庆市首届手工制作“巴渝巧姐”、农村电商“巴渝网姐”、家政服务“巴渝大姐”十佳百优称号。

区妇联“四送”进社区，助力创建全国卫生区

10日，涪陵区妇联到龙桥街道沙溪社区开展创建国家卫生区“百日攻坚”行动督查调研。针对调研中发现的问题，推出“四送”——送宣传、送阵地建设、送志愿服务、送技能培训。

涪陵区委理论学习中心组（扩大）举行专题学习会

11日，涪陵区委理论学习中心组（扩大）举行专题学习会，认真学习贯彻党内法规，抓好党政主责主业，推动中央部署和市委要求在涪陵落地落实。区委书记周少政，区委副书记、区政府区长种及灵，区人大常委会主任李景耀，区政协主席徐志红发言。

涪陵区网络媒体进民企

11日，“涪陵区网络媒体进民企”探访活动总结会召开。网络媒体与民企共同总结集中宣传经验，讲好涪陵民企故事，让民营经济行稳致远。涪陵区委常委、宣传部部长徐瑛出席会议并讲话。

涪陵全面体检城区桥梁和地下通道

14日，从10日开始，涪陵城区11座桥梁和8个地下通道接受安全检测。14日，整个检测全部完成，确保车辆和行人安全通行。

全国人大代表团来涪陵视察法院环境资源审判工作

17日，应最高人民法院邀请，来自8个民主党派及无党派人士的31名全国人大代表，来涪陵视察法院环境资源审判工作。涪陵区委书记周少政、区人大常委会主任李景耀等陪同。

助力美丽乡村建设，“洁小青”公益徒步步行

19日，“献礼祖国70周年华诞 助力美丽乡村建设”——重庆市“洁小青”公益徒步市级示范活动在涪陵区蔺市美心红酒小镇举行，来自各行各业的800余名青年热情参与。涪陵区政府副区长钟涛出席启动仪式并讲话。

第二届重庆市民诵读大赛第二片区复赛在涪陵举行

20日，“我和我的祖国”——第二届“阅读之星”重庆市民诵读大赛第二片区复赛在涪陵区图书馆举行。8名选手晋级全市决赛。

涪陵有了全市首家甲级社区卫生服务中心

23日，涪陵区江东街道社区卫生服务中心介绍：该中心于日前顺利通过基层医疗卫生机构等级评审市级复核，成功创建为重庆市第一家甲级社区卫生服务中心。

内蒙古自治区政协考察团来涪陵考察

28日，内蒙古自治区政协党组书记、主席李秀领率内蒙古自治区部分全国政协委员到涪陵区，考察涪陵现代物流和工业发展情况。全国政协委员、人口资源环境委员会副主任任亚平，全国政协常委、内蒙古自治区政协副主席董恒宇参加考察。涪陵区委书记周少政，区委副书记、区政府区长种及灵陪同考察。

11月

“不忘初心、牢记使命”重庆市优秀共产党员先进事迹巡回报告走进涪陵

1日，由市委宣传部、市委组织部组织的第二批“不忘初心、牢记使命”重庆市优秀共产党员先进事迹巡回报告在涪陵举行。6名优秀共产党员向涪陵1000余名党员干部职工讲述了他们以信仰坚守初心、用奋斗诠释使命的先进故事。涪陵区委书记周少政在报告会上致辞。

涪陵交通人才专题培训班在浙江开班

4日，第一批赴浙江学习考察的涪陵交通人才专题培训班在浙江交通职业技术学院开班。来自涪陵全区佳通运输系统的26名党政机关、事业单位干部及国有和民营运输企业管理人员将参加为期一周的学习培训。

涪陵区政协召开工业创新发展理论研究成果交流会

5日，涪陵区政协召开工业创新发展理论研究成果交流会。涪陵区委副书记、区政府区长种及灵出席交流会并对取得的研究成果给予肯定。区政协主席徐志红主持会议。

涪陵选手获数控车工项目一等奖

6日，在重庆市智能制造行业职工技能大赛中，涪陵区选手刘鑫获得数控车工项目一等奖。此次比赛由重庆市总工会、永川区人民政府联合举办，来自重庆市30个区县的55名参赛选手参加比赛。

涪陵在重庆英才大会签下三项目

10日，2019重庆英才大会闭幕。本次英才大会，涪陵区共签约三个项目，涪陵部分单位和企业引进了多名高层及人才。签约的三个项目主要涉及重庆市涪陵榨菜集团股份有限公司和中石化重庆涪陵页岩气勘探开发有限公司两个企业。

涪陵区政府举行新任命国家工作人员宪法宣誓仪式

11 日，涪陵区政府举行新任命国家工作人员宪法宣誓仪式。区政府常务副区长杜海波主持宣誓仪式，舒泾容等 20 名区政府今年新任命的国家工作人员向宪法进行了庄严宣誓。

涪陵页岩气田焦页 6–2HF 井累计突破 3 亿立方米

12 日，涪陵页岩气田 6 号采气平台流量计显示：焦页 6–2HF 井累计产气量突破 3 亿立方米，相当于一座 480 万人口的大城市一年的生活用气。保持全国页岩气井单井累计产量最高纪录。

涪陵青菜头上榜中国农业品牌目录

16 日，在第十七届中国国际农产品交易会上，中国农业品牌目录发布，涪陵青菜头上榜。

水利部副部长蒋旭光来涪陵调研

21 日，水利部副部长蒋旭光来涪陵调研白鹤梁水下博物馆，了解中国文物博物馆前期工作推进情况。水利部三峡工程管理司司长罗元华，水库移民司司长卢胜芳等一同调研。涪陵区委书记周少政介绍有关情况，区政府副区长席红参加。

涪陵区公安局敦仁派出所获首批“枫桥式公安派出所”

30 日，经全面创建、逐级推荐、严格审核评议和社会公示，公安部决定命名 100 个派出所为全国首批“枫桥式公安派出所”，重庆市涪陵区公安局敦仁派出所获此殊荣。

12 月

涪陵建成退役军人服务中心（站）451 个

4 日，涪陵区退役军人事务所表示，涪陵区建成退役军人服务中心（站）451 个，配置专兼职工作人员 575 人，实现了乡镇（街道）、村（社区）全覆盖。

第二届中国重庆涪陵榨菜产业博览会开幕

7 日，以“共享榨菜产业盛宴，共推农商联动发展”为主题的 2019 全国农产品产销对接扶贫（重庆）活动涪陵分会场暨第二届中国重庆涪陵榨菜产业博览会开幕。110 余家市内外参展企业带着600余种特色商品、旅游产品齐聚涪陵。

涪陵区工会第五次代表大会召开

9 日，涪陵区工会第五次代表大会在区委会议中心隆重召开，全区工会代表及职工代表近千人参加。会议总结全区公会五年来的工作，确定今后五年目标，选举产生新一届区总工会领导班子。涪陵区委书记周少政等出席大会。

涪陵区第五次妇女代表大会开幕

11 日，涪陵区第五次妇女代表大会开幕。大会选举产生新一届区妇联领导班子。涪陵区委书记周少政，市妇联党组成员、副主席郎晓莉，涪陵区人大常委会主任李景耀，区政协主席徐志红等出席会议。

中共重庆市涪陵区委五届八次全会召开

13 日，中国共产党重庆市涪陵区第五届委员会第八次全体会议召开。全会的主要任务是深入学习贯彻党的十九届四中全会精神，全面落实习近平总书记对重庆的重要指示要求，贯彻落实市委五届七次全会精神，深化思想认识、强化责任担当，坚定中国特色社会主义制度自信，加快推进治理体系和治理能力现代化，为建设高质量发展、高品质生活的美丽涪陵幸福涪陵，在全市“一圈两群”协调发展中担当更大使命、实现更大作为提供有力保障。

涪陵组织道德典型游两江

15 日，涪陵区委宣传部、区文明办开展主题为“看两岸绿水青山、话涪州美好未来”的涪陵区道德典型两江游活动，邀请 11 名市级以上道德典型参加此次活动。

重庆数资区块链峰会在涪举行

19日，以“链接万物 智启未来”为主题的2019重庆数资区块链峰会在涪陵举行。涪陵区相关部门负责人、涪陵各行业的企业高层及专家学者等100余人参加会议。

微电影《为爱归来》获市级大赛二等奖

24日，涪陵区残联创作的微电影《为爱归来》荣获2019重庆市残疾人小康进程微视频大赛二等作品。本次大赛由重庆市委宣传部、重庆市残疾人联合会、重庆市教育委员会联合主办。

涪陵区举行重点项目集中开工仪式和招商引资项目集中签约仪式

27日，涪陵区举行重点项目集中开工仪式和招商引资项目集中签约仪式。15个项目集中开工，项目总投资达233.6亿元，42个招商引资项目集中签约，项目协议投资352.93亿元。涪陵区委书记周少政、区人大常委会主任李景耀参加开工、签约仪式并宣布开工、见证签约。

重庆涪陵综合保税区（一期）通过国家验收

27日，三峡库区腹地首个海关特殊监管区域——重庆涪陵综合保税区（一期）顺利通过国家验收，标志着涪陵综合保税区正式进入封关运营新阶段。国家联合验收组组长、海关总署自贸司副司长盛甫斌向涪陵区政府区长种及灵颁发《综合保税区验收合格证书》。

区情概览

地理气候

【地理】 涪陵区位于重庆市东南边缘，位于北纬29° 21′～30° 01′、东经106° 56′～107° 43′，土地面积2942.36平方千米。最东点焦石镇白鸡堡，最西点增福乡大茶园，最南点同乐乡金家店，最北点珍溪镇红墙院。东西宽74.5千米，南北长70.8千米。在行政区划位置上，位于重庆市中部，东邻丰都县，南接武隆区、南川区，西连巴南区，北靠长寿区、垫江县。涪陵城区位于乌江与长江汇合处，历来是川东南水上交通枢纽和乌江流域最大的百货物资集散地。区境地处三峡库区腹心地带，顺长江西上120千米达重庆市，东下通连华中、华东各省；逆乌江而上可达鄂湘边界及黔东各地。

【地质】 属古老的扬子准地台区，地壳比较稳定。出露地层有古生界志留系、二叠系，中生界三叠系、侏罗系和新生界第四系。志留系至第四系间地层，缺失志留系上统和泥盆、石炭、白垩、第三系。出露地层总厚4800～6750米。区境地质构造的基本格局形成于燕山运动的第二、三期。在喜马拉雅运动（即新华夏构造运动）时期，地层再次受到挤压，呈间歇性抬升，形成现有的地质构造形态，即川黔南北构造带向北延伸楔入川东褶皱带之中，于区境形成明显的复合构造。属川东褶皱带的地质构造主要分布于长江以北地区，包括明月峡背斜、狮子滩—沙河褶曲组、拔山寺向斜、箐口场、黄草峡背斜、珍溪向斜、大池—千井背斜、丰都—忠县向斜、方斗山背斜等。其构造线方向多在北东15°～45°，呈雁行排列，背斜紧束，向斜宽缓，即呈隔挡式褶皱。断裂一般分布于靠背斜轴部，主要有黄草峡、太平寨等逆断层。属川黔南北构造带的地质构造主要分布于长江以南（北纬29° 21′以南）地区，含两个方向的褶皱：一是南北向褶皱，包括石溪向斜、四合场背斜、堡子场向斜、梓里场—勾家场背斜、土地垭向斜、大耳山背斜等，构造形态多为短轴状，两翼倾角差异较大，一般西翼陡而东翼缓；二是北东向褶皱，包括太和场背斜、凤凰寨向斜、弹子山背斜、金子山向斜、桐麻湾背斜及老场—悦来褶曲组等，多为短轴状构造，轴向多为北东25°～40°，一般北西翼陡，南东翼缓。断层分布情况大致与南北向褶皱相同，断层多沿背斜轴部分布，主要有口石逆断层、焦石坝逆断层等。

【地貌】 区境处于四川盆地东部的“盆东平行岭谷区”与“巫山大娄山中山区”过渡地带。境内一般海拔为200～800米（吴淞高程，下同），最低处龙驹场三块石海拔138米，最高处武陵山主峰磨槽湾海拔2033米。地形总的趋势是西北部地势较低，多为河谷丘陵、低山，东南部较高，多为丘陵山地。由于岩性和地质构造上的差异，区境呈现两类迥然不同的地貌景观。西北部碎屑岩广泛分布，属盆东平行岭谷范围，以构造剥蚀地貌为主，河谷为宽谷；东南部大片出露碳酸盐地层，属南北径向构造体系，以岩溶地貌为主，河谷多为窄谷。区境地貌类型多样，交错分布，很难准确区分，但根据地质构造、地形趋势和地貌类型的组合特征，仍可将区境地貌分为沿江丘陵低山区、坪上低山带坝区和后山区等3个一级区，以及沿江丘陵、沿江低山、后山低山槽谷带坝、后山低中山等4个二级区。

沿江丘陵低山区 主要分布在长江两岸，共1170.70平方千米，占土地总面积的39.8%。地貌组合为：丘陵占56.8%，低山占27.2%，台地占12.1%，山原、平坝占3.9%。沿江丘陵、沿江低山是该区的两个二级区，沿江丘陵主要分布在长江两岸海拔500米以下地区，沿江低山主要分布在区境西北部低山地带。

坪上低山带坝区 主要分布在区境南部，共785.37平方千米，占土地总面积的26.7%。地貌组合为：低山占50%，丘陵占28.9%，平坝、台地、山原占21.1%。

后山区 主要分布在区境东南部，共985.39平方千米，占土地总面积的33.5%。该区一般海拔400～1200米，地面高差大，多达200～700米。地貌组合为：低山占67.2%，低中山占15.8%，山原占6.6%，丘陵占6.4%，平坝、台地占4.0%。后山低山槽谷带坝区和后山低中山区是后山区的两个二级区。后山低山槽谷带坝区主要分布在区境中部和西北部海拔较低的地区，一般海拔300～700米；后山低中山区主要分布在区境东南部海拔1000米以上的地区。

【山脉】 区境主要山脉有：铜矿山山脉、武陵山脉、大梁子山脉、黄草山—五宝山山脉和勾家场—梓里场山脉。

铜矿山山脉 距涪陵城东23千米，与丰都县交界处。山脉南北走向，穿越罗云、焦石、卷洞3个乡镇的东部。山脊呈“一山一槽二岭”形态。出露最老岩层为二叠系灰岩，山顶峰丛发育。主要山峰有：大顶山（海拔1372米）、鸡石尖（1319米）、耷耳山（1224米）等。

武陵山脉 距城东南33千米，与丰都、武隆区交界处。山脉主脉走向北东，至武隆区木根铺以西转北西向，为海拔2000米左右的背斜中山，主要由二叠系、三叠系灰岩组成。最高部分在大木、武陵山两乡与武隆区交界处。山脊呈锥状伸展，山顶岩溶地貌发育，峰丛、洼地密布。主要山峰有：磨槽湾（2033米）、歇马台（2016米）、大山堡（1977米）、猫儿山（1944米）等。主要洼地有：落东坝、龙塘坝等（海拔1000米左右）。

大梁子山脉 距城西南29千米，与武隆区交界处。山脉走向北东（南端）转南北向，两侧横谷发育，主要为侏罗系自流井组岩层构成，为龙潭河、小溪水系与大溪河水系分水岭。主要山峰有：大梁子（1347米）、上峰岩（1268米）、甘家山（1035米）、雷劈山（903米）等。

黄草山—五宝山山脉 在区西北与长寿区、巴南区分界线上。山脉北东—南西走向，在黄草峡为长江切割，伸至石和场转南北向。出露地层主要为侏罗系。主要山峰有：大尖山（1100米）、黄荆坳（1050米）、拦马山（1000米）、尖峰顶（981米）、太平寨（942米）、木鱼山（907米）、五宝山（881米）等。

勾家场—梓里场山脉 在区境中部。山脉为南北走向，在龟龙关（古鸡鸣峡）为长江切割，主要出露地层为三叠系中下统灰岩，呈“一山一槽二岭”和“一山二槽三岭”组合形态。山顶岩溶残丘、峰丛、洼地密布。主要山峰有：兰花岗（1166米）、文家山（1006米）、望丰都（974米）、插旗山（742米）等。

【河流】 境内河流属雨源补给型，多夏洪秋汛，暴涨暴落，水位变幅较大。径流量在时间分配上不均衡，大部分集中在4～10月的丰水期，丰水期径流常出现双峰分布：第一期4～7月，占57.6%，高峰期在5～6月；第二期9～11月，占25.7%，峰值在9月前后。由于8月常发生高温伏旱，是丰水期径流低谷，故有不少溪河会在冬春枯水期和8月前后旱期断流。年径流丰枯变化，常交替出现，连续丰年多于枯年。主要河流有：长江及其支流梨香溪、油江河、同乐河、清溪沟、上桥河、碧溪河，乌江及其支流小溪、后溪、麻溪河等。

长江 在长寿区东黄草峡瓦罐窑流入区境，自西向东横贯区境北部，略成“W”形，于龙驹场东的朱家嘴入丰都县境，流长86千米。中水位时水位落差1.5米，接纳一级支流35条（含乌江），二级支流53条，三级24条，合计112条。涪陵龙王嘴多年平均流量1.13万立方米/秒，接纳乌江后增大至1.35万立方米/秒（清溪场水文站观测数）。流经涪陵区境的长江河段，古称大江、蜀江、岷江，当地人习称大河。

乌江 在武隆区北的边滩峡尾部白沙沱流入区境，由南向北，在涪陵城东汇入长江。境内流长35千米。每年4～9月流量最大，洪峰比长江提早一至两个月。每年12月至次年3月最小，水位最低。枯水期涪陵大东门段流速1.4米/秒。河口多年平均流量1650立方米/秒。区境乌江古称延江、别江、涪陵江、巴江、白沙水、黔水、涪陵水、龚滩河，当地人习称小河。

【气候】 2019年，涪陵区气温较常年略偏低，降水量略偏少，日照时数偏少；气象灾害较常年偏轻。年平均气温为17.8℃，较常年偏低0.4℃，年极端最高气温为38.5℃，较历史极端最高值偏低5℃，年极端最低气温为1.9℃，较历史极端最低值偏高3.2℃；年降水量1037.9毫米，较常年偏少近1成，降水时空分布不均，其中冬季较常年同期偏少近7成；年日照总日数999.7小时，较常年偏少近1成。年内日最高气温≥35℃（城区）累计26天；降水日数157天；各乡镇无明显旱涝现象，部分乡镇经济作物青菜头有霜霉病发生。

【主要气象灾害】暴雨 全年累计出现7场区域暴雨过程，分别是“6•5”“6•8—6•9”“6•15”“6•21—6•22”“6•24”“7•18”“7•22”区域暴雨过程，其中“6•21—6•22”为年内最强区域暴雨过程，造成部分乡镇街道有不同程度的受灾。

高温 年内35℃以上高温日数26天，分别为6月5日、7月21日—22日、7月26日—29日、8月2日、8月11日—13日、8月15日—27日、9月12日—13日，其中8月15日—27日出现持续性高温天气。

低温 年内共出现3次低温天气过程，分别为5月1日—15日、6月11日—30日，9月16日—25日，其中，9月16日—25日平均气温低于多年同期平均气温3℃以上。

强降温 年内出现3次区域强降温过程，分别为2月7日—2月10日、3月20日—3月23日、4月26日—4月29日。其中4月26日—4月29日强降温天气覆盖范围最广，72小时内平均气温下降10℃，为年内最强的降温过程。

连阴雨 年内共出现4段连阴雨过程，分别为：1月9日—1月15日、10月11日—10月16日、11月16日—12月2日、12月18日—12月28日。其中11月16日—12月2日期间的连阴雨过程持续无日照天数17天，为年内最长连阴雨过程。

区域资源

【动植物资源】 区境自然环境复杂，植物种类丰富，类型多样，据粗略统计，孢子植物和种子植物共有330余科1500余属4000多种。其中粮食作物有水稻、玉米、红苕、洋芋、胡豆、豌豆、黄豆、高粱等10多种，有300余个品种；经济作物有油菜、花生、芝麻、青菜头、萝卜、白菜、西红柿、茄子、四季豆、豇豆、芋头、莲藕、高笋、烟草、苎麻、西瓜、荸荠等数十种；

用材林树种主要有马尾松、杉木、柏木、柳杉、华山松、千丈、桉树、泡桐等42科78属104种；经济林木中有柑、橘、梨、苹果、李子、桃子、樱桃、龙眼、枇杷、杏、石榴、枣、柿、核桃、板栗等水果、干果10余科30余种100余品种；其他经济林木有茶、桑、油桐、乌桕、油茶、油橄榄、棕榈、漆树、木瓜、杜仲、厚朴、黄栀子、吴茱萸等数十种；竹类主要有慈竹、斑竹、水竹、刺竹等；灌木主要有黄荆、马桑、杜鹃、悬钩子等；草种主要有丝茅草、巴茅、火炮草、鸡窝乱、鼻筒草、铁线草、香香草、爬地乱、羊食子、乌泡草、地瓜藤等共43科160多种；藻类有衣藻、蓝藻、小球藻、水绵等；菌类主要有香菇、平菇、蘑菇、草菇、竹荪、油辣菇、松毛菌、石灰菌、茯苓、雷丸等共100余种；蕨类植物有铁芒萁、大叶蕨、铁线蕨、舌蕨、里白、桫椤、金毛狗、木贼、石松等。在所有的植物中，野生经济植物资源可分为12类：（1）药用类，主要有天麻、党参、红豆杉等；（2）油脂类，主要有乌桕、蓖麻、山桐子、木姜子等；（3）芳香油类，主要有巴岩香、五味子、桂花、野玫瑰、野菊、香附子等；（4）淀粉类，主要有蕨根、青岗子、野葛、红籽、金樱子等；（5）纤维类，主要有蓑草、白茅、构树、棕榈及竹类等；（6）水果类，主要有猕猴桃、草莓、刺梨、拐枣、野山楂等；（7）单宁类，主要有小果蔷薇、栽秧泡、野核桃等；（8）虫胶、虫蜡类，主要有蜡树、女贞、盐肤木等；（9）食用菌类，主要有香菇、平菇、竹荪等；（10）花卉及蜜源类，主要有毛杓兰、黄荆、杜鹃、桂花等；（11）编织类，主要有青藤、黄荆、羊食条、草秆等；（12）树脂、树胶类，主要有马尾松、漆树等。

区境动物在地理区划上属东洋界中印亚界华中区盆地东部平行岭谷农田动物群和盆地南缘中低山地带亚热带森林农田动物群的过渡地区，故动物兼有南北方种类。饲养动物主要有：猪、牛（水牛、黄牛、奶牛）、羊、马、驴、骡、兔（毛兔、肉兔）、狗、猫等兽类，鸡、鸭、鹅、鹌鹑、鸽等禽类，鲢鱼、鳙鱼、草鱼、鲫鱼、乌鳢、鲶、翘嘴红 、马口鱼、黑尾鱼等鱼类，其余的还有龟、团鱼、河蟹、毛虾、蜂、蚕等20余种。野生动物主要有：金钱豹、云豹（狗豹子）、野猪、林麝（獐子）、小麂（山羊）、鬣羚（马豹）、貉（狸）、黄鼬（黄鼠狼）、狗獾（火靠子）、猪獾（泥猪）、大灵猫（九节狸）、小灵猫（香猫）、狐（毛狗）、果子狸（花面狸）、豹猫（野猫）、毛冠鹿、草兔、蝙蝠、岩蝠、松鼠、帚尾豪猪（刺猪）、竹鼠、水獭、猕猴（黄猴）等8目19科36种兽类，苍鹭（青庄）、白鹭（白鹤）、雀鹰、雉鸡（野鸡）、灰胸竹鸡、红腹锦鸡、白胸苦恶鸟（白胸秧鸡）、熏鸡、山斑鸠、鹰鹃（阳雀）、四声杜鹃（苞谷雀）、大杜鹃（布谷鸟）、斑头鸺留鸟（鬼冬哥）、普通翠鸟、鸳鸯、啄木鸟、普通家燕、白头鹎（白头翁）、戴胜（鸣冠鸟）、黄莺、喜鹊（鸦雀）、乌鸦、画眉等计13目35科136种鸟类，中华大蟾蜍（癞疙宝）、墨斑蛙（青蛙）、泽蛙（干疙蚂）、沼蛙、棘皮蛙、大鲵（娃娃鱼）、龟、鳖（团鱼）、璞趾壁虎、蓝尾石龙子（四脚蛇）、白条草蜥、乌梢蛇、黑眉锦蛇（菜花蛇）、水赤链游蛇、翠青蛇（青竹标）、赤链蛇（烂草蛇）等两栖爬行类，青鱼、鲫鱼、鲢鱼、鳙鱼、草鱼、团头鲂、青梢红鲅（青梢）、长春鳊、四川半鱼、翘嘴红 、中华鳊青（菜板鱼）、麦穗鱼（肥川）、圆口铜鱼（水密子）、中华鲟、长江鲟、白鲟、中华倒刺鲃（青波）、光泽黄 鱼（黄腊丁）、长吻 （江团）、南方大口鲶（连巴郎）、青鳉、乌鳢（乌棒）、泥鳅、黄鳝等水生动物，蚯蚓、日本医蛭（水蚂蟥）、中国圆田螺（水螺蛳）、蛞蝓（悬巴虫）、蜗牛、背角无齿蚌（蚌壳）、河蟹、水蚤、蜘蛛、角倍蚜（五倍子蚜虫）、稻纵卷叶螟、稻飞虱、麦蚜虫、黏虫、柑橘尺蠖、星天牛、地老虎、米象及各种蚂蚁、蚊类、蝇类等无脊椎动物。

【矿产资源】 区境主要矿产有页岩气、煤、天然气、铁矿、沙金、铝土矿、石灰石、泥岩、砂岩、硅质岩、硫铁矿等。区内页岩气田是中国首个大型页岩气田，已进入商业开发阶段；原煤分布于二叠系与三叠系的上统地层；天然气主要产于蔺市盆地的三叠系地层中；铁矿品种有菱铁矿和赤铁矿两种，菱铁矿主产于侏罗系下统自流井组地层，含铁量26%～31%，赤铁矿主产于侏罗系下统珍珠冲组地层，含铁量27%～30%；沙金主要分布于长江沿岸河沙砾石堆积中；铝土矿产于二叠系梁山组中部或中下部，与耐火黏土共生；石灰石区境分布较广；泥岩主要分布在早侏罗世的自流井中部（马鞍山段的插旗山）和侏罗系中统地层中（丛林乡廖家湾）；砂岩主产于三叠系上统须家河组和侏罗系地层中已发现的矿点有菜场马脚溪、白涛木头溪和荔枝鹅颈关等；硅质岩（石英砂）主要以似层状赋存于二叠系上统吴家坪组第三层及长兴组中下部；硫铁矿主要分布于二叠系长兴组上部和上三叠系须家河组含煤地层的顶部和底部，大多呈结核状、星散状形式赋存。

【人口】 2019年末，全区公安户籍户数45.15万户，户籍人口114.83万人，平均每户2.54人，人口密度为391.3人/平方千米。当年出生人口9818人、死亡8123人，人口自然增长率1.48‰。在全区人口中，男性人口58.36万人，女性人口56.47万人，人口性别比（以女性为100）为103.4。户籍人口按城乡分，城镇人口51.28万人，乡村人口63.55人，户籍人口城镇化率44.7%。

按年底1%人口抽样调查资料计算，全区年末常住人口（在本地居住半年以上）117.03万人，常住人口比户籍人口多2.2万人，是人口净流入区县。常住人口按城乡分，城镇人口81.65万人，乡村人口35.38万人；常住人口城镇化率为69.77%，比上年提高1.05个百分点。

年末全区从业人员为78.3万人，比上年增加0.4万人，从业人员占常住人口的比重为66.9%。

政区建置

早在5000年前，区境已有人类居住。夏商至春秋前期，为濮人居住区。春秋中后期至战国中期为巴国地（曾为巴国国都，巴先王陵墓所在地）。战国中后期为楚国地。战国后期为秦巴郡地。秦昭襄王三十年（公元前277年）置枳县，为区境置县之始。东汉时，分枳县置平都县。三国蜀汉时，增置汉平县，隶涪陵郡（郡治彭水郁山镇）。东晋穆帝永和三年（347年）置涪郡（又名枳城郡），为今区境置郡之始。南北朝时，仍置枳县，北周时改置涪陵镇，为今区境称涪陵之始。隋置涪陵县。唐置涪州，辖涪陵县等6县。宋代涪州仍置，辖涪陵等5县。元置涪州，辖武龙县。明置涪州，辖武龙、彭水二县。清置涪州，不领县。民国初（1913年），改涪州为涪陵县，先后隶属川东道（1914年改名为东川道）、四川省和四川省第八区。中华人民共和国成立后，1950年初，置川东涪陵区，辖涪陵、南川、酆都、石柱、武隆、长寿、彭水7县，隶川东行署区。1952年，川东酉阳区并入川东涪陵区，增辖垫江、黔江、酉阳、秀山4县，隶四川省。1958年，长寿县划入重庆市。1968年改称涪陵地区。1983年撤涪陵县设涪陵市。1988年，分黔江、酉阳、秀山、彭水、石柱（1959年由石砫更名）5县设黔江地区后，涪陵地区辖涪陵市、南川县、丰都县（1958年由酆都县更名）、垫江县和武隆县。1994年，撤南川县，设南川市。1995年11月5日，经国务院批准（国函〔1995〕106号），撤销涪陵地区，设地级涪陵市，下辖枳城区、李渡区，代管南川市、垫江县、丰都县、武隆县。1996年9月15日，经中共中央、国务院批复同意，涪陵市划归重庆市代管。1997年3月14日，全国人民代表大会五届五次会议审议通过国务院关于提请审议设立重庆直辖市的议案，涪陵市正式改隶重庆直辖市。1997 年 12 月 20 日，经中共中央办公厅和国务院办公厅批准，撤销原地级涪陵市和枳城区、李渡区，设立重庆市涪陵区，重庆市涪陵区辖原枳城区、李渡区的行政区域。原涪陵市所辖（代管）的南川市、武隆县、丰都县、垫江县归重庆市直接管辖。

民族宗教

【民族】 涪陵区以汉族为主，少数民族是以土家族和苗族为主的少数民族散杂居区，2019 年少数民族有 37 个，少数民族人口 10000 余人，其中常住少数民族 7700 余人，分布在 27 个乡镇街道。

【宗教】 2019 年涪陵区有佛教、道教、天主教、基督教四大教派，有宗教团体 3 个（涪陵区佛教协会、涪陵区天主教爱国会、涪陵区基督教三自爱国运动会）。经市区政府批准开放的宗教活动场所（点）18 处，其中佛教 9 处（包括活动点 4 处），道教 1 处，天主教 2 处（包括活动点 1 处），基督教 6 处（包括活动点 5 处）。7 个宗教场所有教职人员 12 人，10 个宗教活动场所（点）无宗教教职人员。到宗教场所参加活动的信教群众 10161 人（未颁证场所及社会信教群众未统计）。其中佛教约 8300 人、道教约 500 人、天主教约 600 人、基督教约 761 人。

国民经济和社会发展概述

【概况】 涪陵区年内地区生产总值实现 1178.6亿元，增长8.1%，人均GDP突破10万大关，三次产业结构优化为 5.9 ∶ 56.6 ∶ 37.5，发展质量效益持续提升，经济规模稳居重庆主城区外区县首位。

【工业发展】 2019 年全区工业增加值实现 493.4 亿元，增长 9.3%，居全市区县首位。五大支柱产业持续壮大，清洁能源、新材料、装备制造、食品医药、信息技术分别增长 3.4%、14.1%、22.4%、14.8%、24.9%，新材料产值突破 400 亿元。新兴产业加速崛起，战略性新兴产业增加值占规上工业增加值比重提高到 34.5%，高技术产业增加值增长 19.3%。工业企业新升规企业 35 户，产值或利税率提升的亿元级企业 36 户。新增 50 亿元级企业 1 户，8 户企业入选重庆制造业企业 100 强，9 户企业认定为首批重庆市制造业产业链龙头企业。实施智能化改造项目 47 个，新增智能工厂 2 个、数字化车间 13 个。新增国家级两化融合贯标企业 4 户，制造业单项冠军产品数量位居全市区县第一。

【服务业发展】 年内涪陵区服务业持续发展。网唛汇一期建成投用，“福运通”上线运行，龙头港物流园、韵达西南物流基地加快建设，涪泸“五定”班轮稳定运行 190 余次。旅游持续升温，全年接待游客人次、旅游总收入分别增长 11.3%、31.7%，美心红酒小镇、816 工程成为新的网红打卡景点。金融业持续向好，存贷款余额分别增长 10.4%、6%。新业态新模式加快培育，华为云计算数据中心建成投用，区块链切入“涪陵榨菜”“涪陵黑猪”等农产品溯源及保护应用。

【农业发展】 年内涪陵区农业增加值增长 3.6%。果品总产值增长 10.4%，蚕农实现销售收入 7938 万元。新获认证无公害农产品 36 个、绿色食品 23 个。成功获批“全国绿色食品（青菜头）原料标准化生产基地”。涪陵青菜头获得国家农产品地理标志产品认证，新发展农民合作社 285 个、家庭农场 12 个。主要农作物耕种收综合机械化率达到 49.5%。

【投资消费】 年内涪陵区全社会固定资产投资增长 6%，其中工业投资和民间投资分别增长 10%、8%。社会消费品零售总额增长 10.8%，万达广场、中慧西街开业运营，百汇广场开工建设，大型商业综合体辐射作用进一步凸显。线上消费加快发展，网上零售额增长20%。

【创新发展】 年内涪陵区稳步推进国家高新区创建，涪陵国家农业科技园区（榨菜）通过验收，环长江师范学院创新创业生态圈加快建设，启迪清创孵化器成功落户。全年新创高新技术企业20家，新增市级科技型企业148家，获批国市级科技研发项目64项，涪陵区连续五年获重庆市科技进步一等奖。年内设立科技型企业知识价值信用贷款风险补偿基金，企业获贷5062万元。全区持续优化营商环境，311项行政审批事项承诺办结时间减少71%；完成区属六大国企集团改革重组，区属国企资产总额增长7.8%。涪陵综合保税区封关运行，11个项目签约入驻；涪陵区积极参加西洽会、智博会，全年招商引资480亿元，全年进出口总额增长36.9%。

【城乡融合】 年内涪陵区推进“两线三片一城”项目建设，推动新老城区协同发展，实施95个项目，完成投资90.5亿元。新城区科教产业实训基地、启迪未来科技城、站前大道二期、鹤凤大道二期、公共卫生服务中心、中心医院新城区医院、玉屏公园等项目加快建设。江南城区人民西路和人民东路片区旧城改造、“两江四岸”治理提升有序推进，新增城市绿地70万平方米。乌江大桥西桥头立交一期完工投用，江东文化广场二期、桥南公园建成投用。推进乡村振兴。涪陵国家现代农业产业园创建成功；推进农村“三变”改革试点，新发展农民合作社285个，新增家庭农场12个，建立村集体经济组织177个。

【生态环境】 涪陵区生态环境持续改善，全年城区空气优良天数达322天。全面推进“河长制”“库长制”，与长寿区等5区县签订流域水污染防治联防联控工作协定，2个国控断面水质优良比例达100%。全年水土流失治理1500公顷。中化涪陵化工如期关停。实施国土绿化提升行动，完成营造林6000公顷。开展“大棚房”问题整治，自然保护地拆违整治3.1万平方米。加强土壤污染风险管控，工业固体废弃物综合利用处置率提高到96%以上。

【精准脱贫】 涪陵区建立健全“两不愁三保障”政策体系，整合投入财政资金2.6亿元，实施各类扶贫项目69个，861户2236人实现脱贫。推进产业扶贫、金融扶贫、就业扶贫，发展到户产业1628户，发放扶贫小额信贷资金2亿元，实现转移就业1338人。建立兜底医疗救助制度，贫困户门诊和住院医疗自付比例分别下降到15.6%、8%。完成农村建档立卡贫困户等四类重点贫困对象危房改造5146户。

【社会事业】 长江师范学院获批重庆市一流专业8个。涪陵教育云开通投用，成功创建重庆市首批智慧校园建设示范学校4所。全区新增公办民营普惠园7所，公办幼儿园占比达44.8%、普惠率达86%。国家卫生区创建通过全国爱卫办评审，新创建国家卫生乡镇4个、市级卫生村4个；国家慢性病综合防控示范区创建通过国家评审。深化医药卫生体制改革，取消公办医疗机构医用耗材加成。白鹤梁题刻入选2021年申遗备选项目，获批8项市级非遗项目，新增9处市级文物保护单位。

【民生实事】 年内涪陵区实施16件重点民生实施，完成投资5.3亿元；实施农村通组公路建设，完成1480千米；完成农村改厕1.2万户；开展各类职业培训5904人次，发放创业担保贷款1.46亿元，城镇新增就业2.6万人。全区城乡居民人均可支配收入分别增长8.5%、9.5%。

2019年涪陵区16件民生实事推进情况

★1. 农村危房改造：完成建档立卡贫困户等四类重点贫困对象改造5146户。

▲2. 老年人照顾服务：完成龙潭镇、武陵山乡、

大顺乡、江东街道、同乐乡、新妙镇6个农村敬老院的“三改”工作。

▲3. 实施农村小康路建设：建成通组公路1480千米。

▲4. 发展普惠性学前教育：新增公办和公办民营普惠园8所，学位2250个。

▲5. 实施重庆籍建档立卡贫困家庭大学生资助：完成对我区所有在市内外普通高校就读的全日制学历教育重庆籍建档立卡贫困家庭的本专科大学生进行学费资助。

▲6. 推进城区、景区旅游厕所建设：完成新建和改造卫生厕所2400户、旅游厕所45座。

▲7. 实施免费无线局域网建设：完成统一认证服务平台（二期）建设，新建、整合、改造全区公共场所无线局域网访问接入点90个。

▲8. 推进社区养老服务“千百工程”：完成青羊镇安镇社区、平一社区、崇义街道鸣羊嘴社区、高山湾社区、蔺市镇红旗社区、敦仁街道崩土坎社区等12个社区养老服务站，以及荔枝街道社区养老服务中心1个市级示范中心建设。

▲9. 建立医改便民长效机制：完成推进改善医疗服务3年行动计划，落实公立医院按预约服务、推进检查检验结果互认、设置便民门诊等医改便民措施12项。

▲10. 义务教育均衡优质发展工程：罗云乡中学教学楼主体完工；建成投用涪陵五中艺术楼、原职教中心初中改造、珍溪镇中峰小学（扩建）、涪陵十八中学生宿舍、涪陵第十七中学图书综合楼、清溪镇中心校运动场、城十校运动场。

○11. 残疾人职业技能培训中心维修改造：建成投用培训中心消防设施和无障碍设施。

▲12. 涪陵区残疾人康复托养中心项目：完成场区景观工程、暖通工程、水电气接入并建成投用。

○13. 涪陵区失能贫困人员集中供养中心：完成失能人员起居设施、办公家具采购。

▲14. 公办幼儿园建设工程：完成大顺乡中心幼儿园建设工程主体完工；建成投用杨树新村幼儿园。

○15. 社会福利院项目：完成医疗楼、儿童楼（共约8500平方米）室内装饰及园林改造项目建设的94%。

○16. 人行过街设施：建设2个人行过街设施。

注：“★”代表超额完成，“▲”代表全面完成，“○”代表持续推进。

文化建设概况

【公共文化】 2019年，涪陵区图书馆新馆全面建成并对外开放，基层综合文化服务中心升级改造全面完成。全年开展“我和我的祖国”——重庆市庆祝新中国成立70周年电影放映活动，完成农村乡镇和城市社区放映2400场，城市影院放映696场；全年完成惠民电影公益放映共计6068场；全面完成爱国主义教育电影进校园放映任务，全区136所中小学校放映1073场，观影学生43万多人次；广播电视混合覆盖率达99.85%，实现广播电视由“村村通”向“户户通”的升级；义和镇松柏村和大木乡迎新社区成功创建市级智慧旅游乡村示范点，新建和改建旅游厕所45座，乡镇事业单位机构改革后新组建乡镇街道文化服务中心27个、旅游服务中心2个。

全年公共文化体育阵地免费开放接待80万人次，图书馆、美术馆获全市绩效考核一等奖，文化馆二等奖，18件文艺作品获市级奖项。牵头承担落实系列主题群众文化活动上千场次。将文化阵地融入旅游接待，在图书馆新馆设立“江城文化展示中心”，成为长江三峡涉外游轮必游的文旅融合新景点，加速回归三峡国际黄金旅游线，豪华游轮“长江探索号”“华夏神女号”等停靠涪陵，带来了3万余人次的远程游客。

【文学艺术创作】 2019年，涪陵区紧紧围绕庆祝中华人民共和国成立70周年，创作舞蹈《锦绣》等文艺作品18件。认真组织参加“晒文化•晒风景”大型文旅推介活动，涪陵区“双晒”作品获“最佳作品奖”。深化“深入生活、扎根人民”主题实践活动，《天籁之境》等作品入选全国艺术作品展，余继平《乌江流域民族美术概论》获评第八届重庆艺术奖；编辑完成《新中国70年涪陵作家作品选》；歌舞《涪州山水吟》参加“携手奔小康•同心共追梦”；舞蹈《踩池舞》《坛之舞》《开坛舞》等作品参加了2019全国农产品产销对接扶贫（重庆）活动涪陵分会场暨第二届中国重庆•涪陵榨菜产业博览会开幕式文艺展演；美术作品《马武秋色》《深山春至》等5件作品参加在哈萨克斯坦举办的《“一带一路”相约努尔苏丹——中国“乌江风情”著名美术家作品哈萨克斯坦展》；组织参加“我和我的祖国”第十九届重庆市美术书法摄影联展，其中摄影作品《大山的心弦》荣获一等奖、书法作品《道德经•论道》荣获二等奖、美术作品《芳华》荣获网络人气奖。

【文化遗产保护】 2019年，涪陵区文物保护工作顺利推进。白鹤梁题刻入选2021年中国申报世界文化遗产五个备选项目之一；“白鹤梁题刻水下灯光改造项目”成功入选文化和旅游部“2019年文化和旅游装备技术提升优秀案例”，系重庆市唯一入选项目；举办的“长江史书——新中国成立70周年我和白鹤梁”展览被国家文物局评为2019年100个核心价值观主题展览推介项目，大大提升了白鹤梁题刻申遗的关注度和影响力。完成龟陵城遗址发掘任务；修复157件馆藏青铜文物；完成刘作勤庄园、邱家榨菜作坊、陈万宝庄园附院围墙步道维修工程。新增龟陵城遗址、施家祠堂等9处市级文物保护单位。珍溪镇施家祠堂打造成为乡村学校少年宫，大顺乡李家祠堂打造成为乡村振兴讲习所。

全区非遗保护传承有效实施。涪州风物传说、文润斋书画传统装裱修复技艺、蔺市特醋传统酿造技艺等8个非遗项目入选重庆市第六批市级非物质文化遗产代表性项目名录。积极推荐申报涪州郭氏伤科疗法、德济堂李氏中医正骨术等2项非遗为国家级非遗项目。启动了第四批区级非遗项目申报工作。公布了第五批区级非物质文化遗产代表性项目传承人名单32人。组织涪陵非遗项目参加市文化旅游委主办的“2019我在重庆学非遗”主题外宣活动、第四届重庆非物质文化遗产暨老字号博览会等展销活动。焦石民歌参加农业农村部在黑龙江省举办的全国第十八个农机安全宣传日启动仪式和文化和旅游部在云南省举办的2019年中国原生民歌节。

【文化市场新气象】 2019年，全区文化旅游产业稳步增长。加快推进绿色印刷、智能印刷升级改造，全年印刷包装业完成工业总产值24.15亿元。新设立重庆苏宁红孩子商贸有限公司涪陵万达广场店等4家出版物发行零售书店。余福江荣获第四届重庆市印刷技能大赛暨平版制版员工种冠军。出版物发行业零售额首次突破亿元大关。各旅游区、各乡镇街道涉旅固定资产投资项目完成上报统计36亿元，旅游区游客住宿接待床位持续增长，全区总量达到2.3万张。新增文化市场主体18家，审批演出活动20场次。积极开展文化旅游项目招商引资工作，新签约北山国际文旅康养度假区项目、五桂堂历史文化街区项目、特曼特酒吧项目、罗云红色乡村旅游项目等文旅项目4个，签约资金120.4亿元。美心红酒小镇、万松里民宿村成功创建市级乡村文化乐园；816工程成功创建为国家4A级景区并已完成提档升级方案设计；美心红酒小镇和古今花海成功创建为国家3A级景区。新景区建设稳步推进，816小镇已开园迎客；点易园一期整治基本完工；完成国家现代农业园区文旅示范项目建设。

【文旅市场监督】按照行业属地和属事监管职责，文化综合执法支队牵头开展执法巡查网吧、娱乐场所、旅行社等各类市场主体1500余家次，立案查处各类违法违规行为47件，共收缴非法出版物300余册，行政罚款8.65万元，共妥善处理各类举报投诉76起。

【文化体制改革】 2019年，全区作为文化和旅游部试点的区图书馆法人治理结构改革深入推进，覆盖城乡的“文化馆图书馆总分馆制”运行模式全面建成。区文化馆图书馆业务骨干担任27个乡镇分馆的业务副馆长，对乡镇街道进行业务指导；区财政投入500万元，用于27个乡镇街道文化馆图书馆分馆设施设备购置，区文化馆为每个分馆配备了一套音响设备、区图书馆为每个分馆配备了一套自助借还设备。

中共重庆市涪陵区委员会

概　述

2019年，中共重庆市涪陵区第五届委员会常务委员会组成人员发生变化。4月，李毅担任区委委员、常委。至年末，中共重庆市涪陵区第五届委员会常务委员会由区委书记周少政，区委副书记种及灵、周波和区委常委喻显镔、刘康中、杜海波、田景斌、夏艺、常金辉、徐瑛、李毅11人组成。

是年，涪陵区委领导班子坚持以习近平新时代中国特色社会主义思想为指导，深入学习贯彻党的十九大和十九届二中、三中、四中全会精神，认真落实市委五届六次、七次全会精神，团结带领全区干部群众沉心静气、真抓实干，保持了良好发展势头。

重要会议

【区委五届七次全会】 6月10日至11日召开。全会深入学习贯彻习总书记视察重庆重要讲话和在解决"两不愁三保障"突出问题座谈会上重要讲话精神，全面贯彻落实习总书记对重庆提出的"两点"定位、"两地""两高"目标、发挥"三个作用"和营造良好政治生态的重要指示要求，深刻领会把握市委五届六次全会精神，听取并审议周少政同志代表区委常委会所做的工作报告，审议通过《中共重庆市涪陵区委关于深入学习贯彻习总书记视察重庆重要讲话精神在推进西部大开发形成新格局中展现新作为实现新突破的实施意见》《中共重庆市涪陵区委重庆市涪陵区人民政府关于贯彻落实习总书记在解决"两不愁三保障"突出问题座谈会上重要讲话精神的实施方案》和全会决议。全会还表决通过了部分区委委员免职递补事项。全会号召全区上下要牢记嘱托、不负使命、埋头苦干、锐意进取，以实干实绩迎接新中国成立70周年，为决胜全面建成小康社会、开启全面建设社会主义现代化国家新征程而奋斗。

【区委五届八次全会】 12月13日召开。全会深入学习贯彻党的十九届四中全会精神，全面落实习总书记对重庆的重要指示要求，贯彻落实市委五届七次全会精神，听取和讨论了周少政同志代表区委常委会做的区委五届七次全会以来工作报告和抓党建工作报告，审议通过《中共重庆市涪陵区委关于深入学习贯彻党的十九届四中全会精神的意见》和全会决议。全会号召全区上下深化思想认识、强化责任担当，坚定中国特色社会主义制度自信，加快推进治理体系和治理能力现代化，为建设高质量发展、高品质生活的美丽涪陵幸福涪陵，在全市"一圈两群"协调发展中担当更大使命、实现更大作为提供有力保障。

重要文件目录

中共重庆市涪陵区委、重庆市涪陵区人民

政府关于坚持农业农村优先发展扎实做好“三农”工作的实施意见（涪陵委发〔2019年〕1号）

中共重庆市涪陵区委、重庆市涪陵区人民政府关于印发《涪陵区贯彻落实〈地方党政领导干部安全生产责任制规定〉实施方案》的通知（涪陵委发〔2019〕2号）

中共重庆市涪陵区委、重庆市涪陵区人民政府关于命名涪陵区第五届拔尖人才的决定（涪陵委发〔2019〕3号）

中共重庆市涪陵区委、重庆市涪陵区人民政府关于涪陵区机构改革的实施意见（涪陵委发〔2019〕4号）

中共重庆市涪陵区委关于印发《区委常委会2018年度民主生活会整改方案》的通知（涪陵委发〔2019〕7号）

中共重庆市涪陵区委关于印发《中共重庆市涪陵区委常委会脱贫攻坚专项巡视整改专题民主生活会整改方案》的通知（涪陵委发〔2019〕11号）

中共重庆市涪陵区委关于进一步加强巡察整改工作的实施意见（涪陵委发〔2019〕12号）

中共重庆市涪陵区委、重庆市涪陵区人民政府关于印发《重庆市涪陵区城市提升行动方案》的通知（涪陵委发〔2019〕14号）

中共重庆市涪陵区委、重庆市涪陵区人民政府关于开展工业企业提升“双百”行动的实施意见（涪陵委发〔2019〕16号）

中共重庆市涪陵区委、重庆市涪陵区人民政府关于推动文化产业高质量发展的实施意见（涪陵委发〔2019〕17号）

中共重庆市涪陵区委关于印发《2018—2022年全区干部教育培训规划》的通知（涪陵委发〔2019〕18号）

中共重庆市涪陵区委关于深入学习贯彻习总书记视察重庆重要讲话精神在推进西部大开发形成新格局中展现新作为实现新突破的实施意见（涪陵委发〔2019〕19号）

中共重庆市涪陵区委关于表彰涪陵区优秀共产党员、优秀党务工作者和先进党组织的决定（涪陵委发〔2019〕1号）

中共重庆市涪陵区委、重庆市涪陵区人民政府关于印发《推进新时代涪陵产业工人队伍建设改革实施方案》的通知（涪陵委发〔2019〕22号）

中共重庆市涪陵区委重庆市涪陵区人民政府关于表扬涪陵区师德标兵、模范教师、十佳教育工作者、尊师重教单位、尊师重教个人的决定（涪陵委发〔2019〕23号）

中共重庆市涪陵区委、重庆市涪陵区人民政府关于对全区2016-2018年连续三年年度考核为优秀等次的公务员记三等功2018年和年年度考核为优秀等次的公务员给予嘉奖的决定（涪陵委发〔2019〕24号）

中共重庆市涪陵区委关于印发“区委常委会”不忘初心、牢记使命“专题民主生活会整改方案”的通知（涪陵委发〔2019年〕25号）

中共重庆市涪陵区委关于深入学习宣传贯彻党的十九届四中全会精神的意见（涪陵委发〔2019〕26号）

中共重庆市涪陵区委员会领导名录

书　记：周少政
副书记：种及灵　周　波
常　委：喻显镔　刘康中　杜海波
　　　　田景斌　夏　艺　常金辉
　　　　徐　瑛（女）
　　　　李　毅（2019年4月任职）

区委办公室负责人名录

主　任：傅　云（2019年1月任职）
　　　　冯星贵（2019年1月离任）
副主任：左清华
　　　　王晓军（女）
　　　　石以超
　　　　许顶银（2019年1月任职）
　　　　舒泾容（兼，2019年1月离任）

组织工作

【概况】 2019年，中共重庆市涪陵区委组织部作为区委主管组织工作、干部工作、人才工作的职能部门，统一管理公务员工作，对外加挂区公务员局牌子；负责区委非公有制经济组织和社会组织党的建设工作，区委非公工委与区委组织部合署办公；不再将中共重庆市涪陵区委党的建设工作领导小组办公室、中共重庆市涪陵区委人才工作领导小组办公室、重庆市涪陵区考核工作领导小组办公室纳入机构编制管理，有关职责继续由区委组织部承担；统一管理区委机构编制委员会办公室、区委老干部局。设内设机构14个：办公室（保密工作办公室）、研究室（政策法规科）、组织一科、组织二科（区基层组织建设办公室）、非公党建科、干部一科、干部二科、公务员一科、公务员二科、人才工作科、干部教育科、干部监督科（信访科、巡察工作联络办公室）、干部考核科、干部档案管理科；所属正科级全额拨款事业单位1个：中共重庆市涪陵区委组织部信息中心。干部职工共计52人，其中部领导6人。2019年，市委书记陈敏尔、市长唐良智同志到涪陵区专题调研指导“不忘初心、牢记使命”主题教育开展情况；中央组织部先后2次，市委常委、组织部部长胡文容同志先后3次来涪调研指导工作；区委常委会专题研究23次、42个党的建设和组织工作有关议题，专题学习相关内容53次，为建设高质量发展、高品质生活的美丽涪陵幸福涪陵提供了坚强组织保证。

【“不忘初心、牢记使命”主题教育】 涪陵区按照中央安排和市委要求，坚持将“不忘初心、牢记使命”主题教育作为一项重大政治任务，突出主题主线，精心谋划部署、从严督导实施，区级领导班子走在前、作表率，125个主题教育单位高标准、严要求，2432个基层党组织重结合、求实效，全区主题教育取得显著成效。区委以上率下抓学习，区委书记带头上党课，常委会班子围绕8个专题，开展一周的集中学习研讨，邀请市级部门负责人、专家学者举办专题报告4场。用好用活本地红色资源，区领导先后到罗云烈士陵园、816功勋井、页岩气公司等地集中开展革命传统教育、创新创业教育，全区各级领导班子和基层党组织就近就便组织开展革命传统教育近万场次，围绕庆祝中华人民共和国成立70周年组织开展系列庆祝活动，进一步坚定了理想信念，凝聚了奋斗力量。全年确定区级领导调研课题60个、区管领导班子和处级领导干部调研课题1057个，通过调研梳理问题1405个，提出对策措施1520条，现场解决具体问题651个。党员领导干部在深入学习调研的基础上讲专题党课1165场次，各级党组织在调研基础上召开调研成果交流会，务实推动调研成果转化，已转化为重点项目416个、制度措施325个。各级领导班子召开对照党章党规找差距专题会议，紧扣中央提出的“18个是否”，结合自身职责，逐条对照检视，累计查找班子及个人问题9416个。各单位共自查担当作为方面问题161个，整治漠视侵害群众利益问题110个，查处群众身边的不正之风和腐败问题68件69人，累计查处案件82件。针对市级部门梳理、市委主题教育领导小组办公室“点对点”反馈的29个问题，逐一分解落实到相关领导和责任单位，实行限期整改、到期交账。先后召开4次常委会、3次主题教育领导小组会，传达贯彻总书记关于主题教育重要讲话、重要指示精神和中央部署、市委要求，研究部署全区主题教育工作。加强统筹安排，严格督促指导，坚持每周一个例会、每周一张清单、每周一次督察制度，先后2次召开主题教育巡回指导工作会议，编印《巡回指导工作手册》，明确7项工作职责，解答主题教育工作常见的26类问题；16个区委巡回指导组累计完成1400余次下沉指导，既发掘典型、总结经验，又查找问题、纠正偏差，推动各单位抓实主题教育各项工作。加强宣传引导，人民网、重庆日报、华龙网等中央、市级媒体报道涪陵主题教育开展情况29篇（条），本地媒体刊发稿件1435篇（条），各单位充分运用展板、横幅、显示屏等加强宣传，营造浓厚氛围。

【机构改革领导班子配备调整】 全年完成区级机构改革涉及的236名干部配备调整工作，提前系统谋划，全覆盖分析研判，做好人选储备，全面了解掌握拟任人选的各方面情况。着眼激发活力，广泛谈心谈话、消除思想顾虑，开展任前谈话135人次，确保干部服从安排。整个机构改革过程平稳有序。

【公务员职务与职级并行】 涪陵区贯彻落实公务员法、《公务员职务与职级并行规定》以及中央和市里相关政策，研究制订涪陵区公务员职务与职级并行制度工作方案、职级晋升办法和职级晋升量化考评细则。在全面摸排基础上，完成区级机关、乡镇街道机关公务员及参照公务员管理人员的职级套转工作，全区共套转1642人。采取逐级晋升的方式，分两次开展2019年度全区公务员职级晋升工作，晋升一级主任科员以下职级1143人，对拟晋升一级三级调研员的923名干部量化评分结果进行审核，对183名拟晋升人选开展考察，相关工作积极稳妥推进。

【党员联系群众、群众评价党员】 涪陵区全面推行“党员联系群众、群众评价党员”工作制度。进一步细化“三亮两联三评一公开”工作措施，引导广大党员精细化开展联系服务，提升群众评议打分在监督评分中的占比。全区有联系能力的2.6万名党员干部“点对点”“点对面”结对联系7.8万户群众，主题教育期间党员志愿者队伍累计为基层群众办好事实事5.9万件次，党员干部的党性意识得到切实增强，党群干群关系更加紧密，服务群众能力进一步提升。

【基层党建工作】 涪陵区推进中央脱贫攻坚专项巡视反馈意见整改，新增扶贫单位28个、新选派“第一书记”18人、队员102人，选聘扶贫信息员123名，充实村级扶贫力量。树立“抓扶贫必须强党建”鲜明导向，对63个扶贫村党组织开展专项考核，对综合考评为优秀的给予工作经费奖励，拨付区管党费126万元推动扶贫村便民服务中心提档升级。发展壮大村级集体经济，打造区级乡村振兴示范点13个，在177个村建立了村集体经济组织，累计投资3.55亿元实施重点项目47个，村级集体资产总额14.2亿元。重视中央安排的16个村800万元壮大村级集体经济扶持资金的安全有效使用，结合农村集体产权制度改革试点，发挥示范引领作用。将2019年确定为“党支部标准化、规范化建设深化年”，对全区党组织设置情况进行全面清理，对设置不规范的党组织进行整改。制订全区基层党组织培训方案，全覆盖轮训基层党组织书记2432名。坚持党员发展计划向农村倾斜，确保扶贫村每两年发展1名，非扶贫村每3年发展1名，建立并长期坚持发展党员双向审核把关长效机制，对新发展的859名党员全部提交区级相关部门联审把关。推动农村基层党建提档升级，实施农村带头人队伍整体优化提升行动、村级后备干部培养“双培双带”工程，新选任村级党组织书记17名，全区储备村级后备干部865名，131名本土人才进入村“两委”班子。落实村（社区）党组织书记任前联审、任职报备、变动报告、台账管理等制度，对104名村（社区）干部拟任人选进行了任前联审，取消人选资格3人。加强对村级班子运行情况摸排研判，集中联审在任村（社区）干部3408名，清理问题干部6名。健全以财政投入为主的稳定常态村级组织运转经费保障制度，全年投入财政经费6000余万元；提高村（社区）书记主任补贴，涨幅超过20%。完善“街道大党工委+社区大党委+小区（居民小组）党支部+楼栋（网格）党小组”的组织体系，探索推进社区工作者职业化制度，推行党建网与社会治理网一体化、“多网合一”，构建城市基层党建工作新格局。抓好非公领域党的建设，向非公企业全覆盖选派党建指导员，推进物业、律师行业和互联网等新兴行业党建工作，非公经济组织和社会组织党的组织覆盖率分别达 85.86% 和 76.87%。深化党建带群建，召开党的群团工作联席会议，印发《关于加强新时代非公有制经济组织党建带团建工作的实施意见》。探索“智慧党建”，建立全区统一的“互联网 +”党费收缴管理平台，开展阿里“云上党建”试点。区委组织部牵头抓好“基层党组织软弱涣散，党员教育管理宽松软，基层党建主体责任缺失问题”专项整治。成立 27 个区级工作组，对 422 个村（社区）逐一摸排研判，分两批挂单整顿软弱涣散村（社区）基层党组织 51 个，采取“四个一”措施一支一策推动整改，基层党组织凝聚力战斗力进一步增强。全覆盖排查联系流动党员，逐一排查出 6 个月以上没有转移组织关系的流动党员 6229 名，全部取得联系并建立台账。针对党建主体责任不落实的问题，督促指导 18 个抓基层党建述职评议考核综合评价等次为“一般”及以下的基层党组织，梳理问题 65 个，制定整改措施 87 条，进一步明责、履责、尽责，全部完成整治工作。

【干部队伍建设】 全区做好届中调整、区属国有重点企业领导班子调整等工作。2019 年，共调整干部 6 批次，任免 388 人次，其中提拔 50 人，进一步使用 15 人，平级交流 82 人。其中，提拔“80 后”区管干部 14 人，占提拔区管干部总数的 28%。贯彻执行新修订的《干部任用条例》，细化区管干部选拔任用工作流程，进一步规范选人用人各环节工作。严格落实干部选拔任用全程纪实制度，落实“凡提四必”要求，强化选任程序监督，有效防止干部“带病提拔”。制定《2018—2022 年全区干部教育培训规划》，落实干部教育培训年度计划，突出“初心”教育，将“请进来”与“走出去”相结合，推动理论教育、党性修养、知识能力提升有机统一，分级分类举办区级主体班和专题班 65 个班次，培训党员干部 8317 人，干部适应新时代、实现新目标、落实新部署的专业化能力得到进一步提升。加大优秀年轻干部培养力度，坚持长计划与短安排相结合、数量与质量并重，进一步开展优秀年轻干部发现储备工作，分“三个梯队”“四个领域”掌握 600 名左右处科级优秀年轻干部名单，实现动态调整管理，建立全覆盖轮训规划，有计划地选派优秀年轻干部参与区委区政府中心工作或重点工作、分级分类顶岗锻炼、跨区域跨系统轮岗交流 130 人次。贯彻落实中央《关于进一步激励广大干部新时代新担当新作为的意见》、市委实施意见和区委实施方案，进一步探索健全激励保障机制。强化考核激励，优化 2019 年度考核指标体系，建立考核项目准入和退出机制，对 163 名连续三年年度考核为优秀等次的干部记三等功，对 763 名年度考核为优秀等次的干部给予嘉奖。从严监督管理，汇总通报反馈干部监督信息 87 条，提醒函询干部 106 人、诫勉 11 人，细审领导干部个人有关事项报告 1330 份，累计实施领导干部离任审计、任中审计、自然资源资产离任审计 19 人。开展“干事创业精气神不够，患得患失，不担当不作为的问题”专项整治，深挖细查领导班子和党员干部不担当不作为问题 394 个，整改完成 359 个、基本完成并持续推进整改 35 个。畅通公务员引进渠道，加大对专业能力、专业精神的测评和考察，顺利完成 2019 年度涪陵考区公开考试录用公务员 5269 人笔试工作，全年累计录用公务员 84 名，完成新录用公务员任职定级 42 名。对全区公务员未登记备案情况进行规范清理，登记备案 357 人、审批 345 人。执行公务员调动规定，完善调任政策，合理设置资格条件，面向全国公安系统选调人民警察 15 人，面向区内遴选公务员38人，全年累计完成调动手续135人，完成机构改革涉及的411名公务员的转隶工作。

【人才工作】 涪陵区开展“弘扬爱国奋斗精神，建功立业新时代”活动，在主流媒体开辟专栏报道优秀人才创新创业先进事迹12人，强化人才政治引领。建立人才分类评价机制，新评选区第五届拔尖人才100名。实施拔尖人才“百千万”示范引领工程，组建100个人才导师工作室，培养1000名行业骨干，带动10000名后备人才，发挥优秀人才的传帮带作用。坚持人才培养与人才项目相结合，以企业为中心、以产业为导向，启动实施产业发展人才支撑项目41个，建成国家级研发平台2个，新建成投用的区科技创新中心引进入驻科技企业、服务机构92家。全区11人、4个团队入选重庆市英才计划第一批名单，4人入选第十八批“三峡之光”访问学者。重庆英才大会期间，发布高层次人才需求岗位137个，成功引进19名硕士、7名博士和3个重点项目，全年新引进博士65人。强化人才激励措施，落实保障待遇。实现“四大班子”党员领导干部对全区重点专家人才联系全覆盖，及时走访慰问、协助解决问题。实施人才服务提升行动，将拔尖人才津贴提高到1000元/月，发放重点人才服务证111本，为人才子女入学、职称评审、项目申报等方面提供“一站式”服务。

纪检监察

【机构设置】 涪陵区纪委监委是中共重庆市涪陵区纪委和重庆市涪陵区监察委员会合署办公单位，内设21个部室、1个事业单位和7个派出监察室，干部职工125人，其中委领导8人。

【政治监督】 年内区纪委监委加强对全区各级党组织贯彻党章党规、党的路线方针政策和决议情况，以及落实习近平总书记视察重庆重要讲话、重要指示批示精神情况的监督检查，对工作推进不力的13名领导干部进行约谈提醒。针对“七个有之”，严肃查处违反政治纪律和政治规矩3件3人。区级领导带队对22家重点单位开展12次集中督查，按时完成区纪委监委牵头的12项整改任务，确保全面改、彻底改。持续对全区各级党组织肃清孙政才恶劣影响和薄熙来、王立军流毒情况开展专项督查，发函督促整改问题40余个。动态更新、实时管理区管领导干部廉政档案，规范党风廉政意见受理范围、办理流程，全年先后回复党风廉政意见535人次。全年对28个区管党组织开展巡察，坚持“当下改”与“长久立”、重点改与全面改相结合，对2个整改成效较差的党组织负责人约谈提醒，倒逼责任落实。

【纠治“四风”】 涪陵区持续推进违规吃喝、违规收送红包礼金、违规发放津补贴、大操大办等“1+5”专项治理，全年共查纠问题112个，清退违规发放津补贴、红包礼金76.56万元；整治违规收受消费卡、利用名贵特产资源牟取私利等问题，全年查处2件2人。聚焦中层干部群体，集中开展不作为、慢作为、乱作为、假作为、虚作为、秀作为“六为”乱象治理，全区各部门自查自纠问题3105个。全年严肃查处违反中央八项规定精神问题50件59人、处分28人；查处和纠正形式主义、官僚主义突出问题45件58人、处分11人。

【巩固反腐败斗争压倒性胜利】 全区各级纪检监察组织积极推进检举举报平台建设，全年共受理检控类信访举报660件次，处置问题线索592件，通过函询、诫勉谈话、批评教育等方式处理790人次，给予党纪轻处分和组织处理126人次，给予党纪重处分和重大职务调整20人次，严重违纪涉嫌违法立案审查26人次。涪陵区在纪检监察工作中紧盯工程建设、公共资源交易、脱贫攻坚等重点领域和重点人头，全年立案166件、涉及178人，其中依法留置5人。全区召开“以案四说”现场警示教育会，以案为鉴、警钟长鸣，共开展各种形式“以案四说”369场次，受教育对象1.5万人次；同时深化以案促改，全年发出监察建议书3份，推动交通、文旅等案发单位健全完善制度短板20余个。

【整治群众身边腐败和作风问题】 涪陵区全年查处扶贫领域违纪违规问题62件62人，处分5人，严肃通报“扶贫工作走过场”等典型案例；排查、查处群众身边腐败和作风问题73件74人，处分11人；推进扫黑除恶专项斗争，立案查处涉黑涉恶腐败和“保护伞”2件2人，推动公检法“三长”签字背书26件。全面推行运用党员干部亲属涉权事项公开系统，通过比对核查找出涉权事项问题，全区共526人主动说明问题，移交问题线索187件。

【落实管党治党政治责任】 涪陵区在纪检监察工作中严格落实修订后党章新要求，严格执行请示报告制度，进一步明确15项请示报告清单；全面贯彻“两为主”工作要求，重点围绕线索管理、处分处置等环节强化督促指导；全面落实“三个区分开来”要求，对反映失实的及时澄清，对诬告陷害的严肃查处。组建专项组对13个重点单位开展监督检查，查纠党委纪委落实“两个责任”简单、空转和虚化等问题11个，约谈有关负责人15人。严格执行问责条例规定，坚持实事求是、依规依纪、精准科学，问责3个党组织和30名党员干部。

【加强干部队伍建设】 涪陵区纪监委扎实开展“不忘初心、牢记使命”主题教育，集体到816地下核工程、市级廉政教育基地接受红色洗礼，班子深入查找问题13个。坚持把政治标准放在首位，提拔重用中层干部13人，面向基层遴选、招录优秀大学毕业生11人。严格落实全员培训工作要求，重点围绕学习贯彻《规则》《规定》等，集中举办、参加培训班13期，参训干部3300人次，开展集中测试、通报测试结果。研究制订考核办法，实行分级分类差异化考核，以实考促进干部实干。运用典型案例开展警示教育，及时批评教育、谈话提醒纪检监察干部8人，立案1人。

宣传思想工作

【机构设置】 2019年，涪陵区委宣传部内设办公室、理论科、新闻科、对外宣传办公室、宣传教育科、精神文明建设科、文化艺术科、出版发行科、组织干部科9个科室及区新时代文明实践中心指导站1个正科级事业单位。有在职行政人员20人，事业人员4人，工勤3人，部领导1正4副。

【理论武装】 年内，涪陵区委建立常委会第一议题学习近平新时代中国特色社会主义思想制度，制定区领导班子、区管领导班子、基层党组织三套学习计划，区委中心组集中学习15次，全区各级党委（党组）理论学习中心组集中学习2000余场次。开展全区党员干部读书学习活动，发放《新中国发展面对面》等重点理论读物14万余册。“学习强国”App认证人数56266人。发挥区、乡镇（街道）、村（社区）三级理论宣讲骨干作用，组织开展习近平总书记视察重庆重要讲话精神等重大主题宣讲活动3000余场次，受众20余万人次。组织“名嘴龙门阵”等微宣讲活动，王波获全市“学习新思想 点赞70年 建功新时代”微宣讲二等奖。推进社科学术研究。《改土规流与中华民族共同体建设的历史文献整理与研究》项目获2019年度国家社科基金重大项目立项。编制《重庆市涪陵区哲学社会科学事业发展规划（2018—2028年）》，成功出版《涪陵经济地理》专著。加强社科智库建设，建立160人的涪陵智库专家库，新增区图书馆、区国学文化促进会人文社会科学普及基地 2 个。

【意识形态】 年内，涪陵区印发《2019 年全区意识形态工作要点》等规范性文件，做到任务清、责任明。区委召开意识形态工作领导小组联席会议 8 次，对意识形态领域风险点进行分析研判。整改市委巡视意识形态专项监督检查反馈意见，区委常委会 3 次研究部署和听取整改工作情况汇报，“学习宣传贯彻习近平新时代中国特色社会主义思想和党的十九大精神有差距”等 6 个方面的反馈意见全部完成阶段整改目标，19 个具体问题 52 条整改任务件件整改落实。加大文化市场检查密度和执法力度，检查市场主体 860 余家次，立案查处违规经营行为 17 起。制定《意识形态领域重点人员数据库建设的工作方案》，开展意识形态领域风险隐患排查防范化解，排查风险隐患 77 条并逐条整改销号。狠抓网络意识形态专项整治工作，发现并清除敏感信息 700 余条。组织“扫黄打非”工作，打击网络低俗、政治有害信息传播、侵害未成年人身心健康等经营行为。马鞍街道盘龙社区获评重庆市“扫黄打非”工作点示范社区。

【新闻舆论】 区内媒体组织“在习近平新时代中国特色社会主义思想指引下——新时代新气象 新作为 新篇章”等重大主题宣传 26 项，推出《谁不说咱涪陵好》《钩深大讲堂》《白鹤时鸣》等接地气的本土宣传栏目。“爱涪陵”客户端下载安装量 32.9 万，获评“全国地市融媒体客户端传播力十强品牌”。“百年榨菜·百亿产业”等主题外宣活动，在中央级主流媒体用稿 102 篇（条），人民日报头版《睦和村双赢记》、经济日报头版《工业涪陵的高质量答卷》等进行报道；“壮丽 70 年·奋斗新时代”“晒文化·晒风景”等大型主题宣传活动服务保障工作圆满完成；举办“白鹤梁 2019 年国际博物馆日系列活动”等 5 场新闻发布会；组织参加“山水之城·美丽之地”走进意大利、“全球水博物馆网络年会”等文化外宣活动。涪陵在宣传工作中进一步健全完善网格化舆情工作搜集体系，定期召开每季度热点舆情分析例会、每月网站及新媒体人士座谈会，落实 7×24 小时舆情巡查机制，完成全国“两会”“三节两夜”等重要时间节点的舆情导控；坚持线上线下联动，成功处置“居民变造公文攻击党和国家领导人”等敏感舆情，全区舆情总体平稳可控。

【价值观引领】 涪陵区常态化开展主题活动。各类“梦想课堂”开课 1600 余课时；组织“领导干部上讲台”活动，全区 50 余名处级领导干部走进学校；开展庆祝中华人民共和国成立 70 周年系列活动；“千万市民升国旗”“放歌·祝福——涪陵儿女为祖国母亲庆生”等活动反响强烈。强化典型选树。陈恩之荣获 2017—2018 年度富民兴渝贡献奖，杨云荣获第七届全国敬业奉献道德模范提名奖、入围 2019 年 7 月“中国好人榜”，张入丹荣获第七届重庆市见义勇为道德模范，易禄亨入选“第二批‘不忘初心、牢记使命’重庆市优秀共产党员先进事迹报告团”，汤合平等 8 人获评“重庆好人”。抓好全国文明城区创建工作，常态化开展文明礼仪“六进”“礼让斑马线·文明我点赞”“文明在心动·满意再涪陵”等“创建全国文明城区 +”系列活动。加强文明细胞建设。团区委等 7 个单位成功创建为市级文明单位，义和镇等 4 个村镇成功创建为市级文明村镇；陆忠余家庭荣获全国“最美家庭”称号。培育良好乡风民风。编印下发《涪陵区农村居民文明手册》10 万本、《幸福是奋斗出来的》脱贫攻坚故事集 1 万册；探索新时代文明实践中心试点工作，确定南沱镇睦和村等 5 个村（社区）为涪陵区新时代文明实践站；完善志愿服务管理机制，常态化开展“助农收砍青菜头”等主题志愿服务活动 1.8 万余场次。年内，涪陵区还举办重庆市“好人在身边”微访谈市级（涪陵）示范活动、承办重庆市乡村学校少年宫“寻根乡愁•留住农耕”主题展示暨戏剧进乡村学校少年宫活动；敦仁街道崩土坎社区“左邻右舍 爱在身边”志愿服务项目、区委直属机关工委“下班奉献一小时”志愿服务项目分别荣获2019年第二届重庆市志愿服务项目大赛金奖、铜奖。

【网络监管】 区委召开网络安全和信息化委员会第一次全体会议，研究部署网信工作。邀请市委网信办主任文天平作“学习贯彻习近平总书记视察重庆重要讲话精神，防范化解网络意识形态风险”专题讲座。开展“推动重庆各项事业沿着习近平总书记指引的方向奋力前行”等重大主题宣传20项、“创文创卫”“三百行动”等主题宣传16项，推送稿件3300余篇。承办“行重庆——2019网络达人重庆行”活动走进涪陵和新华社“看美丽乡村 庆70华诞”大型直播活动走进南沱镇睦和村。组织网络媒体进民企集中探访，推出稿件465篇。举办“美丽涪陵 文明之城”微视频大赛。成立区互联网界联合会，有会员单位53个。监测发现涉涪舆情572件，编报《涪陵舆情》282期，7期专报得到区委主要领导批示交办，《华峰公司安全生产事故舆情应对思考》入选全市舆情应对典型案例。开展2019年网络安全宣传周活动，举办网络应急演练，对11个重点行业关键信息基础设施开展现场检查。

【文化发展】 年内，涪陵区全面完成基层综合文化服务中心升级改造。全区范围内开展了“中华魂”“青春心向党，建功新时代”等全民阅读系列活动；组织庆祝中华人民共和国成立70周年群众合唱音乐会、“幸福涪陵跳起来”群众文艺团队演艺大赛等群众文化活动1300余场次，累计参与人数达50余万人次。实施电影扶贫工程和惠民电影放映工程，开展惠民电影放映6068场。全区各部门开展庆祝中华人民共和国成立70周年文化活动450余场次，惠及20余万人。全区艺术工作者围绕庆祝中华人民共和国成立70周年，创作舞蹈《锦绣》等文艺作品18件。在“晒文化•晒风景”大型文旅推介活动中，涪陵区作品获“最佳作品奖”。在“深入生活、扎根人民”主题实践活动中，涪陵区《天籁之境》等作品入选全国艺术作品展，《乌江流域民族美术概论》获评第八届重庆艺术奖。年内，白鹤梁题刻入选2021年中国申报世界文化遗产五个备选项目之一；新增市级文物保护单位9处、新增市级非遗项目名录8项。年内，电影《枝栖》在涪陵全程创作摄制；816小镇一期正式开园营业；涪陵区入选全国21个社会足球场地设施建设重点推进城市名单。

统一战线工作

【概况】 2019年，涪陵区召开了全区统战工作会议和区委统一战线工作领导小组、民族宗教工作领导小组、对台工作领导小组会议，审议通过《全区统一战线工作要点》。区内各民主党派、工商联、新专联、知联会和欧美同学会开展学习会、宣讲会、研讨会25场次；各民主党派、无党派人士开展系列主题教育活动20余场次；全区非公有制经济人士开展“不忘创业初心、接力改革伟业”理想信念教育活动10场次；区知联会、区新专联举办“弘扬爱国奋斗精神、建功立业新时代”“凝聚新力量、筑梦新时代”主题教育活动4场次；区台联、区侨联、区欧美同学会组织开展“共抒家国赤子情”等主题教育10场次。年内，涪陵区基督教三自爱国运动会成立。

【党外干部队伍建设】 年内涪陵区出台《2018—2022全区统一战线教育培训规划》，将党外干部培养纳入全区人才培训计划，开展党外优秀人才摸底推荐，向区委推荐了61名人才充实党外人才库。推荐3名正处级领导干部和4名“80”“90”后干部参加市委、区委组织的各类专题培训班。组织无党派和新社会阶层代表人士培训班1期，开展民主党派履职能力提升班1期。推荐1名党外干部参加市级实践挂职锻炼，3名党外干部被提拔为副处级领导。

【提升政党协商实效】 年内，涪陵区制定了《2019年度全区政党协商计划、课题调研计划、专项民主监督计划》，组织区各民主党派、工商联、知联会、新专联围绕三峡水库涪陵段消落区管理等开展调查研究，形成课题报告8篇。各民主党派围绕公共停车场建设及管理等5项重点民生工程开展专项民主监督，座谈沟通15场（次），提出建议20余条。各民主党派中的人大代表、政协委员在市、区“两会”上提交集体提案49件、个人提案187件、建议27条。党外人士围绕文明城区创建、党风廉政建设和反腐败工作等开展政党协商座谈会6次，各民主党派撰写社情民意信息和党外人士建言900余篇次。区委统战部贯彻落实《关于支持各民主党派、无党派人士开展“不忘合作初心，继续携手前进”主题教育活动工作方案》，制定出台《关于支持各民主党派、无党派人士开展“不忘合作初心，继续携手前进”主题教育活动实施方案》。

【新社会阶层人士统战工作】 区委统战部组织实施“新阶层代表人士三年培训计划”“青年无党派人士墩苗培养计划”，年内新专联新发展会员9名。职业经理人实践创新基地被市委统战部认定为“重庆市新的社会阶层人士统战工作实践创新示范点”。区新专联与韩龙村开展扶贫共建活动。

【服务经济建设】 年内，区委统战部组织召开非公经济联席会议，听取民营企业意见建议。在服务企业“三百”行动中，全区各级各部门实地走访企业3400余人次，处置化解问题217个。区工商联成立新城区（马鞍）分会和工程机械协会。非公经济人士参政议政在双月座谈会、暑期谈心会建言献策8次，提出意见建议25条。区委统战部配合协助区委组织部，向全区非公组织（社会组织）选派第一书记，首批11名优秀党员干部全面入驻非公企业党组织。组织民营企业家赴广东、黑龙江、新疆等开展能力提升培训和考察交流学习，开展“涪州同心•安商涪陵大讲坛”和“守法诚信经营、坚定发展信心”理想信念教育活动。全年非公企业投身“万企帮万村”等光彩事业，捐款捐物2000余万元。

【服务文化建设】 年内，《涪陵区加强新时代统战文化建设实践》入选全市统一战线实践创新成果汇编。《涪陵统一战线志》编纂完成。区委统战部以庆祝中华人民共和国成立70周年为契机，编印《涪陵统一战线》杂志特刊；全年举办2期“网格统战专题培训”，全区216名统战委员、干事、网格员参加培训；塑造“涪州同心”品牌，开展“涪州同心”系列活动及统战知识“五进”活动。

【侨务工作】 加强思想引领。涪陵区在侨务工作中加强思想政治建设，及时传达学习习近平总书记视察重庆重要讲话精神以及对侨务工作的重要论述和重要指示精神，引导侨界群众集中学习4次、专题讲座2次、专题党课2次、调研6次、撰写心得体会10篇。开展引侨资、引侨智行动。依托“一带一路”侨商组织年会、欧美同学会，区委统战部邀请美国、德国、日本、阿联酋等6批27人次华侨华人来涪考察洽谈，促成长江师范学院引进海外留学人才6人，推荐4名海外高层次人才参加全市英才大会，并积极争取“新侨创新创业”基地落户涪陵。维护侨界合法权益。区委统战部组织开展了街头侨法宣传、侨法知识讲座和知识竞赛等活动，发放宣传册、宣传袋2000余份，接受现场咨询80余人次。服务侨界群众。区委统战部坚持“四必访”慰问制度，组织老归侨参加“百名老归侨回娘家”活动走访，慰问侨界群众160余人次，赠送慰问金（品）共计8

万余元；开展“送科技、送文化、送健康、送法律、送服务”惠民活动，引导侨界人士助力脱贫，为全区困难群众、留守儿童、孤寡老人和残疾人募集冬衣200件、助听器50台，老花眼镜500副，免费为80余名白内障患者开展初步筛查。支持侨界参政议政。年内，区侨界智囊团成立，侨界政协委员参加视察调研、学习培训和提案征集会5次，撰写理论调研文章5篇，提案和社情民意27件。拓展侨联基层组织覆盖面。年内新建基层侨联组织1个、侨胞之家1个。

【台湾事务】 推动民间交流交往。年内区台联团、区基层代表团2个团组共17人赴台交流考察；涪陵同乡会拜访了台北重庆同乡会、嘉义川渝同乡会等台湾基层民间组织，考察了台湾精致农业、文创旅游等特色产业；区台办配合丰都县接待了35名台湾嘉宾来涪参访；参与渝台基层党际交流活动，接待台湾彰化县和美区党部、和美镇两个团组47人在渝中、渝北、南岸、涪陵、丰都、彭水等地交流参访；组织2批次基层代表团赴台交流参访，80余人次参与“渝台基层乡镇交流活动”“渝台基层党际交流活动”；在春节、中秋节等传统节日期间，举办台胞台属联谊活动，邀请区台联顾问、理事共庆佳节，制作300份贺年卡片向在台涪陵人和来涪参访交流过的台胞致以新春祝福。对台招商。区台办组织参加了第十届重庆台湾周活动，制作宣传展板向来渝台胞展现涪陵经济社会发展成就和区位优势。服务台胞台属。区台办赴有关乡镇街道或委托乡镇街道慰问农村台属、困难台属70名，代市台办慰问重点台属5名；全年接待台胞台属来信来访20余件次。支持参政议政。区台办支持台联界人大代表、政协委员履职尽责，2019年共向市、区两级人大、政协提交个人、联名提案、建议8件，其中6件被采纳或交办。年内，区台办被中共中央台湾工作办公室宣传局评为先进单位。

【民族事务】 年内，重庆市涪陵信息技术学校创建为区民族团结进步教育基地，实现了“工作机制健全、政策宣传有效、服务管理到位、民族关系和谐”的基本目标。全区发放各类民族团结进步宣传资料40000余份、LED及悬挂标语100余幅、书写板报50余期、接受群众咨询5000余人，举办各类知识讲座、医疗义诊活动、院坝会120余场次。区民宗办全年走访少数民族群众300余人，慰问困难少数民族群众80余人；上门服务新疆籍来涪经商、务工、求学重点人员；对全区少数民族群众以乡镇街道为单位建立联心卡，加强日常走访慰问活动。

【宗教事务】 年内，全区所有宗教场所的人事、安全、食品安全等制度得到完善；财务制度得到落实，按期向民宗办报送使用情况，接受信众和管理部门监管。2019年涪陵区佛教协会3人在全市宗教界开展的讲经比赛中分别获一、二、三等奖，在法制征文中2人获入围奖。财政全年安排80万元对万佛寺、天主教小官山、基督教双河活动点进行排危修缮，为佛教协会、天主教爱国会、感恩堂（以堂代点）划拨办公经费9万元，为教职人员发放7万余元生活困难补助。清理太极森林公园乱建佛像，撤除江东金桃村和荔枝鹅颈关村乱建庙宇，清理佛像10余樽、撤除面积30余平方米，完成武陵禅寺500罗汉集中归位整改工作。区内宗教审批事项全部实行网上审批，以委托方式进驻行政服务中心。

政法工作

【概况】 2019年，中共重庆市涪陵区委政法委员会全体会议共有成员单位12个：区委政法委、区法院、区检察院、区人武部、市国家安全局第三分局、区公安局、区民政局、区司法局、区退役军人事务局、区应急局、区信访办、武警重庆总队执勤四支队。区委国安办设在区委政法委。区委政法委设书记1名、副书记3名、政治处主任1名，核定行政编制20名、机关后勤服务人员事业编制3名，内设机关科室8个（办公室、政治安全科、维稳指导科、综治督导科、基层社会治理科、执法督察室、法治科、干部科）。

2019年，全区政法战线坚持以习近平新时代中国特色社会主义思想为指导，坚持底线思维、问题导向，强化措施、细化落实，实现了“七个坚决防止”目标，打赢了新中国成立70周年大庆安保维稳攻坚战，维护了全区社会政治大局持续平安稳定。全区群众安全感指数达99.23%。区委政法委被表彰为全市平安建设暨社会治安综合治理先进集体，先后荣立全市新中国成立70周年大庆安保维稳工作记集体二等功、全区新中国成立70周年大庆安保维稳工作记集体三等功。

【风险防范】 年内涪陵区协助新疆公安机关打处涉恐可疑人员2名，打掉预谋实施“伊吉拉特”的涉恐人员阿某，抓获利用邪教组织、利用迷信破坏法律的犯罪嫌疑人8名。在政法工作中，教育训诫触碰意识形态“红线”4人、行政拘留2人；打击非法集资、传销、地下钱庄等金融领域犯罪110起，移送起诉56人；对生产、校园、交通、建筑、食药品安全等11个领域的风险隐患进行全面排查整治，聚焦重点人员和特殊群体服务管控。全区经济社会整体平安稳定。

【维护稳定】 区委政法委牵头建立了“16+N”的平安稳定风险综合研判、联动处置机制，强化跨部门、跨区域统筹调度；制定出台了《涪陵区用人单位欠薪欠保预警响应机制（试行）》，就全区劳动者工资发放情况和社会保险费缴纳情况进行定期或不定期核查，评定预警级别，形成覆盖全区的欠薪欠保信息共享监控网，对欠薪隐患早发现、早介入、早预防、早处理。

【重点防范】 2019年是中华人民共和国成立70周年，涪陵区开展“防风险保安全护稳定迎大庆”集中攻坚行动，守好网上、网下两个阵地，落实人防、物防、技防、智防四大防控措施，有效运行分析研判、集中调度、联动处置、应急劝返、依法打击五项工作机制，累计投入安保力量超过5万人次，圆满实现了“七个坚决防止、三个确保”工作目标，敏感案事件、暴恐案事件、个人极端暴力案件、恶性刑事案件、进京到市非访滋事、重大公共安全事故、网络负面舆情事件等“零发生”。

【服务发展】 区委政法委牵头建立健全“党委领导＋政府支持＋政法委统筹＋法院主办＋部门协作＋社会参与＋舆论震慑＋技术支撑＋从严惩戒”的联动机制，顺利完成马鞍街道张氏三兄弟房屋、沿江高速支线白涛隧道工程项目等司法强拆7起，推动了新城区发展、重大项目建设和旧城改造等民生实事。牵头统筹做好重大活动安保维稳工作，完成浙江省委主要领导和市委主要领导来涪考察、市级离退休老领导来涪考察、内蒙古自治区政协来涪考察、中化涪陵化工环保搬迁、第二届中国重庆•涪陵榨菜博览会等重大接待活动、重要节点安保维稳工作22次，保障了全区重要活动顺利进行。

【扫黑除恶】 2019年，全区共侦办涉黑犯罪组织1个、恶势力集团（团伙）11个，侦办九类涉恶案件477起，抓获犯罪嫌疑人698人，依法逮捕290人，移送审查起诉356人，查封、扣押冻结涉案资产3.2亿元。涪陵区制定了《涪陵区涉黑涉恶案件“一案双倒查”实施办法》，扫黑除恶与“打伞破网”同步推进，查处党员干部涉恶违法犯罪2件2人，依纪依法处理恶势力“保护伞”1人。区内6个常态挂牌整治地区刑事立案同比下降43.58%，1个动态挂牌整治地区涉黄问题得到有效整治，全部按期摘牌。

【协同治理】 涪陵区开展深化“枫桥经验”

重庆实践十项行动，实现了社会治理重心下沉压实，共建共治共享的社会治理新格局，成功创建全国首批“雪亮工程”示范城区。制定出台《推进人民调解与公安机关行政调解、人民法院司法调解衔接工作的实施意见》，在敦仁街道派出所、江东街道派出所等试点设置由公安民警、人民法官、专职人民调解员和法律工作者等组成的调解室，建立健全“警调对接”“诉调对接”模式，敦仁派出所被公安部命名为全国首批“枫桥式派出所”。

编制工作

【机构设置】 中共重庆市涪陵区委机构编制委员会办公室是区委机构编制委员会的常设办事机构，是区委的工作机构，列入区委机构序列，在区委机构编制委员会的领导下，负责全区行政管理体制和机构改革以及机构编制的日常管理工作。内设综合科、行政机构编制科（挂督查科牌子）、事业机构编制科，下设事业单位涪陵区事业单位登记管理局。区委编办在编人员7人（行政人员6人，工勤人员1人）；区事业单位登记管理局在编人员3人。

【机构改革】 2019年，涪陵区继续健全完善党的机构体系，对标对表设置深化改革、依法治区、国家安全、网络信息、外事、机构编制等党委机构；修订职能职责，将党对深化改革等重大工作的领导在相关机构“三定”规定的职能职责中予以明确，实现法定化；强化责任担当，在党的相关机构的“三定”规定中，明确专门内设机构具体承担事务工作。

涪陵区进一步完善了机构设置，对应市上设置党政机构32个（其中新组建10个，更名2个，保留20个），因地制宜设置机构11个（其中新组建8个，保留3个），设置政府直属事业单位3个，规范机构14个，整体设置既与中央保持基本对应、市级机构有效衔接，也符合涪陵推进国家治理体系和治理能力现代化的实际需求。同时理顺了各机构职责，对原有职责进行清理，通过取消一批、弱化一批、加强一批、新增一批，36个部门划出职责87条、划入职责94条、承接市上职责90条；对近千条职能职责逐条梳理，每一条必须有法律法规的支撑；转变政府职能，对涉及行政收费、权力寻租和具体行政审批事宜的，一律不在职责中明确；对区应急局、水利局等51个部门的“防汛抗旱”等24项重要职责，重新进行了界定，明确了职责分工和关系衔接方式，确保相关职责有统有分、有主有次，各部门分工明晰、履职到位。在内设机构上执行“三突出”原则：突出业务，向业务工作倾斜，综合性内设机构数不超过内设机构总数三分之一；突出聚合，以职责任务为依据，有机合并同类项，实现聚合效应；突出效能，控制内设机构数量，在设置和职责上体现运行高效。

涪陵区全方位推进事业单位改革。在行政类事业单位改革中，剥离其行政职能，交由主管部门行使，剩余的公益职能根据履行情况或保留或整合；在行政执法类事业单位改革中，将生态环境保护、文化市场、交通运输、农业、城市管理、卫生健康6个重点领域分散在部门内设机构、所属单位的行政处罚权及与之相关的行政检查、行政强制权整合，实行统一执法，其他执法领域也按规定进行了整合和统一；在公益类事业单位改革中，结合事业单位职责任务、履职情况和人员编制等，进行优化重组，原则上5名编制以下的事业单位予以撤并，名称为“委、办、局”的统一调整为“站、所、中心”；在事业单位事中事后监管中，一方面加强事业单位登记管理标准化建设，依据《事业单位登记管理暂行条例实施细则》和《事业单位登记管理服务标准化规范》，制定区内《事业单位管理规范办法》，精简申报材料，简化审批流程，另一方面强化事中事后监管，严格实施事业单位法人年度报告公示制度，2019年完成事业单位年度报告572个；全面推动事业单位抽查“双随机一公开”，随机抽取由主管单位组织自查事业单位124个，按3%比例随机抽取实地核查事业单位13个。

涪陵区不断优化完善乡镇机构设置。整合优化乡镇（街道）党政机构和事业站所，归并相近职能，设立综合性办事机构和事业单位，推动乡镇工作重心转移到加强党的基层组织建设、夯实党在农村的执政根基上来，转移到做好公共服务、公共管理、公共安全工作上来，转移到为经济社会发展提供良好公共环境上来。改革后，全区乡镇（街道）党政综合办事机构和事业单位对标对表市上要求设置350个，结合实际自设54个，其中党政综合办事机构增加16个，科级领导职数增加8名，事业单位减少19个。

【提升机构编制使用效益】 涪陵区区级部门行政编制和乡镇（街道）行政、事业编制自2001年以来，一直以微调为主，胖瘦不均的矛盾比较突出。年内借改革契机，对全区编制进行统筹优化重组，破解近20年的编制布局难题。从部门（乡镇、街道）职责任务、编制分布、人员结构、性别比例、学历构成、未来5年人员退休等方面开展全面摸排和大数据比对，结合多种形式实地调研，最终实现对区级部门行政编制和乡镇（街道）行政、事业编制的全方位优化重组，在总量内通过回收、调剂、削峰、填谷等方式，34个部门划转编制1534名，调增调减编制250名，27个乡镇街道调增调减编制142名，推动编制结构比例趋于合理、平衡。同时对政策性安置提前研究，预留编制。全年下达各类政策性安置用编计划83名，其中安置选调生12名、学前教育公费师范生2名、农村小学全科教师26名、军转干部5名、符合政府安排工作条件退役士兵4名、“三支一扶”大学生3名、服务期满考核合格大学生“村干部”30名、从优秀村（社区）干部定向招考公务员1名。此外，对重点领域专题研究，专项保障。对市民关注的三个重点和焦点领域（教育、卫生、安全）专项保障用编330名（其中教育258名、卫生47名、公安25名）。区编办还针对机构改革后的编制布局和单位需求，加强区内人才流动用编，其中逆向考试选调用编137名，顺向人员流动用编164名。积极引进硕士研究生以上学历专业人才，全年引进教育、医学、物流、财务、土木、食品、政治学等七大类硕士及以上人才用编50名。

信　访

【概况】 2019年，全区信访稳定局势总体平稳可控，没有发生重大群体性事件、信访恶性事件和重大负面舆情事件。全年共受理群众信访事项3305件（批）次、5719人次，与去年同期比（以下简称同比）分别下降20.5%和上升8.6%。其中，群众来信787件次、1869人次，件次下降18.1%；网上信访1738件次、2085人次，件次下降30.3%，占信访总量的52.6%；来访780批次、1765人次，同比批次上升10.8%和人次下降8%；到区集体访93批次、818人次，同比件次下降15.1%和人次上升18.4%。

全年全区群众进京走访89批次、112人次，同比分别上升3.5%和8.7%；在京非接待场所上访7人次，同比下降12.5%；进京越级走访44人次。到市走访257批次、407人次，同比分别下降12%和17.1%；到市集访18批次、153人次，同比分别上升38.5 %和36.6%；到市越级走访15批次。

区信访办受理、转办群众信访事项2836(批）次、5238人次。其中，群众来信689件次、1720人次；来访662批次、1548人次；网上信访1485件次、1970人次。

【防范化解风险隐患】 2019年，全区共排查矛盾纠纷1236件，化解1089件，化解率88.1%。推行网上信访代理制度，完善网上信访代理员退出和调整机制，全区网上信访代理件520件。常态化开展接访下访工作，区领导每周至少2人、特殊敏感时期每天1人，轮流到区群众来访接访中心公开接访、专题接访、重点约访信访群众，各乡镇街道、区级部门落实“开门接访”。2019年，全区各级各部门领导干部接访下访并录入系统5404件次、接待群众7154人次、解决群众问题5265件，其中区领导公开接访619批次、接待群众855人次、解决问题586件。涪陵区开展“稳评提质年”活动，坚持将社会稳定风险评估作为重大决策的刚性门槛和前置程序，全年完成14个重点项目社会稳定风险评估备案。

【攻坚化解信访突出问题】 涪陵区抓好重点领域信访突出问题专项治理，开展房地产开发建设、非法集资、退役军人服务管理、家庭装饰装修、煤矿关闭5个领域的突出问题专项治理工作，全年排查化解突出问题75件，化解58件，没有发生行业性、系统性风险隐患。抓好重点利益诉求群体的攻坚化解，全年市联席办交办5个、区联席办梳理4个信访重点群体，化解稳控5个。抓好重点问题攻坚化解，中市交办重点问题20件，成功化解19件；本级自行梳理排查信访积案11件，全部化解；区级党政主要领导阅批群众来信249件，均按要求及时办结；受理中市交办督办件27件，办结26件；复查信访事项8件，没有一件被市政府撤销；开展不规范办理和重信重访专项治理，梳理出办理不规范的信访事项147件、重复信访事项118件，办结199件。抓好重点人员教育转化，市联席办集中梳理的10名信访重点人员，成功教育转化4名。

【信访制度改革】 涪陵区推进信访信息化，运用网上信访信息系统，优化信息网上录、流转网上管、工作网上督、回访网上查的全业务流程，信访信息系统应用率、按期受理率、按期办结率均达100%，参评率达70%，群众满意率达99%。推进信访法治化，推进诉访分离、依法分类处理等分类处理机制，确保依法分类处理不仅分得准、导得出，而且接得住、办得好。推进信访专业化，健全完善区信访（群众）工作联席会议工作机制，调整充实联席会议成员单位，建立常态联络沟通工作制度，年初制定下发了《涪陵区信访（群众）工作联席会议工作规则》。2019年，召开全区信访（群众）工作联席会议全体会议和专题会议6次，审议通过了“四重”信访工作方案、信访稳定工作机制等规范性、指导性文件，研究解决信访突出问题。全年开展政策法规和业务培训8次，培训人数达600多人次。

政策调研

2019年，涪陵区政策调研工作坚决贯彻落实中央决策、市委部署、区委要求，围绕打好“三大攻坚战”、实施“八项行动计划”、做好“三篇大文章”，聚焦互联互通、兴业兴城、共保共治、共建共享等重点工作，深入广泛开展调查研究，参与起草了系列重要文件、工作方案、汇报材料等，推动中央决策、市委部署在涪陵落地落实。区委研究室年内先后起草了区委五届七次、八次全会材料以及经济工作会议、乡村振兴暨脱贫攻坚工作会议、城市提升工作会议、工业企业提升“双百”行动动员会议、开放大会、创文创卫推进会等全区综合性大会的会议材料，发挥好参谋助手作用，助推区委各项工作的安排部署和贯彻落实。

老干部工作

【机构设置】 2019年，区委老干部局有局领导2名，一正二副。内设科室2个：办公室、离退休干部管理科。下属单位2个：区干休所、区老干部活动中心。挂靠单位1个：区关工委办公室。局机关有行政干部7人。

【老干部会议】 1月4日，涪陵区召开老干部迎春座谈会，唐闻一、龙正学、常国权、宫家和、陈光明、宋子碧等曾任区（地、市）四大班子实职的离退休老干部参加座谈会。3月7日，全区老干部工作会议与全区组织工作会议合并召开，会议总结了2018年全区老干部工作，对2019年工作进行了安排。7月25日，召开老干部半年情况通报会，曾任区（地、市）四大班子实职的离退休老干部及相关部门负责人参加了会议。

【老干部活动】 3—11月区委老干部局先后4次组织曾任区四大班子实职的老领导赴江津区、开州区、万州区、华为云计算中心、涪陵区现代农业产业园及珍溪泰升生态农业园，对各地革命遗迹、文化传承、科技展览、乡村旅游发展等进行了实地参观考察。6月10日—12日，涪陵区第九届老干部门球比赛在区门球馆开赛，吸引了来自全区13个行政事业单位共80多人参加。9月2日，区委老干部局组织离退休干部参加区委、区政府主办的“歌唱祖国——庆祝中华人民共和国成立70周年涪陵区群众合唱音乐会”，并获得最佳演出奖，区委老干部局获得最佳组织奖。9月24日，区委老干部局举办“光影颂辉煌、礼赞新时代”书画摄影展，在涪陵易家坝广场展出230件作品。

【调研“四就近”工作】 4—6月，区委老干部局工作人员先后3次前往崇义办事处蔡家坡社区、敦仁街道高笋塘社区、荔枝街道建涪社区及清溪沟社区等试点社区调研“四就近”工作开展情况。调研结果表明，涪陵区“四就近”工作开展良好。

【老干部宣讲】 4月10日，区委老干部局举办离退休干部学习贯彻习近平总书记关于扶贫工作重要论述宣讲会，全区300余名离退休干部参加；4月26日，举办离退休干部学习贯彻习近平总书记视察重庆重要讲话精神宣讲会，全区300余名离退休干部参加；12月18日，举办全区离退休干部学习宣传贯彻党的十九届四中全会精神宣讲会，全区300余名离退休干部参加。

【接受市委老干部局工作调研】 4月16日，重庆市委老干部局副局长何小平带队来涪调研离退休干部工作，区委老干部局对全区老干部“三项建设”情况、开展老干部精准服务工作情况和组织老干部发挥正能量情况进行了汇报。随后调研组一行前往两位百岁离休干部家中进行慰问。

【离退休干部培训】 6月12日—14日，区委老干部局在党校举办全区离退休干部党支部书记培训班，全区43名离退休干部党支部书记参加了培训。

【召开庆祝建党98周年大会】 7月1日，区委老干部局召开庆祝建党98周年大会，系统内全体党员干部和离退休支部党员参会，会上对优秀共产党员和优秀党务工作者进行了表彰。

【老干部关怀】 全年区委老干部局组织慰问离休干部和厅级退休干部958人次，慰问生病住院离退休干部123人次，慰问去世老干部亲属46人次，慰问易地安置和易地居住离退休干部16人。年内分批组织101名离休干部和厅级以上退休干部赴重庆西南医院、涪陵中心医院进行健康体检。全年对全区107名困难老干部进行了帮扶，发放帮扶资金21.4万元。

【老同志稳定工作】 区委老干部局全年处理离退休干部信访问题63件次，其中解决长达15年疑难信访问题1件。

【老干部活动中心建设】 2019年，区委、区政府对新建老干部活动中心（老年大学）方案做出了扩建调整，扩大建筑面积，投资由7000万元增至1.2亿元。

区委直属机关工作委员会

【概况】 2019年，中共重庆市涪陵区委直属机关工作委员会内设机构5个科室。职工人数9人，其中班子成员为4人，副处级干部1人，中层干部4人。本年度，工委以习近平新时代中国特色社会主义思想为指导，全面贯彻落实党的十九大和党的十九届四中全会精神，认真贯彻落实习近平总书记关于争当“三个表率”、建设“模范机关”的重要指示要求，以党的政治建设为统领，以“三基”建设和绿色机关建设为主要抓手，扎实开展“不忘初心、牢记使命”主题教育，深入开展“党支部标准化、规范化建设深化年”活动，坚持围绕中心、建设队伍、服务群众，不断提升新时代机关党建工作质量。

【政治建设】 工委始终把政治建设摆在首位，引导区直机关基层党组织和广大党员干部增强“四个意识”，坚定“四个自信”，坚决做到“两个维护”，认真贯彻落实习近平总书记关于做好“三个表率”、建设“模范机关”重要指示要求，把讲政治融入机关工作全过程，确保各级党组织和党员干部始终同以习近平同志为核心的党中央保持高度一致。坚持“十破十立”，确保全面彻底肃清孙政才恶劣影响和薄熙来、王立军流毒，努力营造风清气正的良好政治生态。严肃党内政治生活，认真贯彻落实《关于新形势下党内政治生活的若干准则》，严格党内政治生活的程序标准，规范组织生活。督促指导部门党组（党委）及基层党组织认真开好“不忘初心、牢记使命”主题教育专题民主生活会和组织生活会，加强对领导干部参加双重组织生活规定执行情况的监督检查。狠抓意识形态工作，定期召开书记会议分析研判意识形态领域情况。把意识形态工作纳入区直机关党建工作目标考核管理和机关党组织书记党建工作述职评议考核的重要内容。进一步完善《涪陵机关党建》内刊审校制度、机关讲堂管理制度等。加强对工作QQ群、微信群等平台的日常监管，强化正面引导，防范负面舆论。

【宣传教育】 工委充分发挥中心组学习的领学促学作用和党支部学习的主体作用，以“三会一课”“主题党日”等方式，组织机关党员干部认真学习习近平新时代中国特色社会主义思想和党的十九届四中全会精神，学习习近平总书记在中央和国家机关党的建设工作会议上的重要讲话精神、习近平总书记视察重庆重要讲话精神和中共中央《关于加强和改进中央和国家机关党的建设的意见》等，不断提升干部队伍理论水平。在理想信念教育上持续发力，牵头举办了“辉煌七十年，追梦新时代”——涪陵区党政群机关庆祝中华人民共和国成立70周年合唱音乐会，区直机关72个单位800多名党员干部参加演出，区四大班子主要领导全部出席，音乐会取得圆满成功。组织开展“我与祖国共成长”主题党日活动，国庆前夕，区直机关党支部围绕“我与祖国共成长”主题开展党日活动，党员纷纷结合自己亲身经历谈感想、谈体会、谈认识。积极开展革命传统教育，区直机关积极组织党员干部1836人次到革命烈士陵园、红色革命教育基地开展革命传统教育，激励党员干部坚定信念，奋发有为。

【组织工作】 2019年，涪陵区新成立机关党委15个，机关党总支1个，机关党支部54个，撤销24个机关党组织，更名9个。涪陵区不断加强基层党组织减少，工委向18个基层党组织印发了换届提醒通知书，指导33个党组织进行选举；出台了《涪陵区绿色机关建设工作方案》《以党的政治建设为统领深入推进机关党建工作“三基”建设的工作方案》，代区委起草《关于以党的政治建设为统领加强和改进区直机关党的建设的具体措施责任分解》，印发了《涪陵区直机关基层党组织党建活动经费管理办法》。不断提升党员基本能力，举办2019年区直机关基层党支部书记培训班，培训党支部书记201名；举办区直机关党务干部培训班，组织42名区直机关专兼职党务干部赴延安大学开展培训。激励关怀党员，推荐4个先进党组织、10名优秀共产党员和6名优秀党务干部受到区委表彰；做好2019年春节慰问和“七一”慰问，共慰问困难党员和老党员612人次，发放慰问金22.95万元；帮扶罹患重病或遭受灾害党员72人，发放党内关怀特别帮扶救助金21.6万元。夯实党建基础性工作，开展“党支部标准化、规范化建设深化年”活动，指导基层党组织认真开好专题组织生活会和开展民主评议党员工作；举办区直机关入党积极分子培训班，培训入党积极分子78名；按计划按标准按程序发展党员67名；开展基层党组织软弱涣散专项整治工作，3个被确定为“一般”等次的基层党组织全部完成整改；开展机关党组织按期换届和党费缴纳情况摸排，约谈机关党组织书记3名，对1个机关党组织进行了函询；落实党建带团建，组织机关青年开展了义务植树活动、纪念“五四”运动100周年活动等主题活动。

【“不忘初心、牢记使命”主题教育】 全年工委班子举办学习研讨读书班，分五个专题进行集中自学，集中研讨。完成调研报告5篇，班子成员上党课4次。通过下发征求意见表、召开座谈会等方式，广开言路，检视问题，并立查立改。对检视出的“关于对基层党组织指导力度不够”等9个问题全部完成了整改。开好“不忘初心、牢记使命”专题民主生活会。在主题教育中，为龙王沱社区协调解决了500米人行主干道没有垃圾箱的问题，帮助雨台村开展后进基层党组织整顿转化工作，并为雨台村村民解决了饮水困难问题。做好“三百”行动工作，定期到联系的企业走访或座谈，为重庆山公主保健食品有限公司解决用电问题，保证了企业的正常生产。

【廉政建设】 工委抓好巡视巡察整改工作，针对区委第四巡察组反馈的10个具体问题，整改完毕8个、基本整改完毕2个，清退资金82109元，建立完善制度8个，完成对受处分人员3次回访教育工作。区直机关各单位组织党员干部观看警示电教片85场次、上廉政党课56场，强化廉政警示教育。

【“双创”工作】 工委组织和动员机关党员干部走在前，做表率，积极投身到“创文”“创卫”工作中。常态化开展“下班奉献一小时”文明劝导志愿服务，打造志愿服务品牌，在涪陵区志愿服务项目大赛中该项目取得第一名的优异成绩，并在第二届重庆市志愿服务项目大赛中获铜奖。全年，区直机关67个单位5388人次参加495个站点文明劝导，累计服务时长8600余小时。认真开展“1+ N”宣传引导活动，区直机关基层党组织积极开展创建全国文明城区宣传动员，召开职工会157次，参加人数6046人次；走访离退休职工1279人次开展创文宣传；集中学习《创建全国文明城区应知应会手册》210次，共计7565人次参加；开展模拟问卷调查6897人次，有效提升了创建全国文明城区的知晓率、支持率、参与率、满意率。

【改革创新】 工委不断丰富机关文化生活，与原区文化委联合举办2019年迎新登高比赛，全区60余个机关单位组队参赛。与区文化旅游委、区总工会共同举办了2019年涪陵区全民健身趣味运动会，全区78个代表团、2000人次参加了6个项目的比赛，丰富了机关文化氛围，展现了机关干部职工良好精神风貌，运动会取得圆满成功。

【志愿服务】 工委开展“3•5”学雷锋志

愿服务活动，组织区直机关60名党员志愿者在易家坝广场参加“3•5”学雷锋日主题志愿服务活动启动仪式，组织区直机关200余名党员志愿者在体育场参加自愿无偿献血活动，献血总量达5万余毫升。开展区直机关第十一个“党员义务奉献日”活动，6月25日—29日，组织机关党员开展“四城同创”宣传、无偿献血、环境卫生整治、高考志愿填报咨询、义检义诊、慰问贫困户等活动，27个机关党组织230余名党员志愿者参加，接待前来咨询的群众500多次，发放宣传资料4200余份。开展巡河巡库，落实河流水库联系单位责任，定期组织工委党员干部志愿者到所联系的龙驹河、兴隆水库巡查河库水质、周边生态环境以及日常管理等情况，开展清捡河边垃圾志愿服务。

区委党校 涪陵行政学院

【概况】 区委党校创办于1953年，1998年起兼办行政学院，2003年成立市委党校涪陵分校，2009年设立社会主义学院，2016年5月6日，根据渝委办〔2016〕63号文件，不再挂中共重庆市委党校涪陵分校牌子，学校实行“三块牌子、一套班子”的管理体制，工作人员实行参照公务员法和执行事业单位人事制度“一校两制”管理。学校占地面积2.07万平方米，建筑面积3.6万平方米，内设机构13个。有在编职工45人，其中校领导班子成员7人；职工中正高级职称1人、副高级职称6人、中级职称15人，博士研究生3人、硕士研究生14人、在职研究生7人，涪陵区拔尖人才1人。区委党校是重庆市一类（一级）党校，连续5年荣获全市党校行政院校系统办学考评一等奖，连续3年荣获全市党校行政院校系统办学考评工作创新奖。

【干部培训】 区委党校全年举办各类培训班104期，培训学员15922人次，其中计划内培训44期、培训学员4761人次，计划外培训60期、培训学员11161人次，培训规模再创历史新高。年内新开设党的理论教育新专题34个，组织学员到红岩革命烈士纪念馆等现场授课46场次，理论教育和党性教育两大主课达到总课时的74.83%。全年邀请市级部门、区四大班子等领导到校讲党课172场次，其中市委党校常务副校长谢金峰为主体班学员做《不忘初心、牢记使命 用习近平新时代中国特色社会主义思想武装头脑指导实践推动工作》专题报告，区委书记周少政为党员干部上“不忘初心、牢记使命”主题教育专题党课。区委党校在教学中创新教学手段。持续探索“互联网+”培训模式，利用“涪陵智慧党校”App建立信息化教学管理平台体系，实现信息互通、数据共享的线上线下相结合的混合教学模式；重庆市委党校第62期市级部门领导干部进修班到涪陵区进行一周实岗锻炼，区委书记周少政和区委副书记、党校校长周波等领导出席并讲话。全年宣讲习近平总书记视察重庆重要讲话精神、党的十九届四中全会精神146场次，受众近两万人。区委党校严格教师管理，落实《教师集体备课制度》《教师上讲台纪律准则》；严格学员管理，实施学分制考核和学员自主管理，强化教学督导和教学跟踪管理，加强学风建设；严格基地管理，申报816工程遗址市级国防教育基地，强化对原有7个基地管理。

【科研资政】 2019年区委党校职工公开发表理论文章69篇，其中中文核心期刊3篇；编印4期《涪州论坛》校刊；出版《涪陵区基层干部能力提升读本》《涪陵建设现代化经济体系研究》《涪陵实现高质量发展的对策研究》等教材3部，是全市唯一一所自己编写并公开出版教材的区县党校。全年完成重庆市社科规划课题2项、重庆市委党校校级课题12项（立项数量居全市区县党校第一）、区社科规划课题5项。全年报送《党校资政参阅》并获领导签批 53 期；全年 10 项研究成果获区级以上研讨会等级奖。

【队伍建设】 2019 年选聘专家学者、领导干部等 119 人任兼职教师；每名教师每学期至少开发 2 个教学新专题，每年至少在省部级以上公开刊物发表论文 2 篇、撰写资政报告 1 篇、参编教材 1 部；定期安排教师外出学习进修、挂职锻炼、跟班学习，2 名教师在中央党校、贵州民族大学脱产攻读博士，7 名教师到市委党校等访学挂职，全年送培教师赴中央党校、浙江大学、南京大学、井冈山干部教育学院等学习进修共 107 人次；教师获得全市党校行政院校系统第六届教学比赛一等奖、“重庆市政协 2019 年度理论研究优秀论文一等奖”等 10 余个市、区级奖项；2 名教师分别评为教授和副教授。

【信息化建设】 学校建有信息化管理总机房 1 个、分机房 3 个、各类控制室 6 个；有容纳 421 人的现代化多功能学术报告厅 1 个，容纳 198 人的多功能报告厅 1 个，容纳 50 人的多媒体教室 8 个，容纳 110 人的多媒体教室 3 个，容纳 100 人的新闻媒体沟通演练实训室 1 个，容纳 50 人的公共危机突发应急演练实训室 1 个，多媒体会议室 7 个，学员讨论室 10 个；拥有内、外网各一套，以及中央党校远程教学 B 级站、专用光纤连接的重庆“网络党校”、中国西部开发远程学习网、涪陵区情数据库、求实微信公众号、移动云 OA 无纸化办公系统、“智慧党校”系统等信息化平台。

党　史

【概况】 中共重庆市涪陵区委党史研究室与重庆市涪陵区地方志办公室实行“一套班子、两块牌子”体制，是涪陵区负责党史和地方志编研、审查等工作的正处级参公事业单位，党史工作受区委领导，地方志工作受区政府领导。2019 年末，该室设办公室、党史科、方志科三个科室，有事业编制 12 名、工勤编制 1 名，实有在编人员 9 人（含工勤 1 人）。2019 年，该室完成党史著作一批，收集整理一批史志资料，建成并开放一个党史陈列馆，同时积极与媒体合作，深化党史宣传、扩大党史影响。

【党史编研】 2019 年，区委党史研究室编写完成涪陵党史人物王朴传记《初心铸忠诚》16 万字，编印内部资料刊物《涪陵史志（2019 年）》8 万字，编写完成《中共重庆市涪陵区历史大事记（2018 年）》3 万余字。

【党史宣教】 2019 年，区委党史研究室积极参与庆祝中华人民共和国成立 70 周年、第二批“不忘初心、牢记使命”主题教育、全市“讲红色故事、讲革命精神”等活动，开展党史宣传。撰写了《贺龙在涪陵》《刘伯承护国之役在涪陵》《涪陵的抗日救亡运动》《涪陵的解放》《三线建设在涪陵》等 5 个涪陵党史故事 3 万字，其中《贺龙在涪陵》《刘伯承护国之役在涪陵》两个故事被选入全市“讲红色故事、讲革命精神”故事集；以“壮丽 70 年，奋斗新时代——红色记忆”为主题，与涪陵广播电视台合作录制“钩深大讲堂”专题节目 7 期，在涪陵电视台综合频道播出，同时在“无限涪陵”App 客户端专题发布，累计收获点击量上千次。区委党史研究室落实中央“不忘初心，牢记使命”主题教育领导小组“关于把学习党史、新中国史作为主题教育重要内容”的精神，先后赴区发改委、区市场监督管理局、区集邮协会等单位和社团讲党史课，重点讲好涪陵地方党史；参与区革命传统教育报告团，先后赴新妙镇、蔺市镇、清溪镇、罗云乡、大木乡、武陵山乡等乡镇中小学校开展革命传统教育宣讲活动，累计宣讲 28 场，受众近 4 万人。

【媒体宣传党史】 2019 年，区委党史研究室参与市委党史研究室、重庆华龙网联合举办的纪念重庆解放 70 周年“重走刘邓大军解放重庆之路”全媒体宣传报道活动，提供解放涪陵相关历史资料并协作完成在涪陵的专题采访。巴渝传媒网“爱涪陵”客户端以《“重走刘邓大军解放重庆之路”全媒体宣传活动走进涪陵》为题报道了华龙网在涪陵的采访活动情况，华龙网新重庆客户端以《寻前路•悟初心——活捉国民党兵团司令、涪陵之战打得漂亮》为题报道了当年刘邓大军解放涪陵的历史。

【西南服务团历史陈列馆建设】2019年，区委党史研究室应区委交办，承担了区委和原重庆西南服务团团史研究会联合建立中国人民解放军西南服务团历史陈列馆的建设工作。区委党史研究室先后完成了调研、选址和组织实施馆舍维修、展陈设计、展陈施工等工作，促成中国人民解放军西南服务团历史陈列馆于11月30日重庆解放日在涪陵望州公园开馆。该馆全面再现了西南服务团进军大西南、建设大西南的峥嵘岁月，是当前全国唯一全面反映中国人民解放军西南服务团历史的陈列馆。重庆市委党史研究室副主任徐光煦和涪陵区委常委、宣传部部长徐瑛参加了开馆仪式，并为陈列馆揭牌。央视网新闻频道、中共中央党史和文献研究院网站、重庆卫视、巴渝都市报、涪陵电视台等多家媒体和网站报道了开馆情况。

【史志资料征集整理】 2019年，区委党史研究室继续征集区委，区人大，区政府，区政协重要会议，文件、重大活动的资料以及各单位总结，大事记等史志资料；征集涪陵党史人物资料、部分老同志回忆录等70余万字；征集人民解放军进军途中在涪陵发生的重大历史事件、故事等资料以及脱贫致富、乡村振兴和建设美丽乡村的先进事迹及典型人物资料15万字、图片10余幅。

【提供社会服务】 2019年，区委党史研究室为区委组织部、国安局、人武部和华龙网、重庆晨报、巴渝都市报等单位及来访社会人士提供史志资料查询服务十余人次，提供史志资料数十万字。组织区内各单位订阅《红岩春秋》杂志，为开展爱国主义教育和革命传统教育提供学习参考资料。

重庆市涪陵区人大常委会

概　述

2019年末，重庆市涪陵区第五届人大常委会有主任1人，副主任5人，委员37人。区人大设立监察和法制委、财经委、城环委、社会建设委4个专委会，常委会设办公室、人事代表工委、预算工委、教科文卫工委4个工作机构。全年共组织召开人代会1次、常委会会议10次，主任会议19次，听取和审议区“一府两院”专项工作报告16项，开展执法检查1项、专项工作评议1项，组织专题调研和视察23次，做出决议决定4项、审议意见10项，依法任免国家机关工作人员和人民陪审员274人次。

重要会议

【区五届人大三次会议】 重庆市涪陵区第五届人民代表大会第三次会议于2019年1月15日至18日举行。会议应到代表339名，实到326名。大会听取和审议了区人大常委会、区人民政府、区人民法院、区人民检察院工作报告，审议和批准了区2018年国民经济和社会发展计划执行情况的报告及2019年国民经济和社会发展计划，审议了区2018年财政预算执行情况和2019年财政预算草案的报告，批准了2018年区级财政预算执行情况的报告及2019年区本级财政预算，选举了区第五届人民代表大会常务委员会副主任1名、委员3名，区人民检察院检察长1名；决定设立区人大社会建设委员会、将区人大法制委员会调整更名为区人大监察和法制委员会，通过了两个专门委员会组成人员名单。

【区人大常委会会议】 涪陵区人民代表大会常务委员会会议由主任召集，每两个月至少举行一次。2019年，涪陵区人大常委会共召开常委会会议10次。会议听取了区政府关于区政府机构改革方案情况的备案报告；审议了重庆市涪陵区人民代表大会常务委员会关于接受李顺同志辞职的决定（草案）；听取和审议了区五届人大常委会代表资格审查委员会关于代表资格变动情况的报告；审议了召开区五届人大三次会议的有关事项和重庆市涪陵区人民代表大会常务委员会工作报告（审议稿）；审议了《关于加快提升我区农村群众饮水质量的议案》；听取和审议了区人大常委会执法检查组关于开展《中华人民共和国水污染防治法》执法检查情况的报告；听取和审议了区政府关于民营企业发展法治环境工作情况的报告，并开展了专项工作评议；听取和审议了区政府关于旅游产业发展评议意见研究处理情况的报告，并开展了满意度测评；审议了区法院关于提请确定人民陪审员名额的议案、区法院关于提请审议内设机构改革的议案；听取和审议了区法院关于环境资源审判工作情况的报告；听取了区政府关于深化医药卫生体制改革工作推进情况的报告、区人大监察和法制委关于规范性文件备案审查工作情况的书面报告；书面印发了关于乡镇人大研究处理区人大常委会《关于〈重庆市乡镇人民代表大会工作条例〉执法检查情况报告审议意见》的情况报告；听取和审议了区政府关于2019年上半年国民经济和社会发展计划执行情况的报告、关于2019年上半年财政预算执行情况的报告、关于区本级2018年度财政决算（草案）的报告、关于2018年度区级财政预算执行和其他财政收支的审计工作报告，审查和批准了区本级2018年度财政决算；学习了习近平对地方人大及其常委会工作做出的重要指示和栗战书出席纪念地方人大设立常委会四十周年座谈会精神；听取了区政府关于法治政府建设情况的报告、关于开展教育督导工作情况的报告，举办了专题讲座；听取和审议了区政府关于民营企业发展法治环境工作评议意见研究处理情况的报告和关于区五届人大三次会议代表建议办理情况的报告，并开展了满意度测评，测评结果均为满意；听取和审议了区政府关于乡村产业振兴工作情况的报告、关于2019年区级财政预算调整方案（草案）的报告、关于社区居家养老服务工作情况的报告和关于促进义务教育优质均衡发展情况的报告；听取审议并表决通过了区人大常委会代表资格审查委员会关于何仕安等13名代表的代表资格的报告；审议并表决通过了《重庆市涪陵区人民代表大会常务委员会议事规则修订案（草案）》《重庆市涪陵区人民代表大会专门委员会工作规则修订案（草案）》和区人大常委会关于接受胡进等同志辞去重庆市涪陵区第五届人民代表大会代表职务的决定（草案）；听取了区政府关于建筑业发展工作情况的报告、关于国有资产管理情况的报告（书面报告）和关于行政事业单位国有资产管理情况的报告；审议了关于接受任泽胜辞去重庆市第五届人大代表职务请求的有关事项；审议了《重庆市涪陵区人民代表大会常务委员会讨论决定重大事项办法修订案（草案）》《关于召开重庆市涪陵区第五届人民代表大会第四次会议的决定（草案）》；听取和审议了区政府研究处理区人大常委会关于农产品质量安全管理工作报告审议意见情况、关于《中华人民共和国水污染防治法》执法检查报告审议意见情况的报告，并开展了满意度测评；听取和审议了区政府关于2018年度区级预算执行和其他财政收支审计查出问题整改情况；审议并表决通过了区人大常委会代表资格审查委员会关于陈朝华等14名代表的代表资格的报告、区五届人大四次会议的有关事项和区人大常委会工作报告（审议稿）；听取了区政府关于环境状况和环境保护目标完成情况、区人大常委会任命的区“一府两院”部分干部年度履职情况的报告和部分在涪市人大代表的述职报告；审议并表决通过了有关人事事项。

【主任会议】 涪陵区人大常委会主任会议由主任召集，每月至少举行1次。2019年，涪陵区人大常委会共召开主任会议19次。会议分别审定了区五届人大常委会第十八次到第二十七次会议的建议事项，区人大常委会2019年工作预安排和监督计划，重点督办代表建议方案，评议区人民政府民营企业发展法治环境工作的有关事项，补选代表和乡镇人大主席培训的方案，组织开展《中华人民共和国水污染防治法》执法检查的实施方案（草案），组织“四级”人大代表学习习近平总书记视察重庆重要讲话的方案，2019年度区人大工作考核实施细则等事项。初审了有关人事任免事项，区五届人大代表变动情况、个别代表资格审查情况报告，重庆市涪陵区第五届人民代表大会第三次会议关于设立和调整更名重庆市涪陵区第五届人民代表大会有关专门委员会的决定（草案），重庆市涪陵区第五届人民代表大会第三次会议有关专门委员会组成人员人选通过办法（草案），区政府关于区政府机构改革方案情况的备案报告，区法院关于提请审议内设机构改革的议案等事项。听取了市人大常委会评议市政府民营企业发展法治环境工作动员部署会议精神，全市教科文卫工作座谈会精神等汇报。学习了习近平总书记系列重要讲话精神等内容。

主要工作

【坚持党对人大工作的领导】 涪陵区人大常委会在工作中把党的领导贯穿于人大工作的各方面、全过程，确保人大工作沿着正确政治方向前行。严格执行请示报告制度，向区委请示汇报监督工作计划、人大工作创新等11次23项工作，维护了区委统揽全局、协调各方的领导核心地位。听取区政府关于机构改革方案情况的备案报告，把党的主张通过法定程序转化为国家意志。坚持党管干部与人大依法任免有机统一，依法任免地方国家机关工作人员135人次、人民陪审员139人次，组织常委会任命的地方国家机关工作人员4批次68人次进行宪法宣誓，听取8名常委会任命的区“一府两院”干部年度履职情况报告。

按照区委部署，区人大常委会班子成员和机关全体干部积极参与脱贫攻坚、河长制、全面深化改革、“四城同创”“两线三片一城”城市建设、“三百行动”、招商引资、信访维稳等中心工作，区人大常委会班子成员深入一线调研督导130余次，形成高质量的调研报告，得到区委主要领导的批示和区政府的重视。组织对区委第五次人大工作会议精神贯彻落实情况开展专项督查，推动了区委决策部署的落实。

【加强财经监督】 加强经济运行监督。区人大常委会听取和审议了区政府2019年上半年国民经济和社会发展计划执行情况的报告。全面核查区五届人大三次会议批准的《区政府工作报告》确定的目标和重点项目完成情况，开展2019年计划执行和2020年计划编制情况专题调研，督促区政府及其有关部门努力完成既定目标任务，科学合理编制2020年计划。听取和审议区政府关于乡村产业振兴工作情况的报告。听取和审议区政府关于旅游产业发展评议意见研究处理情况的报告并开展了满意度测评，督促区政府积极培育新业态，推动文旅深度融合，突破旅游发展瓶颈，促进旅游业提档升级。听取区政府关于建筑业发展工作情况的报告，促进区政府及有关部门推广装配式建筑，推进装配式建筑产业发展。

加强财政预算监督。区人大常委会听取和审议了区政府2019年上半年财政预算执行情况的报告、区本级2018年度财政决算（草案）的报告、2019年区级财政预算调整方案（草案）的报告，依法做出批准2018年度区本级财政决算的决议、批准2019年区级财政预算调整方案的决议，确保财政平稳健康运行。听取和审议区政府2018年度区级财政预算执行和其他财政收支审计情况的报告、2018年度财政收支审计问题整改情况的报告，督促有关方面强化预算绩效管理，规范项目预算，做实审计整改。对2019年预算执行和2020年预算编制情况开展专题调研，督促区政府及财税部门强化收入征管和预算执行，科学合理编制2020年预算。推进人大预算联网监督工作，利用人大预算联网监督系统，实现全口径预决算审查和全过程预算执行监督，提高人大预算审查监督质效。

加强国有资产监督。按照市委、区委关于建立政府向人大常委会报告国有资产管理情况制度的要求，制定出台了关于区政府向区人大常委会报告国有资产管理情况五年规划（2018—2022）。听取区政府国有资产管理情况报告和行政事业单位国有资产管理情况报告，进一步抓好地方金融企业发展、管理、监督和风险防控，确保国有资产保值增值。

【促进民生改善】 聚焦“学有所教”。区人大常委会听取和审议了区政府关于促进义务教育优质均衡发展情况的报告。加强对区政府研究处理学前教育专项工作评议意见情况的跟踪监督，持续推动学前教育优质普惠健康发展。听取区政府开展教育督导工作情况的报告，确保教育督导实效。聚焦“病有所医”。开展深化医药卫生体制改革工作推进情况专题视察，听取区政府关于深化医药卫生体制改革工作情况的报告，不断提升群众就医获得感。聚焦“老有所养”。听取和审议区政府社区居家养老服务工作情况的报告，不断推进社区居家养老服务工作取得新成效。聚焦“食有所安”。审议区五届人大三次会议主席团交付的《关于加快提升我区农村群众饮水质量的议案》。连续第三年听取和审议区政府研究处理农产品质量安全管理工作报告审议意见情况的报告，切实保障人民群众“菜篮子”安全。配合市人大农业农村委对农村人居环境整治工作开展专题调研，助力生态宜居美丽乡村建设。

【推进依法治理】 护航民营企业发展。按照市人大常委会上下联动要求，区人大常委会对区政府民营企业发展法治环境工作组织开展了为期9个月的专项工作评议。深入27家民营企业走访调研，发出调查问卷422份，汇总梳理88个问题和76条意见建议，听取和审议区政府关于民营企业发展法治环境工作情况的报告。配合市人大常委会开展民营企业发展法治环境工作专题调研，听取和审议区政府研究处理民营企业发展法治环境评议意见情况的报告，开展了满意度测评。

助力污染防治攻坚。按照全国人大常委会上下联动部署，区人大常委会开展了《中华人民共和国水污染防治法》执法检查，提出加强组织协调、深入开展普法宣传教育、加快完善水污染防治规划、推进基础设施建设、狠抓水环境监管执法、聚力重点突出问题整改、全面提升水环境质量等审议意见，并跟踪监督审议意见研究处理情况，助力打赢污染防治攻坚战。听取和审议区法院环境资源审判工作情况的报告，配合市人大常委会开展法院环境资源审判工作专题调研，督促区法院深入贯彻习近平生态文明思想，依法履行环境资源审判职能，为绿色发展提供优质的司法保障。听取区政府关于环境状况和环境保护目标完成情况的报告，共同呵护蓝天、碧水、净土。

促进法治政府建设。对区政府执行区人大常委会《关于进一步加强和规范全区行政委托执法工作决议》情况开展跟踪监督，针对存在的问题提出意见建议，推动决议贯彻执行。听取区政府关于法治政府建设情况的报告，促进区政府依法行政。听取区人大监察和法制委关于规范性文件备案审查工作情况的报告，积极推进备案审查信息平台应用，扎实开展规范性文件备案审查工作，对区政府报备的14件规范性文件进行审查，督促对2件存在明显不适当情形的规范性文件进行修改和重新报备，维护了国家法制统一。同时，依法做出了关于确定区法院人民陪审员名额的决定，审议了区法院关于内设机构改革的议案。认真做好人大信访工作，推动解决群众合理信访诉求。配合全国人大常委会和市人大常委会开展了《中华人民共和国就业促进法》执法检查，推动有关方面依法多渠道扩大就业。积极参与地方立法工作，协助市人大常委会开展了《重庆市物业管理条例》《重庆市促进科技成果转化条例》《重庆市水利工程管理条例》《重庆市农业机械化促进条例》《重庆市信访条例》等法规修订草案的立法调研，协助市人大法制委开展了基层立法联系点调研。

【发挥代表作用】 人大代表密切联系人民群众。常委会专题召开人大代表密切联系人民群众工作推进会，推动相关工作提档升级。深化落实“两联一述”制度，组织3名市人大代表向常委会述职，441名区、乡镇人大代表向原选区选民述职。开展“四城同创•代表共建”主题活动，组织代表围绕脱贫攻坚、乡村振兴、城市功能提升等，走访联系群众1.2万余人次，收集社情民意700余条。承办在渝全国人大代表来涪视察生物医药产业发展活动。组织召开都市片区二组市人大代表视察活动协调会，牵头制订活动规则、确定活动主题，为都市片区二组6个市人大代表联系组开展调研、视察、约见、学习交流等活动打下了基础。

强化代表履职激励约束。常委会加强代表履职培训，组织培训全国、市、区人大代表3批次230人次，提级培训乡镇人大代表180人次，组织110名市、区人大代表参加市人大常委会专题视频培训，提升了代表履职能力。组织市人大代表专题视察4次，组织100名区人大代表听取区"一府两院"半年工作情况报告，组织市、区人大代表313人次列席市、区人大常委会会议和参加常委会开展的执法检查、专题调研视察、立法调研座谈、"主任接待日"以及区"一府两院"组织的听证会、座谈会、旁听庭审、征求意见等活动，保障代表知情知政。优化代表履职服务保障，制定《关于进一步密切人大代表同人民群众联系，加强人大代表之家建设的指导意见》，提升代表之家站点建设水平。强化代表履职管理和激励，完善代表履职活动登记办法和代表工作先进单位、优秀基层代表及代表优秀建议评选办法，激发代表履职热情。

加强代表议案建议督办。常委会坚持代表建议办理"两次评价"和主任会议重点督办、委室归口督办、代表参与督办工作机制，听取和审议区政府代表建议办理情况报告并开展了满意度测评。区五届人大三次会议期间代表提出的265件建议全部办结，回复率100%、办理结果满意率99.2%，已经办理落实和正在办理落实的代表建议分别占总数的64.9%、20.4%，城区道路标志标线、建筑企业税负等一批代表和群众关注的热点难点问题得到较好解决。

依法做好代表补选工作。常委会听取和审议代表资格审查委员会关于区人大代表资格审查情况的报告3次，确认47名区人大代表资格变动情况，其中：接受辞职9名、自然终止职务5名、补选33名。接受1名市人大代表辞去代表职务。

【加强自身建设】 强化制度建设。创设常委会主任、副主任每周碰头会制度，坚持委室主任每月例会制，强化对工作的统筹协调。建立常委会会议举办专题讲座机制，增强常委会组成人员履职本领。修订了区人大常委会议事规则、区人大常委会讨论决定重大事项办法、区人大常委会主任会议议事规则、区人大专门委员会工作规则，常委会履职更加科学化、制度化、规范化。

强化作风建设。加强人大机关干部职工教育管理，严格执行中央八项规定及其实施细则精神，持续推进党风廉政建设，驰而不息整治"四风"，持之以恒转变作风，扎实开展调查研究，力戒形式主义、官僚主义，形成了上下同心、务实奋进、担当作为的生动局面。

强化人大宣传。打造涪陵人大内刊、官方网站、微信公众号、巴渝都市报"人大风采"专栏、涪陵电视台"人大之窗"专题节目，着力构建大宣传格局，讲好人大故事、传播人大声音、树好人大形象、弘扬民主法治。选送7件人大新闻作品参评2019年重庆人大新闻奖，荣获二等奖2件、三等奖1件。制作纪念地方人大设立常委会40周年涪陵人大成就短视频并在全市展播，"晒"出了涪陵人大履职风采。

强化联系指导。出台《关于推行乡镇重大民生实事项目人大代表票决制工作的指导意见》，促进乡镇人大依法行使决定权。听取审议乡镇人大研究处理《重庆市乡镇人民代表大会工作条例》执法检查报告审议意见情况的报告，促进乡镇人大提升依法履职行权水平。指导乡镇人大依法补选乡镇长、副乡镇长18名。组织乡镇人大主席参加市委党校专题培训，开展乡镇街道人大负责人和人大办公室干部培训，提升基层人大干部履职能力。

重庆市涪陵区人大常委会名录

主　任：李景耀

副主任：姚明勇　黄　华　于淑萍

冉义明

项显文（2019 年 1 月任职）

委　员：万绍碧　王保川　石继良

付北平　代远田　刘长学

任春燕　杜焱彦　杨　华

杨平源　吴方华　何事穗

何静秋　汪建平　张　斌

张　峪　陈　瑜　陈立林

陈红英　陈恩之　陈海平

邵　敏　周德胜　周大川

易文韬　项显菊　胡永庆

赵　平　赵　涛　钟玉秀

徐鹏程　唐靖宇　曹仿学

彭忠英　湛昌权　谭　杰

鞠廷忠

区人大常委会办公室负责人名录

主　任：徐鹏程

副主任：陈海平　丁财洪

重庆市涪陵区人民政府

概　述

2019年是第五届涪陵区人民政府任期的第三年。至年末，区政府领导班子成员共7人，其中种及灵为区长，杜海波、赵昌辉、钟涛、董代文、古明洪、席红为副区长。是年，在市委、市政府和区委的坚强领导下，在区人大、区政协的监督支持下，区政府坚持以习近平新时代中国特色社会主义思想为指导，坚持稳中求进工作总基调，深入贯彻新发展理念，落实高质量发展要求，深化供给侧结构性改革，“三大攻坚战”“八项行动计划”“三篇大文章”等重点任务顺利推进，高质量发展、高品质生活的美丽涪陵幸福涪陵建设迈出了新步伐。

重要会议

【区政府全体会议】 区政府全体会议一般每年召开1至2次。由区长或常务副区长主持，区长、副区长、区政府党组成员、区政府各部门主要负责人参加。根据需要可安排区政府办公室副主任，涪陵新城区、各工业园区（旅游区）管委会负责人，各乡镇人民政府、街道办事处、中渝驻涪有关单位、区属有关企事业单位负责人列席会议；可邀请区委、区人大、区政协、区法院、区检察院、区人武部领导，区委有关部委、民主党派、工商联、有关人民团体以及主要新闻单位负责人、区政府经济顾问、法律顾问列席会议。

2019年1月11日，区政府召开2019年第1次全体会议，会议讨论修改了拟提请区五届人大三次会议审议的《2019年涪陵区政府工作报告（送审稿）》，讨论修改了《重庆市涪陵区2018年国民经济和社会发展计划执行情况及2019年计划（草案）的报告（送审稿）》《重庆市涪陵区2018年财政预算执行情况和2019年财政预算草案的报告（送审稿）》。

2019年12月30日，区政府召开2019年第2次全体会议，会议讨论修改了拟提请区五届人大四次会议审议的《重庆市涪陵区2020年政府工作报告（送审稿）》，讨论修改了《重庆市涪陵区2019年国民经济和社会发展计划执行情况与2020年计划草案的报告（送审稿）》《重庆市涪陵区2019年财政预算执行情况和2020年财政预算草案的报告（送审稿）》。

【区政府常务会议】 区政府常务会议为区政府审议、研究、讨论、决定、处理日常事务的工作会议，原则上每两周召开1次，特殊情况亦可延长和增加。会议由区长、副区长、区政府党组成员组成，由区长或区长委托负责常务工作的副区长召集和主持。区纪委监委、区人武部按规定列席区政府常务会议；区政府办公室各副主任，区发展改革委、区财政局、区经济信息委、区教委、区科技局、区住房城乡建委、区交通局、区农业农村委、区商务委、区司法局、区人力社保局、区规划自然资源局、区生态环境局、区卫生健康委、区审计局、区国资委、区应急局、区统计局、区招商投资局、区政府新闻办主要负责人，以及区政府法律顾问固定列席区政府常务会议；根据需要，可邀请区人大常委会、区政协相关领导列席会议，并安排与议题有关的部门和单位主要负责人列席会议。会后形成区政府常务会议纪要，作为相关部门和单位的贯彻依据。

2019年，区政府共召开常务会议25次，先后审定《重庆市涪陵区人民政府办公室关于激励物业服务企业转型升级推动物业服务行业健康发展的通知》《重庆市涪陵区人民政府办公室关于加快居民电动车充电基础设施建设管理的实施方案》《关于进一步调整优化全区农业产业结构的实施方案》《涪陵区农村贫困人口慢性病重大疾病门诊医疗救助实施方案》《2019年政府工作报告主要目标任务分解》《关于加快涪陵新城区发展若干措施的通知》《关于加快装配式建筑发展推进建筑产业现代化的实施意见》《涪陵区降低制造业企业成本若干政策措施》《重庆市涪陵区城镇综合管理工作考评方案》《关于坚持农业农村优先发展扎实做好“三农”工作的实施意见》《涪陵区2019年第二批政府投资项目计划》《关于推进“三社”融合发展的实施意见（试行）》《涪陵区大力推行“全渝通办”深入推进审批服务便民化工作方案》《涪陵区创建国家森林城市实施方案（2018—2021年）》《关于贯彻落实〈中共中央国务院关于推动高质量发展的意见〉重点任务分工方案》《推进新时代涪陵产业工人队伍建设改革实施方案》《重庆市涪陵区养老设施布局专项规划（2018—2030年）》《涪陵区2019年法治政府建设工作要点》《涪陵区营造良好法治环境支持民营企业发展的实施意见》《涪陵区进一步推进点多面广量大涉农项目“放管服”改革的工作方案》《重庆市涪陵区现代服务业发展规划（2019—2025年）》《重庆市涪陵区事业单位公务用车制度改革实施意见》《涪陵区安全生产与自然灾害防治工作考核办法（暂行）》等重大事项157个，研究决定人事任免6次。

【区长办公会议】 区长办公会议不定期召开。会议由区长、副区长、区政府党组成员组成，由区长或区长委托负责常务工作的副区长召集和主持。根据需要，可安排区政府办公室副主任，区政府有关部门及与议题有关的单位主要负责人、区政府法律顾问及有关新闻单位列席会议。会后形成区长办公会议纪要，作为相关部门和单位的贯彻依据。

2019年，区政府共召开区长办公会议21次，先后审定《涪陵北山国际文旅康养度假区项目扶持政策》《关于太极集团浙江东方制药有限公司退城入园项目的请示》《关于加强全区行政事业单位所属国有企业改革后有关管理工作的通知》《2019年政府投资计划》《关于做好稳外贸稳外资稳外经工作的实施意见》《关于重庆市中涪南热电有限公司重组暨350MW热电项目合作协议的请示》《关于涪陵榨菜传统生产系统发掘申报中国重要农业文化遗产的有关事宜的请示》《关于韵达项目地块场平工程招标方式的请示》《涪陵区园区工业和物流仓储及科研用地分类供地规则（试行）》《关于实施房地产开发项目采用装配式新技术容积率奖励的请示》《关于2019年新增政府一般债券结余调整使用的报告》《涪陵区保障乡镇街道“三保”支出的资金调度办法》《博赛集团新建年产60万吨铁合金项目扶持政策》《关于调整2019年市级重点、区级重点和政府投资计划项目有关情况的报告》等重大事项67个。

【区政府专题会议】 区政府专题会议由区长、副区长或由区长、副区长委托区政府办公室主任、副主任根据工作需要召开，由区政府办公室根据需要整理议事纪要。

2019年，区政府共召开专题会议30次，先后研究落实涪陵区粮食安全行政首长责任制考核工作、中央环保督察住房城乡建设领域问题整改工作、江东片区10KV专线工程建设费用分摊、大顺中医药康养小镇建设、高山湾交通枢纽全面启用有关工作、扶贫项目资金管理使用问题整改工作、在建重点水利工程建设问题、清溪镇规划建设、市医药卫生学校和区职教中心创建市级高水平中职学校项目建设、乌江村一组危房改造及违建整治、人武工作、中化涪陵化工环保搬迁项目推进、江东污水处理厂加盖建设、中涪南热电公司并购重组等专项工作。

重要决策及措施

2019年,以涪陵府发名义印发的文件48件,主要涉及《关于建立健全创建国家卫生区长效管理工作机制的意见》《重庆市涪陵区人民政府关于印发2019年全区安全生产与自然灾害防治工作要点的通知》《关于加强涪陵城区春节期间燃放烟花爆竹管理的通告》《重庆市涪陵区人民政府关于印发重庆市涪陵区自然保护地违法违规问题整改工作方案的通知》《重庆市涪陵区人民政府关于成立涪陵区地方病防治工作领导小组的通知》《关于做好稳外贸稳外资稳外经有关工作的通知》《关于取消和调整一批行政许可事项的决定》《重庆市涪陵区人民政府关于进一步加强财政管理严控政府隐性债务的通知》《重庆市涪陵区人民政府关于加强和改进新形势下招商投资促进工作的意见》《重庆市涪陵区人民政府关于支持涪陵新城区加快发展若干措施的通知》《重庆市涪陵区人民政府批转区财政局关于加强财政管理支持减税降费工作的请示的通知》《重庆市涪陵区人民政府关于印发民营企业发展法治环境工作评议意见整改方案的通知》《重庆市涪陵区人民政府关于深入推进工程建设项目审批制度改革工作的通知》等重要事项决策。

2019年,以涪陵府办发名义印发的文件159件,主要涉及《重庆市涪陵区人民政府办公室关于认真做好冬春农田水利基本建设工作的通知》《重庆市涪陵区人民政府办公室关于加快居民区电动车充电基础设施建设管理的通知》《重庆市涪陵区人民政府办公室关于激励物业服务业转型升级推动物业服务行业健康发展的通知》《重庆市涪陵区人民政府办公室关于加快装配式建筑发展推进建筑产业现代化的实施意见》《重庆市涪陵区人民政府办公室关于印发重庆市涪陵区房地产开发10强企业评选办法的通知》《重庆市涪陵区人民政府办公室关于印发重庆市涪陵区推进电子商务与快递物流协同发展工作方案的通知》《重庆市涪陵区人民政府办公室关于印发涪陵区城市提升行动计划实施项目库(2018—2022年)的通知》《重庆市涪陵区人民政府办公室关于印发涪陵区农村贫困人口慢性病重大疾病门诊医疗救助实施方案的通知》《重庆市涪陵区人民政府办公室关于进一步做好中小学幼儿园安全工作的通知》《重庆市涪陵人民政府办公室关于印发涪陵区整治污水偷排偷放行为专项行动方案的通知》《重庆市涪陵区人民政府办公室关于印发涪陵区国家现代农业产业园创建方案的通知》《重庆市涪陵区人民政府办公室关于印发涪陵区降低制造业企业成本若干政策措施的通知》《重庆市涪陵区人民政府办公室关于印发涪陵区特色农业产业实行农民股份合作经营试点实施方案的通知》《重庆市涪陵区人民政府办公室关于印发涪陵区长江经济带生态保护暨城乡融合发展实施方案(试行)的通知》《重庆市涪陵区人民政府办公室关于印发2019年涪陵区深化大气污染防治攻坚实施方案的通知》《重庆市涪陵区人民政府办公室关于印发2019年普法依法治理工作要点的通知》《重庆市涪陵区人民政府办公室关于印发2019年涪陵区法治政府建设工作要点的通知》等重大事项决策。

重大综合性工作

“三大攻坚战”方面：制定并印发执行《涪陵区防范化解社会矛盾风险攻坚行动实施方案》《涪陵区防范化解金融领域重大风险工作方案》《涪陵区精准脱贫攻坚战实施方案》《重庆市涪陵区污染防治攻坚战实施方案（2018—2020年）》等文件。

“八项行动计划”方面：制定并印发执行《涪陵区实施以大数据智能化为引领的创新驱动发展行动计划方案（2018—2020年）》《重庆市涪陵区城市提升行动计划》《重庆市涪陵区乡村振兴战略规划（2018—2020年）》《涪陵区实施乡村振兴战略行动方案》《重庆市涪陵区科教兴区和人才强区行动计划（2018—2020年）》《关于推进军民融合发展的实施意见》《重庆市涪陵区内陆开放高地建设战略行动计划（2018—2022年）》《重庆市涪陵区实施生态优先绿色发展行动工作方案（2018—2020年）》《重庆市涪陵区保障和改善民生行动实施方案（2018—2020年）》等文件。

“三篇大文章”方面：制定并印发执行《重庆市涪陵区构筑绿色屏障三年实施方案》《重庆市涪陵区发展绿色产业三年实施方案》《重庆市涪陵区建设绿色家园三年实施方案》等文件。

行政服务

【概况】 涪陵区人民政府行政服务中心为区政府办公室所属的正处级参公事业单位，人员编制16名。2019年，在区委、区政府的坚强领导下，区行政服务中心深学笃用习近平新时代中国特色社会主义思想，深入学习贯彻党的十九大和十九届二中三中四中全会精神，持续深化行政审批制度改革，着力优化营商环境，人民群众幸福感、满意度和获得感持续增强。

【优化服务】 年内，涪陵区人民政府行政服务中心创新设立24小时自助服务区，交通违章处理等民生事项实现24小时不打烊服务。新增72个事项进驻中心，政务服务事项集中率达85%，审批服务事项“一窗”受理率达到80%，修订模糊条款484条，承诺办结时限较法定时限减少72%。

【“四办”服务】 进一步优化办事流程、压缩办理时限，28个事项实现“马上办”；加大宣传推广，拓展网上服务功能和在线办理深度，978个事项实现“网上办”；协调相关区级部门通过业务整合、优化办事流程将事项下放基层，126个事项实现“就近办”；严格执行首问负责制、一次性告知制，推行容缺受理制，841个事项实现“一次办”。

【政务服务】 推进“互联网+政务服务”，10719个事项上线运行，一体化政务服务平台延伸覆盖至全区422个村（社区）。首批完成38枚电子印章备案、36份电子证照配置，建成“好差评”评价体系。推广“愉快办”App，全年网审平台办件3.49万件，按时办结率100%，群工系统办件1.82万件，事项解决率99.9%、群众满意率99.7%。

【队伍建设】 强化对窗口工作人员的政治理论学习教育和文明礼仪、服务规范教育培训，定期开展“红旗窗口”“文明窗口”“服务明星”评选和年度考核评比，2019年政务服务窗口群众满意率达95%。

机关事务管理

【办公用房管理】 根据渝委〔2019〕31号文件，经区编委批准，党政机关办公用房的管理职责于2019年3月从区财政局划转到区机关事务管理局，8月份，区机关事务中心接手办公用房具体事务。随后区机关事务管理局对全区党政机关办公用房进行了调查统计，通过此次统计，摸清了全区120个区级部门、27个乡镇街道党政机关办公用房现状。在此基础上，全区党政机关开展了办公用房巡检自查和整改工作，清理整改超标准配备办公用房，3个单位按规定完成整改任务，向市上报备区领导因工作需要配备2处办公用房的情况。同时启动了行政事业单位房屋资产确权处置工作。

【公务用车管理】 2019年，区机关事务管理局完成了全区行政单位机构改革后公务用车编制调整工作；完成32台公务车辆的处置购置手续的审核工作；开展全区事业单位公车改革工作，封存车辆155辆；规范公务用车使用管理，开展违规借用车辆和加油卡清理整顿工作，杜绝了违规借用车辆和加油卡购买非油商品的现象；全区行政及参公事业单位350辆车安装启用OBD系统，进一步加强了公务用车的管理。

【公共机构节能】 全年区机关事务管理局开展各类公共机构节能培训会议6次，组织63人参加第六批清华大学节能远程培训，并全部通过考试拿到毕业证书。开展节能宣传周活动，通过低碳节能进辖区小学和中学、机关节能经验交流座谈会和专题培训等多种形式宣传节能减排，利用“涪陵发布”微信公众号推送节能知识，让更多的人参与到低碳行动，在全社会营造节能降碳、携手共建清新美丽家园的氛围。2019年，全区党政机关完成生活垃圾的分类、投放、处置工作，创建区公共机构食堂油烟治理单位27家、节水型单位28家。

【机关事务标准化】 为提升全区机关事务标准化水平，推动机关事务工作高质量发展，根据市机关事务局要求，涪陵区编制了《涪陵区机关事务标准化工作方案》，调整了机关事务标准化发展工作领导小组，组织召开领导小组成员单位工作会2次，工作培训2次，确立了标准体系基本框架，分解了标准化工作任务，计划在2020年完成公共机构节能汇编，为全区公共机构节能提供规范化管理依据。

重庆市涪陵区人民政府领导名录

区　长：种及灵

副区长：杜海波　赵昌辉　钟　涛

董代文　古明洪　席　红（女）

区政府办公室负责人名录

主　任：邓　果

副主任：况守明

王刚凌（2019年1月任职、10月离任）

吴　华（女）

尹忠友

卢　兵（2019年2月任职）

舒泾容（兼，2019年10月任职）

政协重庆市涪陵区委员会

概　述

2019年末，涪陵区政协设办公室、提案委、经济委、城环委、社法委、教科文卫史委、联络委7个工作机构。是年，区政协在区委的领导下，坚持以习近平新时代中国特色社会主义思想为指导，全面贯彻中共十九大和十九届二中三中四中全会精神及中央、市委政协工作会议精神，深入贯彻习近平总书记对重庆提出的“两点”定位、“两地”“两高”目标、发挥“三个作用”和营造良好政治生态的重要指示要求，认真落实区委重要决策部署，牢牢把握新时代人民政协的新方位新使命、主题、主线、主轴和中心环节，团结带领各参加单位、广大委员、各界人士，服务中心工作展现新担当，加强双向发力实现新作为，为助推建设高质量发展、高品质生活的美丽涪陵幸福涪陵做出了积极贡献。

重要会议

【区政协五届三次会议】 2019年1月14日—16日，区政协召开五届三次会议。会议听取并审议了主席徐志红代表区政协常委会所作的工作报告和副主席刘加胜所做的提案工做报告，听取了中共涪陵区委书记周少政的讲话，列席了区五届人大三次会议，听取并协商讨论了政府工作报告，讨论了区法院、区检察院工作报告及其他报告；听取了来自不同界别的11位委员的大会发言；表彰了区政协2018年度优秀委员、优秀提案、先进界别小组、反映社情民意信息先进集体和个人、政协宣传工作先进集体和个人；通过了大会提案审查报告和大会决议。大会收到提案358件，审查立案309件。

【区政协常委会会议】 区政协全年召开常委会议6次。2月21日上午召开区政协五届十二次常委会会议，传达学习了习近平总书记近期关于人民政协工作的重要讲话精神、全市“两会”精神和市委书记陈敏尔在市政协五届二次会议上的讲话精神，审议通过有关人事事项。4月3日上午召开区政协五届第十三次常委会会议，传达学习了全国“两会”精神，审议通过了《政协重庆市涪陵区委员会全体会议工作规则（修订稿）》《政协重庆市涪陵区委员会常务委员会工作规则（修订稿）》《政协重庆市涪陵区委员会委员履职工作规则》，对区政协民主评议区交通局工作进行了动员部署。6月26日上午召开区政协五届十四次常委会会议，听取了区交通局关于区政协民主评议自查情况的报告，区政协副主席刘加胜代表区政协民主评议领导小组所作民主评议调查报告，委员们围绕进一步推动全区交通事业发展提出意见建议。7月31日下午召开区政协五届十五次常委会会议，听取了区政府关于2019年上半年全区经济社会发展情况及区人民法院、区人民检察院、区公安局2019年上半年工作情况通报，委员们就进一步助推全区经济社会发展和加强公检法工作提出意见建议。11月14日上午召开区政协五届第十六次常委会会议，听取了全区党群系统、区政府系统关于区政协五届三次会议提案办理情况的通报，对区交通局工作进行了民主评议总结测评。12月17日下午召开区政协五届十七次常委会会议，听取了区政协五届四次会议筹备工作情况汇报，审议了《政协重庆市涪陵区第五届委员会常务委员会工作报告（草案）》和《政协重庆市涪陵区第五届委员会常务委员会提案工作报告（草案）》并确定了报告人，审议通过了区政协五届四次会议有关事项和区政协有关工作规则。

【区政协主席会议】 区政协全年召开主席会议9次。2月19日下午区政协召开五届第十九次主席会议，传达学习了习近平总书记在省部级主要领导干部专题研讨班上的重要讲话精神和市委书记陈敏尔在市政协五届二次会议开幕式上的讲话精神、参加市政协五届二次会议第一联组讨论时的讲话精神，传达了市政协联络委主任（扩大）会议和区四大家主要领导碰头会议精神，研究部署了区政协近期工作。3月13日下午区政协召开五届二十次主席会议，审议通过了区政协各委室2019年工作要点、各委室2018年度绩效目标考核情况及2019年度绩效目标管理责任书、《涪陵区政协2019年主席约见委员方案》《2019年区政协提案调研督办工作方案》等事项，研究部署了民主评议部门工作及近期政协工作。3月29日下午区政协召开五届二十一次主席会议，审议通过了区政协《开展“聚焦污水偷排直排乱排问题”委员监督性调研视察实施方案》《政协重庆市涪陵区委员会关于民主评议区交通局工作实施方案》《政协重庆市涪陵区委员会全体会议工作规则（修订稿）》《政协重庆市涪陵区委员会常务委员会工作规则（修订稿）》《政协重庆市涪陵区委员会主席会议工作规则（修订稿）》《政协重庆市涪陵区委员会委员履职工作规则（修订稿）》等事项，研究部署了区政协近期工作。6月20下午区政协召开五届二十二次主席会议，听取了区交通局工作情况汇报，审议通过了《区政协民主评议区交通局工作调查报告（审议稿）》《关于庆祝人民政协成立70周年活动方案（审议稿）》等事项，研究部署了区政协近期工作。7月29日下午区政协召开五届第二十三次主席会议，审议通过了《关于加快我区中医药产业发展的调研报告（审议稿）》《关于我区贯彻落实〈中华人民共和国反家庭暴力法〉情况的调研报告（审议稿）》《区政协关于庆祝人民政协成立70周年活动方案（审议稿）》《区政协各专门委员会对口联系部门（单位）名单（审议稿）》等事项，研究部署了区政协近期工作。10月22日下午区政协召开五届二十四次主席会议，审议通过了《关于集聚涪陵新城区人气的调研报告（审议稿）》《关于现代物流业发展的调研报告（审议稿）》《关于深化职业教育产教融合校企合作的调研报告（审议稿）》《关于促进涪陵区民营医疗机构健康发展的调研报告（审议稿）》等事项，研究部署了区政协近期工作。11月18日上午区政协召开五届二十五次主席会，审议通过了《政协重庆市涪陵区第五届委员会第四次会议方案（审议稿）》《关于五届区政协委员、常委及专委会负责人届中调整的建议（审议稿）》等事项，研究部署了区政协近期工作。12月13日下午区政协召开五届二十六次主席会议，传达学习了重庆市政协学习贯彻落实党的十九届四中全会、中央政协工作会议精神和市委工作要求调研座谈会精神，审议通过了区政协五届常委会工作报告（草案）、区政协五届常委会提案工作报告（草案）并确定了报告人，审议通过了召开政协重庆市涪陵区第五届委员会第四次会议有关事项，审议通过了2020年区政协专题协商、监督协商、政情通报、重点调研、专项视察、民主评议等安排和区政协有关工作规则、办法等事项，研究部署了区政协近期工作。12月

31 日上午区政协召开五届二十七次主席会议，传达学习了区四大家主要领导碰头会会议精神，听取了《我与政协七十年》编印情况汇报和区政协五届四次会议各组工作情况汇报，研究部署了区政协近期工作。

主要工作

【坚持党的领导】 区政协认真贯彻落实中共中央、市委政协工作会议精神，进一步深刻认识和把握“推动人民政协制度更加成熟更加定型、发挥好专门协商机构的作用”这一新时代人民政协的新方位新使命，使政协工作始终沿着习近平总书记指引的方向前进。坚持区委领导，重大活动、重要事项第一时间向区委请示报告，政协年度工作计划由区委审议批转后实施，确保政协工作和党政中心工作同向推进。区政协以党的建设引领政协工作新发展，进一步规范政协党组织设置，在全体会议、重要视察调研培训等活动期间设立临时党组织，成功实现了党的组织对党员委员的全覆盖、党的工作对政协委员的全覆盖。区政协党组扎实开展“不忘初心、牢记使命”主题教育，认真贯彻“守初心、担使命，找差距、抓落实”的总要求，坚持学习教育、调查研究、检视问题、整改落实“四轮驱动”，着力将主题教育的成果转化为干好工作、助推发展的强大动力。主题教育期间，紧扣“一圈两群”协调发展形成调研报告 18 篇。

【建言资政】 区政协着眼助推工业高质量发展，深入分析、多方问计，协力破解传统工业转型升级难题。就全区工业智能化大数据建设展开专题协商，提出要推进传统制造业智能化转型、推动智能应用普及、用大数据智能化赋能工业经济等建议和措施；发挥理论研究会智库作用，成功汇聚了 103 篇建言成果，召开工业创新发展理论研究成果交流会；为突破涪陵区医药产业和中医药产业发展瓶颈，深入开展协商、调研工作，提出意见建议。

区政协把助力抓实城市提升和乡村振兴两大基本面作为履职重点，围绕全区创文创卫工作，会同相关部门深入责任单位及辖区开展督查督导；持续关注新城区建设与发展，深入走访调研，开展专题视察，提出了加快“两线三片一城”建设、优化建设内容和时序、加快新城区人口聚集等意见建议；着眼做强兴业兴城的重要抓手、打造涪陵旅游发展升级版，组织精干力量深入一线调查研究，提出了搞好全域旅游发展规划、理顺旅游管理体制机制、重点打造有涪陵特色的拳头旅游产品等若干建议；着眼抓实乡村振兴，遴选《关于稳步推进农村“三变”改革试点的建议》作为年度重点提案，由区政府领导领衔办理，并开展全过程协商。

区政协围绕构筑绿色屏障、发展绿色产业、建设绿色家园，组织委员就全区污染防治减排工作履职尽责，既监督减排情况，又协商提出抓好源头治理、增加违法成本、构建长效管控机制等建议；瞄准绿色家园建设，集委员智慧形成了《关于对我区乡村绿色家园建设工作的建议》；聚焦培育三大开放新优势，委员们先后视察涪陵综合保税区、国家级高新区、国家现代农业产业园创建，对加快建设内陆开放高地重要支点提出了一系列意见建议；围绕大通道建设，以民主评议区交通局工作为切入点，助力全区交通工作，促进互联互通水平新提升，助推加快融入主城区都市圈；围绕大物流建设，分别就全区现代物流业和快递企业绿色发展进行专题调研和视察，就编制实施物流发展规划、推进物流基础设施建设、培育物流企业主体、构建现代物流服务体系等提出意见建议。

【助力民生】 区政协认真贯彻落实习近平总书记在解决“两不愁三保障”突出问题座谈会上的重要讲话精神，助力全区打赢打好脱贫攻坚战。政协班子成员以上率下，深入联系乡镇，遍访联系扶贫户，开展脱贫攻坚及促改督战工作，形成《脱贫攻坚促改督战专项行动之管见》的蹲点调研报告；紧扣脱贫攻坚情况开展监督性协商，委员们结合精准扶贫政策落实、驻村结对帮扶、巡视整改工作等情况，提出要进一步在补齐脱贫攻坚短板、实施乡村振兴战略行动、加强政策宣传引导、提升驻村帮扶成效上持续发力等对策建议；发挥机关扶贫集团牵头作用，帮扶珍溪镇5个贫困村改善基础设施条件、推动特色产业发展、解决“两不愁三保障”突出问题；发挥界别特色优势，动员26个界别多方走访慰问困难群众，开展志愿服务暖民心、聚人心，汇聚众力推动民生改善。

区政协关注依法治区、司法为民，听取区法院、检察院、公安局工作情况通报，为全区筑牢安全稳定防护堤，增强人民群众获得感幸福感安全感协商建言；遍访全区职业院校，问计职业教育产教融合校企合作，形成专题报告为我区职业教育改革发展提供重要参考；关切社会和谐、家庭和美，就《反家庭暴力法》实施开展专题调研，推动相关部门迅速行动，建立反家庭暴力联席会议等机制；围绕全区卫生健康综合执法、就业创业技术技能培训、公共文化供给优化、民营医疗机构健康发展等专题深入开展协商、调研，提出了一系列有价值的建议；瞄准群众关心的热点难点问题收集反映社情民意信息，共向市政协及区委、区政府报送110篇，其中《关于加强保健产品市场监管的建议》《我市个体诊所无序扩张应引起高度重视》《关于消除涪陵城区第三幼儿园安全隐患的建议》等社情民意被采纳。

按照市政协统一部署，区政协开展“深入推动长江经济带发展，加快建设山清水秀美丽之地”委员履职尽责实践活动，聚焦污水偷排直排乱排问题，在长江、乌江沿线组织明察暗访监督性调研视察15次，区县交叉视察6次，向区政府反馈问题线索41项。

【凝聚共识】 区政协坚持发挥人民政协作为实行新型政党制度重要政治形式和组织形式作用，既积极搭建平台、创造条件，又注重正向引领、凝聚共识，把更多的力量汇聚在中国共产党的旗帜下。定期走访民主党派和无党派代表人士，支持和保障其参加政协活动，不断增进其对中国共产党和中国特色社会主义的政治认同、思想认同、理论认同、情感认同，更加紧扣全区改革发展稳定献计出力；重视民主党派、群众团体集体提案，强化领办督办责任，推进一批重要提案办理落实；推荐非中共委员参加党政部门的评议监督，不断拓展履职平台。一年来，各民主党派、群众团体、无党派代表人士共提交大会发言材料28篇，提交提案59件，反映社情民意信息121条，参加27个专题视察协商调研。

区政协主动争取市政协的指导和支持，积极做好市政协来涪视察调研等工作，并通过市政协发出涪陵好声音。在全市首场网络议政和远程协商会上以《加大沿江污水治理 切实改善库区水质》为题做交流发言，宣传涪陵好经验好做法；在市政协工作交流会上以涪陵区医养结合产业发展调研报告做发言，为全市探索医养产业融合发展之路提供决策参考；积极参加湘鄂黔渝边区政协工作联席会和黔川渝毗邻文化旅游协作会等片区会，热情接待外地政协来涪考察调研学习，就工业发展、城市建设、生态保护等深入交流，多层次展示涪陵发展新气象；带着课题组织委员赴市内外考察学习，加强履职理念和实践的交流互鉴，不断促进履职实效提升。

区政协充分发挥文史资料独特作用，编辑完成《我与人民政协70年》，展现历届政协委员为全区各项事业特别是政协事业发展而不懈奋斗的精神风貌和工作事迹；面向社会开展人民政协知识竞赛，增强各界对人民政协的认知度和认同感；举办“辉煌70年•壮美新涪陵”和“创文创卫”书画摄影展，用丹青妙笔呈现我区70年来各方面取得的辉煌成就；在《人民政协报》《重庆政协报》等国家、市级媒体刊发工作报道62篇，办好《涪陵政协》期刊，联合巴渝都市报开设“建设山清水秀美丽之地•政协委员在行动”专栏，展现委员履职风采；广泛动员各界人士宣传涪陵、推介涪陵，共同推动“双晒”活动圆满完成。

【自身建设】 区政协以中共十九届四中全会精神为指导，进一步深刻认识人民政协是国家治理体系的重要组成部分，聚焦政协履职工作、组织管理、内部运行等方面完善制度机制，努力形成有利于新时代政协工作的制度体系。以贯彻新修订的政协章程为契机，制定和修订了政协重庆市涪陵区委员会《全体会议工作规则》《常务委员会工作规则》《委员履职工作规则》《委员视察工作规则》《反映社情民意信息工作办法》《委员联系群众工作办法（试行）》《政协常委提交年度履职报告工作办法（试行）》等制度，着力推进政协工作制度化规范化程序化。

区政协认真落实“懂政协、会协商、善议政，守纪律、讲规矩、重品行”要求，引导委员强化责任担当，在重大原则问题上立场坚定、敢于发声，在关键时刻靠得住、站得出。持续加强委员培训，组织委员到延安大学进行专题培训，传承红色基因，提升履职本领。坚持经常性走访约见委员活动，倾听委员呼声，形成约见专报。加强委员履职服务管理，通过完善履职档案、加强平时考核、健全评优机制、开展诫勉约谈等方式，多管齐下增强委员参与双向发力的主动性和责任心，常态化引领委员答好“时代答卷”、交好“委员作业”，着力让委员“动”起来、让工作“活”起来。

区政协落实“从严教育、从严要求、从严管理、从严监督”要求，使政协机关进一步严起来、紧起来、忙起来。认真贯彻中央八项规定精神，突出力戒形式主义、官僚主义。结合开展主题教育和“70周年”系列活动，引领机关干部强化“一线”意识，崇尚学习、勇于创新、担当作为，做到热爱政协、奉献政协，以实际行动真正工作在“一线”、服务在“一线”。

政协重庆市涪陵区第五届委员会名录

主　席：徐志红

副主席：况东权　杨　平　陈凤华
　　　　周　勇　唐　勇　阳　森
　　　　石　鹏（女）　刘加胜

区政协办公室负责人名录

秘 书 长：陈黎军

副秘书长：黄晓明　王　珊（女）

民主党派·工商联

民革重庆市涪陵区委员会

【概况】 2019年，中国国民党革命委员会重庆市涪陵区委员会（以下简称民革涪陵区委会）有支部9个，党员总人数238人，平均年龄54.62岁，其中在职党员182人，平均年龄49.86岁。党员中，研究生学历22人，本科学历128人，大专学历67人；正高级职称2人，副高级职称69人，中级职称98人。党员主要分布在社会、法制、三农、医疗卫生、教育、环保等领域的20多个部门。党员中有市人大代表1人，区人大代表3人（常委1人）；市政协委员1人、区政协委员19人（常委3人）。民革涪陵区委由17名区委委员组成。

【思想建设】 年内，民革涪陵区委会印发思想建设实施方案和推荐学习内容目录。班子成员带队到分管的专门委员会和联系的支部调研座谈活动16场，实现了涪陵民革各组织层级、各工作环节“全覆盖”。对照参政党五大能力建设，查摆自身问题十八个并形成清单，并深入剖析原因，制订整改措施，提升调研实效。以区委会和支部两级委员、代表人士为重点，进而覆盖全体党员，召开领导小组会议、全委会议、支部党员会议，开展主题教育专题学习。

【党员成果】 党员唐正东的裁判文书入选最高人民法院开展的全国法院行政审判优秀裁判文书；党员向霞荣获“巴渝工匠”杯第五届三峡工程重庆库区职业技能大赛职师生组“三等奖”和“凤凰创壹杯”重庆市中等职业学校信息化教学大赛三等奖；党员高路被中共涪陵区委、区政府授予第五届科技拔尖人才称号，摄影作品《贫困村的换届选举》在中国第二届扶贫公益摄影大展被评为入展作品，作品《过年了》在“向祖国献礼——庆祝中华人民共和国成立70周年重庆市摄影展”入展；党员陈封冰作曲的《和祖国一起走过》在庆祝中华人民共和国70周原创歌曲获得优秀奖，党员潘廷华、邱瑀被评为优秀公务员等。

【组织建设】 2019年发展新党员9名，加强后备干部和骨干党员理论学习和实践锻炼，组织参加区委会有关会议、调研和社会服务活动。组织骨干党员参加民革中央省辖市级组织骨干党员培训班、非公经济人士培训班，全国统战系统信息工作培训班，民革重庆市委会参政议政骨干党员培训班、宣传干部培训班、组织干部培训班、新党员培训班，区委统战部党外干部培训班。区委会以创建示范支部为契机，强力推进支部的规范化建设。

【参政议政】 区委会提交民革市委的提案素材《关于尽快建立法律风险防控预警机制，切实服务保障全市民营企业发展的建议》被市政协五届二次会议列为市领导重点督办的0181号政协提案，由市委常委、政法委书记刘强负责督办。在区政协五届三次会议期间，提交民革区委会集体提案6件，党派联名提案4件，民革界别提案4件，政协委员提案14件。提案总体质量较高，其中《关于加强我区民营企业法律风险防控的建议》，区委常委、政法委书记刘康中领衔办理并先后召集区经信委、区级政法各部门、区工商联、区市场监管局、涪陵银保监分局等单位研究落实；《打造医药产业集群推进医药大区向医药强区转变》的提案被区政协纳入专题协商，区政府副区长席红领衔办理。4件提案被选为区政协重点督办提案，均得到有效办理和落实。谭瑜同志获评2018年度优秀政协委员，《加强低保管理工作完善最低生活保障退出相关机制》等7件集体提案、联名提案、委员提案获评区政协2018年度优秀提案，民革界别小组获评2018年度先进界别小组。

【开展社情民调】 全年区委会共向民革市委会、区政协、区委统战部反映社情民意信息130篇，其中：党员彭婧璇撰写的《建议完善最低生活保障退出机制》被中央统战部《零讯》专刊第35期采用，党员谭瑜撰写的《关于尽快出台人工钓饵生产国家强制性标准的建议》被全国政协采用转报国家有关部委，《关于制定〈中华人民共和国维护国家统一法〉的建议》获市政协转报全国政协。《积极从人事改革入手，切实推进国企改革》等多篇社情民意信息被市委统战部采用。编辑出版4期《涪陵民革》，刊登学习材料、提案、社情民意信息、工作通讯等文章100多篇。

【开展专项民主监督】 按照中共区委“党委出题、党派监督”的要求，成立以主委为组长的“涪陵区公共停车场建设及管理情况”专项民主监督工作领导小组；召开监督组成员学习培训会；召开监督组成员和区发改委、区财政局、区住建委、区城市管理局等分管领导和公共停车场业主单位、经营管理单位负责人参加的民主监督工作会；组织监督组成员深入调查体育馆、两江广场等停车场，通过专题调研、现场督查、会议协商、现场办公、随机暗访抽查等方式，对公共停车场建设及管理情况开展专项民主监督；对于监督过程中发现的问题及时以文件形式向对口部门提出意见建议，同时多次召开监督组成员、被监督部门负责人参加的推进会、问题整改会，共同查找问题，积极会商解决办法。

【服务社会】 民革涪陵区委会在罗云乡开展送文化下乡活动，书画家现场为群众绘画、书写春联。组织民革党员参加大木乡宣王村“万亩火棘”旅游观光项目启动仪式植树活动，助推大木乡“万亩火棘”旅游观光项目。捐资支持同乐乡扶贫和大木乡宣王村改造人居环境。党员秦宗红与宣王村联合开发桃树扶贫种植项目，开办青少年素质教育基地项目。组织党员为大木乡80余名村社干部作婚姻家庭法制宣讲。慰问大木乡中心校20名困难留守儿童和宣王村3户贫困户。机关一支部、祖统支部、长江师范学院支部党员捐资3200元为特殊儿童献爱心，祖统支部开展社会服务进社区——残疾人教育政策宣讲活动、城区交通志愿者服务活动、城区保洁活动，机关二支部党员捐资2000元支助聋哑女孩杨婷婷，师院支部资助贫困中学生，教育一支部、教育二支部在敦仁街道太平社区开展“名师与家长交流”活动，卫生支部、经济支部送医进社区义诊活动，经济支部党员捐资2000元支助五中贫困学生，机关三支部慰问罗云乡因病贫困儿童，教育一支部捐助涪陵五中贫困学生徐彩宏、陈弘各1200元。区委会在北门口与区司法局、敦仁街道开展“宪法日宣传暨百名法律专家普法进社区活动”活动，现场发放《宪法》《民法总则》等2000余份法律宣传手册，为近百名市民进行了法律宣传。组统支部持续开展“关爱特殊儿童”活动，直接关爱特殊儿童近20名。教育一支部党员陈明等到敦仁街道持续开展举办“名师进社区”活动。

【促进祖国统一】 区委会将习近平总书记对台工作的重要论述和在《告台湾同胞书》发表40周年纪念会上的重要讲话精神、中央对台工作会议精神纳入区委会中心组和支部党员学习内容，全面贯彻落实中共中央对台决策部署，结合实际扎实开展祖统工作。深入开展台情研究，积极订阅《两岸关系》杂志和民革中央《祖统工作通讯》，踊跃参加民革市委会祖统工作会议和培训，将祖统工作纳入支部量化考核内容。召开台海形势座谈会，通报台海形势，讨论祖统工作，形成正确共识。安排专项资金，组织党员强化与台湾亲属亲情联谊，正面宣传大陆情况，邀请台湾亲属来大陆观光旅游、经商办企业、就业入学，凝聚各方力量，推动反“独”促统。组织开展涉台相关工作调研，了解涪台交流情况，推动涉台参政议政。加强与台办、台联合作，发挥涉台民革党员作用，参加到台湾交流考察和台湾各界人士到涪陵的各种活动，助推祖国和平统一。

民盟重庆市涪陵区委员会

【概况】 2019年，中国民主同盟重庆市涪陵区委员会（以下简称民盟涪陵区委员会）下辖11个支部，实有盟员417人，分布在文化、教育、卫生、法律、经济等系统的161个单位，以教育系统为主。有区委委员18人，有专职副主委1人，专职干部2人；有区人大代表3人（常委1人），区政协委员31人（政协副主席1人，常委4人）；有民盟市委委员2人（常委1人），市人大代表1人，市政协委员1人；另所辖民盟涪陵区委员会丰都小组有1人为丰都县政协常委。

【宣传思想工作】 区委会坚持把学习习近平新时代中国特色社会主义思想作为首要任务，通过多种形式组织盟员深入系统学习，加强政治把握能力、参政议政能力、组织领导能力、合作共事能力、解决自身问题能力建设，不断增进政治共识，巩固多党合作思想政治基础。在“不忘合作初心，继续携手前进”主题教育活动中，制定主题教育活动学习参考资料目录清单，印发资料400余份、书籍100余本，通过邮箱、微信群、QQ群等平台推送给各支部、全体盟员。全年民盟区委会召开领导班子理论中心组学习6次，领导班子成员到支部宣讲10次，举办各类学习培训、座谈研讨等活动3次，发表理论文章2篇，征集征文30篇，收到学习心得体会70篇。

全年盟务工作信息、盟员文章、摄影作品被《重庆民盟》《涪陵政协》《涪陵统一战线》等刊物采用53篇（件）。出版《涪陵民盟》4期，刊载文章信息69余篇。建立涪陵民盟QQ群、“盟员之家”微信群和支部、专委会微信群。民盟区委会重要盟务活动，除向中共区委办公室报送简报外，还通过《巴渝都市报》、涪陵电视台、涪陵手机报、爱涪陵等媒体进行宣传，全年报道民盟区委会工作15次。民盟区委会获民盟中央群言杂志社2018年度优秀发行单位，梁庶民获民盟市委会思想宣传工作先进个人，孔祥忠获民盟市委会优秀通讯员。

【参政议政】 在市五届政协二次全会上，1名政协委员盟员提交提案7件。在区五届人大三次全会上，3名人大代表盟员提交建议4件，参加9人次代表团讨论。在区政协五届三次全会上，民盟区委会提交集体提案（联名）11件，民盟台联侨联民族宗教界别小组提交提案3件，29名政协委员盟员提交提案51件，其中集体提案《关于优化调整江南城区区划的建议》《学习沙县小吃经验创立推广涪陵小吃》被列为重点督办提案；参加小组讨论58人次，被大会简报、巴渝都市报等登载12项次，接受巴渝都市报、涪陵电视台、广播电台采访5人次；民盟区委会联名《打造中药材支柱产业 助推乡村振兴》《关于新常态下做好招商引资工作的建议》集体提案、民盟区委会《关于进一步完善农村生活垃圾清运体系建设的建议》集体提案、民盟台联侨联民族宗教界别小组《关于当前医保资金管理需重视的问题及建议》集体提案和杨晓峰、徐敏《关于加快推进我区学前教育事业发展的建议》《关于加快四众平台建设的建议》个人提案等6件提案获区政协2018年优秀提案；民盟台联侨联民族宗教界别小组获区政协优秀界别小组，田园、杨明高、许冬梅获区政协2018年度优秀政协委员。

【调研工作】 民盟区委会完成的中共涪陵区委委托的调研课题《涪陵区普通高中教育提质增效的对策建议》获得一等奖，与民盟市委会合作调研课题《重庆市民营医疗机构发展现状研究》，调研成果转化为社情民意信息、大会发言材料、提案素材6件。组织盟员开展调研，曾智伟撰写的《夯实根基加快均衡，助力教育脱贫攻坚》获重庆民盟第二届教育论坛三等奖，刘蓁论文《涪陵工业转型升级的路径思考》《对新时代涪陵工业高质量发展的思考》《加快涪陵工业园区高质量发展研究》分别获涪陵区政协工业创新发展理论研究征文一等奖、二等奖，徐敏论文《涪陵工业与数字经济融合发展研究》获得二等奖。

【社会服务】民盟区委会连续三年开展“盟焦合作”社会服务活动，2019年4月和10月在焦石镇组织开展“送教下乡”“送医送药送温暖”“进村慰问贫困村民”等“盟焦合作”社会服务活动；在“六一”儿童节前夕，民盟区委会机关向焦石镇中心幼儿园赠送价值2万元的儿童户外游乐玩具。民盟区委会开展产业扶贫专项民主监督工作，继续参与同乐乡雪峰村脱贫攻坚工作，入户开展建卡贫困户产业规划，帮扶贫困户进行产业升级，提高贫困户收入。年内以综合一支部为主体的盟员无偿献血志愿者队伍连续第9年组织开展志愿无偿献血活动，24名盟员共计献血4200毫升。综合二支部、普教二支部开展“送春联、送祝福、扶贫助困下乡”社会服务，送春联150幅、送福50张、扶贫助困10余家。综合二支部开展第2年“捐冬衣，献爱心”活动，为西藏类乌齐县捐献冬衣124件。

【自身建设】 全年发展新盟员35名，待考察入盟人员8人，盟员人数增加至417人。完成区委委员届中增补，完成部分支部委员增补。杨晓峰、许冬梅完成中共市委统战部安排的挂职锻炼，刘蓁参加重庆市社会主义学院党外人士培训学习，吴丽菲、王丹等6名盟员参加中共涪陵区委统战部举办的涪陵区民主党派履职能力提升培训班学习。2019年，全区盟员10余人次获区级以上表彰20多项次，撰写的论著、论文、作品发表或者获奖50多篇，其中国家级以上期刊发表5篇（件）；12人次晋升中高级专业技术职称；周俊秀获2019年涪陵区师德师风先进个人；5名盟员涪陵区第五届拔尖人才称号；刘毅被评为涪陵区骨干教师；李艺发表论文6篇、省级课题立项及奖励6项次。

民建重庆市涪陵区委员会

【概况】 中国民主建国会重庆市涪陵区委员会（简称民建区委），下设办公室及理论研究、组织宣传、提案信息、监督、社会服务、妇女老年6个专门工作委员会、1个企业家联谊会，有16个基层支部，区委委员21名。2019年底，全区有民建会员616人，平均年龄51.7岁。其中大专以上文化555人、占90.10%，高、中级职称320人、占51.95%，经济界人士496人、占80.52%。有市人大代表1人，市政协委员3人，区人大代表5人（常委1人），区政协委员39人（副主席1人、常委6人）。

【思想建设】民建区委贯彻落实民建中央、民建市委《关于加强会的思想政治建设的实施意见》。9月21日，在区委党校举办庆祝三个70周年诗歌朗诵音乐会。民建区委办《涪陵民建》内部刊物2期；编发《涪陵民建简报》93期；在巴渝都市报社、民建市委、中央网站、《重庆民建》杂志上宣传报道121次，其中：民建中央报道18次、民建市委报道90次。组织骨干会员提交各种征文12篇。在2019年10月区政协举办的理论研讨会上有4篇论文获奖，一等奖2篇、二等奖1篇、三等奖1篇，民建区委荣获区政协优秀组织奖。在区政协“我与人民政协70年”专题文史资料征集活动中，民建会员撰写提交了6篇文史资料交付编印。在庆祝人民政协70周年之际，会员杜海洋提交的《实话实说的那五年》，被全国政协文化史和学习委员会出版的《人民政协成立70周年纪事》收录;李京懋撰写《厕所的变迁》被中共中央宣传部主办的《思想政治工作研究》2019年12期采用。在2019年4月民建市委召开的参政议政、理论宣传工作会上，民建区委获理论宣传工作二等奖，会员刘家学获理论宣传工作先进个人表彰。

【组织发展】 民建区委全年召开8次主委会、5次全委会。增选黄鲁同志为区委委员，委员人数达21名。2019年发展新会员23名，平均年龄39.6岁，全部为大专以上程度，其中本科17名，博士研究生1名；新会员中中级以上职称10人（研究员1名、工程师6名、会计师1名，副教授1名，副主任医师1名）；新会员中经济界人士16人。组织新会员参加民建市委举办为期4天的第35次新会员专题培训。组织5名骨干会员参加民建中央在中央社会主义学院和区政协在延安大学泽东干部学院举办履职能力提升培训。

【调研成果】 完成中共重庆市涪陵区委交办的《关于加快中小微企业高质量发展对策研究》课题调研，荣获2019年度调研成果二等奖。向民建市委提交12篇课题调研报告，在民建市委2019年参政议政工作会上，荣获参政议政工作先进集体，在全市考核排名第二。在全国政协十三届二次会议上，民建中央单篇提交的《关于进一步完善东西扶贫协作工作考核机制的提案》（0224号）由会员陈春明执笔，国务院扶贫办社会扶贫司专门就提案办理情况电话沟通答复，促进了国家关于东西扶贫协作指导意见和考核办法出台。在区政协五届三次全会上，民建区委提交集体提案9件，有7件被列为区领导重点领衔办理提案，其中：《加强长江涪陵段生态修复和环境保护的建议》，由区委书记周少政领衔督办；《关于加快重庆涪陵综保区建设与发展的建议》，由种及灵区长领衔督办，创下了民建区委两会提案工作的历史纪录。42名市、区政协委员提交个人或联合提案84件，6名市、区人大代表提交意见建议7件。民建区委有4件集体提案、政协委员有7件个人提案被区政协评为优秀提案。民建区委共收到社情民意信息359篇，采编270篇，其中民建市委采用54篇，民建中央采用6篇，市委统战部采用24篇，中央统战部采用3篇，获区领导批示1篇，市政协采用4篇，全国政协采用2篇。刘家学提交的《中美贸易战背景下须强化中非农业合作确保粮食安全》，获全国政协采用，并转报国家有关部委；黄鲁提交的《规范排污权交易的建议》获全国政协《每日社情》采用；李彬提交《防控“一带一路”企业“走出去”投资中新生风险点的建议》，获中央统战部《零讯》专刊采用。民建区委在全区统战系统民主党派信息工作考核中排名第一，在区政协五届三次全会上被区政协评为反映社情民意信息工作先进集体，在全市民建社情民意信息工作考核中排名第二，获全市社情民意信息先进集体。

【民主监督】 根据区委统战部专项民主监督工作安排，民建区委继续对涪陵“四好农村路”建设开展专项民主监督。先后组织10多名专业骨干会员，由主委带队，分3次赴石沱镇、马武镇、蔺市镇、焦石镇等乡镇，开展现场监督工作。据统计，目前全区“四好农村路”按市、区两级三年行动计划方案的2500千米任务，已完工1857.5千米、占总任务的74.3%。全年民建区委参加各种民主监督活动30多人次，提出各种意见建议100多条。

【社会服务】 2019年，民建区委牵头赴罗云乡开展送法律、送卫生、送文化、送温暖“四下乡”社会服务活动，为罗云乡困难群众送去了2万元的慰问金和价值1万元的慰问物资。6月，卫生支部组织13名会员医护专家，在清溪镇开展义诊活动，发放宣传资料100多份，诊治疾病120多人，测血压80人，健康咨询150多人次，该支部已连续14年坚持开展义诊咨询社会服务活动，累计开展义诊及健康咨询4000多人次，发放资料5000多份。民建涪陵荔枝支部组织10名会员到龙桥街道南浦村捐款3000元，资助身患三种癌症的患者；组织30多名会员及企业家到武陵山乡慰问14名参战退役军人及烈属。民建区委组织3名机关干部参加脱贫攻坚，对同乐乡雪峰村4名贫困户进行帮扶。民建涪陵区农林支部启动“民建扶贫扶智扶志”行动，支部主委吴陵带领太极集团、区农业农村委等7位农技专家，为同乐乡雪峰村50余户贫困户，开展产业扶贫技术培训。会员黄一峰创办的中科控股有限公司，向家乡义和镇捐赠人民币500万元，支持农村改厕、危房改造及大病救助等，助力家乡脱贫攻坚。会员杜兴森创办的企业重庆市寅森橡塑公司热心公益事业，坚持扶弱助残，全年安置41名残疾人就业，帮助他们增收脱贫；并向残疾人基金会和江北街道捐款8万元；联合江北工商联捐款30万元，帮助江北12户危房贫困户完成房屋改建。会员企业涪陵区威利土地综合治理有限公司董事长彭德芳捐款5万元，专项用于4个残疾人创业扶贫基地建设，助力贫困残疾人脱贫。12月5日，响应民建市委会消费扶贫号召，民建区委会同企业家联谊会组织20余名会员赴彭水县高谷镇共和村开展消费扶贫活动，当天消费扶贫金额4.3万元。在民建中央脱贫攻坚表彰大会上，会员李承洪、陈春明获脱贫攻坚先进个人，受到民建中央表彰。

【企业发展】 2019年，民建涪陵区企业家联谊会重新改革设置6个分会。与涪陵中银富登村镇银行签署战略合作备忘录，授信1亿元人民币，民建区委与该银行共同调研走访80家民营会员企业，有融资意向30户，递交申请13户，发放贷款9户617万元；双方累计合作21户、金额3242万元。联谊会组织近40名会员企业家，到江北街道正永村开展“收砍青菜头助农”活动，收砍青菜头10多吨。

中国农工民主党
重庆市涪陵区委员会

【概况】 2019年，中国农工民主党重庆市涪陵区委员会（以下简称农工党区委）有在职支部13个、退休支部3个、新党员临时支部1个、小组1个（石柱小组），党员总人数362人，平均年龄49.3岁。党员中：大专以上文化319人，正高级职称27人、副高级职称114人、中级职称140人。党员主要分布在医疗卫生、教育、农业、环保等系统的40多个部门。党员中有市人大代表2名、区人大代表3人；市政协委员2人、区政协委员29人（常委3人）。农工党涪陵区委由18名区委委员组成。2019年，农工党区委被农工党市委表彰为组织工作、参政议政工作、社情民意信息工作、宣传思想工作、社会服务工作、理论研究工作等6个先进集体；撰写的《全面加强政协委员队伍建设研究》理论文章获农工党全市理论和党史研究成果一等奖；《新时代统一战线专业人才教育培养问题研究》理论文章获农工党全市理论和党史研究成果三等奖；《新时代新的社会阶层人士研究》等2篇理论文章获农工党全市理论和党史研究成果先进奖；《关于促进我区民营医疗机构健康发展的对策建议》调研报告获中共重庆市涪陵区委统战部一等奖。

【思想建设】 农工党区委通过中心组学习会、主委会、全委会、全委（扩大）会、支部工作总结会、“三学一讲”主委讲党课活动等多种形式组织集中学习 24 次，引导广大党员深入学习领会习近平新时代中国特色社会主义思想和中共十九大、中共十九届四中全会、中共中央政协工作会议和农工党十六大、农工党十六届三次中全会等会议精神，成立了理论研究工作专委会，开展中国共产党领导的多党合作和政治协商等领域的理论研究工作。坚决贯彻落实农工党中央和重庆市委关于“不忘合作初心，继续携手前进”主题教育的安排部署，制定下发专项活动方案，明确活动的重点任务和责任分工。组织近两年新入党的党员参观重庆中国民主党派历史陈列馆和农工党中央在渝旧址陈列馆等革命基地，组织部分老党员赴上海农工党一干会址、武汉革命博物馆和辛亥革命纪念馆开展重走先辈道路活动。组织广大党员开展“同心共祝祖国好”随手拍摄影展活动，向农工党重庆市委报送摄影作品 15 件；发动党员开展书画创作，在“辉煌 70 年 • 壮美新涪陵”书画展中展出书画作品 2 幅；组织拍摄以党员医生援建社区卫生服务中心为主题的社会服务活动宣传短片，参加农工党中央组织的“不忘合作初心，继续携手前进”微视频大赛；选送在立足岗位建功、党派参政履职等方面有突出贡献的 6 名党员参加农工党市委组织开展的优秀典型选树宣讲活动。利用各类报刊网站和区委微信公众号等内外宣传平台，全年在各类媒体上刊载宣传稿件 121 篇次，其中《人民政协报》刊载 1 篇、农工党中央网站刊载 1 篇、《重庆政协报》刊载 2 篇，在农工党市委用稿数量连续三年居全市各区县组织之首。年内成功承办了农工党市委党员思想状况渝东片区调研座谈会。

【组织建设】 年内农工党区委新增补的 1 名副主委、4 名区委委员。全年共发展新党员 20 名，平均年龄 36.2 岁，其中研究生 4 名、新阶层人士 4 名。年内开展“主委走访日”活动，了解党员的工作和学习情况，争取单位中共党组织对农工党组织和党员的支持。坚持党外代表人士每半年通报一次履职情况，督促广大党外代表人士履职尽责。举办参政议政能力专题培训班 2 期，培训党员代表人士和参政议政骨干 80 余人次，新增补区政协委员 1 名。编制下发《支部工作手册》，要求支部日常工作规范有序开展，定期抽查支部的党费收缴、财务收支以及组织生活开展情况，修改完善《支部工作考核评分表》。

【参政议政】 农工党区委参加中共重庆市涪陵区委组织的政党协商，就创建全国文明城区、物流产业发展推动工业企业“双百”行动、落实深化“放管服”改革优化提升营商环境等方面工作提出意见、建议 19 条。规范党外人士建言的收集、采编、呈报等程序，全年被各级单位采用党外建言 67 篇次，其中《政协委员推选过程中存在形式主义问题》被中共中央办公厅采用，《民营医院发展面临三大体制性障碍亟待破除》等 18 篇建言被中共重庆市委统战部采用。在市“两会”期间，4 名市人大代表、政协委员共提交议（提）案和意见建议 10 件；在区“两会”期间，农工党区委提交集体提案 11 件，31 名区人大代表、政协委员共提交议（提）案和意见建议 37 件，其中被列为区领导重点督办提案 5 件，获区政协优秀提案表彰 4 件。积极承担农工党市委、中共涪陵区委、区政协重点协商课题的调研工作，完成高质量调研报告 7 篇，其中《关于实施乡村振兴战略背景下加强农民土地权益保护的思考》被农工党中央评为优秀调研报告一等奖，《促进民营医疗机构健康发展的对策研究》被中共涪陵区委评为重点课题调研成果一等奖。农工党区委全年被各级政协、农工党系统采用社情民意信息 99 篇次，其中《建议用区块链技术织密医保基金监管“笼子”》等 11 篇被农工党中央采用，《建议国家基本医保药品目录为基层医院使用中药注射剂“松绑”》等6篇被市政协采用，社情民意信息采用得分在全市农工党区县组织和全区民主党派组织中均居首位。农工党区委组织开展了“库长制执行情况”专项民主监督，通过座谈交流、实地查看、入户走访等形式，对库长制执行情况进行了全面深入的了解，对存在的问题进行了认真分析研判，形成《关于“库长制执行情况”专项民主监督工作开展情况的报告》。

【服务社会】 响应农工党市委“共绘同心圆·共建家乡美”社会服务品牌建设活动，持续发挥医卫界别主体优势，不断丰富“义诊进社区”社会服务活动内容和形式。农工党区委抽调各医院支部骨干党员组建了心血管疾病、呼吸系统疾病、中医骨伤疼痛康复三个专家组，每月分别对城区三个街道社区卫生服务中心开展坐诊带徒、教学查房、专题讲座、病例研讨、仪器示教等医疗技术帮扶活动1次，全年共坐诊带徒9人，开展专题讲座6次，开展教学查房32次，开展病例研讨8次，培训医务人员192人次。农工党区委将中心医院支部、中医院支部、人民医院支部中未参加专家组的医生党员组成了3个义诊组，根据群众的实际看病需求，每季度与街道社区卫生服务中心或乡镇卫生院联合开展1次义诊活动，全年共开展义诊活动12次，参与医生96人次，诊治患者1183人次，开展健康讲堂4次，开展应急救援心肺复苏技术培训2次。根据三个街道社区卫生服务中心的实际需求，义诊组、专家组及时组织医生提供突发病、多发病、疑难杂症的急诊指导和专家会诊服务，全年共提供突发疾病、疑难杂症的会诊指导6次，解决病症8例。通过连续三年的努力，“义诊进社区”社会服务活动品牌效应初显，《人民政协报》《重庆政协报》《巴渝都市报》等各级报纸杂志和全国政协网、中国统一战线新闻网等网络平台予以宣传报道。此外，各支部还结合自身实际，组织开展了一些颇具特色的社会服务活动，如师院支部先后组织开展了4次以“弘扬中国传统文化，增强民族文化自信”为宗旨的亲子文化活动。

【作风建设】 根据农工党市委《开展廉洁风险预警提示活动实施方案》要求，农工党区委召开全委会进行了专题动员部署，集中观看《“柔性独裁”的校长》等3个警示教育片，通报了中共十八大以来全区农工党党员违纪违法情况，组织区委领导班子成员参观了涪陵区警示教育基地。按照农工党市委和中共区委统战部的要求，制定了《农工党涪陵区委民主生活会方案》，严格开展会前学习、征求意见建议、开展谈心谈话等环节。

九三学社重庆市涪陵区委员会

【概况】 2019年末，九三学社涪陵区委员会（以下简称社区委）有社员350人，其中具有中、高级职称285人，占社员人数的93.71%，分布在农林、畜牧、城建、水务、师院、教育等13个支社委员会（以下简称支社）。社区委下设办公室、组织处、宣传信息处、参政议政处、科技与社会服务处、经济与法制委员会、青年委员会、教文卫委员会、研究与咨询委员会、妇女与老年委员会等十个部门。

【宣传思想建设】 社区委深入开展“不忘合作初心，继续携手前进”主题教育活动，成立“不忘合作初心，继续携手前进”主题教育活动领导小组，制定《深入开展“不忘合作初心，继续携手前进”主题教育活动实施方案》。全年召开领导班子成员谈心会，查找解决问题11件，社区委集体学习会和专题学习会11次、学习交流活动4次；组织召开纪念五四运动100年座谈会、举行中华人民共和国成立

70周年庆祝活动；收到社员提交的学习心得体会、理论研究文章40余篇，其中1篇获第六届重庆九三青年论坛二等奖、2篇获三等奖，2篇获区政协“涪陵工业创新发展理论研究征文”三等奖。社区委全年编印《涪陵九三》社讯6期，开展3次节庆联谊交流活动，接待社员、有关人士咨询、来访100余人次，接待区外九三学社组织来涪调研、交流工作6批次。

【组织建设】 社区委全年新发展社员9人，其中高级职称3人。组织中青年社员参加九三学社上级组织、中共涪陵区委统战部、涪陵区政协组织的有关培训班学习38人次。届中增选九三学社区委委员1名、副主委1名，配齐配强了领导班子。

【参政议政】 社区委向区政协五届三次会议提交并立案集体提案20件，其中8件被作为重点督办提案，提交大会交流材料2篇。社员中人大代表、政协委员26人参加市区“两会”，提交立案人大代表建议、政协委员提案32件，其中3人被评为2018年度优秀政协委员。2019年撰写社情民意信息100件，其中被区政协采用11条、中共涪陵区委统战部采用27条、社市委采用14条、中共重庆市委统战部采用7条，胡江霞撰写的《建议规范长江流域水电开发》被中共中央统战部《零讯》采用，张宇撰写的《建议提升职业教育水平推动制造业产业升级》、何泽富和余飞撰写的《关于增强婚姻登记严肃性和公正性的建议》被社中央采用，李彩撰写的《关于振兴涪陵柑橘产业的建议》得到中共区委周少政书记批示。

【社会服务】 社区委参与社市委健康扶贫项目，组织12户建卡贫困户家庭的先心病患儿到丰都县人民医院免费检查；参与社中央专家院士重庆行活动，邀请社中央科技委委员、华夏工联网智能技术研究院院长王喜文博士来涪做“工业经济创新驱动引领高质量发展”专题报告；加强与大顺乡政府、建峰集团的合作，推进大顺乡中心小学履职实践基地建设，捐赠书籍200册、椅子50把，推进大顺乡新兴村履职实践基地建设，举办2场优质农产品种植技术培训，建立富硒水稻基地、乡村旅游基地和农村“三变”改革试点基地，捐赠优质尿素4吨；推进“九企合作”平台，服务迅浩生态农业，举办“新型农民（现代农场主）创业孵化”技术讲座1期，捐赠尿素3吨。

【获奖情况】 社区委荣获社市委2019年度思想建设和宣传、参政议政、参政党理论与社史研究、组织建设和机关建设工作先进集体，张宇、何泽富、王希辉等25人次荣获有关工作先进个人。社员柳恩梅荣获中共中央、国务院、中央军委颁发的庆祝中华人民共和国成立70周年纪念章；孙家群多件画作入选市政府文史馆《渝苑四家书画作品集》；王希辉获国家民委第二届民族研究优秀中青年专家称号、入选重庆市巴渝学者青年学者，领衔的《关于推进三峡库区散杂居民族乡村振兴的调研报告》获国家民委优秀调研报告三等奖；周琪荣获重庆市中西医结合学会肿瘤微创与接入精英奖；何远秀撰写的专著《韩礼德的新马克思主义语言研究取向》获涪陵区政府哲学社会科学优秀成果一等奖；郭健获涪陵区第五届拔尖人才称号，参加2019年“巴渝工匠”杯重庆市农业行业职业技能竞赛获一等奖。

重庆市涪陵区工商业联合会（涪陵区总商会）

【概况】 2019年，全区非公经济数量92233户，其中非公企业21572户，2019年新增非公市场主体11534户。全区有个体工商户70661户，其中2019年新增8880户。

【强化政治引领】 年内，区工商联制定《涪陵区非公有制经济人士理想信念教育实践活动方案》，召开非公经济人士理想信念教育实践活动部署会。组织非公经济人士到珠海横琴自贸区、黄埔军校等地开展现场培训，接受教育。在民营企业中开展了“学习强国”重庆学习平台“I学I行”（爱学爱行）风采展示活动。区工商联利用网站、杂志、QQ群和微信群等多种形式，组织非公企业和非公经济人士学习党的十九届四中全会精神、习近平新时代中国特色社会主义思想和党的民营经济政策。区工商联组织60余名民营企业负责人赴广州中山大学学习5G产业发展、移动互联网思维与营销创新；组织开展“同舟共济•安商涪陵”大讲堂专题讲座，邀请中国战略与管理研究院首席专家刘红松教授就新时代民营企业如何实施战略转型升级进行专题授课。区工商联组织物业企业赴苏浙沪考察学习智慧城市建设和智慧社区物业服务，组织民企负责人赴新疆进行“一带一路”考察学习。

【提升服务能力】 区工商联协助落实首批非公企业（社会组织）党组织第一书记选派工作，协助起草全区营商环境测评方案并按市委第六巡视组要求对全区营商环境进行了一次专项测评。区工商联在大师傅食品有限公司举办了“涪州同心•幸福涪商”——烘焙技能展示暨“情暖涪州”公益捐赠活动；举办了“奋进新时代•涪商再启航”涪商风采展示活动，为民营企业提振信心、高质量发展增添了助力。区工商联配合区检察院召开保障服务非公有制经济发展为民营企业维权的座谈会。市三中法院、市检察院第三分院、区工商联共同举办“送法进民企”活动，为民营企业提供了法律讲座、政策宣传及现场咨询等服务。区工商联协助相关单位完善了涪陵银企合作服务网，搭建重点项目融资对接平台。联合涪陵银保监分局召开了“2019年涪陵区重点项目银行对接融资工作推进会”，争取涪陵区22家银行筹集资金80多亿元支持重点项目。配合发挥转贷应急平台作用，做好转贷应急平台政策宣传、贷款诉求收集等工作。2019年12月20日，区委副书记、区政府区长种及灵主持召开全区非公经济工作联席会议。区委统战部、区发展改革委、区工商联等8个相关单位负责人，30位民营经济代表人士参加会议。

【服务民企】 区工商联认真开展市联“一家牵头，多家参与”重点调研课题，完成《政府部门及国有企业拖欠民企账款对其发展影响的对策研究》的撰写；开展区委课题调研工作，形成《涪陵电子商务发展存在的问题及对策建议》调研报告；上报民营企业运行情况调研表38份、典型案例2个、调研报告1个。区工商联完善了民营经济产业信息数据库、民营企业信息直报系统、上规模民营企业数据库的信息收集及管理工作。针对民营经济发展中存在的突出问题，区工商联收集整理工商联界别集体提案4件。配合区发改委回复了《关于区人大五届三次会议第122号》的提案，配合区经信委回复了《关于区政协五届三次会议第99号》的提案。

【强化自身建设】 区工商联抓好五届领导班子届中增补工作。增补张强、张跃洪、任春燕、黎绍华、胡英俏、谢泳伏为第五届区工商联副主席；增补黄荣坤、唐光文、张朝谢、刘航为第五届区总商会副会长。同时，免去王云龙、胡艾滔五届区工商联副主席及区工商联（总商会）常委、执委职务。抓好会员发展工作，2019年，区工商联新增会员企业260个，会员企业达到2458个，基层商会组织43个。同时，建立完善全国工商联会员组织管理系统，对会员信息进行网络化管理，达到全联及市联的要求。抓好“四好”商会创建工作，印发《涪陵区工商联2019年行业商（协）会“四好”商会创建工作要点》及《涪陵区工商联2019年乡镇街道“四好”商会创建工作要点》，下发《涪陵区工商联组织建设规划（2019—2022）》，指导各分会、行业商（协）会规范开展“四好”商会建设。2019年，马武商会、崇义商会荣获市级“四好”商会，马武商会还成功创建为全国“四好”商会。抓好青委会管理工作。组织青委会会员赴广州中山大学培训。引导青委会参加脱贫攻坚、爱心帮扶等社会公益活动。

【聚焦精准扶贫】区工商联按照市联要求，对全国“万企帮万村”扶贫台账中的民营企业进行了拉网式排查。78家民营企业对54个建档立卡贫困村和12个有贫困户的非贫困村进行了结对帮扶，截至年底，帮扶资金为1.3亿元。2019年，中科集团为涪陵区义和镇捐款500万，用于支持农村改厕、危房改造及大病救助等；中冠集团通过发起“互联网＋慈善捐款”、参与“金秋助学”“爱心捐助”等社会慈善活动累计18次，捐款、捐物近200万元；重庆商会在涪陵区蔺市镇堡子学校开展扶贫捐赠活动，为该校师生送去价值6万余的爱心物资，与28名品学兼优的生活贫困学子结为一对一的帮扶对子。在重庆“中华慈善日”捐赠活动现场上，中科控股捐赠600万元用于贫困地区教育事业。据不完全统计，2019年，区工商联各基层分会、行业商（协）会累计捐款捐物300余万元用于扶弱济困。

群众团体

涪陵区总工会

【思想引领】 2019年，涪陵区总工会牢牢把握正确政治方向，严格落实意识形态工作责任制，全面干净彻底肃清孙政才恶劣影响和薄熙来、王立军流毒，营造工会系统良好政治生态。开展“中国梦•劳动美”主题宣传活动，结合庆祝中华人民共和国成立70周年，组织举办涪陵区庆“五一”暨劳模精神宣讲会、“与共和国同成长 与新时代齐奋进”演讲（故事）比赛、“我和我的祖国”主题征文、“不忘初心跟党走 牢记使命建新功”庆“五一”文艺演出等系列活动，开展劳模“三进”活动6场次、举办工会大讲堂3期，全区各级工会组织深入基层、职工宣传贯彻党的精神开展宣传活动300余场次，教育引导全区职工群众听党话、跟党走。

【主题教育】 区总工会成立了“不忘初心、牢记使命”领导小组，加强组织领，推动“不忘初心、牢记使命”主题教育扎实开展。班子共开展集中学习11.5天，下属3个支部开展集体学习24.5天，交流研讨9次，撰写调研报告5篇。集中观看主题教育影片2次，开展革命传统教育3次、廉政教育1次，专题党课5次，心得体会28篇。到10个镇街31家单位开展调研22次，搜集意见建议86条，查找检视问题77项，制定整改措施105条并已整改到位。

【开展脱贫攻坚】 区总工会履行扶贫集团牵头单位和帮扶部门职责，5次组织召开区总工会扶贫集团工作会，深入学习习近平总书记关于扶贫工作重要论述、视察重庆脱贫攻坚工作和在重庆主持召开“两不愁三保障”座谈会上的重要讲话精神，研究解决对口扶贫村产业发展、公路硬化等问题。为方坪村筹集、争取资金共30万元支持其公路建设，区总工会捐助9万元帮助金竺村、方坪村添置办公设施、新建村卫生厕所1个、整治21户近100人自备水池及贫困户危房整治等。落实2名驻村干部长期驻村，全体帮扶干部按要求每月实地走访贫困户，开展节日慰问和“助农收砍青菜头”志愿服务行动。全年为贫困户（农户）解决生产生活具体困难和问题近120余件。区总工会结对帮扶的36户贫困户全面实现稳定脱贫目标。

【夯实工会基层基础】 区总工会加大对基层工会组建指导力度，全年新建工会组织33个，其中独立工会29个，联合工会4个，新增会员4601人。全区共有基层工会1865个，会员20.48万名（其中农民工39125人）。灵活就业群体工会组织148个、会员1.6万人，百人以上企业工会组织211个。推进实名制工作，对41个基层工会开展培训，共录入工会组织1123个、会员8.7万人。命名2019年度区级先进职工之家28个，职工小家24个，2个市级职工模范之家、1个市级职工小家1个通过检查验收，基层工会阵地建设进一步加强。选用4名工会社会化工作者到基层开展工作。举办全区工会干部专题培训班、会员实名制培训会、互助保障培训班，多形式多层次开展工会干部教育培训。为16家符合条件的非公企业工会主席发放津贴共计3.52万元。

【丰富职工精神文化生活】 区总工会开展“文化四送”，以“劳动托起中国梦”为主题送演出进基层5场次、送电影40场、为18个基层工会组织送去7.2万元的图书、为17个基层工会组织送去13.6万元的健身器材。联合举办全民健身趣味运动会、涪陵区2019年“全民健身日”涪陵体彩公益彩虹跑等大型职工体育活动。组队参加全市首届职工运动会2个单项比赛分获一、二等奖，足球比赛获区县组第三名、羽毛球比赛男女团队分获第六名和第八名。组织144个基层工会选送728幅摄影作品参加全区职工摄影优秀作品评选和展览，评选出等级奖和优秀奖95名，集中展出2天，上千职工观看。组织职工志愿者为基层职工送春联和福字300余幅。开展“2019年梦想驿站”主题活动，为返乡民工发放各类法律宣传资料上千份。

【提升职工技能素质】 区总工会组织21家单位参加全市“当好主人翁、建功新时代”网上劳动和技能竞赛活动，集体展播2家、个人风采展示18人，获评先进集体2个，63人获评星奖励。组织参加市级劳动和技能竞赛，获市智能制造行业职工技能大赛（数控车工项目）一等奖1个、市旅游服务技能大赛三等奖2个、第四届重庆市印刷技能大赛团体银奖1个和个人一等奖1个。在全区开展劳动和技能竞赛，全年劳动和技能竞赛参赛单位743家、参赛班组20467个、参赛职工达16.37万人次、投入经费156.39余万元、创造经济效益1.53亿元。其中：职工技能培训（技术讲座）374场次（期次），参训职工15.21万人次（农民工参训8.31万人次）；岗位练兵、技能比赛148场次，名师带徒、结对帮教849人次；采纳实施职工合理化建议176条，创经济效益2516万余元。

【弘扬劳模精神】 区总工会开展劳模先进评选表扬，获2018年度全国工人先锋号1个，市级五一劳动奖状2个、五一劳动奖章3个、工人先锋号3个，获2019年巴渝工匠年度人物1个，评选出涪陵区2018年“五一”奖共41个。为全区各级劳模发放各类慰问金共305.15万元，为7名全国劳模发放建国70周年纪念章，组织14名劳模、重庆五一劳动奖章、先进职工代表参加全总、市总开展的疗休养活动。2019年验收命名7家区级劳模（工匠人才）创新工作室，对2018年6家劳模（工匠人才）创新工作室进行了复查验收。

【构建和谐劳动关系】 区总工会深化“公开解难题、民主促发展”主题活动，推动职代会、厂务公开、职工董事监事等企业民主管理制度化、规范化建设。加强集体协商工作，组织指导全区各基层工会开展企业民主管理、集体协商工作培训13期，赠送培训教材300余套，发放《重庆市集体合同条例》1300余册。指导签订涪陵区印刷行业性集体合同1家，续签、新签国有（非公）企业集体合同（含三个专项集体合同）14家。2019年，全区已建工会国有企业集体合同签订企业达130家、签订率93%，已建工会非公企业集体合同签订企业达893家、签订率89%。2019年全区7家单位获评“AAA”级和谐劳动关系企业，17家单位评定“AA”级和谐劳动关系企业，复核验收4家2018年评定的“AAA”级劳动和谐企业。

【维护职工合法权益】 区总工会坚持周四“主席接待日”制度，接待职工来访38件次。在车站、乡镇、企业等地开展“尊法守法·携手筑梦”服务农民工公益法律服务行动，发放宣传资料1.19万份，提供免费咨询450多人次。举办普法讲座9场，现场宣讲惠及农民工510人次。开展女职工维权宣传，为157名农民工提供法律咨询和帮助，增强法律意识。在31个基层总工会开展“千名律师服务职工在基层”活动。开展法律援助活动，共受理职工（农民工）

法律援助案件80件，挽回经济损失145.33万元。

【开展“安康杯”竞赛】 区总工会组织567家单位12.37万人次开展以“安全培训提素质，班组管理强基础”为主题的“安康杯”竞赛活动，各级工会组织共开展安全教育活动348次、安全宣传269次、安全培训397期（培训职工9.64万人次）、安全隐患排查274次，实施职工安全合理化建议196条，投入安全生产整改资金682万余元。承办重庆市第六届“安全伴我行”安全文艺创作第三赛区分赛，10个区县的12个节目参赛，区总工会获优秀组织奖。组织240余幅作品参加重庆市第八届“安全在我心中”美术书法创作大赛，获等次奖4个，区总工会获优秀组织奖。参加“安全生产月”“安全生产涪州行”集中宣传咨询日活动，开展职业病防治宣传周活动，发放各类宣传资料6万多份，接受群众现场咨询上千人次。2019年，区总工会在全国职工劳动安全健康与交通消防应急法律法规知识普及竞赛活动中获“优秀组织单位”。

【困难职工帮扶】 区总工会动态管理困难职工档案，上门核查34户，严把建档入口关。全区21个基层工会共有建档困难职工71人，其中全国级建档困难职工人数从年初的142名减至目前的71名，解困脱困率达50%。开展“送温暖”活动，慰问建档困难职工142人、五老人员31人，发放慰问金22.78万元；开展“金秋助学”及建档困难职工子女“助学成才”社会实践支助活动，发放助学金24.2万元；对特别困难职工家庭进行生活、医疗救助及特殊困难群体进行特别救助，共发放各类救助资金100.07万元；开展农民工日活动，慰问建档困难农民工（农民工）40名，发放慰问金1.6万元。

【互助保障】 涪陵区全年共有544家单位8.8万人次参加互助保障，参保金额404.25万元，全区机关事业单位参保率和参保单位续保率均达到100%。开展理赔1179次、理赔金额295.31万元，121名重疾会员获得慰问资金14.8万元，开展“职工互助保障·健康公益讲座”2期惠及职工上千人，为7所学校963名一线教职工开展了价值100余万元的免费健康公益体检，筑牢参保职工健康新防线。区总工会获评中国职工保险互助会年度考核“优秀”单位。

【经费管理】 区总工会督促各级各单位独立开设工会经费账户。完善工会经费征收基础数据，加强对企业特别是非公企业工会经费计提拨缴工作的指导，做到应缴尽缴，上缴市总工会经费与去年同比增长18.92%，完成市总工会经费上缴目标任务的167.76%。历时2个月对全区基层工会开展财务大检查，督促问题整改，确保工会经费依法依规使用。区总工会获得全国总工会授予的2018年度市级工会财务先进单位。

【召开区第五次工代会】 涪陵区工会第五次代表大会于2019年12月9日在区委会议中心召开，区委、区政府、区人大主要领导，区四大班子分管联系领导出席开幕式，全区工会代表及职工代表近千人参会。区委书记周少政，市总工会党组书记、副主席姚红分别在开幕式上致辞。大会选举产生新一届区总工会领导班子和第五届经费审查委员会。

【党的建设】 区总工会以党组中心组学习和职工每周政治学习为抓手，积极推进“两学一做”学习教育制度化常态化，结合“不忘初心、牢记使命”主题教育，认真开展主题党日、“三会一课”、“三述一评”、“五必谈五必访”、民主生活会、组织生活会等。落实“党员联系群众、群众评价党员”工作，支持较场坝社区2万元开展工作。派出1名同志到荔枝街道乌江村任第一书记协助做好党组织软弱涣散整顿工作。举办庆“七一”座谈会，表扬优秀党员4名，慰问困难党员7名，发放慰问金3500元。

【创文创卫】 区总工会组织开展工会系统“创文”“创卫”工作，机关260人次参加“下班奉献一小时”文明交通劝导、卫生大扫除等志愿服务活动。全区参加职工健康体检单位1112家、覆盖率达56.65%、参加工间操健身活动单位1702家、覆盖率达86.7%。支持李渡街道龙桥社区创卫资金1.5万元。开展“三百行动”，主动对接重庆东银壳牌石化有限公司和重庆涪陵源力气缸体有限公司，组织召开4次专题会，实地走访企业15次，谈话20余人次，解决实际问题3个。

共青团涪陵区委

【概况】 涪陵共青团是全区共青团工作的基层领导机关，机关设有综合部、青少年发展部、志愿服务工作部3个职能部室，另有下属事业单位少年宫。2019年，实际在编在岗人数为7人，其中，书记1人，副书记1人，正科级干部4人，机关工勤1人，事业编人员5人，挂职副书记1人，兼职副书记1人。全区共有直属团委（总支）52个，其中：乡镇街道团（工）委27个、机关事业系统团工委3个、教育系统团工委1个、两新团组织21个。全区共有团支部1357个，城市和农村团支部587个，学校领域团支部1243个。全区28岁以下青年18万人，注册团员4万人。

【强化青少年思想政治引领】 结合“不忘初心、牢记使命”主题教育，团区委书记主动下基层讲党课团课7次，邀请市团校专家、团市委机关干部等为全区团干部集中宣讲，在全区团组织开展习近平新时代中国特色社会主义思想、十九届四中全会精神等主题教育学习，坚持每周一次“青年大学习”，累计1万余人次参与学习答题，夯实青少年跟党初心。团区委利用重要契机和时间节点，组织开展雷锋日集中志愿服务展示、“清明祭”主题团日、纪念五四运动100周年、庆祝中华人民共和国成立70周年等活动，通过“两红两优”评选、青春榜样故事分享、广场快闪、文艺演出、主题诵读、“青少年书画大赛”、缅怀革命先烈、承办全市“十佳小记者”“十佳小主持人”大赛等系列活动、入队离队仪式教育，增强共青团员、少先队员政治荣誉感。共青团涪陵区委加强微信公众号、官方微博、抖音平台等团属媒体运营管理，开展“青春心向党•建功新时代”、庆祝中华人民共和国成立70周年等系列主题活动，微信、微博推送主题活动34期、阅读量达5万余人次；纪念五四运动100周年网页2万人参与传播；开展“带着国旗去徒步”抖音大赛，鼓舞社会更多关注乡村振兴、环境保护和公益事业；推出庆祝中华人民共和国成立70周年专题宣传片《和祖国一起走过》、青春故事、快闪、廉政视频等11个。

【夯实基层基础】 2019年，团区委完成区域化大团建工作目标，建立9个街道共建委员会，配备委员81名、直属支部200个；建立18个乡镇实体化大团委，直属组织360个。不断扩大组织有效覆盖，新建非公团组织48个，民办学校团组织覆盖率100%；依托智慧团建开展基层团组织整理整顿，基本完成1518个团支部自检，278个后进支部进行重点整顿。开展团干部培训6次，覆盖1000余人次。顺利完成“团支部书记背靠背满意度测评”，全区1378个团支部书记测评满意度100%；着力破解基层团组织“四缺”问题，各村（社区）团支部书记由大学生村干部或本土人才兼任并进入“两委”班子，村（社区）团干部津补贴标准提高到500元/月；组织参加全市团干部岗位实践能力大比武，获非公专场三等奖。开展“学社衔接”工作，找回失联团员1万余名，学社衔接率96.6%、升学衔接率99.2%。严把团员“入口关”，坚决落实“一人一号”，全区新发展团员2600名全部录入智慧团建系统。合理控制学校团青比例，初高中团青比分别为23%、52.5%。严格推行推优入党，305名团员通过团组织推优成为入党积极分子。加强团费收缴工作，收取团费43034元。开展违规任命团干部和违规发展团员核查工作，全区基层团组织都完成了自查整改工作。进一步完善“党建带团建”工作机制，团建纳入党建总体规划，出台《关于加强新时代非公有制经济组织党建带团建工作的通知》，共青团工作列入基层党建考核；巩固乡镇团组织格局创新及“大团委”建设探索，建立定期座谈会议制度，将基层团组织建设工作考核结果通报给同级党委；制定《涪陵区贯彻重庆市中长期青年发展规划（2018—2025）实施方案》，为青年全面发展创造更好政策环境。

【巩固团的群众基础】 团区委打造29个“青少年之家”服务阵地，增强青少年获得感、满意度。研究制订涪陵区“青少年之家”标准化建设方案，为每个青少年之家拨付5000元的阵地建设补贴，及时召开“青少年之家”建设工作推进会，对阵地打造、活动组织、云平台录入等进行统一培训。全区29所青少年之家均已完成阵地建设，云平台活动签到数量达5000余人次。坚持“团干部+社会组织（青少年事务社工）+志愿者”模式，整合学校、社会组织、西部计划志愿者力量，为每个青少年之家组建“社区志愿者”与“专业志愿者”两支力量，全区形成600余人的核心志愿者队伍。为崇义街道蔡家坡社区、马鞍街道盘龙社区各配备青少年事务社工1名，为泽胜中央广场商圈、敦仁移民小区各配备西部计划志愿者1名，专职负责各青少年之家的日常运营。落实购买服务资金20余万元并链接100余万元物资，支持“四点半课堂”“七彩假期公益课堂”等志愿服务活动常态化开展。各青少年之家结合实际，设计开展“我们一起过节”“追梦园”等特色品牌项目，形成“一家一品”的发展态势。

【服务发展】 区共青团助力脱贫攻坚。依托“青锋计划”，协调落实80余万元帮助贫困户发展花椒产业300余亩，开展现场培训指导贫困户8次；为缺劳力贫困家庭收砍青菜头近10亩、收割玉米4亩；组织27名贫困青少年分两批参加全市第八届青少年军事夏令营活动，5名贫困、品学兼优的小学生赴山东、江苏研修实践；对接浙江省青基会为罗云乡100名建档立卡贫困户学生提供每人1000元的助学金；打造“星帮涪”关爱乡村留守儿童项目，引进物资20万元在江东凉塘小学建立起“儿童快乐成长家园”。助力青年创新创业。组织大型青年创业就业展会10场，提供21000余个就业岗位，超过22000名求职青年，达成求职意向超过5000个；争取50万元“青锋贷”贴息还款政策资金，持续开展青锋贷复贷业务；开展抖音视频培训暨青年创业营活动，60余名创业青年参与培训。服务青年发展。着力丰富青年业余生活，打造“青年加油站”品牌，开展送课上门11场次，覆盖青年800人次；搭建青年婚恋交友平台，开展“七夕晒文旅、青年寻良缘”市级示范活动、“缘来是你”书影交流会等6场次相亲交友活动，吸引400余名青年参与，50对青年在活动中成功牵手。助力志愿服务。开展“全国文明城区”主题志愿服务活动120余场次，服务群众5000余人次；承接市级巴渝“河小青”益行母亲河——徒步乌江涪陵段活动和“洁小青”公益徒步市级示范活动，1000余名志愿者开展了沿途垃圾清理、为美丽乡村代言等助力乡村振兴志愿活动，开展“环保公益课堂”，吸引上千名群众参加；对接20支大中专学生志愿者暑期文化科技卫生“三下乡”社会实践分队，360余名学生走进基层，开展主题志愿服务活动102场次。

涪陵区妇女联合会

【概况】 区妇联是党的群团部门。2019年，区妇联领导职数为1正2副，另设1名挂职副主席、3名兼职副主席，内设部室3个，分别是综合部、权益与妇女发展部、家庭与儿童工作部（挂区妇儿工委办牌子）；下属事业单位群团服务中心为区妇联所属公益一类正科级全额拨款事业单位。机关行政编制数12个（包括行政编制数7个、控制数4个、机关工勤数1个），在编11名；事业编制数3个，在编2名（其中区工商联1名、区妇联1名）。2019年，涪陵区妇联获全国妇联“全国维护妇女儿童权益先进集体”，重庆市妇联、重庆市市纪委办公厅“重庆市‘清风常伴廉洁齐家’家庭助廉立德活动组织奖”，重庆市妇联、重庆市商委、重庆市文旅委、重庆市扶贫办“重庆市首届十佳百优手工制作‘巴渝巧姐’、农村电商‘巴渝网姐’、家政服务‘巴渝大姐’优秀组织奖”，连续12年获全市妇联系统年度考核特等奖。

【思想建设】 区妇联发动城乡妇女群众参与“巾帼心向党•礼赞新中国”群众性宣传教育活动，共开展400余场。成立乡镇级及以上“百千万巾帼大宣讲”队伍29支，以电子书、快板、有奖竞答等方式，深入村社、居民小区，线上线下开展宣讲630余场。举办纪念第109个“三八”国际妇女节暨“榜样涪陵•她力量”女性先进事迹报告会。区妇联履行全面从严治党主体责任，扎实开展“不忘初心•牢记使命”主题教育，深入推进“两学一做”学习教育常态化制度化，开展“以案四说”“以案四改”警示教育，加强机关党支部标准化规范化建设，与青龙社区结对开展党员联系群众、群众评价党员工作。

【脱贫攻坚】 区妇联组织开展“巴渝巧姐•菜乡结绳”手工编织培训23期2072人，666名巧匠（其中建卡贫困妇女200名）加入结绳匠人队伍中，每月人均增收500—4000元，最高达9100元。组织开展“菜乡月嫂”家政技能培训1期50余人。组织开展“菜乡结绳”手工编织技能、“农民丰收节”稻谷收割等“双学双比”技能大比拼。组织开展留守妇女就业技能培训20场。全面落实“两癌”政策，开展“两癌”健康知识讲座29场，组织农村妇女开展“两癌”免费筛查，对125名困难农村“两癌”患者发放救助金125万元。

【妇女品牌壮大】 “巴渝巧姐•菜乡结绳”品牌不断壮大，巧匠张沉静、李蕾分获“重庆市巾帼建功标兵”“重庆市最美扶贫志愿者”称号，“菜乡结绳匠人堂”集体获评“重庆市三八红旗集体”。涪陵区参加重庆“指尖话语”手工作品展、重庆“渝交会”“文博会”、义乌国际旅游商品展、“一带一路”重庆西部洽谈会等各类展销活动11场次，接受人民网、中国妇女网等国家、市级媒体专访20余次。至2019年，涪陵区结绳产品已销往故宫博物院、布达拉宫、上海静安寺等国内各大景区，年接收订单120万条。

【家庭建设】 区妇联承接市妇联“家教流动学校百场讲座进万家”活动3场，开展涪陵区“家教流动学校百场讲座进万家”800余场，惠及群众40000余人次。组织开展第三个家庭教育日宣传，举办“好家规家训好家风故事”征集活动，评出涪陵区“好家规家训”20条、“好家风故事”20个，启动“好家风故事”进村社、进机关、进企业、进学校活动巡讲。打造“家风文化小区”，组织“我们的节日•七夕——中华经典诵读暨最美家庭故事分享会”。深化家庭典型创评活动，获市级“最美家庭”6户、“惜福家庭”1户、“书香家庭”2户、“最美庭院”2户、“最美阳台”3户，评选涪陵区“最美家庭”30户。开展家庭助廉活动，制作家庭廉洁宣传视频2个，征集“涪州清风”廉政书画作品100余幅，举办“最美家庭”典型事迹巡展，组织330余名行政正科级干部家属开展“树廉洁家风•建幸福家庭”家庭助廉立德活动共同筑牢地域贪腐家庭防线。

【创业创新】 涪陵区举办第二届女性创

业大赛，联合举办春风行动招聘会100余场次，提供免费服务13661人，成功帮助9000余名女性就业。区妇联组织开展菜乡月嫂、电商等技能培训29期，推选14名优秀女性参加重庆市“巴渝巧姐”“巴渝大姐”“巴渝网姐”十佳百优评选活动，其中3人获评“巴渝巧姐”，4人获评“巴渝网姐”、3人获评“巴渝大姐”，包含农村扶贫电商、扶贫志愿者、女性本土人才、女性手工匠人等各类优秀女性群体。评选区级“巾帼文明岗”20个，成功申报全国文明岗1个、全国巾帼建功标兵1个。

【妇女儿童维权服务】 区妇联组织开展“建设法治中国·巾帼在行动”主题普法宣传活动，举办《反家庭暴力法》专题知识讲座20余场，拍摄普法宣传片1个，组织婚姻家庭调解员参加全国、市级电视电话视频培训4场，利用元旦春节、“6•26禁毒日”等重要时间节点开展普法主题宣传60余场，发放扫黑除恶、禁毒、防邪等法制宣传资料2万份。加强维权信访接待，办理完成妇女儿童侵权重大案件2件，通过信访接待发现未成年人权益被侵害的涉黑线索1起，打击犯罪嫌疑人7人，接待并解决妇女儿童维权信访案件97件，信访调处率100%。

【关爱妇女儿童】 区妇联组织开展“涪州童心·相伴成长”农村留守儿童关爱活动50余场4000余人次参加、“情暖童心·相伴成长”困境儿童团辅3场500人次参加，为700余名留守困境儿童发放“冬日针爱”“事实孤儿新年礼”“微爱健康包”等慰问品900余套，为65名贫困女学生发放“春蕾陪伴计划一对一”项目资助金7.8万元。

【妇联改革】 区妇联组织开展2019年女性人才培训，组织全区27个乡镇街道妇联主席、妇联干部及部分妇委会主任共59人，到浙江大学进行为期5天的能力提升培训。涪陵区召开第五次妇女代表大会。建成涪陵区首个妇女微家。

涪陵区科学技术协会

【概况】 重庆市涪陵区科学技术协会（以下简称涪陵区科协），是重庆市涪陵区科技工作者的群众组织，是中国共产党重庆市涪陵区委员会领导下的人民团体，是党和政府联系科技工作者的桥梁和纽带，是全区推动科学技术事业发展的重要力量。同时，涪陵区科协是重庆市科学技术协会的地方组织，接受重庆市科学技术协会的业务指导，是中国人民政治协商会议重庆市涪陵区委员会的组成单位。截至2019年底，全区共有乡镇街道科协27个、区级学（协）会20个、企事业科协（含园区科协）16个。12月12日，涪陵区科学技术协会第五次代表大会召开。市科协党组书记、常务副主席王合清，涪陵区委书记周少政，区人大常委会主任李景耀，区政协主席徐志红出席大会开幕式。涪陵区科协第五次代表大会全体正式代表、特邀代表、列席代表共计900余人参加会议。

【科技活动】 以“创新驱动·绿色发展”为主题的2019重庆市科协年会在涪陵成功举办。5名院士到涪陵区做专题报告，各级领导、特邀专家、科技工作者代表近1000余人参加特邀院士报告会。同时举办了页岩气勘探开发与综合利用、医药产业创新发展、高分子材料绿色发展与推广应用、生态流域清洁治理与生态文明建设4个专题论坛和数时代·智未来——2019重庆市大数据智能化学术交流会以及全市农技协联合会，参与人数达900余人。涪陵区科协组织开展“全国科普日”“科技、文化、卫生三下乡”等活动，并荣获中国科协“2019年全国科普日活动优秀组织单位”。开展院士专家科普校园行活动，邀请4名院士专家在全区7个中小学校开展科普讲座。完成社区科普大学涪陵分校教学班12个，开设教学点24个，完成授课491节，全年学员达20000余名，积极建设涪陵区科普志愿者工作站，打造“社区＋志愿者工作站”模式。与国家、市级学会联合举办学术交流活动，邀请中国畜牧兽医学会动物微生态学分会、中国民办教育协会、中国资源综合利用协会分别举办“绿色生物饲料与无抗健康养殖高级”论坛、“探索培养高端技能技术人才暨产教融合授牌仪式”活动、“生态文明建设与绿色发展”学术报告。同时联合重庆市蜂业学会、重庆市农学会、重庆市病理学会、重庆市中医药学会举办了5次市级学术交流活动。

【科技建设】 创建科普示范基地。2019年新命名涪陵区18个科普示范基地。南沱三峡竹笋基地、荔枝街道稻香社区荣获2019年度中国科协、财政部全国基层科普行动示范基地及示范社区。举办农村电商“100+10”专题培训。分别在珍溪镇、青羊镇开展“100+10”电商专题培训会，为全村特色种养殖专业合作社、养殖大户、建卡贫困户等共70余名代表做了专题培训。

【科技竞赛】 涪陵区科协联合区教委、区科技局、区生态环境局、团区委组织开展第21届涪陵区青少年科技创新大赛，共计606项作品参加竞赛，终确定获奖作品347项（其中：青少年项目一等奖64项、二等奖94项、三等奖149项，教师项目一等奖13项、二等奖12项、三等奖15项）；优秀辅导教师26名；优秀组织奖19个。组织开展科普模型大赛。全区58所中小学校（其中民营学校2所）1245人次参加了此次比赛。共评出个人奖：一等奖100名、二等奖152名、三等奖252名；单项团体奖：一等奖39名、二等奖61名、三等奖101名。开展涪陵区第11届自然科学优秀学术论文评选活动。公开征集论文共计238篇，最终评选出一等奖13篇，二等奖24篇，三等奖37篇，总计74篇获奖优秀论文。

【科技项目】 涪陵区科协组织开展了以技术研发、技术推广和新产品开发为重点的“金桥工程”立项申报工作。下达涪陵区科协第七届第二批“金桥工程”项目9项。其中，工业项目1项、医疗项目4项、农业项目4项。

涪陵区归国华侨联合会

【思想建设】 联合会全年组织召开全委会、学习会30余次，上党课2次，撰写心得体会10篇、调研文章4篇。组织侨界群众参加市委统战部、市侨联活动，并自主开展了主题征文、文化沙龙、摄影采风、书画摄影展和廉政教育等活动。新建2个侨联分会和1个“侨胞之家”，对全区27个乡镇街道统战委员、统战干事和422个统战网格员开展了侨务知识培训。

【活动组织】 联合会先后邀请美国、德国、澳大利亚、日本、阿联酋等10余个国家地区的30多名华侨华人来涪考察洽谈，聘请3名海外高层次人才为海外顾问，为长江师范学院引进海外留学人才10人，推荐6名海外高层次人才参加全市英才大会，争取“新侨创新创业”基地落户涪陵。组织侨界群众开展“欢乐祥和迎新春”“助农采茶”“走进历史忆往昔”“粽叶飘香迎端午”“筑梦飞翔、创享人生”“母爱如花”“我们的节日•中秋”等联谊活动8次，组织侨界艺术团开展各类演出3场次。组织基层侨联组织与渝中区、忠县、永川等兄弟侨联开展学习交流活动5次，联合欧美同学会、留学生家长联谊会开展联谊活动2次。组织参加“第四届世界华侨华人摄影展”、市委统战部征文活动，4幅摄影作品获银奖、佳作奖，征文获一等奖。

【志愿服务】 联合会开展“爱心福袋”活动，全年走访慰问侨界群众160余人次，发放慰问金（品）8万余元，向海外侨胞、港澳同胞、留学人员寄送贺年卡、慰问信100余份。为困难群众争取冬衣200件、助听器50台，老花眼镜300副，组织120多名贫困白内障患者开展免费筛查。联合长江师范学院，开展“校地手牵手”义务支教、支农、助企活动，为石沱中学送去优质公开课和学习用具、为贫困村送去产业脱贫发展良策、为重庆渝妹儿米业有限公司指明发展思路。引导侨界爱心企业义诊义检200余人次、为困难儿童和敬老院老人送去物资价值10万余元。开展侨法宣传活动2次，知识竞赛1次，发放宣传册（袋）5000余份，接待来信来访5人次，办结5件。为石坝村贫困户捐赠冬衣55件、老花镜55副，开展五送惠民活动，给贫困群众送去价值1万余元的常用药品，为因病去世贫困户家属送去慰问金2000元，并协调落实3名未成年子女的困难救助。

【人才交流】 联合会吸纳27名侨界人才成立了涪陵区侨界智囊团，并组织智囊团成员与侨界政协委员围绕智慧农业、绿色环保、非物质文化遗产等深入开展了战略性、前瞻性和对策性的调查研究活动10次，形成理论调研文章4篇，发言材料3篇，提案和社情民意27件，在区政协五届二次会议上区侨联被评为“先进界别小组”，侨联兼职副主席、区政协委员李朝阳被评为“优秀政协委员”，区侨联《关于在社会公共场所设立母婴室的建议》被评为“优秀提案”。

涪陵区文学艺术界联合会

【思想建设】 区文联坚持以习近平新时代中国特色社会主义思想为指导，深入学习宣传贯彻党的十九届二中、三中、四中全会精神，加强对全区文艺工作者的思想引导，广大文艺工作者以中国梦为时代主题，“深入生活 扎根人民”，努力打造满足人民群众精神需求的文艺作品。持续加强思想阵地建设管理，坚持正确舆论导向，守好《乌江》、《文联艺苑》、文联微信公众号、论坛、讲座、培训、展览、演出等文艺阵地，全年无意识形态方面的问题发生。

【人才培养】 区文联以《乌江》杂志、《文联艺苑》为平台，刊登区内外文艺家协会会员、文艺爱好者的文艺作品，为文艺事业繁荣发展培育新生力量。全年出版《乌江》6期，《文联艺苑》2期，刊登本土文学作品168篇，艺术作品41篇（幅）。为贯彻落实区委宣传部《涪陵区推动乡村文化振兴工作方案》，以涪陵区文联微信公众号为平台，推出了6期乡镇文艺人才网络展示活动。继续开办涪陵区文联公益大讲堂，共举办书法、散文写作、摄影讲座16期，1000余人次受益；举办了涪陵区第十二届青年文学讲习班，重庆市作家协会副主席、一级作家、全国少数民族文学骏马奖获得者何炬学为150余名区作协会员、文学爱好者做了专题讲座《小说之美》。区作家协会主席谭明到马武镇为广大文学爱好者做了题为《诗歌的品质》的专题讲座。其他协会举办培训、讲座、看稿、发布会、论坛等7次，2000余人次参与。

【文艺交流】 中国曲艺家协会分党组书记、驻会副主席董耀鹏一行到涪陵区开展曲艺工作调研，提出意见、建议15条；鲁迅文学奖获得者傅天琳带领14名重庆市作家、诗人来到涪陵区开展“人文胜景·神奇涪陵”主题采风活动，并与区内作家进行互动，创作反映涪陵人文的诗歌作品14篇。

【文艺作品】 全区文艺家在各级报刊发表文学作品560余篇，在市级以上赛事、展览中获奖、入展64人次，其中：李夏的作品《天籁之境》在第27届全国摄影艺术展览中纪实类入展；徐志远的作品《东坡词选抄》在全国第十二届书法篆刻展览中入展；熊林的作品《奋斗的痕迹》在第十三届全国美术作品展览中获得优秀奖；江胜、徐玲玲在重庆市第十届书法篆刻展中获奖；佘中云在重庆市第八届摄影艺术展览中获得纪录类金奖和艺术类铜奖；郭悦、徐暄在重庆市首届妇女书法篆刻展中获奖；徐志远在重庆市第二届青年书法篆刻作品展中获奖；区美协在重庆市第七届美术作品展中有12人入展；三部文学作品入选市委宣传部2019年重庆市文学资助项目；《新中国70年涪陵作家作品选》已编辑完成进入出版程序。

【文艺活动】 区书法家协会开展了“我们的中国梦·书法家送万福进万家”活动，分别在3个乡镇，6个村社，5个社区以及民营企业家协会等开展活动19次，为群众书写、赠送春联及福字10000副（张）以上；区摄影家协会和大顺村文联在大顺乡大顺村开展了“我们的中国梦——红色老区 温暖过冬”活动，看望慰问贫困户儿童、留守儿童并为他们拍摄了照片；区文联与巴渝都市报联合在涪陵城区高笋塘商圈举办了“踏歌颂祖国”快闪活动，1000余人参与；与蔺市镇党委、政府联合主办了“5•23中国文艺志愿者日”主题志愿服务活动；与涪陵区南沱镇教育管理中心联合在南沱镇中心小学校主办了“我们的节日•笔墨书香诵中秋”活动。区文联组织举办了“涪陵区第十九届迎春书法展”，展出书法作品123幅；与区妇联联合举办了“涪陵区第二届女美术家美术作品展”，展出美术作品121幅；举办了涪陵区第二届戏剧小品大赛，40多个节目参加了比赛，共评出一等奖2个，二等奖3个，三等奖5个；举办了涪陵区第三届书法作品展，共展出作品83件（其中获奖作品10件）；举办了涪陵区“向祖国献礼”——涪陵区庆祝新中国成立70周年摄影作品展览，共展出作品86幅（组）；举办了涪陵区文联公益大讲堂成果展，展出优秀作品50幅（篇）。

【文艺服务】 区文联围绕全区基层文联的发展壮大、乡镇群众对文艺的需求情况、文艺志愿服务如何深入有效等三个课题，分别对马武镇文联、大顺村文联、蔺市镇文联、焦石镇文联、涪州书院进行了调研10次。向基层文联和涪州书院赠送了书法作品100余幅，《乌江》、书法作品集、摄影作品集、美术作品集等各类文艺书刊5000多册。结合调研成果，积极将文联组织向乡镇延伸，成立了涪陵区第六个乡镇村文联——石沱镇文联。正在筹备建立涪陵区第一个社区文艺创作基地——崩土坎社区文艺创作基地。区文联组织文联青年文艺人才志愿服务队到大顺乡中心校、新妙镇中心校、义和镇中心校、涪陵二中、大顺乡开展文艺志愿服务、辅导培训9次，参加区委宣传部组织的“梦想驿站”活动1次；区文联“送欢乐下基层”演出队在江东街道罗家湾长武街、万丰奥威铝轮有限公司、清溪镇石坝村、大木乡土井村等开展文艺惠民演出10次。区文联青年文艺人才志愿服务队队长陈家全被评为2018年涪陵区最美志愿者，队员陈德、陈玲等7人被评为涪陵区最美文艺志愿者。

涪陵区社会科学界联合会

【概述】 2019年，区社科联以习近平新时代中国特色社会主义思想为指导，牢牢把握“两个巩固”根本任务，扎实开展智库建设、社科规划、刊物编辑、社团管理、社科普及工作，不忘初心、牢记使命，圆满完成了各项目标任务，获全市社科工作先进单位、全国先进社科组织称号。年内编制完成《重庆市涪陵区哲学社会科学事业发展规划（2018—2028年）》，并由区委办、区政府办联合印发。成功召开区社科联第四次代表大会，修改并通过《重庆市涪陵区社会科学界联合会章程》，选举产生区社科联第四届委员会委员、常务委员及班子成员。

【思想建设】 2019年7月，涪陵区社科联党组成立。年内党组完成区委第四巡察组巡察反馈意见的整改工作，针对巡察组反馈的6个方面19个问题32个小项全面整改，整改扎实到位。先后制定《区社科联党组会议议事规则》

《“三重一大”事项决策规则》等规范性文件。扎实开展“不忘初心、牢记使命”主题教育，组织召开集中学习会、专题研讨会、专题民主生活会、专题组织生活会等30余次，深入基层调研7次、撰写调研报告3篇，领导班子及成员检视问题36个。强化党支部建设，调整支部书记1人、补选支委委员3人、培养入党积极分子1人；认真落实“三会一课”制度，召开党员大会、支委会、支部书记上党课等10余次；先后开展“学条例•促规范”等主题党日活动12次，参观革命教育基地2次。加强党风廉政建设，组织党员干部参观区纪委廉政教育基地1次，开展警示教育5次。召开涪陵区社科领域意识形态工作会2次，与直属社团签订《涪陵区社科类社会团体意识形态工作责任书》5份，签订社科微信公众号、网站监管、社科刊物编辑岗位责任书5份。严格按照“十破十立”要求，立破并举，全面彻底干净肃清孙政才恶劣影响和薄熙来、王立军流毒。制定《涪陵区社科领域意识形态工作实施意见》《涪陵区社科类社会组织开展活动审批备案规定》2个文件。

【社团管理】 2019年，全区社科单位综合目标考核合格率达92%，评选出5个社团为先进社科集体，12个社团会员为先进社科个人。完成税务学会、国际税收学会等3个社团换届选举指导工作，修改完善社团章程、财务管理、学术规范等制度20余个。引导社科类社团依法开展“庆祝中华人民共和国成立七十周年大会”等学术活动10场次。

【服务建设】 区社科联积极参与全国文明城区创建工作，制定《社科联党史研究室海源物业创文迎检方案》，组织干部职工常态化开展“下班一小时”劝导志愿服务活动，2019年度志愿服务人均服务时长达28小时。安排专人负责创文资料收集工作，明晰创建职责，按时完成网上申报资料报送任务。落实长期驻铁场村扶贫干部1人，开展扶贫工作推进会3次，院坝会1次，捐款10000元，完成D级危房改造3户，产业项目11个，成立花椒、枣子、养蜂专业合作社3个，为全村28户建卡贫困户安装了自来水，“两不愁、三保障”动态清零。

涪陵区残疾人联合会

【概况】 2019年，涪陵区残联机关内设办公室、业务科2个职能科室；在职人员11人，其中理事长1人，副理事长3人（含挂职1人），正处长级干部1人，副处长级干部1人，副调研员1人，中层及以下干部3人，工勤人员1人。下属残疾人就业服务所事业编制8名，在职人员8名。在2019年度全市残疾人工作考核中，涪陵区荣获全市残疾人综合目标考核一等奖、残疾人脱贫攻坚工作考核先进单位、残疾人稳定工作考核先进单位。

【助融合促发展】 6月12日，区残联与长江师范学院联合承办了“共享芬芳•共铸小康”中西部地区百县百场公益巡演，现场5000余人观看了演出；组织举办了喜迎新中国成立70周年“我和我的祖国”残疾人原创抖音比赛，收到作品31件；珍溪镇东桥村、清溪镇双龙村、清溪镇四合村3个残疾人文化体育示范点成功通过市级验收；全区组建了校园芬芳助残、法律助残、文化助残、医疗康复助残和邻里守望助残等5支专业助残志愿服务队伍，年内为残疾人提供慰问照料、文体服务、家政服务、免费义诊、咨询服务、会场服务和手语翻译等公益服务达2000人次以上；在区委宣传部、区文明办开展的“最美志愿者”评选活动中，彭德芳等10人获“最美助残志愿者”荣誉称号；开展了以“筑梦善行•爱洒涪州”为主题的第29次“全国助残日”大型公益宣传。区残联投入27万元，分别与巴渝都市报、涪陵电视台、涪陵在线签署战略合作协议，全年涪陵电视台“涪陵视点”专题宣传6期，开播手语节目12期，播报新闻40条；《巴渝都市报》专版报道4版；巴渝传媒网、涪陵眼、巴渝都市报官方微博和涪风在线等新媒体刊发新闻专题150篇；市残联《同伴》杂志、《市残联工作简报》和“重庆残联”两微一端新闻报道150条；学习强国平台、重庆晨报、华龙网和今日头条等媒体对涪陵区残疾人工作推送信息20条；区残联创作的微电影《为爱归来》获“重庆市残疾人小康进程微视频大赛”二等奖、“美丽涪陵·文明之城”微视频大赛三等奖。

【作风建设】 区残联深入推进全面从严治党，扎实开展“不忘初心、牢记使命”主题教育，不断加强自身建设，提升工作能力。主题教育紧贴工作实际，把力戒官僚主义、力戒脱离残疾人作为切口，把推进残疾人脱贫攻坚作为抓手，调研报告《加强残疾人技能培训，促进残疾人就业增收》被市人社局纳入2019年全市4个技能扶贫案例之一并在全市高技能人才项目授牌仪式上汇报分享；聚焦残疾人脱贫攻坚难点，深入一户多残特困残疾人家庭调研，出台《涪陵区“一户多残”贫困残疾人家庭脱贫攻坚帮扶方案》，投入87.2万元，帮助194户“一户多残”建卡贫困残疾人家庭弥补发展短板。推进群团改革，开展“两走一贴近”和“学跟听”活动，推动残联工作重心下移。完成30811名持证残疾人基本服务状况和需求信息数据动态更新工作，入户率达到90.76%，移动终端采集率达到100%，残疾人就业状况信息录入率达到99.57%。做好《残疾人证》的换发和核发管理工作，第三代智能残疾人证的换发工作有序推进。

法　治

公　安

【概况】 2019 年，涪陵区公安局围绕新中国成立 70 周年大庆安保维稳工作主线，锐意进取，真抓实干，确保全区社会政治大局持续平稳。在岁末年初的百日专项整治和“扫黑恶、除枪患、追逃犯”专项行动中，绩效排名全市区县第 1 名；扫黑除恶、70 周年大庆安保维稳工作，获市公安局一等奖表彰；主要业务绩效评价排名全市区县第 2 名；全区群众安全感指数达到 99.23%。全局队伍建设、安保维稳、业务绩效、基层基础、雪亮工程、执法质量、民生警务等方面先后获得公安部、市区各级领导肯定性批示 75 次；34 个优秀集体、593 名先进个人获表彰奖励，立功受奖的等级和数量创涪陵公安历史新高。

【维护安全稳定】 全年涪陵公安系统累计投入安保力量 3.2 万余人次，现实危害等重点人员管控率达 100%，全区刑事案件、八类暴力案件发案同比分别下降 0.16%、6.56%，6 个挂牌整治地区刑事发案同比下降 44.78%；全区道路交通事故起数、死亡人数、受伤数、直接经济损失数“四项指数”分别下降 24.22%、7.69%、29.96%、71.97%，未发生一次死亡 3 人以上较大交通事故；70 周年大庆安保维稳工作获佳绩，被重庆市公安局荣记集体二等功。

【严打违法犯罪】 区公安局依托大数据警务云生态和智侦工作体系，成功构建“空地一体、网上网下”的破案打击全新模式，公安主业成效显著。全年破获刑事案件 8135 起，同比上升 143.5%，现行八类暴力案件破案率 100%，现行命案破案率连续 9 年达 100%；追赃挽损 6000 余万元，缴获毒品 35.52 千克，抓获网上逃犯 324 人，“云剑”行动追逃工作创下 11 天抓捕 97 名逃犯的“涪陵速度”，工作经验被公安部专栏刊载推广；打掉黑社会性质组织 2 个、恶势力集团（团伙）10 个，破获九类涉恶案件 533 起，移送起诉 209 人，查冻涉案资产 3.2 亿元；侦破部督案件 10 起，发起全国集群战役 3 次，先后破获“2019-343”部督毒品目标案、“7•19”特大制售假冒品牌卫浴案、“12•12”特大“地沟油”制售网络窝案、“509”双部督特大跨境网络开设赌场案等一大批重大敏感刑事案件，央视新闻频道、新华网等国家级媒体宣传报道 40 余次。

【夯实基层基础】 区公安局积极争取党委政府支持，区委、区政府主要领导赴派出所开展专题调研、及时研究解决相关问题，建立完善跨部门联席会议机制。区财政落实资金 3500 万元，对全局执法办案场所进行全面升级改造。推进“枫桥式公安派出所”创建活动，中心警务、多元联调、“枳城义警”等创新举措受到社会各界广泛好评，敦仁、白涛派出所分别荣获全国、全市首批“枫桥式公安派出所”荣誉称号。年内全区基层民警购置配发移动警务通 975 台。

【推进“雪亮工程”】 区公安局持续推进“雪亮工程”建设，全面启动背街小巷智能高清视频监控建设，全区累计建成高清监控镜头3756个；研发高空云防控、车辆综合轨迹、人脸识别、综治视频会议等智能化应用系统，形成“一个总控开关，全面开花”的基础建设网络格局。涪陵公安“雪亮工程云防控”体系建设入选中央政法委年度“全国综治成果展”参展项目并在全国推广，“雪亮工程”项目获得2019年全国政法智能化建设优秀创新案例，参展2019年第二届中国国际智能产业博览会。

【提升执法水平】 区公安局加快推进执法规范化建设，制定出台《执法质量考核评议规定实施细则》，将执法质量与民警职务晋升、奖惩挂钩；创新提出“每天半小时学习法律法规、每周半天研究办案问题、每月一天半评析当月案件”的“三个半”工作机制。2019年，全局刑事、行政案件考评优秀单位达31个，占办案单位总数的81.58%，执法质量考评从2018年的全市倒数第1提升为全市前5名，扭转了历年滞后的被动局面。

【打造民生警务】 区公安局深化“放管服”改革，出台配套措施27项，推动服务民营经济、服务学校、服务旅游发展举措在涪陵落地落实。搭建“党委、中层、民警”三级交流平台，召开警企座谈会163次，走访企业6811家次，上门服务6679人次，收集意见建议400余条；召开打击涉企犯罪联席会议，健全涉企矛盾纠纷多元化解机制，调处涉企纠纷266起，破获涉企刑事案件131件，挽回经济损失近亿元；整合各方力量设立护学岗320个，联合区级相关部门排查整治校园安全隐患140个；打造便民惠民平台，划定户政公共服务事项“四办清单”、建立“户政微信预约平台”、创立户籍窗口工本费移动支付系统，纳入市上试点项目重点推进；延伸服务触角，开展自助、延时、上门、节假日预约等便民利民服务3万人次；创建全国首例“电子商务＋车驾管”模式，经验做法在中央电视台《新闻联播》展播。

【公安队伍建设】 区公安局坚持党对公安工作的绝对领导，开展“践行新使命、忠诚保大庆”“不忘初心、牢记使命”主题教育，不断锤炼忠诚警魂。推树正确选人用人、奖惩导向，40余名“想干事、能干事、干成事”的业务骨干走上领导岗位。启动公安机关规范化建设和纪律作风大排查大整治活动，民警违法违纪人数同比下降33%。制定出台《从优待警35条措施》，为97名民警辅警依法维权，帮助11名民警配偶和子女就业、20名民警子女入学入托、76名外地无住房民警辅警落实公租房；健全完善民警大病救助、定期体检、加值班轮休制度，推出机关食堂夜间就餐服务；争取党委政府大力支持，将综合管理类职务序列套改划归公安单列，提升民警职级职数晋升比例，推动解决基层压职压级问题；深化辅警队伍改革，辅警薪酬待遇和职业保障得到改善。

检　察

【概况】 涪陵区检察院有中央政法编制105人，实际在编干警104人，另有聘用制书记员23人。党组班子成员7人，检委会专职委员2人。设置内设机构12个，分别是办公室、政治部、检察一部（刑事检察）、检察二部（经济犯罪检察、职务犯罪检察）、检察三部（公益诉讼检察、民事行政检察）、检察四部（刑事执行检察）、检察五部（环境资源犯罪检察）、检察六部（未成年人检察）、检察七部（控告申诉检察、案件管理中心、法律政策研究室、12309检察服务中心）、检务保障部（法警大队、检察技术）、李渡检察室、白涛检察室。2019年区检察院依法批捕各类刑事犯罪537件814人，起诉679件1152人，无捕后、诉后判无罪或撤回起诉的情况。监督刑事立案21件、撤案11件，纠正漏捕9人、漏诉27人。提出刑事抗诉2件、提请民行抗诉2件，纠正刑事执行违法违规31件次，办理控告申诉145件，起诉职务犯罪4件4人。

【扫黑除恶】 区检察院坚持有黑必扫、有恶必除、有乱必治、有“伞”必打，全年批捕涉黑涉恶犯罪50人、起诉37人，配合扫除恶势力团伙3个，移送案件线索18条。坚决做到“是黑恶势力犯罪的，一个也不放过；不是黑恶势力犯罪的，一个也不凑数”，对以普通刑事犯罪移送的6名犯罪嫌疑人以涉恶犯罪提起公诉，对以涉黑涉恶犯罪移送的29名犯罪嫌疑人以普通刑事犯罪提起公诉。坚持在办案中“打财断血”、推动“一案一整治”，依法对18人准确适用财产刑量刑建议，建议审判机关没收、追缴人民币188万元，结合办案发出检察建议5份，督促主管部门加强管理、堵塞漏洞。

【服务发展】 区检察院坚决打击各类涉众型经济犯罪，防止金融风险演变为社会稳定风险。全年起诉非法吸收公众存款、集资诈骗、组织领导传销等犯罪2人。主动为民营经济发展营造良好法治环境，起诉侵害民营企业合法权益犯罪45人。制订《办理涉民营企业案件工作办法（试行）》，落实定点联系民营企业工作制度，检察官结合办案走访宣传12次。慎用逮捕强制措施，对涉民营企业案件羁押必要性每案必审，以无逮捕必要不批准逮捕14人；在法律范围内对9名民营企业主及其从业人员做不起诉决定。办理苏某涉嫌提供虚假证明文件罪一案时，发现苏某被羁押后公司业绩下滑、面临倒闭风险，及时启动羁押必要性审查变更强制措施，防止“办了案子、垮了厂子”。

【助力脱贫攻坚】 区检察院依法对贪污建设用地复垦资金、农村危房改造资金的长益村原党支部书记陈某某提起公诉。运用检察职能为农民工讨薪维权，帮助24名困难民工挽回经济损失14.6万元。向8名生活确有困难的刑事被害人及其家属发放司法救助金14万元，防止因案致贫、因案返贫。结对帮扶三合村57户、青羊村39户困难群众，协调扶贫资金58万元、自筹资金3万元，干警自发捐款捐物折合人民币3万元。

【生态环境司法保护】 区检察院围绕做好构筑绿色屏障、发展绿色产业、建设绿色家园“三篇大文章”，依法打击盗伐滥伐林木、偷排偷放污染物、非法捕捞水产品、非法采砂采矿等破坏长江流域生态环境犯罪233人。结合办案建立“增殖放流”“补植复绿”多元生态补偿机制，督促破坏环境资源犯罪嫌疑人、被告人缴纳生态修复金80万元，放养鱼苗30万尾，补植苗木4万棵，修复面积1000亩，建成具有涪陵特色的生态司法修复基地。办理最高检、公安部、生态环境部联合督办的王某某、张某某在长江流域非法跨省处置危险废物污染环境一案中，贯彻打击与修复并重的生态司法理念，促使行为人认罪悔罪的同时主动修复受损生态环境，入选“全国检察机关服务保障长江经济带发展典型案例”。立足长江上游、乌江之畔、三峡库区腹地的重要位置，主动担起区检察院全年生态环境领域公益诉讼立案42件，督促治理被污染损毁的耕地、林地、水域33.6亩，清理违法堆放的固体废物、生活垃圾4500吨，清理三峡库区消落区违法种植的农作物260亩。联合水利、生态环境等有关部门拆除渠溪河水域的拦河渔网，联合农委、渔政等有关部门拆除“上磨沱”水域的养鱼网箱，解决这两起持续多年的难题。长江河道消落区整治行政公益诉讼案入选“2019年全市检察机关服务保障长江经济带发展典型案例”。落实“保护长江母亲河专项行动”和“污水偷排直排乱排整治专项行动”，回应人民群众关切的城区生活污水、建筑工地污水、屠宰场所污水乱排放问题，发出检察建议11份，督促整改问题5个。

【维护国家安全和社会稳定】 区检察院

努力为新中国成立70周年创造安全稳定的法治环境，全年批捕各类刑事犯罪537件814人，起诉679件1152人。坚决维护国家政治安全，批捕“全能神”“0始天运”等邪教组织犯罪5件7人。严厉打击影响人民群众幸福感、安全感、获得感的犯罪，起诉故意杀人、绑架、强奸等严重暴力犯罪7人，起诉抢劫、盗窃、诈骗等多发性侵财犯罪340人，依法从快办理代某某等3人“套路贷”诈骗案、唐某某等8人利用“伪基站”诈骗案。开展“保障千家万户舌尖上的安全专项行动”和“食品药品安全‘四个最严’要求专项行动”，依法从快批捕利用非食品原料加工、销售“猪油”制品的沈某某等9人；联合市场监管部门集中整治校园周边摊贩、药品零售店铺和网络餐饮店铺的无证、超范围经营问题，发出检察建议7份，督促整改问题5个。

【防范化解重大风险】 区检察院领导干部带头接访下访和带案指导化解，受理控告、举报、申诉案件145件，化解涉检重大信访风险案件2件。落实“群众来信件件有回复”制度，对44件来信做到7日内程序性答复、3个月内办理过程或结果答复“两个100%”。贯彻落实宽严相济刑事政策，按照全国人大常委会《关于在中华人民共和国成立七十周年之际对部分服刑罪犯予以特赦的决定》，对6名社区服刑罪犯特赦进行同步检察。

【创新社会治理方式】 区检察院开展以防性侵、防欺凌、防诈骗为主题的“莎姐普法•大接力”活动，检察长受聘担任涪陵职教中心法治副校长，为该校3500余名师生上《坚守法治信仰，成就美好人生》专题法治课；将多发犯罪问题编写成普法小故事，联合涪陵人民广播电台推出“检察官说法”栏目。结合办案分析犯罪规律，提出加强社会治理的检察建议16件。加强未成年人综合司法保护，与区公安局、妇幼保健院共同建立“一站式”被害人询问、救助中心，与涪陵职教中心联合建立未成年人观护帮教基地。办理的张某某等三名孤儿监护缺失和监护侵害一案，入选“2019年全国检察机关依法维护妇女儿童权益十大典型案例”。

【健全完善各项协作机制】 区检察院始终在党委和上级检察机关的总体部署下推进公益诉讼检察，依法立案53件，发出诉前建议48件，提起刑事附带民事公益诉讼已获胜诉裁判7件。区委、区人大常委会主要领导分别对公益诉讼检察做出批示，区委办、区府办联合印发《关于支持检察机关提起公益诉讼工作的通知》，与区河长办联合制定《加强协作配合共同维护水生态安全合作意见》，畅通与公安、水利、生态环境等部门的协作机制，推动人大代表、政协委员参与公益诉讼巡山、巡河常态化。

【诉讼监督】 区检察院全年刑事诉讼监督立案21件、撤案11件。纠正漏捕9人、漏诉27人，对不构成犯罪和事实不清、证据不足的不批捕147人、不起诉39人。对认为确有错误的刑事裁判，提出抗诉2件。办理蔡某某涉嫌出具证明文件重大失实一案，针对嫌疑人的辩解开展技术性证据审查，监督有关部门依法重新鉴定，有效防止了错案的发生。

民事诉讼中全年提请抗诉2件，改判4件（含2018年提请抗诉）。发出改进审判活动检察建议38件、改进行政违法检察建议5件均被采纳。对17件裁判正确、做出不支持监督申请决定案件的申诉人，主动做好释法说理。开展虚假诉讼领域深层次违法行为监督专项活动，摸排虚假诉讼案件线索12条，监督纠正“假官司”1件，协助市检察院第三分院办理的张某强迫交易、虚假诉讼抗诉案入选“全市检察机关服务民营经济健康发展十大典型案例”。

【检察监督】 区检察院全年监督纠正刑事执行中的违法（违规）行为31件，办理刑事被执行人控告、举报、申诉案件17件，办理暂予监外执行提请、决定审查案件1件，办理收监执行提请、裁定审查案件5件。开展羁押必要性审查37人，提出建议后变更强制措施16人。苏某羁押必要性审查案入选“全国检察机关羁押必要性审查精品案件”；罪犯曾某社区矫正监督案入选“全国检察机关社区矫正监督精品案件”。

区检察院全年受理监察机关移送审查起诉的职务犯罪6件7人，起诉4件4人，向监察机关移送案件线索18件。强化与监察机关的协调衔接，提前介入监察调查3次，决定逮捕3人。

【落实司法责任制】 区检察院制订了《领导干部办理案件实施细则》，检察长、副检察长、检委会专职委员带头办理重大、疑难、复杂案件151件，占检察官办案总数的8.3%；检察官独立决定案件1519件，占比86.7%。进一步完善《检察官、检察辅助人员业绩考评实施细则》《检察官、检察辅助人员司法档案记录办法》，对458件案件进行流程监控，发布《期限预警提示》47期；对796件案件进行质量评查，通报瑕疵案件3件。加强检察官、检察辅助人员司法档案建设，如实记载依法履职情况。坚决防止关系案、人情案、金钱案，严格执行“三个规定”，对6起插手、干预、过问检察办案的情况上报备案。

【落实认罪认罚从宽制度】 区检察院严格执行修改后的刑事诉讼法，适用认罪认罚从宽制度办理案件659件1116人，案件适用率87.5%。起诉案件适用速裁程序和简易程序836人，占比79.2%，提高了办案效率；提出精准量刑建议784人，增强犯罪嫌疑人、被告人的合理预期，促使其及早认罪认罚得到从宽处理，更好地回归社会、回归家庭。办理夏某、夏某某故意伤害一案，发现该案是典型的邻里纠纷引起的偶发轻伤害犯罪，经多次调解促成两个家庭化解怨恨，双方主动达成赔偿协议，依法做出微罪不诉决定，实现了定纷止争的法律效果和案结事了的社会效果。

【智慧检务建设】 区检察院主导研发了“重庆市检察机关刑事犯罪信息查询系统”，为61个单位查询5000余人次，查出有犯罪记录9人，准确率达100%。运用无人机航拍技术协助办理白涛矿山复绿公益诉讼一案，入选《全国检察机关无人机技术辅助公益诉讼现场勘验参考资料汇编》，并在“最高检智慧检务沙龙”上做经验交流发言。全面启用讯飞智能语音系统、移动检务办公系统，统一业务应用系统的“捕诉一体”“公益诉讼”“职务犯罪”“量刑建议”子系统全部上线运行。

【队伍建设】 开展“不忘初心、牢记使命”主题教育。区检察院坚持以学习贯彻习近平新时代中国特色社会主义思想为主线，围绕“理想信念、宗旨性质、党性修养、政治建设”等专题开展学习研讨9次；领导班子带头开展调研，形成调研成果10个；开展爱国主义教育、廉政警示教育等活动7场，188人次主动参加义务助农、法治宣讲等志愿服务活动；聚焦党的建设存在的突出问题，对照检视问题18个，列出整改措施50个，整改完成38个；开展向先进人物学习实践活动，梳理19条服务民生的检察措施。深化全面从严治党、全面从严治检。区检察院落实党建工作主体责任，推动三会一课、谈心谈话、三述一评等组织生活制度落实落地；严格意识形态工作责任制，坚决肃清孙政才恶劣影响和薄熙来、王立军流毒，营造风清气正良好政治生态；常态化开展“以案四说”警示教育，运用身边典型案例开展全员教育2场；主动接受、主动配合市院党组整治“形式主义、官僚主义”政治巡察；树牢“作风建设永远在路上”的理念，坚持对违法违纪问题“零容忍”，开展专项督查17人次，驰而不息整治“四风”问题。培养专业能力和职业精神。区检察院坚持全员培训与分类培训、内部培养与外部拓展相结合，组织干警参加各类培训、讲座79期1228人次；持续开展检察实务专业练兵，与区生态环境局互派业务骨干挂职锻炼；承担最高检和市检察院理论研究课题各1项，在国家、市级刊物公开发表论文3篇，3名干警分别入选全市检察机关未检专业团队、外事人才库、环资专业团队，1名干警在“2019年重庆市检察官—律师庭审大赛”中获评“优秀公诉人”，12名干警入选全市案件质量评查人才库。

【接受人大和社会监督】 区检察院主动向区人大及其常委会报告工作2次，接受工作调研5次，提请任免检察员20人。执行五届人大三次会议各项决议，梳理“两会”期间代表委员的意见建议，对“创新法制宣传”“抓实公益诉讼”“完善智慧检务”等17条具体工作建议逐一分解落实、办理回复。抓好分片联络人大代表工作制度，中层以上干部主动联络28次。通过邀请视察、公开听证、座谈交流等形式为代表履职监督创造条件，举办“检察开放日”等各类活动8场，邀请人大代表、政协委员、人民监督员、特约检察员、社会群众196人次走进检察、了解检察、监督检察。确保检察权始终在阳光下运行，依法公开案件程序性信息1991条、法律文书842份。坚持向人大代表赠阅《涪陵检察》专刊，通过“两微一端”推送信息19000余条，及时反映检察工作动态。

法　院

【概况】 2019年，涪陵区人民法院由19个部门组成，其中人民法庭8个。全院有员额法官及其他工作人员160人，其中，员额法官62人，占38.75%；法官助理57人，占35.63%；司法行政人员24人，占15.00%；司法警察11人，占6.88%；另有，占司法编制的工勤人员6人。全年共受理案件23336件，审执结21608件。

【刑事审判】 区法院全年受理各类刑事案件601件，审结582件，判处罪犯908人。判处故意杀人、绑架、抢劫、故意伤害等犯罪169件225人，严惩强奸、拐卖、猥亵妇女儿童犯罪，判处8件8人。严惩毒品犯罪，审结贩卖、运输、制造毒品等案164件185人。严惩电信网络诈骗、非法集资等涉众型经济犯罪，依法审理范某某等35人诈骗等案7件141人，涉案金额达1.9亿余元。坚决惩治腐败犯罪，依法审结区监察委侦办职务案件4件4人。开展扫黑除恶专项斗争，审结涉恶案5件63人。依法审结涪陵区首例恶势力犯罪集团案件，严惩李某某等8名犯罪集团成员，判处其他涉案人员13人。

【民事审判】 区法院全年受理各类民事案件6247件，审结5999件，结案率96.03%。妥善审理婚姻家庭、劳动争议等案件1842件，调解结案785件，调解率42.62%。发出人身安全保护令5份。加大司法救助力度，为370件案件当事人缓减免诉讼费125.53万元。加大巡回审理力度，在田间院坝审理民事纠纷167件。着力民生权益案件执行兑现，集中发放农民工工资4次，共为460名农民工现场兑付工资2546万元。

【商事审判】 区法院全年受理各类商事案件3338件，审结2919件，结案率87.45%。审结金融借款、民间借贷等案993件，维护融资秩序。依法处置“僵尸”企业，共受理破产及破产衍生案57件，审结29件。依法审结重庆伟塑公司、华美公司合并破产重整案，实现了企业就地重生，为供给侧结构性改革提供了司法支持。

【行政审判】 区法院全年受理南川、垫江、丰都3区县行政诉讼案件418件，审结389件，结案率93.06%。司法引导“官”民良性互动，行政机关负责人出庭率达73.29%，协调或调解后原告撤诉70件，从根本上化解“官”民纷争。适度延伸行政审判职能，注重“以审代训”推进法制宣传，邀请党政机关领导干部旁听案件庭审227人次，力争做到“审理一案、影响一片”。

【环资审判】区法院全年受理涪陵、南川、武隆、垫江、丰都5区县环境资源案件443件，审结422件，结案率为95.26%。强化环境司法裁判说理水平，裁判文书荣获“第三届全国法院环境资源优秀裁判文书”优秀奖。强化检察机关提起的环境公益诉讼案件审理，高效办结刑事附带民事公益诉讼案8件。强化生态司法修复，参与建设用好涪陵生态司法修复基地，组织被告人在非法捕捞水域增殖放流2次，放流各类鱼苗11万余尾。助力市委环保督察重点案件办理，成功执结南川、垫江等区县环境资源案件，耕地、林地得到及时修复，助力守住耕地红线，助推国家自然保护区建设。顺利执结丰都县水务局行政非诉执行3案，促迁违建厂房4300余平方米，助力防范污染长江母亲河。

【执行工作】 区法院全年受理执行案件10109件，执结9170件，执结率90.71%，执行兑现金额10.48亿元。将2450人纳入失信被执行人名单，对8978人发布限制消费令，利用各类媒体曝光失信被执行人627名，对“老赖”形成有力震慑。开展“利剑2019•三集中”专项行动，依法拘留65人、腾退房屋17处、扣押机动车10辆，严厉打击规避执行、抗拒执行行为。妥善开展强制执行，服务“两线三片一城”重点项目建设，组织会同全区相关单位顺利执行完成重庆沿江高速支线白涛隧道工程的清场交付，推动工程全线复工。

【司法改革】 区法院压实院庭长办案责任，院庭长全年人均结案370.4件，占结案总数的65.13%。深化内设部门责任制改革，缩编6个部门，完成内设机构改革，建立繁案简案分流机制，构建起以法官为核心、以审判业务需求为导向的新型审判团队。深化内设岗位责任制改革，试行岗位职责清单化管理，提高执法办案效率。深化刑事诉讼制度改革，强化诉辩对抗，被告人律师出庭辩护率达100%；刑事庭审实质化真正落实，证人、鉴定人、侦查人员等出庭作证和说明情况18人次，普通程序案件证人出庭率为52.94%。

【队伍建设】 区法院坚持党的绝对领导，党组会研究决定执法办案、司法改革、扫黑除恶等重要工作59次，向区委及其政法委请示汇报工作14次，确保带领全院坚持正确政治方向。开展“不忘初心、牢记使命”主题教育，通过边查边改和开展8个专项整治，班子和班子成员已整改问题104个。党组中心组开展集中学习18次，全院开展部门学习、支部学习等150余次。选树先进典型，获得市级表彰的先进集体5个、先进个人14人次。区法院连续三年获评重庆市执行整体工作先进法院、执行工作成绩突出被市三中法院荣记集体三等功，一名同志被重庆市高级人民法院荣记个人二等功，一名同志荣获“全市法院执行攻坚十佳干警”称号。

司法行政

【概况】 2019年，涪陵区司法行政系统在区委区政府和市司法局的坚强领导下，强化责任担当，忠实履行职责，各项工作取得新进展，收获新成效。涪陵区司法局被司法部表彰为“2019年国家统一法律职业资格考试工作表现突出单位”；新城区司法所被司法部表彰为全国先进司法所；白涛司法所被重庆市人力社保局、重庆市司法局表彰为重庆市司法行政系统先进集体。

【政治建设】 涪陵区司法行政系统认真学习党的十九大及十九届二中、三中、四中全会精神，学习《中国共产党政法工作条例》，学习习近平全面依法治国新思想新理念新战略，全年召开中心组学习9次，专题学习24次，撰写理论文章7篇。组织开展“不忘初心，牢记使命”主题教育活动，班子成员带头学习、带头整改落实，共开展领导班子集中学习研讨

12次，实地走访调研20余人次，形成调研报告7篇；检视领导班子问题19个，已整改17个；检视班子成员问题16个，已整改13个，检视基层党组织问题9个，已整改7个。全面肃清孙政才恶劣影响和薄熙来王立军流毒，推动司法行政系统政治生态整体向好。

【依法治区】 区委依法治区办认真履行职能职责，召开区委全面依法治区委员会第一次会议，明确协调小组和工作规则。做好法治政府建设示范创建，有关行政服务中心建设工作的做法在全市依法治市培训会上做交流发言。接受市委依法治市办关于“食品药品执法监管”“营造法治化营商环境、保护民营企业发展”专项督查。在全面自查基础上，组织对全区重点行政执法部门和乡镇街道开展全面依法治区和法治政府综合性督察，科学制定下发全面依法治区考核实施细则，推动相关工作。

【依法行政】 区司法局加强规范性文件监督管理，全年审查政府行政规范性文件12件，牵头对区政府制发的现行198件规范性文件进行集中清理，确定继续施行86件，废止74件，修订38件。推行行政执法“三项制度”，指导各乡镇街道和20余个重点执法部门配备执法记录仪，建立并实施重大执法决定法制审核目录清单。加强行政许可、行政处罚有关信息公示，相关平台公示行政许可信息20925条、行政处罚信息693条。执行行政人员持证上岗制度，为160名执法人员新办执法证。正式启用全国行政复议工作平台，实现案件在线办理、在线监督，严格依法办理行政复议案件57件。做好涉及全区行政审批制度改革、政府重大合同审查等涉法事务的处理，审核各类涉法文件40余件，提合理化建议30余条。

【普法宣传】 区司法局组织开展法治宣传教育典型案例征集活动，共征集典型案例37个；开展法治微视频征集活动，共征集“我与宪法”微视频、法治动漫微视频作品15个；开展“最美法律志愿者”推选活动，评选出区级“最美法律志愿者”8名。同时强化重点对象普法，区司法局先后组织全区149名副处级以上领导干部到区法院旁听案件审判，对41名新提任领导干部进行法治理论知识考试，组织218名处级以上领导干部参加了法治理论知识考试抽考，在区市场监管局、区林业局等6个单位组织1380余人开展干部学法差异化考试。区普法办和区教委联合印发《关于开展“法治进校园”宣讲活动的通知》，在全区各中小学开展了以法治与安全为主题“开学第一课”。区司法局持续深化扫黑除恶、食药品安全、安全生产等群众切身利益密切相关的法律法规宣传，全年共开展街头法制宣传150余次，出动法制宣传车540余台次，举办法治文艺演出110余场次，普法微信公众号矩阵、“村村通”广播推送和播出普法内容90余期，播放法治公益广告1300余条，受教育群众达70余万人次。涪陵区被评为全国“七五”普法中期先进区县。

【矛盾纠纷化解】 涪陵区在矛盾纠纷化解工作中推进“诉调”“访调”“警调”三调对接工作，成立了区信访事项人民调解委员会和人民调解驻法院调解室，在8个实有警力20人以上的派出所建立了“驻所调解室”，全区多元化解矛盾纠纷体系更加完善。全年新增专职调解员56人，新建专家库2个80人，全区共有专兼职调解员4532人。全年对2018年调解的14099件人民调解案件进行了分类逐件评查，简易、一般和疑难案件的合格率分别为99.6%、96.9%和99.8%。2019年，全区各级人民调解组织共排查纠纷1073次，预防纠纷1566件，调解各类民间纠纷14340件，调解成功14178件，成功率98.9%，涉及金额36876.71万元，人民调解作为维护社会大局稳定的第一道防线作用愈加明显。

【“两类人员”管控】 区司法局落实对社区服刑人员的监督管理、教育矫正和社会适应性帮扶措施，完成6名符合条件的社区服刑人员的特赦工作，全区全年接收社区服刑人员235人，解除矫正266人，在册246人，衔接率、管控率及信息录入率均达100%，监管对象定位率达100%，无社区服刑人员脱管漏管发生。加强监地衔接，接收刑满释放人员934人，规定接送率100%，安置率、帮教率分别达95%、100%。完成社区服刑人员与刑满释放人员风险排查入库工作，对有关人员逐个制订并落实风险防控措施，未发生重大不良事件。年内社区矫正远程视频督查系统建成并正式投入使用。

【法律服务】 区司法局不断完善公共法律服务实体平台标准化建设，年内确定区公共法律服务中心、3个乡镇（街道）公共法律服务工作站、30个村（社区）公共法律服务工作室为重点打造对象。做强“法援惠民生•关爱特殊群体”品牌，组织6名援助律师到全区11家建筑、住宿、餐饮企业开展农民工劳动合同普查与体检工作，提出违法违规条款和整改意见建议84条，受理农民工欠薪援助案件28件，为农民工讨薪25.15万元。完成《人民陪审员法》施行后首次人民陪审员选任工作，依照选任程序确定拟任命人民陪审员256名。推进刑事案件律师辩护全覆盖和律师参与调解两项试点，制定印发《关于开展刑事案件律师辩护全覆盖工作的实施方案》，启动以来共办理刑事案件律师辩护全覆盖172件。参加全区服务民营企业“三百”行动，开展“优秀律师服务民企行”活动，组织30名律师开展法治体检50余场次，出具法律意见书220余份，防范风险预案152个。一年来，全区律师共代理各类案件3525件；受理法律援助案件560件，接听“12348”热线电话880个；办理公证4112件，法医临床司法鉴定437件。

【队伍建设】 区司法行政系统贯彻落实中央八项规定及其实施细则精神，践行“群众路线”和“三严三实”工作要求，推进“六为”乱象专项整治，全系统党风政风行风持续向好。坚持每周一政治学习制度，全年举办各类培训、专题讲座20余次，培训党员干部100余人次，培训率达100%。不断增强基层工作力量，新招录4名司法助理员，全区27个司法所均实现2人及以上，任务重的城区司法所实现3-5人。经区委非公工委批准，涪陵区律师行业党总支正式升格为党委，标志着涪陵区律师行业党的建设进入新阶段。

军 事

涪陵区人民武装部

【思想政治建设】 区人民武装部学习贯彻习近平新时代中国特色社会主义思想和强军思想，传达学习上级党委扩大会议精神和习主席视察重庆时的重要讲话精神，开展“不忘初心、牢记使命”和“传承红色基因、担当强军重任”两项主题教育和专题教育。以中央军委党的建设会议精神为指导，落实从严治党要求。坚持民主集中制原则，提升新调整党委班子团结带领部队遂行任务能力和解决自身问题的能力。巩固政治整训成果，贯彻军委主席负责制，坚决彻底肃清郭、徐、房、张案件流毒影响，开展党章法纪教育，筑牢拒腐防变的思想堤坝。深入纠治“四个不纯”“七个弱化”突出问题和军委国防动员部巡察反馈问题整改落实，持续抓好警备区风气监察联系点8项重点内容的监察整改。打好意识形态斗争主动仗，开展“四反”教育和隐蔽斗争形势宣讲，确保部队民兵纯洁巩固、忠诚于党。

【战备训练】 区人民武装部贯彻落实《战备工作条例》，狠抓节日和敏感时期应急战备，修订完善各类应急预案，细化规范战备值班处置程序，完善军地信息共享机制，补充添置应急抢险器材装备，抓好应对自然灾害和突发事件的准备。围绕习主席本领拷问和“五个不会”问题，狠抓首长机关自身训练，坚持每周业务技能和体能训练，开展消防灭火演练和应急处突训练，强化应对突发情况能力。

【动员融合】 区人民武装部贯彻全国国防动员工作会议精神，推动区政府调整国动委办事机构，理顺动员运行机制，加快动员工作和核心任务对接。抓好基层规范化建设，依据《重庆市基层武装部规范化达标建设活动方案》和“试点先行、整体推进、分批达标、集中验收”的工作思路，协调区政府划拨专项资金支持基层武装部和民兵营（连）部规范化建设，完成基层60%以上单位规范化建设并通过警备区的达标验收。抓好兵员征集工作，提前3个月完成适龄青年兵役登记，登记率达100%。聚焦高学历青年做好宣传动员，协调收集近3年来参加高考和在外就读大学人员名单，充分利用传统手段和网络、微信、短信等新兴媒体在全区展开立体式宣传，完成为部队征集兵员任务，未发现任何违规违纪不良反应和廉洁征兵举报问题。

【军地共建】 区人民武装部推进武装工作与全区经济社会建设融合发展。围绕区委幸福美丽涪陵建设发展思路，组织驻涪部队和民兵参与生态绿化、防汛抗旱、森林防火、地灾救援、应急维稳等急难险重任务，先后组织民兵参与江东、江北森林火灾扑救。贯彻落实习主席视察重庆时有关扶贫工作重要讲话，开展精准扶贫活动，组织基干民兵与军烈属和伤病残家庭结成帮扶对子，筹集资金帮扶贫困儿童、对口支持大木乡土井村扶贫开发项目和义和镇贫困群众厕所改造，脱贫攻坚经验被国防报、强军网、人民网等军地多家媒体转发。与公安、信访、维稳等部门建立军地情报协作交流机制，接待办理退伍老兵档案核查，协调处理复转军人、军烈属上访信访。联合区退役军人事务局落实退役军人技能培训安置、随军家属就业、子女教育优待、送“立功喜报”和挂“光荣牌”等工作。

【安全管理】 区人民武装部围绕提质增效规范后装管理，坚持党委议训议管、当家理财、主官双签制度，加强对经费开支、物资采购、工程建设管理监督，调整实行营院社会化管理方式，提高后装保障能力和综合效益。以迎接国防动员部安全大检查为牵引，落实新条令条例和国防动员部“六个规范性文件”规定，加强人车枪弹密、水火电钱航、酒油黄赌毒、涉外涉地方和网络信息安全工作。对照国防动员部巡察和警备区安全检查指出的问题拉单列表逐一进行整改落实。加强重点演训活动、维稳抢险行动、实装操作训练中的风险评估及安全防范，确保战备训练活动安全有序。坚持开展经常性排查分析、督导巡查和量化考评，做到人员不失管、重点部位不失控、重要岗位不失察。

人民防空

【机构改革】 根据2019年涪陵区机构改革方案，组建重庆市涪陵区住房和城乡建设委员会，加挂区人民防空办公室牌子，设人防综合科，主要职责：拟订并实施城市人防工程、建设规划、计划；负责人防易地建设费使用和管理，参与并监督实施人防易地建设费征收；承担人防工程建设、管理相关工作；监督指导地下空间贯彻人民防空要求执行情况；参与地下空间建设和开发项目规划工作；承担人民防空通信、警报网的建设和管理，拟定并定期修订防空袭方案及实施计划；承担防空防灾一体化建设、人防宣传教育和培训等工作。区住建委党委书记、主任曾庆明主持全面工作；吕红波分管人防综合科。

【腐败治理】 区纪委监委驻区住建委纪检监察组于2019年12月16日印发《全区人防系统腐败问题专项治理工作实施方案》，区住建委于2019年12月23日制订了人防领域腐败问题专项治理工作方案，开展自查自纠。

【防护工程建设】 重庆涪陵大木民防疏散基地于5月1日建成对外开放，可疏散安置人口2000人，结合民用建筑批建防空地下室37035.5平方米，竣工验收防空地下室4509.5平方米，启动人防指挥中心搬迁及洗墨路人防工程建设，预计2020年完成全部建设任务。

【组织指挥体系建设】 人防指挥中心全年完成网上训练40次，指挥车野外训练50次，跨区域拉动训练5次和电台日常训练；对所有防空警报进行维护保养，在“6•5”防空警报试鸣放时鸣响率达100%；新建3个防空防灾一体化社区；完成国防动员潜力数据调查、人民防空战备资源数据信息调查、“辉煌七十年、共筑新人防”比武竞赛、人防工程普查和空间信息系统数据调查等其他工作。

【宣传教育】 区人防办坚持开展人防教育“五进”活动，结合重要时间节点在人群聚集区、高校、初级中学、社区、纳凉点开展形式多样的人防宣教活动，发放宣传资料50000份，受益市民100000余人次，组织开展全区人防知识竞赛活动1次，相关报道被国家级、市级、区级报纸杂志、网络平台刊载12篇。

退役军人管理

【概况】 重庆市涪陵区退役军人事务局于2018年11月30日经中共重庆市涪陵区委机构编制委员会批准设立，机构规格为正处级，系区政府组成部门；2018年12月5日挂牌并正式运行。2019年3月4日，区委退役军人事务工作领导小组成立；5月21日，区退役军人服务中心挂牌并正式运行；5 月 23 日，调整全区双拥工作领导小组。区退役军人事务局设综合科、安置科、优抚（双拥）科 3 个行政科室，军休中心、光荣院、烈士陵园管理所、优抚医院 4 个正科级事业单位（其中军休中心为参公事业单位）成建制转隶。2019 年 5 月 28 日，27 个乡镇（街道）、422 个村（社区）退役军人服务站全部挂牌并正式运行。全区三级服务平台的建设完成，形成了横向到边、纵向到底、覆盖全员的退役军人服务网络体系。

【安置工作移交】 2019 年，区退役军人事务局全面完成退役军人及随调家属的接收安置工作。成立了全区退役军人安置工作领导小组，制订了《退役军人安置工作方案》，实行安置过程全监督、信息全公开，实现“阳光安置”。建立了自主就业退役士兵一次性经济补助的自然增长机制。

【退役军人就业创业】 2019 年，区退役军人事务局组织了 1 次“退役士兵第一课”活动、4 次政策宣讲会，应训率 100%。举行 3 次退役军人招聘会，其中“金秋月退役军人专场招聘会”，参与的退役军人 500 余人，初步达成就业协议 150 人。开展退役军人学历教育、职业技能培训，推荐 1092 名退役军人进入高职院校继续学习。

【拥军优抚】 2019 年，涪陵区为优抚对象及时发放抚恤补助金、地方优待金、医疗补助金、物价补贴，支付门诊补助和住院补助，发放公共租赁住房租金补贴。做好 1—6 级在院伤残军人和集中供养人员的医疗护理、生活保障工作。立足解决退役军人“三难”问题（生活困难、住房困难、医疗困难），发放临时生活及医疗救助，为困难优抚对象的危旧房进行维修改造。发放义务兵家庭优待金、大学生入伍奖励金。为自主择业军转干部缴纳医保及垫底资金、发放地方补贴，为退休及下岗失业企业军转干部缴纳医保。

区“四大班子”主要领导在春节、“八一”、国庆期间带队走访慰问优抚对象，上门为优抚对象悬挂光荣牌。全区各级各部门累计走访慰问优抚对象 3 万余人次，为他们发放慰问金（品）、悬挂光荣牌、赠送春联和“光荣之家”年画。区领导带队为新中国成立前参加工作的老战士、新中国成立后因战荣立一等功退役军人发放“庆祝中华人民共和国成立 70 周年”纪念章，为荣立二等功、三等功现役军人家属送立功喜报 11 份。成功挖掘了复员老战士、一等功臣易禄亨和退役军人创业先锋杨在兴的典型事例，二人均荣获“重庆市模范退役军人”称号。易禄亨老战士先进事迹被中央宣传部、退役军人事务部、中央军委政治工作部联合报道。

【褒扬纪念】 2019 年，区退役军人事务局对全区 100 名烈士信息进行核对、修改、补充、完善，形成烈士信息数据库。推进“英烈精神归故里”公益活动，通过多方努力为 1 名烈士找到亲人。整理和编撰英烈书籍，挖掘英烈精神，对区烈士陵园进行全面升级改造，对 33 处烈士纪念设施进行维修管护，编印《涪陵区抢救保护英雄烈士纪念设施宣传图册》和《涪陵革命遗址通览》，弘扬英烈文化。组织开展“传承•2019 清明祭英烈”宣传教育暨烈士祭扫、烈士纪念日等纪念活动，党政机关干部、部队官兵、学生代表及社会各界人士近 10 万人参与。

【军休服务】 2019 年，涪陵区采取中心 V 网服务和互联网 + 服务模式，全面落实军休干部的“两个待遇”。每月组织军休干部集中学习党章、党规、党纪和法律知识，开展理想、信念、形势教育，引导军休干部做到政治坚定、思想常新、遵纪守法。开展走访慰问和文体娱乐活动，打造“健康小屋”“学习小屋”“学习型军休家园”，不断提高军休干部晚年生活质量。2019 年，区军休中心被评为“重庆市退役军人工作模范单位”。年内“军休苑”项目建设稳步推进，主体工程全面完工。

生态文明

概　述

【概况】 2019年，涪陵区2个国控断面水质优良比例100%，长江清溪场、乌江麻柳嘴、碧溪河百汇等3个断面水质全部达到或优于Ⅲ类，乌江涪陵段水质连续两年为优，纳入市上考核的次级河流均满足Ⅲ类水质要求，城市建成区无黑臭水体，城区、乡镇集中式饮用水源水质达标率分别达到100%、88%。城区空气优良天数达322天，居重庆主城都市区23个区县第4位，其中优天数135天，较上一年度增加20天，无重污染天气发生。空气中二氧化氮和PM_{10}浓度较上一年度分别下降8.3%、8.5%，$PM_{2.5}$浓度与上一年度持平。

【机构设置】 2019年3月，涪陵区环境保护局更名为区生态环境局，是区政府工作部门，实施以重庆市生态环境局管理为主的双重管理体制。截至2019年底，有在职在编职工85人，其中班子成员6人，内设办公室、组织人事科、综合督查科、组织人事科、行政审批科、水环境保护科、大气环境保护科、土壤环境和固废物管理科、自然生态保护科。下属3个事业单位：涪陵区环境行政执法支队、涪陵区生态环境监测站和涪陵页岩气环保研发与技术服务中心。区环境行政执法支队为副处级单位，贯彻执行环境保护的有关法律、法规和规章、标准，查处环境违法行为，参与突发环境事件应急处置，负责环境信访投诉的调查处理；区生态环境监测站（挂重庆市生态环境监测中心涪陵分中心牌子）部分监测业务工作辐射武隆、垫江、南川、石柱、丰都、忠县、长寿、万盛等周边区县；页岩气中心为全国页岩气开发环境保护服务的科研型事业单位，主要任务是页岩气开发环境保护政策研究、实用技术研究、基础科学研究、技术咨询等。

城市环境

【交通污染治理】 涪陵区全年淘汰柴油车286辆，路检机动车尾气4160余台次，查处机动车超标排放行为921起；新投放纯电动公交车50辆，全区纯电动公交车达281辆，占公交车总量57%，位居重庆市区县第一位；完成4座年销售汽油量5000吨以上加油站油气回收在线监控系统建设，开展车用油品质量执法抽检，未发现不合格产品。创建和巩固扬尘控制示范工地10个、示范道路10条。

【工业污染治理】 涪陵区完成中机龙桥30万千瓦煤电机组超低排放改造，完成豪山家具、蓬威石化、宏声印务3家企业挥发性有机物治理并达标稳定运行，完成剑涛铝业强制性清洁生产审核，全区20家烧结砖瓦行业企业完成错峰生产任务。

【生活污染治理】 全区53家餐饮经营单位、27家机关事业单位食堂完成餐饮油烟治理，重新划定烟花爆竹禁燃区，巩固已划定的52平方千米高污染燃料禁燃区。

【固体废物管理】 涪陵区年内开展长江经济带固体废物大排查，完成固体废物非法堆存点位整治。推进危险废物规范化管理，对2家危废经营单位和15家重点监管源企业开展“一物一码”精细化管理，完成一般工业固体废物、危险废物产生源以及危险废物经营单位申报登记，推进页岩汽油基钻屑脱油灰渣存量无害化处置。加强龙桥、白涛2个一般工业固废堆场和医疗废物处置场所监管。区生态环境局督促区内4家涉重金属重点企业执行相关行业污染物排放国家标准规定的特别排放限值，实施柯锐世（重庆）电气有限公司溶铅制粉等工艺过程清洁生产技术改造，督促三爱海陵完成原电镀生产线关停和异地搬迁治理改造。完成重金属行业污染源排查，督促14家土壤污染重点监管单位制订土壤及地下水自行监测方案。2019年再开发利用地块土壤环境调查与风险评估率达100%。

【声环境治理】 全区落实声环境质量限期达标规划，新增市级安静居住小区2个，复查验收通过2个，噪声达标区面积达55.97平方千米。开展中高考禁噪行动，确保全区中、高考及全国英语四、六级考点的宁静。区域环境噪声平均值52.8分贝，交通干线噪声平均值65.3分贝，城市建成区夜间功能区噪声达标率90%。

【核安全防控】 涪陵区贯彻落实核安全法，修订《涪陵区生态环境局辐射事故应急预案》，强化辐射环境安全管理。加强辐射安全许可和辐射类建设项目审批，辐射安全许可证新办证5件、重新办证13件、变更办证6件，延续办证5件。电磁类建设项目环评27件、电力类建设项目环评备案18件。强化自动站运行管理，坚持每个月开展2次以上维护检查。对全区5家放射源单位开展专项执法检查3次，处理辐射环境污染投诉5件。

【构建绿色产业】 涪陵区坚持走生态优先、绿色发展之路。涪陵化工南岸浦厂区于2019年10月31日全面关停。区经信委制定了《涪陵区利用技术标准依规淘汰落后产能工作方案》，完成1214家工业企业生产工艺装备和产品情况核查。制订《涪陵区引导分散企业进入工业园区工作方案》，启动分散企业入园工作。全区开展了船舶建造能力评定，推进分段式、模块化建造方式。太极集团重庆涪陵制药厂有限公司成功创建市级绿色工厂。

水环境

【河流治理】 涪陵区印发了《涪陵区长江保护修复攻坚战实施方案》。开展长江及其主要干流入河排污口现场核查，现场排查长江乌江点位553个，其中长江段点位449个、乌江段点位104个，比国家原登记点位数增加53个。对入河水质开展快检点位112个，人工监测点位72个。落实1080万元，启动49个工业企业入河排污口整治。督促乌江沿线13家企业投入434万元开展废水整治。开展污水偷排偷放专项整治，出动检查人员7715人次，检查点位4416个，立案调查污水偷排偷放违法行为80余起。启动渠溪河、梨香溪、来龙河、袁家溪、白洞溪等5条次级河流居民点污染整治。全年出动清漂船舶2684艘次，清理水域漂浮物1.14万吨。

【饮用水水源地保护】 全区推进乡镇集中式饮用水水源地规范化建设，完成18个集中式饮用水水源地保护区规范化建设，全区乡镇集中式饮用水水源地规范化建设比例达到40%以上。确定“万人千吨”水源地名单24个，完成水源地环境问题排查整治。开展饮用水水源保护区违建别墅问题清查整治专项行动，保护区内未发现违建别墅。完成马武、焦石、罗云、同乐、百胜等5座乡镇污水处理设施技改，区财政支付费用运行污水处理站99个。完成万达广场等7家企事业单位的污水治理设施整治，完成18家榨菜企业废水处理设施的升级改造工程，完成龙潭镇场镇道路排水管网改造、百胜榨菜污水处理厂升级改造、地表水国考断面防护区规范化建设和集中式饮用水源地保护区规范化建设等4个中央水污染防治专项资金项目，新建城镇二、三级污水管网60余千米。

污染防治

【污染防控法治化】 年内涪陵区强化环境执法与司法联动，区生态环境局与公检法联合出台《涪陵区环境行政执法与司法联动工作机制暂行办法》《关于在生态环境保护工作中加强公益诉讼协作配合的若干意见》等规范性文件。全年共约谈各类企业41家次，立案查处各类环境违法案件94件，罚款544.4万元，移送公安机关3件。对金科柏翠府、常捷医药两起违法案件依法提起生态赔偿。

【环境问题整改】 年内完成了第一轮中央生态环境保护督察反馈的中化涪陵化工环境问题整改，中化涪陵化工南岸浦厂区10月31日全面停产，日处理能力3600立方的磷石膏渣场渗滤液污水处理站建成投运，完成磷石膏渣场覆土复绿780亩，第一轮生态环保督察反馈100个问题彻底销号，顺利通过中央生态环境保护督察组对第一轮中央生态环境保护督察反馈问题的整改情况核查，完成第二轮中央生态环境保护督察迎检工作。第二轮中央生态环保督察交办的45件群众投诉问题，已整改办结39件，剩下6件在规定时限内有序推进整改。年内区生态环境局跟踪长江岸线生态保护修复专项督察所涉及的码头手续问题，全部制订了整改方案。

【环境安全防范】 年内涪陵区修订了《涪陵区生态环境局突发环境事件应急预案》《涪陵区生态环境局饮用水源地突发环境事件应急预案》；备案风险评估报告65个，登记各类风险信息65家，排查整治隐患30个。全年受理群众环保投诉806件，总数较上一年下降27.3%，投诉处理率100 %、结案率100%、群众满意率99.8%。全年无重特大突发环境事件和生态破坏事件发生。

【生态文明体制改革】 涪陵区继续完善流域联防联控机制，涪陵区、长寿区、南川区、武隆区、丰都县5区县签订了流域水污染防治联防联控工作协定，制订《涪陵区建立流域横向生态保护补偿机制实施方案（试行）》。建立四联单制度规范全区船舶废弃物处置，实现餐饮船舶废弃物上岸处置全覆盖。完成《重庆市涪陵区生态环境保护综合行政执法支队机构编制方案》编制。

生态监控

【污染源监管】 涪陵区开展第二次全国污染源普查工作，代表全市接受第二次全国污染源普查国家验收。全区纳入污染源核实数量共计4169个，其中工业源3424家、农业源168家（规模化畜禽养殖场）、集中式污染治理设施134家（其中集中式污水处理厂128家、生活垃圾集中处置场4家、危险废物集中处置场2家）、生活源442家（其中行政村303个、市政入河排污口52个、生活源锅炉6个、储油库2家、加油站79家）、移动源1家（油品运输企业）。

【水环境监测】 涪陵区全年完成地表水、饮用水、水华预警监测等水环境质量监测，完成67个乡镇饮用水源地调查监测工作。每季度对乡镇河流水库45个断面进行水质监测，对大木乡武陵村、百胜镇中心村开展农村环境质量监测。完成30家国控重点排污单位监督性监测和11厂次在线监测仪器比对监测，完成区控企业监督性监测90余厂次，完成10家VOCs企业、20家烧结砖瓦企业专项监测。全年获取各类监测数据8万余个。通过重庆市自动监控数据系统每日在重庆市生态环境局网站上公开重点环境监管对象污染物排放情况，污染源自动监控数据传输数据有效率达99%，自行监测结果公布率和监督性监测结果公布率达100%。

生态保护与修复

【生态保护】 涪陵区开展自然保护区生态环境监督检查、自然保护区人类活动遥感监测实地核查和“绿盾2019”自然保护地强化监督专项行动，拆除大木山自然保护区违法建筑53栋2.86万平方米，完成涉自然保护区25个扶贫项目的环保问题整改销号工作。完成1.5万头存栏生猪当量污染治理配套设施工程整改，规模养殖场、大型规模养殖场粪污处理设施装备配套率分别达95%、100%。全区江河湖库和三峡库区175米水位淹没区禁止肥水养殖，完成水产养殖三区划定。

【规划环评与环境准入】 年内涪陵区划定优先保护区482.48平方千米，重点管控区894.31平方千米，一般管控区1568.03平方千米。完成《长江经济带生态环境保护规划》中期评估。坚决禁止在长江干流及主要支流岸线1千米范围内新建重化工、纺织、造纸等存在污染风险的工业项目、5千米范围内新布局工业园区。不断强化项目环评审批服务，完成新扩改建项目环评文件审批111个；完成《建设项目环境保护登记表》备案项目161个；拒绝或暂缓审批项目11个。推动“两线三片一城”发展，完成68个“两线三片一城”项目的环评文件审批或备案，指导企业自主完成15个项目的环保竣工验收。加强建设项目跟踪管理和跟踪督办，跟踪服务在建项目“三同时”执行情况60余家次；指导26个新建成项目对环保设施调试运行情况进行公告；对41个未批先建、久试不验建设项目进行督办，已完成32个。严格监管重点行业排污，完成水处理行业、屠宰等15个行业105家企业排污许可证发放。

生态文明宣传

区生态环境局开展环保法“十进”活动，制作大型环保公益宣传牌5块，在700余个楼宇电梯间、商超、车站等设置LED视频宣传和平面广告牌，在太极、宏声、涪陵饭店等大型酒店设置宣传牌400余个，利用建筑工地、公交车、出租车设置环境宣传标语和字幕1000余幅，与巴渝都市报、手机报、电视台、广播电台等本地主流媒体开展战略合作进行生态文明宣传。组织开展环保开放周（日）活动，邀请人大代表、政协委员、社会人士、学校学生等累计1500余人次到企业、乡村、部门参观。区生态环境局将环保法律法规汇编成册，分发到各乡镇街道、企业及社会公众，提升群众学法、守法、护法自觉性。开展“六五环境日”宣传活动，发放各类宣传资料1万余份，现场受理群众各类环保举报投诉20余件次，区级有关部门负责同志、各乡镇街道环保分管领导和建环所所长、有关企业的干部职工代表及有关学校学生代表1000余人参加了启动仪式。开展生态环保征文比赛，在全区中小学征集环保征文1000余篇。

农业农村

概述

【概况】 2019年，涪陵区农业农村工作突出抓好产业结构调整、农业高质量发展、国家现代农业产业园建设、农业基础设施提升、农业农村改革、农村人居环境整治、农业农村风险防控等重点工作，全区农业升级、农村进步、农民发展。2019年全区实现农林牧渔业总产值103.4亿元，增加值71.2亿元，可比增长4.2%；农村常住居民人均可支配收入达16090元，同比增长9.5%。

【农业对外开放】 涪陵区全年完成农业协议引资重点项目2个、一般项目8个，共协议资金6.62亿元、同比净增5.42亿元；组织参加重庆19届西部农产会、浙江杭州2019农博会展示展销、江西南昌17届农交会展示展销、河南驻马店22届投洽会、北京农产对接 等全国农业展会，成功举办“第二届榨菜博览会”，承办全国龙眼荔枝产业大会。

【新型农业经营主体壮大】 全区区级以上农业重点龙头企业达到52家、其中市级27家、国家级5家；新增新型农业经营主体308个，其中新发展农民合作社290个、总数达1025个，新增家庭农场18个、总数达922个，“涪陵区睦和龙哥果品专业合作社”获24个全国农民合作社典型案例之一、“涪陵区洪家大院家庭农场”获第一批26个全国家庭农场典型案例之一。

【农业科技创新】 全年全区实施各类农业科研项目51项，结题项目17项，新申报科研项目34项，审定新品种2个，获国家发明专利授权2项，申报国家标准1项、重庆市地方标准3项，建成科技创新平台2个，完成中国榨菜全基因组测序及营养物质成分测定分析。全年农民教育培训共712人，新增6名青年农场主，累计完成基层农技人员培训113人、新型职业农民培育300人、农村初中生“绿色证书”培训3060人次、农村实用技术培训5600人次、农业冬春科技大培训1200人次。新增农业科技示范户300户，新建农业科技示范基地2个，广泛采用“农技推广App”等信息化推广手段，全区农业主推技术到位率达95%以上。开展新品种新技术示范22000亩，推广保温育苗技术118万亩、机插秧技术7.96万亩；推广水肥一体化1046亩、机械施肥5025亩、绿肥种植11850亩；推广“桑菜套作”3.5万余亩，着力蚕种两段全黑暗催青、共育室定卵收蚁等关键技术；推广池塘环保健康养殖模式、鱼菜共生综合种养模式、大水面“以鱼养水”模式；推广龙眼高接换种和树体矮化面积250余亩，引进龙眼、荔枝、茶叶新品种11个。

【农业信息化建设】 全区25个涉农乡镇街道新建立“益农信息社”站点332个，其中中心站1个、标准站181个、专业站150个，并接入“渝益农”平台，涵盖便民服务、公益服务、电商服务和培训体验功能，实现所有行政村全覆盖，2019年实现农产品网络零售额达2.82亿元，增25.2%。同时依托“国家现代农业产业园”创建了“榨菜大数据平台”和“涪陵智慧农业系统”。

【农业法制建设】 全区加强涉农行政规范文件清理，提请废止9件、继续执行17件，对涉及市场主体的政策措施文件开展公平竞争审查16件。深入推进行政审批“放管服”改革，对照市区县乡镇三级权力清单目录共领取事项352项；对网审平台79项办理类事项逐项研判，压缩办理时限，全面推进落实审批服务“马上办、网上办、就近办、一次办”共103件。区农业农村委组织开展“绿剑护农”“农资打假”“秸秆焚烧”“农药整治”等执法行动，完成执法抽检108批次，共查处各类违法行为51件、立案10件、结案7件，没收金额25247.2元。

【农业农村改革】 涪陵区落实农村承包地确权登记颁证“组织发动、调查摸底、测绘调查、平台建设、资料归档、总结验收”6项工作流程，基本完成全区25个乡镇街道承包地块外业调查和内业矢量化成图，涉及358个村、157.5万亩承包地，严格实施勘误修改和两轮公示程序，总体进度达97%以上；加快培育农村“三变”改革经营主体，全年共投入补助资金5770万元，新发展股份合作社255个，其中新组建榨菜股份合作社197个和中药材股份合作社26个；全面启动农村集体产权制度改革，基本完成全区378个涉农村、2565个涉农村（居）民小组清产核资45.86亿元。农村产权流转交易市场建设启动运行，办理完毕土地租赁项目4宗、涉及面积2232.9亩，全区家庭承包地适度规模经营达66.2万亩、规模经营集中度44.4%；落实财政资金2390万元，支持69个村（含60个贫困村）集体经济发展，完成20个扶持村集体经营发展试点工作，实施农业项目财政资金股权化改革投入3500万元。全年共开办政策性险种9个，政策性农险保费达4039万元，理赔金额4499万元，惠及农户50656户。

种植业

【概况】 2019年，全区粮食播种面积92200公顷，粮食总产量43.9万吨；蔬菜（不含青菜头）种植面积28686.67公顷、产量62.22万吨、同比分别增0.6%、0.5%，总产值达12.68亿元；青菜头种植面积48333.33公顷、总产量160.15万吨，榨菜产业综合产值115亿元。

【特色农业】 全区新增中药材种植基地3万亩，其中良种繁育400亩，中药材种植基地达到7.03万亩，金荞麦、前胡、紫苏、厚朴单品种植面积为全市区县第一；新建桑园2500亩，实现规模栽桑3008.60亩，发蚕种80210张，产茧56661担，蚕农售茧收入7937.65万元；烤烟、茶叶种植基地面积分别达到0.74万亩、1.30万亩；水果种植面积35.09万亩，鲜食瓜类种植面积1.60万亩，水果总产量21.14万吨、产值5.08亿元，其中柑橘种植面积20.16万亩。

【产业园创建】 区内榨菜生产示范基地、科技创新及科普示范基地建设等10个重点项目顺利完工，全面完成国家现代农业产业园10大项23小项建设任务及各类创建验收证明资料收集整理，探索创建“高科技＋精加工＋大产业”深度融合的“科工农”一体化现代农业高质量发展模式，探索建立“两份保证金、一条利益链”联农带农和惠贫带贫机制。2019年12月17日，涪陵区现代农业产业园获得农业农村部、财政部认定，是2018年度获批创建21个产业园中一年通过创建验收的8个之一，综合验收考评列全国第三位。产业园区新增国家级平台3个、市级平台3个，园区创新平台累计达26个，获得相关专利20项、编制国家标准1项，自主育成芥菜类品种2个和水稻品种3个；园区有榨菜科技型企业11户、科技示范户568户，全年园区榨菜产业总产值达79.8亿元，占全区榨菜产业总产值的78.2%，成品榨菜生产能力达30万吨以上，比创建之初提升87.5%。

【农业品牌】 全年全区新认证农产品“三品一标”68个，其中认证无公害农产品44个、绿色食品23个、农产品地理标志产品1个（“涪陵青菜头”）；新获评重庆名牌农产品12个、全国名特优新农产品1个，有效期内农业品牌总数282个。获得“巴味渝珍”商标使用授权企业5家，涪陵青菜头成功入选全国名特优新农产品目录，完成“全国绿色食品（青菜头）原料标准化生产基地”创建任务，涪陵榨菜荣获“2019中华品牌商标博览会金奖”。

林　业

【国土绿化行动】 区林业局深入实施国土绿化提升行动，采取任务、经费包干到乡镇，与乡村振兴、脱贫攻坚、废弃矿山、受损山体、长乌江两岸失绿地修复等统一规划，区定实施方案、乡编作业设计，分乡分部门一体实施，工程造林与群众造林、全民义务植树相结合，纳入年度乡镇党政实绩和农服中心考核的办法。全年共完成营造林9.03万亩（造林3.93万亩：退耕还林1万亩、疏林地及未成林地培育0.70万亩、农村四旁植树0.50万亩、农田林网和特色经济林造林1.73万亩；营林5.10万亩：森林抚育3.80万亩、幼林抚育1.30万亩），占市上下达任务的102.60%，59.40万人义务植树255万株，扩大了国土绿化面积。

【加强林业资源管理】 区林业局首次完成了全区四旁林木资源清查，完善了全区森林资源管理“一张图”，持续开展林地年度变更调查工作，及时更新林地资源数据库。严格执行林木“限额采伐、凭证采伐”制度，全面落实停止公益林和天然商品林商业性采伐要求，继续停止审批采伐松木，全年共执行林木采伐2.2万立方米，确保了年度采伐限额不突破。依法加强林地管理，严格落实用途管制，严控林地消耗，全年共审核审批建设项目征占使用林地171宗、2791亩，征收森林植被恢复费5708万元。落实森林资源管护制度，全年新聘请70名建卡贫困户群众担任保护林员，共落实572名专兼职人员（国有林45名、村社集体林527名），对163.8万亩天然林资源（公益林121万亩、商品林42.8万亩）开展巡护管理。积极查处整改森林督查发现问题，2018年督查发现的97个问题已查处整改了96个，2019年督查发现的72个问题稳步推进整改。落实国有林场森林资源保护目标考核管理要求，完成永胜林场400平方米顺江管护站房和450米鹅颈关管护公路、便道改造，推进编制大木林场清水塘等5个管护站房的改造方案，《永胜林场森林经营方案》《武陵山国家森林公园总体规划》完成报批。

【森林防火】 区林业局成立了森林防火安全科，专司森林防火林业安全。突出加强宣传教育、隐患查改、火源管控、巡山管护、队伍演练、值班值守等关键环节，强化监测、研判、整治工作，做到早安排、早发现、早处置，干部职工“包片挂乡”，加大对乡镇街道、林场、森林公园和林区景区的指导检查，建立完善了乡镇街道—村—社三级森林防火网格化管理制度。在森林防火期内，59个林区森林防火检查站和11个国有林管护站全天启动，对林区坟场、重点林耕结合部、林区作业点等落实人员全天巡查蹲守，全年未发生大的森林火灾，森林火灾损失率为0.14‰，低于控制指标。

【森林防虫】 作为疫情发生面积全市最多的区县，涪陵区防控形势严峻局面。全区锁定3年疫点数量拔除50%的目标，坚决守住疫情新增面积不超过3‰的底线，区委、区政府成立了以区委副书记为指挥长、两名副区长为副指挥长的“重大林业有害生物防控指挥部”，压实乡镇主体责任、属地责任和部门单位监管责任，制订防控方案、指导督促落实抓细、严格考核，筹集解决3500余万元投入防控，遏制了疫情快速蔓延扩散势头。2019年，马鞍街道、崇义街道、南沱镇、石沱镇、大木乡和大木林场6个乡镇级疫点实现基本无疫情，完成了年度防控任务。

【自然保护地管理】 区林业局持续整治自然保护地违建问题，对3类7个自然保护地排查出来的89个违法违规问题，建立清单，制订方案，明晰任务，实行“一案一策一册”管理，专班攻坚，限时整治，确保在2020年底全部销号交账。2019年末，共完成问题整治78个，拆除违建面积3.72万平方米，问题整改率达到87.6%。出台规范自然保护区内原住居民建房监管和项目建设管理两个文件，从源头上避免违法问题发生。配合规划自然资源部门，开展涉林违建别墅和“大棚房”清理整治。年内，大木山、江东两个自然保护区的管理工作通过市上检查评估。在西南大学和市林科院专家组支持下，开展了自然保护地体系优化调整工作，形成“一区五园”优化调整方案。

【生物多样性保护】 区林业局配合有关部门开展了湿地保护立法调研。完成了1538株古树名木的保护挂牌，开展了古树名木“一树一策”工程保护方案的编制和实施。依托区内重庆嘉叶动物园建立野生动物救助站，救助伤病、受困、迷途等野生动物52只。提请区政府依法划定了陆生野生动物禁猎区，规定了禁猎期、禁猎行为、禁用猎捕工具和方法。按照上级部署，开展陆生野生动物疫源疫病监测和外来生物调查，开展非洲猪瘟野猪饲养繁殖场所和林区疫情查处报告工作，未发现野猪异常死亡情况。

【打击涉林违法犯罪行为】 区林业局组织开展了“绿卫2019”森林草原执法、自然保护地违法违规问题大排查大整治、林地非农化问题清理整治、森林督查发现问题查处整改等系列专项执法行动，严厉打击各种破坏林业资源和森林生态环境的违法犯罪行为。2019年，全区未发生破坏资源生态环境重大案件，共查办林业行政案件51件，查处率100%，提请人民法院非诉执行25件；共立涉林刑事案件12件、破12件，破案率100%，抓获犯罪嫌疑人10人，移送检察机关起诉13人。

【推进林业产业发展】 区林业局组织林业专家、乡土人才，围绕油茶、笋竹、花椒、核桃等经济林栽培管理，推广应用林业科技，深入实地为林农、建卡贫困户群众或林业大户开展培训、提供咨询。全区近4万亩油茶林经济效益开始全面显现；重庆三峡笋业有限责任公司等3家企业创建为市级林业产业化龙头企业。2019年，全区林业产业产值实现37.1亿元，增长11.4%。

【林业改革】 按照党政机构改革工作安排，区林业局机关职能、机构、人员的改革平稳有序开展，林权抵押与林权纠纷档案移交区不动产登记中心、区森林公安局转隶区公安局。集体林权改革实施方案落地见效，涪陵区《森林保险管理办法》《森林灾害理赔办法》《商品林投保承保补贴制度》和《森林灾害现场勘验制度》及时印发施行，林权流转管理服务及相应管理机制得到改进，林地经营权流转交易市场得到规范，商品林参保率、森林灾害理赔率都达到100%。推进“市集体林业综合改革试验区”建设，制订了“完善森林保险制度”“完善林权流转管理制度”，南沱镇治坪村笋竹基地作为林业“三变”改革试点，进一步规范、优化了运行管理办法。推进黄旗涪陵司法生态修复基地建设，探索创新生态修复机制。

【国家森林城市创建】 《涪陵区建设国家森林城市总体规划》获得国家林草局批准备案。“创森”宣传有声有色，市民的创森知晓率、支持率、参与率、满意率不断提高。评选出了“区树”黄葛树、“区花”杜鹃花。中心城区美化提升、受损弃置地生态修复等项目建设进展良好。

畜牧水产业

【概况】 全区生猪出栏65.09万头，同比下降4.46%，生猪存栏及能繁母猪存栏分别为37.86万头、3.41万头，同比分别下降13.61%、12.28%，环比分别增长3.54%、下降4.75%，年出栏牛羊12万头只、禽兔865万只；区内黑山羊和增福土鸡等畜禽产品在全市具有较高知名度。全区水产养殖面积4.20万亩，水产品总产量19250吨、同比增0.80%，渔业经济总产值7.72亿元、同比增0.40%。

【渔民退捕转产】 年内区农业农村委印发了《渔船及渔民退捕工作流程》（涪农委函〔2019〕601号），先后两次召开退捕工作推进会。至年底，全区渔业船舶已停止航行作业，421户渔船退捕协议签订完成，522艘退捕鱼船已报废拆解484艘。

【动物疫情病防控】 年内有效防控了草地贪夜蛾重大疫情，对涉及疫情的9个乡镇街道、193亩疫情发生面积进行统防统治和农户分散防治；在25个乡镇、街道设置73个实蝇监测点，共捕获实蝇2415头，对4.3万亩柑橘进行大实蝇进行成虫诱杀，蛀果率降为4.25%，无害化处理蛆果72万千克；加强生猪监测调运，做好全区生猪生产监测，严格落实种猪、仔猪调运提前申报、落地报告、“点对点”调运等制度，对经产地检疫取得非洲猪瘟监测合格报告的实行畅通运输，以保障养殖场（户）及时补栏种猪、仔猪，加快恢复生产。

农业机械

全年全区推广各类补贴机具5648台，下达补贴资金515.993万元，受益农户达5612户，完成机耕作业面积232万亩、机收作业面积35.2万亩、机播种作业10.5万亩，主要农作物耕种收综合机械化水平49.5%，同比提高了2个百分点。

乡村振兴

【乡村振兴规划】 全区基本搭建起“1+2+7+N”的乡村振兴战略规划体系。即：制定了《重庆市涪陵区乡村振兴战略规划（2018—2022年）》和《涪陵区实施乡村振兴战略行动方案》《涪陵区精准脱贫攻坚战实施方案》2个总体方案，制订了农村人居环境整治三年行动、文化振兴、组织振兴、人才振兴、气象行动和榨菜、中药材产业升级行动等7个专项方案，303个村规划已完成编制159个。

【乡村振兴示范建设】 涪陵区推进“310”（3个乡镇、10个村）区级乡村振兴试验示范建设，全年累计实施重点项目47个，完成投资4.25亿元。其中市级乡村振兴重点村江北街道二渡村，已初步形成以榨菜产业为主导、以国家现代农业产业园为平台、以渝东南农科院为支撑、以榨菜集团为引领的“大产业＋大园区＋高科技＋精加工”特色发展模式，基本完成村空间规划和建设规划，正在加快重点项目建设。

【农村人居环境改善】 全区完成农村“三类人员”（建卡贫困户、低保户、五保户）改建卫生厕所8828户，C、D级危房改造5146户，旧房整治提升2850户；农村生活垃圾有效治理行政村比例达到100%，有效治理覆盖人口比例达到98.58%；安装公共照明路灯或庭院灯4800户；完成通组公路建设601千米、入户道路130千米；完成村庄公共场所绿化60公顷，建成村级文化活动场所94个；完成1.5万头生猪污染治理设施配套建设，规模养殖场、大型规模养殖场粪污处理设施装备配套率分别达95%、100%，完成130个养殖场粪污处理异位生物发酵改造建设。建设美丽宜居沿江示范村庄3个，创建绿色示范村庄21个、美丽庭院1050户。

农业生态

【耕地安全管控】 区农业农村委全年对38个农业面源污染国控点的11个土样和29个植物样品的监测及86个点位土壤污染实行常态化监测；完成2018年1.7万亩酸化土壤改良、耕地质量的等级评价工作，耕地质量平均等级为6.60级，同比提高了0.08个等级。完成全区2019年度200个耕地质量动态监测点的调查、采样和送检工作。

【农产品质量安全监管】 区农业农村委针对区内特色农产品、特殊时期、特别环节分别开展了专项监测，抽检青菜头211批次，监测合格率100%；对17家生产基地50批次农产品和4家农贸市场25批次农产品进行抽检，监测合格率100%；先后开展草莓、枇杷、梨等果品专项监测，抽检果品170余批次，监测合格率99.2%。全年完成区内农产品监测1080批次，合格率达99.8%，部级、市级农产品抽检200批次，渝西片区农产品检测1200批次。完成85个区内外水稻玉米种子样品进行监督抽查工作，种子合格率达100%。

【农业安全监管】 区农业农村委持续开展农机、渔船专项整治行动，开展路检路查、田间院坝检查65次，检查拖拉机119台（次），查处变型拖拉机违法行为50台（次）；依法查获渔业违规案件40起、涉案47人，取缔销毁三无涉渔钢质船2艘、塑料船1艘，收渔获物130余千克，现场放生鱼虾30余千克，检查渔船900余艘次，排查整治隐患9件，整治率100%。集中整治“大棚房”，清理排查项目3480个、农业设施6634个，涉及占地5147.6亩，其中塑料大棚2424个、占地2316.6亩，连栋温室49个、占地78.1亩。全面整改完成37个“大棚房”问题项目、恢复耕地57.3亩，顺利通过市级验收。

【农业绿色发展】 区农业农村委开展农业节肥节药行动，分别实施化肥、农药减量实验示范1000亩、20180亩，完成作物测土配方施肥293.8万亩、覆盖率达92.5%，秸秆还田28.2万吨，还田率62.7，全区秸秆综合利用率达90%以上；发展生态循环农业，全年畜禽粪便还田88.0万吨，还田率达65.6%；全区主要粮食作物病虫害防治面积185.35万亩次；全区37家榨菜企业进行废水处理设施升级改造，其中新增榨菜废水治理设施14座，技改升级16座，废水处理厂达42座，日均废水处理量为1.5万方，废水处理覆盖率达100%；完成第二次全国污染源普查农业源普查工作，对全区705个农业种植、水产污染源数据进行审核；持续推进农村沼气池建设，完成户用沼气383户，推广农村新能源，安装巩固退耕还林户用太阳能1350户。

水利建设

【概况】 区水利局是主管全区水资源及水利建设工作的区政府工作部门。2019年，局机关内设办公室、组织人事科、财务审计科、规划计划科、水资源管理科、河道管理科、水利水保科、水利工程建设与安全监督科、移民工作科、三峡库区工作科、信访法规与行政审批科等11个行政科室，下辖5个正科级参公管理单位（区防汛抗旱指挥部办公室、区水政监察支队、区水土保持办公室、区水利管理站、区移民工程管理中心）和1个正科级全额拨款事业单位（区水利电力基本建设质量监督管理站）。另辖4个差额拨款事业单位［3个中型水库管理所，1个小（一）型水库管理站］。局机关行政编制（包括工勤人员）42名，在编30人；参公事业编制60名，在编51人；全额拨款事业编制6名，在编6人；差额拨款事业编制15名，在编14人。2019年，区水利局被国家水利部、中国农林水利气象工会联合授予“全面推行河长制先进单位”国家级荣誉表彰，被市水利局、市总工会联合授予“全面推行河长制先进单位”市级荣誉表彰。

2019年，涪陵区完成各类水利建设投资7.24亿元，其中水利项目建设投资3.22亿元、三峡后续项目建设投资4.02亿元。累计建成各类水库160座［中型水库6座，小（一）型水库22座，小（二）型水库132座］，小型引水渠埝358条，江河固定电力提灌工程77处，山坪塘1.34万口，蓄、引、提水能力1.86亿立方米，有效库容1.48亿立方米；全区农田水利灌溉面积57.75万亩。农村小水电装机累计81处80523千瓦，水电年发电量24156万千瓦时。

【水源建设】 红星水库、杨家湾水库正式蓄水运行；双江水库全线开工，部分基础工程完工；黑塘水库工程红旗水库净水厂及输配水管网修建完成，有效保障五马周边地区用水需要；承担涪陵江南城区“双水源”供水任务的白鹤水厂建成投用，承担涪陵新城区、涪陵综合保税区“双水源”供水任务的李渡二水厂建设接近过半。

【防洪减灾】 长江蔺市段堤防护岸工程建成投用，有效保护蔺市古镇、美心洋人街项目免受汛期洪水威胁；30座病险小型水库完成除险加固整治，梨香溪、龙潭河、麻溪河等3条中小河流防洪薄弱河段正在加快整治。

【水生态建设】 涪陵区推进节水型社会建设，区水利局指导帮扶7个居民小区、8家公共机构、4家工业企业节水载体创建，落实12家规上工业企业循环用水试点、节水评审；开展长江经济带小水电清理整改，初步确立保留类、整改类、退出类水电站清单，全区67座水电站生态流量设施改造基本完成；推进“智慧河长”等河长制信息管理系统向更大范围延伸，推动各级河库长履职。全年区级河长巡河193次，乡镇级河长巡河3321次，村级河长巡河21500次。

【供水管理】 区水利局实施贫困户饮水安全问题“清零”行动，在遍访全区17563户贫困户的基础上，针对296户饮水安全不达标问题，实施“一户一策”整改销号；持续推进农村饮水安全巩固提升工程建设，实施人饮安全项目73处，其中水利扶贫项目28处，涵盖24个乡镇、街道，受益群众达12万人；实施城乡供水一体化工作，将农村水厂移交标准由日供水能力100吨以上调整为50吨以上，将农村管网总表设置由以村为单位调整为以社为单位，全区建制乡镇所在场镇供水全部移交区供水公司管理，同期完成28家制水设施老化落后的农村小水厂技改扩能任务，有效提升农村水厂供水能力。

【移民后扶】 龙头港一期工程、江东堤防及滨江路、凉塘小学等237个三峡后续项目建成投用，白涛、江东、南沱等集镇小区综合帮扶和百胜镇双河场、江北碧水等农村移民安置区精准帮扶等57个项目加快推进，移民小区基础设施、居住环境和出行条件得到明显改善；三峡库区群众职业技能培训完成3420人次；大中型水库移民后期扶持和三峡库区城镇移民困难扶助工作兑现直补资金782.25万元，落地项目25个、受益移民9077人。

【对口支援】 区水利局围绕“经济合作、小区帮扶、公益援助、移民培训和干部交流”等方面，努力创新对口支援工作的思路与举措。浙涪高层互访力度加大，通过“支洽会”“经贸合作洽谈会”等招商引资，达成经济合作项目2个，引进资金2.6亿元，落实浙江省对口援涪无偿捐赠资金3069.65万元。

【安全生产与信访稳定】 区水利局执行24小时汛期值班制度，做好汛期报汛和应急处置，向各乡镇街道、水利工程建设管理等单位发送预警信息31期，预警人数4万余人次，调整充实防洪抢险队伍，规范重庆市防汛抗旱物资涪陵储备库和涪陵4个分库的物资管理。开展“百日攻坚”和“建安行动”，加大安全隐患检查排查力度，共发现安全生产违法行为7起，实施行政处罚并整改到位。坚持“三到位一依法”原则做好信访工作，健全长效机制、法规政策宣传引导、矛盾问题化解和重点人员管控，确保了全区水利信访总体稳定。

扶贫开发

概 述

【概况】 涪陵区集库区、山区、革命老区于一体，曾属于市级扶贫开发重点区，于2015年脱贫摘帽。2019年全区有63个市级贫困村，占377个涉农行政村总数的16.7%；全区27个乡镇街道中有25个有扶贫开发任务。2019年，全区实现稳定脱贫860户2234人，顺利完成市级1400人脱贫计划，无漏评、错评、错退。全区有建档立卡贫困户17457户、54060人，其中未脱贫户23户51人，贫困发生率0.01%。

【扶贫队伍建设】 涪陵区严格落实脱贫攻坚“双组长制”和“一把手”负责制，区委常委会、区政府常务会全年分别研究脱贫攻坚工作19次、16次，召开全区扶贫开发领导小组会议9次、脱贫攻坚推进大会7次，研究出台脱贫攻坚政策措施文件和实施方案25个。开展区乡村“三级”书记遍访行动、干部联心行动，区委、区政府分别与25个有扶贫任务乡镇街道、23个行业部门签订巩固脱贫成果责任书。区委常委会、区委理论学习中心组、区政府党组、区扶贫开发领导小组组织专题学习20次，区委宣讲团和24个宣讲队深入乡镇街道、企事业单位开展专场宣讲1190场次，开展“五个一”宣传活动640余场，分级分类实施帮扶干部教育培训7期1625人次。单独设立区扶贫办（正处级单位）作为区政府工作部门，配备1正2副负责人和1名党组班子成员，成立扶贫发展中心，核定行政事业编制23个，采取直调、抽借等方式，实际工作人员达到35人。保持乡镇街道党政主要领导和扶贫分管领导脱贫攻坚期内总体稳定，乡镇街道全部成立扶贫开发办公室，落实扶贫专干3—5人。在全市区县率先选聘123名村级扶贫专干（扶贫信息员），打通扶贫政策落地落细的“最后一公里”。

涪陵区持续开展软弱涣散贫困村党组织排查整顿，将7个贫困村社区党组织纳入“不忘初心、牢记使命”主题教育期间集中整顿，及时调整不胜任的2名贫困村党组织书记；在每村落实8万元服务群众工作经费基础上，为63个贫困村分别拨付区管党费2万元，保障村级组织运转和阵地建设；实施贫困村党建工作专项考核，给予优秀党组织1万元以奖代补工作经费；实施农村带头人队伍整体优化提升行动，全覆盖培训村社区党组织书记、主任4期800余人；加强驻村帮扶力量，全区24个扶贫集团成员单位由89个增至117个；按照“3+3”模式（区级部门3人、乡镇街道3人），调整充实贫困村第一书记和驻村工作队员，新选派第一书记18人（市级8人）、驻村工作队员102人；按照“332”标准（区领导联系3户、处级领导联系3户、科级及以下干部联系2户），落实结对帮扶干部8788人，驻村帮扶和贫困户结对帮扶实现全覆盖。

【扶贫投入】 涪陵区在扶贫工作中强化扶贫资金管理，全年累计安排资金26172.2万元，其中：中央专项资金3380万元，市级扶贫专项发展资金2524万元，区级专项资金3400

万元、较上年增长19.39%，整合市级涉农资金16868.21万元、较上年增长89%。

【各级各类反馈问题“清零”销号】 涪陵区建立了“领导小组＋专项小组＋定点包干”责任体系，成立区委落实中央脱贫攻坚专项巡视反馈意见整改工作领导小组，下设整改办和11个专项整改小组，持续推进“访深贫、促整改、督攻坚”行动，33名区领导常态化深入联系乡镇街道村社区开展蹲点督战促改，累计解决各类突出问题145个；制订“1+1+11”配套指导文件（1个总方案、1个责任清单、11个子方案），严格执行督查、通报、考核、问责、集中办公、签字销号背书制度。年内中央巡视229项整改任务148个项目化问题点、国家考核76项整改任务84个项目化问题点、市级考核38项整改任务、212个项目化问题点、市委专项督查反馈7个问题和国家督查巡查举一反三反馈两个方面6个问题全部完成整改。

扶贫措施

【产业扶贫】 涪陵区组建产业扶贫专家组11个，落实专家43人，选派产业发展指导员613人，围绕以榨菜、中药材为核心的“2+X”扶贫产业体系，实现在家有劳动能力和产业发展意愿的贫困户全覆盖，按照未脱贫2000元、易返贫1000元补助标准，支持发展到户产业。全区完成50项中央脱贫攻坚专项巡视反馈问题、4个中央巡视组点对点交办涉及产业扶贫问题、33项国家和市级脱贫攻坚成效考核反馈问题、15个市级扶贫资金审计问题整改任务，完成48个未完工未报账产业扶贫项目建设。全区63个贫困村均按“一村一品”发展主导产业，带动贫困户2722户；全区按“一户一策”发展产业贫困户共计14832户，下达贫困户产业到户财政奖补资金计划197.14万元，扶持1628户贫困户重点发展榨菜、中药材、畜禽等产业。52户区级以上农业产业化重点龙头企业建成扶贫基地19.6万亩，涵盖中药材、榨菜、粮油、畜禽等10大产业，共计带动贫困户9481户，贫困人口25901人，带动贫困户发展产业户均收入3850元。组建农民专业合作社，吸纳5822户建卡贫困户，占入社会员总数的32.3%；构建“龙头企业＋股份合作社＋贫困户”的运行模式、“保护价订单＋带动务工＋保底分红”带贫惠贫利益联结机制，龙头企业与合作社签订订单协议218个、与会员签订保护价收购协议170个。

【销售扶贫】 涪陵区探索推行贫困村商品点对点销售、脱贫攻坚集市售卖、机关食堂定向采购、帮扶干部宣传代销等消费扶贫模式，依托涪陵电子商务产业园，建立农村电商平台6户、邮政网点318个、电商扶贫示范点46个，实现农产品网上销售额2.2亿元，同比增长25.3%；全年举办以“涪陵榨菜嘉年华”为主导的四季特色农业节庆活动20余个。

【就业扶贫】 涪陵区开发保洁、护路、巡河、护林等农村公益性岗位，新建扶贫车间5个，全年新增安置贫困人员148人；组织开展贫困劳动力就业培训897人，实现转移就业1142人；发放创业担保贷款154万元，扶持创业11人；建立贫困村致富带头人信息库，开展贫困村致富带头人培训204人。实施金融扶贫。年内落实扶贫小额信贷风险补偿资金3500万元，累计发放贷款8809户2.23亿元，贫困户获贷率达到50.2%。抓好生态扶贫。全年完成国土绿化提升行动营造林8.8万亩，加快特色经果林、生态旅游康养等生态产业发展。全区贫困人口就业占比达到39%以上。

【政策兜底扶贫】 涪陵区对贫困户实施精准动态管理，对卡内、卡外对象“两不愁三保障”落实情况开展拉网式大排查，累计完成摸排22.94万户63.75万人。加强扶贫与低保“两项制度”有效衔接，针对农村年老、重病、残疾等丧劳或基本丧劳，无法依靠产业、就业实现增收的特殊困难群体，采取低保兜底、临时救助等方式，确保实现稳定脱贫，2019年有纳入低保兜底保障5976人，残疾人补助3201人。

扶贫保障

【义务教育保障】 全区建立了区级部门、乡镇、村社、学校、家庭“五位一体”控辍保学体系，对4名厌学辍学学生落实专班专人开展劝学返校，对48名因病因残疾上学有困难的适龄儿童采取“三定三有”方式（定人、定时、定内容，有计划、有教案、有图片）送教上门，全区贫困家庭子女义务教育阶段入学率达100%；严格落实扶贫系统筛查、进村入户排查、学籍信息核查、学校班级巡查、资助中心审查“五查”制度，资助建卡贫困家庭学生12016名。

【基本医疗保障】 涪陵区严格落实健康扶贫“七重救助”机制，和“先诊疗后付费”“一站式结算”“分级诊疗”等政策，贫困户城乡居民医保参保率、财政资金资助参保覆盖率均达100%；安排财政扶贫资金540万元，为所有贫困对象购买“精准脱贫保”；乡镇卫生院、村社区卫生室标准化建设实现全覆盖，组建家庭医生团队409个，在家贫困户实现签约服务全覆盖，发放慢性病、重大疾病门诊医疗证明9825人；设立2000万元区级健康扶贫基金和1300万元扶贫济困基金，建立医疗兜底保障制度，实施医疗救助16632人次6169万元，贫困户门诊和住院医疗自付比例分别降至16.23%、8.1%，均低于国家和市级控制标准。

【住房安全保障】 涪陵区严控危房改造面积和质量，切实做到贫困身份、危房等级、改造验收三个100%核查，D级危房改造在市级补贴2.1万元/户基础上，区级财政配套1.4万元/户，采取拆除重建与加固维修并重方式，完成市上反馈130户危房整治改造任务。

【饮水安全保障】 涪陵区采取安装入户自来水、新建或改造自备水源、增大蓄水池调节能力等措施，全面完成市上反馈12户贫困户饮水安全问题整改任务，实施水利扶贫项目28个。

【完善基础设施】 涪陵区全年累计建成“四好农村路”1500千米，新修农村人行生产便道130千米；新建农村通信基站196个，4G网络信号进一步改善，光纤网络实现所有村社区全覆盖；实施农村电网升级改造项目9个、涉及7个乡镇街道；完成农村“三类”贫困人员改厕9050户；农村生活垃圾有效治理行政村比例达100%，有效治理覆盖人口比例达98.6%。完成村庄公共场所绿化60公顷，建成村级文化活动场所94个。

扶贫机制

【社会扶贫】 涪陵区建立完善了“万企帮万村”精准扶贫台账，落实78户民营企业对接联系54个贫困村、12个非贫困村；加强“中国社会扶贫网”注册管理，完成贫困户注册17700户、爱心人士注册38199人、信息管理员注册393人，贫困户发布需求204件，对接成功率达100%；开展“10•17”全国扶贫日故事宣讲、扶贫一日捐等系列活动，中科控股、金科集团等企事业单位累计捐款2100万元；抓好市内对口帮扶武隆区工作，及时分解下达年度重点帮扶任务11项，落实对口帮扶资金1172万元，完成基础设施、公共服务、产业发展等重点项目建设13个；完善精准扶贫对接机制，太极集团、榨菜集团、涪陵烟草、华兰生物等5户企业与武隆区5个贫困村所在乡镇街道签订对口帮扶协议，实施产业发展对口帮扶。

【志智双扶】 涪陵区在扶贫过程中重视

志智双扶，激发内生动力，全年组织开展农村实用技能培训8期352人、“精气神”培训113期8347人，发放脱贫故事简明读本、爱心书籍2.3万册，开展“身边的脱贫故事”微访谈活动，评选脱贫攻坚先进榜样20人，举办“走近脱贫典型•感受榜样力量”脱贫故事分享会1700余场次，“红色轻骑队”开展“精准扶贫、文化惠民”志愿服务扶贫活动200余场次，创作扶贫题材类节目40多个，开展各类公益性宣传活动280余场次，在中央、市级主流媒体刊登脱贫攻坚相关新闻稿件60篇（次），巴渝都市报、涪陵电视台刊播283篇（次），区内网络媒体推送314篇（次），新媒体平台发布541篇（次），脱贫攻坚浓厚氛围更加浓厚。

【作风建设】 全区查处扶贫领域案件62件62人，全部办结中央巡视组交办79件问题线索、处理55人；强化涉贫信访舆情处置，修订完善《涪陵区扶贫信访突发事件应急预案》《涪陵区重大涉贫事件处置预案》，接收“12317”交办的扶贫信访件14件、同比减少13件，且均按期办结，未发生涉贫工作到市、进京上访事件。

【关爱扶贫干部】 涪陵区从有脱贫攻坚任务的乡镇街道中提拔重用干部21名，从扶贫系统提拔重用干部2名，提拔2名贫困村第一书记担任乡镇行政正职；每个驻村工作队落实工作经费2万元，评选5名驻村工作队员为优秀共产党员，向市上推荐1名第一书记作为先进典型；对驻村工作队员分为区管领导干部、科级及以下干部两个单元单列考核，每个类别均按照30%比例确定优秀等次比例，2019年纳入单列考核驻村工作队成员343人，评定优秀等次92人（不包括市级选派人员）。

【工作业绩考核】 涪陵区坚持年度集中考核与平时掌握情况相结合，对减贫成效、精准识别、精准帮扶、巩固脱贫攻坚成果、扶贫资金使用管理绩效、各类问题整改等实行年度集中考核实行正向计分20分，对各级组织的暗访督查、扶贫领域腐败和作风专项治理、信访舆情处置情况实行逆向扣分10分机制，把脱贫攻坚考核结果作为乡村振兴考核结果实行10分扣分；将市级考核结果与区级对乡镇街道考核结果挂钩，督促各级各单位对标对表抓工作。

榨　菜

概　述

涪陵青菜头（榨菜原料）种植涉及境内23个乡镇街道16余万户60余万农业人口。全区有半成品原料加工户近2000户，年半成品加工能力在80万吨以上，全区有榨菜加工企业37家，榨菜企业年成品榨菜生产能力达60万吨以上，是全国最大的榨菜产品生产加工基地。是年，全区有农业产业化重点龙头企业21家，其中国家级农业产业化重点龙头企业2家，市级农业产业化重点龙头企业13家，区级农业产业化重点龙头企业6家。榨菜注册商标200件，其中“中国驰名商标”4件，准予使用“涪陵榨菜”“Fuling Zhacai”地理标志证明商标的企业共22家68件商标。是年，“涪陵榨菜”参加了2019年7月5日至8日，由国家知识产权局在宁夏回族自治区银川市举行的“2019中国国际商标品牌节”活动，“涪陵榨菜”在会上荣获“2019中华品牌商标博览会金奖”。“涪陵榨菜”参加了2019年12月6日由浙江大学CARD中国农业品牌研究中心、浙江大学城乡创意发展研究中心、浙江永续农业品牌研究院联合主办的“2019中国农业品牌百县大会”活动，“涪陵榨菜”在会上荣获“中国地理标志农产品品牌十强”，位列第二。是年，全区青菜头种植面积达到72.5万亩、总产量达到160.2万吨，其中外运鲜销54.4万吨，加工半成品盐菜块65万吨，全区青菜头销售、半成品销售、务工运输共计实现纯收入12.6亿元，人均榨菜纯收入1977.4元，较上年同期增收158.5元；全年产销成品榨菜49万吨，实现销售收入39.6亿元，利税10.7亿元，产业总产值115亿元，分别较上年增长2%、11.5%、11.3%和12.7%。重庆市涪陵区榨菜管理办公室系负责统筹协调、指导服务全区榨菜生产、加工、销售的行业管理部门，核定编制人数13名，是年有在编工作人员11名，其中领导3人，内设综合科、业务科、质量监督管理科、证明商标管理科4个科室。

行业发展

【基地建设】 青菜头收砍季通常在2月底前，截至2019年2月底，全区青菜头收砍面积72.5万亩，总产量160.15万吨，其中收购加工103.8万吨（贫困户1.45万吨），农民自食1.95万吨，外运鲜销54.4万吨，全区青菜头销售总收入135527.5万元，剔除种植成本20018.75万元（不含人工按125元/吨计），种植纯收入为115508.75万元，农民人均纯收入1811.9元，较上年人均增收69.4元（按2018年末全区63.75万农业人口计）。2019年秋，全区计划种植青菜头面积72.7万亩，实际种植72.71万亩，比计划面积增加134.5亩，青菜头种植面积保持稳中略增。

【外运鲜销】 区委、区政府按照“加工鲜销并举、两轮驱动发展”的产业发展思路，把青菜头鲜销作为加快榨菜产业发展，促进农民增收的一项重要工作来抓。截至2019年2月底，全区外运鲜销涪陵青菜头54.4万吨。11—12月，全区各有关部门和各有关乡镇街道按照《涪陵区2019—2020年涪陵青菜头鲜销拓市工作方案》，组建28个鲜销拓市工作组分赴各自的目标市场进行鲜销拓市宣传，拓市签约达55万吨；在第二届中国涪陵榨菜博览会上来自全国各地的100个客商签约鲜销涪陵青菜头10万吨。

【绿色生产】 涪陵区政府于2018年10月启动申报创建“全国绿色食品原料（青菜头）标准化生产基地”工作，于12月25日获农业农村部中国绿色食品发展中心批准，开展“全国绿色食品原料(青菜头)标准化生产基地”创建工作(中绿基〔2018〕178号），涉及13个乡镇，面积为45.17万亩。2019年9月启动验收认定工作，经过市农产品质量安全中心和中国绿色食品发展中心组织的专家组实地现场检查验收，认定涪陵区“绿色基地”创建达到《全国绿色食品原料标准化生产基地建设与管理办法》的要求，批准认定涪陵区为“全国绿色食品原料（青菜头）标准化生产基地”。涪陵区“绿色基地”创建成功认定，首创一年获批创建、一年获批认定的先河，全国首例，也是重庆建市以来的第一个“绿色基地”。

【三变改革】 涪陵区按照“资源变资产、资金变股金、农民变股东”的“三变”改革要求，积极探索榨菜利益联结机制，引导榨菜企业、村社集体组织、种植农户以各自的资金、技术、管理、土地等资源入股，组建榨菜股份合作社，解决菜农（加工户）“卖菜难、增产不增收”的问题。2019年，全区投入5000余万元组建榨菜专业合作社197家，榨菜股份合作社实现“零突破”。

【市场整顿】 为保护涪陵榨菜生产经营者和广大消费者的合法权益，维护涪陵榨菜的百年品牌声誉，促进涪陵榨菜产业持续快速健康发展，2019年，区榨菜办进一步加大区外侵权“涪陵榨菜”“Fuling Zhacai”地理标志证明商标的打假力度，开展涪陵榨菜销售市场的整顿，震慑了假冒侵权的不法行为，净化了涪陵榨菜的销售市场。

安全管理

【榨菜质量整顿】 涪陵区成立了榨菜质量安全监管工作领导小组，制订和印发了《榨菜质量整顿工作方案》，明确了榨菜质量安全整顿工作的目标任务、工作重点、工作责任、工作措施。每季度由区榨菜办牵头，组织区市场监督管理局、区生态环境局、区应急管理局等部门组成综合检查组，分片区开展榨菜质量安全检查执法检查。2019年，共计检查榨菜生产企业、半成品加工大户317家（次）。

【榨菜环保治理】 区榨菜办以落实中央环保督察反馈交办问题、市区生态环境督察暗访发现交办问题整改为导向，督促全区榨菜企业全面新(改)扩建废水处理设备设施，增添脱氮、除磷工艺工序。2019年，全区共投入资金近亿元，新建榨菜生产废水治理设施14座（包括预处理设施），技改升级16座，新增废水处理能力约5100吨/日，榨菜废水实现总磷、总氮等全因子达标排放。按重庆市总河长第1号要求，印发了《涪陵区加强河库流域榨菜废水治理工作方案》和《涪陵区整治榨菜废水偷排直排乱排放行为专项行动方案》，对各乡镇街道辖区河库流域榨菜企业、加工户进行清理登记和检查整治。全年共暗访巡查企业80余家（次），未发现榨菜企业有废水偷排直排乱排放行为。

【榨菜生产安全】 涪陵区制定和印发了《榨菜行业安全生产工作要点》，开展了榨菜行业“安全生产月”和“安全生产涪州行”活动，累计举办6次安全警示教育和宣传培训；并与涪陵区红日升榨菜食品有限公司联合举办有限空间作业应急演练1次，开展消防应急演练1次，督促各榨菜企业开展有限空间作业、消防等安全应急演练49家(次)；与百胜镇联合，举办1次榨菜安全生产赶场日宣传活动，督促其他乡镇街道榨菜管理部门累计举办安全生产“赶场日”宣传活动22次。全年32户榨菜生产企业通过安全生产标准化三级达标验收。

园区建设

【国家现代农业产业园建设】 涪陵区于2018年7月13日被农业农村部、财政部批准为以榨菜为主导产业的“国家现代农业产业园”建设单位。于2019年12月17日通过农业农村部、财政部验收，批准认定为“国家现代农业产业园”。

【国家农业科技园区建设】 涪陵区于2015年12月29日被科技部批准为以榨菜为主导产业的“国家农业科技园区”建设单位。2019年，按照《科技部农村科技司关于开展第七批国家农业科技园区验收工作的通知》（国科农函〔2019〕2号）要求，组织区级有关部门、有关乡镇街道、榨菜企业等单位，开展验收工作梳理、收集编写验收总结报告材料、编写汇报材料和制作宣传片、准备验收现场等工作。“涪陵农业科技园区”经科技部组织历时近半年的材料审查、专家现场考察、视频答辩等验收程序，于2019年11月8日正式通过验收并批准认定为“涪陵国家农业科技园区”。

品牌建设

【商标管理】 涪陵区依据《中华人民共和国商标法》《涪陵榨菜地理标志证明商标使用管理章程》，加强对“涪陵榨菜”“Fuling Zhacai”地理标志证明商标的使用管理。年内修改完善了《“涪陵榨菜”“Fuling Zhacai”地理标志证明商标使用管理办法》，加强对企业《中华人民共和国商标法》《涪陵榨菜地理标志证明商标使用管理章程》《管理办法》等一系列规定的学习培训，严格申请使用审批，严格使用监督管理。全年共计批准22家企业的68件商标使用“涪陵榨菜”“Fuling Zhacai”地理标志证明商标。

【商标保护】 为提升涪陵榨菜商标品牌国际知名度和国际保护，区榨菜办将“涪陵榨”“Fuling Zhacai”地理标志证明商标分别向75个《马德里条约》缔约国和“一带一路”7个单一国家和地区申请注册。2019年，收到《马德里条约》国际注册证（75个缔约国）和缅甸注册证及中国台湾地区注册证，其余正在审核中。

【品牌登记】 涪陵区依据《中华人民共和国农业法》《中华人民共和国农产品质量安全法》和农业农村部颁布的《农产品地理标志管理办法》，以涪陵为核心，把长寿、垫江、丰都、武隆、南川等种植的青菜头以统称“涪陵青菜头”向农业农村部申请“农产品地理标志登记”。2019年，涪陵青菜头农产品地理标志登记已通过农业农村部评审，进入登记公示期。

脱贫帮扶

【产业扶贫】 涪陵区委、区政府把青菜头种植作为贫困户脱贫增收的重要产业，组织全区各乡镇街道按照“能种则种、自愿种植”的原则，对贫困户青菜头种植进行了统筹安排，制订了《实施方案》，明确了帮扶和验收要求及200元/亩的补贴标准。2019年秋，全区21个乡镇街道，计划安排145个行政村，482户贫困户种植青菜头1653.35亩，经验收全区21个乡镇街道，实际有140个行政村，459户贫困户种植青菜头1519.95亩，兑付补助资金30.4万元。

【对接帮扶】 区榨菜办安排业务科长刘晓敏到清溪镇石坝村任第一书记，全面对接石坝村扶贫帮扶工作。同时，全年组织科级以上80余人次深入对接贫困户入户走访慰问，了解贫困户的致贫原因、家庭成员、经济收入等基本情况，向其宣传扶贫政策，帮其谋划脱贫途径等。2019年，区榨菜办在春节前向全村47户贫困户发放慰问金14100元；按照几个出一点的原则，出资5000元帮助贫困户陈顺友新修住房一套。

部分榨菜龙头企业简介

【重庆市涪陵榨菜集团股份有限公司】 重庆市涪陵榨菜集团股份有限公司是一家以榨菜为根本，立足于佐餐开味菜领域快速发展的国家农业产业化重点龙头企业集团，有注册资本7.89亿元。公司拥有发酵窖池20万吨、9家子公司、7家生产厂、13条现代技术生产线，年生产榨菜、泡菜能力20万吨。2019年度实现营业收入19.90亿元，实现净利润6.05亿元。拥有中国榨菜加工技术研发专业中心、酱腌菜行业省级技术中心、市级博士后科研工作站。是行业唯一一家上市公司、金砖国家领导人厦门会晤食材供应企业、中国农产品深加工50强、农业产业化国家重点龙头企业、重庆市100户重点工业企业。公司于2010年11月23日在深圳证券交易所挂牌上市，股票代码：002507，股票简称：涪陵榨菜。

公司拥有1200多家忠实的一级经销商，销售网络覆盖全国34个省市自治区，300个地市级市场，1000多个县级市场，产品远销欧盟、美国、日本、中国香港等12个国家和地区。公司在全国设有8个销售大区、67个办事处，对经销商实行顾问式指导和精细化管理模式，加大对县级市场的开发力度。通过对渠道的精耕细作，已建立起多层次、长短渠道相结合的销售网络，公司产品畅销全国各大超市、便利店、农贸市场、电商等零售终端。

公司旗下“乌江”牌知名度较高，榨菜产品覆盖全国。在中国品牌500强位列347名，品牌价值100.98亿元（第十届中国品牌价值500强榜单），曾多次荣获国内外荣誉，是中国田径协会马拉松推荐运动补盐食品。乌江产品先后通过了原产地标记注册、ISO9001质量管理体系认证、ISO22000食品安全管理体系认证、HACCP体系认证和美国FDA注册。公司致力于为消费者提供绿色、健康、美味的开味菜，立志成为中国佐餐开味菜行业的领导者和大型航母，引领行业跨入工业化和现代化。公司的发展壮大，极大地带动了农业产业发展和农民增收，带领涪陵及周边地区50万菜农增收致富，为当地经济和农业发展做出了杰出贡献。

【涪陵天然食品有限责任公司】 涪陵天然食品有限责任公司成立于1998年，注册资本金1300万元，有员工近162人。公司是重庆市农业产业化重点龙头企业和重庆市农业综合开发重点龙头企业。2015年迁建于涪陵区南沱镇关东村三组，新建厂房和综合楼面积11000平方米，购置安装加工设备套，配套建设环保、消防、厂区道路、绿化等设施，新增检测检验等设备，建设企业产品质量可追溯体系的现代化厂房，是一家具有科学、先进、严谨的生产工艺和管理体系的现代企业。

公司连续多年被区政府评为“先进企业”，获得了涪陵区重点龙头企业称号，连续多年被区工商局评为“重合同守信用”单位。2015年获“涪陵区科技创新企业”，2015年、2017年获“重庆市农产品加工业100强”，2016—2019年连续获“涪陵区农业产化10强龙头企业”称号，2018年获得了国家知识产权局10件实用新型专利的授权，2018年公司获得了国际认证机构SGS颁发的SMTEA（社会责任认证）认证证书，2019年12月通过了安全生产标准化三级企业证书。“小字辈”商标于2012年被认定“重庆市著名商标”。

【重庆市涪陵区浩阳食品有限公司】 重庆市涪陵区浩阳食品有限公司，位于涪陵区百胜镇紫竹村，主营业务为：生产和销售蔬菜制品（酱腌菜）。公司是重庆市农业产业化重点龙头企业、重庆市农业综合开发重点龙头企业、重庆市农产品加工示范企业、涪陵区农业产业化经营重点龙头企业。

公司主要生产和销售“浩阳”“奇均”牌酱腌菜系列产品，产品品质优良，畅销国内二十多个省、市、自治区。公司从2007年至2019年连续获得“涪陵区榨菜产销暨质量整顿先进企业”荣誉。通过了安全生产标准化认证、环保标准化达标评估验收，注册商标“浩阳”被认定为“重庆市著名商标”，“奇均”被认定为“涪陵区知名商标”。

国家级重点龙头企业名单

重庆市涪陵榨菜集团股份有限公司
重庆市涪陵辣妹子集团有限公司

市级重点龙头企业名单

重庆市涪陵绿陵实业有限公司
重庆市涪陵绿洲食品有限公司
重庆市涪陵区红景食品有限公司
重庆市涪陵区国色食品有限公司
重庆市涪陵区红日升榨菜食品有限公司
重庆市涪陵祥通食品有限责任公司
重庆市涪陵区志贤食品有限公司
重庆市涪陵区桂怡食品有限公司
重庆市涪陵区浩阳食品有限公司
重庆市涪陵区洪丽食品有限责任公司
涪陵天然食品有限责任公司
重庆市涪陵区紫竹食品有限公司
重庆市涪陵区凤娃子食品有限公司

区级重点龙头企业名单

重庆市涪陵区大石鼓食品有限公司
重庆川马食品有限公司
重庆市涪陵区角八食品厂
重庆市涪陵区八方客食品厂
重庆市涪陵区国茂食品有限公司
重庆市同进食品有限公司

工　业

概　述

【供给侧结构性改革】 2019年涪陵区推动15户企业完成直接交易电力用户准入申报手续，直接交易电量11.52亿千瓦时，为企业降低用电成本200余万元；开展用电成本治理专项行动，强化用电成本监测，指导企业降低用电成本，为企业降低用电成本1175万元。聚焦政府管理、产业融合、民生服务、公共产品、社会治理等5大板块，推进智慧政务、智慧医疗、智慧校园、智慧工地、智慧小区智能化应用。区经信委帮助66个项目获得市级工业和信息化专项资金6000余万元；帮助紫竹食品等183户企业获得市级中小微企业发展专项资金1647万元；区级“助保贷”累计为51家中小微企业融资3.9亿元，节约融资成本1000余万元；区级转贷应急平台累计为78家中小微企业转贷7.91亿元，节约融资“冲贷”成本近3000余万元；中小企业商业价值信用贷改革试点，顺辽建材等18家企业获得贷款3045万元。

【创新驱动战略】 2019年，区经信委推动三爱海陵等百余个技术改造项目实施；推动富丽华车用饰品等78个项目完成年度研发准备金备案；鼓励企业创新投入，并获得市级科技创新类财政资金3688.8万元；助推赛特刚玉等8家企业获得市企业技术中心认定、华峰新材料等8家企业获得区级企业技术中心认定，斯托赛克塑业、华晨鑫源等2家企业获得2019年度市级技术创新示范企业认定。川船重工“6000吨江海直达沥青船”、仓兴达“声波振动电机”等15个产品获得2018年度市级重大新产品评定；榨菜集团“乌江”、葵花药业“葵花”等4家企业的主导产品品牌商标被纳入市级消费品工业重点培育品牌。

国家级页岩气示范区

2019年，全区页岩气新增9.19亿方产能，实现稳产60亿方目标，预计到2020年将建成125亿方产能。气田累计开钻485口，完钻446口，完成试气396口，投产385口；累计产气277.85亿方，销售266.71亿方，产值358.03亿元。其中，2019年开钻90口，完钻81口，完成试气79口，投产69口；产气63.33亿方，同比增长5.18%，销售气量60.79亿方；气田全年平均日产1735万方、日销售1666万立方米；产值77.83亿元，同比增长6.84%。

主导产业

【清洁能源产业】 2019年，全区有规模以上清洁能源工业企业21户。基本形成了以页岩气勘探开发公司、页岩气销售公司、通汇能源等为代表的页岩气开发利用产业链和以中机龙桥、川东电力、聚龙电力、涪陵燃气、四合燃气为代表的电力、燃气供用业产业链。全年完成规上工业产值 266.45 亿，同比增长 3.4%，占全区规上产值总量的 17.1%。

【新材料产业】 2019 年，全区有规模以上新材料工业企业 62 户，为重庆重要的有色金属生产基地，形成以电解铝、再生铝为上游，向下集聚发展大板锭、铝棒、带箔、压铸件等产业的有色金属产业集群。涪陵区主动融入全市新材料产业布局，形成聚氨酯、聚酯产业链，华峰集团建成全球最大的己二酸、氨纶生产基地，万凯 PET 新材料一期开工，填补聚酯产业中间环节，完善全产业链。大朗冶金新材料公司为世界最大锰系铁合金生产企业，年内二期项目签约；攀华年产 1600 万吨智能化热轧项目开工。年内华峰己二酸、赛特刚玉棕刚玉获评国家工信部制造业单项冠军产品。全年完成规上工业产值 504.43 亿元，同比增长 14.1%，占全区规上产值总量的 32.4%。

【食品医药产业】 2019 年，全区有规模以上食品医药工业企业 73 户。食品方面，形成榨菜、粮油肉类加工、饮料酒类产业集群，饲料产业链，乌江榨菜绿色智能化生产基地场平及基础施工，道道全二期项目建成投产。医药方面，形成以太极集团、葵花药业为代表的中成药，以华兰生物为代表的生物制药，以常捷医药为代表的化学药，以三海兰陵为代表的医药包材等龙头企业特色发展的产业集群。年内太极医药城 A 区口服液片剂项目主体结构完工、B 区前处理提取制剂项目进入设备安装。全年完成规上工业产值 395.90 亿元，同比增长 14.8%，占全区规上产值总量的 25.4%。

【装备制造产业】 2019 年，全区有规模以上装备制造工业企业 46 户。汽车产业快速发展，形成以华晨鑫源、盛时达 2 户整车生产企业，万达薄板、三爱海陵等 30 户零部件生产企业为代表的“整车 + 配套”垂直产业链，三爱海陵气门机加工扩建项目进入设备安装。船舶产业集群，有川船重工、中江船业、泽胜造船等企业，船舶制造业具有设计、制造及修理 3 万吨级以下各类特种船舶和年产 60 万吨载重生产能力，万吨级以下中小型不锈钢化学品船处于国内领先、国际先进水平。全年完成规上工业产值 288.05 亿元，同比增长 22.4%，占全区规上产值总量的 16.4%。

【信息技术产业】 2019 年，全区有规模以上电子信息类制造企业 6 户，规模以上软件信息服务业企业 4 户。年内涪陵区推进大数据智能化三年行动计划，智能产业加快集聚，形成以华通电脑、群微电子为代表的集成电路板和笔电配套，以万润科技、天华照明为代表的 LED 光电，以深圳赛华为代表的智能终端，以特发信息为代表的通信光缆，以蒙塔纳、互爱科技为代表的软件信息服务业。年内华为云计算数据中心全面投用，基本完成政务云部署、开展政务资源开放共享；互爱科技孵化园稳步发展；数资区块链切入农产品溯源开展业务；蒙塔纳等软件服务业快步发展。成功举办“数资区块链峰会”和组织参展“智博会”。全年完成规上工业产值 40.26 亿元，同比增长 24.9%，占全区规上产值总量的 2.6%。智能产业数字经济销售收入首次达到 80 亿元。

工业园区

涪陵新城区

【概况】 2019 年，涪陵新城区加快发展，经济社会建设不断提升。年内，新城区工业总产值和规上工业产值双双突破千亿元大关，分别达到 1037.1 亿元、1027.9 亿元，工业总产值增长 16.2%，规上工业产值增长 16.3%。实现地区生产总值 368 亿元，同比增长 10%，其中规上工业增加值实现 340.6 亿元，同比增长 12%，规模以上工业企业实现利润 92.9 亿元，同比增长4.4%。实现本级财政收入32亿元、同比增长14%；其中一般公共财政预算收入7.5亿元，同比增长9%；政府性基金预算收入24.5亿元，同比增长26%。本级一般公共财政预算收入中，税收收入7.2亿元，同比增长9%。完成全社会固定资产投资150亿元，同比增长15.4%。其中工业投资71.5亿元，同比增长25.7%；基础设施建设投资27.5亿元，同比下降14.1%；城市建设投资51亿元，同比增长24.4%。工业投资占全社会固定资产投资的48%，增速远超全社会固投增速，投资力度持续回暖，投资结构更加优化。新城区全年实现社会消费品零售总额18.88亿元，同比增长12.2%，实现全口径批发零售销售总额136亿元，同比增加24.8%。奥体中心全年承接体育赛事及文化表演共计30场，参与人数4万人，举办2019“一带一路”田径邀请赛暨全国接力精英赛等国际级赛事1场，市级赛事4场。

【对外开放】 涪陵新城区全年完成进出口总额7.3亿美元，同比增长135%。开放平台建设取得突破，涪陵综保区顺利封关运行，国家高新区创建入围科技部新一轮考察验收名单，国家火炬特色产业基地创建通过科技部火炬中心专家论证答辩，全市第一批智慧园区示范点建设顺利通过验收。

【招商引资】 全年招商引资签约引进项目19个，其中签约引进50亿元以上重大项目3个，占全区引进重大项目的50%，协议总投资131亿元，协议总产值434亿元。黄花园调味品、华通电脑二期、百汇广场等13个项目实现新开工；三爱海陵二期、赛华显示、华为云计算等11个项目实现竣工投产。成功引入市农产品集团饲料蛋白加工项目、启迪未来科技城等重大项目3个，引入深圳合元科技电子烟项目、伊申特5G通讯铝金零件和汽车零部件项目、深圳百汇集团等较大项目3个。深圳百汇集团投资10亿元建设商业中心，是涪陵首家引进国际顶级酒店希尔顿品牌酒店的商业体，也是新城区首家大型商业综合体。成功引入伊申特5G通讯铝合金和汽车零部件项目、渝湘压铸汽车零部件项目，引入首键医药吸管生产项目、周庆药用玻璃瓶项目以及太极集团重庆中药饮片项目。江森自控以境外人民币方式增资6.2亿元继续加大投资力度。

【产业培育】 涪陵新城区支柱产业持续发力，装备制造、食品医药、材料、电子信息四大支柱产业共实现产值774亿元，同比增长21.3%，高于规上工业平均增速5个百分点，对规上工业产值贡献率达97.3%，占规上工业产值的77.6%，同比提高2.1个百分点。新兴产业持续快进，15户战略性新兴制造业全年预计实现产值315亿元，同比增长18.6%；37户高新技术企业实现工业产值535亿元，同比增长22.4%。发展后劲持续强劲，2018年新升规的5家企业，2019年新增产值16.3亿元；2019年新升规11户企业、新投产11户企业。

【重点企业发展】 涪陵新城区的15户全市“双百”企业全年实现工业产值699亿元，占规上工业产值70%，同比提高2.1个百分点；12户全区“双十强”企业实现产值574亿元，同比增长18.3%；华晨鑫源、鑫源动力、太极集团、万达薄板4户企业被评为重庆市第一批制造业龙头企业，万达薄板、榨菜集团、卷烟厂等企业产值增长近30%。全年新升规工业企业11户，同比增长120%；新城区内6户企业产值首超5亿元、占全区84%，5户企业产值首超10亿元、占全区的100%；利税率15%以上企业达到10户。剑涛铝业等8户牛羚企业、鑫源动力等3户瞪羚企业同比增长26.1%，高于规上企业平均增速9.8个百分点；葵花药业等8户重庆市中小企业“专精特新”企业实现产值同比增长19.5%、高于规上工业产值增速3.5个百分点。榨菜集团、华兰生物等11户（含总部）上市企业实现产值259.4亿元，占全区规上企业26%；上市公司实现工业利润18亿元，占全部工业利润的28.6%。华晨鑫源、卷烟厂、中石化页岩气、榨菜集团、太极集团、华兰生物等8家企业税收贡献上亿元，税收贡献超5000万元的企业有11家，税收贡献超3000万元的企业有15家，税收贡献超1000万元的企业有19家。

【产品发展】 新城区内华晨鑫源、仓兴达等企业的7个新产品获重庆市重大新产品认定；华晨鑫源生产销售汽车12万台（其中：斯威5.5万台）；万达薄板生产销售镀锌板270万吨；页岩气产气50.38亿方、销售50.38亿方；太极集团的太极通天口服液生产销售740万盒；榨菜集团生产销售榨菜14万吨；烟厂生产销售卷烟38万标箱。万达镀锌板、涪陵榨菜、华晨斯威G01、太极藿香正气口服液等重点产品价格基本保持稳定。

【数字产业发展】 新城区共聚集了华为云计算、华通电脑、深圳赛华智能终端、互爱科技产业园等数字经济企业26家，实现数字经济产业收入40亿元。其中互爱产业园获评全市"数字文化产业园"称号，是全市重点打造的十大数字经济产业园之一；重庆数资区块链研究院研发了"涪陵榨菜"区块链溯源与品牌保护系统；华为大数据云计算中心正式上线运营，实现47个机关企事业单位数据汇聚。

【高新区建设】 2019年，编制完成《涪陵高新区智慧园区总体规划》，涪陵高新区的科技创新中心建成投用，入驻企业27家。新获批高新技术企业6家，共有55家；华晨鑫源、太极桐君阁药厂获批2019年重庆市技术创新示范企业；特发信息光缆、钰淳汽配、太极涪陵制药厂3个企业获批重庆市企业技术中心，启迪清创孵化器落地运行。涪陵烟厂获得重庆市智能化工厂认定，11个车间获重庆市数字化车间认定。新城区数字化车间共有17个、占全区总量的77%。2018年有研发投入企业达到54家，完成研发投入13.9亿元，占地区生产总值的4.5%，同比提高1.3个百分点。

【城区建设】 2019年，新城区内太白大道沿线城市中轴线已基本成型。高铁片区作为城市建设的重点区域，大力推进站前大道二期、轴线公园、实验中学新校区等路网、城市配套项目。中央商务片区突出商务和金融功能，重点推进CBD楼宇建设，建筑业大厦建成投用。重点推进的"两线三片"47个项目建设，全年完成投资64.8亿元，新开工项目12个；26个区级重点项目完成投资74亿元，8个市级重点项目完成投资40.5亿元，完成计划投资的115%。年内完成了《涪陵区李渡组团中心区控制性详细规划》《新城区站前片区控制性详细规划》《涪陵区李渡组团大鹅片区（R、S标准分区）控规修编》的编制。

【营商环境】 新城区规上工业企业全年用电8.8亿度、增长14.3%；用水1140万吨、增长15.8%；用气7630万方、增长15.5%。通过大用户直供电等措施降低企业用电成本2700万元；毛家冲110kVA变电站建成投用。华晨鑫源、美心翼申等16个企业的21个项目获重庆市工业和信息化专项资金约1500万元；三爱海陵等8个企业获重庆市企业研发准备金补助资金1027万元；万达薄板、科宝电缆等17个企业的21个项目获区级科技创新促工业转型升级资金379万元；汇科包装、理想包装、宏图油墨、洲琪科技等企业享受区级"应急转贷""助保贷"4015万元资金保障，为企业减少融资成本120万元；为80家企业申请困难企业社保补贴，为企业节省用工成本1.26亿元。出台园区人才引进优惠政策，安排608万元财政补贴资金引进各类科技拔尖人才、高端人才、高层次人才等179人。

新城区全年供应国有建设用地30宗，面积2316亩，土地价款15.16亿元，其中经营性房地产用地9宗，面积246亩。获市政府集体土地征收批文10批次，面积2070亩；争取调规空间1164亩，保障了榨菜集团、清华启迪等重点项目的调规工作。获市政府追加用地空间指标442亩，节约用地成本8828万元。

新城区不断加强园区服务保障，全年协调解决问题300余件；行政审批接件840件，办结率达100%。全面落实安全责任，全年开展各类安全检查244家次、专项检查17次，安全生产形势总体可控，实现辖区生产安全零死亡。全年开展环境执法检查80余次，处理环保投诉12起。受理民工工资投诉案件22起，协调解决民工工资608万元，同比下降75.8%。

白涛化工园区

【概况】 园区全年实现规上工业产值204亿元，同比增长18%；工业增加值50.45亿元，实现利税26.5亿元；完成固定资产投资28亿元，同比增长14%；完成招商引资到位资金42.38亿元；招商落地项目8个，协议总投资62.5亿元。

【基础设施】 园区内新油路二期工程建成投用，园内三纵三横路网全面形成。田溪丽苑公租房按期竣工，拆迁农户安置到位。危化品仓储物流中心扩能改造完工。

【项目建设】 园区内3个重点项目进度全部达标，华峰化工己二酸四期完成主体工程80%；华峰氨纶差别化氨纶（三期）项目、华峰化工年产32万吨环己醇项目全部完工。华峰铝业铝板带箔一期、华峰新材料聚氨酯树脂二期、元利科技脂肪醇和环保溶剂项目调试完毕即将投产。华峰化工己二酸三期、通汇能源LNG、同辉科发笑气、聚立信生物农药项目运行顺利。

【招商引资】 全年新签项目6个，协议总投资57亿元，其中维尤纳特芳香腈协议总投资20亿元，一期投资3.8亿元，产值6亿元。华峰新材料工业园五个板块齐头并进：华峰化工四期己二酸项目建成投产，己二酸生产能力达80万吨，成为全球最大的己二酸生产基地；华峰氨纶三期氨纶项目如期达产，氨纶生产能力达13万吨，成为全国最大的氨纶生产基地；华峰新材料聚氨酯树脂有序推进；华峰铝业铝板带箔项目顺利运行，铝热传输复合材料生产能力达20万吨；华峰聚酰胺己二腈二期、己二胺二期、20万吨尼龙66项目按期开工。建峰集团加大结构调整力度，发展差异化尿素、氟化工产业，扩能聚四氢呋喃。

【安全环保】 白涛园区每月定期召开主任办公会专题研究安全环保工作，每季度召开安全生产工作例会。加强日常监管。采用每季度邀请市级安全专家检查、节假日主要领导带队检查、每月分管领导带队检查，每周开展例行检查的方式，多渠道开展隐患排查。全年检查生产经营单位83家次，排查各类隐患452条，完成整改423条，给予行政处罚2.6万元；帮助7家企业提升安全水平；对原有15个重大危险源按照新标准进行了重新辨识，新增或等级调整32个。

龙桥工业园区

【概况】 2019年，园区内企业生产经营稳定。蓬威石化克服PTA价格持续下降不利因素，通过协调稳定其原材料供应、严控成本、开展节能增效等举措，产能保持了基本稳定；涪陵化工在关停前生产运行情况良好，实现工业总产值18亿元，同比增长2.1%；中机龙桥热电、娃哈哈、双胞胎饲料、南涪铝业、常捷医药、上甲电子等企业生产经营均保持稳定。庚业科技48条生产线全面投用，其产品成功进入格力、海尔、长虹、惠普、三星等大型企业供应体系，实现产值22.4亿元，较长年同期大幅增长96.5%。南涪精密开发的新产品——全铝合金整体车厢，完成产值3.8亿元。西南药业、正元香料商贸、江西济民可信集团等总部项目为园区贡献税收1.2亿元。

【重点项目推进】 2019年，园区不断推进市、区级重点项目万凯新材料以及韵达快递物流两个重大项目进展，协调解决存在的困难问题，破解了万凯项目建设过程中涉及场平、道路迁改、管网搬迁、交叉施工、设计变更等诸多难题。至年底，万凯新材料项目厂区基础建设、一期设备安装、人员配置及相关配套设施等已基本结束，能按计划顺利投产。韵达项目场平推进迅速，企业厂区设计布局、二期拓展规划等工作高效推进，有望在2020年2月份开工建设。

【招商引资】 2019年，园区成功签订蓬威石化120万吨PTA扩能、万凯新材料包装产业园项目，成功签订深圳大荷科技有限公司水性漆项目、中和胶业年产3万吨混炼胶项目、网唛电商产业园二期等项目，基本敲定佛山源鸿盛不锈钢项目落户。成功引进环龙科技有限公司总部结算、重庆市芯燕物流有限公司总部结算以及重庆市斯瀚货物运输有限公司总部结算等总部经济项目。

【基础设施建设】 2019年，园区内南岸浦片区路网升级改造基本完成，较高标准完成了南浦大道、大佛路的改道改造，曾银大道升级改造段，基础工程基本完工。酒井等三个污水处理厂项目建设推进顺利，酒井污水处理厂进入设施设备安装调试阶段，石沱污水处理厂以及北拱二期主体基本完工。太极污水管网、园区供水工程取水口安全隐患整治、园区污水主管网龙桥过河段应急抢险等工程项目按时完工。完成56套公租房装修、完成园区招商展厅基装。

【规划编制与用地保障】 园区产业发展总体规划基本编制完成；龙头港组团苏家湾片区道路红线研究和用地功能研究以及曾银坝区域城市设计编制工作有序推进；南岸浦片区、新石组团郑家沟片区控制性详规修改，以及新石组团石沱镇光明片区、新妙镇郑家沟片区控制性详规编制工作已完成；新妙镇磨盘石片区（绕城路）控制性详规编制工作即将完成。

园区强化对已征未用土地的管控，完成重庆财衡上祥、大祥、之祥三宗土地的回收和土地权证注销。全年共取得土地批文4个、批准面积286亩，已报批待缴费取件项目1个，面积238亩；累计完成向万凯、电商园等项目出让土地320亩；成功完成韵达、万凯等项目林地占用手续办理，并取得市林业局林地审核同意书。

【安全环保】 2019年，园区主要领导共带队开展安全、环保检查12次，分管领导带队开展检查52次；园区共召开安全环保例会4次，党工委会、主任办公会专题研究解决安全环保重难点问题8次。园区全年共发生一般安全生产事故2件，死亡2人，未发生较大及以上安全生产事故和环境污染事件；共接到12369投诉32件，处理32件，群众满意率100%；顺利通过全国危化企业重点县专家指导检查、中央第二轮环保督查。全年共检查企业130家（次），其中聘请第三方专家开展安全环保检查4次，监督检查率100%，共排查出各类隐患526件，已整改512件，按期整改率97%；顺利完成中化涪陵化工关停；累计向企业下发整改指令48份，行政处罚5件，罚款3.3万元。启动并完成蓬威石化、常捷、正元等6家重点企业的VOC有机废气专项治理工作，效果良好，投诉量同比减少50%以上。按照中央、市、区对蓬威石化、龙海石化等重点企业排查出的突出安全环保问题，持续紧盯，确保全部整改到位。

清溪有色金属园区

【概况】 清溪有色金属园区全年实现工业总产值75.59亿元，同比增长9.42%（因能源集团统计指标调整，未完成增长 15% 的目标任务）；完成固定资产投资 1.62 亿元，完成全年目标任务的 32.40%；完成招商引资到位资金 15 亿元，完成全年目标任务的 100%；完成招商引资签约项目 3 个，其中重大项目 1 个、重点项目 2 个；完成协议资金 29.3 亿元，完成目标任务的 100%。年内，依托重庆万丰铝轮公司牵线搭桥，促成中国汽车工业协会车轮委员会 2019 年年会暨换届大会在涪陵举办，吸引 100 余家行业企业齐聚涪陵。

【规划建设】 2019 年，园区规划及土地管理工作有序开展，全面启动有条件建设用地土规、城规调整优化工作，协调主管部门筹措资金 6000 万余元解决了一期“预征地”问题，对园区剩余用地开展了全面的征收工作。园区公租房配电、排洪排污管网等配套及扫尾项目建成投用，刚玉边坡治理项目全部完工。

【招商引资】 2019 年，园区建立了招商工作组，围绕产业现状，寻找项目线索，主要领导带队拜访考察目标企业，开展投资洽谈，全年签约 3 个招商引资项目。依托博赛集团在涪项目，引进投资 2 亿元的高铝材料再生循环利用项目，引进投资 25 亿元的年产 60 万吨锰系铁合金项目。结合国丰实业战略目标定位，促成国丰实业重组渝湘精密机械公司。签约铝灰（大修渣）循环利用项目并开工建设。

【安全环保】 园区严格落实“党政同责、一岗双责”制度，每季度开展风险研判，强化隐患排查整改，加强源头预防，严格按计划开展执法检查，督促企业落实主体责任。实现了安全事故“零目标”。稳步推进处理了东发碳素公司因停产拖欠职工工资和欠缴社保费用引发的连续到园区、区委机关、上市集访事件，及时向区委、区政府请示报告有关情况，在区级相关部门配合下，积极协调厂方负责人，兑付两批次拖欠的部分工资。

园区践行绿色发展理念，严格执行长江经济带发展负面清单，严格招商项目环评准入，鼓励既有企业通过智能化手段改造升级、节能降耗，开展环保隐患巡查，完成中央环保督察反馈问题整改，回应并有效处理了渝湘、大朗、东升等公司环保投诉案件，协调处理了渝湘、博鼎公司生活污水接入市政污水管网和工业废水转运至污水处理厂事宜。

商贸服务

概　述

2019年，涪陵区作为重庆内陆开放高地重要支点，加快实施开放平台、通道、口岸、主体和环境五大行动，着力构建“1+3+5+X”开放发展新格局（一个国家开放口岸、3个核心开放平台、5大开放主战场、一批开放骨干产业和重点开放型企业），全力开展稳外贸、稳外资、稳外经工作。全年实现外贸进出口总值84.2亿元，同比增长51%，增速居考核组第6位；实际利用外资16153万美元，同比增长2%，增速居考核组第8位；实现服务贸易额3363万美元，其中服务外包执行额250.6万美元。所有指标均超额完成市上下达年度目标任务。

批发零售业

【概况】 涪陵区全年实现社会消费品零售总额302.6亿元、同比增长10.7%，总额、增速分别位于主城都市区第11位、第12位；实现批发零售商品销售额1053.7亿元、同比增长12.6%；实现住宿餐饮营业额70.5亿元、同比增长10.1%。

【优化产业布局】 2019年，江南城区核心商圈加快增量提质，万达广场、中慧西街建成开业。新城区商圈已有雏形，韵达快递项目加快建设，网唛汇电商产业园一期建成运营。启动涪陵农产品交易中心、渝东国际商贸城二期项目建设前期工作。综保区一期基础设施全部建成。

年内，涪陵区加大招商引资，全年召开相关会议10余次，拜访企业10户，接待企业来涪考察20余次，组织开展招商引资专题培训，组织企业参加区内外展会20多个，赴台湾、澳门等地开展多项招商对接活动。全年引进重大项目1个、较大项目1个、重点项目2个，协议资金42.7亿元，新建、续建项目实际到位资金7.88亿元。万达商业管理公司等引进一批知名品牌入驻涪陵，重庆火锅食材保税加工贸易基地等现代服务业项目落地发展。

【转型升级】 涪陵区电子商务扩大应用。“探百村”等电商平台不断拓展市场，组织电商企业参加2019“重庆6•18电商日”活动启动仪式暨“品质渝货网上行”招商对接会等活动，开展各类电商人才培训15期696人次，限上法人企业实现网络销售额28.4亿元（其中网络零售额12.8亿元），完成农产品网络零售额2.82亿元，同比增长25.2%。全区推进示范创建。涪陵区成功申报全市农商互联示范区，成功创建美心旅游商贸特色小镇，成功创建1家全国公益性农产品示范市场，参与“菜篮子”区长负责制考核获全市优秀，牵头2018年粮食安全行政首长责任制考核获全市区县第3名，消费扶贫、电商扶贫等扶贫工作接受中央巡视和国家考核。拓展城乡便民商业。年内全区完成4个农贸市场建设和2个农贸市场改扩建，新建10个社区便民超市、15个末端配送网点，成功申报中央资金补助冷链项目2个、供应链末端配送项目1个，获实体零售创新转型项目奖励1个。落实应急保供。涪陵区对重大危险源、隐患点，制订“一盯一”应急预案，并落实专人监管，企业应急预案“三化”改造及备案率100%；全区确定15家应急保供企业，储备应急保供物资5.7万吨；江东街道御泉村突发山火的应急物资保障工作完成；开展防控非洲猪瘟疫情猪肉储备工作，完成200吨储存任务。培育限上企业。年内全区新升限额以上企业23户、限上个体户80户，在库限额以上法人企业达到268户、限上个体达到166户。

特种商品流通

2019年，全区限额以上成品油经营企业实现销售收入销售61.18亿元，同比增长6.8%；23家限额以上汽车销售企业实现销售收入56.56亿元，同比增长-2.8%；9家限额以上药品销售企业实现销售收入27.17亿元，同比增长32.5%。2019年，报废汽车回收企业拆解报废汽车1710辆（其中：摩托车663辆），回收钢材5470吨。

餐饮业及其他生活服务业

年内涪陵区成功举办“味道涪陵”美食大赛，推出“中国榨菜宴”，评选涪陵老字号餐饮店10个、绿色餐饮示范店10个，新创建1家健康餐厅。乌江榨菜被认定为重庆老字号。区商务委组织区内企业参加餐饮住宿业服务规范培训、第十一届中国（重庆）火锅美食文化节、中式铺床和中餐摆台技能大赛。家政服务业信用信息平台基本建成。

会展业

年内涪陵区成功举办第二届榨菜产业博览会，开展了农特产品现场展销、线上交易和非遗产品展销活动，以及农副产品和旅游产品产销对接活动，签订青菜头鲜销协议10万吨、成品榨菜销售协议9万吨，协议销售金额分别为3.3亿元、11.8亿元，签约文旅项目金额1.8亿元。成功举办第三届渝东（涪陵）汽车文化节暨第三届小橙车展，为期3天，16家品牌展商销售汽车138台，销售额超过1000万元。圆满完成进口博览会、西洽会、智博会、丝博会、南博会、厦洽会等重大展会参展工作。提升发展10个乡村品牌节会，梨花节、西瓜节、龙眼节、杨梅节等有力带动乡村休闲消费经济发展。

广告业

【主体增长】 2019年涪陵区新发展广告市场主体435户，较2018年的348户增长25%；全区广告市场主体数量达到2111户，较2018年的1842户增长14.6%。

【专项整治】 年内全区开展高校不良贷款广告清理、涉嫌非法集资广告资讯信息排查清理行动，组织开展互联网广告、房地产广告专项整治，立案查处一批虚假违法广告案件，营造更加诚实守信、公平竞争的消费环境。

【案件查处】 年内涪陵区强化广告导向监管，保持对重点区域、重点媒介的监管力度，及时发现问题、快速处理问题，尤其是在“流量不限量”电信服务广告专项整治中，提前谋划、提早部署，及时对三大电信营运商和广告发布者发布虚假广告做出了处罚决定。全年共立案查处各类虚假违法广告案件36件，较2018年增长12.5%；罚没金额77.43万元，较2018年增长49.33%。

粮油购销

【稳定粮食生产】 2019年，涪陵区严格耕地保护，实施高标准农田建设，实施耕地保护与提升行动，提升耕地质量等级，对农业主推技术进行推广应用，提高主要粮食作物耕种收综合机械化率，稳定粮食种植面积和粮食产量，加强“两区”（粮食生产功能区和重要农产品生产保护区）划定和建设工作，加强重点产粮乡镇建设，落实耕地地力保护政策，培育新型粮食生产经营主体及社会化服务体系，推进农业水价综合改革。分解安排中央、市级水利发展财政资金446.00万元、区级财政预算经费552.73万元、移民补助资金1907.68万元。

【粮食流通管理】 2019年，区发改委推进“优质粮食工程”项目建设。督促指导项目业主完成2018年度申报获批的5个“优质粮食工程项目”建设，未发生项目质量安全事故，未发现资金管理违法违规问题；落实2018年度“优质粮食工程”建设项目财务审计经费6.3万元，委托有资质的中介机构对2018年度优质粮食工程项目进行财务审计。申报和推进实施2019年度“优质粮食工程”项目，2019年全区申报获批“优质粮食工程”项目9个，其中：道道全日处理600吨食用植物油精炼生产线升级改造项目完工并投入使用、涪陵涪惠沣稻谷种植股份合作社日加工100吨生产线升级改造项目完成技改并投产、涪粮农业有限公司日处理120吨粮食烘干项目完成2台烘干设施的采购安装并投入使用，其他6个项目按照批复内容有序推进。

【粮食安全宣传】 2019年，区发改委利用粮食科技活动周和“世界粮食日”活动周，多渠道多方式进机关、进学校、进商圈、进社区，到农村宣传国家粮食政策、中国粮食安全与成就、农作物病虫害防治、节粮减损、膳食营养健康等知识，营造良好的社会氛围和舆论氛围。

【粮食交流与合作】 2019年，区发改委组织企业参加全国粮食交易会、粮食产销对接会，开展粮食购销贸易，与国内粮食主产区对接，建立长期稳定的产销合作关系，与黑龙江、湖北、江西、江苏、山东等地区开展以大米、玉米为主的粮食贸易合作，与河南、河北、山东开展面粉、面条贸易业务，与湖北、湖南、江苏、四川等地开展油菜籽购销贸易合作，2019年购进油菜籽2万余吨、大米4.8万余吨、面粉面条1万余吨、玉米等杂粮6万余吨。

【确保粮食安全】 2019年，涪陵区落实高标准农田建设、农业支持补贴、区级粮食储备、仓储设施维修维护、粮油应急供应网络建设等资金总计12490.5万元，其中争取农业支持保护上级补贴资金9648万元。涪陵区大力支持粮食产业经济发展，落实财税优惠、金融保险、用地用电等优惠政策，创新粮食产业发展模式，结合精准扶贫、精准脱贫和乡村振兴战略，落实9万元区级财政资金，支持培育壮大粮食产业化龙头企业。开展粮食市场预警监测，落实统计工作职责，配备统计工作人员，落实粮食流通统计工作和监测预警经费7万元，开展粮油企业统计人员业务培训，指导督促辖区内入统粮油企业建立统计台账和按时准确直报统计数据，无错报漏报情况。开展粮油供需平衡专项调查，粮油信息工作职责明确、人员到位，监测预警体系健全，监测网点布置合理，信息质量可靠、报送及时。

【地方储备粮管理】 2019年涪陵粮油交易中心项目市场建设部分开工建设，道道全重庆有限公司二期日产600吨食用植物油精炼项目竣工投产，平义粮油公司年产3000吨天然压榨调味油生产线技改有序推进。涪陵区加强地方储备粮管理，严格按照《涪陵区区级储备粮管理办法》《涪陵区区级储备粮油轮换管理办法》进行管理和轮换，全面完成涪陵地方储备粮任务2.1万吨（稻谷14700吨、小麦6300吨），经重庆市粮油质量检验站扦样进行数量核查和质量鉴定，2.1万吨区级储备粮数量真实、质量良好、全部宜存；全面完成区级成品粮750吨储备任务，并严格按照有关规定进行动态监管。加强各级储备粮监管，指导督促辖区内中央储备粮、市级储备粮、区级储备粮和成品粮承储企业加强管理，严格按照轮换计划组织轮换。加强中央储备粮、市级储备粮和成品粮安全监管，全年共检查11批次、90余人次。严格政策性粮食收购资金管理。足额落实政策性粮食收储和轮换资金，2019年农发行涪陵分行发放地方储备粮贷款6228万元、粮食购销贸易短期贷款1000万元，满足地方储备粮收购资金需要和多元化市场主体入市融资需求，收购资金支付及时，未出现挤占挪用和向售粮农民"打白条"现象。及时足额安排粮食储备、粮食仓储设施建设维护、农业支持保护补贴资金。2019年，拨付区级储备粮、成品粮储备费用1000.5万元，区级储备粮质量检验检测费用2.1万元，粮食仓储设施维修补助资金19.5万元，

【维护粮食市场秩序】 2019年，涪陵区建立粮食市场协调监管机制，发展改革、农业农村、市场监管、公安等部门建立了联动协调机制，涪陵、南川、垫江、武隆、丰都等区县建立了区域性粮食市场协调监管机制。涪陵区建立双随机"一单、两库、一细则"，实行"双随机一公开"全覆盖，有效维护粮食市场秩序。多部门开展联合检查，严厉打击粮食违法行为，妥善处置粮食投诉举报案件，在粮食经营场所张贴"12325"全国粮食流通监管热线举报电话，强化粮食市场社会共治共管。出台《关于实施品牌涪陵工程建设的意见》《关于深化品牌涪陵工程建设的意见》，加强粮油商标品牌建设，坚决打击扰乱粮食市场秩序的行为，全年新申请粮油商标380件，新注册粮油商标396件，粮油商标总量3350件；加大粮油商标和地理标志商标的运用和保护，开展地理标志商标使用培训，指导粮油商标权利人健全商标管理机构，落实人员、场所、经费等保障，制订使用管理规则、使用许可办法等，提升商标管理水平；开展商标使用者整治行动，严查商标侵权行为，维护粮油市场秩序。加大化肥、农机监管力度，开展化肥、农机专项检查，抽检尿素、复合肥等10批次，未发现农机、化肥涉及粮食安全生产的违法案件。开展粮食流通监督检查，检查方式包括日常巡查和专项检查，检查内容包括粮食质量卫生、粮食收购资格、粮食进出库质量、粮食收购市场秩序、粮食流通统计制度执行情况等方面，对发现的问题及时进行了整改。开展全区政策性粮食库存数量和质量大清查，成立涪陵区政策性粮食库存数量和质量大清查工作领导小组，召开大清查动员会，编制大清查实施方案，组织和参加大清查相关培训，督促政策性粮食企业开展自查，协助配合重庆市普查，迎接国家联合工作组、飞行检查组检查，落实大清查专项工作经费10万元，指导督促企业对检查中发现的问题及时整改销号。经查，全区政策性粮食数量真实、质量良好、管理较为规范，未出现重特大粮油存储事故和政策性粮食出库难等问题。

【粮食应急保障和质量监管】 针对粮食安全应急演练中发现的问题和不足，区发改委进一步修订完善《涪陵区粮食应急预案》并向市发展改革委备案。建立和完善粮食应急体系，区级财政落实23.2万元资金，对粮食应急加工、应急配送中心、应急供应网点应急能力进行改造提升。区发改委加强粮油供应网络管理培训和检查，明确粮食应急仓库、应急运输、应急供应网点责任，提高粮食生产、加工、调运、投放等各环节衔接力度。加强军粮供应管理，将军粮供应业务移交至重庆市涪州粮食购销有限公司，督促指导严格执行军粮供应政策，严格人员专岗专责管理，保证军粮供应服务和质

量；落实军粮供应业务亏损资金补助23.0万元，坚持专款专用，军粮供应秩序良好，未出现断供漏供现象，未收到部队反映军供工作相关问题。完善涪陵区粮食质量安全监管和责任追究制度，制订《涪陵区粮食质量监管实施细则》，加强粮食质量安全监管和监测工作，保障粮油检验监测业务经费。建立健全粮食质量安全监管保障体系，严格粮食市场质量安全准入管理，推行网格化监管，按照“双随机、一公开”要求开展日常检查，检查生产经营主体3131户次；开展监督抽查和快速检测，2019年开展米、面、油监督抽查103批次、快速检测125批次，查处涉及大米标签案件2件，未发现不符合食品安全标准的粮食流入口粮市场或用于食品生产。严格进口粮食风险管控，制订《涪陵区进境粮食疫情防控体系》《涪陵区进口粮食疫情风险防控管理措施》，建立健全进口粮食疫情联防联控制度体系，完善疫情风险和疫情防控管理措施，对重庆新涪食品有限公司131批次61.53万吨进境转基因大豆、重庆市涪州双胞胎饲料3994.84吨进境大麦及中储粮重庆粮油储备有限公司、重庆市涪州粮食购销有限公司、重庆新涪食品有限公司等单位59858.331吨进口储备大豆加强了相关环节的监管，并对下脚料进行了有效处置；对重庆新涪食品有限公司、重庆市涪州双胞胎饲料有限公司、重庆正大有限公司、重庆涪州金豆动物营养食品有限公司、中储粮重庆粮油储备有限公司等5家企业开展了外来杂草监测工作，将疫情控制在萌芽状态；重庆市涪州粮食购销有限公司2019年才取得进口粮食备案资质，2019年12月才完成进口粮食入库工作，故暂未纳入杂草监测计划，无相关杂草监测报告；未发生进口粮食风险和疫情扩散事故。

供销商业

【概况】 2019年，区供销合作社实现商品销售总额487171万元，同比增长16.6%；农产品经营额328029万元，同比增长27.8%。实现汇总利润2006万元，同比增长12%；所有者权益36953万元，同比增长7%。全年新发展农民专业合作社43个，新建基层供销社和农村综合服务社52个，创建市级示范基层供销社5个，圆满完成区政府下达的目标考核任务。区供销合作社被全国供销合作总社评为年度信息工作先进单位，2个专业合作社理事长荣获2019年全国明星合作社理事长荣誉称号，珍溪基层供销社主任潘伟被市总社表彰为重庆市“最美基层供销人”。

【启动“三社”融合发展】 区委办公室、区政府办公室于7月联合印发《关于推进“三社”融合发展的实施意见》（涪陵委办发〔2019〕44号），8月召开全区“三社”（基层社、综合服务社、专业合作社）融合发展暨供销社综合改革推进会。按照全市统一部署和《实施意见》要求，2019年主要任务是开展“三社”融合发展试点，重点推进15个示范点建设（其中示范亮点4个）。截至12月，全部15家“三社”融合试点农民股份合作社均已通过交叉持股、产业合作、金融服务等方式与供销社、农商行实现了融合发展。马武供销社与涪惠沣稻谷种植股份合作社实现股权融合，共同建设3万吨稻米加工厂和200亩稻谷示范种植基地，积极打造精制稻米全产业链。重庆农商行涪陵分行与11家试点合作社建立了信贷关系，共发放优惠贷款5笔共计590万元。积极争取区政府设立“三社”融合发展专项资金，同意建立信贷风险补偿资金并提供农民专业合作社贷款贴息。

【综合改革专项试点】 全区25个涉农乡镇（街道）全部完成常住农户“入社入会”信息登记统计，入社入会农户共计105203户，占常住农户总数的77.48%，达到专项试点工作目标。涪陵区农村合作经济组织联合会完成换届选举，10个乡镇农合会分会挂牌运行。

【完善基层供销组织】 2019年新建江北、百胜、同乐3个基层供销社（公司），全区基层社总数达到21个，基本实现涉农乡镇街道全覆盖。规范打造蔺市、新妙、清溪等5个市级基层供销社示范社，总数达到9个。全区合作社总数达到1179个，在扶贫村加快发展股份合作社，努力消除产业空白村、“空壳村”，立足涪陵区2+X主导产业，引领发展榨菜、中药材以及烤烟、笋竹、花椒、柑橘等方面的专业合作社，为农户提供生产技术指导并搭建销售平台。成功创建国家级、市级示范社31个，引领农民专业合作社规模化、规范化发展。2019年在村（社）配套建设农村综合服务社49个（累计达到155个），支持基层供销社与村集体经济组织、农户、专业合作社共同持股组建了10个星级农村综合服务社，在满足农民群众生产生活需求的同时，还采取返利分红、积分兑换等方式，密切与农民群众利益联结，促进村集体经济发展。强化农民合作社服务中心功能，向农民合作社及其他涉农经营主体提供工商登记、档案管理、财务代账、项目申报等方面的“全方位、一站式”服务，2019年工商代办83家、代账服务52家，为专业合作社提供小额贷款5笔，共计850万元。

【完善农村现代流通服务网络】 年内新建清溪农资综合配送中心，改造提升6个乡镇农资配送中心，全区有村社级农资经营服务网点348个，继续保持全区70%以上的市场份额，新建清溪、珍溪、马武、蔺市4个“村村旺”农产品电商服务站，吸纳村支两委和农户建设“村村旺”服务点22个，与全市电商平台对接。布设完成2020年乡镇（街道）烟花爆竹专营零售网点489个，有城乡再生资源回收服务网点135个。

【农业社会化服务】 区内基层供销社、农资企业从单纯农资购销服务向全产业链服务拓展延伸，2019年罗云、义和、南沱、马武等基层社积极拓展业务覆盖面，向辖区内的果园、水稻种植基地以及相关专业合作社大力推广以土地流转、农资供应、代耕代种、机播机收、统防统治、统购统销为主要内容，覆盖产前、产中、产后的全过程农业社会化服务，全年服务面积达到2.1万亩。

【废弃农膜回收利用】 涪陵区全年新建乡镇废弃农膜回收站点25个，确定重庆伍久塑胶公司为定点回收加工企业，建成分拣中心1个、年产能8000吨加工生产厂1个，全面承接涪陵及周边区县的废弃农膜回收加工服务。全年总计回收废弃农膜345.1吨，回收率超过72%，完成年度目标任务并通过市级第三方验收，废弃农膜“村级回收点+乡镇街道回收站+区域分拣（贮运）中心”三级回收利用体系基本成形。

【项目建设】 年内，总投资1.3亿元，总建筑面积31600平方米的涪陵农资商贸城正式建成，成为当前重庆中部地区规模最大、专业性最强的农资商品流通枢纽和经营集散地。规划上报新农村现代流通服务网络工程项目11个，总投资22350万元；上报2020年市级服务业发展建设项目4个，总投资1130万元；成功申报十万吨有机肥生产建设项目，计划投资4100万元。

【农村电商推广】 区供销社指导电商产业发展公司做好“探百村”农村电商平台推广应用，进一步完善平台下属352个“涪陵e生活”乡村电商服务站运营，坚持“农产品电商+乡村旅游+精准扶贫”联动融合发展模式，2019年线上销售实现3.89亿元，开展农村电商扶贫培训60场，培训从业人员和新型农民2500余名，提供技术咨询200多次，积极组织农产品参加第二届榨菜博览会、成都糖酒会、广交会、西部农交会，支持本地农产品上架“村村旺”市级电商平台，促进线上线下一体化推广。

【社有企业管理】 全年社有企业生产各类罐头1178吨，销售收入842万元、出口创汇76万美元。农资市场公司全力推进“半山雅筑”项目房屋开发，加快完成高层组团交房任务。乾宜公司积极拓展报废汽车收购渠道，加大议价车辆收购力度，开拓出新的区内外市场，2019年共计收购1606吨，超出年度任务计划221%，创公司历史新高。健全完善资产管理信息系统，完成全部48处出租资产的信息登记，确保按时续租或即时转租，2019年资产出租利用率达到91%，实现保值增值目标。

对外经贸

【推进开放型经济体制改革】 涪陵区召开全区全面融入共建“一带一路”加快建设重庆内陆开放高地重要支点推进大会，出台《实施方案》，全面实施开放平台、通道、口岸、主体和环境建设“五大行动”，着力构建“1+3+5+X”开放发展新格局。开放型经济改革专项小组工作深化推进，改革任务全部完成。

【开放平台建设】 重庆涪陵综合保税区全年完成进出口39.9亿元，占全区进出口总值的47.39%。龙头港口岸基础设施加快建设，进港铁路专用线获批，港口海关监管作业场所设计方案得到重庆海关同意。成功申报并建成中粮油脂（重庆）有限公司公用型保税仓库。

【“稳三外”成效显著】 面对复杂多变的国际贸易形势，稳外贸、稳外资、稳外经是2019年开放型经济工作的重中之重。年内会同海关等部门，通过政策促进、业务培训、信息服务、法律援助等措施，帮助企业开拓多元化国际市场，妥善应对国际贸易摩擦。大力协调解决外贸企业过三峡船闸难、华峰集团进口原料关税归类、万凯等企业减免关税等问题，为外贸外资企业累计节省资金1000余万元。深入实施投资贸易便利化措施，主动争取落实上级“稳三外”扶持政策资金5228.5万元。

烟草商业

【概况】 2019年，涪陵区烟草专卖局（重庆市烟草公司涪陵分公司）实现卷烟销量37680箱，增幅3.3 %；卷烟销售收入12.24亿元（含税），增幅8.9%；单箱销售收入3.25万元，增幅5.3 %；销售地产卷烟22549箱，地产烟销售收入5.43亿元，地产卷烟销量、收入均位居全市区县第三。全区种植烟叶0.74万亩，收购烟叶1.62万担，完成计划任务的95.01%。其中，上等烟比例58.38%，同比增长13.16%；收购均价25.69元/千克（不含补贴），同比增长1.31%。

【规范卷烟市场】 年内，涪陵区继续以专项行动为抓手，持续清理、规范辖区卷烟市场，继续开展“擦码毁码串码假码”卷烟集中整治工作。全年共查处涉烟违法案件151起，违法卷烟6485.7条，案值113.05万元。属地市场为基础，加强情报信息网络建设，完善打假奖励措施，“6•04”网络案件顺利收网。持续深化“放管服”改革，进一步做好行政许可管理工作，全年受理行政许可3296份，办理准予许可879份，许可证后续管理事项2415份，无一例行政诉讼案件发生。

交通·邮政

概　述

【概况】 涪陵地处长、乌两江交汇处，是国家确定的“成渝城市群区域性综合交通枢纽”，是长江万吨级船队常年可抵达的最上游港口和乌江流域最大的物资集散地，有全市四大铁公水多式联运枢纽港之一的龙头港，在全市“一区两群”协调发展中处于重要位置。境内交通形成“两江三高三铁”格局，截至2019年底，境内通车铁路3条、总里程168千米，营运火车站4个；公路通车总里程约6262千米，其中通车高速公路3条、总里程130千米，一级公路40千米，二级公路377千米，三级公路63千米，四级公路5193千米，等外公路459千米。辖区有港口码头58个，最大靠泊能力5000吨，年设计货物综合通过能力3000万吨，集装箱年50万标箱，旅客综合通过能力50万人次；内河通航总里程110千米（不含新增未定级航道33.5千米），其中长江干线Ⅰ级航道77千米，乌江Ⅲ级航道33千米；拥有港区陆域面积196万平方米，水域面积490万平方米，规划可利用建港岸线28.1千米（已用19.5千米）。

年内区交通局受理道路运输行政许可件1460件，其他管理事项4222件；16项行政许可事项实现“一次不跑、全程网办”，交通运输行政许可事项承诺办理时限缩减为法定办理时限的一半。

【机构设置】 2019年1月29日，原重庆市涪陵区交通委员会正式更名为重庆市涪陵区交通局。2019年底，涪陵区交通局机关共有在职职工36人，其中班子成员10人（含公路局、港航局、运管处主要领导）。内设11个科室（办公室、政策法规科、综合规划科、财务审计科、组织人事教育科、公路建设养护科、港航管理科、综合运输科、铁路民航科、安全监督科、科技信息科），下属7个事业单位（公路局、港航局、运管处、桥管处、路政支队、质监站、渡管所），归口联系6个中渝驻涪交通运输单位（邮政管理局、海事处、长江航道处、乌江航道处、成铁涪陵车务段、成铁涪陵工务段），交通系统机关事业单位在职干部职工488人。交通局党委下辖4个党委、7个党总支、43个党支部，共有党员1048名。

【经济指标】 涪陵区全年完成交通运输业增加值45亿元；完成水陆货运周转量696.6亿吨•千米，同比增长7.2%；规上交通运输企业营业收入同比增长10.2 %。

公路交通

【公路管养机构】 2019年底，区公路局有在册职工818名，其中在职职工240名，离退休职工578名。局机关内设10个科室，分别是办公室、组织人事科、养护科、工程科、安全科、财务科、纪检法规科、内审中心、乡村公路养护督导办公室、计划统计办公室，编制35名，实有28名；下辖3个直属段和20个基层养护站，编制192名，现实有192名；战备渡口所编制23名，实有20名。

【公路养护】 2019年，全区国省县道养护里程共计1093千米，其中国道270千米、省道437千米、县道和旅游公路386千米。年内干线公路改造有序推进。完工蔺市至两汇、两汇至四合等一批国省县道大修改造工程85千米；完工普通国省道命名编号调整实施工程（一期），对9条国、省道的百米桩、千米碑和标志标牌进行了重新规划安装，其中安装各类标志标牌140余套、里程碑700余个、百米桩（牌）7000余个。公路养护质量稳步提升。推广运用养护新技术，实施公路中小修和水毁整治工程221项，完成路面灌缝约18万米，修复路面网裂面积约8000平方米，挖补路面坑凼约3000平方米，完成公路社会化养护里程约174千米，完工养护站房服务设施改造工程3个，新增交调站2个；建立了涪陵区11条国省道公路数据总台账；通过公路养护平台实现了全区公路病害全过程信息化管理。

【桥梁管理】 2019年，全区管养国省县乡村道桥梁共178座，其中特大桥6座、大桥72座、中桥44座、小桥56座。全年完成桥梁定检、特检资金投入140余万元，委托专业桥梁检测机构完成辖区普通桥梁的定期检查114座，完成涪陵长江大桥和李渡长江大桥特殊检查；完成桥梁小修保养和专项资金投入共约690余万元；完成所辖桥梁栏杆路缘石专项整治风险评估，重新设计不符合要求的桥梁31座。持续推进桥梁管理信息化，累计投入桥梁信息化管理资金800余万元，成立了桥梁信息监控中心，重要桥梁布设摄像监控点100余个，装置移动巡检视频工程车2台，安装手持终端50余套，为涪陵长江大桥等5座特大桥安装了健康监测系统。初步形成了桥梁健康监测系统、桥梁数字巡检系统、移动视频巡查系统、重点桥梁视频监控系统、桥梁电子档案系统五位一体的信息化管理平台，桥梁管理、安全巡检基本实现信息化。同时，还通过信息化手段创新了桥梁工程建设管理，在珍溪大桥危桥改造时通过安装视频监控系统，实现了对施工区域的24小时远程实时监控。

【道路运输】 2019年涪陵区共有客货运输业户1138户、汽车维修业户397户、驾驶培训机构18个，拥有等级客运站4个，道路运输从业人员16734人；拥有班线客车（含农客）569辆、公交车496辆、巡游出租汽车878辆、网约出租汽车636辆、货运车辆6736辆。年内完工江东公交首末站和顺江大道公交首末站；新增、优化公交线路16条，新增纯电动公交车61辆，总量占比达60%，居重庆主城以外区县之首；安装公交车防护隔离装置490辆，安装率100%。年内新增、优化农客线路34条，车辆51辆；全区930个农村客运招呼站（点）、21个等级客运站全面纳入全市农村客运站点智能化系统监管。全年完成出租车指标到期重新投放200辆，办理网约车运输证620辆；新增普货企业54户，车辆1339辆，安装危货运输车辆智能视频监控205台；新增维修企业、业户11家，发放维修合格证8294份。

【公路规划】 2019年10月，市委、市政府主要领导来涪调研时指出："涪陵是主城区都市圈发展的重要支撑，是'一圈'连接'两群'的重要节点，在全市发展格局中具有重要地位涪陵要把交通互联互通摆在更加突出的位置。"年内绕城高速李渡至新妙段、白涛至武隆白马、白涛至丰都三合、南岸迎龙至梓里、武隆平桥至大顺、石渝高速涪陵至长寿双河口段扩能等6条高速公路以及28条共计230千米的国省县乡道升级改造纳入市级规划；渝万高铁线路走向和石沱长江大桥公铁共建问题实现涪陵意图、新增渝武高铁过境涪陵设站。

【公路项目建设】 2019年，涪陵区在建项目约240个（含2018年未完工续建项目和2019年新建项目），累计完成总投资约30亿元。

向市财政局申请到账马龙路、鹅西路项目资金5亿元，累计申请到账资金达到13亿元；争取国开行贷款项目总投资超过7亿元，拟能申请贷款约5.6亿元；对交通建设“三年行动计划”干线公路项目多争取市级资金约1亿元，减少区财政配套资金约4.5亿元。南两高速涪陵段路面工程全面完成，涪陵境内关键节点工程增福特大桥成功合龙、春天门特长隧道实现双向贯通；渝怀铁路二线涪陵段主体工程基本完工，涪陵境内关键节点工程新磨溪1号、2号隧道和新白沙沱隧道均实现贯通；梓白高速、卷大路项目顺利实现全线复工；马龙路三、四标段预计竣工时间提前半年；鹅西路重点控制性工程鹅颈关隧道右洞和沙溪沟隧道左、右洞均已实现贯通；江焦路一期、百胜场镇过境路完成初通。农村公路建设创历年之最。全年下达“四好农村路”建设计划1010千米，2019年建成“四好农村路”1480千米，累计建成1878千米，总里程相当于“三年行动计划”实施前8年的工程量，创造了计划下达里程、开工建设里程、完工里程和年度投资的历史最高纪录。

水路交通

【水路运输】 涪陵区共有水运企业44家，船舶356艘，总运力151万吨（全市区县中第一），分别占全市的15.3%、12.6%、19.4%；其中危化水运企业7家，船舶132艘，运力54.4万吨（全市区县中第一），占全长江干线的14%，占全市危化水运市场的80.5%。全年完成水路货运量3989.5万吨，完成货物周转量657.6亿吨•千米，完成港口货物吞吐量3125万吨，分别占全市的19%、26.8%、17.9%，其中水路货运量、货物周转量排名全市区县第一，港口货物吞吐量排名全市区县第二。年内运力结构不断优化，船舶标准化率达到95.5%，企业平均运力达到3.4万吨，单船平均载重吨达到4350吨，分别高出全市平均水平的13.5%、26%、57.2%；危化品、集装箱等专业化船舶占比达到49.4%。科技兴航再获突破，与天科院联合研发的智能辅助（无人）驾驶巡航系统进入设备安装测试阶段，重庆水文预测预警系统获评交通运输部“平安交通”创新案例15个“特别推荐”项目之一。绿色航运深入推进，整改环保设施不合格或存在环境污染隐患码头9个，投用泽胜洗舱基地和三峡库区船舶废弃物接收专用码头，完成船舶污油水、生活污水储存柜加装170余艘，实现城管接收、海事督促的趸船生活污水接收转运链条全覆盖。

【航道港口】 涪陵区内有长江干线Ⅰ级航道77千米，乌江Ⅲ级航道33千米。新增尚未定级航道33.5千米，其中：渠溪河21千米，梨香溪12.5千米。港区陆域面积196万平方米，水域面积490万平方米，规划可利用建港岸线28.1千米，已用岸线19.5千米，规划预留岸线8.6千米。有码头58个，其中生产经营性码头31个，公益性移民复建码头11个，支持保障系统码头16个。最大靠泊能力5000吨，年设计货物综合通过能力3000万吨，集装箱年50万标箱。旅客综合通过能力50万人次，2019年港口旅客吞吐量4.1万人次，货物吞吐量3125万吨。年末港口从业人员1800人，港口企业29家。

【地方海事】 区港航局全年办理船舶登记事项29次、高级船员适任证书换证5本（次），新注册船员服务簿513册，发普通船员适任证书130本。检查船舶461艘（次），检查港口码头832座（次）；累计出动安全执法人员3420人次、交通执法艇373艘次、执法车503辆次。查处违章船舶28艘（次），其中涉及海事违章23艘次，涉及环保违章5艘次，码头（港口运政）违章作业10次；排查出一般安全隐患585起，整改585起；管辖水域实现了连续198个月“零死亡”。全年监控中心共接警12次，处理完成12次；发送大雾预警16次、洪峰预警5次、水情信息365次；GPS监控抽查化危品船舶2195艘（次）、普货船1564艘（次）、客渡船560艘（次）；视频监控抽查化危品码头4380个（次），抽查企业监控分中心1745次。涪陵区所有码头都与环卫部门签订了垃圾交付协议，顺利通过中央环保督查验收。全年进入乌江危化品船舶共计47艘次，进出港危险货物总计102640吨，其中苯10400吨，环己酮53000吨，三氯甲烷29000吨，氢氧化钠6700吨，二氯甲烷2000吨，液碱1540吨。年内组织应急救援技能培训72人次，汛期成功救助遇险船舶1艘。

【水运工程】 涪陵区全年水运及配套工程建设完成投资1.2亿元，其中：龙头港一期工程1100万元，二期工程4100万元，仓储工程7000万元。持续推进港站枢纽建设。全年水运基础建设投资4000万元，大石溪码头完成码头实体工程并通过交工验收；清溪园区码头建设项目完成立项、现状地形图测绘、地址初勘工作，完成投资约220万元。

交通安全

【交通执法】 涪陵区全年共出动运政执法人员5233人次，出动执法车1491车次，检查车辆6463辆，查获非法营运63辆，处理投诉举报1167件。全年出动路政执法人员12100余人次，出动执法车8700余车次，检查车辆19700余台，恢复公路及公路附属设施15处，其间未发生有理投诉和责任曝光事件，有理投诉率为“零”。全年共出动港航执法人员2566人次，出动执法艇254艇次，出动执法车428车次，检查船舶377艘次，检查码头649座次，查处违章27起，罚款17.48万元，拆除三无船舶1艘。全年出动交通工程质量监督执法人员1100余人次，检查项目280余次，现场发出限期整改意见书104余份，暂停工整改意见书5份，立案处罚违法行为21起，罚款8.29万元。涪陵区持续巩固“横向联合、纵向联动”的“打非治违”工作机制，区交通局与公安、高速执法四支队等单位签订联勤联动协议，开展跨区域、跨部门的联勤联动、联合执法，全年共开展联合执法21次，查处各类违法违规行为70件。

【安全稳定】 年内区交通局主要领导及班子成员带队检查110次，协调、解决安全生产问题21起。全年投入资金6100余万元，新建公路“生命工程”171千米，改造危桥7座，完成公路小修整治项目及安全隐患治理工程80个，完成12条国省道路的安全设施增设工作。全年无较大安全事故发生，辖区水域保持了连续198个月“零死亡”。区内应急能力不断提升，初步建立了全行业应急预案体系，组织开展各类应急演练53次，成功协助市局做好了部、市联合举办的2019年长江干线水上联合搜救演习相关工作；有效应对武陵山旅游公路冰雪灾害、汛期强降雨交通中断突发事件25起、水毁灾害450余处，成功应对“6•22”乌江十年一遇特大洪峰。全年妥善接待群众来访40起，办理信访案件46件。

物　流

【物流运行】 2019年，全区物流业增加值实现50.3亿元，同比增长10.1%，占全区第三产业增加值10.9%。社会物流总额1768.4亿元，同比增长5.5%；物流业总收入126.2亿元，同比增长10%；社会物流总费用175.2亿元，同比增长6.9%，占GDP比重下降至14.9%，较上年下降0.3个百分点。完成货运量8657.5万吨，其中，公路、水运、铁路货运量分别为4361万吨、3989.5万吨、307万吨，分别同比增长3%、5%、19.4%；工业物流货运量近3500万吨，同比增长16%。涪陵海关监管的进出口货物量26.5万吨，其中进口10.8万吨，出口15.7万吨；监管进出口集装箱10889标箱，其中进口集装箱784标箱，出口集装箱10105标箱。全区有物流仓储企业659户（其中：规模以上物流企业76家，主营业务收入过亿元的物流企业9家），规模以上物流企业实现营业收入36亿元、同比增长10.2%，营业利润2.9亿元、同比增长22.3%。

【区物流办挂牌成立】 1月25日，涪陵区委、区政府印发《关于涪陵区机构改革的实施意见》（涪陵委发〔2019〕4号），将区经济和信息化委员会的物流管理职责，区发展和改革委员会的组织拟订现代物流业发展规划和计划、协调解决现代物流业发展重大问题职责等整合，组建重庆市涪陵区物流办公室。1月29日，重庆市涪陵区物流办公室在涪陵区马鞍街道新区大厦五楼挂牌成立。

【区物流办三定方案出台】 6月20日，涪陵区委办公室、区政府办公室印发《重庆市涪陵区物流办公室职能配置、内设机构和人员编制规定》（涪陵委办发〔2019〕34号），明确区物流办是区政府工作部门，级别为正处级，内设综合科、产业发展科2个科室，行政编制12名，设主任1名，副主任2名，科级领导职数3名。其主要职责是：贯彻执行国家、市有关物流工作的方针政策和法律、法规、规章，拟订全区物流工作综合管理规范性文件并组织实施；统筹指导全区物流发展、运营工作；负责全区口岸相关协调服务工作；统筹协调全区水运、航空、铁路、公路等多种运输方式的物流组织、调度、运营、管理工作；统筹推进多式联运，培育多式联运市场主体；负责统筹全区物流园区等规划布局和建设协调工作，统筹冷链行业管理和仓储发展工作，服务全区国际货运代理企业备案工作；负责全区物流标准化、信息化、智能化建设；负责推进物流对外交流合作，指导全区物流相关社会组织、中介机构工作；完成区委、区政府交办的其他任务。

【物流降本增效】 年内，区物流办深化“放管服”改革，加大物流企业降税减负力度，全年为物流仓储企业减征增值税5683万元，全区物流企业增值税总额较上年度下降18.7%。全区80%以上有外贸实绩的企业注册国际贸易地方版“单一窗口”。

邮　政

【概况】 2019年，涪陵邮政实现业务收入19708.93万元，完成确保目标的101.79%（市分公司考核目标），规模全市区县排名第8位，较去年上升1位；同比增幅10.68%，增幅排名全市区县第6位。其中：代理金融专业全年完成业务收入13810万元，完成达标目标的102.05%，同比增幅9.56%；渠道平台专业全年完成达标目标收入1760.4万，完成达标目标92.2%，同比增幅9.52%；寄递专业全年完成业务收入2271.16万元，完成目标的102.51%，同比增幅30.36%；集邮与文化传媒专业全年完成业务收入1654.47万元，完成市分公司基本目标的100.27%，同比增幅4.82%。年内企业效益持续提升，实现利润4399.32万元，同比增加338.06万元，增幅8.32%，完成预算目标的113.8%，超预算值533.32万元。邮政系统全员劳动生产率达到41.05万元/人（含寄递全员劳动生产率为36.08万元/人），较2018年提高5.1万元/人。全年未发生重大邮政金融资金案件、风险和声誉风险事件。全年打造龙潭大米、涪陵榨菜等电商扶贫单品，实现农产品销售4.53万单，助农增收45.1万元。

【重点业务健康发展】 2019年，涪陵邮政储蓄业务新增时点余额8.3亿，同比增幅

10.08%。利差收入完成9953万元，完成基本目标的99.42%，同比增幅6.08%。保险业务新增保费4.04亿，同比增幅10.85%，累计期交保费1.04亿，期交占比25.78%。全年新增手机银行4.5万户，完成全年进度的205.68%。新增签约ETC 4320户。增值业务完成收入438.02万元。分销业务完成收入1322.4万元。标快业务完成收入478.95万元。快包业务收入完成1136.94万元，同比增幅2.49%。国际业务完成收入547.89万元，同比增幅2146.75%，高于全市增幅1887.96个百分点。函件业务完成收入494.33万元，同比增幅6.44%，超全市同比增幅4.24个百分点。集邮业务完成收入548.27万元，同比增幅5.05%，超全市平均增幅8.96个百分点。报刊业务完成收入611.87万元，同比增幅3.49%，高于全市平均增幅0.76个百分点。

【重大项目统筹推进】 2019年，涪陵邮政推进标快业务大会战项目，实现收入427.58万元，并带动文化传媒收入12.4万元；推进文传、寄递两个“一元增收”项目，分别实现收入56.5万元、113.1万元，并带动渠道类业务收入11.25万元；推进走访乌江榨菜生产基地、北山国际文化旅游康养度假小镇、涪陵国家级现代农业园区等21个市级重点项目，实现总收入308.3万元。

【推进融合发展战略】 2019年，涪陵邮政推进“邮政+公安”模式，与公安合作开办服务群众网点数达到5个，完成市分公司目标的100%。推进“邮政+税务”模式，全年代开发票实现收入37.8万元。邮银协同新增快捷支付4.53万户，完成全年进度141.09%。发挥板块协同优势，通过车务代办、寄递物流、文化传媒协同发展汽车产业链项目全年实现收入共计324.12万元。惠农合作项目立足源头，走访农业合作社48家，实现两项业务以上合作17家，合作率达到41.5%，同时联动寄递、电商、传媒等业务发展，全年实现收入155.4万元。

【创新业务发展】 2019年，涪陵邮政创新思路，积极融入地方“双晒”活动，开发《涪陵记忆》邮册1000册，连体明信片5000套，个性化邮折400册，实现收入37.10万元。以邮乐“919”购物节为契机，积极联系供货商，同时号召广大员工在各大线上平台进行转发、营销，活动期间实现单品销售超过1万单。充分利用网点吊窗广告、小区智能阅报栏广告、电影卡、媒体印制产品等平台资源，推进媒体广告业务的发展，全年实现广告媒体收入399.70万元。各网点利用协同发展的模式，累计留存养老金客户300余户，转存金额400多万元。

【提高普遍服务水平】 2019年，涪陵邮政牢记普服为根、客户为本的要求，加大对普服基础设施和网络的整治，全面提升普服能力和水平；强化普服队伍，加强学习和培训，增强员工对普服工作的责任心和驱动力；加强制度建设和推进服务质量体系建设，强化普服达标的监督检查，使普服的监督和管理能力有效提升；开展“邮政普遍服务大提升”“五届市委第四轮、第五轮巡视专用信箱”等活动，进一步提升了普遍服务质量；通过分区域投递外包，实现所有行政村投递频次达标。全年未发生违反邮政普遍服务工作“两条红线”的情况，未发生重大舆情和媒体曝光事件，机要通信连续39年质量全红，平信丢损率进一步下降。

【经营及服务质量管理】 2019年，涪陵邮政严格落实集团公司“八条禁令”和市分公司“六个严禁”，全年未发生被集团公司、市分公司查处和通报的违规经营行为。健全工作机制，按月通报服务质量运行情况，重点研究、分析各类服务质量问题和客户热点问题，狠抓突出问题的整改落实。加强服务质量日常管控，实现非现场检查常态化开展。规范投诉处理，强化首问负责制，申诉处理满意率100%。用户服务满意度第三方测评保持在85分以上，大客户满意度达到90分以上。

【基础建设加强】 2019年，涪陵邮政投入资金1114万元（其中安防资金189万元），加大基础建设力度。完成黄旗、同乐、马武、马鞍等4个邮政所的装修改造项目以及5个纯邮政网点的普服达标整治；完成分公司生产辅助房屋、综合办公楼外墙、综合楼办公室、档案室装修等装修改造项目；完成黄旗处理中心、龙桥电商仓配中心项目；累计建成邮乐购站点426个，其中优质邮乐购站点达到215个，完成优质站点建设目标85个的252.94%。新一代寄递平台、智能跟单等系统上线应用；全年投放ITM设备96台，累计投放124台，网点覆盖率达到69%，点均0.69台。

【邮政队伍建设】 2019年，涪陵邮政选拔调整支局长8人、所主任10人，支局长、所主任队伍年龄结构、思想素质、工作能力等方面更加优化。另选拔理财经理9名，从基层网点竞聘5名员工到专业部门，增补选拔各类业务能手25人，邮政队伍规模不断壮大。生产人员特有职业技能高级持证达103人、占比28.53%，金融从业人员银行专业资格证持证达101人，占比35.69%，员工技能水平持续提升。

城乡建设

概述

【概况】 2019年，涪陵区城市提升成效明显，基础设施网络日趋畅通、公共空间品质持续提升，城市功能短板加快弥补，城市建成区面积达到70.1平方千米。

【机构改革】 根据2019年1月4日全区机构改革实施意见，将区城乡建设委员会（区民防办公室）的职责、区政府直属事业单位房地产业管理局的职责整合，组建区住房和城乡建设委员会，作为区政府工作部门，加挂区人民防空办公室牌子。不再保留区城乡建设委员会（区民防办公室）。全系统包括机关（内设科室12个）、9个直属事业单位（1个参公事业单位：小城镇处，6个全额拨款单位：房地产服务中心、建管处、安检站、招标站、城建档案馆、审图中心，2个自收自支单位：质监站、造价站），代管国有企业1个（质量监督检测中心有限公司），共有在编人员225人，其中行政人员33名（含工勤岗2人）、参公事业单位人员14名（含工勤岗1人）、事业单位工作人员178名。

勘察设计

【质量提升】 年内涪陵区开展设计质量施工现场专项检查，共检查项目18个。开展勘察外业抽查项目19个，抽查比例16%，处理勘察单位1家。开展施工图质量抽查2次，抽查项目25个，抽查比例32.9%，发出设计质量整改通知书17份。

【行业转型升级】 涪陵区积极鼓励企业在数字建造等行业信息化技术领域进行广泛尝试，推进建筑信息模型（BIM）技术运用，推广工程总承包、全过程咨询试点，涪陵中心医院新城区医院和涪陵科教产业实训基地等项目相继采用BIM技术和EPC总承包模式。

城市建设

【新城区建设】 涪陵新城区加速扩张，渠溪河库岸整治部分建成蓄水，学府路三期、平安园建成投用，玉屏公园、站前大道二期等37个项目加快建设，太白大道北延伸段、轴线公园开工建设。

【江南城区建设】 江南城区高笋塘14和16号危房屋改造、海陵厂片区及建涪路连接道路、旧城改造二期3个项目共23户4691平方米的征收扫尾工作全面完成，新启动并全面完成了长江师院附中教师宿舍楼30户2344平方米房屋的征收工作，加快旧城改造房屋拆除，保证了土地招拍挂及城建项目顺利实施。重庆主城区都市圈两江新区—涪陵区（龙头港）快速通道项目完成了方案深化调整，涪陵区第一条双向8车道的城市对外通道涪南路（鹅颈关隧道至鹅颈关立交）综合改造工程一期主线建成通车；通江路、插旗支路、涪丰北线一期、乌江大桥西桥头立交一期完工投用，高天路一期基本建成，乌江一路开工建设。与锦绣洲广场隔江对望的两江文化广场建成投用，成为涪陵新的“打卡”地，大型商业综合体万达广场如期完工投用。年内区住建委引导社会资本建成了5个公共停车场，新增1200余个停车位；建设3个人行过街设施。年内江南城区建成污水管网23.7千米，城市污水处理率达95%，污泥无害处置达100%；完成廊桥水岸、新大兴农资市场等6个堵水严重的内涝点治理，建设雨水管网6千米；推进海绵城市建设，对金科长江星辰等6个项目严格执行海绵建设规划要求。江南城区全年新建成节能项目总计181个约141.1万平方米，其中8个项目约18.6万平方米获得一星级绿色建筑竣工标识；涪陵金科•天宸二、三期申报了重庆市绿色生态住宅小区竣工标识；高山湾综合客运换乘枢纽荣获中国建筑质量最高奖—鲁班奖，同时获得了重庆市二星级绿色建筑标识；实施既有建筑节能改造5.9万平方米，预计节能率约为23%。

村镇建设

【农村危房改造】 年内，区住建委严控危房改造面积和质量，切实做到贫困身份、危房等级、改造验收三个100%核查，圆满完成了市住建委下达给涪陵区的5146户农村建档立卡贫困户等4类重点对象改造任务，动态消除了突发新增贫困人员危房安全隐患。全面完成建档立卡贫困户、低保户和分散供养特困人员住房安全等级鉴定和信息标识工作。涪陵区完成了中央、国务院和市级专项巡视督查反馈的农村危房问题整改工作，顺利通过中央脱贫攻坚专项巡视回头看抽查“国检”。

【乡村建筑风貌】 涪陵区实施“五沿”农村旧房整治3000户，涉及新妙、蔺市、江东等12个乡镇街道，两江四岸环湖区域、长江乌江两岸及沪渝南线高速涪陵段沿线民居面貌焕然一新。全面完成了现代农业产业园核心区民居风貌整治提升工程，涉及农房458栋，建成美丽庭院1050个。

【集镇建设】 涪陵区全年完成村镇建设投资3.3亿元，共实施项目90余个，完成投资3.1亿元。新建改建硬化油化石沱镇场镇道路等小城镇道路105千米，安装路灯325盏；启动建制场镇污水管网查漏补缺，新增排水管网34千米；新建改建李渡石龙场镇生态停车场等2个公共停车场，升级改造焦石镇等城镇农贸市场5个，南沱等城镇建成休闲广场2个；栽种行道树1904株，添置垃圾桶4790个，新建改建公厕8座。

建筑业

【概况】 涪陵区全年完成建筑业在地产值541亿元，同比增长12%；实现增加值118亿元，可比增长10%，占全区GDP的10%，据四经普数据反馈占比达13%；完成税收约7亿元。区内传统建筑企业资质结构不断优化，综合竞争力不断增强。中科建设完成产值103亿元，兴达、群洲分别达47亿元、46亿元，10亿—30亿元企业达8家，1亿—10亿元企业33家，龙头企业领军、骨干企业紧随、中小企业追赶的梯次发展格局逐步形成；从业人员素质不断提升，兴达集团杨云荣获“第七届全国道德模范”提名奖。

【产业现代化】 2019年，涪陵区“装配式钢—混凝土混合结构建筑及其信息化建造成套技术”获得“重庆市科技进步一等奖”；绿地秋月台、中心医院新城区分院、科教产业实训基地等一批示范工程相继开工建设；珍溪矿山基地等工程投产；启动建筑产业园区建设。

房地产业

【概况】 全年房地产业完成投资112.9亿元，同比增6.9%，占全区固定资产投资额比重达 26.25 %；新开工面积226.62万平方米，同比增95.6%；竣工面积205.58万平方米，同比增26 %；销售面积125.57万平方米，同比增0.8 %；从业人员数4983人，同比增22.43%；从业人员工资总额19513万元，同比增37.5% 。招商引资较大项目2个、协议资金50亿元、到位资金28.2亿元，超额完成目标任务。

【优化结构】 区内房地产企业资质结构进一步优化，全年淘汰僵尸企业14家，升级一级资质1家，评选“十强”开发企业7家；产品结构更趋多样化，实现了由普通商品房向绿色生态、智慧智能和装配建造的高质量、高品质住宅小区转变。全年竣工绿色生态住宅小区2个，面积约38.6万平方米；在建智能住宅小区2个，建筑面积39.08万平方米，在建装配式精装修住宅小区1个，建筑面积约10万平方米。

【项目监管】 涪陵区加强房地产项目建设进度全过程监管，确保开发项目如期竣工、按期交房。全年监管预售项目96个、监管预售资金72631万元，免监管项目46个、免监管金额11.5亿元。监管项目资本金24件、监管金额19076万元，免监管4件、免监管金额8000万元。

城市管理

【机构设置】 涪陵区城市管理局是负责涪陵城市环境卫生管理、市政基础设施管理、城市园林绿化管理、数字化城市管理的主管部门。2019年1月25日，涪陵区综合行政执法局撤并整合到涪陵区城市管理局，当年末，内设办公室、组织人事科、财务审计科、政策法规科、设施管理科、园林绿化科、城乡环卫科、执法监督科、督查考核科、机关党委等10个科室，在编人员27人，其中领导班子成员10人。下辖区城市管理局第一执法支队、第二执法支队、第三执法支队、第四执法支队等4个参公事业单位和区环卫处（区水域环卫处）、区市政处、区园管处、区照明广告处、区数字城管中心、区市政园林局新城区管理中心等7个事业单位。

【城镇综合管理】 2019年，区政府成立由区长任组长的城镇综合管理工作领导小组，推进“马路办公”，全年开展马路办公1100次，发现和整改问题3268个。治乱拆违方面，坚持源头防控、过程管控，推行小区违建信息发现登记报告制度，遏制金科天宸、泽胜温泉城等小区违建467起，冻结违建业主房产467户，违建整治10.3万平方米，城区违建彩钢棚整治21.24万平方米。占道整治方面，开展23次专项整治行动，设置金科天籁城等规范管理摊区28个，规范摊点1998个，劝阻清理占道经营26万人次，基本实现“坐商归店、农贸归市、散摊归区”管理目标；处罚城区机动车人行道违停2.2万台（次）。“五乱”治理方面，严管乱张贴、乱涂写、乱刻画、乱吊挂、乱派发“五乱”行为；实施公安、市场、街道、通信等协调联动，使用“呼死你”处理乱张贴刻画乱派发广告违规号码180个，罚款1.2万元，函告通讯部门停机56个；组织街道、物业、保洁公司等清理城区“牛皮癣”1.2万张。环境治理方面，巩固马鞍聚业大道、敦仁广场路、江东东滨大道等10条扬尘控制示范道路创建工作；全年检查运渣车辆3975台次，巡查建筑工地1048次，处罚20余起违规渣土运输车辆；13件中央环保督查组交办、14件区级环境问题交办案件全部整改到位；实施南门山人防工程、客运东站、泽胜商业广场等建筑物玻璃幕墙清洗17处、10.7万平方米。户外广告方面，完成

《重庆市涪陵区城乡户外广告设置专项规划》修编，江南城区违规大型户外T型广告牌全部拆除到位；拆除违规设置楼盘软体、布幅标语、彩旗、吊旗和围墙广告576块。垃圾治理方面，增设分类垃圾桶3000个、分类垃圾回收“小黄狗”93台，打造廊桥水岸、奥体中央公园、金科中央公园城等生活垃圾智能分类示范小区；建成垃圾分类平台1.9万个，设置垃圾桶3.8万个，建成生活垃圾分类示范村90个；城区保洁面积720万平方米，主要城市道路机扫率达到93%；清运生活、餐厨垃圾20.1万吨，整治暴露垃圾1026吨。

【城市景观工程】 2019年，桥南公园、新城区平安园建成开放，高山湾人行天桥附属绿化工程、磨盘沟大桥桥头绿化工程、北山公园应急防火道路B段工程完工，2200亩的玉屏公园正在建设；推进城区生态修复、立体绿化，完成3万平方米黄土裸露整治。人均公园绿地面积达到18.65平方米，建成区绿化覆盖率43.41%。蔺市、武陵山、大木3个乡镇成功创建国家园林城镇。城区补栽乔木2680株、灌木13.83万株，更换节点鲜花120万余株，完成6.22万株行道树修枝剪叶、美冠整形、病虫防治，加强52个城市公园、广场的日常管理。两江环湖景观灯饰二期工程全面完工，两江环湖景观灯饰带基本形成，改造北山新城LED路灯105基，新建碧筱社区路灯40基，改建三机关健身梯步路灯62基，更换太极大道华灯灯罩2110盏，路灯智能控制率达99.5%，推广应用绿色照明节能技术，LED达标率45%。备案店招店牌294件。

【市政设施管理】 2019年，区城市管理局实施太极大桥D级危桥整治，完成广场路（易家坝—南门山段）沥青路面中修、宝龙广场进出道路路口渠化改造和高山湾站前广场、宝龙广场公交港湾改建。修补城市沥青路面1.4万平方米、人行道5030平方米，维修路缘石940米，维修防撞护栏563米。开展天子殿大桥专项检测，完成洡滩河大桥等5座桥梁778米防撞护栏安装，城区34座城市桥梁、15座地通、3条隧道，定期结构设施检测率达100%。

【城市供水】 2019年，城区自来水售水量4880万吨，同比增长1.3%，出厂水质合格率100%，管网综合合格率达99.2%以上，供水能力达15.1万立方米/日；李渡二水厂完成厂区土建的30%，白鹤水厂完成主体工程。

【数字化城市管理】 2019年，区城市管理局将城市管理问题高发路段48组高清视频监控接入视频监控智能分析系统，实现对城市管理问题的自动报警与图像信息采集、派遣、处置；全年共受理立案案件6.31万件，结案6.18万件；主动发现上报问题的比率不断提升，达到90%以上，巡查问题6.47万件，结案率达97.78%；接市“12319城市服务热线”案件646件，结案644件，结案率99.69%。

信息产业

网络信息

【机构设置】 中共重庆市涪陵区委网络安全和信息化委员会办公室是中共重庆市涪陵区委网络安全和信息化委员会的办事机构，是区委工作机关，对外加挂重庆市涪陵区互联网信息办公室牌子。区委网信办内设综合科和网络管理科两个科室，有在编人员7名，实职领导1正2副。区委网信办直接管理正科级事业单位互联网信息中心，有在编人员9名。

【网络宣传】 年内，区网信办开展“推动重庆各项事业沿着习近平总书记指引的方向奋力前行”等重大主题宣传20项，“创文创卫”“三百行动”等主题宣传16项。参与“行重庆——2019网络达人重庆行”、新华社“看美丽乡村庆70华诞”大型直播、人民网“一撇一捺看发展”等全国性网络主题活动。组织网络媒体进民企集中探访活动，举办“美丽涪陵文明之城”微视频大赛。

【阵地建设】 区内主要网络媒体巴渝传媒网、爱涪陵客户端、巴渝论坛、涪陵眼微信公众号、巴渝都市报微博均取得互联网新闻信息服务许可。爱涪陵客户端下载安装量39.1万，获评2018年重庆市优秀客户端。涪陵发布微信公众号订阅量37.2万；涪陵微博发布博文4900余篇。开展政务App等新媒体平台及工作群清理，注销关停新媒体平台16个，解散工作群124个。成立区互联网界联合会。

【舆论引导】 区网信办注重网上舆情引导，做到每个工作日一期舆情报告、每周形成一周回顾、每月编报舆情综述，及时反映网民关切，7期专报得到区委主要领导批示交办，1个案例入选全市舆情应对典型案例，庆祝中华人民共和国成立70周年等重要时间节点舆论引导有力有效。

【网络安全】 区网信办开展了2019年网络安全宣传周活动，组织开展集中宣传日和6个主题日活动。举办网络应急演练，创新开展线上线下网络安全有奖知识竞答、“文明上网 从我做起”签名、发布文明上网倡议书、安全上网志愿服务等系列特色活动。对各行业关键信息基础设施开展安全保护现场检查，发现并整改了一批安全隐患。

【创新驱动】 涪陵区完成政务数据迁云上云，47个单位74个信息系统进入华为（涪陵）云计算大数据中心，32个区级部门738个目录进入政务数据共享交换平台。思源政通、互爱科技、电商产业园、蒙塔纳等区内智能产业规模逐渐壮大；升级打造了“探百村”农村电商平台，新开设“爱心扶贫”板块，大力发展“电商＋精准扶贫”。

大数据应用发展

【机构设置】 区大数据发展局于2019年1月28日正式挂牌成立，下设综合科和数据信息科，共有行政编制12名，设局长1名，副局长2名，科级领导职数3名。2019年底全局共有8人，其中局长1名，副局长2名，二级调研员1名，科级干部4名。其主要职责为负责推进全区信息化应用工作，推进全区“智慧城市”和“智慧政务”工作，推进大数据、人工智能等新一代信息技术和经济生产各领域融合应用，推进大数据、人工智能、数字内容等工作。

【基础设施建设】 涪陵区持续推动4G网络覆盖，全年新建或改造4G物理基站200余座，基本实现全区居民聚居地4G网络全覆盖。持续开展电信普遍服务试点工作，2019年征集上报点位18个，通过点位14个，全部建成投用。推进“互联网”小镇试点，确定大木乡、清溪镇、义和镇三个乡镇建设“互联网小镇”，推动4G网络光纤网建设。涪陵区规划建设5G通信基站3100个，其中利用旧路灯杆、监控杆、电力杆等1464个，建设5G网络接入机房45个，站点储备资源（监控杆、道路指示牌）1061个。2019年建成5G通信基站210个，主要覆盖党政机关、核心商圈以及城区主干道。

【数据汇聚流通应用】 华为涪陵云计算大数据中心一期项目按照国际T3+标准建设，占地面积2公顷，建筑面积12336平方米，部署了1059个机柜，具备10000台服务器的运营能力，于2019年8月8日正式上线运营。涪陵区依托该中心推进政务数据上云，累计完成47个机关企事业单位74个政务云服务项目，区政务数据共享交换平台有32个区级部门共738个目录进入。涪陵区新型智慧城市综合服务平台筹备建设，区大数据发展局走访摸排各单位共计123项服务需求，并形成专题调研报告，提出“1+2+N”的工作思路。全区初步建成政务云、企业云、城管云、平安云、教育云“五朵云”，雪亮工程、智慧河长、数字城管等智能化创新应用相继开展，其中平安云视频实战共享平台获得全国政法智能化建设优秀创新案例奖，“智慧河长”系统荣获全国最佳公安业务创新奖。“涪陵榨菜”区块链溯源及品牌保护项目实施，实现精准打假；开展“区块链＋涪陵黑猪”溯源项目，这是全国首个应用区块链技术的生猪养殖项目，录入了5000余头涪陵黑猪数据，并应用在30多个线下门店销售场景中。

【数字经济】 年内互爱科技孵化园内企业达到60家，2019年创造营业收入近2亿元，全区数字产业销售收入突破80亿元。

工业信息化建设

【智能化改造】 涪陵区推动传统企业智能化改造，2019年完成47个智能化改造项目，新增涪陵卷烟厂和华峰化工2个市级智能工厂，新增太极桐君阁、葵花药业等13个数字化车间，市级智能工厂累计达到4个，数字化车间累计达到20个，数量居全市区县之首。太极桐君阁跻身全市10户智能制造标杆企业行列。

【两化融合】 涪陵区大力推进“两化融合”贯标工作，2019年太极集团、华峰化工、华峰氨纶、伟恩机电等4户企业通过国家级“两化融合”贯标评定，全区国家级两化融合贯标企业达到5户。

网络信息企业

中国电信股份有限公司涪陵分公司

【概况】 中国电信股份有限公司涪陵分公司是大型国有通信企业，成立于1996年，主要经营重庆市辖区内固定电话、移动通信、卫星通信、互联网接入及应用等综合信息服务，云计算、大数据、物联网、光网络、移动互联网等新型业务，是一家综合的智能信息化服务运营商。2019年有在职员工283人，全年累计收入突破2亿元。分公司持续保持重庆市级文明单位、重庆市级消费者信得过企业、重庆市级诚信经营企业，高笋塘营业厅持续保持“全国青年文明号”称号，荣获重庆市涪陵区互联网界联合会会长单位。

【通信建设】 公司2019年完成建设投资1483万元，新建LTE 176个、5G基站56个，新建FTTH端口56176个，新建千兆光网示范小区8个，实现了行政区域4G、光网全覆盖。完成清溪“互联网小镇”建设，打造智慧化、互联化小镇。

【渠道拓展】 2019年，公司新建销售型实体门店18家，商业务综合体4个、核心商圈1个、改造农村门店24个。全年实体渠道有效门店158家，为用户提供包括缴费、业务查询、业务办理及咨询等各项通信便民服务。

【新兴业务】 公司加快向新兴业务市场进军，组建智云护航团队，为客户单位提供云主机、云桌面、云视频会议、远程医疗、热成像仪（福门）、人脸识别、智慧社区、智能音响、智能烟感等智慧化应用和维护。

【扶贫攻坚】 公司全年完成63个行政村光网建设，设立24个业务扶贫办理点，通过电视减免包、致富包等优惠政策，惠及4500户建卡贫困户。同时分公司还开展扶贫捐款和购买扶贫农产品等公益扶贫活动。

中国移动通信集团重庆有限公司涪陵分公司

【概况】 中国移动通信集团重庆有限公司涪陵分公司（以下简称涪陵移动公司）成立于1999年10月10日，隶属于中国移动通信集团重庆有限公司，致力于移动通信事业的技术创新、业务创新和服务创新。

【网络建设】 2019年，涪陵移动公司持续增强网络能力，4G基站累计达3000座以上，全区4G信号有效覆盖率提升至95%以上，平均下载速率达到30Mbps。开启5G网络建设，全年建成或开通300多个5G基站，并积极探索5G+垂直行业应用，在5G+智慧河长基础之上，推进5G+智慧旅游、5G+智慧博物馆等应用落地。全年新建光线宽带1.5万余户线，基本实现光纤宽带有效覆盖率全区达到95%以上，对63个市级贫困村全覆盖，助力全区脱贫攻坚。

中国联合网络通信有限公司重庆市涪陵区分公司

【概况】 中国联合网络通信有限公司重庆市涪陵区分公司（以下简称涪陵联通）成立于2008年10月29日，是中国联合网络通信有限公司在涪陵设立的分支机构。由原中国联合通信有限公司涪陵分公司和原中国网络通信集团公司重庆市涪陵区分公司两家公司合并组建。公司经营范围包括：移动通信业务、固定通信业务、互联网业务、信息服务业务、信息化系统集成业务和各类电信增值业务。

【网络建设】 公司累计建成移动网络基站1956个，覆盖乡镇站点550个，行政村覆盖率92%。公司具备200G的互联网上行出口带宽能力，可提供千兆家庭宽带接入。2018年，中国联通启动混合所有制改革，在传统电信业务发展的基础上，推进互联网化转型，加快5G建设，加大信息化业务发展。至2019年底，公司建设完善了系列互联网+智慧应用平台，信息化服务能力得到提高。

中国铁塔涪陵分公司

【概况】 中国铁塔股份有限公司（简称中国铁塔）是国资委根据党中央关于深化国有企业改革、发展混合所有制经济要求，于2014年

7月在电信行业新成立的一家国有企业。主要负责通信基站铁塔、机房、电源的建设和维护，负责楼宇室内信号覆盖系统的建设和维护，负责杆塔挂载类、机房租赁类等信息化业务的发展。中国铁塔总部设在北京，在31个省市自治区设立省级分公司，在地市和县分别设立地市分公司和办事处。涪陵分公司作为地市级分公司，管辖涪陵、长寿、南川、武隆、丰都、垫江四区两县。

【通信建设】 从2015年至2019年，中国铁塔涪陵分公司牵头负责涪陵区通信基站建设，累计为涪陵区电信、移动、联通三家通信企业建设通信基站3074个。截至2019年底，涪陵区通信基站物理站址总数达到2002个，共享率由23.9%提升到65.8%，减少通信铁塔重复建设860座，节省国家投资9600万元、减少土地占用27.9亩。在“电信普遍服务”农村基站建设方面，涪陵铁塔建设14个站点，覆盖14个行政村。

【通信网络保障】 涪陵铁塔具备专业维护人员34人，应急维护车辆9辆，油机167台。2019年，涪陵铁塔牵头组织完成了易家坝通信安全宣传保障、国庆70周年庆典、区人代会（电信5G发布宣传）、区司法考试、万达广场开业（移动5G发布宣传）等多次重大活动的通信保障工作，累计投入维护人员276人次、维护车辆138台次、油机552台次，发电127次。

【新型业务发展】 为了进一步落实共享发展新理念，铁塔公司将通信塔、基站机房、基站电力、蓄电池、专业维护队伍等优势资源向通信行业外的各行业开放，实现社会共享。2019年6月，中国铁塔先后成立铁塔能源有限公司和铁塔智联技术有限公司，隶属中国铁塔全资子公司，为社会各行业提供备电、发电、充电、换电等业务，提供高位挂载、空间租赁、日常维护、信息化集成等服务。涪陵铁塔根据总部部署和要求，成立了行业拓展部和能源经营部门负责具体工作。截至2019年底，涪陵铁塔在智慧停车、智慧小区、气象监控、森林防火监测、气象监测、平安监控等领域实现了部分共享。

金融业

概述

【概况】 截至2019年末，涪陵区金融机构共93家，涵盖银、证、保等11个门类，社会融资规模存量达1598亿元、同比增长10.6%，全年实现金融业增加值37.02亿元、增长6.2%。

【金融改革创新】 2019年末，涪陵区金融应急转贷周转金增加至5000万元，中小微企业转贷应急周转资金全年帮助78户企业提供112笔、7.91亿元转贷资金；服务于中小微企业的“小额保证保险贷款”发放3045万元、“助保贷”发放3.9亿元。涪陵区金融系统着力提升银企合作服务平台效能，由区税务局、区科技局、区市场监管局等行业部门提供企业信息在网站公示，同时金融机构及时更新金融产品和服务、强化线上咨询指导，全年成功匹配贷款752万元。涪陵区金融系统进行金融服务创新探索，金融机构为产业园发放贷款近2亿元，对105笔、5511万元符合条件的贷款拨付贴息资金176万元。

【助推企业改制上市】 涪陵区出台《重庆市涪陵区拟上市企业资源库管理暂行办法》，筛选并建立拟上市企业资源库，分成后备、储备和重点三个分库，建立起行业主管部门初筛入库、专家评审分库、分库实施差异化管理和精准服务的工作机制，分步推进企业改制上市工作；持续贯彻落实《关于进一步支持企业改制上市的意见》，加大政策扶持力度。2019年全区新增1家上市企业、9家挂牌企业，全区挂牌、上市企业达48家。对重点库入库企业，实施专人联系定期回访、行政审批“绿色通道”、及时化解上市梗阻、合理规范经营行为等一系列“排危避险减阻”工作措施，加快其改制上市步伐，其中南涪铝精密公司预计在2020年提交上市申请。

【推进普惠金融】 涪陵区金融业坚持以服务实体经济为核心，有效提升金融服务效率，截至2019年末，全区小微企业贷款余额为117.26亿元、涉农企业贷款为127.64亿元，分别占同期贷款余额的20.08%和21.86 %；累计发放扶贫小额信贷2.3亿元、贫困户获贷率50.16%，年内发放0.2亿元、获贷率增长4.49个百分点。涪陵区紧跟全市“农业保险保障倍增计划”，推动农业保险提标增品扩面工作，做好巨灾保险试点工作，截至2019年末，全区政策性农业保险险种11项，全年累计拨付4075万元保费补贴资金（其中区本级补贴952万元），为全区提供24亿元风险保障、赔付金额5682万元，全年共办理巨灾保险理赔674笔、赔付金额450万元。开展普惠金融发展专项，筹措普惠金融发展专项本级财政补贴资金，年内累计拨付补贴资金1337万元，全年累计发放1167笔、1.75亿元创业担保贷款，新型农村金融机构（中银富登村镇银行）贷款余额3.85亿元、比年初增长17.93%。

【牢筑地方金融风险防控网】 涪陵区深入推进风险排查和专项整治行动，综合运用大数据信息技术和传统风险排查手段，建立风险线索核查处置工作台账，进一步强化风险监测预警和“打早打小”；开展全区P2P机构排查和分类处置工作，仅存的1家P2P网贷机构于10月中旬向区整治办报送了书面退出承诺，完成经营范围变更、网站及其公众号相关内容的整改，退出P2P网贷业务；做好非法集资举报奖励、推进依法分类处置等工作；筹备举办全区打击非法金融的集中宣传活动和非法集资业务培训工作。全年实现非法集资案件零立案，陈案化解率达82.61%。

【中国人民银行涪陵中心支行】 2019年，涪陵中心支行全面贯彻落实总行、重庆营业管理部工作会议精神，紧密结合涪陵辖区实际情况，在实体经济服务、金融风险防范化解、绿色金融发展和金融服务提升等方面取得较好成效。支持实体经济高质量发展。推动涪陵区转贷应急周转资金投入增至5000万元，设立商业价值信用贷款风险补偿金500万元、知识价值信用贷款风险补偿金1000万元；推进小微企业应收账款融资专项行动，对快速成长期科技型中小微企业首创“央行再贷款+科创贷”模式，获全市推广使用。防范化解金融风险，维护区域金融稳定。做好存款保险和央行金融机构评级工作，压实金融机构防范化解重大金融风险责任，推动化解地方政府隐性债务，引导3家银行机构置换地方隐性债务6.3亿元。推动长江经济带绿色金融改革创新示范区建设。成立“建设长江经济带绿色金融改革创新示范区”工作领导小组，建立由“人民银行推动、银行证券保险机构共同参加”的绿色金融联动机制。提升民生领域金融服务水平。坚持优化农村支付环境，全辖助农取款服务点同比增加10.17%；推广移动支付，提高“云闪付”使用率，新增“云闪付”App用户9.5万人；创建涪陵李渡新区为现金服务示范区，助推现金服务质量上新台阶。

【涪陵银保监分局】 2019年，涪陵银保监分局落实重庆银保监局党委和区委、区政府的各项工作要求，聚焦优服务、防风险、提效能，坚持监管、机构改革同步推进，确保了辖区银行业保险业稳健运行和机构改革工作顺利完成。抓优金融服务，保障资金供给。分门别类增加有效信贷供给，保障重点项目、特色产业的有效资金需求；优化民营企业和小微企业金融服务，降低企业融资成本；持续深化农村基础金融服务，加强涉农信贷投放力度，精准施策助力乡村振兴；构筑金融消费者权益保护长效机制，践行为民监管；鼓励保险机构创新产品和服务，充分发挥风险保障作用。抓实风险攻坚，守稳发展底线。继续强力整治银行业、保险业市场乱象，重点加强车险市场乱象整治力度，严肃查处违规行为；充分发挥债委会机制，妥善化解辣妹子集团、新大兴集团等多家重点企业的信贷风险隐患；加强房地产、政府债务、信用卡等重点领域风险监测；抓好法人银行等重点机构的风险防控；有效管控其他综合风险，阻断外部风险传染。抓好效能导向，提升监管质效。深入推进依法监管，落实简政放权；加强与地方政府和相关部门的联动，统筹发挥监管合力。抓实监管融合，推进改革落地。分局于2019年6月5日完成辖内南川、垫江、丰都、武隆四个监管组挂牌和分局内设机构的调整，有序承接了保险监管职能。

银　行

【概况】 2019年，涪陵区银行业金融机构认真贯彻落实稳健的货币政策，各项存、贷款保持稳步增长。截至2019年末，银行业金融机构22家、营业网点212个（含二级分行、支行、分理处和储蓄所），各项存款余额831.79亿元，较年初增加61.03亿元、增长7.92%；各项贷款余额583.89亿元，较年初增加41.20亿元、增长7.59%。全区银行业不良贷款余额与不良贷款率分别降至3.19亿元和0.55%，分别比年初下降0.12亿元和0.06个百分点。

【中国农业发展银行重庆市涪陵分行】 截至2019年末，该行各项贷款余额14.97亿元，各项存款余额4.67亿元，缴纳各项税金327.93万元，全年投放粮油类贷款1622万元，投放产业扶贫贷款1100万元。

【中国工商银行股份有限公司重庆涪陵分行】 截至2019年末，该行各项存款余额141.78亿元，较年初增长12.19亿元；各项贷款余额144.34亿元，较年初增加9.03亿元。全年实现中间业务收入1.2亿元，实现净利润2.34亿元。

【中国农业银行股份有限公司重庆涪陵分行】 截至2019年末，该行各项存款余额69.74亿元，各项贷款余额74.01亿元，实现拨备前利润1.94亿元、拨备后利润1.37亿元，经济增加值3444万元。2019年扶贫贷款实现了贷款金额、发放户数“双增”，全年为347名建档立卡贫困户发放扶贫贷款866.35万元，占全区扶贫贷款38%。

【中国银行股份有限公司重庆涪陵分行】 截至2019年末，该行各项存款余额36.69亿元，各项贷款余额41.01亿元，分别较年初减少1.25亿元和2.73亿元；实现营业收入1.46亿元，同比增幅7.42%，净利润1.19亿元；不良贷款余额2089万元，较年初减少3176万元，不良率0.51%，较年初下降0.69%。

【中国建设银行股份有限公司涪陵分行】 截至2019年末，该行一般性存款余额103.55亿元，较年初新增4.85亿元；贷款余额97.07亿元；实现中间业务收入2816.2万元，利润23003万元，主要业务指标保持了当地四行领先地位。

【交通银行股份有限公司重庆市涪陵支行】 截至2019年末，该行各项存款余额18.6亿元，各项贷款余额37.1亿元。不良贷款余额347万元，占比0.09%。

【中信银行股份有限公司重庆涪陵支行】 截至2019年末，该行各项存款余额21.86亿元，各项贷款余额33.34亿元、比年初新增8.2亿元，实现全年0不良、0风险、0案件。

【中国光大银行股份有限公司重庆涪陵支行】 截至2019年末，该行各项存款余额10.14亿元，较年初增长2.6亿元，各项贷款余额为11.02亿元，比年初增加6.85亿元。

【平安银行股份有限公司重庆涪陵支行】 截至2019年末，平安银行总资产余额7.09亿，较年初增长3.6亿元，各项存款余额6.16亿元，较年初增长3.35亿元，各项贷款余额6.64亿元，较年初增长3.4亿元。

【招商银行股份有限公司重庆涪陵支行】 截至2019年末，支行各项存款余额38.64亿元，各项贷款余额15.31亿元，实现经济利润0.92亿元。

【上海浦东发展银行股份有限公司重庆涪陵支行】 截至2019年末，该行各项存款余额12.98亿元，比年初增加1.61亿元；各项贷款余额12.14亿元，比年初减少0.07亿元；不良贷款余额1.82万元，比年初下降11.01万元；全年累计签发银行承兑汇票1.72亿元。

【兴业银行股份有限公司重庆涪陵支行】 截至2019年末，该行各项存款余额14.50亿元，各项贷款余额16.08亿元。

【中国民生银行股份有限公司重庆涪陵支行】 该行2019年7月荣获由重庆市涪陵区人民政府颁发的“涪陵区2018年度金融贡献十佳企业”称号。截至2019年末，支行管理资产达17.46亿元。

【恒丰银行股份有限公司重庆涪陵支行】 截至2019年末，该行各项存款余额3.11亿元，各项贷款余额10.18亿元，全年实现中间业务收入7.71万元，实现营业利润3765.94万元，缴纳各项税金379.92万元。

【哈尔滨银行股份有限公司重庆涪陵支

行】 2019年，该行突出以“业务、风控、管理”三大抓手，努力践行总行“三大战役”“三大转型”战略，成功实现惠农（榨菜）贷业务落地。2019年末，各项存款余额9.16亿元，各项贷款余额1.72亿元。

【成都银行股份有限公司重庆涪陵支行】 该行成立于2012年9月26日，是成都银行在渝成立的首家支行。荣获2019年人民银行涪陵中心支行金融统计三等奖。截至2019年末，各项存款余额2.71亿元、各项贷款余额1.06亿元。

【重庆银行股份有限公司涪陵支行】 2019年，该行各项存款余额38.44亿元，较年初新增7.99亿元；各项贷款余额29.15亿元，较年初增加4.09亿元，缴纳各项税收2205.76万元。

【重庆三峡银行股份有限公司涪陵支行】 截至2019年末，该行各项存款余额13.91亿元，各项贷款余额3.07亿元；各类授信余额17.55亿元，新增小微企业授信70笔，余额0.48亿元。全年无安全事故、结算纠纷发生，实现“零案件”目标。

【富滇银行股份有限公司重庆涪陵支行】 截至2019年末，该行各项存款余额10.10亿元、各项贷款余额6.67亿元，分别较年初增加6.50亿元和1.63亿元。其中普惠金融贷款余额0.18亿元。银行承兑汇票余额3.05亿元，较年初增加3.04亿元，全年累计贴现0.98亿元。全年缴纳各项税金252.69万元。

【重庆农村商业银行股份有限公司涪陵分行】 2019年度，该行成功评选为涪陵区金融工作优秀单位，区级卫生单位，涪陵区银行业金融机构金融统计工作考评一等奖。截至2019年末，各项存款余额达211.58亿元，各项存款日均净增17.27亿元；各项贷款余额73.57亿元，贷款日均净增8.87亿元；缴纳各项税金6625.72万元。

【中国邮政储蓄银行有限责任公司重庆涪陵分行】 截至2019年末，该行各项存款余额315.38亿元，较年初增长20.09亿元；各项贷款余额68.96亿元，较年初增长5.21亿元。其中，普惠小微企业贷款结余11.59亿元，净增3.14亿元；涉农贷款净增4.58亿元，累计发放扶贫小额信贷1549笔，金额5072.2万元。

【重庆涪陵中银富登村镇银行有限公司】 截至2019年末，该行各项存款余额1.47亿元，各项贷款余额3.85亿元，农户加小微贷款占比92.77%，缴纳各项税金225.74万元。

保　险

【概况】 截至2019年末，涪陵区共有各类保险业金融机构34家，实现保费收入39.14亿元、同比增长16.75%；保险深度3.31%、保险密度3338元/人。其中寿险保费收入31.41亿元、同比增长18.84%；产险保费收入7.73亿元、同比增长8.97%。

【中国人民财产保险股份有限公司涪陵分公司】 该司是人保财险重庆市分公司三个二级分公司之一，拥有涪陵枳城、涪陵李渡、涪陵八一六、南川、武隆、垫江、丰都7个区县级机构，辐射包括涪陵区、南川区、武隆区、丰都县、垫江县等5个区县。2019年，涪陵本部实现保费收入3.18亿元，支付各项赔款1.88亿元。

【中国太平洋财产保险股份有限公司涪陵中心支公司】 2019年，该司全年实现保费收入7138.49万元，其中车险5286.94万元，非车险1851.55万元，共计发案件数5360件，支付各项赔款5553.76万元，结案率为94.4%，缴纳各项税金185.74万元。

【平安财产保险股份有限公司涪陵中心支公司】 2019年，中支本部全年实现保费收入16590.5万元，理赔支出9830.23万元，缴纳各项税收723.52万元。平安产险凭借多年来服务当地经济社会发展所做的贡献，于2019年7月被涪陵区人民政府授予的“涪陵区金融贡献十佳企业”荣誉称号。

【阳光财产保险股份有限公司涪陵中心支公司】 该司2019年涪陵本部实现保费收入2183.57万元，其中车险保费1823.07万元；支付各项赔款1109.63万元，其中车险赔款1005.8万。

【中国大地财产保险股份有限公司涪陵中心支公司】 2019年涪陵中支本部保费收入5246万元，同比增长3.08%；其中车险保费4403万元，同比减少0.52%；财产险532万元，同比增长17.05%；意外险保费252万元，同比增长25.36%；健康险59万元，同比增长4.85%。中支结案率104.35%，全年共处理3156笔赔案，支付赔款2700万元。

【安诚保险重庆分公司涪陵中心支公司】 截至2019年末，该行实现保费收入2816.31万元，其中车险保费收入1761.31万元，非车险保费收入511万元，农险保费收入544万元，全年保费进度超额达成。全年缴纳各项税金126.17万元。

【都邦财产保险股份有限公司重庆分公司涪陵支公司】 该司2019年达成保费收入1413.69万元，赔款支出753.01万元，实现经营利润117.21万元。

【华安财产保险股份有限公司重庆分公司涪陵支公司】 该司2019年，累计实现保费收入1382.2万元，较去年同比增长0.9%，其中，涪陵支公司本部完成实收保费1131.08万元。区域整体市场规模6.8亿元，占市场份额1.51%，在17家现有同业主体中排名第11位。

【永安财产保险股份有限公司涪陵中心支公司】 该司2019年实现保费收入282.98万元，其中车险167.01万元，非车险115.97万元，支付各项赔款34.69万元。

【中华联合财产保险股份有限公司涪陵中心支公司】 该司下辖丰都、垫江、长寿、石柱四家四级机构，其中涪陵本部2019年实现保费收入2082.61万元，其中车险实现保费收入1735.82万元，非车险346.79万元；支付各项赔款859.93万元。

【利宝保险有限公司涪陵中心支公司】 2019年，公司累计完成保费1847万，其中车险1750万，非车险97万。赔款支出累计797万，其中车险781万，非车险15万。

【安邦财险保险股份有限公司涪陵中心支公司】 2019该司年保费收入339.52万元，同比增长49.34%；赔付支出117.49万元，同比减少26.38%。

【天安财产保险股份有限公司涪陵支公司】 截至2019年末，该司全年实现保费收入934.5万元，年度保费同比增长10.3%，其中车险保费677万元，同比增长31%，非车险保费3257.5万元，同比增长-22%。已决赔付金额414.56万元，已决赔付率45.1%。

【永诚财产保险股份有限公司重庆分公司涪陵支公司】 2019年该司完成保费收入492.58万元，同比减少35.28%。车险累计保费收入383.27万元，同比减少40.7%；赔付支出315.31万元，同比减少37.3%。

【中国人寿财产保险股份有限公司重庆市涪陵区支公司】 2019年该司共计实现保费收入1487.54万元，其中车险实收保费976.35万元，非车险实收保费511.19万元，综合赔付率47.89%，综合成本率82.32%。

【渤海财产保险股份有限公司涪陵支公司】 2019年该司完成保费收入983.96万元，其中车险收入972.69万元，非车险11.27万元；支付各项赔款332.51万元。

【中国人寿保险股份有限公司重庆市涪陵区支公司】 2019年该司共实现保费收入6460.6万元，支付满期金2369.71万元，支付年金845.23万元，赔款（含大病保险）支出金额3088.46万元，支付退保金1801.30万元，年度缴纳税收总额164.47万元。

【中国平安人寿保险股份有限公司涪陵中心支公司】 2019年涪陵本部实现保费收入5.12亿元，同比增长20.55%；其中首期保费1.76亿元，占总保费的34.4%；续期保费3.36亿元，占总保费的65.6%。

【泰康人寿保险股份有限公司涪陵中心支公司】 该司下辖涪陵本部、武隆、垫江、长寿、丰都、南川6家分支机构，继续实施“康乃馨理赔”服务项目，极大地提升了理赔服务时效。2019年，涪陵本部实现保费收入4835万元，续期保费17024.7万元，支付各项赔款960.16万元，结案率100%。

【阳光人寿保险股份有限公司涪陵中心支公司】 该司下设涪陵、丰都、彭水、石柱、垫江、5个四级机构，2019年，涪陵本部实现保费收入1.4亿元；累计发生理赔案件3795件，其中2019年发生理赔案件1053件，赔付率为99.34%，结案率为100%，全年无有效投诉案件；全年缴纳各项税金100.91万元。

【中国人民人寿保险股份有限公司涪陵中心支公司】 该司2019年共计实现保费收入4751.86万元，其中期交保费收入1823万元，趸交保费收入2138万元，续期保费收入3490万元，意外保险费收入118万元，健康险保费收入1246万元，结案率100%，支付保险赔款209万元。

【中国太平洋人寿保险股份有限公司涪陵中心支公司】 截至2019年末，该司实现保费收入1106万元，理赔金额386.4万元，缴纳税金12.2万元。

【中美联泰大都会人寿涪陵营销部】 2019年该司围绕“以客户为中心”的服务理念，根据总公司的战略调整，只开展售后服务工作，年度保费收入459.66万元，纳税0.5万元，理赔55.8万元，理赔率100%，全年无一起投诉发生。

【新华人寿保险股份有限公司涪陵中心支公司】 2019年，该司秉持“绿色崛起，二次腾飞”的经营理念，树立“合规第一、风控优先”的合规经营意识，中支本部营业区全年实现保费收入16566万元，其中新单保费2800万元，续期保费13766万元，赔付支出12302万元。

【恒大人寿保险有限公司重庆分公司涪陵中心支公司】 2019年，该司实现个险保费收入6255万元，其中新单保费收入1841万元，银保新单保费收入为12405万元；续收收入11200万元，银保续收收入2300万元；累计发生理赔案件533件，赔款411.27万元，结案率100%。

【幸福人寿保险股份有限公司涪陵中心支公司】 2019年，该司实现保费收入7092万元，赔付支出631万元，理赔结案率100%，红利支出70万元，上交各项税金19万元。

【太平人寿保险股份有限公司涪陵中心支公司】 截至2019年末，该司实现保费收入4641.08万元，同比增长24.9%；其中新单总保费1783.49万元，同比增长7.4%；续期总保费2857.58万元，同比增长39.0%。

【中宏人寿保险有限公司重庆分公司涪陵营销服务部】 该司在涪陵保险市场深耕经营十年，2019年新单保费收入172.90万元，续期保费收入1181.33万元。

【富德生命人寿保险股份有限公司涪陵中心支公司】 截至2019年末，该司全年实现保费收入32815.35万元，其中个险保费收入1714.45万元，同比增长16.08%，银行险保费收入31101万元，同比增长2.9%。赔付金额561万元，赔付率98.51%。

【国华人寿保险股份有限公司涪陵中心支公司】 该司持续以客户为中心，不断探索和升级客户经营模式，提升客户服务和体验。2019年，实现保费收入5.3亿元，同比增加2%，支付各项赔款22.94万元。

【建信人寿保险股份有限公司涪陵中心支公司】 2019年该司实现保费收入8708.77万元，其中，寿险8549.06万元，意外伤害保险64.45万元，健康险95.25万元。理赔支出34.6615万元。

【百年人寿股份有限公司涪陵中心支公司】 该司2019年实现个险保费收入1758.27万；银保渠道保费收入62693万，其中期交12859万元，趸交49834万元；累计赔款支出93.92万。

证　券

【概述】 截至2019年末，全区证券业金融机构总数达9家，托管总市值83.23亿元，年内累计证券交易额823.03亿元，实现营业收入0.48亿元。其中主要8家经营情况如下。

【西南证券重庆涪陵营业部】 2019年，该司全年新增资产2674.58万。加大与各政府平台企业的沟通合作，为地方实体经济服务，全年新开账户937户，实现证券交易342.43亿元、融资融券日均余额1.51亿，利润2284.98万元。

【招商证券重庆涪陵广场路营业部】 截至2019年底，该司新开客户2336户，托管资产超4亿元，证券交易83亿元，融资融券日均余额4481.7万元。

【中信建投证券重庆涪陵广场路营业部】 2019年该司着力于服务实体经济、防控金融风险、深化金融改革委；加强与各大银行交流合作，深化金融服务体系。截至2019年末，实现证券交易量197亿，营业收入666万。

【中银国际证券重庆广场路营业部】 2019年该司围绕三年发展规划，积极拓展财富管理转型；紧靠中行，夯实中行渠道基础，与中行共同发展壮大；在做好传统经纪业务的同时，大力发展创新业务（如私募PB、债权融资，股票质押、定向增发等业务）；全面提升管理能力，合规经营，严控风险。2019年，该司新增客户1800余户，托管市值6080万，营业收入98万，纳税7.71万元。

【申万宏源证券重庆涪陵中山路证券营业部】 2019年，该司托管资产5.5亿，全年股基交易量50亿，新增开户数1259户，缴纳税收15.36万元。

【国盛证券有限责任公司重庆涪陵兴华中路证券营业部】 2019年实现该司新开普通账户643户，其中239户有效交易账户；新引进交易性资产6.69亿元。在股市行情低迷的背景下，积极引进债券交易性资产，全年营业部债券成交金额9.95亿。

【国信证券股份有限公司重庆涪陵中山路证券营业部】 截至2019年末，该司总资产4666.4万，净资产527.3万，客户托管资产4.7亿，限售股托管9.7亿，累计证券交易量109.7亿，全年实现营业收入328.2万元。

【安信证券股份有限公司重庆涪陵证券营业部】 2019年，该司新增客户数2300余户，客户托管资产2.54亿，全年累计实现证券交易量84.94亿元，融资融券日均余额506万，全年实现营业收入146.33万元。

其他金融机构

【概述】 截至2019年末，涪陵区共有小额贷款公司5家、融资性担保公司3家、典当公司8家，金融要素市场1家、融资租赁公司1家、基金4支、基金管理公司4家、保理公司2家。小贷公司贷款余额32.42亿元；融资性担保公司在保余额12.26亿元；典当公司典当余额2.9亿元；涪陵林交所全年累计实现林地交易面积3.1万亩、金额0.31亿元；融资租赁公司租赁资产余额19.47亿元。

【重庆市涪陵区金诚小额贷款股份有限公司】 截至2019年末，公司资产总额11.88亿元，其中贷款余额10.59亿元；资产负债率为24.64%。全年实现营业收入0.23亿元，上缴各项税费80.2万元。

【重庆市涪陵区金石小额贷款股份有限公司】 该公司成立于2011年1月，注册资本金3亿元。2019年，累计发放贷款2.09亿元，共计98笔，贷款余额3.57亿元，实现业务收入1721.77万元。

【重庆商汇小额贷款股份有限公司】 该司成立于2011年10月，注册资本金为人民币10.42亿元。该司于2015年8月10日，在全国中小企业股份转让系统挂牌上市。截至2019年末，累计发放贷款212.22亿元，贷款余额16.25亿元，其中，三农、小微企业贷款累计8.76亿元。

【重庆市涪陵区金泰小额贷款有限公司】 该司是一家经重庆市人民政府批准成立的小额贷款公司，成立于2014年12月15日，注册资本金1.7亿元人民币，主要从事各项贷款、票据贴现、资产转让等业务。

【重庆市涪陵区银科融资担保有限责任公司】 2019年，该司完成了新增担保业务106笔，担保金额4.12亿元，年末在保项目146笔，在保责任余额9.22亿元，历年累计担保金额近73亿元，累计提取风险准备金1.21亿元。

【重庆市涪陵区兴农信用担保有限公司】 2019年，该司全年新增担保业务118笔、担保金额1.91亿元，年末在保项目130笔、在保金额2.29亿元。历年累计担保1011笔、担保金额15.75亿元。

【重庆涪商融资担保有限公司】 该司是经重庆市金融办批准设立的专业融资性担保公司，成立于2011年7月，有注册资金1.3亿元。主要与重庆银行和重庆三峡银行合作。截至2019年末，在保企业18户，在保业务19笔，在保余额7888万元。

【重庆涪陵区国融典当有限责任公司】 该司2019年实现典当总额5190万元，同比降低17%；典当余额13214万元，同比增长4.5%。全年实现资本金利润率7.4%，净资产收益率2.5%，国有资产保值增值率104%。实现营业收入1303万元，同比增长10.7%；利润总额875万元，同比增长0.3%；净利润741万元，同比增长0.3%；上缴税金248万元。

【重庆市圣恒典当有限公司】 该司成立于2016年，2019年资产总额2000万元，实收资本2000万元，负债总额9万元，典当余额1980万元，业务笔数19笔，2019年税金合计5万元。

【重庆共创典当有限公司】 该司成立于2013年。是经重庆市地方金融管理局批准成立的一家综合性典当融资的特种服务企业。注册资金3000万元。截至2019年，资产总额3015万元，年度典当余额为2999万元。

【重庆支点典当有限公司】 2019年，该司按照重庆市地方金融监管局的工作要求，对公司2018年度的经营管理完成年度工作审核，对工作中存在的问题进行了整改，重新取得主管部门颁发的《典当经营许可证》。对以前年度的典当放款加大催收力度，提交司法程序的典当业务有3笔，金额379万元。

【重庆崇融典当有限公司】 该司是经重庆市金融办公式批准设立的专业融资性典当公司。成立于2015年3月，现有注册资金2300万元。截至2019年末，该司典当余额2372万元，客户30家。

【重庆市盛康隆典当有限责任公司】 2019年，该司在地方金融监督管理局及重庆典当协会共同领导下，顺利完成2018年度年审及整改工作。本年整个典当业务0失误，无绝当事例发生。2019年实收资本2000万元，流动资金2014.1万元，资产总额2014.6万元，抵押贷款余额2000万元，利息收入21.15万元，综合费用收入8.7万元，固定资产净值0.51万元，交纳企业所得税0.14万元，净利润2.59万元。

【重庆同裕典当有限公司】 该司成立于2007年02月，注册资金1000万人民币，是经中华人民共和国商务部批准的成立的典当公司，属于中型综合性典当融资特种服务企业。2019年资产总额972.49万元；年末在当余额970万元。

【重庆国兴融资租赁有限公司】 截至2019年末，资产总额达到19.70亿元，租赁资产余额19.47亿元，项目投放总金额8.99亿元，实现营业收入1.30亿元，上缴各项税金1232万元，实现净利润4999万元。

【重庆涪陵林权交易所】 2019年，该所一方面林权交易稳步发展；另一方面农村产权交易有所突破。初步完成农产资产流转交易平区级台建设；农村产权交易业务工作有序推进。全年预计实现农村产权交易10宗，流转农村承包地1200亩；组织初审并申报我区35宗农村产权抵押融资风险补偿项目，涉及抵押贷款资金近600万元，申报补偿金额160万元。

财政·税务

财　政

【概况】　2019年，涪陵区财政局内设19个科室，下辖6个事业单位（其中包括1个副处级单位），在职职工131人，其中局领导班子7人。2019年，全区一般公共预算收入完成544449万元，增长1.0%（其中税收收入完成429019万元，增长2.8%）；国有资本经营预算收入完成13325万元，下降0.1%；政府性基金预算收入完成668471万元，增长30.0%。全区一般公共预算支出完成1268997万元，增长0.3%；国有资本经营预算支出完成1576万元，下降79%；政府性基金预算支出完成830851万元，增长34.6%。

【服务经济发展】　2019年，涪陵区实施更大规模减税降费政策，将社保费率降低、增值税税率下调、小微企业普惠性税收减免政策、重点行业增值税期末留抵税额返还、个人所得税起征点提高及6项专项附加扣除等减税降费政策落实到位，全年减税降费21亿元。及时兑现落实各项支持企业发展优惠政策，全年共兑付各类支持企业发展政策资金超4亿元。提升金融服务实体经济实效，新设1000万元中小企业商业价值信用贷款风险补偿金和1000万元科技型企业知识价值信用贷款风险补偿基金。涪陵区全年共发放“助保贷”6笔，金额1741万元，6户中小微企业受益；发放科技型企业知识价值信用贷款5000万元；发放中小企业商业价值信用贷款3045万元，四项政策共为企业节约融资成本1200万元；提升涪陵银企合作服务平台效能，成功匹配贷款752万元。

【支持三大攻坚战】　防范化解重大风险攻坚战。涪陵区出台《重庆市涪陵区人民政府关于进一步加强财政管理严控政府隐性债务的通知》（涪陵府发〔2019〕24号）及相关管理、考核办法；全年共争取新增债务额度为24亿元、再融资债券资金10.87亿元，其中新增债券资金23.3亿元，较2018年增加9.7亿元；全年实现非法集资案件零立案，陈案化解率达82.61%。精准脱贫攻坚战。涪陵区全面完成承担的中央脱贫攻坚专项巡视反馈意见整改任务和脱贫攻坚审计整改任务，全年安排区级以上财政专项扶贫资金9304万元、统筹各类涉农资金16868万元支持脱贫攻坚项目建设。污染防治攻坚战。区财政大力支持全面推行河（库）长制，开展长江、乌江入河排污口整治，强化园区、乡镇污水处理厂运营资金保障。

【民生保障与改善】　涪陵区财政持续加大教育投入，支持八中、十四中、十八中等项目建设，优化学校布局。区财政推动文体事业发展。支持区图书馆及少儿图书馆迁建，白鹤梁申报世界文化遗产，区博物馆陈列室改造及体育场馆、博物馆、图书馆、文化馆、美术馆免费或低收费向社会开放；支持“双晒”活动，大剧院、歌舞团日常运行及政府购买演出服务；支持区五运会、广场文艺演出等群众性文体活动开展和流动文化进基层活动。加大就业扶持力度，落实各项资金扶持政策。提高社会保障水平，落实各项社会保障政策，提高退休人员基本养老金，支持残疾人康复、就业和扶贫。加强医疗卫生保障，持续支持推进公立医院综合改革。支持公共交通事业发展，落实优惠人群乘车、新能源车购车、农村客运营运和保险等补贴。加大公共安全经费保障力度，做好政法部门依法办案、应急处置、基础装备等经费保障，落实司法救助、法律援助、社区矫正、人民调解资金。

【财政改革】 2019年，涪陵区财政进一步完善预算管理制度，制定出台《涪陵区区级预算管理办法》《涪陵区区级基本支出预算管理办法》和《涪陵区区级项目支出预算管理办法》。建立乡镇（街道）“三保”资金调度和预算执行约束机制，印发《涪陵区保障乡镇街道“三保”支出的资金调度办法》和《涪陵区乡镇街道“三保”支出保障考核细则》，确保乡镇（街道）财政运行平稳。深入实施预算绩效管理，部门预算项目支出绩效评价实现全覆盖，将33个单位54个重点项目的绩效目标表报人代会审议，继续扩大绩效评价范围，首次将政府购买服务项目纳入重点绩效评价范围，全年共选取59个已完工项目实施绩效评价，其中重点评价项目6个（含4个政府购买服务项目），推动财政资金使用绩效得到提升。继续实施预算公开评审，根据《涪陵区区级预算公开评审办法》，年中分两次对18个预算单位申请的22个预算追加项目进行了预算公开评审，削减支出1037万元；编制2020年预算时，在2019年已评审54个重点项目基础之上，又对13个新增重点项目开展预算公开评审，各预算单位“用钱先评审”意识有效增强。深化国有资产管理改革，区财政局牵头编制完成《关于2018年度全区国有资产管理情况的报告》和《关于2018年度全区行政事业性国有资产管理情况报告》，并首次专题向区人大常委会报告；强化行政事业单位国有资产管理，牵头开展行政事业单位闲置办公用房及经营性资产处置工作，配合推进行政事业单位房屋资产确权。全面推开政府综合财务报告编制工作，将27个乡镇（街道）纳入部门综合财务报告编制范围，实现政府综合财务报告编制单位全覆盖。深入实施财政投资评审制度，深化财政投资评审领域“放管服”改革，部分涉农项目不再纳入财政评审，下放新城区范围内的政府投资项目财政评审权限，提升评审效率和质量，全年完成区财政投资评审项目825个，审定金额43.66亿元，审减金额2.94亿元，审减率6.31%。

税　务

【概况】 国家税务总局重庆市涪陵区税务局负责涪陵区各项税收、社会保险费和有关非税收入征收管理工作。有干部职工431人，其中，局领导12人，科级领导干部80人。共有内设科室18个，事业单位2个，派出机构13个（5个专业税务所和8个属地税务所），管辖全区正常纳税户4.1万户。2019年，共组织税费收入166.83亿元，其中税收120.99亿元、同比增长14.24%，社保费和非税收入45.84亿元。

【税收征管】 涪陵区征税收费工作依法规范开展，全面落实“三项制度”，明确19项推行任务的牵头部门、责任部门、配合部门和完成时限，做到应收尽收、应退尽退、应免尽免。基础征管方面，做好“金三”并库上线工作，夯实征管数据质量，征管基础得到有效保障；实行征收期联合办公，建立申报提醒制度，提升应急处置能力，引导纳税人错峰申报；全面梳理《重庆市税费业务岗责规范》，通过“一表集成”方式对300多个税费征管业务事项逐一“确权”，制定出业务事项《岗责清单》，基层工作人员职责更加明晰；欠税管理方面，细化欠税清缴工作流程，设置欠税“负面清单”，加强欠税约谈，欠缴税款得到有效遏制。

【税种管理】 区税务局组建土地增值税清算审核团队，按照“先老后新、先易后难、先补后退”的思路，加快土地增值税清算审核工作，全年共计完成17个房地产开发项目清算审核，超额完成市局下达的清算计划任务；运用好协税护税机制，积极与区科技、规资、生态环境等部门联动，互通信息、协同征管，加强了企业所得税、耕地占用税、环保税等税种管理。定期开展收入质量分析，找准组织收入工作的薄弱环节，有针对性采取有效措施，做好了减税降费的“减法”和组织收入的“加法”。2019年各征期准期申报率均达99%以上，高于市局标准3个百分点，在全市区县名列前茅；企业所得税年度汇算清缴申报率达99.56%，汇算清缴差错率为0，盈利面达39.93%，汇算清缴入库税款同比增加1.3亿元，增长54.28%；土地增值税、车船税、环境保护税增长幅度分别达到125%、81%、41%。

【减税降费】 2019年，涪陵区共完成减税降费任务65项，共计减税12.6亿元（不含社保费）。区税务局党委开展减税降费专题学习研究20余次，积极向区委、区政府汇报减税降费工作，推动成立了涪陵区减税降费工作领导小组、社会保险降费减负工作领导小组；建立会议、信息反馈、风险防控等制度，用制度保障各项工作运行有序。同时通过对外公开电话、网络、电视等媒体持续开展减税降费宣传，确保纳税人缴费人应知尽知；以“迎进来”与“走出去”相结合的方式开展辅导服务，2019年共举办各类纳税人、缴费人培训150余场，发送减税降费提醒近4万条、印制三类减税降费学习手册8000册、发放减税降费宣传资料4万余份；设置减税降费政策咨询专窗、意见箱和领导值班岗，实行“前台引导+后台支撑”的团队导税模式，优化各业务办理流程，实现新办企业实名认证即时办结，首次申领发票当日办结。区级16个部门纳入减税降费成员单位、10个部门为社保费职能划转成员单位，出台全区社保征收工作的通知、多次召开全区减税降费工作推进会。人大代表、政协委员及社会各界人士共同参与到减税降费政策的宣传解释中，11名区人大代表、政协委员为减税降费特邀监督员，定期召开特邀监督员会议，不定期走访特邀监督员所在企业，做好政策调研与服务，减税降费宣传在各行业协会、社区等区域领域广泛开展。区税务局对照减税降费政策措施监督检查工作底稿，对组织领导、政策宣传、执行、学习等方面认真开展自查，发现问题立即整改；畅通投诉举报渠道，建立减税降费投诉台账，限时开展调查核实和处理反馈。

【社保费征管职责划转】 2019年区税务局顺利承接城乡居民社保费征管职责，完成涉及45万人的城乡居民基本养老保险和86万人的城乡居民医疗保险的征收工作，城乡居民医保征收率达96%以上，在全市区县排名第八。前期准备上，区税务局通过实地走访、现场体验等方式深入征收一线窗口、社保所、乡镇工作人员处，掌握了翔实的第一手资料和基础数据，为后续划转提供了参考。协作推进中，区税务局通过召开划转动员会，明确各部门职责，加强与医保、社保、财政、人行等部门的沟通协调，建立工作机制，实现部门间通力合作；同时区税务局为全区27个社保所安装了代征客户端系统，并提供操作培训；为421个村社居民服务点配备专用POS机共计480台，并做好技术应急预案。舆情防范上，区税务局领导班子成员深入乡镇沟通协调征收工作，轮流在办税服务厅带队值班，统筹协调好办税服务厅各项工作，及时化解舆情、反馈问题，确保了征收工作有序开展。

【优化营商环境】 涪陵区税务局深入开展“便民办税春风行动”，解决堵点难点问题，升级办税体验。通过自查、大走访、纳税人座谈会等形式收集办税中的难点堵点问题，及时改进。加大宣传力度，引导纳税人、缴费人使用电子税务局进行涉税费操作，实现多走网路，少跑马路。优化清税注销流程，方便纳税人。通过纳税人学堂、微信群、LED大屏幕，宣传架等多渠道宣传环保新政、增值税新政、个税改革等政策，及时解答纳税人的疑问，引导纳税人遵从税法。探索完善小微企业、涉税专业服务机构与税务机关的三方长效沟通协作机制；探索处罚中的柔性执法、风险提醒等方式构建和谐征纳关系。加大纳税信用管理和应用力度，多种形式推动信用等级的增值应用，包括出口退税服务、发票领购便捷服务、电子税务局便利办税、请A级纳税人代表担任特邀纳税服务督导员、建立定期协调机制、减少或免除税务检查等激励措施，促进企业信用提升。解决小微企业信贷融资中信息不对称的问题，帮助银行判断企业诚信状况，解决小微企业融资难、融资贵的问题。

经济监督管理

规划和自然资源管理

【概况】 2019年2月，根据机构改革统一安排，涪陵区整合原区国土资源局和原区规划局相关职能，重庆市涪陵区规划和自然资源局正式挂牌成立。重庆市涪陵区规划和自然资源局隶属于重庆市规划和自然资源局，位于重庆市涪陵区体育南路7号，主要职责是履行全民所有自然资源资产所有者职责和所有国土空间用途管制职责，负责自然资源调查监测评价、统一确权登记、开发利用以及建立国土空间规划体系并监督实施、国土空间生态修复、耕地保护、历史文化挖掘保护、地灾防治、矿产资源管理、测绘信息管理等工作。设17个行政科室、26个基层规划和自然资源所（派出机构）、9个直属事业单位。2019年末共有在编在岗职工371人，其中局机关50人（包括工勤人员），基层所199人，直属事业单位122人。区规资局全年共承办市局和区委、区政府交办件425件，办结417件，办结率98%；办理人大代表、政协委员意见建议32件，办结率和满意度均为100%。

截至2019年年末，涪陵区土地面积共2942.36平方千米，其中农用地272547.67公顷，建设用地17622.40公顷，未利用地4066.40公顷。农用地中耕地面积85426.02公顷，园地面积9670.03公顷，林地面积146196公顷（以上数据引用自第三次国土调查数据）。区内共发现矿产资源19种，主要包括煤炭、页岩气、地热、硫铁矿、水泥用灰岩、建筑石料用灰岩、砖瓦用页岩、矿泉水等，形成优势矿种可利用的为页岩气、石灰岩、砖瓦用页岩3类。其中：页岩气资源主要集中在焦石片区，中石化在涪陵区累计开钻页岩气井449口，建成产能93.5亿立方米，产气214.52亿立方米；石灰岩资源主要集中在珍溪—百胜—荔枝—大木—焦石—罗云区域，水泥用灰岩资源保有基础储量0.51亿吨，建筑石料用灰岩保有基础储量超1000万立方米；砖瓦用页岩资源主要集中在珍溪、江东、同乐、龙潭、石沱等区域，保有基础储量500万立方米（以上数据引用自2018年矿产勘查开发年报）。

【国土空间规划】 2019年7月，涪陵区启动国土空间总体规划编制工作。完成李渡组团南区、中心区等7个控规修编，形成城区约90平方千米城市控规整合图。完成村布局规划、145个村规划编制，睦和村规划作为全市6个村规划之一报送自然资源部参加优秀村规划展示。解决土地利用总体规划和城乡规划一致性处理问题18个、330公顷，获得市政府追加城镇工矿用地空间指标300公顷。开展生态保护红线优化评估。完成资源环境承载力和国土空间开发适宜性评价国家试点工作。11月，区府办印发《涪陵区国土空间总体规划编制工作方案》。

【土地资源管理】 2019年，涪陵区获批用地计划指标20宗、148.44公顷，获市政府农用地转用及征收批复62宗、480.19公顷。全年供应土地83宗、510.45公顷，土地价款入库58亿元。处置批而未供土地144公顷，收回闲置土地15宗、85.62公顷。储备土地4宗、26.96公顷，获批储备土地债券项目资金4亿元。

【矿产资源管理】 区规资局完成正宇、石从、浩洋、顺志4家已建矿山增划资源的出让工作；开展龙源矿业等11家已建矿山剩余资源出让及价款征收工作，补征采矿权出让收益2989.95万元；办理矿山企业采矿权延续（变更、新立）登记10宗，办理采矿权转让4宗，办理采矿权抵押登记2宗；注销过期失效矿权32宗，废止采矿权许可14宗；办理建设用地项目压覆矿产审批52宗。

【生态保护修复】 2019年，涪陵区土地整治加快推进，投入资金1.38亿元，陆续启动12个、全面完工8个土地整理项目，完成江北街道李寺村等13个土地整治项目市级竣工验收。全区新增耕地4495亩，初步划定永久基本农田储备区6.61万亩，达成市政府下达的耕地保有量126.48万亩、永久基本农田面积113.27万亩的目标任务。全区建成绿色矿山9座，完成关闭矿山生态修复6处、43.04公顷，完成长江经济带废弃露天矿山生态修复16个、125.06公顷。

【历史文化保护】 区规资局年内完成新妙镇历史文化名镇保护规划，启动青羊镇、蔺市镇的历史文化名镇保护规划编制工作，启动青羊镇安镇村的历史文化名村保护规划编制工作。成功申报白涛街道新院子、义和镇大山粮站、蔺市镇五尧村6社大屋基石碉楼等3处重庆市优秀历史建筑。完成历史文化名镇名村、历史建筑挂牌保护工作。成功承办2019年中国名城委西南片区会。

【工程建设项目审批制度改革】 区规资局成立后，整合原国土资源、城乡规划审批窗口，分设立项用地规划阶段和工程建设许可阶段两个窗口，实现窗口统一接件、网审平台统一办理。全年清理行政权力和公共服务事项219项，完善了一张表单、服务指南。全面推行并联审批，取消建设项目规划设计方案审查，将绿化审查、消防审查纳入工程建设许可阶段审批，将建设项目竣工规划核实纳入竣工验收阶段管理。全年核发建设项目选址意见书57件、建设用地规划许可证110件、建设工程规划许可证103件、建设工程竣工规划核实确认书64件、办理老旧住宅增设电梯规划审批99件。

【国土调查和不动产登记】 区规资局有序推进全区第三次国土调查，摸清了全区自然资源家底。持续压缩不动产抵押登记时限，单件100万元以下抵押登记办结时限缩减至4小时，其余抵押登记缩减至1个工作日。在全市率先使用24小时自助领证系统，实现除大宗件外的不动产登记业务24小时自助领证。全年发放不动产权证45298本；办理商品房登记15344套、交易金额77.82亿元；存量房交易8022套、交易金额32.84亿元；数字化加工不动产权属档案109480宗。

【地理信息测绘】 区规资局全年清理整合39个测绘地理信息数据源，实现信息“一张图”运行；完成2019年地理国情监测、城市地下管线系统更新维护、城区建筑物信息更新工作；强化国家版图意识，开展“问题地图”专项检查，检查单位6个，清查地图100余幅；完成房产面积测算成果备案325宗、419.63万平方米；建成涪陵区地理空间信息定位基准体系，全面使用2000国家大地坐标系，实现“涪陵规划应用”移动系统更新升级。

【执法监督】 区规资局全年核查卫片图斑562个、13869亩，核实并整改违法用地99宗、432亩；配合农业农村委全面完成37个“大棚房”问题清理整改工作；清查整改违建别墅项目36个（47幢），拆除35个（45幢）、没收1个（2幢），全面完成复耕复绿，顺利通过市级检查验收；立案查处土地类违法案件26宗、矿山违法案件3宗，结案16宗，没收违法建筑7.54万平方米，罚款188.88万元；依法办理行政诉讼案件47件、民事诉讼案件16件、行政复议案1件、抗诉案件15件。

国有资产管理

【概况】 重庆市涪陵区国有资产监督管理委员会组建于2011年9月，根据区政府授权，代表区政府履行区属国有资产出资人职责，依法享有资产收益、参与重大决策和选择管理者等出资人权利，督促监管国企落实国有资产保值增值责任，维护国有资产出资人权益。内设5个科室：办公室、产权与改革科、考核分配科、组织人事科、财务监督与收益管理科，另直接管理副处级直属事业单位重庆涪陵林权交易所。机关现有在职在编职工15人，其中领导班子成员7人。

2019年，涪陵区纳入区国资委直接监管的国有及国有控股重点企业共11家，分别为太极集团、榨菜集团、宏声集团、商务集团、国投集团、交旅集团、城建集团、新城区集团、龙桥园区集团、白涛园区集团、国丰实业公司，年内国有资产实现保值增值，国资国企持续发展。2019年，纳入监管的区属国企资产总额2245.7亿元（含参股企业）、所有者权益789.9亿元，较上年同期分别增长7.3%、2.9%。区属国企集团实现营收208.6亿元，同比增长10.2%；利润总额17.2亿元，同比增长8.8%。其中商业一类企业分别占整体营业收入和利润总额的78.9%、46.7%，净资产收益率达7.1%。上缴财政国有资本收益1.37亿元。

【国企改革】 区国资系统认真落实中央和市委、区委交办的各项重点改革任务，坚持“破、立、建、省、稳”，推进国资国企改革。一是“破”。按照“宜改则改、宜混则混”的原则，指导太极集团做好“混改”预热准备，启动战略投资者洽谈。推动榨菜集团积极探索股权激励机制，开展激励方案论证。全面完成商务集团东恒公司混改相关工作。持续深化供给侧结构性改革，推动国投、商务、交旅等企业抓好低效无效资产“两资”处置，完成5户国有“僵尸”企业处置。二是“立”。提请区委区政府审定印发《涪陵区六家国有企业改革实施方案》，推动区属六大国企集团改革重组，在聚焦主责主业上持续用力，加快企业非主业、非优势业务“两非”剥离，进一步理顺企业股权关系，明确主业方向。三是“建”。推动国有企业工资总额改革，起草《涪陵区区属国有企业工资总额管理办法》，突出工资与效益联动。规范原行政事业单位所属国有企业后续管理，报请区委常委会审定印发《关于加强全区行政事业单位所属国有企业改革后有关管理工作的通知》，明确后续监管权责事项。印发《关于规范区属国有企业差旅费和公务、商务接待管理（试行）的通知》等3项制度，规范国企干部履职消费行为。起草《区属国有重点企业违规经营投资责任追究实施办法》，强化责任追究，防止国有资产流失。四是“省”。以国企车改为抓手，推动国企节约运行成本，提高运营效率。完成区属国有企业公务用车相关数据的清理核对，健全公车管理机制，做实改革前基础工作。代拟印发《涪陵区国有企业公务用车制度改革实施意见》，全面启动区属国企公车改革。五是“稳”。积极化解国企改革各类矛盾，妥善处理好改革、发展、稳定间的关系。审核拨付21个清算组各类改革遗留问题处置资金约1400万元，保证了国企改革领域大庆期间的平安稳定。加快推进中渝在涪国有企业剥离办社会职能工作，累计完成市属国企供水改造15793户、供电改造6192户、供气改造941户、物业分离移交6212户。

【转型发展】 国有资产产业积极转型升级，增强企业发展后劲，以重点项目建设及资质评定带动商业一、二类国企转型发展。年内千亩中国榨菜城项目立项建设、桐君阁智能化物流仓储系统投产在即、涪陵太极工业城智能化仓库进入装修阶段、龙头港一期工程主体完成建设、“千亿国投”目标顺利达成、816核军工洞获评国家4A级景区、大裂谷国家5A级景区积极申创。涪陵区国有资本布局持续优化，赋能经济社会发展。宏声天骄包装公司引入普洛斯集团（香港）入股9500万元，合资发展现代仓储物流产业；国投集团投资组建三峡长涪股权投资基金、中信建投产业并购基金和涪陵招商基金，投资区内基础设施建设项目和战略性新兴产业；国投集团注资18亿元成立江元实业公司作为推动长江经济带建设主体，助推长江经济带生态保护暨城乡融合项目发展；积极引进新项目、大项目、好项目，全年完成重点项目招商引资2项，协议资金2.5亿元，到位资金4.9亿元。区国资委抓好资产负债约束，提升企业偿债能力。统筹规划融资还款进度，做好负债规模和资产负债率双重管控，通过债转股等方式，降低企业负债率和综合融资成本，推动太极、城建所属子企业完成债转股15.66亿元，有效抑制了债务增速；建立完善债务及投资监管工作机制，拟定了《加强区属国有企业资产负债约束的实施方案》，划定各类企业资产负债率预警线和重点监管线等指标，严防国有资产流失。

【国资监管】 区国资委积极推进以管资本为主的监管职能转变，全面强化国资国企监管力度，切实履行各项国有资产监督管理职责。加快监管职能转变。按照以“管资本”为主监管思路，调整监管重心，理顺管理关系，优化工作流程；在调研咨询市国资委专家意见和区级有关部门意见建议基础上，修订完善了《区国资委以管资本为主推进职能转变实施方案》《区国资委监管权力清单责任清单》，拟取消、下放、授权监管事项19项，促进国有企业“管好”“放活”。持续强化审计监督。在决算审计中建立四方联席考核机制，在审计决算报告出台前，国资委组织被审计企业、审计中介机构和纪检组将审计发现问题纳入监管及考核重点，围绕“立改一批、限改一批、整改一批”的原则，分步推进审计发现问题的整改落实，促进企业规范管理；推动交旅集团、城建集团聚焦内部管理，强化成本管控，堵住效益“出血点”。严格兑现考核奖惩。区国资委项目化清单式开展考核管理，完成各区属国有重点企业2018年度经营业绩考核和国企高管薪酬兑现，并将国企集团负责人薪酬发放情况通过网络向公众公开，接受社会监督；结合新形势下的监管工作实际，优化经营业务指标和辅助保障指标权重，完成11家国有重点企业2019年度经营目标责任书签订，以考核为导向，推动国企履行好政治责任、经济责任和社会责任。开展巡视整改。区国资委认真做好巡视整改工作，按照查问题、抓整改、建机制、促提高的思路，项目化清单化制订了《区国资委关于市委第六巡视组巡视反馈意见整改方案》，条目化明确整改措施，进一步提升了国资国企规范运行水平。规范产权管理。区国资委坚持国有资产报废和核销见账见物原则，依法开展国有企业资产损失核销审批，确保国有资本不流失；及时办理对外投资、增资扩股、无偿划转、资产租赁、融资担保等产权管理工作，促进了国有资产保值增值；推进国企管理公开化透明化，向区人大常委会专项报告2018年度国有企业资产管理情况，做到底清数明。

【社会效益】 区属国企在城市基础设施建设中发挥“主力军”作用，抓好城区基建建设，围绕“两线三片一城”工作部署，积极承担各类项目建设任务，累计完成建设投资50.3亿元，占全年计划总投资134.6%，实施项目182项，乌桥大桥复线桥南滨路二期等一批市政立交工程相继竣工投用。环保类企业配合行业主管部门当好城市管理员，收运处理生活垃圾5.8万吨、污水1485.7万立方米、医疗垃圾873.6吨，净化了城市环境、提升了城市颜值。区国资委抓好脱贫攻坚工作，严格落实常态化入户走访机制，配合武陵山乡党委、政府及百花桥支两委全力做好贫困户精准识别退出、D级危房改造、创业贷款资金帮扶、种植养殖技术培训等扶贫帮扶工作；完成3、4组6千米环线道路硬化，联合相关单位收购村民滞销玉米3吨，发动机关职工向困难群众捐款6450元，带领国资系统企业向南沱镇、罗云乡、角帮寨村等捐赠扶贫项目资金178.1万元。区国资委抓好营商环境优化，协调解决太极集团、武陵山旅游公司、投资集团、天木农业公司在规划用地、房屋拆迁、办公场地占用等方面的困难，解决问题4项，服务企业发展。

【平安稳定】 全年国资系统安全稳定形势总体可控，未发生较大安全事故，未出现规模集访事件。一是健全完善安全生产工作机制，持续加强国有企业安全组织机构建设，强化企业安全生产主体责任，层层签订目标责任书，建立了国资系统安全生产季度例会制度和“日周月”报告制度，组织召开全系统安全生产工作会4次，开展安全检查12次，整改问题隐患28项。二是维护系统平安稳定，配合相关主管部门加强重点人员管控，按照信访工作规范，处理信访件24起、人民网网络平台舆情1起，办结率100%；清理整治拖欠民营企业中小企业款项，落实“一金三制”制度，保障民营企业中小企业款项及时支付和农民工工资按时发放。三是持续开展扫黑除恶专项斗争，广泛发动系统干部职工积极参与扫黑除恶专项斗争，落实承诺书月报制度，组织系统企业对工程建设、招投标等重点领域开展线索和问题排查120余次，处置扰乱企业正常生产经营事件2起。

固定资产投资

【概况】 涪陵区全年完成固定资产投资391.9亿元，增长6%，其中基础设施投资89.5亿元，增长3.8%，占投资总额的比重为22.8%。分产业看，第一产业投资3.6亿元，增长11.3%；第二产业投资175.2亿元，增长13.3%；第三产业投资213.1亿元，增长0.6%。“三园四地”园区投资完成119.5亿元，增长13.7%，占全社会固定资产投资比重为30.5%。全年工业投资完成175.2亿元，增长13.3%。房地产开发投资112.8亿元，下降增长6.5%。

【重点项目发展】 2019年共实施区级重点项目64个项目，年度计划投资188.9亿元，全年完成投资190亿元，占年度计划的100.6%，其中新开工项目17个，完成投资55亿元，占年度计划投资103.8%。华峰年产32万吨环己醇、10万吨差别化氨纶项目已进行调试，华峰化工年产115万吨己二酸扩建项目（四、五期）设备安装已完成90%。万凯PET高分子新材料、乌江涪陵榨菜绿色智能化生产基地、太极医药城A区和B区投资进度均超过100%。加快推进南两高速、马武至龙潭一级公路、玉屏公园、江东滨江路二期、蔺市堤防、涪陵区涞滩河库岸整治、杨家湾水库、涪陵中心医院新城区医院、涪陵科教产业实训基地、聚龙大道西段道路工程等项目。

公共资源交易

【概况】 涪陵区公共资源交易中心成立于2010年5月，由原隶属于区府办的工程建设招投标中心、国土局的土地交易中心、财政局的政府采购中心剥离出来组建而成，为副处级参公事业单位。中心核定编制为14名，2019年有在编在岗13人，主要承担全区工程建设招投标、政府采购、国有土地使用权出让三大公共资源交易的组织实施、平台提供及服务工作。

【全年交易数据】 2019年度中心完成交易项目540个，总成交额53.19亿元，增收节资额2.21亿元。其中：工程招投标交易项目354个，交易额22.52亿元，节约资金1.49亿元；政府采购项目142个，交易额2.07亿元，节约资金0.16亿元；土地交易项目44宗，交易额28.6亿元，溢价0.56亿元。与去年比较，今年入场交易项目数减少了68个，减少11.18%，总成交额减少49.44亿元，减少48.17%。

【强化内控管理】 年内，中心深入排查风险，找准短板增添措施强化管理。实施“三段式”管理，按前台接件、业务科室开标服务、定点值守岗评标区域服务的流程，严格实行不相容岗位分设，各司其职，确保交易公平。改善采购文件内部会审方案，针对技术复杂、需求合理性难以确定的采购项目进行专题审核讨论，提高采购文件编制的合法性、合理性、严谨性。严格落实保密制度，与保证金收退银行、系统运维单位、网络平台签订四方保密责任书，做好未开标信息保密工作，防范交易风险。加强招标项目资料规范存取，保证资料信息安全。实施场地秩序网格化管理，做到从“被动处置”向“主动发现”转变，增强服务能力，确保运转高效。

【优化营商环境】 中心不断优化营商环境，年内投标保证金退付时限压缩40%。全面清理和排查政府采购领域妨碍公平竞争的行为，清除对供应商存在差别对待及歧视性条款。优化采购活动程序，通过互联网查询相关信息系统，清除了供应商重复提供相关证明材料等问题。推行便捷服务、标准服务，实施首问责任制、一次性告知制、延时服务制，及时提供预约服务和帮办服务，增强服务效能。充分利用专业知识和技能，扩大服务范围，为分散采购提供政策和流程指导，助推分散采购领域的规范化。启动应急预案，成功实施市评标专家抽取系统发生故障的应急措施，通过强保障、强服务进一步提升市场主体获得感和满意度。

【完善平台功能】 中心进一步完善交易服务平台，开设了专家入场专用通道，改建专家等候休息室，设置监督办公室。新置政府采购评标专家进出密钥门，加装隔断、新建卫生间，形成工程建设项目与政府采购项目评标区域及配套设施的物理隔绝。增设政府采购开标室一间，添置齐备设施设备，有效缓解交易场地不足。全面排查监控系统覆盖度，确保无死角、全覆盖。更换大厅液晶显示屏，提供高清晰度的宣传画面和招标信息。启用评标区域电子屏蔽器，确保评标专家在严格保密的环境下工作。

【保障信息安全】 中心与第三方网络维保公司紧密合作，以《网络安全法》为根本，与华为云托管方建立良好沟通机制。牢固树立网络安全意识，严格落实网络值班制度，切实履行网络安全主体责任，确保中心网站及信息系统平稳运行。数据安全方面，严格规范数据采集和相应保密工作，对项目交易过程全面实施光盘刻录备案。网络维护方面，与重庆若可网络安全测评技术有限责任公司签订协议，开展网站及信息系统风险排查、隐患整改，完成等保建设要求及公安备案工作。安全责任方面，强化对网站内容更新落实权限管理和安全审核，加强对员工网络安全日常培训和操作指引，防止中心网站、信息平台和LED大屏被攻击篡改、粘贴有害信息，确保安全防范责任到人。

物价管理

【自来水价格管理】 区发改委按照《成本监审办法》的相关规定，对涪陵区供水公司及下属9个水厂2016—2018年的经营成本进行了审核，制订《涪陵区乡镇（部分街道）场镇居民用水阶梯价格制度听证方案》；对部分乡镇供水价格情况进行了调研，特别是针对乡镇自来水安装收费进行了全面的了解；完成了农业综合水价改革工作。

【电力价格管理】 涪陵区于2019年4月1日、7月1日两次降低了一般工商业用电价格，降低了一般工商业用电成本。重新确定了重庆嘉祥农业公司、重庆恒森农业发展有限公司的用电类别。

【天然气价格管理】 区发改委指导、协助中石化页岩气管道公司完成了南川至白涛管输以及增效扩能改造工程管输定价的各项工作；为应对天然气门站价形势的变化，对区内5个供气企业进行了经营情况、门站价情况、取暖季供应情况等进行了调查；制订全区非居民用气价格。出台全区居民取暖季用气阶梯价格政策。协调实现重庆祥龙燃气公司武陵山天然气管道运输试行价格延期。

【交通价格管理】 按区扫黑办的要求，区发改委对珍溪、南沱片区的农村客运重新核定了票价；按区政府的要求，将客运中心发班的车辆全部搬迁至高山湾枢纽站发车，为配合搬迁，对64条线路的营运里程进行了实测，重新核定了从高山湾枢纽站发区内、区外市内、市外的客运票价。对马武片区的农村客运票价进行了核定。

【行业协会商会收费管理】 区发改委出台《关于进一步规范行业协会商会收费的通知》，对行业协会商会收取会费、行政事业性收费、经营服务性收费及收费信息的集中公示做了明确政策规定。

安全生产监督管理

【健全安全监管责任体系】 2019年，涪陵区委常委会、区政府常务会分别听取安全生产与自然灾害防治工作汇报、研究相关重点工作7次、12次。区政府主要领导先后6次带队开展安全生产检查，各分管副区长月均带队检查安全工作1次以上。“两节两会”期间安全工作，区委、区政府在前期安排部署基础上，先后于12月26日、30日，两次召开专题会议进行再部署、再强调、再落实。在机构改革中，各区级行业主管部门安全生产职责均写入部门“三定方案”。区安委办下设道路交通、水上交通、建设施工、危险化学品、矿山、旅游、城市运行、消防等8个专项安全办公室，初步搭建起了“1+8”的统筹协调体系。

【严格安全生产监管执法】 2019年，全区各行业主管部门共计关闭取缔生产经营场所64处，责令停产整顿112家，暂扣吊销证照1721个，实施事前行政处罚674.5万余元。持续深化打非治违，烟花爆竹领域接报查处非法违法行为80余起，查处非法烟花爆竹7500余件，治安拘留3人，警告教育50余人，共计罚款1.5万元，兑现举报奖金23万余元。年内对17起生产安全事故进行了调查处理，累计提醒谈话12人，批评教育1人，诫勉谈话2人，移送司法机关3人。

【重点行业领域专项整治】 道路交通领域。全年查处重点违法行为8万余件（其中客车超员危驾8起），注销235名道路运输驾驶员从业资格证，查获非法营运车辆20辆，督促企业解聘因交通违法行为达到“六必调整”驾驶员39名；累计投入整治资金6100余万元，新建公路“生命工程”171千米，改造危桥7座，完成小修整治项目76项，完成高切坡治理工程4个，增设G319线、G351线等12条道路安全设施。建设施工领域。住建方面，检查在建工程836个/次，整改消除安全隐患2558条，责令停工16起，实施处罚79起，罚款46.31万元，对检查发现22名项目经理违法违规行为共计扣减50分；市政建设方面，下达责令限期整改指令书42份，责令停工5家，行政罚款3.24万元，整治沿江可视范围及重点区域违建彩钢棚233户，44万余平方米；交通建设方面，检查项目114个/次，发出监督意见书104份，对

1个项目主要管理人员进行约谈，责令停工5起，立案处罚21起，罚款8.29万元；水利建设方面，检查项目243个/次，下达整改指令书237份，实施行政处罚8起，罚款0.62万元。危化品及烟花爆竹领域。全年检查危险化学品从业单位109家次，发现隐患1229个，处罚21.76万元；对群众举报鹏凯化工、发始特化工的违法事项严格查处，罚款7.8万元，并对企业主要负责人进行了约谈；查获销毁各类非法烟花爆竹1万余件，治安拘留8人，警告教育78人；查处有证经营点违法销售11家，取缔销售户1家；从涪陵化工、建峰化工选聘2名专业人员常驻应急局，为化工安全监管提供技术支撑。水上交通领域。年内开展了“平安船舶”、涉油涉气、客渡船抗风能力提升、港口码头等系列专项行动，累计检查船舶3633艘次，码头649座次，查处违章行为276起，罚款97.65万元，拆除三无船舶1艘；结合长江流域禁捕退捕工作，全面排查渡口渡船、自用船，报废拆解退捕鱼船484艘；打击非法渔船，取缔销毁三无涉渔钢质船2艘、塑料船1艘、轮胎筏子2个；区港航管理局牵头建设的水文预测预警系统在2019年交通运输部“平安交通”创新案例中被确定为15个“特别推荐”项目之一。非煤矿山领域。全年累计检查163矿次，下达停产指令3份，责令整改指令138份，处罚7.65万元。首创绿色矿山8家，5家新改扩建矿山首创二级标准化达标，11家三级安全标准化企业通过复评。消防领域。全年累计检查各类场所3267家，督促整改火灾隐患4510项，罚款50余万元，查封58家，三停42家；推进消防基础设施建设，落实530万元对南门山菜市场消防隐患进行系统治理；落实475万元，完成95栋老旧居住建筑消防设施改造，新建68个市政消火栓，5处取水设施，建成应急消防安全体验中心3处。工贸领域。全年检查涉爆粉尘企业17家次，下达责令限期整改指令书15份，罚款1.5万元；检查有限空间作业企业27家次，下达责令限期整改指令书25份，罚款4.3万元；检查金属冶炼企业14家次，下达责令限期整改指令书13份，罚款0.5万元；检查冶金煤气企业4家次，下达责令限期整改指令书4份；推进标准化建设，首创三级标准化企业33家、复评19家，首创二级标准化企业1家、复评2家。

【安全生产宣教培训】 2019年，涪陵区大力开展“安全生产月”、安全知识“七进”、“安康杯”、青年安全生产示范岗等系列活动。“安全生产月”期间，全区各单位展出宣传展板1000余块，发放宣传材料5万余份，接受群众咨询3万余人次，巴渝都市报专版报道安全生产工作3篇幅、区电视台跟踪宣传报道10余次；全区471家企事业单位，共计7.43万人次参与“安康杯”知识竞赛活动；新申报市级“青年安全生产示范岗”创建集体2个，创建市级“青年安全生产示范岗”5个。全年特种作业人员培训取证1688人，企业负责人、安全管理人员培训取证785人。年内举办两轮执法人员业务培训，培训执法人员430余人次，组织执法人员复训换证63人，10名新进入安全监管岗位执法人员通过持证考试。

劳动管理

【就业培训】 2019年，涪陵区城镇新增就业27033人，继续保持城镇零就业家庭动态为零，就业局势总体稳定。区人社局为城乡劳动者免费办理就失业登记3.25万人次，为5000余名城乡求职者免费发放《就业创业证》。全区开展各类职业培训183期、培训6917人次，5.5万余人次接受职业介绍、职业指导、职业培训、职业技能鉴定等各类公共就业服务，举办各类招聘会170场，提供就业岗位7万个，区内应届高校毕业生就业率保持在90%以上。全区新增发放创业担保贷款 1.84 亿元，回收率达 99.8%，直接或间接带动 9200 余人创业就业。

【人力资源管理】 2019 年，区人社局组织企业参加国内国际引才引智大型活动 30 余次，帮助企业引进高层次人才 35 人，发放第一批 2 名人才奖励和单位引才补助 12.58 万元，21 名区外大中专毕业生和技能型人才落户涪陵，全区各类人事考试项目参考人数达 1.12 万人次。引进体制内人才 486 人，办理人员流动、划转 2836 人（其中涉及机构改革划转 2677 人），完成提请区政府任免职 121 人，完成机关事业单位学历确认 140 人次，审批机关事业单位各类工资奖金、津补贴、退休等业务 2.35 万人次。落实乡镇基层事业单位专技人员职称考试倾斜政策，17 人享受降分政策；降低招聘门槛，为乡镇卫生院、学校、其他事业单位引进各类人才 123 人。

【劳动保障】 2019 年，涪陵区成功创建重庆市劳动保障监察执法示范区，完成构建和谐劳动关系示范点建设工作。全区处理农民工工资案件 48 件，涉及人数 792 人，涉及金额 1824.09 万元。主动监察用人单位 672 户，涉及职工 7.63 万人。开展专项执法检查 6 次，书面审查用人单位 174 户，守法诚信评价 420 户。全年接受各类劳动争议案件 788 件，立案处理 749 件，涉及劳动者 788 人，办结 787 件（含上年未结 65 件），涉案金额 3222 万元，结案率 96.7%。劳动争议调解结案 425 件，终局裁决 100 件，无撤销案件。

【助力脱贫攻坚】 2019 年，区人社局促进贫困劳动力就业 1338 人，贫困劳动力参加各类就业培训 1109 人，完成全区 4.4 万 16 周岁以上的贫困人员就业状况和就业需求情况普查，落实各类促进贫困劳动力就业补贴资金 430.62 万元、惠及 2000 余人。区内生态公益性岗位新增安置贫困劳动力就业 154 人，新建成就业扶贫车间 5 个；招募 2 名“三支一扶”人员到乡镇卫生院服务，18 个镇、乡卫生院设置高中初级全科医生特岗 18 个。区内技工院校建卡贫困户家庭学生免费接受教育 289 人，民办培训学校培训建卡贫困户 907 人。

市场监督管理

【概况】 2019 年，区市场监管局推进机构改革，实现工商、质监、食药监三个板块和价格监管、知识产权、反垄断三项职能顺利整合，设立科室 26 个、市场监管所 27 个、直属单位 2 个，调整 70% 的执法力量下沉充实基层市场监管一线。一年来，共获省部级和地厅级表彰的集体、个人奖项 14 项；注册和许可科被全国妇联授予“全国巾帼文明岗”荣誉称号。

【商事制度改革】 2019 年，涪陵区全面实行企业名称自主申报，推行“三十一证合一”“证照分离”改革，降低企业开办制度性成本。整合食品药品许可、特种设备许可、企业电子档案查询等涉企许可和服务事项；着力推进审批服务事项“全渝通办”“一网通办”和企业群众办事“只进一扇门”“最多跑一次”改革。推行注册登记全程电子化，全面优化企业设立登记、刻制印章、申领发票等开办流程，实现开办企业线上线下“一窗受理、并联办理”。企业开办时间压缩至 1 个工作日，比国务院规定时间少 7.5 天，食品生产、经营审批时限压缩了 1/3，特种设备、药品行政审批事项办理时限压缩了 1/2。全年新登记市场主体 1.23 万户，增速 13.75%；2019 年全区市场主体总量达 9.49 万户，资金总额达 1256 亿元，万人拥有企业 196 户，比上年增加 42 户。工业产品生产企业准入门槛降低，工业产品许可由 15 类精简为 10 类，全区工业产品许可企业缩减至 13 家。

【安全风险管控】 严守食品药品安全底线。涪陵区建立了食品安全责任清单和考核考评实施细则，推动食品安全党政同责、一岗双责有效落实；落实“四个最严”要求，建立覆盖全区的食药品经营主体数据库和风险隐患清单，全年检查食药品企业2.24万户次，排查整改食品安全风险隐患437个；开展农村食品、保健食品、网络食品等专项整治，与公安协作成功破获特大“地沟油”制售案，全年收缴假冒伪劣食品5.6吨；实施食用农产品质量溯源跟踪；打造“名特优”小作坊示范点，实现331家学校（幼儿园）食堂“明厨亮灶”示范工程全覆盖；全年完成食品抽检2787批次、药品抽检135批次。涪陵区开展执业药师“挂证”、中药饮片、疫苗、医疗器械“清网”行动，办结“两品一械”案件153件。严守工业产品质量安全底线。涪陵区全年开展监督抽查塑料包装容器工具、内外墙涂料等49个生产领域产品284批次，合格率94.01%；流通领域监督抽查儿童玩具、成品油、消防器材等产品167批次，合格率94.5%；集中开展儿童和学生用品、塑料排水管材以及成品油、危险化学品及其包装物等31个重点领域产品质量安全专项整治，确保产品质量安全。严守特种设备安全底线。涪陵区全年网格化监督检查特种设备生产使用单位155家次，抽查特种设备374台，排查整改隐患127起；集中开展危化品企业相关特种设备、锅炉范围内管道、电梯、大型游乐设施及客运索道等专项整治，加大特种设备信息化监管平台“飘红”数据清理，严格落实特种设备风险分级分类管理，全年实现特种设备安全“零事故”。

【维护市场秩序】 区市场监管局牵头落实公平竞争审查制度，完成全区政策措施公平竞争审查、清理；开展医疗、转供电、殡葬、机动车检测等重点领域价格违法行为专项整治，查处案件涉案金额834.45万元；开展“网剑行动”，检查网站（网店）261个次，查处涉网案件37件；打击假冒伪劣、商标侵权、虚假宣传等违法行为，全年立案调查各类违法案件309件，罚没金额1529.79万元；开展计量检定工作，免费检定428家基层医疗机构1577台医用计量器具；强制检定安装使用前电、水、气表4320只，首次强制检定合格率达100%；检查37家集贸市场（超市）电子秤1002台件，检查出租车计价器878台；强化广告导向监管，确保不出现涉及政治敏锐性问题和妨碍社会公序良俗的广告。

【企业信用监管】 涪陵区加快健全以“双随机、一公开”为基本手段、以重点监管为补充、以信用监管为基础的新型监管机制。深入推进“双随机、一公开”监管，建立市场监管领域部门联合监管联席会议制度，组织开展区级部门双随机操作系统培训，区市场监管局牵头与区人社局、区城乡建委等开展部门联合随机抽查。2019年全区完成综合抽查1508户、专项抽查44户，对出现问题的163户全数进行处理；夯实信用监管基础，累计归集全区各部门产生的涉企信息74.5万条，883户企业被列入经营异常名录，36户企业被列入严重违法失信企业名单，实施信用联合奖惩应用1000余户。强化事中事后监管，全区内资企业年报率达91.13%，规范无照经营行为158户，对连续2年未履行年报义务且核查失联的809户企业启动批量吊销程序。

【消费维权】 涪陵区实现12315、12365、12331、12358、12330五条维权热线“一号对外”，构建起统一的市场监管维权体系，同时发挥“安华调解室”作用，妥善处置网络购物、预付消费等领域的群体消费纠纷。全年处置各类投诉举报2090件，同比增长26.36%，为消费者挽回经济损失612.17万元；处理2起涉及消费者1000余人、金额400余万元的预付式消费的群体性投诉。集中开展家电售后服务、旅游市场、野生动物保护、保健品市场等重点领域消费维权专项整治行动，持续开展放心消费创建活动，营造更加安全、放心、便利的消费环境，全年成功创建放心消费街区、商场、经营户共计 104 个。开展消费投诉信息公示活动，对消费投诉信息按季度进行曝光性公示，倒逼市场主体诚信守法经营。组织消费维权文艺节目进农村、进社区、进广场演出宣传，成功演出 51 场次，1.2 万余名消费者观看节目并受到教育。自制的“3•15”系列消费维权宣传短片荣获国家市场监督管理总局 3 个优秀奖表彰。

【服务发展】 涪陵区持续实施质量强区战略，区市场监管局组织开展了“华峰质量月”“校园食堂质量开放日”“检验检测机构质量开放日”“有机产品认证开放日”等系列活动，全区开展质量强园、质量强镇、质量强企活动 58 场次，开展企业质量培训 120 人次，建峰化工入围“市长质量管理奖”评选。全年新增企业标准 67 个，制订并获批 3 个地方标准，涪陵黑猪养殖标准化示范项目顺利通过验收。区市场监管局助力脱贫攻坚，立足职能助推贫困村产业发展，全年新发展农民专业合作社 300 户，指导签订 687 份金额为 3624.8 万元的涉农订单，指导涉农企业办理动产抵押登记 8 笔、担保主债权金额 6942.44 万元，新培育农产品商标 409 件。助力“创文创卫”，区市场监管局牵头开展食品安全和生活饮用水安全治理，完成“三小”行业“前灶后厅”整改 612 户，规范农贸市场内经营者 691 户次、熟食摊贩 221 户次，统一制作食品安全公示栏、制度、标签标识及禁烟标志 9600 份，开展保健食品科普“五进”活动 81 场、5.4 万余人受教育。

【非公党建】 2019 年 4 月，国家市场监督管理总局登记注册局副局长韩旭一行到涪陵调研“小个专”党建工作，区市场监管局选送《坚持以“四个第一”为抓手，培育涪陵农村电商发展“红色引擎”》党建典型案例参加了国家市场监管总局举办的“党建引领创新发展”小个专党建典型宣讲活动。选送涪陵“小个专”党建做法《构建三级体系 打造红色会家 破解小个专党建难题》参加全市非公党建案例大赛，被编入市委组织部《重庆市非公有制经济组织和社会组织党建工作案例》。编排的《六把金钥匙 开启新篇章 以“大党建”思维破解“小个专”党建难题》在全市非公有制经济组织和社会组织党建工作案例交流会上展演。

知识产权管理

【商标发展】 2019 年，涪陵区完成商标申请注册 1745 件，其中农产品商标 396 件。有效注册商标总数达 13501 件(其中马德里商标 7 件)，比 2018 年同期增长 15.1%；万户市场主体商标拥有量达 1422 件，比 2018 年同期增长 3.8%。“涪陵潞酒”成功获注地理标志证明商标，“涪陵榨菜”获得 2019 中华商标品牌节博览会金奖。2019 年新授权专利 1190 件，其中发明专利新授权 98 件。全区有效专利总数 4221 件，其中有效发明专利 418 件，每万人口发明专利拥有量 3.58 件，比 2018 年同期增长 29.2%。

【知识产权运用指导】 涪陵区成功创建以“专利导航产业发展”为主题的国家知识产权试点城市，并按照规划启动实施。区市场监管局协同商标代理机构为企业开展上门指导服务，支持企业商标专利维权，指导“桂楼”商标异议案和“点易洞”商标被撤销复审案有序完成；促进闲置商标盘活和专利转让，助推企业 3 件闲置商标、1 件专利交易成功；推进知识产权质押融资工作，建立知识产权质押融资联系会议制度，召开知识产权质押融资培训暨银企对接会，为企业解决融资难题，完成质押融资金额 150 万元。

【违法整治】 区市场监管局开展 2019 年春节期间地理标志商标使用专项整治工作和秋

季地理标志保护工作、知识产权“铁拳”行动和专项执法行动；与区榨菜办联合开展3次“涪陵榨菜”证明商标使用情况的专项检查整治活动。涪陵区全年查处知识产权违法案件12件，涉案金额5.04万元，处罚款8.52万元。

涪陵海关

【业务改革】 2019年，涪陵海关全面推行“单一窗口”服务，进出口企业实现单一窗口申报全覆盖。推进涪陵关区企业原产地证书自助打印，24家进出口企业累计打印原产地证书990份。落实重庆海关行政审批制度改革，规范开展行政审批和特定资质备案事项15家次。落实合并企业通用资质备案管理和“多证合一”改革，完成新企业注册79家，信息变更298家，注销9家，注册信息核对33家。

【监管工作】 2019年，涪陵海关累计监管进出口货值3.37亿美元，与去年相比下降29.64%；报关单量3392票，同比增长0.71%。查验率1.33%，查获4批次，查获率10.25%。强化后续监管，开展稽查作业7家，其中常规稽查查发率50%，专项稽查查发率100%，移交缉私处理5件，补征税款3500元。持续强化关区2家进口固体废物企业日常监管，未发现走私固废事件。加强非洲猪瘟疫情防控，加大口岸查验力度，无一例疫情发生。组织涪陵口岸核辐射应急演练，开展“食品安全社区行”“食品安全口岸行”“国门生物安全进企业”等宣传活动。加强进境货物及集装箱检疫力度，截获活虫、杂草种子、棕头鸥羽毛和一般性有害生物8种次。

【贸易建设】 2019年，涪陵海关积极支持重庆涪陵综保区建设，全年召开各类协调例会18次，协调解决问题35个。配合区政府开展招商引资工作，签约引进项目11个，协议总投资约88亿元。推进涪陵龙头港、丰都水天坪码头监管作业场所建设，成立口岸监管场所建设工作组，召开专题研究会6次，立足丰都水天平牛肉深加工及冻库项目实际，指导其按照海关监管作业场所（场地）设置规范进行改造。

【营商环境】 2019年，涪陵海关制订《关于支持涪陵开放型经济发展的五项措施》，支持地方外向型经济发展。推动进出口货物提前申报模式，压缩通关时长，落实7×24预约通关制度，企业通关进一步便利化。1—12月涪陵关区进出口整体通关时间为17.86小时，其中出口通关时间0.67小时，进口通关时间174.44小时，与2017年同比分别下降99.10%、81.86%。鼓励培育高资信企业，让其享受海关优惠政策，涪陵关区有高级认证企业3家。

【帮扶企业】 涪陵海关协调解决华峰重庆氨纶有限公司水滑石归类争议问题，帮助企业节省390余万元的原料成本；协调解决重庆鑫来农产品有限公司申报进口魔芋片无法放行问题，缓解企业破产风险；协调解决凯高玩具（重庆）有限公司首份中瑞原产地自助声明。涪陵海关深入关区5个区县调研，实地考察重点企业、种植基地、养殖场8家次，召开专题座谈会4次。先后指导重庆首家蛋鸡养殖场、出口鸡蛋包装厂备案以及麻花、方竹笋、茶叶等18种特色产业打造品牌，支持鲜鸡蛋、食用调和油2种新产品成功走出国门，其中首批7吨鲜鸡蛋运往澳门，为重庆鲜鸡蛋首次出口。

审　计

【概况】 2019年，涪陵区审计局人员编制57人，实有52人。设有办公室、法规审理科、整改督查与内审管理科、重大政策执行审计科、财政审计科、企事业审计科、农业与资源环保审计科、投资审计科、经济责任审计科（重庆市涪陵区经济责任审计工作联席会议办公室）、电子数据审计科；下设重庆市涪陵区审计中心（事业单位）。

2019年，涪陵区审计机关共完成审计项目109个，其中审计106个，专项审计调查3个。查出主要问题金额935429万元，其中违规金额14145万元、管理不规范金额921284万元；审计发现非金额计量问题152个；损益（收支）不实金额464万元；出具审计报告和专项审计调查报告97篇，被批示、采用57篇次。审计处理处罚金额90395万元，其中应上缴财政5251万元、应减少财政拨款或补贴8万元、应归还原渠道资金8885万元、应调账处理金额76250万元；移送司法机关、纪检监察机关和有关部门处理事项24件，移送处理人员20人，移送处理金额2830万元。审计促进整改落实有关问题资金142239万元；审计促进拨付资金到位16876万元；审计后挽回（避免）损失8万元；核减投资额15379万元；移送处理落实事项4件。审计提出建议259条，被采纳234条；推动被审计单位制定整改措施256项；促进被审计单位建立、健全规章制度45项；提交审计信息129篇，被批示、采用99篇次。向社会公告审计结果2篇。

太极集团有限公司负责人任期经济责任审计被重庆市审计局评为2019年度区（县）审计局优秀审计项目；中共涪陵区龙潭镇原党委书记谭国强领导干部自然资源资产离任审计被重庆市审计局评为2019年度领导干部自然资源资产离任审计优秀项目。

2019年重庆市涪陵区审计工作统计表

审计机关	完成审计项目（个）	审计查出主要问题金额(万元)	审计发现非金额计量问题（个）	审计期间整改金额（万元）	出具审计报告和审计调查报告（篇）	审计处理情况		审计促进整改落实有关问题资金（万元）	审计提出建议（条）	提交审计信息（篇）
						审计处理处罚金额（万元）	移送处理事项（件）			
涪陵区审计局	109	935429	152	738	97	90395	24	142239	259	129

【国家重大政策措施落实情况跟踪审计】 区审计局围绕“涉企减负”、稳就业等，对20个部门（单位）、10个乡镇、14个企业重大政策措施执行情况进行了跟踪审计。

【财政审计】 区审计局对黔江区2018年度预算执行和决算草案实施审计；运用大数据，首次完成对171个区一级预算单位财务数据和业务数据分析、筛查全覆盖，重点对14个区级部门（单位）2018年度预算执行和其他财政财务收支进行同步审计；对5个乡镇（街道）同步实施2018年度财政决算审计。

【经济责任审计】 区审计局对6个乡镇（街道）、1个部门、1户国有企业11名领导干部（人员）实施任期经济责任审计；对龙潭镇党委原书记实施自然资源资产离任审计；对2018年5个单位经济责任审计结果整改情况进行现场督查；督促28个单位33名领导干部完成经济事项离任交接。

【固定资产投资审计】 区审计局对13个市级重点项目进行跟踪审计；对龙头港物流园二期（城镇）安置房管网道路工程等87个政府投资项目进行了决（结）算审计。

【企业审计】 区审计局对盛锦资产管理有限公司等3户国有企业2018年度财务收支进行了审计。

【专项资金审计】 区审计局对新城区等3个园区产业发展及建设管理情况开展了专项审计调查；对涪陵区等6个区（县）12家地方国有金融产业发展情况开展了专项审计调查。

【信息化建设】 区审计局集中对全区171家

单位数据进行采集、整理、上报；在部门预算执行等23个审计项目中运用大数据审计；完善了《网络安全事件应急预案》。

【内部审计】 区审计局指导40个单位制定内审项目计划111个；对8个单位开展内审工作专项检查，对65个社会中介机构出具报告进行常规核查；完善了分片联系指导内部审计制度。

统　计

【机构设置】 2019年，按照全区机构改革要求，区统计局顺利完成局内部机构改革工作，内设科室由原9个调整为7个，设办公室、组织人事科、综合核算科、工业能源科、贸易服务业科、固定资产投资科和法制科。机关行政编制核定数18名，控制编制2名，工勤编制1人；局领导职数1正3副，科级领导职数9名。纪检组长由区政府办公室纪检组派驻。年末局机关有干部职工21人，其中年内公招公务员2名。下属参公科级事业单位2个，科级领导职数3名。其中区社会经济调查队编制7人，年末区在岗编制人员4人，配备队长1人、副队长1人；区普查中心编制5人，年末在岗编制人员3人，配备主任1人。涪陵区设有统计学会1个、长江师院统计专业教学实习基地1个。

2019年，涪陵区统计局在市统计局2019年年度统计工作考核中荣获“主城都市区”二等奖。涪陵区人民政府第四次全国经济普查领导小组办公室（设在区统计局）荣获国务院第四次全国经济普查领导小组“第四次全国经济普查先进集体”荣誉称号。

【调查网络建设】 全区各乡镇、街道、园区都建立了统计管理办公室，有专人负责统计工作。乡镇街道统计管理办公室挂靠在经发办，统计办主任由经发办副主任兼任。2019年末全区27个乡镇街道共配备统计办负责人和专兼职统计人员84人。

2019年末全区“四上”联网直报企业共计895家，其中工业259家、建筑业149家、批零195家、住餐62家、房地产开发74家、服务业156家，纳入直报的5000万以上的投资项目49个。同时全区还有规模以下工业、限额以下贸易业、资质以外建筑业小微企业、规模以下服务业等抽样调查网络体系，做到了二三产业全覆盖。直报企业均配备了专兼职统计人员，非联网直报企业或单位实行抽样调查，抽中单位均有专兼职统计人员负责报表。区级政府部门设置了具有统计职能的相关科室。

【夯实统计基础】 2019年，全区统计系统按照《县级统计机构工作规范》和《乡镇统计工作规范》要求，加强统计基层基础建设，提高基层统计工作规范化建设水平。一是加强各乡镇（街道）统计规范化建设，对乡镇（街道）在统计基础、人员稳定、统计调查工作量、统计业务培训、统计数据质量检查等方面存在的问题进行整改。二是加强业务培训，根据乡镇（街道）统计人员调整频繁的情况，在9月中旬举办了为期两天的乡镇（街道）统计干部培训班，从基础统计知识和规范化建设入手，提升基层统计干部业务水平。三是加强工作考核，按照《涪陵区乡镇（街道、园区）统计工作考核办法》，紧密结合“四上企业”一套表网上直报工作，对乡镇（街道、园区）统计工作开展情况进行量化考核。四是开展基层基础建设经验总结，推荐做得较好的乡镇（街道）上报材料到市统计局进行经验交流。

【深化统计改革】 2019年，涪陵区继续贯彻落实党的十九大关于“深化统计体制改革”精神，推进统计管理体制改革，学习贯彻中央关于统计工作的《意见》《办法》《规定》精神，印发涪陵区《关于防范和惩治统计造假弄虚作假责任制规定实施办法（试行）》。成立统计造假专项整治领导小组，开展防范和惩治统计造假专项整治工作，对企业进行统计数据质量检查，全年共检查企业30家。

【统计监测】 全区统计系统围绕GDP核算，加强联网直报企业的统计监测，加强与核算相关的各行业部门数据的预测预判。一方面发挥部门统计职能，加强联网直报企业的监测工作，确保数据的及时性、准确性，2019年全区新增规上企业107家，其中工业37家、建筑业11家、批发零售企业24家、住餐企业1家、房地产企业9家、服务业企业16家、投资专业9家。另一方面加强对主管部门负责的相关经济指标的监测指导，围绕全区发展目标结合各行业发展实际，发挥统计的预警预测职能，为各行业有针对性地开展工作提出精准建议。

【统计服务】 区统计局及时发布《国民经济和社会发展统计公报》，精心编印《统计月报》《统计手册》《统计年鉴》，为区委、区政府和社会各界掌握全区经济发展情况提供了数据支持。全年撰写统计分析资料41篇、信息100余条，给区委区政府和各部门提供统计数据200余次。推进统计智库建设，印发《关于加强统计分析研究工作的实施方案》，修订《涪陵区统计研究课题管理办法》，课题的数量和质量得到了双提升，全年有18个课题结题，两个课题获区领导批示，一个荣获市统计局优秀统计分析报告一等奖。

【完成涪陵区第四次全国经济普查】 2019年，全区第四次全国经济普查工作在上年宣传、培训、清查基础上，开展了普查登记、数据审核、质量抽查等环节工作，圆满完成普查任务。通过普查，全区共登记法人单位17333个，产业活动单位3342个（不含单产业法人单位），清查个体经营户66640个，抽样调查个体经营户4883户。通过普查，做到了普查结果与常规统计数据有效衔接，涪陵成为全市主城区外首个GDP超千亿大区。涪陵区代表重庆市接受并通过了国务院经普办组织的经济普查数据质量抽查，涪陵区经普办荣获全国经济普查先进集体。

【依法治统】 全区统计系统贯彻落实习近平总书记关于统计工作重要讲话指示批示精神，学习贯彻中央《关于深化统计管理体制改革提高统计数据真实性的意见》《统计违纪违法责任人处分处理建议办法》《防范和惩治统计造假弄虚作假督察工作规定》等法律法规。“12•4”“12•8”等重大法律宣传日期间，区统计局在易家坝广场、新城区攀华广场等地设立法制宣传站，向广大群众宣传统计相关法律法规知识。

重庆涪陵综合保税区

概　述

【概况】 重庆涪陵综合保税区于2015年9月2日启动申报，2018年10月4日正式获得国务院批复筹建。2019年10月31日顺利通过重庆海关组织的市级预验收，2019年12月27日顺利通过国家海关总署组织的正式验收，实现封关运行。重庆涪陵综合保税区规划总面积2.7平方千米，其中一期规划面积1.5平方千米，已完成总投资12.3亿元。重庆涪陵综合保税区位于“一带一路”和长江经济带联结点上，是重庆主城区都市圈发展的重要支撑，是“一圈”连接“两群”的重要节点，地处涪陵高新技术产业开发区，距重庆江北国际机场约80千米、距渝利铁路约9千米，距渝涪高速、南涪高速约7千米，紧邻龙头港物流园区、攀华码头、渝怀铁路货运站，实现外贸进出口货物“铁公水空”立体多式联运。

【机构设置】 根据中共重庆市涪陵区委机构编制委员会《关于设立重庆涪陵综合保税区党工委管委会的通知》（涪委编委〔2019〕181号）文件，于2019年10月设立中共重庆涪陵综合保税区工作委员会和重庆涪陵综合保税区管理委员会，分别为中共重庆市涪陵区委、重庆市涪陵区人民政府正处级派出机构，实行“一套班子、两块牌子”，设党工委书记兼管委会主任1名，副主任3名；内设办公室、财务部、经济发展部、建设管理部四个部门，负责综保区开发建设与管理、产业招商、企业服务等工作。

【产业定位】 根据重庆市开放平台协同发展的总体部署要求，涪陵综合保税区注重与其他三个海关特殊监管区的错位发展、协同发展。重庆涪陵综合保税区围绕保税加工、保税物流、保税服务三大业态，聚焦食品加工、医疗健康、智能制造三大领域，努力将重庆涪陵综合保税区打造成为长江上游重要的开放口岸、重庆重要的食品医药进出口加工基地和西部地区独具特色的服务贸易示范基地。

基础设施建设

【硬件设施建设】 综保区全年完成基础设施建设总投资5.7亿元，共实施综合办公楼、卡口、查验仓库、道路、智能信息化系统等10个项目。规划建设的8栋11万平方米标准化厂房和保税仓库，已建成6栋7.7万平方米，其余2栋正在进行基础施工，做到了建筑施工安全、工程结构质量安全可靠，整个建设过程质量安全事故的零发生。

【智能信息化系统建设】 综保区智能信息化系统根据海关特殊监管区域基础和监管设施建设要求全面完成，并于9月30日完成海关综合管理系统调试、测试。围网区域内设置了全天候工作的围网监管控制系统，包括围网周界防范、视频监控、海关监控中心等区域，共设置有监控摄像头 300 个，确保海关对围网周界进行全方位无盲区监控。

【水电气讯要素保障建设】 水电气讯要素保障全面到位，通讯 4G、Wi-Fi 覆盖综保区，5G 方案已确定，将依托智慧灯杆实现 5G 全覆盖。

【绿化景观工程建设】 综合保税区是开放型经济的重要平台，是涪陵对外开放形象展示的重要窗口，为推进绿化工程建设，综合保税区特聘请了一位资深园林技术人员对绿化工程提供方案优化、技术支持、价格咨询等指导服务，在土建工程接近尾声之际，绿化工程随即启动，目前绿化效果初显。

招商引资

【概况】 涪陵综保区实施全球招商，推动开放合作。截至 2019 年底，重庆涪陵综合保税区成功签约引进项目 11 个，初步形成了以聚豪食品调味品生产、重庆中宝生物植物提取等项目为主的食品医药加工产业集群。

【招商引资项目】 2019 年度，综保区新签约项目 10 个，其中加工项目 3 个（重庆中宝生物植物提取物项目、市农产品集团饲料蛋白项目、成都亚欧和咖啡供应链服务总部项目），研发项目 1 个（重庆邮电大学集成电路设计项目），物流项目 1 个（重庆腾博保税物流项目），服务贸易项目 3 个（重庆云惠联外贸综合服务项目、重庆翎格科技进出口服务平台项目、佰万仓 MRO 跨境电商项目），总部结算项目 2 个（西泽小微企业孵化服务中心项目、渝斛实业总部结算基地项目），协议总投资约 88.2 亿元，协议总营业收入约 210 亿元，协议进出口总额约 30.55 亿美元。比照全年招商引资任务，完成招商引资个数的 167%（目标 6 个，完成 10 个），完成较大项目任务的 150%（目标 2 个，完成 3 个，腾博物流、市农产品集团、亚欧和咖啡项目符合较大项目条件），完成招商引资协议资金任务的 441%（目标任务 20 亿协议资金，完成协议资金 88.2 亿元）。

【项目进展】 重庆邮电大学集成电路设计项目研发平台搭接完成；聚豪食品调味品生产项目完成土建改造图纸审核；成都亚欧和咖啡供应链服务总部项目正在进行厂房以及总部基地的装修方案设计；上海佰万仓网络科技有限公司跨境电商项目完成部分工业产品线的线上调研和规划，具体商品数据的采集、梳理和技术准备，海外全球独立商业网站架构的规划，以及线上数字化营销方案的制定和投入预算等项目前期工作。完成重庆中易智芯科技有限责任公司、重庆环汇达国际物流、宝汇嘉国际物流、枳速通供应链、重庆聚豪食品等 70 个项目公司在综保区内工商注册事宜，其中 17 个项目公司完成进出口经营权备案。重庆腾博物流公司保税物流项目、重庆翎格科技进出口服务平台项目，已实现 3.3 亿美元外贸进出口额。

【食品产业集聚初显规模】 综保区一期 A 区入驻保税加工项目以食品产业为主，初步形成了以调味品、咖啡和饲料蛋白为主的食品保税加工产业集群。为提升综保区食品、医药产业发展的配套功能，综保区正积极整合广西新海岸国际贸易公司、浙江好牛电子商务集团等相关资源方，在综保区内投资建设冷链供应链综合服务平台，通过线下高位立体冷库、冷链分拨加工中心加线上 B2B 国际农副产品贸易平台融合发展。

【多元产业支撑初具基础】 在专注食品产业的基础上，综保区注意强化对电子信息、智能制造等产业的引进和培育，储备了新能源电池管理芯片及管理系统、深圳美博星电子配件、液晶电视模组、多蕾美株式会社美妆代工、高美玩具研发加工、民生货运多式联运项目等电子信息产业、消费品产业、物流产业项目。

运行管理

重庆涪陵综合保税区开展与国际商报、巴渝都市报社、涪陵广播电视台、涪风在线等新媒体的合作，完成宣传合同、文字及图片资料等工作，全年共对外宣传报道100余条（篇）；编制招商指南和招商手册，制作宣传画册与展板；订购成都双流机场大型广告牌，设置户外广告；订购涪陵高铁北站室内灯箱广告媒体；江南城区和新城区主要交通干线增设涪陵综保区道路指示标牌；参与“西洽会”“进博会”及有关国际国内合作组织活动，积极开展宣传推介，扩大知晓度和影响力。组织相关人员赴遵义、成都、西安等地就综合保税区管理运行体制进行考察学习。派四名同志到两路寸滩综保区和江津综合保税区为期两个月挂职锻炼。

科学技术

概　述

【概况】 2019年，涪陵区科技工作坚持贯彻新发展理念，着力提升自主创新能力和成果转化水平，涪陵区获批国家知识产权试点城市，连续五年获得重庆市科技进步一等奖。年内涪陵国家高新区进入科技部新一轮考察名单，涪陵国家农业科技园区于2019年8月通过科技部验收，全区市级以上研发机构达到72个，年内新创互爱科技、稻香文创园等市级众创空间3家。全区新增授权发明专利104件，同比增长44.4%，万人发明专利拥有量提升至3.58。全年新获批重庆市创新创业示范团队4个，市级创新创业示范团队达到11个。

【产业创建】 2018年1月12日，市政府以渝府（2018）2号文批准设立重庆涪陵高新技术产业开发区，2019年涪陵区稳步推进国家高新区创建工作，推动市政府提前向国务院上报了《关于涪陵高新区升级创建国家高新区的请示》，完成了创建宣传片。涪陵科技创新中心建成投用，由金渠孵化器入驻运营，整合互爱科技资源，入驻科技企业、研发及技术服务机构达到82家。建成孵化场地2000平方米的金渠创新创业基地，启迪清创（涪陵）孵化器开业运营，全区双创孵化平台达到19个，孵化场地面积4.5万平方米。建成涪陵高新区展示中心，环长江师院创新创业生态圈列入全市"环高校创新创业生态圈"建设计划，建成7万平方米的产学研协同创新平台，生态环境多源监测工程中心、高光谱遥感工程中心等平台投用，引进知名院校北京交通大学与区政府、长江师范大学合作共建重庆现代交通技术研究中心。建成区域性专利信息服务中心，为28家重点企业开展专利分析、预警和导航服务。举办"创新工程师专题培训班"，全区54名研发人员获得创新工程师资格认证。

【项目成效】 2019年，涪陵区获批国家、重庆市科技研发项目81项，其中"涪陵页岩气示范工程"获国家重大科技专项奖，通过产学研联合攻关，完成了研发技术政策、优快钻井、高效压裂三大核心工艺技术换代升级，先后获得中石化联合会技术发明一等奖、重庆市科技进步二等奖。太极集团涪陵制药厂的"丹七通脉片临床研究"获市级研发经费1000万元，华晨鑫源的"车载智能语音交互系统"获研发经费200万元。围绕生物医药、先进制造、新材料等领域，组织实施以企业为主体的区级成果转化项目18项，支持科技经费210万元。推进实施农业科技、社会事业、基础研究等区级科技研发项目30项。年内28家高新技术企业通过评审认定，全区高新技术企业总数增长至95家，实现高新技术产品产值368亿元，增长21.2%。争取市级新创高新技术企业补助420万元，高新技术企业所得税减免2068万元。全年新增市级科技型企业156户，总数达到710家（其中高成长性科技型企业21家），排在全市区县第7位，争取科技型企业创新券补助经费268万元。全年登记科技成果109项、技术合同13项，实现技术合同成交额4.41亿元。获重庆市科学技术奖6项，获得重庆市科技进步一等奖7项，其中中科大业公司完成的“装配式钢混结构建筑及其成套技术”是全市建筑领域的第1项科技进步一等奖。渝东南农科院科技人员职务成果进行改革试点，转化水稻品种3个、榨菜品种3个，授权4个品种给科技人员创办企业，发放成果转化奖励资金150万元，水稻课题组、根肿病课题组、玉米课题组和榨菜课题组等20余名核心科技人员获得改革激励。

【科技人才引进与培养】 2019年，涪陵区入选重庆“英才计划”创新领军人才3名、创业领军人才4名、青年拔尖人才2名，选拔自然科学、工程技术领域区级科技拔尖人才15名，组建科技拔尖人才导师工作室2个。征集企业技术需求232项，选派对接211名科技特派员下乡入园进企，入选国家“三区”科技人才支持计划14名，市级科技特派员支持计划12名。北交大杨中平教授领衔的“中涪科瑞工业技术研究院”专家团队，与川东船舶、博瑞变压器、龙头港等单位开展项目对接合作，推动了北京交通大学与涪陵区政府的合作，是市科技局协助引进的首家知名高校与主城以外区县合作；中科院上海高等研究院在涪注册成立法人化公司，引进百万仓跨境电商项目落户涪陵综保区；海外华人博士团队在区科创中心注册“欧美聚智”科技公司，开展在谈合作项目3个；“数资区块链研究院”开展的涪陵黑猪、涪陵榨菜等区块链溯源应用场景项目上线运行。

【科技合作】 2019年，科技部火炬中心青年干部团来涪开展川渝地区新能源考察交流活动，上海高等研究院专家团考察对接涪陵榨菜全产业链机械化攻关与装备研发。浙江省科技专家来涪交流和区内技术人员至浙江考察学习等互访活动4次，聚焦柑橘、葡萄、南方早熟犁等合作项目，培养技术骨干50余人，持续深化浙涪科技对口支援。区科技局组织3名技术专家赴武隆开展犁、油茶等产业发展技术指导，帮扶建设科技创新创业基地。

【科技服务】 涪陵区设立知识价值信用贷款风险补偿基金，开展风险补偿，简贷款受理、合规审查、综合管理等审批环节6个，压减放贷审批时限最短至2天，推动实现让企业“能够贷”，让银行“愿意贷”，让科技金融“方便贷”。区检验检测技术创新联盟持续提升服务能力，检验检测从业人员扩充至500人，仪器设备总值达到2.1亿元，规范处置长江师院、质检六分院、农产品质检中心、三海兰陵公司等科研废弃物4吨，并大幅降低了企业独自处理的成本。区科技局评选出优秀创业项目30余项，浩珑机械、赋昇汽配2家企业获评高成长科技企业，斯托赛克、天华照明等4家企业获得债权融资1193万元。

科技创新平台建设

【概况】 截至2019年底，涪陵区有国家级科技研发平台2个，其中：国家级工程实验室1个、企业技术中心1个。有国家级科技服务平台2个，其中：国家级科技企业孵化器、国家级示范生产力促进中心各1个。有市级以上科技研发平台达到70个，其中：重庆市重点实验室2个、工程技术研究中心10个、新型研发机构5个、企业工程技术研究中心8个、工程实验室1个、工程研究中心2个、企业技术中心42个。全区有法人化研发机构8个，博士后科研工作站5个、院士专家工作站4个，众创空间19个，参与组建市级产业技术创新战略联盟4个。

国、市级工程实验室

编号	机构名称	机构层次	依托单位
1	南方芥菜遗传改良和栽培技术国家地方联合工程实验室	国家级	渝东南农科院
2	榨菜品种改良栽培技术重庆市工程实验室	重庆市级	渝东南农科院

重庆市重点实验室

编号	机构名称	依托单位
1	无机特种功能材料重庆市重点实验室	长江师范学院
2	武陵山区特色植物资源保护与利用重庆市重点实验室	长江师范学院

重庆市产业技术创新研究院

编号	机构名称	依托单位
1	重庆医药产业技术创新研究院	太极集团有限公司
2	重庆市页岩气产业技术研究院	中石化重庆涪陵页岩气勘探开发有限公司

重庆市工程技术研究中心

编号	机构名称	依托单位
1	重庆市现代中药制药工程技术研究中心	太极集团重庆涪陵制药厂有限公司
2	重庆市特种船舶数字化设计与制造工程技术研究中心	泽胜投资集团造船有限公司、重庆交通大学、涪陵金渠企业孵化器
3	重庆市榨菜工程技术研究中心	重庆市涪陵榨菜集团股份有限公司
4	重庆市芥菜工程技术研究中心	重庆市涪陵区农业科学研究所
5	重庆市水稻抗稻瘟病育种工程技术研究中心	重庆市渝东南农业科学院
6	重庆市低品位磷资源利用工程技术研究中心	中化重庆涪陵化工有限公司
7	重庆市页岩气开发环境保护工程技术研究中心	重庆市涪陵页岩气环保研发与技术服务中心
8	重庆市血液制品工程技术研究中心	华兰生物工程重庆有限公司
9	重庆市乙炔深加工工程技术研究中心	重庆弛源化工有限公司
10	重庆市生态环境多源监测技术及应用工程技术研究中心	长江师范学院

重庆市技术创新中心

编号	机构名称	依托单位
1	重庆市页岩气绿色高效开发产业技术创新中心	中石化重庆涪陵页岩气勘探开发有限公司

重庆市企业工程技术研究中心

编号	机构名称	依托单位
1	重庆市汽车板工程技术研究中心	重庆万达薄板有限公司
2	重庆市大为醇醚燃料工程技术研究中心	重庆大为石化有限公司
3	重庆市中邦农药剂型工程技术研究中心	重庆中邦药业（集团）有限公司
4	重庆市特种船舶企业工程技术研究中心	重庆川东船舶重工有限责任公司
5	重庆市发酵型泡菜企业工程技术研究中心	重庆市涪陵辣妹子集团有限公司
6	重庆市儿童口服药物企业工程技术研究中心	葵花药业集团（重庆）有限公司
7	重庆市电力变压器企业工程技术研究中心	重庆博瑞变压器有限公司
8	重庆市抗菌类药物中间体企业工程技术研究中心	重庆常捷医药化工有限公司

重庆市工程研究中心

编号	机构名称	机构层次	依托单位
1	生态环境高光谱遥感监测技术重庆市工程研究中心	重庆市级	长江师范学院
2	建设物全生命周期健康检测与灾害防治重庆市工程研究中心	重庆市级	长江师范学院

国、市级企业技术中心

编号	机构名称	机构层次	依托单位
1	国家企业技术中心	国家级	太极集团公司
2	重庆市企业技术中心	重庆市级	中化涪陵化工有限公司
3	重庆市企业技术中心	重庆市级	重庆建峰化工股份有限公司
4	重庆市企业技术中心	重庆市级	重庆市涪陵辣妹子集团有限公司
5	重庆市企业技术中心	重庆市级	重庆川东船舶重工有限责任公司
6	重庆市企业技术中心	重庆市级	重庆中邦药业（集团）有限公司
7	重庆市企业技术中心	重庆市级	葵花药业集团（重庆）有限公司
8	重庆市企业技术中心	重庆市级	重庆科宝电缆股份有限公司
9	重庆市企业技术中心	重庆市级	重庆大为石化有限公司
10	重庆市企业技术中心	重庆市级	重庆市涪陵榨菜（集团）有限公司
11	重庆市企业技术中心	重庆市级	重庆中科建设（集团）有限公司
12	重庆市企业技术中心	重庆市级	重庆市涪陵三海兰陵有限责任公司
13	重庆市企业技术中心	重庆市级	重庆市涪陵区紫竹食品有限公司
14	重庆市企业技术中心	重庆市级	重庆万达薄板有限责任公司
15	重庆市企业技术中心	重庆市级	华兰生物工程重庆有限公司
16	重庆市企业技术中心	重庆市级	重庆正元香料有限公司
17	重庆市企业技术中心	重庆市级	重庆华峰化工有限公司
18	重庆市企业技术中心	重庆市级	重庆中江船业有限公司

续表

编号	机构名称	机构层次	依托单位
19	重庆市企业技术中心	重庆市级	重庆常捷医药化工有限公司
20	重庆市企业技术中心	重庆市级	重庆南瑞博瑞变压器有限公司
21	重庆市企业技术中心	重庆市级	重庆三爱海陵实业有限责任公司
22	重庆市企业技术中心	重庆市级	重庆建峰浩康化工有限公司
23	重庆市企业技术中心	重庆市级	重庆宏图油墨有限公司
24	重庆市企业技术中心	重庆市级	重庆美心翼申机械股份有限公司
25	重庆市企业技术中心	重庆市级	中石化重庆涪陵页岩气勘探开发有限公司
26	重庆市企业技术中心	重庆市级	重庆天原化工有限公司
27	重庆市企业技术中心	重庆市级	华晨鑫源重庆汽车有限公司

重庆市中小企业技术研发中心

编号	机构名称	依托单位
1	重庆市中小企业技术研发中心	重庆正里元实业有限公司
2	重庆市中小企业技术研发中心	重庆天华照明有限公司
3	重庆市中小企业技术研发中心	重庆市涪陵区志贤食品有限公司
4	重庆市中小企业技术研发中心	重庆市涪陵区国色食品有限公司
5	重庆市中小企业技术研发中心	重庆斯托赛克塑业有限责任公司
6	重庆市中小企业技术研发中心	重庆市涪陵宝巍食品有限公司
7	重庆市中小企业技术研发中心	重庆市涪陵区渝杨榨菜有限公司
8	重庆市中小企业技术研发中心	重庆昱泰制罐有限公司
9	重庆市中小企业技术研发中心	重庆市涪陵区红日升榨菜食品有限公司
10	重庆市中小企业技术研发中心	重庆宏声印务有限责任公司
11	重庆市中小企业技术研发中心	重庆市同讯电力实业有限公司
12	重庆市中小企业技术研发中心	重庆春阳密封制品有限公司
13	重庆市中小企业技术研发中心	重庆群崴电子材料有限公司
14	重庆市中小企业技术研发中心	重庆中宝生物制药有限公司
15	重庆市中小企业技术研发中心	重庆豪山办公家具有限责任公司

国、市级博士后科研工作站

编号	机构名称	机构层次
1	太极实业集团股份有限公司博士后科研工作站	国家级
2	重庆市涪陵区农业科学研究所博士后科研工作站	国家级
3	重庆万达薄板有限公司博士后科研工作站	重庆市级
4	重庆市涪陵中心医院博士后科研工作站	重庆市级
5	重庆市博士后科研工作站创新实践基地（依托单位：新城区社保所）	重庆市级

市级院士专家工作站

序号	依托单位	涉及领域	机构层次
1	太极集团公司	医药	重庆市级
2	中石化重庆涪陵页岩气勘探开发有限公司	页岩气	重庆市级
3	重庆德环科技有限公司	生态环保	重庆市级
4	长江师范学院	综合	重庆市级

涪陵区加入的重庆市产业技术创新战略联盟

编号	产业技术创新战略联盟名称	机构层次	涪陵区入盟单位
1	重庆市天然气化工产业技术创新战略联盟	重庆市级	天原化工、建峰化工
2	重庆文化•旅游产业技术创新战略联盟	重庆市级	涪陵区白鹤梁水下博物馆、长江师范学院、工贸职业技术学院、凯高玩具公司、长美影视动画设计公司、齐圣食品公司、聚岩石材公司7家单位入选联盟首批成员单位，其中白鹤梁水下博物馆、长江师范学院为常务理事单位。
3	重庆市特种船舶产业技术创新战略联盟	重庆市级	川东造船厂、泽胜造船公司、祥利船舶制造公司、大为船舶制造公司、中江船业公司、帝力游艇制造公司等6家船舶制造企业
4	重庆市中药产业技术创新战略联盟	重庆市级	重庆太极实业（集团）股份有限公司

国、市区级众创空间

序号	众创空间名称	平台层次	建设单位
1	多邦众创空间	国家级	重庆市涪陵区金渠企业孵化器有限责任公司
2	涪陵“新车间”	国家级	重庆市涪陵区盛锦资产管理有限公司
3	“元素E家”众创空间	重庆市级	长江师范学院
4	机电梦工场众创空间	重庆市级	
5	智创旅游驿站	重庆市级	
6	神农科创园	重庆市级	
7	易物通慧创空间	重庆市级	
8	福临创业谷	重庆市级	重庆工贸职业技术学院
9	圆梦园	重庆市级	重庆市渝东南农业科学院
10	品鉴硅谷 . 重庆	重庆市级	重庆品鉴科技有限公司
11	启智众创空间	重庆市级	重庆市玖道门投资有限公司
12	新概念众创空间	重庆市级	重庆文阳建筑工程咨询有限公司
13	多客众创空间	重庆市级	重庆冠泰科技有限公司
14	汇科众创空间	重庆市级	重庆汇科实业有限公司
15	焦耳传媒众创空间	涪陵区级	重庆焦耳文化传媒有限公司
16	56号花园众创空间	涪陵区级	重庆御天商业管理有限公司
17	互爱科技众创空间	涪陵区级	重庆互爱科技有限公司
18	涪陵电子商务众创空间	涪陵区级	重庆市涪陵区电子商务产业发展有限公司
19	涪陵文化创意产业园众创空间	涪陵区级	重庆尚宜市场经营管理有限责任公司

高新技术及产业化

【概况】 2019 年，涪陵区新创国家高新技术企业 27 家，全区有效期内的国家高新技术企业 95 家；有效期内的高新技术产品累计 334 个，有效期高新技术产品产值 368 亿元。

国家高新技术企业（有效期内）

序号	企业名称	认定时间
1	重庆大朗冶金新材料有限公司	2019 年 11 月 21 日
2	重庆庚业新材料科技有限公司	2019 年 11 月 21 日
3	重庆川船大业钢结构有限公司	2019 年 11 月 21 日
4	重庆金石源电力线路器材有限公司	2019 年 11 月 21 日
5	重庆西拓游乐设备股份有限公司	2019 年 11 月 21 日
6	重庆市宇洁化工有限公司	2019 年 11 月 21 日
7	重庆昱泰制罐有限公司	2019 年 11 月 21 日
8	重庆凯格包装有限公司	2019 年 11 月 21 日
9	重庆周庆元康玻璃有限公司	2019 年 11 月 21 日
10	重庆龙港活动房屋有限公司	2019 年 11 月 21 日
11	重庆长瑞塑胶制品有限公司	2019 年 11 月 21 日
12	重庆博昆软件有限公司	2019 年 11 月 21 日
13	重庆市优才机械有限公司	2019 年 11 月 21 日
14	重庆康尔安医药包装有限公司	2019 年 11 月 21 日
15	重庆市长业塑胶制品有限公司	2019 年 11 月 21 日
16	重庆市来宝多科技有限公司	2019 年 11 月 21 日
17	重庆聚立信生物工程有限公司	2019 年 11 月 21 日
18	重庆市丹青生物技术有限公司	2019 年 11 月 21 日
19	重庆洪吉航空遥感技术研究院有限公司	2019 年 11 月 21 日
20	重庆市千将软件有限公司	2019 年 11 月 21 日
21	重庆天原化工有限公司	2019 年 11 月 21 日
22	重庆剑涛铝业有限公司	2019 年 11 月 21 日
23	重庆群崴电子材料有限公司	2019 年 11 月 21 日
24	重庆浩珑机械有限公司	2019 年 11 月 21 日
25	葵花药业集团重庆小葵花儿童制药有限公司	2019 年 11 月 21 日
26	重庆宏声印务有限责任公司	2019 年 11 月 21 日
27	重庆建峰浩康化工有限公司	2019 年 11 月 21 日
28	华晨鑫源重庆汽车有限公司	2019 年 11 月 21 日
29	重庆茂捷汽车变速器有限公司	2018 年 11 月 21 日
30	重庆盛时达汽车有限公司	2018 年 11 月 21 日
31	华兰生物工程重庆有限公司	2018 年 11 月 21 日
32	重庆中科建设（集团）有限公司	2018 年 11 月 21 日

续表

序号	企业名称	认定时间
33	重庆赋昇汽车零部件有限公司	2018年11月21日
34	重庆市涪陵区金龙有限公司	2018年11月21日
35	太极集团重庆涪陵制药厂有限公司	2018年11月21日
36	重庆南涪铝精密制造有限公司	2018年11月21日
37	重庆海陵活塞环有限公司	2018年11月21日
38	重庆市涪陵区威云机械制造有限公司	2018年11月21日
39	重庆南涪铝业有限公司	2018年11月21日
40	重庆联祥融合塑业有限公司	2018年11月21日
41	重庆逸合峰生物科技有限公司	2018年11月21日
42	重庆常捷医药有限公司	2018年11月21日
43	重庆山玫能源科技发展有限公司	2018年11月21日
44	重庆富丽华车用饰品有限公司	2018年11月21日
45	重庆市宏图油墨有限公司	2018年11月21日
46	重庆首键医药包装股份公司	2018年11月21日
47	重庆上甲电子股份有限公司	2018年11月21日
48	重庆市涪陵区吉阳农业开发有限责任公司	2018年11月21日
49	重庆河邦建材有限公司	2018年11月21日
50	重庆均利密封科技有限公司	2018年11月21日
51	重庆点易科技有限公司	2018年11月21日
52	重庆智寰传动科技发展有限公司	2018年11月21日
53	重庆佳润塑料包装有限公司	2018年11月21日
54	美心翼申机械股份有限公司	2018年11月21日
55	重庆全景通用动力机械有限公司	2018年11月21日
56	重庆睿汇科技有限公司	2018年11月21日
57	重庆全景机械制造有限公司	2018年11月21日
58	重庆川东船舶重工有限责任公司	2018年1月23日
59	重庆市仓兴达科技有限公司	2018年1月23日
60	重庆科宝电缆股份有限公司	2018年1月23日
61	重庆斯托赛克塑业有限责任公司	2018年1月23日
62	重庆市亚东亚集团变压器有限公司	2018年1月23日
63	重庆三爱海陵实业有限责任公司	2018年1月23日
64	重庆天华照明有限公司	2018年1月23日
65	重庆特发信息光缆有限公司	2018年1月23日
66	重庆中宝制药有限公司	2018年1月23日
67	重庆市涪陵太极印务有限责任公司	2018年1月23日
68	重庆万丰奥威铝轮有限公司	2018年1月23日
69	重庆善通有限责任公司	2018年1月23日

续表

序号	企业名称	认定时间
70	重庆建峰化工股份有限公司	2018年1月23日
71	重庆市同讯电力实业有限公司	2018年1月23日
72	重庆鑫源动力制造有限公司	2018年1月23日
73	重庆市涪陵区强箭气体有限公司	2018年1月23日
74	重庆伊申特科技发展有限公司	2018年1月23日
75	重庆喜旋生物科技有限公司	2018年1月23日
76	重庆西查奇科技有限公司	2018年1月23日
77	重庆钰淳汽车配件有限公司	2018年1月23日
78	重庆宇宝保温工程有限公司	2018年1月23日
79	重庆渝湘精密机械有限公司	2018年1月23日
80	重庆中药饮片厂有限公司	2018年1月23日
81	重庆洲琪科技发展有限公司	2018年1月23日
82	重庆江尚塑料制品有限公司	2018年1月23日
83	重庆华玮旭电子有限公司	2018年1月23日
84	重庆万达薄板有限公司	2018年1月23日
85	重庆春阳密封制品有限公司	2018年1月23日
86	重庆市涪陵区李渡星耀橡塑有限公司	2018年1月23日
87	重庆南瑞博瑞变压器有限公司	2018年1月23日
88	重庆鹏凯精细化工有限公司	2018年1月23日
89	重庆伟恩机电制造有限公司	2018年1月23日
90	重庆福维科技有限公司	2018年1月23日
91	重庆市赛特刚玉有限公司	2018年1月23日
92	重庆宏声纸箱有限责任公司	2018年1月23日
93	重庆理想包装有限责任公司	2018年1月23日
94	重庆润丰塑料制品有限公司	2018年1月23日
95	重庆宏声印务有限公司	2018年1月23日

【技术市场】 涪陵区是重庆市技术合同登记第6登记站点，可对全区及周边区县开展技术交易合同登记服务。区科技局于2019年10月派人参加了全国技术合同认定登记培训班学习，并取得了技术合同认定登记员证书。2019年共登记技术合同13项，实现技术合同成交额4.41亿元，其中技术交易额5225.53万元。登记技术合同包括重庆钢焰科技有限公司3项、长江师范学院1项、重庆泽胜投资集团造船有限公司1项，重庆万力联兴实业（集团）有限公司2项，国营川东造船厂2项，重庆华峰化工有限公司4项。

【科技合作与交流】 浙江省是涪陵区科技对口支援合作省份，年内浙江省技术专家先后4次到涪陵种植现场，指导柑橘、葡萄等生产管理，培育技术骨干10余人；浙江省科技厅立项支持浙江省农科院与涪陵区合作“榨菜收获机械化装备研发”专项项目，支持资金120万元。涪陵与武隆开展科技对口支援合作，涪陵区科技局组织武隆科技人员和梨种植企业与大户前往浙江省杭州市学习梨产业高效栽培和加工技术，组织3名区内技术专家到武隆区梨、油茶产业基地现场开展技术指导。年内浙江大学、浙江农林大学、西南大学、江南大学、中科院上海高研院、中科院成都分院等院校以及中国蔬菜协会、上海大井生物工程有限公司、中国海诚工程科技股份有限公司等来涪交流，共开展青菜头抽筋自动化、青菜头收砍机械化、“青菜头全产业链转型升级”、留胚米高效提取、科技大市场建设、移动猪舍智能化改造、医药包装、化工企业环境污染治理等技术对接、科技调研等活动12次。

科技成果选介

【概况】 2019年涪陵区登记科技成果108项，获2018年度重庆市科学技术奖6项，其中：自然科学奖三等奖1项，科技进步奖一等奖1项、二等奖2项、三等奖2项。

【装配式钢—混凝土混合结构建筑及其信息化建造成套技术】 该成果获得2018年度重庆市科技进步一等奖，由重庆市中科大业建筑科技有限公司、重庆大学、重庆市建设技术发展中心等单位联合完成。针对装配式混合结构建筑及其信息化建造技术，开展了大量的模型试验、理论分析、数值模拟、算法开发、软件开发、物联网应用开发、新材料开发、生产和施工工艺开发，并进行了广泛的工程实践，最终形成了完整的成套技术。项目在装配式组合框架—RC剪力墙/筒体结构技术、装配式钢管混凝土异形柱框架结构技术、装配式混合结构的抗连续倒塌技术、装配式钢—混凝土混合楼盖的振动舒适度设计技术、装配式混合结构建筑的围护体系设计生产施工成套技术、用于装配式混合结构建筑的高性能混凝土及密封胶技术、装配式建筑信息化建造技术等方面进行了。获授权发明专利17项，软件著作权6项，发表论文56篇（其中SCI论文52篇）。项目研究成果已纳入国家标准《钢管混凝土结构技术规范》及行业/协会标准《高层建筑钢—混凝土混合结构设计规程》，编制了企业标准《装配式钢—混凝土混合结构建筑技术标准》和《预制预应力混凝土叠合板》。项目成果集中应用的重庆市中科大厦项目，获批了重庆市目前唯一的国家装配式建筑科技示范工程，并获得了重庆市首届建设工程BIM技术应用成果一等奖。研究成果已经在重庆塔、重庆太阳座广场、成都云端塔、广州万达茂等60余项工程中应用，累计新增产值48.1亿元，新增利润1.97亿元，新增税收1.66亿元，取得了显著的经济和社会效益。

【涪陵页岩气井工厂压裂工艺技术及产业化】 该成果获得2018年度重庆市科技进步二等奖，由中石化重庆涪陵页岩气勘探开发有限公司、重庆科技学院联合完成。针对复杂地形条件下，页岩气井工厂压裂复杂缝网形成机理认识不足、压裂模式及参数优化理论支撑不够、压裂施工工艺及作业模式不成熟、井工厂多井多缝压裂效果评价难度大等核心技术难题，开展了涪陵页岩气田井工厂压裂多井多缝应力场模拟，优选了压裂模式，优化了压裂参数；研发了压裂液混配装置，优化了压裂施工模式，形成了改进拉链式压裂工艺和施工技术体系；研发了长水平段连续油管钻塞配套技术，制订了钻塞作业规程、形成了钻塞后井筒清洗技术；形成了基于井工厂压后诱导应力场分析、井地联合微地震、产剖测试和化学示踪的页岩气井工厂压裂效果综合评价技术。项目形成了页岩气井工厂压裂模式优选技术和以复杂缝网为目标的井工厂压裂优化设计技术，实现了压裂液在线精准混配；形成了山地—丘陵地形以W型压裂规模布局、双混配车在线连续混配为主体的页岩气井工厂拉链式压裂工艺技术，解决了页岩气井工厂大排量、大砂量压裂技术难题；

建立了基于微地震监测响应特征的压裂工程参数设计标准及现场实时调控技术体系；研发了适应涪陵页岩气井工厂长水平段（大于1500米）连续油管钻塞配套技术，制订了钻塞作业规程，桥塞钻除率达100%；研发了“减阻水钻进+胶液携屑+短起洗出”组合桥塞钻后井筒清理技术，解决了钻塞后井筒清洗技术难题。获国家授权专利7件；发表论文25篇，其中SCI、EI收录7篇；形成企业技术标准及管理规范13项。研究成果在涪陵页岩气田76个平台280口井实现了规模应用，成果应用实现了累计产值68.8亿元，经济效益3.50亿元。

【防静电柔性集装袋的制备关键技术创新及应用】 该成果获得2018年度重庆市科技进步三等奖，由长江师范学院、重庆斯托赛克塑业有限责任公司联合完成。针对中国防静电柔性集装袋关键材料、生产设备和技术受到国外封锁的实际，以提高防静电柔性集装袋品质为目标，通过成套技术创新，突破多项关键技术瓶颈，合成了高性能复合导电扁丝，开发了流程简单、条件温和、环境友好的防静电柔性集装袋制备工艺，建成了具有完全知识产权的防静电柔性集装袋生产线，全连续防静电柔性集装袋生产线关键设备全部实现了低成本国产化，生产了品质达到国内领先水平的防静电柔性集装袋，形成了国内市场占有率最大的防静电柔性集装袋生产和出口基地。项目采用高分子金属离子型聚合物部分替代小分子碳黑基导电材料，优化配比合成了聚丙烯（PP）导电丝和导电膜，并包夹聚酰胺（PA）为内层，形成具有交叉网络结构的三层膜叠加复合导电扁丝，开辟了制备高性能导电扁丝和导电膜的新方法，解决了小分子碳黑在PP基体内会随着时间的变化而迁移，出材料的表面的脱落难题，使柔性集装袋拥有永久防静电功能。设计了导电扁丝和导电膜的“卌”字分布，解决了柔性集装袋导电性能不畅通难题，确保了整块基布导电，避免了“空档”情况的发生；发明了防静电柔性集装袋的网状加强筋结构，加大了柔性集装袋的经纬向强度尤其是中间部位的强度，防止了重物料运输过程中柔性集装袋发生破损现象，提高了柔性集装袋的使用寿命和安全性能。获授权国家发明专利1项，实用新型专利27项，发表专业学术论文5篇，近三年实现了销售收入5.02亿元，利税2.28亿元。

【TIPS治疗肝硬化食管胃底静脉曲张破裂出血关键技术的研究及推广应用】 该成果获得2018年度重庆市科技进步三等奖，由重庆市涪陵中心医院独立完成。该项目通过总结分析每一例患者肝静脉、门静脉解剖关系，借鉴勾股定理概念，在国际上首次提出了TIPS术前肝静脉和门静脉关系分型评估关键技术，使TIPS手术成功率达到了100%。通过上腹部增强CT扫描及血管三维重建后，基于面、线、点的立体三维空间，根据肝静脉和门静脉的走行，对穿刺起点和终点进行分型，将肝静脉与门静脉关系分3型6种亚型，该分型是本课题组在国际上首次创新性提出，并通过实践证实对临床指导有重大意义。该方法易懂、适用，对临床医师选择合适病例有重要临床指导作用。通过分型，使手术提升为可预见性，成功率达100%，减少了门脉造影步骤、穿刺次数、时间及并发症发生。2012年以来其应用该分型评估150余例，6例患者，通过分型建议排除TIPS术；3例患者术前评估不适合行TIPS术。经分型评估后，所有行TIPS术患者成功率100%。相关研究共发表论文5篇，获得实用新型发明专利1项。并在中国人民解放军成都军区总院、垫江县人民医院等国内多家医院进行学术交流及应用推广，2003年来累计手术350余例，新增产值1800余万元，相比外科手术节约医保基金约1050万元。

气象科技

2019年，区气象局与渝东南农业科学院签订合作协议，继续榨菜特色农业气象服务中心建设并将其纳入现代农业产业园建设；与区交巡警支队签订气象服务合作协议。涪陵区国家现代农业产业园《榨菜智能农业及物联网系统建设项目》完成，2019年12月17日通过农业农村部和财政部认定。区气象局申报成功重庆市气象部门业务技术攻关项目《涪陵区大风预测预警模型研究》，《聚焦智慧农业气象 构建特色农业气象服务体系》获重庆市气象局创新项目。年内区气象局新增工程师1名，职工本科以上学历比例80.6%、中级以上职称比例达74.1%，职工发表论文6篇。区气象局荣获重庆市重大气象服务先进集体。

社会科学

概　述

【概况】 2019年，区社科联编制完成《重庆市涪陵区哲学社会科学事业发展规划（2018—2028年）》，并由区委办、区政府办联合印发。区社科联成功召开第四次代表大会，修改并通过《重庆市涪陵区社会科学界联合会章程》，选举产生区社科联第四届委员会委员、常务委员及班子成员。

【智库建设】 区社科联全年组织开展智库专题调研17场次，编制《“两线三片一城”建设应“显山露水”》等《社科研究》资政报告5期。召开“弘扬易理文化，打造涪陵思城”专家座谈会，为区委、区政府打造北岩文化圣地、融入“一区两群”协调发展建言献策。聘任涪陵区首批智库专家160名，其中区外专家13名，涉及经济、政治、社会、文化、生态文明等领域。培育“三峡生态环境保护研究中心”等首批社科智库9家，召开2019年涪陵区智库联盟专家座谈会暨第9期“智库涪陵”论坛，产生金点子、好建议38条。

【社科研究】 涪陵区年内先后承办“第三届中国土司论坛”“首届绿色消费经济高峰论坛”和“全国毛泽东文艺思想研究会2019年学术年会”3个国家级学术活动，30多个省市、20余所高校217名专家齐聚涪陵。开展区社科规划年度项目立项23项（其中，重大项目1项，重点项目2项，一般项目15项，后期项目5项），决策咨询项目立项4项，获国家社科基金项目立项14项（其中李良品教授的《改土归流与中华民族共同体建设的历史文献整理与研究》项目获2019年度国家社科基金重大项目立项，实现了10年社科发展规划“三大突破”中的首个目标突破）、省（市）级社科基金项目立项52项，再创国家级和省（市）级社科基金项目立项新高。完成2018年度32个区社科规划项目结项评审工作，社科事业项目结项4项，结项率94.7%，其中合格率44.4%、良好率36.1%、优秀率19.5%。完成区第十次社科优秀成果评奖工作，制定《重庆市涪陵区哲学社会科学优秀成果评奖实施细则》，征集成果117项，获奖成果35项，其中一等奖5项、二等奖12项、三等奖18项。开展庆祝新中国成立70周年理论与实践征文活动，征集论文72篇，获奖论文20篇，其中一等奖2项、二等奖5项、三等奖13项。区社科联完成区政府委托项目“涪陵经济地理”结项出版工作，组织开展“工业涪陵研究”“重庆涪陵综合保税区产业发展规划”等委托项目研究。出版《涪陵建设现代化经济体系研究》等专著48部，发表《价值·制度·组织：新时代中国共产党组织力的政治逻辑探究》等学术论文418篇，其中核心期刊刊载106篇。

【社科普及】 新增涪陵区图书馆和国学文化促进会人文社会科学普及基地2个。完成2019年度区社科普及资助项目立项申报工作，区社科联对《美国人眼中的乡土涪陵（1996-98）（英汉对照）》等4个社科普及资助项目予以立项资助。开展国学文化进校园系列专题讲座、涪陵区首届古玩艺术品交流会、“钩深大讲堂”系列专题讲座、“我和我的祖国”大型社科普及主题活动等社科普及活动20余场次，受众面达8万余人次。

【社科平台】 区社科联编辑发行区委、区政府机关刊物《三峡新论》4期4000册，刊发区情研究、涪州文化、社会治理等社科理论文章70篇。编发《涪陵社科》简报4期，编录120余条社科重要信息。建立微信公众平台，发布涪陵社科信息100余条，其中，新华网、凤凰网、华农网、中国社科网、巴渝传媒网分别转载涪陵社科信息22条，区政府网“涪陵要闻”28条。

档　案

【机构改革】 2019年1月，区委、区政府印发《关于涪陵区机构改革的实施意见》（涪陵委发〔2019〕4号），将区档案局（档案馆）承担的行政职能划归区委办公室，对外加挂区档案局牌子，区档案馆作为区委办公室所属事业单位，不再保留与区档案馆合并设立的区档案局。区档案馆“三定”方案暂未明确，其内设机构仍六科一室：办公室、法规人事科、业务指导科、信息技术科、保护技术科、编研征集科、档案管理科。编制24人，实有在编在职人员20名，其中：局馆长1名、副局馆长2名、纪检组长1名，正副科级实职干部6名。

【档案业务建设】 2019年，区档案局加强对全区机关、企事业单位、乡镇街道档案工作的监督和指导服务，针对机构改革中的单位档案管理和处置工作，印发了《关于2019年机构改革中各单位档案全宗设置及相关问题的通知》，对档案归属流向和全宗设置提出了明确要求。强化全区日常档案安全监督管理，印发了《关于加强节日期间档案安全工作的紧急通知》《关于深入开展档案安全风险隐患排查整治工作的通知》，指导各级单位切实采取有效措施防控风险加强档案安全。贯彻执行国家、市档案局出台的档案业务建设规范，通过QQ群、电话、现场指导服务等方式，对全区100多个机关、乡镇街道、企事业单位的档案收集、整理、安全、统计、销毁等开展了指导服务。加强全区国有企业档案和重点项目档案的监管和指导，组织人员参加了红星水利工程项目档案、杨家湾水库库底清理验收档案工作的专项验收。加强档案干部人才培养，在区委党校举办了针对机关、乡镇街道、村居委档案人员业务培训4期，参训人员429人。组织涪陵区档案专业初级评审委员会，对31名涪陵区和丰都县申报档案初级职称的基层档案工作人员进行了职称评审。推进“放管服”改革，涉及局馆12项政务服务事项，除涉密事项外均进驻了政务服务中心，4项行政审批服务事项实现了网上办理。推进涪陵区与西藏昌都市两地档案部门交流合作，应邀派人赴昌都考察调研，双方就档案工作对口援助相关事宜进行了友好协商，初步建立了两地长期援助保障机制和对口支援帮扶机制，相关业务科室负责人对昌都市80名档案干部就扶贫档案和项目档案收集整理进行了现场业务培训。

【档案馆库建设】 区档案馆积极服务区委、区政府中心工作，服务全区经济社会发展，坚持以人民为中心开展档案工作。全年向社会提供馆藏档案32917卷次、出具证明材料6477件11699页，为5821人次干部群众核实个人档案、享受惠民政策、解决矛盾纠纷、办理社保医保等提供了原始凭证。加快馆藏档案数字化步伐，全年完成馆藏数字化加工档案19489卷、卷内目录387780件、原文2642555画幅，完成馆藏档案数字化数据在上海市档案馆异地备份。持续加强档案开放鉴定工作，完成馆藏41、42两个全宗2791卷35751件档案的开放鉴定，向社会开放档案31268件。依法开展应进馆档案移交接收工作，接收了11个单位5486卷（按卷整理）、48827件

（按件整理）档案进馆，全馆馆藏档案增至922956卷（册），是重庆市馆藏量最多的区县档案馆之一。强化档案安全，严格落实馆库“八防”措施和严把档案接收进馆“入库关”、档案利用“出库关”、数字化检测质量关、档案鉴定开放审核关，确保档案实体安全；加大对档案机房、系统、网络及数据管理和馆藏档案数字化项目实施过程中的安全监管，防止档案信息、数据丢失、外泄；执行24小时值班制度，定期对高风险部位开展安全大检查，发现隐患及时整改。

【档案文化宣传】 区档案馆深入挖掘馆藏档案历史文化，精选馆藏优质档案资源，设计制作精品展板，在易家坝城市广场、新区大厦、长江师范学院等地开展了10场“礼赞新中国•讴歌新时代”的“爱国主义教育基地精品巡展”活动，庆祝新中国成立70周年。以“6•9”国际档案日为契机，在太乙门社区开展了以新修订的《档案法》《档案法实施办法》和“从档案中探寻涪陵的发展变迁”为主题的宣传活动，用图文并茂展图的形式展示了涪陵的历史变迁及取得的成就，进一步增强全社会的档案意识。以“档案见证 涪陵70年”为主题，抽调2名同志分别到机关、乡镇、学校等10个单位开展了“讲红色故事、讲革命精神”宣讲，助推全区“不忘初心、牢记使命”主题教育。

【档案服务党建】 区档案馆充分发挥“档案馆爱国主义教育基地”“涪陵区情教育基地”和“重庆市中小学档案教育社会实践基地”的作用，传播社会正能量。2019年，接待全区13个单位党组织、学校390人来馆参观和开展“主题党日”等活动，助推全区各级党组织抓好党建工作。

地 方 志

【《涪陵区志（1986—2007）》进入终审】 《涪陵区志（1986—2007）》于2018年完成了总纂和初审。2019年3月底，复审会召开，市志办及石柱、忠县、江北等九个区县的二十余名地方志专家参会。与会专家对志书做了充分肯定，同时也提出了相关修改建议。会后，区地方志办公室根据专家组意见，结合实际情况作了一系列修改完善，对篇目结构作了调整，对文化部分进一步完善，对人物、大事记和文献作了精选，对全书数据进行审核，对全书表格进行规范；同时委托市勘测院制作志书地图。年底，志书送市地方志办公室进行终审。

【出版《涪陵年鉴》】 2019年，区地方志办公室针对全区机构调整，反复研究修改形成了新的编写篇目和大纲，形成《涪陵年鉴（2019）》编写大纲，由区府办印发各编写单位。至10月编纂工作全面完成，11月初顺利通过市志办审查进入出版程序。《涪陵年鉴》继续被清华知网等国内顶级智库收藏。

【旧志整理】 涪陵现存清康熙至民国年间共6部旧志，影印本已于2018年出版。区地方志办公室2019年完成了点校工作，形成250万字点校本稿件。4月，重庆市旧志整理工作研讨会在涪陵区召开，会上初步形成了《重庆市旧志整理出版规范》；研究确定了重庆市优秀旧志名录，《重修涪州志（同治）》和《涪陵县续修涪州志（民国）》入选。

【出版《涪陵榨菜年谱》】 2018年，为庆祝涪陵榨菜走向市场100周年，区地方志办公室与长江师范学院教授合作开展了《涪陵榨菜年谱》编写项目。2019年，项目完成，全书约40万字，全面梳理了涪陵榨菜的历史轨迹，由国家图书馆出版社出版。

【完成地方志稿件编写工作】 2019年，区地方志办公室承接了市政府办公厅、市志办交办的《重庆图志》涪陵部分撰稿工作，以及《历代名人咏重庆》《重庆年鉴》《重庆地名故事》等涪陵部分撰稿工作，向相关部门提供稿件十余万字、图片数十幅。

教　育

概　述

【概况】 2019年，全区有各级各类学校373所，比上年增加2所，增加0.5%；在校学生175656人，比上年增加1456人，增加0.8%；有教职工13131人，比上年减少232人，减少1.7%。全区学校占地375.72万平方米，比上年增加2.63万平方米，增加0.7 %；校舍建筑面积213.35万平方米，比上年增加0.91万平方米，增加0.4%。全年教育经费总收入31.79亿元，比上年增加5.98亿元，增加23.2 %；总支出31.19亿元，比上年增加5亿元，增加19.1%。全年财政性教育经费拨款28.3亿元，其中中央、市级资金4.5亿元。在足额划拨各类教育经费的同时，落实中职“双师型”教师、外聘教师补助资金608万元，推动中职学校提档升级；安排义务教育维修改造长效资金2848万元、薄弱环节改善与能力提升2636万元，保障学校日常校舍维修。

2019年涪陵区教育事业情况

单位：所、人

	学校数	毕业生数	招生数	在校生数	教职工数	
					计	其中专任教师
总计	373	48411	48748	175656	13131	10637
中等职业教育	5	4425	5926	15019	798	607
普通高中	9	8561	8280	24709	2179	1941
普通初中	39	9458	15956	40113	2873	2685
普通小学	97	15684	10029	67007	4173	3929
特殊教育	1	11	28	227	27	27
学前教育	222	10272	8529	28581	3081	1448

注：数据来源于《2019—2020年学年初涪陵区教育事业统计综合报表》。

2019年涪陵区办学条件情况

单位：万平方米、万册、亿元、万GB、台

	占地面积	校舍面积		运动场地面积	固定资产值		图书		教学用计算机
		计	其中教学行政用房		计	其中教学仪器设备值	计	其中电子图书	
总计	375.72	213.35	117.12	96.75			308.75	37.26	
中职教育	46.85	25.43	13.10	7.07	6.69	0.92	32.16	0.84	2634

续表

	占地面积	校舍面积		运动场地面积	固定资产值		图书		教学用计算机
		计	其中教学行政用房		计	其中教学仪器设备值	计	其中电子图书	
普通高中	69.65	40.95	20.98	12.47	6.29	0.57	68.67	0.05	3310
普通初中	93.54	52.03	23.19	23.28	5.17	0.60	75.87	19.19	3810
普通小学	124.61	64.64	37.10	30.73	9.18	0.96	95.20	12.99	6296
特殊教育	0.45	0.33	0.11	0.12	*	*	0.32	0.02	*
学前教育	40.62	29.97	22.64	13.46	*	*	36.53	4.17	*

注：数据来源于《2019—2020 年学年初涪陵区教育事业统计综合报表》。

【学前教育】 2019 年，涪陵区认真落实《国务院关于学前教育深化改革规范发展的若干意见》和市、区学前教育三年行动计划，新建公办园 2 所，举办公办民营普惠园 20 所，推进非普惠小区园转制、申请转制和承诺转制为普惠园 7 所。全区公办性质园 108 所，占比 51.2%，在园幼儿 12965 人，占比 44.85%；学前三年毛入园率达 91%、普惠率达 86%。持续实施公办园带民办园、名园带弱园，城市园带乡镇园、中心园带附设园“四带”战略，提升保教质量，推动城乡学前教育普及普惠、均衡发展。

【义务教育】 2019 年，涪陵区对照《国家义务教育发展优质均衡区评估指标体系》，一校一策抓重点、补短板、强弱项，助力重庆市整体通过国家义务教育发展基本均衡区复查验收，义务教育入学率达 100%、巩固率超过 98%。开展义务教育学校教育资源存量专项调研，持续推进义务教育大班额削减计划，持续优化城乡义务教育学校布局结构，新增义务教育学位 3000 个，小学大班额比例较上年下降 3.7 个百分点，初中未出现较大反弹。

【普通高中教育】 2019 年，涪陵区全面实施普通高中发展促进计划，加快推进全区普高教育优质、特色发展，成功申报市级教改研究课题 5 项，成功创建市级优秀社团 3 个。高水平普及普高教育，普通高中毛入学率达 97.34%，普高学生就读市级以上重点中学比例达 63.5%。高考综合改革工作稳步推进，培训教师 467 人次；选课走班参选学生 6239 名、占高 2018 级学生 92.7%；制订《涪陵区普通高中学生综合素质评价工作实施方案》，部署安装普通高中学生综合素质评价电子平台；合理规划高考综合改革专项经费，加大校舍维修改造和理化生、通用技术、计算机等功能室建设力度。

【中等职业教育】 2019 年，涪陵区认真贯彻落实《国家职业教育改革实施方案》和《重庆市深化职业教育改革实施方案》，印发《涪陵区进一步深化职业教育改革实施方案》，新增工业机器人等专业 4 个、专业总数达 43 个，新增市级重点特色专业 3 个、市级重点特色专业总数共 10 个。2019 年全区中职招生 6245 人，其中区外 4642 人。进一步深化办学模式改革，开展数控、汽修 3+4 人才培养，新增“3+2”专业 5 个，5 所中职学校与区内外 13 所高校联合开展 3+2 专业 24 个。新建校外实训基地 7 个、总数达到共 213 个，开设订单培养班 24 个、培养学生 1060 人。开展药剂专业双基地建设，开展中医、高星级饭店运营与管理、汽车制造与检修现代学徒制试点工作。年内涪陵区举办第十二届中职技能大赛，中职高考录取 2688 人，毕业生双证获取率达 92.33%、就业率达 98.2%。区教委推动重庆市医药卫生学校和涪陵职教中心创建重庆市高水平中职学校工作；交通技校完成市级示范校创建验收准备工作。

【高等教育】 2019年，长江师范学院实施队伍建设和学科建设。实施人才培养“卓越计划”，学生考取研究生488人、同比增长85人；推进《“新师范”建设行动计划》，小学教育等8个专业入选重庆市首批本科一流专业建设项目，新增3个新工科专业；新引进入职博士98人，同年底有博士学位教师461人。重庆工贸职业技术学院取得国家级标志性成果26项，市级标志性成果109项；5个市级骨干专业通过重庆市教委验收，其中2个专业被推荐为国家级骨干专业，3个双基地建设项目通过市教委中期检查；2019届毕业生毕业率95.6%，55人升入本科院校学习；首届高职扩招单招新生3497人，在校生规模突破万人大关。涪陵广播电视大学获重庆电大第二批试点建设项目验收评估优秀奖第一名，启动“乡村振兴”重点项目建设，2019年创优提质和社会培训品牌建设引领全市，挂牌区“城乡人才资源开发研究中心”，全年招生总计3061人，名列全市区县电大第一。

【教育改革】 2019年，涪陵区成立了由区委副书记任组长的区委深改委教育体制改革专项领导小组。制订了公办民营普惠园管理实施细则、普通高中学生综合素质评价工作、进一步深化职业教育改革以及进一步加强中小学国家安全教育等4个改革实施方案。学前教育扩大公办普惠园资源供给，新举办公办民营普惠园20所。义务教育深化办学模式改革，安排实验中学与二十一中、九中与南沱中学等开展跨学段、跨区域集团化办学。普高教育加快“六选三”高考模式下校本课程建设，全区6239名高2018级学生参与选课走班。民办教育推进分类登记管理改革，制订12项民办教育行政许可服务指南。

【队伍建设】 2019年，涪陵区撤销了堡子中学、镇安中学2个科级学校及8个街道教管中心，原区车检站人员划转市第二交通技校。重新调整中小学教职工编制，核增编制195个。选拔任用科级干部26名、轮岗科级干部9名，充实青年干部人才库193名，多批次安排200余名干部参加治校能力研修。加强城乡教师配备，8个批次招聘、选调教师230名，其中考核招聘公费师范生51名。推进校长教师交流轮岗，662名城乡干部教师参与支教、顶岗、走教和交流学习，组织2名教师参加援藏。开展对935名梯级培养工程获评教师和15名区级拔尖人才任期考核。健全师德师风建设长效机制，新增市级以上名师优师7名，实验中学明彩琼荣获全国模范教师，同乐聚宝九年制学校杨朝琼荣获全国优秀教师。评审正高级教师4名、副高级教师94名、中初级教师326名，完成教师增资和发放工作，认定教师资格1057人。

【基础建设】 2019年，涪陵区投入资金4.2亿元，推进19个教育建设项目，建成投用10个、主体完工2个、开工建设6个、办理前期手续1个，区级重点项目涪陵科教产业实训基地建设工程、涪陵十四中兴华中路校区改造工程实施主体施工。新改扩建校舍10万平方米、改造运动场4.9万平方米，建成学位2410万个、床位1162个。

全面推进学校教育装备标准化、信息化建设，投入2628万元，更新交互式班班通330套、课桌椅（凳）8000套，配备图书30.4万册。在“华为（涪陵）云中心”部署“涪陵教育云”区域教育信息化资源与应用综合服务平台，为学校教育教学提供网络备授课系统、教育资源系统、人人通学习空间、在线培训系统、活动评比系统、智慧测评、教学大数据等云服务，100%的教师和90%的小学三年级及以上学生开通了人人通学习空间，全区教育信息化“云—网—端”综合体系基本建成，区域“互联网+教育”格局初显。继续开展“智慧校园示范学校”创建工作，涪陵职教中心、十五中、城七校、实验小学等4所学校成功获批“全市第二批智慧校园建设示范学校”；命名涪陵区智慧校园建设示范学校11所。

【德育工作】 2019年，涪陵区评选区级优秀学生150名。开展经典诵写讲大赛，荣获市级奖项12个，区教委荣获“优秀组织奖”，涪陵一中被教育部评为“‘诗文创作大赛’优秀组织奖”。创建区级社会实践教育基地10所，市级1所。评出区级德育品牌11个，获评市级德育品牌3个。在新时代好少年“我为祖国点赞”主题教育读书活动全国评比中，389名师生获等级奖，获评“先进个人”5人，“示范学校”5所；区教委连续6年被评为“先进集体”。毒品预防教育成效显著，评选区级示范校3所，评选市级示范校1所，优秀教师1人，优秀辅导员1人，秦小林被评为重庆市首届“最美禁毒人”。评选“新时代涪陵好少年”20名，4人被评为“新时代重庆好少年”。评选涪陵区家长学校示范校12所。

【民办教育】 2019年，涪陵区进一步贯彻落实民办教育促进法精神，统筹规划、合理布局全区民办教育，新审批民办幼儿园2所，全区民办教育机构达199所，在校学生（幼儿）3.6万人，占全区在校学生（幼儿）的20.6%，基本形成了公民办教育齐头并进、融合发展的良好局面。规范审批程序，民办学校的筹建、设立、事项变更等12项审批事项全面进驻行政审批服务中心。稳步推进民办学校分类登记工作，160所民办学校完成分类登记。联合区市场监管局等五部门开展校外培训机构排查整治工作，清理排查校外培训机构345所，查处无证无照培训机构27所。进一步完善民办学校年检细则，将民办教育性质、功能、组织、管理、质量等指标纳入年检，扎实开展民办学校专项整治和“回头看”工作，停办和注销民办学校15所。

【成人教育】 涪陵区全年开展电工、焊工、家政服务员、农村实用技术、交通运输类安全培训、卫生类职工岗前培训、专业急救等各类职业培训126期，培训11253人次。涪陵广播电视大学学历教育创优提质和社会培训品牌建设引领全市，基层开放大学试点建设全市第一，服务涪陵经济社会发展成效显著。2019年成人学历教育注册7728人，非学历继续教育培训7501人次。

【体卫艺与科技教育】 2019年，涪陵区开展阳光体育运动、大课间活动，保证学生每天锻炼1小时。开齐开足艺术课程，让每名学生至少掌握1门艺术特长。创新研学旅行育人模式，开展戏曲进校园工作。学生体育竞技水平不断提升，举办15个学生赛事，参加市级以上赛事，获世界级等级奖5个，国家等级奖9个，市级等级奖192个。联合区科协、区科技局、区生态环保局和团区委举办“第21届重庆市涪陵区青少年科技创新大赛”，全区中小学师生共900余项作品参加区级竞赛，获奖347项。组织参加市第八届中小学生科技节活动，荔枝希望小学学生张焯栩获得重庆市教委“小发明家”称号。城七校郝继红、装备中心蹇世刚入选重庆市中小学科技教育专家库。江东街道凉塘小学建成页岩气科普教育馆。

【安全稳定工作】 2019年，涪陵区加强建立教育系统安全稳定防控体系，构建“教委—教管中心—学校”梯度安全防控网络，落实“党政同责、一岗双责、失职追责”的责任体系。完善人防、物防、技防和心防“四防”措施，配齐配足专兼职保安共1467人（其中区财政供给1002人），配备宿管员502名，安装摄像头7536个，配置防爆器具9088件。投入381余万元，推进可视化一键报警系统、防撞装置和人脸识别系统安装，校园封闭式管理达到100%。落实“日周月”隐患排查整改制度，开展春秋学期全区校园及周边安全隐患联合大检查，发现安全隐患1841起，整改（管控）率达100%。全年下发安全通报51期，开展4次行政执法工作。接待群众来访500余人次，处理来信100余件，妥善处置7次涉教群体到市教委集访事件。区教委荣获2019年度全区安全生产与自然灾害防治工作先进单位，建国70周年安保维稳工作被区委区政府记集体三等功，校园总体平安稳定。

【教育民生】 2019年，涪陵区投入4600万元实施营养改善计划，持续为6.7万名小学生每天提供一盒牛奶、一个鸡蛋，为1.7万贫困生每天提供一顿爱心午餐，为4.9万留守儿童、贫困生在3个传统节日发放一份礼品。推行“学校管理、集中核算、企业服务、营养食谱”的食堂运行模式，不断规范学校食堂管理。围绕“监护有人、学业有教、亲情有护、安全有保、心理有导、活动有效”的关爱工作目标，为4万余名留守儿童建立信息台账；组建代理家长队伍，制订学习帮扶计划，解决留守儿童生活、学习上的困难；开通550部亲情电话、148间视频聊天室以及利用家长联系群，促进亲情交流。利用学校心理咨询室和专兼职心理教师，开展心理辅导工作，保证留守儿童的健康成长。

【教育科研】 2019年，涪陵区义务教育阶段道德与法治、语文、历史学科全面实施统编教材，高中各学科新课程稳步推进。教研员教学指导498校次，组织学科教研活动217场，送教下乡184节，专题讲座176场次，培训教师1.75万人次。举办了涪陵区第二届教学大比武活动，全区教师逾10000人次参与学校比武活动，1685人次参加区级集中展示。实施“国培”青年教师助力项目和幼儿教师保教能力提升项目，培训学员350名。教师教学能力持续提升，全年419人次教师在市级以上各类比赛中获奖；立项市级课题13项，区级课题75项，校级小课题166项。加强教研队伍建设，开展教研员暑期培训，签约研究生担任教研员。

【教育督导评估】 2019年，区教委继续助推义务教育均衡发展，对全区义务教育优质均衡发展现状进行摸底调查，向区人大汇报调查结果。开展义务教育发展基本均衡自查整改，迎接国家对重庆市的整体评估验收。履行督政、督学工作，完成区政府教育履职评价自查工作；开展涪陵区乡镇街道履行教育职责督导考核工作；完成幼儿园办园行为等6项专项督导，顺利通过市教委对涪陵区规范幼儿园办园行为和建设治理工作的实地督导。抓好质量监测工作，开展教育质量监测2次，参测学生27048人，新增英语、美术等监测学科。开展责任督学培训，对责任督学使用信息化手段开展经常性督导工作情况进行年终考核。创新督导评价机制，组织开展2019年教育满意度网络调查，159所各类学校101384名家长参与网络问卷调查；组织开展学校领导干部离任经济责任审计，完成审计报告并下发内部审计决定。

【群团工作】 2019年，区教委深化基层学校民主管理，完成24个基层工会组织换届选举。全面加强阵地建设，截至2019年，共创建区级及以上模范职工之家84个、职工书屋90个，巾帼文明岗42个，工人先锋号14个。开展以“中国梦•劳动美”为主题的各类技能竞赛活动，参与活动教职工超过5000人次。认真开展“送温暖”、劳模慰问等活动，共筹集资金460余万元，开展教职工体检、女教职工特殊疾病保险、在职教职工互助保险、元旦春节“送温暖”等活动。持续推进“共青团改革行动”。组织开展各级各类活动580余场次。全区1.05万名学生光荣加入少先队，2600名青年学生光荣加入共青团。46个单位（学校）成立了教工团支部。集体和个人获国家、市、区级表彰100余次。

【教育服务与教育扶贫】 2019年，涪陵区组织高考、成考、自考、硕士研究生考试等各类国家教育考试13次，涉及考生5.25万人次，同比增加1.53万人次，增幅41%，实现“平安考试”目标。实施中等职业教育国家奖学金政策，进一步完善学生资助体系。印发《涪陵区家庭经济困难学生认定办法》，建设涪陵区学生资助管理平台，实现贫困学生精准识别、精准认定，建立资助“兜底”机制，精准落实学前教育到高等教育的各项资助政策，全年共资助学生6.21万人，发放资助金1.91亿元，其中建档立卡贫困家庭学生1.71万人，发放资助金5730.67万元，实现贫困学生应助尽助。组织开展“助学•筑梦•铸人”主题征文活动，评选优秀文章301篇。学生资助管理中心连续11年被市教委、国家开发银行重庆市分行评为“生源地信用助学贷款先进集体”；学生资助管理中心撰写的《强化“三查一见”实现中职精准资助》工作案例，被教育部全国学生资助中心收录到《中等职业教育学生资助规范管理案例典型案例汇编（2019年版）》，在全国进行交流学习。

【教育合作与交流】 2019年，涪陵区加强与浙江省结对帮扶，与浙江省杭州下城区、湖州市长兴县、台州市路桥区等3个地方、13所学校达成结对帮扶协议，接收帮扶资金近300万元；两地在办学、管理、师资、文化等方面资源共享，常态开展实地互访，整体提升了涪陵区办学品质。开展对口帮扶武隆区活动，涪陵五中等6所优质学校分别与武隆白马中学等学校结对，先后实地开展送教活动14次、办讲座5堂，邀请受援学校来涪观摩交流100余人次，接收武隆区教育系统来涪研修干部教师50名，其中5名干部为期一个月挂职锻炼，45名干部教师为期一周跟岗培训。

高等院校

【长江师范学院】 长江师范学院是重庆市属普通本科院校，学校地处重庆市涪陵区聚贤大道16号。2006年9月，由涪陵师范学院更名为长江师范学院。2019年，学院54个全日制普通高校本科专业录取新生5953人，2019届普通本科毕业生总人数5036人。是年，有全日制在校学生20900人，教职工1626人，学校占地116.02万平方米，校舍建筑面积68.47万平方米，学校教育经费总收入77138.29万元，总支出78225.53万元。有专任教师1316人，其中正高级职称167人、副高级职称354人，博士461人，取得国外学历学位的47人，有海（境）外学习或工作经历的159人。是年，学校立项国家自然科学基金14项、国家社科基金13项、省部级人文社科纵向项目56项、省部级自科纵向项目59项，签订横向科研项目549项。各类应用（知识产权）成果227项，取得发明专利54项，提供决策咨询23项。获各类成果奖66项，其中教育部高等学校科学研究优秀成果奖自然科学二等奖1项，重庆市科学技术进步三等奖2项。是年，学校新增小学教育语文、数学、英语3个专业方向，新工科3个新增专业招生。教师获市级以上教学比赛（专业竞赛）奖30项，学生学科竞赛获国家级奖146项，市级奖励287项。毕业生参加研究生考试上线738人，录取488人。国家公派出国留学项目教师录取人数16人，学生参加国外短期文化交流、学分交换、社会实践等项目141人。派出学术交流团组4个，教师出国交流12人。巴渝海外引智项目结题2项。接待来自美国、西班牙、意大利、日本、马来西亚等国家和地区的来访团组10个，与美国加州大学圣塔芭芭拉分校、意大利佩鲁贾美术学院、马来西亚理科大学等院校签订校际合作协议9份，合作院校达37所。学院土木专业与马来西亚理科大学土木专业合作办学，实现学院中外合作办学项目“零”的突破。全年聘请外教14人。招收外籍学生101人，留学学历生达203人，其中“一带一路”国家生源占比92.12%，境外合作院校达37所。留学生获市长奖学金9人。

【重庆工贸职业技术学院】 学院是重庆市人民政府举办的全日制普通高等职业学校，有80余年的办学历史。学院位于涪陵区涪南路108号，占地420亩，校舍面积14.68万平方米，固定资产4.7亿元，馆藏图书57.4万册，教学科研仪器设备总值7240万元，专任教师297人，其中博士2人、硕士80人，教授13人，副教授108人，双师素质教师199人，重庆市中青年骨干教师4人，设7个教学系院，开办41个专业，高职在校生10481人，留学生36人。2019年，学院晋升教授1人、副教授6人，新增双师素质教师25人。新增专业6个，5个市级骨干专业通过市教委验收，其中药品生产技术、应用化工技术2个专业被推荐为国家级骨干专业。深化教学改革，市级教改项目新增8项、结题4项，1门市级在线开放课程通过验收，35门院级精品课程上线使用。加强创新创业教育，新增重庆市级大学生创新创业计划项目7项，结题8项，2个团队获得重庆市“学创杯”创业大赛三等奖。教学质量稳步提高，学生获全国职业院校技能大赛二等奖3个、三等奖9个；获重庆市高职院校学生职业技能竞赛一等奖9个、二等奖31个、三等奖73个；2019届毕业生毕业率95.6%，55人升入本科院校学习。31名学生被评为重庆市普通高校先进个人，19名学生被评为重庆市优秀毕业生。做好学生资助工作，发放各类奖学金、助学金、困难补助930.49万元。获专利授权25件，科研项目结题16项，立项26项，发表论文537篇，获各类科研成果奖励10人次。继续扩大国际合作交流，招收缅甸留学生10名，15名学生到马来西亚思特雅大学游学，比利时海佛—孔多塞大学24名师生来校访问。牵头成立重庆市食品药品职教集团、重庆市跨境电子商务职教集团，与重庆曙光集团合作成立混合所有制性质的二级学院——曙光学院。年内报到注册新生6337人，在校生人数首次突破10000人。2019届毕业生就业率98.96%，签约率94.42%。入选三区特派员2人，为企业开展技术改造3项、技术推广3项，技术指导、决策咨询服务6项，短期培训10437人天。向巫溪县天元乡、巫溪县朝阳小学、涪陵区新妙镇、涪陵区大木乡九年制学校投入扶贫资金43万余元。

【重庆广播电视大学】 涪陵广播电视大学是重庆市涪陵区所属的一所现代远程教育成人高校，于1979年1月与中央电大同步开办。学校具有事业单位法人资格，实行党委领导下的校长负责制，具备开办成人高等专科教育、开放教育本专科、网络教育本专科和中专学历教育资格，是涪陵区成人高等教育的重要组成部分。学校占地25亩，建筑面积22平方米，教职工53人。建校以来已经毕业各级各类学生10万余人。2019年，学校不断深化与园区、行业、企业、乡镇共建学习中心的发展模式，持续推进转型发展。在稳定原有校外学习中心基础上，推进了与重庆医药卫生学校、涪陵三峡职校的合作办学。学校承担的重庆电大第二期试点建设项目（A类项目）研究结题获评“优秀”，“重庆电大特色学院试点项目”“重庆乡村振兴学院”建设通过阶段性检查。全年招生3061人，名列全市区县广播电视大学第一，有学历教育在校生8000余人。非学历教育全年完成培训项目52个，培训7500余人次。学校年度立项科研课题37个，其中区社科项目1个，重庆电大教改课题1个，校级课题35个；1个区社科规划项目结题；区“城乡人才资源开发研究中心”在校挂牌。

国家、市级重点中等职业教育学校

【重庆市医药卫生学校】 重庆市医药卫生学校建于1958年，历经涪陵地区卫生学校、重庆市第三卫生学校，2008年更名至今。学校位于李渡新区太白大道19号，占地205.8亩，固定资产2.79亿元，在编教职工181人，其中正高职称10人，博士、硕士研究生39人。学校开设9个专业，拥有3个国家级实训基地、5个市级实训基地，6个市级重点（特色）、骨干专业，在籍大、中专学生6500余人。是“国家级重点中专学校”“国家级改革发展示范学校”“全国医药卫生系统先进集体”，是“重庆市高水平中等职业学校项目学校”。

2019年，学校坚持立德树人根本任务，团结带领全体教职工，凝心聚力、开拓进取，打造国家级、市级标志成果96项，成为国家首批“1+X”证书制度试点学校，教育部“我为祖国点赞”示范学校，校党委被市委教育工委表彰为市教育系统先进党组织。年内开办重庆市首个残疾人“扶智班”，解决17个区县31个残疾人家庭子女教育问题。继续响应教育部“职教援藏”政策，接收青海玉树、黄兰、果洛、海西、海南、海北6州藏区学生67人，共有藏区学生187人，为全国中职学校之最。学校代表重庆参加全国职业院校（中职组）护理技能比赛获一等奖2项，实现“四连冠”，连续第二年夺取双冠。2016级3+2转段和对口高职参考人数1602人，上线1554人，上线率97%，直升升学率99%，药剂专业囊括全市前10名。护考通过率64.7%，超过全国平均20个百分点。学校成为全国首批中职班主任工作创新改革实验校，成为涪陵区中小学社会实践教育基地。与云南怒江州职教中心、三峡卫校、渝东卫校等建立合作帮扶关系，向荔枝街道东丰村对口帮扶资金约10万元。附属医院添置CT和康复疼痛诊疗设备，开展企事业单位及高考体检累计1.4万余人次。

【涪陵区职业教育中心】 涪陵区职业教育中心始建于1963年，是国家中等职业教育改革发展示范学校、国家级重点中等职业学校、全国国防教育特色学校、全国职工培训示范点、重庆市高水平中等职业学校立项建设学校、涪陵区三峡移民就业培训基地、涪陵区浙涪移民就业培训基地。学校占地面积167亩，校舍面积10.4万平方米，实训设备总值3296.6万元。有86个教学班，学生3420人，教职工190人，其中高级职称教师74人、“双师型”教师134人、市区骨干教师46人。有5个专业部，开设有汽车运用与维修、学前教育、旅游服务与管理等12个专业；建有财会专业、汽车专业、学前教育专业等校内实训基地13个，校内实训室达90间，可供2700人实训。建成校企合作生产性实训车间、校中厂4个，校外顶岗实习基地67个。2019年，学校成功申报重庆市高水平中等职业学校项目建设学校；开展泰国留学生教育，服务“一带一路”，成为中职学校国际交流的先行者；成功创建重庆市智慧校园示范学校，成功申报财会专业智能财税“1+X”证书鉴定基地；教师参加市级技能大赛和指导学生参加市级技能大赛获一等奖8个，学生参加全国技能大赛获三等奖1个，参加市级技能大赛获一等奖4个，参加“渝创渝新”创新创业大赛获中职组一等奖1个，参加重庆市首届职业院校网络营销创业大赛获一等奖1个；结题市级教育规划课题1个，成功申报市级教育规划（教育改革综合试点）课题（项目）2个，荣获重庆市优秀教育科研成果2项；成功承办重庆市第十二届中等职业学校学生技能大赛模特比赛项目。

【重庆市第二交通技工学校】 重庆市第二交通技工学校建于1979年，学校位于重庆市涪陵区聚贤大道21号，系国家级重点技工学校、国家级高技能人才培训基地、重庆市交通高级技工学校（筹）、重庆市中职示范校建设学校、全国内河船员培训基地、全国职工教育培训示范点。学校占地110.19亩，校舍面积53552平方米，拥有固定资产1.5亿元。有教职工168人，其中教师91人。有在校中职学生1796人、重庆大学网络教育学院涪陵学习中心在校生240人。2019年，学校完成中职招生424人，完成各类职业培训9472人。新增校企合作企业4家，累计达30家；深化校企深度合作，实行订单培养，开设“冠名班”。

市级重点普通中学校

【涪陵第五中学校】 学校位于涪陵区迎宾大道555号，前身是创建于1903年的官立模范高等小学堂，是巴渝地区最早的新式小学校之一。学校是重庆市首批重点中学、全国现代教育技术学校、全国群众体育先进单位、清华大学优质生源基地学校、南开大学优质生源基地学校、成都军区“国防生源基地”学校，被誉为“栋梁苗圃，人才摇篮”。学校占地320余亩，校舍建筑面积约13万平方米。有在校学生7400余人、在职教职工407名。2019年，学校重点本科上线963人，重点本科上线率为44.40%，徐双兰同学考入北京大学。学校连续五年重点本科上线人数保持在900人上方。

【涪陵实验中学校】 学校创建于1991年，是重庆市政府命名的首批市级重点中学。学校占地116亩，校舍面积7万平方米。有教学班102个、在校学生6千余名，在职教职工388名。2019年，学校重本上线人数902人，王晓珂、李欣妍同学被清华大学录取，中考考入实验中学、五中上线比率连续七年获得全区第一。与21中成立涪陵实验中学教育集团，发挥优质教育资源的辐射带动作用。2019年获涪陵区高中教学质量一等奖，西安交通大学、空军工程大学、重庆大学、电子科技大学、陕西师范大学等六所大学优质生源基地，获涪陵区第二届教学大比武集中展示活动优秀组织奖、第20届涪陵区青少年科技创新大赛优秀组织奖等21项集体荣誉。

【涪陵高级中学校】 重庆市涪陵高级中学校是市级重点高中，源起北宋著名教育家、理学家、帝师程颐在涪州北岩（今重庆市涪陵区江北）的北岩书院，亦名钩深书院。学校地处涪陵新城区太白大道2号，占地面积265亩，建筑面积5万余平方米，活动场地2万余平方米。学校有高中教学班80个，学生5000余人，教职工308人，专任教师291人。

【涪陵十七中学校】 学校始建于1994年，名为龙潭实验班，1997年更名为龙潭镇中学，2000年更名为重庆市涪陵第十七中学校，同年8月被确定为高完中，2010年被评为涪陵区重点中学，2013年被评为重庆市重点中学。学校占地109.9亩、建筑面积28410平方米、运动场地26046平方米。有35个教学班、在校学生1730人，有教职工127人学生。2019年，高中毕业生升入大学223人，升学率100%，其中本科上线29人。年内投入资金1584.6万元改善办学条件，运动场征地31亩。

主要初级中学校

【涪陵第九中学校】 学校位于涪陵育才路3号，始建于1965年，是原四川省首批高完中。学校占地面积23.3亩，建筑面积15927平方米。有教学班43个，在校学生2100人，在职教职工145人，其中专业教师131人。2019年6月，南沱中学合并入涪陵九中，成立了涪陵九中南沱校区。学校获教育部“网络学习空间应用优秀学校”称号，获评重庆市首批智慧校园建设示范学校。

【涪陵第十四中学校】 学校于1999年8月由海陵子弟校、技校合并转制成立，地处北斗支路10号，占地30亩。学校有106个教学班，6000余名学生，380名教职工。学校“卓越书院”由教师自主设计课程，100余门课程供学生自主选择。学生心理健康教育课程化，编写了心理健康教育校本教材。年内学校改革中层管理机构设置，构建适合“一校四区”的新型管理体制，新成立教师发展中心和学生发展中心，重视教师专业发展和学生阳光成长。2019年中考，参考总人数1537人，上五中和实验中学716人。

【涪陵第十五中学校】 学校创办于1987年，分为江南A、B校区和江北校区。江南A校区位于黎明北路15号，B校区位于黎明西路铁塔巷7号，两校区占地约35亩；江北校区地处北山脚下，长江之滨，点易园旁，占地面积34.8亩。学校有教学班69个，学生4300余人。2019年，“生命德育实践研究”课题在重庆市规划办结题，生命教育成果专著《润物细无声——生命教育探索》由四川科学技术出版社出版发行；承担国培“影子校长”培训，来自渝东南片区的12位初级中学校长到校培训；投入近150万，建成重庆市智慧校园示范校。年内原江北街道实验学校合并入十五中，成为十五中江北校区，初中教学班由原来的4个增加到12个，学生人数由148人增加到617人。

【涪陵第十六中学校】 学校创建于1999年8月，当时隶属涪陵区荔枝街道办事处，2008年8月划归涪陵区教委直管，2009年8月从涪陵区望州路33号整体搬迁到桥南路11号。2018年6月龙桥街道初级中学合并入十六中，设立十六中龙桥校区。学校总占地面积95.7亩，校舍面积4.04万平方米。2019年，学校有教学班79个，在校学生4733人，教职工248人。年内学校实施教师培养规划，教师参加各类竞赛获奖和发表论文316项次；开展主体性社团活动，学生参加各级各类活动获奖330项次。象元小学搬出校园，终结校中校局面。

九年一贯制学校

【涪陵区浙涪友谊学校】 学校是习近平总书记奠基的三峡库区移民迁建学校，位于涪陵区顺江大道24号，校园占地50亩，建筑面积4.8万平方米，有9个年级67个教学班，学生3452人，教师199人。2019年10月9日，重庆市委书记陈敏尔、浙江省委书记车俊、重庆市政府市长唐良智视察学校，勉励师生牢记习近平总书记的殷殷嘱托，执着教研、勤奋学习，争创一流。年内承办全区“做合格社会主义事业接班人主题教育活动”，承办市中小学校园足球总决赛。学校和杭州市安吉路实验学校互派教师7批42人次开展交流学习活动，浙江台州教育考察团、浙江正凯集团，浙江长兴实验中学、重庆市教育学会等单位来校参观访问。学生参加体育、艺术、科技等比赛先后荣获国家级奖21个、市级奖72个、区级奖178个。办学业绩先后被中央电视台、浙江电视台、重庆电视台、华龙网、重庆日报等媒体报道。学校获评“重庆市改革开放40周年文化建设百强名校”“重庆市知识产权教育试点学校”。

【涪陵外国语学校】 学校创办于2015年，占地156.9亩，建筑面积8.9万平方米，位于涪陵新区学府路2号，是上海新纪元教育集团投资创办的一所非营利性民办寄宿制学校，设有小学部、中学部，有74个教学班，在校学生2800余人，教职员工340余人。2019年1月，学校由“上海新纪元（重庆）学校”更名为“重庆市涪陵外国语学校”。年内，学校2名首届澳大利亚VCE国际课程毕业生分别升入澳洲国立大学和蒙纳士大学。2019年，初中学生获奖78项，小学学生获奖155项，教师获奖234项，学校获奖共22项。

主要小学校

【涪陵城区第七小学校】 学校创办于1960年，是原四川省首批重点小学。学校占地面积105.6亩，校舍面积4.23万平方米，有教学班148个，在校学生9534人，在职教职工375人。2019年，成立教师研修共同体和青年教师工作室，定期开展研修活动提素质，教师200余人次获全国、市、区级等级奖，课题《个性教育实践研究》获市教育科研成果评选一等奖。学生参加全国啦啦操决赛荣获儿童乙组花球校园（大课间）自选动作第一名，学校荣获全国篮球、网球特色学校称号。

【涪陵城区实验小学校】 学校创建于1993年8月，原名涪陵市实验小学，时在涪陵高炮团租房办学；1996年搬迁至涪陵城区北斗支路7号；2012年7月12日，原涪陵区荔枝红庙小学整体并入实验小学，成为实验小学天湖校区。两校区占地共65亩，有教学班125个，教职员工337人，学生7433人。2019年，学校实施“奋进之笔”工作策略，打造“五礼”教育德育教育特色品牌，注重“书香校园”特色创建，获全国、市、区级表彰70余项。

【涪陵城区第三小学校】 学校创建于1999年8月，原校址位于涪陵区人民东路47号，2009年8月搬迁至涪陵区兴华中路47号至今。学校占地面积19.35亩，校舍面积18451平方米，有教学班40个，在校学生2012名，在编教职工113名。2019年，新建教学综合楼投入使用，完成上下操场塑胶改造；承办2019年秋期重庆市中小学书法教研工作会系列活动，学生获奖近1800人次，教师获奖近300余人次。

【涪陵城区第六小学校】 学校位于涪陵区人民东路4号，创办于1913年，有南门山校区、乌江校区两个校区，占地面积41.2亩，建筑面积29808平方米，有教学班92个，在校学生5073名，在职教职工241人。2019年，学校开展德育主题活动10次，评选出348名文明礼仪标兵。学校获全国小学生作文大赛作文教学先进单位，科学素养大赛全市一等奖。

【涪陵城区第十一小学校】 学校创建于1930年，位于马鞍街道双庙街109号，原名为涪陵区李渡街道马鞍小学校，2010年12月更名涪陵城区第十一小学校。占地面积23.11亩，校舍面积8383平方米，有教学班38个，在校学生2290名，在编教职员工121名。

2019年，学校改造了校前广场、校内运动场，更换钢质课桌椅1700套；编撰完善校本教材《致真尚善》《致真明理》《经典求真》，出版了校刊《平行线》、学生刊物《小脚印》共计12期。

【涪陵区荔枝希望小学校】 学校创建于1997年，位于涪陵区太极大道61号，由时任国务院总理李鹏捐款修建并亲自题写校名。学校前身为荔枝千块石村校，占地面积23.7亩，校舍面积11628平方米，有60个教学班，在校学生3368名，教职员工164人。2019年，学校开展“年•传统文化”研学活动，开展片区联合教研共24次。

主要学前教育学校

【涪陵区幼儿园】 幼儿园前身为始建于1930年的私立明德幼稚园，有总园、鹤鸣分园、实验分园三个园区，总园位于崇义街道荔圃路19号，鹤鸣分园位于荔枝街道太极大道47号，实验分园位于荔枝街道太极大道20号，总占地面积共11.48亩，校舍面积12313平方米，户外活动场地5130平方米。2019年，学校深化“名校带薄弱校”办学模式改革，送课到8个薄弱、民办、乡镇中心园10余次。全年接待重庆普惠幼儿园园长培训班、渝东南片区校（园）长领导力专题培训班、垫江公办园园长培训班等观摩、学习交流活动10余次。全园获集体奖27项，教师获国家、市区级奖130余人次。

【涪陵区机关幼儿园】 幼儿园创建于1950年，原隶属于涪陵区直机关工委，2009年，区卫生幼儿园与之合并，2017 年 1 月归口涪陵区教委管理，有总园和玉屏分园 2 个园区，总园位于涪陵区武泰路 2 号，占地面积 12.85 亩、建筑面积 9548 平方米，玉屏分园位于新城区玉屏小区、占地面积 5.99 亩。2019 年，学校有 28 个班级，在园幼儿 893 名，教职员工 131 人。年内学校投入 180 余万元改善办园条件，成功申报全国幼儿足球特色学校，荣获重庆市学前教育质量监测与评价工作 2018 年度先进单位等荣誉称号 12 项。

【涪陵区城区第二幼儿园】 幼儿园创建于 2013 年，学校有总园和杨树分园两个园区，杨树分园 2019 年建成投用。总园位于广场环路 6 号，建筑面积 4707 平方米，有 12 个班级，在园幼儿 370 名；杨树分园位于乌江路杨树新村，建筑面积 2198 平方米，有 7 个班级，在园幼儿 82 名。两个园区共有教职工 77 人。2019 年，学校创建为全国首批足球特色幼儿园，中国教育学会“十三五”教育科研规划课题《幼儿园新入职教师专业成长实践研究》结题。

【涪陵区城区第三幼儿园】 幼儿园创建于 2014 年，位于涪陵区人民东路后街 106 号，占地面积 10 亩，建筑面积 3347 平方米。有 8 个班级，在园幼儿 270 名，教职工 40 名。2019 年，学校成功创建涪陵区“家长学校”“巾帼文明岗”。“园中村”“园中道”拆迁改造工程于 11 月 6 日正式立项。

【涪陵区城区第四幼儿园】 幼儿园创建于 2013 年 9 月，位于涪陵新城区马鞍杨二坪社区的安置小区，占地 3.57 亩，建筑面积 2053 平方米，有 9 个班级，在园幼儿 314 名，教职员工 43 名。2019 年，学校完善了三年发展目标，打造了音乐室、美术室、科学室等功能室，并利用功能室开设了区域特设课程。

【涪陵区城区第五幼儿园】 幼儿园创建于 2014 年 9 月，位于涪陵新城区鹤凤大道双溪移民点，占地 7.44 亩，园舍面积 3992 平方米，有 10 个教学班，在园幼儿 310 名，教职工 42 名。2019 年，学校成功创建涪陵区卫生示范单位、涪陵区语言文字达标学校，形成了富有特色的教育课程。学校与浙江省台州市路桥区滨海幼儿园开展合作办学，并互派 9 名干部教师交流学习。

其他教育机构

【重庆市涪陵区特殊教育学校】 学校成立于 1990 年 4 月，1999 年 6 月与李渡区特殊教育学校合并迁入八角井教师进修学校，2000 年 6 月合并涪陵市工读学校，2014 年 6 月迁入崇义街道高山湾三社，占地面积 6.72 亩，建筑面积 3330 平方米。有教学班 9 个，在校学生 223 人（其中送教上门 41 人），教职工 27 人。2019 年，学校投入经费 4.9 万元，选派教师参加市级培训 26 人次、区级培训 63 人次。学校首次对福利院 41 名重度残疾学生开展长期、系统送教上门工作；首次组队参加了涪陵区第十届中小学田径运动会，3 名同学获得名次。李香南、秦聪参加在云南昆明举行的世界“拉丁舞大赛”和中国残疾人艺术团的选拔中，取得优异成绩。有 10 名同学代表区残联参加了“2019 年重庆市残疾人旱地冰壶”比赛，获得了体育道德风尚奖和优秀组织奖，学生参加各类艺术竞赛项目 13 项。

文化·旅游·体育

文 化

【概况】 涪陵区是全国文化先进区，也是重庆市公共文化设施较为健全的区县之一，建有文化馆、图书馆、少儿图书馆、美术馆、博物馆和27个乡镇（街道）、422个村（社区）基层综合性文化服务中心等公共文化服务机构，实现了三级现代公共文化服务体系的全覆盖。其中区少儿图书馆是全市唯一独立建制的区级少年儿童图书馆。在2019年度全市免费开放绩效评价中，区图书馆、区美术馆、区文化馆分获一等馆、一等馆、二等馆。全区有文化企业和经营条件1900余家，全区文化产业增加值约30亿元，占全区GDP比重3%。全年共计接待文化市场投诉2起，全部办结。

【机构改革】 根据涪陵区机构改革的实施意见，设立重庆市涪陵区文化和旅游发展委员会（正处级），保留区体育局牌子，2019年1月29日正式挂牌。区文化旅游委有直属文化旅游体育单位12个：文化市场执法支队、旅游质检所、区图书馆、区少儿图书馆、区文化馆（挂区非物质文化遗产研究保护中心牌子）、区博物馆（挂区文物管理所、白鹤梁题刻原址水下保护工程管理处牌子）、区乌江画院（挂涪陵美术馆牌子）、区体校、区体育馆管理中心、涪陵歌舞剧团有限责任公司、涪陵体育产业发展有限公司、涪陵滨江健身中心管理有限公司；全区乡镇、街道有文化体育服务中心27个。

区文化旅游委内设机构13个：办公室、政策法规科、组织人事教育科、财务科、资源规划科、宣传科、公共服务科、群众体育科、竞赛训练科、市场管理科、广播电视科、文物科、产业发展科。2019年底，有公务员35人（其中1人在人大任职），工勤人员5人，离退休人员89人。

【艺术】 2019年，区歌舞剧团携原创作品歌舞《涪州山水吟》参加“携手奔小康•同心共追梦”浙江省对口地区民族文艺巡演。区文化馆创作舞蹈《踩池舞》《坛之舞》《开坛舞》等作品参加了2019全国农产品产销对接扶贫（重庆）活动涪陵分会场暨第二届中国重庆•涪陵榨菜产业博览会开幕式文艺展演。区美术馆创作的美术作品《马武秋色》《深山春至》等5件作品参加在哈萨克斯坦首都努尔苏丹市国家独立宫举办的《“一带一路”相约努尔苏丹——中国“乌江风情”著名美术家作品哈萨克斯坦展》。区文旅委组织选送作品参加重庆市“我和我的祖国”第十九届重庆市美术书法摄影联展，其中摄影作品《大山的心弦》荣获一等奖、书法作品《道德经•论道》荣获二等奖、美术作品《芳华》荣获网络人气奖。“焦石民歌”参加了文旅部在云南省举办的2019中国原生民歌节。

【文物 博物】 2019年，区博物馆完成龟陵城遗址发掘任务，修复157件馆藏青铜文物，完成刘作勤庄园、邱家榨菜作坊、陈万宝庄园附院围墙步道维修工程，推进区博物馆陈列改造工程。全区新增龟陵城遗址、施家祠堂等9处市级文物保护单位。珍溪镇施家祠堂打造成为乡村学校少年宫，大顺乡李家祠堂打造为乡村振兴讲习所。

【白鹤梁申遗】 年内涪陵区举办了“2019白鹤梁·水文化遗产与人类文明国际学术研讨会”，开展白鹤梁题刻比较研究、保护研究、价值研究、申遗文本研究等4个课题研究；启动《白鹤梁申遗保护管理规划》编制工作，白鹤梁题刻文物本体和保护环境监测工程完工并投用；“白鹤梁题刻水下灯光改造项目”入选文化和旅游部“2019年文化和旅游装备技术提升优秀案例”；“长江史书——新中国成立70周年·我和白鹤梁”展览被国家文物局评为2019年100个核心价值观主题展览推介项目。

【公共图书馆】 2019年，全区公共图书馆有藏书118万册（含电子藏书），其中区图书馆藏书75万册、区少儿图书馆藏书43万册。区图书馆建立了“江城文化展示中心”，向外籍游客展示涪陵本土的特色文化和涪州川剧、焦石民歌、涪陵榨菜等非遗项目，全年接待来自欧美、东南亚等国家和地区游客59批次，5000余人次。继续推进区图书馆总分馆制建设，完善27个乡镇街道分馆设施配置，基本实现总分馆图书的自助通借通还。

【社会文化】 2019年，涪陵区开展了庆祝新中国成立70周年群众合唱音乐会、春节团拜会专题文艺演出、“幸福涪陵跳起来”第二届广场舞大赛、第五届焦石民歌节、群众文艺团队演艺大赛、50场周末广场文艺演出、1200余场流动文化进基层等群众文化活动。组织涪陵区合唱音乐队参加重庆市庆祝中华人民共和国成立70周年群众合唱音乐会，受到市委宣传部专项感谢。承办了21场次市委宣传部和市文旅委组织的2019年送演出进基层活动。举办涪陵区第二届摄影艺术展、涪陵区第二届女美术家美术作品展、画韵贺春—美术馆馆藏作品展等10余场展览活动。

出版印刷

【内部资料性出版物管理】 2019年，区新闻出版局加强内部资料性出版物的审读、审批，严把进出口关，有效保护了作者的知识产权。全年依法审读、审批全区118家党政机关、企事业单位编写的内部资料性出版物132种273件，印数65.15万册，发放内部资料性出版物准印证号273个。审读发现不合格内部资料性出版物18种38件。

【印刷包装产业】 涪陵区有出版物印刷企业3家，内刊印刷企业7家，包装装潢印刷企业29家，其他印刷品印刷企业23家，拥有33条自动化生产流水线、1071台配套印刷设备，印刷产品涉及出版物印刷、精品软包装（食品包装）、精品硬包装、药品包装、工业品包装、礼品包装、商标印刷和环保油墨等领域，完整的印刷包装集群产业链在涪陵基本形成。据2019年年底统计，全区印刷业实现工业总产值23.32亿元，比上年度下降3.4%，工业销售总额20.38亿元，比上年度增长0.75%，利税总额1.77亿元，比上年度增长3.81%，解决社会就业人员2561人，比上年度降低1.58%。

【印刷技能人才】 2019年10月25日至11月3日，由涪陵区委宣传部、涪陵区新闻出版局、涪陵区人力资源和社会保障局、涪陵区总工会联合主办的重庆市印刷技能大赛暨第七届全国印刷行业职业技能大赛（涪陵初赛区）选拔赛取得圆满成功。在此次大赛中，参赛选手弘扬“工匠精神”，挑战异场地、异机型、设备不利因素，首次接受国际比赛等高难度、高技能、高标准比赛。通过激烈的比赛竞争，涪陵区余福江等9名选手脱颖而出，以优异的成绩成功晋级第四届重庆市印刷技能大赛总决赛。在总决赛中，余福江一路过关斩将，冲出重围，以总分84.2的优异成绩夺得第四届重庆市印刷技能大赛暨第七届全国印刷行业职业技能大赛（重庆赛区）平版制版员工种（职工组）冠军，张良等8人获得优秀选手奖，重庆市涪陵区夏氏印务有限公司获突出贡献奖，涪陵区委宣传部颁发“团体银奖”。

【出版物零售发行业】 2019年涪陵有出版物零售发行书店70家，网络零售发行书店3家，电子音像出版物零售店4家，邮政报刊亭25个，分布全区28个乡镇、街道办事处。据年末年检统计，涪陵102家零售发行单位实现出版物销售总额11540万元，利税总额1131万元，解决就业人员308人。出版物发行零售额连续2年突破亿元大关。

【版权管理】 2019年，涪陵区新闻出版局在版权管理中强化法规培训，提升新闻出版市场经营者守法经营意识。采取以会代训的方式，先后组织召开全区出版物零售发行单位、印刷包装企业、音像制品等经营单位的法人或专职人员法律法规培训会议8次，有1326人次参加相关培训学习。利用“3•15”消费者权益日、“4•26”保护知识产权宣传周、“12•4”法制宣传日、法律知识进乡村、进校园活动等有利时机，开展以“护助少年儿童健康成长，拒绝有害出版物及信息”为主题的“绿书签”等新闻出版相关法律法规宣传活动4次，发放各类法律法规宣传资料17种4.5万余份，现场接待过往群众咨询237人次。

同时推进软件正版化工作，提升党政机关干部知识产权保护意识。全区104个党政机关、群团、公检法单位和24个区属国有企业单位，使用计算机11060台。截至2019年12月，共投入财政资金429.5万元，对8150台电脑已安装使用国产正版操作系统（中标麒麟）和办公系统软件正版软件（永中）产品进行了升级改造，并双双取得5年期的“场地授权”许可协议，对610台新增电脑和2300台安装微软操作系统正版软件（windows7或windowsXP）电脑的办公系统进行了全面升级改造。至此，全区128家党政机关单位、企事业单位和24个区属国有企业单位计算机安装使用正版软件达100%，实现全区机关正版软件安装使用全覆盖。2019年6月通过重庆市人民政府软件正版化工作领导小组办公室组织的第三方督查考核小组的全面考核验收。全区文化、教育、卫生系统事业单位有245个（含公办学校225个），有电脑9960台，其中办学校教学电脑（学生用）8962台，均安装WindowsXP操作系统软件和金山WPS2010、2015专业版，均为正版合法软件。涪陵区各银行业机构无软件采购和软件安装权限，软件采购资金及软件安装工作需由上级行落实完成，操作系统为OEM版或上级行购买，办公系统软件和杀毒软件为上级行统一购买企业授权版，业务系统软件由各行总行科技部门开发或外包团队开发。全区民营企业调查清理了区工商联60家会员单位，据调查统计，60家会员单位中共有电脑1277台，多数使用微软桌面操作系统软件WindowsXP、Microsoft Win7，办公软件主要以金山WPS企业版和专业设计软件，合法正版率较低。

【扫黄打非】 2019年，涪陵区重拳打击非法经营、侵权盗版、网络低俗、政治有害信息传播、侵害未成年人身心健康等经营行为。先后召开2019年度涪陵区“扫黄打非”工作领导小组成员单位工作会议1次，审议通过了《涪陵区2019年“扫黄打非”行动方案》；办公室工作会议5次，研究布置“扫黄打非”专项行工作，共上报、下发了10个机密文件，6个工作文件。全年共出动执法人员1200余人次，检查书报刊、音像制品、电子出版物、计算机软件经营场所、印刷复制行业、互联网视听节目服务单位、网吧行业等各类经营场所326家次，受理举报113起，立案查处28件（罚款70500元），停业整顿文化经营单位7家次，消除安全隐患21处，收缴各类非法出版物600余册（张）。

协助市文化市场执法总队查处了涪陵新区鹤凤大道19号“重庆市万读简策科技有限公司”所属的今日小说App和网站登载低俗网络小说的违规经营行为，罚款人民币15000元，没收违法所得人民币1170.79元。涪陵区人民法院1月24日判决了由国家“扫黄打非”办公室督办的涪陵区公安局2018年破获的一起横跨7省的网络传播淫秽色情案，涉案金额达1000万元，共有13人被判定入刑，最高判罚3年有期徒刑。马鞍街道盘龙社区2019年12月成功被重庆市“扫黄打非”办公室评定为重庆市“扫黄打非”工作点示范社区。

【全民阅读】 2019年，涪陵区围绕“建设书香涪陵，共享美好生活”主题，组织开展了230余场全民阅读主题活动和系列全民阅读品牌活动。区关工委开展的“中华魂”（爱我中华）读书活动征文、演讲比赛，组织了区内25个教管中心和25所中小学校共计5万余学生参与活动，评选优秀征文1368篇，参与演讲学生达686名，成历年之最；全区27个乡镇街道结合自身区域实际，借助“农家书屋”阅读平台，开展“新书荐读”活动、“青春心向党，建功新时代”纪念五四运动100周年诵读比赛、“阅读放飞梦想，爱心伴我成长”演讲比赛、“学习新思想，点赞70年，建功新时代”微宣讲比赛等丰富多彩的读书活动118场次，受众达25万余人次；区委宣传部在全区组织开展“学习强国”学习活动，共有党员干部56000余人参与，参与率达91%；区委宣传部、区新闻出版局开展了2019年度全民阅读推广大使、全民阅读示范单位评选活动，重庆市涪州书院文化传播有限公司（涪州书院）、涪陵城区第二幼儿园、涪陵区图书馆（少儿图书馆）、江东街道凉塘小学校、重庆智博文化传播有限公司（尚书源书吧）等5家单位被命名为涪陵区2019年度“全民阅读示范单位”，郎成伟、刘西玲、卢江容、吴焱怡、张乔英等5位同志被评2019年度“全民阅读推广大使”。区内各文化机构积极打造品牌阅读活动，区图书馆持续开展“涪州讲坛”“图书馆一日游”“红色文艺轻骑兵”阅读推广活动；区妇联开展了“书香润万家”亲子阅读活动；涪陵电台开展了“江城悦读会”全民阅读活动；区少儿图书馆开展了“小小图书管理员”社会实践活动、“悦读悦心动”新书推荐活动、亲子绘本阅读分享会、“你读书、我买单”读者荐书活动、“行走的图书”阅读推广活动、优秀图书馆志愿者活动；涪陵邮政分公司开展了“庆祝中华人民共和国成立70周年涪陵区全民阅读图书惠民巡展活动”“走红色之路，做红色传人”爱国教育主题系列讲座活动；涪陵新华书店开展了“阅读体验进课堂，关爱留守儿童”、涪陵书城流动售书等活动。

【农家书屋建设】 涪陵区各级党委政府把农家书屋创新为脱贫攻坚“扶智”主阵地，相继成立了农家书屋建设管理工作领导小组，依托文化志愿者，在全区农村、社区建立农村种养殖技术、农产品加工技术、营销知识、健康知识、法律课堂、留守儿童作业辅导站、江城悦读会、贫困户先进文化知识导读等帮扶小组70多个，落实区、乡镇街道办事处、行政村三级管理责任制，将农家书屋“建管用”工作纳入各级政府年度目标考核的重要内容。各乡镇街道积极举办全民阅读活动，引导全民参与读书活动，指导并组织各农家书屋有序开放，并积极开展各类阅读竞赛活动，通过区文化馆、区文化歌舞团送文化下乡活动、微型文化演艺企业演出活动和电影惠民工程放映活动将农民朋友最需要的知识直接传递给农家朋友。以“三有三知三贴近”规范书屋管理员言行，即心中放有服务农民朋友的责任感，脑子里装有书屋图书所含涵知识内容，手脚有勤活动的良好习惯；知道农民朋友们当前最想做什么致富项目，知道他们最需要了解什么知识，知道他们在致富道路中存在什么困难；贴近当地农民朋友的生活、工作、学习习惯和规律，合理调整开放时间，贴近农民朋友的个性差异特点传递科学文化知识，贴近不同知识结构和方言需求人群开展形式多样的阅读活动。

巴渝都市报社

【概况】 2019年，巴渝都市报社内设办公室、新闻办、采访部、报纸编辑部、新媒体部、广告部、发行部、计财监督部、设备部等9个中层机构，有职工102人，其中在编职工55人，社聘人员47人。有领导7人，高级职称人员6人，中级职称6人，初级职称21人。全年文字报道稿件8000余篇，图片、视频作品近2000幅（件），现场视频直播或文图直播28场，制作推出微视频、H5、动画、抖音作品16个。在第十四届中国传媒大会上，报社荣获“金长城传媒奖•2019中国传媒融合发展十大地市区域报”荣誉，总编辑张波荣获“金长城传媒奖•2019中国传媒融合发展年度杰出人物”称号。在第二十二届重庆新闻奖上，报社8件作品获奖。在全国地市新媒体第十二届创新发展高峰论坛上，“爱涪陵”客户端获评“全国地市融媒体客户端传播力十强品牌”。“爱涪陵”客户端全年有六个月获客户端集群联盟“十佳客户端”称号。

【主题宣传】 2019年，巴渝都市报社对习近平新时代中国特色社会主义思想、党的十九届四中全会、习近平视察重庆重要讲话精神等进行深入持久宣传，确保无新闻宣传安全事故和差错。保持全区经济社会发展成就、民生工程等宣传热度和力度，多篇内参、报道获区领导批示。继续开展“以人民为中心，为人民书写，为人民讴歌”品牌活动；开展“巴渝小记者”活动，小记者人数发展到2000余人。承办了“放歌•祝福——涪陵儿女为祖国母亲庆生”活动、“味道宝龙”2019涪陵美食大赛、“2019工匠杯物业服务技能大赛”，主办了大型快闪活动“涪陵市民踏歌颂祖国”“庆祝新中国成立70周年公益广告大赛”等策划活动。

【意识形态】 2019年，巴渝都市报社始终坚持党管媒体、党管意识形态的原则，落实意识形态工作责任制，调整意识形态工作领导小组，制定意识形态工作责任分工。多措并举确保新闻舆论安全，加强网络问政及舆情管控，加强网评队伍建设，严格把握稿件推送程序，对各平台推送的稿件，及时跟进评论且正面发声。

涪陵广播电视台

【概况】 2019年涪陵广播电视台下辖8个新闻媒体：涪陵人广播电台，呼号“涪陵人民广播电台”，使用FM103.4MHz、FM101.1MHz两个频率播出，每日05:55开始播音至00:05结束，全天播音18小时10分钟；涪陵电视台，开办涪陵综合、涪陵都市、涪陵科教三个频道（各一套节目），涪陵综合频道通过大木山7291转播台用3CH1000W无线发射和数字无线发射，涪陵综合、涪陵都市、涪陵科教三个频道通过涪陵广电网络公司有线传输，每日08:10开机播出至00:20结束，全天播出16小时10分钟；涪陵广播电视台官网；无限涪陵App；涪陵手机台；涪陵广播电视台微信；涪陵广播电视台微博；无限涪陵抖音号。台内设中层机构：办公室、组织人事教育科、总编室、新闻部、新媒体部、专题纪录片部、广播部、技术播出部、经济部；全台职工总数86人，其中台领导6人，高级职称人员1人，副高级职称人员6人，中级职称人员14人。

【主题宣传】 2019年，涪陵广播电视台紧扣重大主题宣传创作，坚持正确政治方向，把握正确舆论导向，唱响时代主旋律。推出《把习总书记的殷殷嘱托落实到重庆大地上》《“不

忘初心 牢记使命”主题教育进行时》主题报道，就全区学习贯彻习近平新时代中国特色社会主义思想、习总书记视察重庆重要讲话精神进行高密度宣传。策划《两会特别报道》《看效果》《精准脱贫进行时》《新春走基层》《推动“两线三片一城”项目建设步伐 全面提升涪陵城市品质形象》《创全国文明城 做文明涪陵人》《创建全国文明城区 创建国家卫生区》《为民办实事》《融入主城区都市圈在全市“一圈两群”战略中实现涪陵作为》等主题宣传20余个，为经济社会的繁荣发展提供强大的精神力量和舆论支撑。围绕新中国成立70周年，加强主题策划，开展形式多样、内容丰富的全媒体采访活动，开设《壮丽70年 奋进新时代》《爱国情奋斗者》等新闻系列报道专栏；推出“我与共和国同成长”“七十年话变迁”等系列专题纪录片，“红色记忆”系列文化讲堂节目；融媒体栏目《江城悦读会》制作新中国成立70周年特别节目“时代留声”；推出纪念新中国成立70周年大型融媒体产品《见证》；在广播微信公众号和早晚高峰节目中推出“祝福祖国”专栏；制作庆祝新中国成立70周年宣传片；展播新中国成立70周年优秀电视剧、广播剧。完成“双晒”相关工作，完成“书记晒文旅”（1分钟精编版）新闻文稿、配音、画面、编辑制作；拍摄制作大裂谷、“816”、白鹤粱、陈万宝庄园、北岩、榨菜、城市文化为主题的7期节目，制作完成“书记晒区县”10秒高清视频海报；与重庆台同步，在《涪陵新闻》、“无限涪陵”客户端、涪陵人民广播电台等开设专题专栏，全方位、多角度为“双晒”活动宣传造势。

【广播节目】 2019年，涪陵广播电视台在坚持办好广播《涪陵新闻》的同时，《直播早高峰》《直播晚高峰》栏目逐渐成为深受群众喜爱的广播直播节目。电台还开办法制栏目《检察官说法》，将普法知识在对农广播节目“村村响”平台中播出，该栏目全年录制播出16期。

【外宣创优】 2019年，涪陵广播电视台上送重庆台用稿500.5条，总量居全市区县第四位，其中联播用稿176条、居全市区县第三位。2019年，涪陵广播电视台节目创优成果丰硕，再创新高，获得重庆市市级优秀节目评比一等奖7个，二等奖8个，三等奖10个，获奖总量达25个，获评推荐参评国家级奖项节目4个。选送的《焦石山歌——这里的石头会唱歌》《一张烈士的素描》两档节目斩获2017—2018年度重庆市广播电视优秀作品一等奖，分别代表重庆参加“2017—2018年度中国广播影视大奖·广播电视节目奖”和全国“星光奖·飞天奖”的评选；广播消息《小账本里的大变化》，电视消息《为国争“气” 我国首个百亿方页岩气田在涪陵建成》获重庆市广播电视优秀作品一等奖，并代表重庆角逐中国广播影视大奖。

【媒体融合发展】 2019年，涪陵广播电视台“无限涪陵”App和涪陵手机台，与涪陵台视听网站、重庆市涪陵广播电视台微博、重庆市涪陵广播电视台微信、无限涪陵抖音号、重庆市涪陵广播电视台头条号等平台联动，形成了初步的新媒体矩阵。“无限涪陵”App注册用户数突破24万，新媒体用户量逐渐形成规模。新媒体集合原创优秀视频节目和图文新闻，辅以直播和互动节目。即时新闻反应速度快，互动效果较好，全年开展直播17余场，推出点击量上万的新媒体产品40件，点击量上10万的新媒体产品10余件，其中《重磅！涪陵区机构改革方案来了》点击量14万以上，《涪陵“双晒”宣传片惊艳亮相！区委书记周少政带你走进涪陵的前世今生》点击量15万以上，微博作品《做朋友吗？请你吃涪陵榨菜哟！》阅读量8万以上，抖音作品《厉害了我的大涪陵 青菜头坐“轻轨”下山》播放量20万以上。《江城悦读会》播出85期节目，节目点击量超过60万次，成为学习强国重庆平台第一个音频类读书栏目。

【安全播出】 2019年，涪陵广播电视台严格落实意识形态工作责任制，制订印发《涪陵广播电视台落实意识形态工作责任制实施方案》，严格执行节目三审制度，提升网络意识形态领域风险防范化解能力。全年完成涪陵人民广播电台和涪陵电视台安全播出工作一万二千余小时，在重要时间启动安全播出应急预案7次；向上级单位汇报安全播出情况30余次。保证元旦、春节、五一、新中国成立70周年等重要时间节点，保证全国、市、区“两会”等重要活动期间的安全播出。

旅　游

【概况】 涪陵区有A级旅游景区11家，其中：4A级景区5家（白鹤梁水下博物馆、武陵山大裂谷、武陵山国家森林公园、涪陵816工程、大木花谷·林下花园）、3A级景区2家（古今花海、美心红酒小镇）、2A级4个（沙溪温泉、李蔚如故里、巴山夜雨景区、罗云四川红军第二路游击队烈士陵园），市级旅游度假区1个。2019年，新增A级景区3家，旅游总收入实现30%的高位增长；816小镇、“江城文化展示中心”成为文旅融合的开篇之作。全区有4家星级饭店，其中四星级3家（涪陵饭店、太极大酒店、建涪宾馆）、三星级1家（宏声宾馆）；有国内旅行社11家，旅游门市部60家。全区文旅体规上企业达49家，全年接待游客2150万人次，旅游综合收入162亿元，分别同比增长11.3%、31.7%，占全市游客接待总量和旅游综合收入的3.3%和2.8%。

【旅游管理】 2019年，涪陵区全面加强了旅游市场管理，分别开展了危化品使用情况排查、旅游市场“保健”产品推销整治、旅游服务质量的提升等专项市场秩序整治工作；完善更新了旅游市场主体的信用体系信息134条；开展了行业内的扫黑除恶工作；区文旅委联合区交管部门开展旅游包车专项检查3次。全年共计接待旅游市场投诉39起，全部办结。

【旅游节庆活动】5月12日—15日，“2019白鹤梁·水文化遗产与人类文明国际学术研讨会”在涪陵区成功举办，该活动由联合国教科文组织国际水文计划、联合国教科文组织全球水博物馆网络、市文物局、市水利局指导，重庆中国三峡博物馆、涪陵区政府、湖北大学、长江师范学院主办，区文化旅游委、区水利局、白鹤梁水下博物馆、湖北大学历史文化学院、长江师范学院白鹤梁石刻文化研究中心承办，来自美国、法国等国家、地区及国内的文化遗产保护专家，就推动水文化遗产的保护展示等工作进行深入探讨与交流，并为白鹤梁题刻申报世界文化遗产出谋献策。安德莱斯·安吉拉克斯、皮兹·大卫、斯皮瑞丹·帕夫里迪斯、姜波、郑晓云等多位专家学者发表了自己专业的学术演讲。其中，皮兹·大卫发表的《大库利大坝：现代性与本土文化的交汇点》、斯皮瑞丹·帕服里第斯发表的《早期希腊哲学中的水：从神话到对世界的理性解释》、康斯坦第罗斯·乌都瑞斯发表的《从水资源管理看人类文明》等学术演讲让所有与会人员受益匪浅。5月12日至24日，还在白鹤梁水下博物馆、金科大酒店举办了“大河遗产的生命延续·白鹤梁的可持续发展”主题书法、绘画的征集和展览。

5月17日至19日，2019“中国旅游日”重庆市涪陵区系列活动成功举办。在启动仪式上，区文化旅游委党委书记王海燕向游客和媒体发布了2019年“中国旅游日”涪陵区系列活动；文化旅游委副书记秦绍信向长江师范学院7名“文旅志愿者”授予聘书；区人大常委会项显文副主任向涪陵图书馆授予“涪陵江城文化展示中心”牌匾并致辞。同时，“故宫讲坛”走进重庆第八讲在图书馆举办，由原故宫博物院副院长、研究馆员李文儒教授为现场观众作了“传统文化的现代转型”的专题讲座。

6月4日—9日，涪陵区文化旅游委组织实施“粽香涪州·情满家园——我们的节日·端午”主题活动，活动分别在涪陵图书馆、美心红酒小镇等地开展，包括专题文艺演出、扶贫集市、长桌宴、游园活动、主题巡游以及图片展、书画展、文旅志愿服务活动等。此次活动旨在宣传普及传统节日习俗，丰富节日文化内涵，大力弘扬中华优秀传统文化、家国情怀和人文情怀，着力引导群众深化对中华优秀传统文化的认知认同，增强文化自觉和文化自信，增进爱党爱国爱社会主义情感，汇聚起同心共筑中国梦的磅礴力量，助推全国文明城区创建，同时也丰富广大市民和游客的节日生活。

9月23日，“石鱼出水兆丰年·白鹤梁·第二届中国农民丰收节”在涪陵区锦绣洲广场开幕，本届丰收节由市文化旅游委、重庆三峡博物馆指导，涪陵区委宣传部、区文化旅游委、白鹤梁水下博物馆主办，除了启动仪式以外，系列活动还包括了《长江史书——新中国70年·我和白鹤梁》展览、白鹤梁夜间开放活动、丰收节主题研学、庆丰收文化沙龙等。涪陵区委常委、宣传部部长徐瑛，重庆三峡博物馆副馆长柳春鸣，北京大学教授孙华等相关人员出席启动仪式，并做简要发言致辞。区图书馆开设的《长江史书——新中国70年·我和白鹤梁》展览，围绕“舔舐乡愁，追逐梦想”主题，展出了154幅图片和50件实物。白鹤梁水下博物馆首次夜场开放，开启了奇妙的“博物馆之夜”，吸引了大量慕名而来的群众。

10月1日，区文化旅游委牵头承办的“我与祖国共成长”国庆主题活动在美心红酒小镇举行。活动现场，景区游客接待中心旁设立了志愿服务站，发动群众参与“我和国旗合影”“我为祖国写祝福”活动，主办方向游客免费发放脸部贴（国旗）、小红旗，赠送照片。该活动作为“放歌·祝福”涪陵儿女为祖国母亲庆生主题活动之一，旨在让人民群众在感受美好生活的同时，勿忘先辈们的丰功伟绩，增强爱国主义精神，形成强大的民族自信心和自豪感，汇聚起新时代建设祖国的磅礴力量！

12月7日—9日，“2019全国农产品产销对接扶贫（重庆）活动涪陵分会场暨第二届中国重庆·涪陵榨菜产业博览会”和“第四届重庆文化旅游（冬季）惠民消费季涪陵分会场活动”在涪陵体育场举行。开幕式上，区文化旅游委组织编创的以榨菜文化为元素的原创歌舞表演《踩池舞》《坛之舞》《开坛舞》首次亮相，用艺术的形式再现了涪陵榨菜120余年发展历程和传统榨菜民俗文化。展销会上，区文化旅游委设置了旅游景区和非遗文化两个主题展馆；在“农特产品及旅游产品产销对接大会”中，区文化旅游委作文旅主题推介；签约仪式上，涪陵交旅集团携武陵山大裂谷、816工程、御泉河漂流、乌江画廊游、点易园等文旅项目在会上与旅行商代表完成2020年签约仪式，签约金额达1.8亿元。

旅 游 区

武陵山旅游区

【概况】 武陵山旅游区位于涪陵区东南端、乌江下游东岸，距涪陵城区38千米，东与武隆相连，西与乌江相依，南接白涛街道，北与丰都相邻，全域面积213平方千米，属典型的“喀斯特”地貌。旅游区由武陵山乡和大木乡组成，全域人口共4500户1.25万人，其中城镇人口0.32万人。旅游区内森林茂密、空气清洁、气候宜人，森林平均覆盖率达82.7%，负氧离子含量达2900个/立方厘米，夏季平均气温20摄氏度，适合休闲养生度假。武陵山旅游区管理委员会成立于2013年6月，内设综合协调处，下设规划建设处、招商宣传处、服务管理处三个事业单位，驻有公安处、国土所、工商所、综合行政执法大队、景区勤务大队五个区级部门延伸机构。管委会现有在编干部职工31人（含公安、国土、工商、执法大队、勤务大队）。班子成员4人（党工委书记、主任1人，专职副书记1人，副主任2人），研究生学历2人，大学学历2人，平均年龄44岁。

【“双创”攻坚】 2019年，武陵山旅游区管理委员会持续锁定大裂谷国家5A级景区创建和国家级旅游度假区创建目标。大裂谷国家5A级景区创建方面，开展创建宣传、外部环境整治营造创建氛围，已接受专家暗访。国家级旅游度假区创建方面，编制完成提升创建规划方案并获区政府审定通过，完成创建工作方案上报区政府审定。

【秩序监管】 武陵山旅游区管理委员坚持以游客为中心优化提升监管服务质量，开展旅游环境综合整治，做好道路交通、食品药品、消防、市场秩序、网络舆情以及游客安全等工作。年内建成投用公共安全管理系统、农家乐实名登记系统，实现人防技防相结合；协调稳控金子山风电设备撤场、复工，常态化开展旅游市场经营秩序、食品药品安全、农民工工资保障以及景区安全秩序监管，实现监管服务全覆盖。

【招商引资】 武陵山旅游区管理委员围绕森林休闲、医药康养、特色民宿以及旅游综合体等主题，收集优质项目线索，争取相关政策支持，丰富旅游度假业态。先后赴重庆、上海、杭州、广西、广州等地开展项目考察，主动对接上海复星旅文集团、浙江开元集团、万达集团、浙江蓝城集团、福建聚龙旅游、河北万龙滑雪场、广州岭南股份、重庆顺势创行等公司30余家，达成具有明确意向性的项目5个。

【规划编制】 年内，管委会推进旅游区“多规合一”、大木山自然保护区生物多样性评价，编制完成角帮寨旅游开发策划方案，推动大木乡、武陵山乡开展乡总体规划修编及村规划编制，对接市级相关部门开展以国家公园为主的自然保护地管理体制创新，优化自然保护区范围、拓展旅游区发展空间。

【配套建设】 旅游区内全民健身中心、天怡苑项目开工建设，职业培训中心B区2019年10月起进行试运营，龙塘湿地公园、饮水保障工程相关手续有序推进。大裂谷景区先后赴川渝、长江三角洲、珠江三角洲等国内一线城市进行旅游营销推介，通过机场、动车高铁、轨道交通、公交车身、公交视频、LED屏、电梯轿厢等平台开展武陵山旅游品牌形象推广，利用旅游官网、微博、微信等平台，以文字、图片、视频等形式发布旅游资讯、推介旅游资源。

江北旅游区

【概况】 江北旅游区管理委员会成立于2014年，代表区政府履行江北旅游区的统筹协调和开发建设管理职责，负责整体推进江北旅游区管辖范围内的旅游项目建设。领导班子成员由1名党工委书记、1名管委会主任、9名兼职副主任和3名专职副主任组成。管委会下设综合协调处、规划建设处。

【北山国际文旅康养度假区建设】 管委会按照区委、区政府“全力快速推进项目建设”的要求，结合优化营商环境“三百”行动不断推进项目建设。爻里文化小镇一期东区首开区已摘地并开工，完成投资4.5亿元。主要完成了爻里文化小镇规划范围内集体土地的报批，启动了点易片区集体土地征地拆迁和国有土地上房屋征收，北山坪A07-101号地块开展场平。

【点易园整治改造】 2019年底，点易园整治改造项目基本完工。主要完成了新建仿古建筑结构主体工程、石材铺装、石杆安装、绿化、AAA厕所、200kVA专变电、灯饰亮化等子工程。

【北山新城遗留问题处理】 针对市委第六巡视组反馈涪陵区所涉及北山新城的问题，及时成立了整改工作领导小组，专题研究制订整改方案2个，完善了北山基础配套，升级改造了长江三桥至项目上山公路口的道路，完善了北山九年制学校前道路及管网、新建了北山大道F支线和双河口段污水连接管网。

体　育

【概况】 涪陵区有体育场8个，体育馆3个，游泳池（馆）34个，建设广场25个，健身登山步道14个。2019年，新建成健身步道5条、健身广场6个、市级社区健身点2个、全民健身路径10条、11人制足球场1块。全区体育场地面积达230.75万平方米。其中，政府公共体育设施面积195.73万平方米（存量187.65万平方米，增量8.08万平方米），社会公共体育设施面积35万平方米。全年共计接待旅游市场投诉39起，全部办结。

【竞技体育】 2019年，涪陵区举办国家级体育赛事2项，市级体育赛事5项；全年参加各类运动赛获奖301枚，其中荣获国际金牌4枚、银牌3牌、铜牌2牌；荣获市级金牌50枚、银牌58枚、铜牌184枚。

【群众体育活动】 2018年12月28日，由区直机关工委、区文化委主办的涪陵区第43届迎新登高长跑比赛在白鹤森林公园举行，本次比赛共有全区41个单位，200多名登高长跑运动员参加。

2019年4月29日，由区直机关工委、区文化旅游委、区总工会主办的2019年涪陵区全民健身趣味运动会在涪陵体育场举行，本次运动会共设动感五环、运转乾坤、障碍穿越、车轮滚滚、八仙过海、同舟共济等6个项目，共有全区各行各业78个代表队、2000余名运动员参赛。

2019年7月7日、7月21日、8月4日由中国足球协会主办的全国女子足球甲级联赛在涪陵奥体中心足球场举行。共有10支代表队参加比赛。

2019年7月12日至7月14日，由重庆市汽车摩托车运动协会、蔺市镇政府主办的2019年重庆·涪陵“东风风光”杯汽车摩托车越野冠军挑战赛在蔺市镇美心红酒小镇梨香溪汽车运动基地举行，此次比赛分为专业组、公开组、量产组、巾帼组、国产摩托车组、进口摩托车组、新秀摩托车组7个组别，共吸引来自北京、江苏、广西、四川、云南等地200余名赛车手参赛。

2019年7月9日，由区文化旅游委、区总工会主办的“全民健身新条例，太极健身惠群众”太极拳名家讲座在区委301会议室举行，此次讲座邀请到了共青团中央、中国光华科技基金会优秀青年导师李光昭教授前来授课，来自全区各行业、各部门以及长寿、梁平等地的1000余名太极拳爱好者现场聆听的李教授的讲座。

2019年8月2日至8月7日，由涪陵体育产业发展有限公司、区体育馆管理中心主办的涪陵区第三届三对三篮球挑战赛在体育馆、青年广场举行，本次比赛设置有U12、U15、U18、U22和公开组5个组别，共有103支代表队，400余名运动员参加比赛，共计进行了254场比赛。

2019年8月8日，由区文化旅游委、区委直属机关工委、区总工会、武陵山旅游区管委会、武陵山乡人民政府、交旅集团6家单位联合主办的2019年“全民健身日”涪陵体彩公益彩虹跑活动在武陵山大裂谷景区举行，本次活动共设5千米个人越野跑和3千米集体健身彩虹跑，吸引来自全区70余个参赛单位以及跑步爱好者共1000余名运动员参加比赛。

2019年8月8日在涪陵奥体中心游泳馆举行2019年重庆市涪陵区首届全民健身游泳公开赛。参加比赛有22支代表队、100余名选手参赛。

2019年8月16日，由区文化旅游委主办2019年涪陵区“全民健身日”系列活动在城区德辉健身汇游泳馆举行。全区200余名游泳爱好者参加。

2019年9月26日，重庆市第二十三届基层门球比赛暨2019年中国门球冠军总决赛重庆选拔赛在涪陵区门球场举行。比赛有65支代表队、600余名选手参赛。涪陵区将代表重庆市参加全国门球冠军总决赛。

2019年10月28日至11月1日举办了涪陵区第五届老年人运动会。这次比赛由区政府主办，参加比赛有41个代表团、600余名选手参赛，共11个项目的角逐。

2019年12月27日在涪陵区蔺市镇美心红酒小镇鸡公山健身步道举办了新年登高活动。这次活动由市体育局、市委直属机关工委、区政府主办。涪陵队获得区县组第一名。

卫生健康

概 述

【概况】 截至2019年底，涪陵区共有医疗卫生机构609个，其中各级各类医院41个（三级甲等综合医院2个、县级医院1个、专科医院1个、其他设置的综合医院5个、民营医院32个）、专业公共卫生机构5个、基层医疗卫生机构27个（乡镇卫生院18个、社区卫生服务中心9个）、门诊部7个、诊所（医务室、卫生所）159个、村卫生室368所、2个其他卫生机构。实有床位7197张，每千人口床位为6.16张；在岗人员9354人，其中卫生技术人员7327人；执业（助理）医师2869人，每千人口执业（助理）医师为2.46人；注册护士3155人，每千人口注册护士为2.7人。总诊疗人次578.87万人，其中门急诊人次561.31万人次，平均门诊每人次费用为175.51元，人均全年担负门诊人次为600.07人次，医师人均全年担负门诊人次为1843.2人次。入院25.21万人次，出院25.1万人次。实际开放总床日数259.13万床日，实际占用总床日数213.3万床日，出院者占用总床日数213.25万床日，病床使用率为82.83%，病床周转次数为35.4次，出院者平均住院天数为8.5天，住院病人人均住院费用为6486.9元，出院者平均每日住院医疗费为763.5元。人均全年担负住院床日为228.03床日，医师人均全年担负住院床日为811.6床日。

【卫生宣传】 2019年，涪陵区共开展各种卫生健康大型宣传活动22场；成功举办“放歌新时代•畅想天使梦”庆祝第二个中国医师节文艺展演、卫生健康系统庆祝新中国成立70周年文艺会演；大力开展健康科普宣传，居民健康素养水平达到21.47，同比2018年提高5.23。

【妇幼健康】 涪陵区继续实施母婴安全、健康儿童行动计划，健全危重孕产妇与新生儿转诊救治体系。全年孕产妇死亡率13.69/10万，婴儿和5岁以下儿童死亡率分别下降至3.29‰、4.93‰。加强出生缺陷综合防治，实施出生缺陷三级干预项目，全年婚检率32.06%，孕妇产前筛查率62.4%，新生儿代谢疾病筛查率98.52%，新生儿听力筛查率88.32%，开展6大类72种先天性结构畸形医疗救助。实施青少年性与生殖健康促进项目。为27089名适龄妇女提供“两癌”免费检查。

【供血用血】 全年共采血88次，采集全血22613人次，35971个单位，采血量同比增长1.58%，机采血小板983人，1643个治疗量，机采血小板采集同比降低了5.47%。其中：制备红细胞悬液36390单位；洗涤红细胞167单位；冷沉淀4131单位；生产临床新鲜冰冻血浆5970袋10711.5单位。全年向辖区内各医疗用血单位提供全血7.8升，红细胞悬液36181单位，解冻去甘油红细胞4单位，冷沉淀3690单位，机采血小板1643个治疗量。临床新鲜冰冻血浆30828单位，成分输血比例99.8%，临床供血量同比增长1.61%。

【计划生育】 涪陵区推进全面两孩政

策、计生服务管理改革落地，执行婚假产假护理假新规，人口信息覆盖率、准确率、完整率持续提高。强化生育健康全程服务，实施母婴安全行动、健康儿童行动，孕产妇死亡率、婴儿死亡率控制在市上指标内。全区户籍出生人口（含往年补报）10687人，其中：出生一孩5864人、一孩率54.87%，出生二孩4218人、二孩率39.47%，出生多孩605人、多孩率5.66%。符合政策生育10574人，符合政策生育率98.94%。出生性别比为117.79。公共场所母婴设施配置率继续全覆盖，关心关怀计生特殊群体，开通“就医绿色通道”，坚持两月一次走访联系，联系人见面率达100%，足额发放奖扶特扶帮扶资金4093.22万元。

全国卫生城区创建

2019年，涪陵区创建国家卫生区取得重要进展，巩固深化创建成果。年内扎实开展“百日攻坚”十大专项整治行动和每月1次全民卫生大扫除活动，集中攻坚薄弱环节，切实加强重点部位整治，建立健全长效管理机制。8大类40项184条具体任务和194个量化评价指标全部达到《国家卫生城市标准》，群众对卫生状况满意率、“四害”密度、无烟草广告城区等11项必备条件全面完成，成功通过市级技术评估、一次性通过全国爱卫办申报资料评审、一次性通过国家暗访等评审程序，顺利进入国家技术评估阶段。年内深入开展爱国卫生运动，不断改善人居环境，蔺市镇、焦石镇、增福乡、武陵山乡创建为国家卫生乡镇，义和镇创建为市级卫生镇。全年完成农村改厕1.2万户，其中贫困户三类人员9030户，超额完成市上目标任务，农村贫困户和长乌两江沿线农户改厕实现全覆盖。

疾病预防与控制

【重大疾病防控】 2019年，涪陵区继续完善传染病联防联控机制，加强传染病疫情监测、预警、报告和处置，综合防治结核病、艾滋病，综合防控地方病、慢性病，及时控制传染病聚集疫情93起。免费治疗肺结核患者820人、治疗艾滋病患者及病毒携带者774人。全区组织开展严重精神障碍患者服务管理专项行动、春秋季排查管控专项行动，患者检出率4.18‰，患者健康管理率93.8%，居家患者病情稳定率99.9%；免费为8846人次发放价值216万元的二代精神治疗药物。

【传染病监控】 涪陵区不断建立健全以区疾控中心为主线，以区级医疗机构和社区卫生服务中心乡镇卫生院为依托，其他医疗机构和社区卫生服务站村卫生室为基础的三级传染病监测直报网络，加强传染病疫情网络直报系统管理。

公共卫生

【公共卫生服务】 2019年，涪陵区实施14大类55项基本公共卫生服务，持续提升服务质量、数量和群众满意度，项目绩效考核位居全市区县第11位。电子健康档案建档率达80.33 %，免费预防接种国家免疫规划疫苗142567针次，“八苗”接种率99.01 %。全年免费为65岁以上老年人健康体检103757人，健康管理高血压患者75666人、2型糖尿病患者24366人，中医药健康管理服务率达58.45 %。年内启动了中小学生视力筛查和儿童青少年视力健康及危险因素监测，开展儿童口腔疾病综合干预项目。建成疫苗全程可追溯、温度自动监控管理系统，使用率达100%，新建数字化预防接种门诊7个。建成“健康社区”148个、“健康单位”8个、“健康学校”20个、“健康食堂”12个、“健康餐厅/酒店”5个、“健康主题公园”2个、“健康一条街”2条、“健康步道”2条、“健康小屋”3个。做好突发事件紧急医学救援，120救护车出诊共4407次，抢救成功率达93.23%。全区无传染病暴发流行、无突发公共卫生事件、无精神障碍患者肇事肇祸案（事）件发生，无地方病现症病例，保持碘缺乏病区消除状态。国家慢性病综合防控示范区顺利通过国家验收。荣获重庆市首届创意健骨操大赛优秀组织奖。

【卫生基础设施】 2019年，涪陵区完成卫生基础投资2.8亿元，区公共卫生服务中心建成投用，区人民医院住院综合大楼、区妇幼保健院新院开诊，涪陵中心医院新城区医院一期主体施工。改造村卫生室50个，新建数字化接种门诊7个。投资资金90万元新建3个乡镇卫生院数字化接种门诊建设和医疗污水处理设施。

基层卫生

【医疗卫生服务】 2019年，依托涪陵中心医院建立远程影像诊断中心，完成了区妇幼保健院、涪陵建峰医院、涪陵协和医院、崇义街道社区卫生服务中心、焦石中心卫生院、珍溪中心卫生院、新妙中心卫生院系统接入，建立完善覆盖社区卫生服务中心、乡镇卫生院和村卫生室的基层医疗卫生信息系统，实现全区所有公立医疗卫生机构信息系统全部接入市级数据平台并持续传输。启动智慧医院、美丽医院建设，抓实信息化基础，落实医改便民措施，有效推进预约诊疗、大力发展远程医疗、持续推动检查检验结果互认。上线使用家庭医生签约服务系统和双向转诊系统，为所有建卡贫困户发放电子居民健康卡、全市就医“一卡通用”。建立老年健康服务体系，健全医养结合长效机制，落实惠老政策，65岁以上老年人健康管理率达68.23%。编制《涪陵区养老设施布局专项规划（2019—2025年）》，完成老年人生活状况监测，实施社区居家养老服务全覆盖行动，荔枝街道建成市级示范社区养老服务中心。

【卫生机制完善】 2019年，涪陵区继续开展“优质服务基层行”活动，江东、龙潭建成重庆市首批甲级基层医疗卫生机构。区域内采供血比例平衡，成分用血率达90%以上。推行医防融合试点，探索“医防融合”新型服务模式，遴选大木乡卫生院作为医防融合试点单位。推行乡村医生输液核准机制，全区630名乡村医生进行乡村医生静脉给药考核理论考试和技能操作考核、乡村医生抗菌药物临床应用培训考核，有64名乡村医生取得涪陵区静脉给药培训考核合格证明、有54名乡村医生取得涪陵区抗菌药物临床应用培训考核合格证明。

医疗管理

【优化医疗质量管理】 涪陵区卫生系统以医联体创建为抓手，通过“纵帮横联”协作机制，加强上级医院对下级医院指导，不断提升全区医疗质量。以名科建设项目为平台，强化专科医疗水平，实施涪陵区名医名科名院建设工程。加强医院感染管理，与区卫生监督执法局开展联合专项检查，开展全区医疗机构医院感染防控知识竞赛。继续推进“改善医疗服务行动计划”，通过建立预约诊疗、远程医疗、日间手术、检验检查结果互认制度。二级以上医院全面开展优质护理服务，推行医务社工和志愿者服务，加强医疗人文关怀。加强尊医重卫宣传，评选出30名涪陵区优秀医师、16名优秀护士。

【中医药发展】 涪陵区卫生系统实施基

层中医药服务能力提升工程，投入中医药适宜技术推广经费55万元，2个基层医疗卫生机构中医馆提档升级。投入资金39万元建成基层中医馆健康信息平台。中医学科建设持续加强，江东街道社区卫生服务中心、新妙中心卫生院立项建设市级基层医疗卫生机构中医特色专科。注重中医传承创新，获市级科卫联合中医药科研项目2个，建设全国基层名老中医药专家传承工作室1个，打造精品中医馆2个。

卫生法治与改革

【卫生法治建设】 涪陵区继续完善行政审批标准化建设体系，卫生行政许可精简为20大项，提前办结率98%，按时办结率100%；放宽社会资本办医，取消执业医师开设诊所限制，新设医疗机构22家。实现医师护士电子化注册，公共场所卫生许可实行告知承诺制。建立规范性文件合法性审查备案制度，清理卫生规范性文件17个。“区乡村”三级卫生监督执法网络初步建成。强化普法工作，区卫健委中心组专题学法2次，举办卫生法治专题培训3次，全系统法治理论考试2848人，3名处级领导干部参加集中抽考。

【卫生监督能力建设】 区卫生计生监督执法局获批规范化卫生健康监督执法机构建设创建单位。年内涪陵区严厉打击非法行医，专项整治医疗乱象、中医养生保健服务乱象，实施监督6124户次，查处违法违规行为74起，对10名医务人员纳入不良执业“记分”管理。开展尘毒危害专项治理，启动尘肺病防治攻坚行动，检测职业病危害因素企业304家，检测率达78.5%。持续做好“扫黑除恶”专项斗争工作，抓好风险隐患排查整治，无重大医疗事故发生，无涉医违法案件发生，系统总体平安稳定。

【医药卫生体制改革】 涪陵区继续深化公立医院综合改革，涪陵中心医院开展人员总量备案试点、区中医院推进现代医院管理制度试点，5家医院完善《章程》试点，在浙江大学举办现代医院管理制度院长培训班一期；38家公立医疗机构取消医用耗材加成，同步调整医疗服务价格1842项。构建分级诊疗服务体系，推进66个病种基层首诊，运行专科联盟12个、协作型医联体34个、技术指导型医联体4个，实现“区乡村”全覆盖，最大限度减少异地就医。深化医保支付方式改革，城镇职工参保24.9万人、居民参保83.3万人，53种国家谈判药品纳入医保报销。建立总额控制管理、单病种付费、按床日付费、按人头付费制度，35家医疗机构纳入全国医保联网结算。优化药品供应保障，完成国家基本药物采购使用比例，推进上下级用药衔接，新增药品采购品规237个。突出全行业全过程监管，推进“双随机一公开”监督，开展专项执法检查，查处案件310件，形成“大执法、大监督”格局。

卫生教育科研与合作交流

【卫生队伍建设】 2019年，涪陵区继续实施基层卫生人才能力提升培训项目，培训167名骨干临床医师和护士、骨干乡村医生及村卫生室人员。启动基层卫生能力建设平台，对全日制本科人才改考试招录为考核招录，大专以上学历比例达71%，上升16个百分点。开展全科医生转岗培训，注册全科医生达255人，每万名居民拥有全科医生2.18名。坚定不移走“人才强卫、学科强院”发展路子，初步形成区域性医疗卫生中心建设构想，年内卫生系统成立人才导师工作室13个，评为涪陵区第五届拔尖人才13名、占全区13%。通过高级专业技术职务评审91名，招聘基层紧缺实用卫生人才编制43名。申报市级科技医学科研项目8项、博士后项目1项、社会发展类4项；获批市级科卫联合科研项目5项，市级区域医学重点学科、临床重点专科建设项目各2个；首次获批卫生适宜技术应用示范基地1个，推广卫生适宜技术项目1项、应用项目4项。

【医学交流合作】 涪陵中心医院24名医护人员对口帮扶武隆区人民医院、忠县人民医院、城口县人民医院、贵阳市清镇市第一人民医院；与区外56家医疗机构建立医疗协作、技术脱管、技术指导、专科联盟等医联体合作；2名专家担任武隆区妇幼保健院客座教授，129名业务骨干开展巡诊、会诊查房、学术讲座、手术示教等服务；与广州呼吸健康研究院专家远程会诊查房5次，派送进修学习2人；吴阶平泌尿外科中心首席专家吴小侯每月来院查房1次，共会诊疑难病例35例；北京专家教学来院查房12次、会诊疑难病例43例、手术31例；市儿童医院5名专家来院讲学、会诊查房及指导5次，送该院培训8人、参加学术活动10人次；送华大基因胎儿染色体非整倍体检测571例。区中医院对口支援武隆8人。

三甲医院简介

【重庆市涪陵中心医院】 重庆市涪陵中心医院创办于1914年，前身是加拿大多伦多城基督教在涪陵的“英美会”创办的“仁济医院”。新中国成立后先后更名为四川省涪陵专区人民医院、四川省涪陵地区人民医院、四川省涪陵市人民医院，1999年更为现名，是重庆市涪陵区人民政府所属的正处级事业单位。医院2002年获批国家三级甲等医院。医院是重庆医科大学、西南医科大学涪陵附属医院（非直管），是陆军军医大学、遵义医学院、川北医学院、厦门医学院的教学医院。医院是全国卫生系统先进集体、全国百姓放心百佳示范医院、全国综合医院中医药工作示范单位、重庆市先进基层党组织、重庆市文明单位、重庆市优秀卫生单位。医院由现在的院本部、新城区医院（在建的未来院本部）和口腔分院组成。医院占地275亩、建筑面积15万平方米。其中，现院本部占地76亩，建筑面积14万平方米，主要建筑是近几年新建的外科大楼、内科大楼、医技大楼和门急诊大楼；口腔分院占地2亩，建筑面积0.5万平方米。医院现有编制床位1856张。其中，现院本部编制床位1346张，开放床位1500张。医院有3.0T核磁共振、128排超高端螺旋CT、3D腹腔镜、外科手术显微镜、体外循环机、128排CT、16排CT、1.5T核磁共振、数字血管减影机、直线加速器、全数字化彩色多普勒超声诊断系统、超声内镜、胶囊内镜、全自动生化免疫流水线、主动脉内球囊反博仪、ECT机、输尿管软镜治疗系统等先进医疗仪器设备。

医院有43个业务科室。其中有心血管内科、肝胆外科、消化内科等3个重庆市特色医疗专科；有麻醉科、重症医学科、普外科、泌尿外科、护理学、肾内科、神经内科、病理科、康复医学科等9个重庆市临床重点专科；有神经外科等1个重庆市重点学科；有肝胆外科、妇产科、呼吸内科、儿科、麻醉科、重症医学科、肿瘤血液科、耳鼻咽喉头颈外科等8个重庆市区域医学重点学科。医院新生儿治疗中心是重庆主城区外规模最大、设备最先进、实力最雄厚的中心之一，血液透析中心在国内具有先进水平。2014年合作建设了吴阶平泌尿外科涪陵分中心。2015年合作建设了西京消化病医院涪陵整合医学中心。2016年，与重庆医科大学附属儿童医院开展了技术合作。2017年，与广州呼吸疾病研究所开展合作，聘请了该所所长、中华医学会呼吸分会主任委员陈荣昌教授等2人为客座教授。医院开展了25G+微创玻璃体切割手术、肝肾移植手术，体外循环手术，人工耳蜗植入术，经自然腔道内镜手术（NOTES），TIPS手术，NOTES保胆取石术，G-POEM手术，心脑血管介入手术，腹腔镜、胸腔镜、关节镜等各种腔镜手术，全激光飞秒眼屈光矫正手术，肿瘤调强放射治疗，肿瘤生物治疗等系列手术。成为2019年第二批高级卒中中心建设单位，顺利通过2020年度第一批次中国胸痛中心申请认证资格预审。顺利通过国家药物临床试验机构资格认定，内分泌科等8个专业组取得开展II、III、Ⅳ期药物临床试验资格。医院领导班子由党委书记1名、院长1名、专职党委副书记1名、纪委书记1名、副院长4名、工会主席1名等9人组成。有中共党员555人，设有50个党支部，有62个科室，在岗工作人员1924人，正高级职称人员52人、副高职称人员163人，医学博士16人（其中海归博士2人）、硕士206人，本科1245人，硕士研究生导师12人，全国学术委员会委员12人，重庆市学术专委会副主委（副会长）30人，涪陵区科技拔尖人才30人。2019年，医院门急诊诊疗146.3万人次，出院病人6.62万人次，完成手术5.21万台次，区外住院病人1.21万人次。

【重庆市涪陵区中医院】 医院成立于1977年4月，2017年获批国家三级甲等中医医院，是国家中医类别医师资格考试实践技能考试与考官培训基地、国家中医药管理局基层中医药适宜技术服务能力和中医“治未病”服务能力建设单位、重庆市中医类别住院（全科）医师规范化培训基地、重庆市中医药适宜技术推广基地和中医药文化宣传教育基地；是成都中医药大学非直属附属医院、广东省中医院协作医院、陆军军医大学大坪医院技术指导医院；是涪陵区基层中医药服务能力及公共卫生中医药服务技术指导单位，涪陵区中医龙头单位。医院总占地109亩，建筑面积7.6万平方米，编制床位810张。拥有全进口飞利浦1.5T核磁共振、飞利浦64排128层螺旋CT、进口岛津DR、飞利浦彩超、德国贝克曼全自动生化分析仪、德尔格麻醉机、呼吸机、飞利浦除颤仪、狼牌腹腔镜等大型的诊疗设备。完善HIS、PACS、LIS、RIS系统的建设，建成移动医疗、移动护理，实现无纸化医疗、办公。全院医疗、公共WIFI全覆盖，实现网络无缝衔接。装备自动发药机、分包机、物流轨道系统，建成集中式静配中心，实现药房智能化。建设第三方医学检验中心，业务覆盖周边区县。现有职工648人。有1个总院2个分院：李渡总院设置有门诊部、中医馆、急诊科、妇产科、脑病科、心病科、肿瘤科、肺病科、脾胃病科、骨伤科、外科、重症医学科（ICU）、治未病中心、耳鼻喉眼科、口腔科、糖尿病科、儿科、体检科、血透室等20个临床科室。体育路分院设置有中医馆（门诊部）、康复科、针灸科、肛肠科、内科等5个临床科室。北斗路分院设有：老年病科、心身疾病科2个临床科室。有重点专科和特色专科7个：国家级重点专科1个（脑病科），市级重点专科2个（骨伤科、肺病科），区级重点学科1个（老年病科）。国家级特色专科2个（针灸科、肛肠科），市级特色专科1个（糖尿病科）。

人民生活与社会事务

人民生活概述

【全面小康社会实现程度】 据市统计局核定，2018年涪陵区全面建成小康社会实现程度为98.67%，比2017年提升0.95个百分点，实现程度居全市各区县首位。2019年实现程度初步测算为99.5%，比上年提高0.83个百分点。

【人均地区生产总值】 2019年全区地区生产总值（简称GDP）达到1178.66亿元，比上年增长8.1%；按平均常住人口计算，人均GDP突破十万元大关，为100814元，比上年可比增长7.6%；按全年人民币兑美元平均汇率（6.981元/美元）换算，达到14441美元。

【城乡居民收入和消费】 2019年全区全体常住居民人均可支配收入32505元，比上年增长10.4%。按居民常住地分，城镇常住居民人均可支配收入39940元，比上年增长9.0%。城镇居民可支配收入中，人均工资性收入24010元，增长8.7%；人均经营净收入4578元，增长8.8%；人均财产净收入2676元，增长4.5%；人均转移净收入8676元，增长11.4%。城镇居民人均消费支出30421元，比上年增长6.8%。

2019年农村常住居民人均可支配收入16175元，比上年增长10.1%。其中，人均工资性收入4737元，增长10.6%；人均经营净收入6224元，增长7.5%；人均财产净收入462元，增长4.4%；人均转移净收入4752元，增长13.9%。农村居民人均生活消费支出13036元，增长6.1%。

【城乡居民收入差距】 2019年农村居民可支配收入增长继续快于城镇居民，城乡居民收入差距进一步缩小，二者收入比由2018年的2.49∶1缩小为2.47∶1(以农村居民收入为1)。

【恩格尔系数】 涪陵区全体居民恩格尔系数呈逐年下降趋势，2019年全区全体居民恩格尔系数为34%，比上年下降0.3个百分点。其中，城镇居民恩格尔系数为33.2%，下降0.3个百分点；农村居民恩格尔系数为37.8%，下降0.1个百分点。

【居民住房】 2019年末城镇居民人均住宅建筑面积36.13平方米，农村居民人均住房面积42.74平方米，均呈逐年扩大之势。

【职工工资】 2019年全区城镇非私营单位在岗职工平均工资为76104元，比2018年增加3380元，同比名义增长4.6%。私营单位职工年平均工资为46379元，比2018年增加1467元，同比名义增长3.3%。分行业看，非私营单位人均工资水平最高的是采矿业，达到18.58万元，最低的是农林牧渔业企业，为3.6万元；私营单位人均工资水平最高的是金融业，为7.0万元，最低的是农林牧渔业企业，为3.3万元。

【社会就业】 2019年末全社会从业人员为78.3万人，比上年增加0.4万人。分产业看，第一产业18.0万人，第二产业28.83万人，第三产业31.47万人。分城乡看，年末城镇从业人员47.9万人，乡村从业人员30.4万人。分行业看，从业规模最大的三个行业是：建筑业、批发和零售业、交通运输仓储和邮政业。农村劳动力外出务工呈回流态势，2019年外出务工人员29.37万人，比上年减少0.69万人，其中市外务工人员11.88万人，市内区外务工人员6.47万人，区内务工人员11.02万人。

【社会服务】 2019年末，全区每万人拥有医院和卫生院床位61.6张（按常住人口算，后同），每万人拥有卫生技术人员62.7人。每万人拥有律师数2.4人，三大指标均比上年提高。年末全区各类社会养老机构46个，社会养老机构收养床位4005张，入住人数2366人。年末拥有城镇社区服务中心117个，农村村级服务中心303个。

【城市建设】 2019年末，城市建成区总面积达到72.01平方千米，比上年扩大0.51平方千米；城市总供水能力（包括自备水源）达到25.58万吨/日，全年供水总量5704万吨；供水管道总长达到1513千米。天然气供气总量15.44亿立方米，液化石油气供气总量2200吨。年末有城市公共交通车490辆，出租车878辆。年末城市园林绿地面积3022公顷，其中城市公共绿地面积2095公顷。建成区绿化面积达3126公顷，建成区绿化覆盖率为43.41%。

【城市环境】 2019年城区环境空气质量优良天数322天。空气中二氧化硫、氮氧化物、可吸入颗粒物年日均值分别为0.018毫克/立方米、0.033毫克/立方米、0.054毫克/立方米。城区环境空气细颗粒物（$PM_{2.5}$）平均浓度为37微克/立方米。区域环境噪声和道路交通噪声平均值分别为52.8和65.3分贝，长江、乌江水质基本稳定在Ⅱ类水域水质标准。城区生活垃圾无害化处理率、农村生活垃圾有效治理行政村覆盖率达100%。

【城镇化率】 根据重庆市1%人口抽样调查资料计算， 2019年末全区常住人口117.03万人，其中城镇人口81.65万人，常住人口城镇化率为69.77%，比上年提高1.05个百分点。同时根据公安部门户籍资料，2019年末全区户籍人口114.83万人，比上年减少0.3万人，其中，城镇人口51.28万人，户籍人口城镇化率为44.7%。

民政专项社会事务

【机构设置】 区民政局是主管全区民政工作的政府工作部门。区民政局设7科1室，有直属单位9个。局机关设行政编制18名，其中局长1名、副局长3名；直属事业单位编制102个。全系统实有在编在岗职工116人。设机关党总支1个、有基层党支部9个，党员126人。

【行政区划管理】 涪陵区有422个村（社区），其中社区119个、行政村303个。年内区民政局开展涪陵江南主城区行政区划调整事宜调研，基本形成调整方案；开展不规范地名清理整治；实施涪陵巴南行政区域界线联合检查。

【婚姻家庭】 区民政局婚姻、收养登记进一步减证便民，全年办理结婚登记6319对，离婚登记4221对，补办离婚登记证421对，登记合格率100%。

【社会福利】 涪陵区留守儿童关爱基本实现全覆盖，年内区民政局开展农村留守儿童摸底调查，将全区8128名留守儿童纳入监护范围；为81名散居孤儿建立了“一人一档”，全覆盖开展探访巡查；孤儿基本生活保障金提高到每人每月1204元；实施“福彩圆梦·孤儿助学工程”，帮助13名孤儿顺利升学。落实贫困残疾人生活补贴和重度残疾人护理补贴，为15758名残疾人发放“两项补贴”共计1196.9万元。全年累计募集善款1700余万元、发行福彩1.03亿元。“夏季送清凉”和“冬季送温服”专项行动持续开展，救助335人次，城市街面基本无流浪乞讨人员。

【社会组织监管】 2019年，区民政局积极推进四类社会组织直接登记改革，新培育社会组织9个，注销社会组织109个，变更登记42个，社会组织总数619个。持续深化行业协会商会脱钩工作，引导社会组织参与社会救助、脱贫攻坚工作，开展打击整治非法社会组织专项行动，完成612个社会组织年检，年检率95%。

【社区建设】 2019年，涪陵区探索党小组和村（居）民小组“双组联动”，推动12名村党组织书记选任村委会主任，出台“三事分流”“三治融合”“三社联动”等指导文件，建立完善“一约五会”制度和村（居）务公开制度，422个村（居）修订完善村规民约（居民公约）。全区119个城市社区完成便民服务大厅配备，落实社区事务准入制度，落实公共事务准入事项清单60项，取消需村（社区）出具证明事项35项，乡镇街道精简涉村（社区）会议、台账达30%以上。

【壮大社工队伍】 2019年，区民政局组织全区社区干部参加社工专业知识集中培训，出台奖补政策支持相关从业人员参加职业资格认证考试，全区有助理社会工作师92人、中级社工38人。推广政府购买服务，在马武镇碑记村开展系列公益活动。

【殡葬管理】 宝鼎山陵园墓位占地面积控制在1平方米以内，共接埋骨灰生态安葬700余个，为214名符合条件群众免除基本丧葬服务费。

社会保障

【民政兜底脱贫】 2019年，区民政局将建档立卡贫困对象3212户、5970人纳入了低保兜底范围，发放建卡贫困户兜底低保金2022万元，促进贫困户稳定脱贫。城乡低保标准提高到每人每月580元和440元，城市低保对象7671户12706人，享受人数占全区非农业人口的2.45%，全年发放城市低保金7494.30万元；农村低保对象12501户21053人，享受人数占全区农业人口的3.26%，全年发放农村低保金8442.06万元。年内全面开展农村低保专项治理，健全完善低保动态管理机制，推动近亲属备案171份，调整停发2379户3547人。不断提升特困供养标准，特困人员供养标准提高到每人每月754元，5052名特困人员基本生活得到有效保障。落实分级审批、先行救助等规定，对有重大生活困难的贫困人口，采取“一事一议”方式适当提高临时救助标准，下拨临时救助资金500万元，救助3399人次。

【贫困人口应保尽保】 2019年3月，区医保局联合区财政局、区扶贫办出台了全区扶贫资助参保政策，2019年未脱贫人员资助220元、已脱贫人员资助44元，在全区建立起扶贫资助参保、医疗救助资助参保、计生资助参保三重资助参保机制。2019年，资助贫困人口参保51566人，资助参保费用共计496.39万元（其中医保扶贫项目资助36215人，资助参保费用216.08万元）。建立六大机制五本台账加强贫困人口参保，全区建卡贫困人口已实现应保尽保。

【社会保险】 2019年，涪陵区养老保险、失业保险、工伤保险累计参保121.12万人次，累计新增参保12.37万人；累计征收养老、失业、工伤社会保险费26.4亿元。384户参保单位开通了网上业务经办，受理网上申报业务3.17万笔。涪陵区连续第15年调整企业退休人员养老待遇，顺利完成2019年企业退休人员和机关事业单位退休人员养老待遇调整和足额兑现工作。全年为28.01万人发放养老、失业及工伤保险待遇44.86亿元。全区实现社保降费减负8.36亿元。全年制发、挂失补办社保卡共计4.6万张。

【基本医疗保险】 2019年末，全区基本医疗保险参保106.7万人，其中：参加职工医保23.4万人，参加居民医保83.3万人；参加生育保险14.2万人。征收医疗保险费11.7亿元，其中：征收职工医保费9.6亿元，征收居民医保费2.1亿元；征收生育保险费0.3亿元。参保征缴均超额完成市上下达的目标任务。2019年，全区支付医疗、生育保险待遇14.4亿元，其中：支付职工医保待遇8.1亿万元，支付居民医保待遇5.8亿元，支付生育保险待遇0.5亿元。全年支付城乡医疗救助费用5712万元，支付特困人员医疗救助基金436万元。2019年共完成特病鉴定1.2万人次，鉴定合格1.1万人次，合格率达91.7%，累计享受特病门诊待遇8.9万人次，其中职工医保4.7万人次，居民医保4.2万人次。

【医保改革】 全市启动实施国家组织药品集中采购和使用试点工作以来，区医保局做好每一工作环节。提前完成中选药品计划采购任务，中选药品价格平均降幅52%，最高降幅96%。全面取消公立医疗机构医用耗材加成同步调整医疗服务项目价格工作平稳落地。2019年12月22日零时，所有公立医疗机构医用耗材统一按采购价格销售，同步调整1842项医疗服务项目价格；从2020年1月1日起，全面启用2019年版药品目录。

【服务民生】 涪陵区跨省异地就医直接结算医疗机构范围逐步扩大，2019年区内异地就医直接结算医院达35家，覆盖范围超过50%。备案手续不断简化，实现现场办理、电话登记、“重庆社保”App等方式进行异地就医备案。2019年共受理异地就医跨省联网结算备案2405人次，全区参保人员在市外异地住院联网结算1891人次，报销金额2091万元；市外参保人员在区内住院联网结算798人次，报销金额677万元。医保关系转移接续更加顺畅，全年办理跨统筹地区医保关系转移1083人，涉及金额117.3万元。

老 年 人

【概况】 2019年末，涪陵区有老年人口23.24万人（其中70岁以上老人99006人、80岁以上36070人、90岁以上4168人），老年人口占比20.24 %，高于全国2.14个百分点、低于全市0.86个百分点。

【制定养老发展规划】 涪陵区出台促进养老事业发展政策10条，编制《重庆市涪陵区养老设施布局专项规划（2019—2025）》，加快建设居家社区机构相协调、医养康养相结合的养老服务体系。街道、社区（村）养老服务设施数量达到174个。新建改扩建社区养老服务站12个，全区社区（居家）养老设施达到62个，覆盖率达到52%。新创建市级示范社区养老服务中心1个，市级示范社区（居家）养老服务中心达到2个，列重庆市主城区以外区县之首。失能特困人员集中供养中心项目建成投用，统筹推进6个乡镇敬老院实施“三改”行动，全区有城乡养老机构48所、床位4708张，每千名老人达到20张。区民政局推动社区卫生服务中心、乡镇卫生院开设老年病门诊，开设家庭病床、家庭出诊、社区护理和社区康复等为老服务，48家养老机构与医疗机构签订合作协议。

残 疾 人

【民生保障】 年内，区残联以解决残疾人“两不愁三保障”突出问题、做好残疾人民生实事为重点，确保各项惠残政策落实到位。实施“两项补贴”。加强与民政部门的沟通与衔接，对全区15278人次残疾人发放“两项补贴”1309.713万元，另对3847人次建卡贫困残疾人发放“两项补贴”229万元。购买“两个保险”。投入15.265万元为全区3053名建卡贫困残疾人购买“助残惠民意外保险”；投入36.85万元为全区7370名低保残疾人购买“助残惠民保险”，确保意外伤害保险覆盖所有贫困残疾人。推进“四个资助”。投入225万元，对150户农村残疾人D级危房改造进行了资助；投入22.2万元，对89名家庭贫困残疾人子女和残疾人上大学提供了资助；投入7.5万元对25名残疾儿童接受学前教育进行了资助；推荐7名贫困残疾人子女就读市残联与市医药卫生学校联合开办的“扶智”班，除在校期间费用全免外，每人每年还将获5000元的生活资助。开展一次慰问，开展“冬送温暖”对全区440户残疾人家庭进行了慰问，发放慰问金22.8万元。

【公共服务】 年内区残疾人康复中心、区失能贫困人员集中供养中心全面完工；《涪陵区残疾人基本辅助器具适配补贴实施细则》《涪陵区疑似残疾儿童诊断补贴实施细则》和《残疾人精准康复家庭医生签约服务》等惠残政策出台；区残联实施残疾人精准康复服务行动，为7485名残疾人提供精准服务，服务率达到98.33%；为4105名残疾人适配辅助器具，适配率达99.66%；投入183万元，为171名残疾儿童进行了康复救助；为899名精神残疾人提供免费服药及康复医疗救助；投入资金73万元，对550名智力、精神和重度肢体残疾人进行了居家托养服务（其中100名智力、精神和重度肢体残疾人通过政府购买服务）；推进社区残疾人精准康复服务试点工作和家庭责任医生签约服务6014人，签约服务率84.2%。推进残疾人无障碍建设。年内投入48.6万元，为全区200户残疾人家庭实施无障碍环境改造；为43人发放残疾人机动轮椅车燃油补贴1.118万元；为16人发放C5驾照补贴1.6万元；为11人办理下肢残疾人车辆重庆绕城高速及六条射线高速套餐通行费免缴。推进残疾人法治教育。年内开展“德法相伴”普法教育，200名残疾人参加；区残联联合区检察院开展“‘莎姐’大普法•关爱残疾人”专项普法教育，400多名残疾人接受法治教育；在“12•4”国家宪法宣传日联合区司法局开展残疾人法制宣传，引导残疾人尊法、学法、守法、用法；坚持领导干部接访和下访制度，实行信访工作首接责任制，落实信息报告制度，全年领导下访96次，收到来信、来访7件，办结率100%，确保无信访积案。

【就业创业】 区残联做好残保金征收，做好用人单位安排残疾人就业情况审核工作，力争做到残保金应收尽收，全年征收残疾人就业保障金入库3584万元。促进残疾人就业，拓展残疾人就业服务领域，开发残疾人就业岗位，落实《涪陵区用人单位按比例安排残疾人就业补贴和超比例奖励办法（试行）》《涪陵区残疾人就业创业扶持办法（试行）》，提高用人单位安排残疾人就业的积极性，促进残疾人就业创业和稳定就业；年内区残联与区劳动就业部门协调配合做好残疾人就业援助，走访残疾登记失业人员家庭216户，登记失业人员184人，组织专场招聘会13次，全年新增残疾人职业技能和实用技术培训428人，新增残疾人就业460人。助力残疾人增收，推进残疾人小康进程，推动农村贫困残疾人精准脱贫，年内投入117.75万元，对2355名建卡贫困残疾人开展农村实用技术培训和生产资料帮扶，对130名残疾人开展了扫盲培训；投入58万元，对2户农村残疾人种养业大户和6个区级残疾人扶贫示范基地进行扶持。

精神文明

【群众性精神文明】 2019年，区文明办编印发放《涪陵区市民文明手册》10万册，举办“讲文明 树新风”公益广告设计大赛、“美丽涪陵 文明之城”微视频大赛；推进“文明礼仪我带头•争做涪陵好市民”主题实践，拓展文明餐桌，开展文明餐桌宣传，饭店、餐馆等营业场所设置文明餐桌标语、摆放提示牌。在重要时间节点开展文明旅游主题活动，持续深化“文明在行动·满意在涪陵”“文明在行动·涪陵更洁净”活动。持续开展“雷锋的士”评选、“礼让斑马线·文明我点赞”“我文明靠右行”等主题活动。围绕“我们的节日”开展“粽香涪州·情满家园”“月圆涪州·星光闪耀”等系列主题活动500余场次。发挥各类文明单位示范带头作用，常态化开展推广使用普通话、“爱心进农家”等活动。2019年涪陵区成功创建市级文明单位7个、市级文明村镇4个、市级文明家庭3户、市级文明校园暨“创建全国文明校园先进学校”3所，获评全国“最美家庭”1户，评选区级“文明家庭”20户。

【新时代文明实践】 涪陵区出台了《重庆市涪陵区建设新时代文明实践中心试点工作方案》，确定南沱镇睦和村、蔺市镇梨香社区、马武镇外坝村、武陵山乡茶园坝社区为涪陵区新时代文明实践站，区气象局为实践阵地，建立文明实践队伍，围绕学习实践科学理论、宣传宣讲党的政策、培育践行主流价值、丰富活跃文化生活、实施关爱帮扶和就业创业帮扶六大实践内容，通过“讲、学、帮、乐、评”开展新时代文明实践活动。完善新时代文明实践站制度化建设，实现“一站一特色”目标。

【志愿服务】 涪陵区鼓励各级各类组织建立志愿服务队，全区共有志愿服务组织1222个、注册志愿者达15余万人。健全城乡社区、公共文化场所、窗口单位学雷锋志愿服务工作站（点），探索“社工＋志愿者”模式，推动志愿服务自助互助。用好“志愿重庆”“志愿涪陵”系统，常态化开展“山水之城 美丽之地”“助农收砍青菜头”等主题志愿服务活动1.8余万场次。制订《涪陵区“志愿涪陵”时长积分兑换流程》，就“志愿涪陵”系统礼遇细则向社会公示并实施兑换。举办涪陵区志愿服务项目大赛，“左邻右舍 爱在身边”崩土坎社区睦邻志愿服务项目、“下班奉献一小时”党员志愿服务项目分别荣获重庆市志愿服务项目大赛金奖、铜奖。开展“志愿服务季”活动，评选最美专业志愿者68名，区级志愿服务先进典型16个，推荐获评重庆市“最美志愿者”1人，最佳志愿服务组织、最美志愿服务社区各1个。

【农村精神文明建设】 涪陵区深入推进移风易俗“十抵制十提倡”，召开农村精神文明建设推进现场会，编制印发《涪陵区农村居民文明手册》10万本、《幸福是奋斗出来的》涪陵区脱贫扶贫故事集5000册；举办“身边的脱贫故事”微访谈1174场次，开展扶志扶智“五个一”活动，常态组织开展“清洁户”评选，大力整治大操大办，义和镇“文明积分制度”试点取得成功经验。全年评选“最美院落”50个，“最美街镇”10个。

【未成年人思想道德建设】 2019年，涪陵区成功承办重庆市乡村学校少年宫“寻根乡愁·留住农耕”主题展示暨戏剧进乡村学校少年宫活动，举办“向祖国妈妈敬礼 做新时代好少年”现场发布会3场，评选“新时代涪陵好少年”20人，秦樱倍、高子杰、高子涵、廖子旭4人获评“新时代重庆好少年”；开展红樱桃“冬日针爱”志愿服务活动，为罗云乡、大木乡、增福乡、武陵山乡的留守儿童捐赠价值8万元的冬衣、帽子、围巾1200余套；开展乡村学校少年宫展演交流活动3次，培育南沱镇中心校篆刻文化、龙潭中心校米文化、大顺更新小学陶艺文化，成功打造蔺市中心校的腌制萝卜课程、新妙中心校的体育舞蹈课程、罗云中心校的红色教育课程，乡村学习少年宫管理日趋规范。

【道德典型宣传】 涪陵区成功举办重庆市“好人在身边”微访谈市级（涪陵）示范活动。对市级以上道德典型进行节日慰问，发放慰问金7.2万元；组织开展道德模范“进企业”“两江游”等活动。全年推荐身边好人线索6833条，区内媒体宣传报道各类好人好事2000余条（次）。杨云获全国道德模范提名奖，张入丹获评重庆市见义勇为道德模范，全区获评“重庆好人”9人。

全国文明城区创建

2019年，涪陵区出台了《涪陵区创建第六届全国文明城区攻坚突破行动方案(2019)》《全国文明城区测评体系（2019年版）》《涪陵区2019年度创建全国文明城区评价考核办法》《涪陵区创建全国文明城区指挥部工作机制》《涪陵区创建全国文明城区、创建全国卫生区“百日攻坚”行动工作方案》等系列工作制度机制，进一步明确了责任，规范创建。

在创建活动中，为进一步提升城市宜居度，涪陵区投资2000万元对城区19个菜市场和7个便民市场进行新改建和整治；投资1900万元实施小区楼栋改造；投资1030万元，改造城市公厕；投资1650万元改造垃圾中转站14座，购置垃圾桶1500个，补植绿色植物12.5万千克，灌木25万株，行道树600余株；投资4100万元集中对江南城区道路人行道和盲道进行改造和沥青路面改造，新增停车位1800余个。

涪陵区持续加强创文宣传，全面布局公益广告。在巴渝都市报社、涪陵广播电视台持续开设《创建全国文明城区》专题专栏，宣传各级各单位创建好经验、好做法、好成效。全年巴渝都市报共刊载创文图文报道417篇（条），出版创文特刊32期；涪陵广播电视台播发创文新闻稿件163条。充分利用涪陵网、巴渝传媒网、涪陵手机报、“涪陵发布”微信公众号、“爱涪陵”App、“无限涪陵”App等新兴媒体资源开展网络宣传，及时发布和推送创建全国文明城区相关信息，共推送创文信息880余篇（条）。

在春节、元宵、清明、端午、七夕、中秋和重阳等传统节日期间，涪陵区坚持示范活动与面上活动相结合，民俗活动与文化活动、邻里活动相结合，常态开展“我们的节日”系列活动。借助新中国成立70周年之际，开展“我与国旗合个影”、合唱音乐会、“红心侠和祖国共成长”主题宣传、国庆节慰问困难党员群众等系列活动。开展各种活动都突出“创文+”，把创建全国文明城区与爱祖国、爱家乡、爱小区有机结合，不断激发广大市民爱国激情、爱家乡热情。

在创建活动中，全区建立各级各类组织志愿服务组织1222个、注册志愿者达15余万人。积极探索“社工+志愿者”模式，推动志愿服务自助互助。广泛开展“山水之城，美丽之地”“小手拉大手”“下班奉献1小时”等主题志愿服务活动。全年组织志愿者30余万人次，开展“文明劝导”，提升市民文明素质。大力培育志愿服务文化，开展鲜花送雷锋主题活动，为200名志愿者送上鲜花。广泛培育选树志愿服务先进典型，获评市级“最美志愿者”1人，“最佳志愿服务组织”“最美志愿服务社区”各1个，提高市民对志愿服务认同感和参与度。

在创建活动中，涪陵区常态开展区创文办月度督导考核，每月组织12个组开展督导工作，全年督导3800余个点位，下发整改责任通知书1500余份，整改问题3697个，整改率达97.3%，未整改完成的持续落实整改工作。在创文百日攻坚期间，启动指挥部督导组工作督查，分设6个工作组，督查重难点推进落实情况；外聘第三方开展两次集中暗访督查，强化实地点位和民意测评，发现问题全面整改，以查促改取得良好效果。

应急救援

【应急队伍建设】 2019年，涪陵区对全区的8+12支专业救援队伍和乡镇街道（园区）综合应急救援队伍进行了重新清理摸底，建立了队伍人员清单，开展了全区社会应急救援力量专题调研，积极探索引导蓝天应急救援队、雪豹应急救援队、工程机械协会应急救援队、重庆展宏图救助打捞公司等社会救援力量有序规范参加应急救援。初步形成了以乡镇综合应急救援力量为基础，“常、专、群”三类救援战斗力量为主体，应急保障力量为支撑，应急专家力量为指导，社会救援力量广泛参与的应急救援队伍体系。

【完善应急预案体系】 涪陵区应急预案管理办法得到完善，全面重构全区总体应急预案、区级专项预案、政府部门（单位）预案、园区和乡镇街道应急预案、村（社区）和企事业单位应急预案、重大活动应急预案、现场处置预（方）案。区应急管理局完成防汛抗旱、森林灭火、地质灾害应急预案修订工作，审核备案企业预案100余个，制订风险点、隐患源“一对一”预案50余个，企业现场和重点岗位应急处置卡建立率达100%。

【加强应急物资储备】 年内，区级应急物资储备库建设得到大力推进，投入资金50万元，通过改造租用库房的方式建成了800平方米的区级应急物资储备库。进一步丰富应急物资装备，增配挖掘机、推土机、拖车等大型装备20余台，确定10辆客车、4辆货车作为储备运力。加强物资储备，区应急管理局与辖区16家商贸企业签订保供协议，与10家餐饮企业签订了应急处置生活物资保障协议，储备粮、油、肉等重要商品5.7万吨。各乡镇街道、村（社区）也都建立了规范化的物资储备室，针对辖区突发事件特点，配备了必要的物资装备和防护、照明等单兵装备。

【提升应急实战能力】 涪陵区开展了区防汛抗旱队伍、民兵应急救援队伍专题技能培训，组织消防、武警、医疗救护等应急队伍开展大练兵、大比武活动。区级层面组织开展了防汛抢险、危化品泄漏事故、森林防火等综合应急演练，各乡镇街道、村（社区）、学校、重点企业均有针对性地开展1次以上的应急演练，全区危化生产经营企业、非煤矿山企业、烟花爆竹企业演练率达100%，600多个地质灾害点周围群众也开展了经常性的疏散演练。11月，涪陵区承办了交通运输部和重庆市政府联合开展的长江干线水上联合搜救演习，取得了完满成功。

灾害与防治

【理顺体制机制】 2019年，涪陵区建立起防灾减灾“1委4指”工作机构，出台《关于健全完善防灾减灾救灾综合协调机制的通知》（涪减灾办〔2019〕2号）、《关于进一步规范自然灾害灾情信息报送工作的通知》（涪减灾办〔2019〕3号）、《关于进一步做好自然灾害监测预警工作的通知》（涪减灾办〔2019〕5号）、《关于印发涪陵区减灾委员会涪陵区自然灾害应急总指挥部成员单位工作职责及专项指挥部工作规则的通知》（涪减灾办〔2019〕6号）等系列规范性文件。

【强化监测预警】 2019年，涪陵区构建形成区预警指挥中心、预警分中心、预警工作站三级预警体系，区规划自然资源局、区水利局、区林业局、区气象局等涉灾部门建立了灾害信息“一图一表一库”，依托“突发事件预警信息发布平台”实现灾情信息共享。建立了临灾、灾中、灾后会商研判机制，2019年汛期开展会商8次，并通过大喇叭、电视、QQ群、短信等方式，将研判预警信息传递至社会各界和公众。

【隐患排查】 区规划自然资源局落实“四重网格员”541人，开展地灾“三查”，在6月21日强降雨过程中，江北街道李寺村网格员及时发现险情，迅速组织25名群众撤离，避免重大人员伤亡；区水利局在汛期进一步加大隐患检查排查力度；区林业局59个森林防火检查站的120名值班人员在重点防火期全员上岗检查，全区有450余名集体林护林员，国有林场11个管护站50余名国有林护林员。

【气象灾害】 暴雨 全年累计出现7场区域暴雨过程，分别是“6•5”“6•8—6•9”“6•15”“6•21-6•22”“6•24”“7•18”“7•22”区域暴雨过程，其中“6•21—6•22”为年内最强区域暴雨过程，造成部分乡镇街道有不同程度的受灾。

高温 年内35℃以上高温日数26天，分别为6月5日、7月21日—22日、7月26日—29日、8月2日、8月11日—13日、8月15日—27日、9月12日—13日，其中8月15日—27日出现持续性高温天气。

低温 年内共出现3次低温天气过程，分别为5月1日—15日、6月11日—30日，9月16日—25日，其中，9月16日—25日平均气温低于多年同期候平均气温3℃以上。

强降温 年内出现3次区域强降温过程，分别为2月7日—2月10日、3月20日—3月23日、4月26日—4月29日。其中4月26日—4月29日强降温天气覆盖范围最广，72小时内平均气温下降10℃，为年内最强的降温过程。

连阴雨 年内共出现4段连阴雨过程，分别为：1月9日—1月15日、10月11日—10月16日、11月16日—12月2日、12月18日—12月28日。其中11月16日—12月2日期间的连阴雨过程持续无日照天数17天，为年内最长连阴雨过程。

【地灾防治】 涪陵区多渠道争取地灾防治资金7070万元。开展地灾防治应急演练600余次；成功处置灾险情94起，临时转移群众185户689人，成功预警和处置江北街道二蹬坪滑坡险情，获市规划自然资源局通报表扬；完成龙潭镇湾里头滑坡等20处地灾治理项目、江北庙坪滑坡等9处重大地灾隐患点控制性勘察；落实库区专业监测项目7个；完成地灾避险搬迁67户221人；实施地灾搬迁复垦项目13个、惠及农户382户。

【宣传教育】 涪陵区深入开展“5•12”防灾减灾宣传活动，制作常见突发事件应对知识专题宣传片，在公交车视频、LED户外公众大屏、城区停车引导系统等媒体上循环播放。通过微信公众号、网站、报刊、电视、短信等多种媒介广泛宣传防灾减灾知识，全年累计向社会公众发送防灾减灾知识短信50余万条。

【灾后重建】 2019年，通过摸排，确定纳入倒房重建补助范围87户263间，财政支出补助资金131.5万元，倒房重建工作稳步推进；开展冬春生活救助，筹措下拨资金315.6万元。

乡镇·街道

敦仁街道

【概况】 敦仁街道位于长江与乌江交汇处，辖区东北与江东街道、江北街道隔江相望，西南与崇义街道、荔枝街道交错接壤，是涪州古城所在地，涪陵城市的发源地，相传与崇义街道敦崇仁义而得名。街道面积4.3平方千米，辖16个社区居委会，1个移民小区管委会，169个居民小组，户籍人口66374人。辖区有党政机关、企事业单位共240个，有各类企业、个体工商户及商业服务网点7000余个，中小学校6所，幼儿园14所，公园2个，各种文化娱乐场所223家，涪陵天主教堂亦坐落界内。街道内有两江广场、大剧院、金科世界走廊等城市景观，有涪州古城墙、白鹤梁水下博物馆等观光景点。

【经济发展】 2019年全街实现总产值853341万元，同比增长9.7%；完成固定资产投资65528万元，同比增长226%；实现城镇居民可支配收入42957元，同比增长9%；完成规上工业总产值增长7.3%；本级财政收入完成5914万元。2019年街道新增限额以上商贸单位16个，新引进重庆桥渝实业有限公司、明昀实业公司、重庆法尔物联网科技有限公司、重庆滨聘房地产开发有限公司、重庆市奥博卡商业管理有限公司、重庆恒流商贸有限公司、重庆银寿企业管理咨询有限责任公司、重庆市金帛锦房地产开发有限公司等企业13户，招商引资协议资金9.5亿元，实际到位资金3.9亿元。

【城市建设】 2019年，街道投入资金190万元，开展背街小巷的保洁保护，完成背街小巷650多个点位的人行道路修补，80余处1500余米的排水设施的整治，清理卫生死角26处、垃圾120余吨，清理楼宇废旧物品28车，修复围挡围栏350余米，拆除违法建筑面积401.2平方米，开展夜市综合整治12起，拆除违规户外广告、标语97幅365块。加强对中山路跳蚤市场、中山路水果市场、合智西街特殊人群小商品摊区的规范管理工作。全年处理数字城管案件11039件，案件处置率98%；处置环境问题交办案件25件、现场及电话投诉案件13件，投诉处置率100%，满意率99.8%。

【社会稳定】 2019年，街道崩土坎等5个社区达市级民主法治村标准；推进扫黑除恶专项斗争，开展宣传169次、走访33250次、发放宣传资料45450份；实现区、街道、社区三级综治视频互通；推进细化社区网格化、“信息化”管理，构建视频监控、物业管理、治安巡逻、App动态管理等四位一体的治安防控体系；戒毒（康复）复吸率、执行率等各类指标均达到预期目标；社区矫正人员无一脱漏管；100名重症精神病员监护到位。推动矛盾纠纷多元化化解，对信访涉稳重点人员，落实责任主体和包案领导，制订管控方案，成功化解移民上访老户1户，办理市级交办老户2户，训诫违法上访人员3人。一年来，开展各类安全检查企事业单位954家次，下达整改告知书6份，整改 38 处；社区安全隐患排查 1787 次，整改隐患 153 处。

【民生保障】 2019 年，街道完成建峰集团等 11 家市属国有企业的社会职能及相关历史遗留问题移交协议签订，居民养老保险新参保 4632 人，退休人员生存认证 15869 人，个人职工养老保险新参保 121 人，居民医保新参保 22510 人，个人职工医保新参保 329 人；办理廉租房申报 55 户，审核通过并享受租赁补贴 36 户，年度复查 459 户；低保新增上报 33 户 49 人 1.9 万元，停发 262 户 46 人 21 万元；办理敬老优待证 58 本，发放高龄津贴 106 万元，办理计生扶持 14 人 11.1 万元，新办残疾证 71 人，发放临时救助 141 人 22.1 万元。街道全年新增就业 2049 人，登记失业人员就业 1841 人，就业困难人员就业 547 人，城镇失业率 2.96%，持续保持城镇零就业家庭动态为零；办理灵活就业人员“4050”补贴 489 人次，补贴养老保险 161.5 万元，医疗保险 67.29 万元；创业担保贷款办理 92 人，申贷金额 1546 万元；贴息 118 人，金额 117.5 万元；办理双解社保补贴 26 人，单解社保补贴 72 人；办理失业保险 57 人次 42 万元。投入 100 余万元对辖区 26 栋老旧住宅消防设施改造；完成解决移民遗留问题对象审查 2215 户 4314 人，补助金额 197.44 万元。完成了移民小区综合整治项目、新生菜市场 B 区改造项目及南门山石嘴后街整治项目。为部队输送义务兵 26 人，按时发放义务兵家属、军烈属等各类优待金 50 余万元，节假日重点优抚对象走访慰问 315 户 6.72 万元。

主要领导名录

党工委书记　刘　华
办事处主任　舒兴权
人大工委主任　贺洪川
党政办电话　61039393
传　　　真　61039503

崇义街道

【概况】 崇义街道位于涪陵江南主城西城，面积 11.24 平方千米，常住人口 13.7 万人，辖 13 个社区居委会及 1 个移民小区管委会，街道有机关干部 134 人、社区干部 157 名。辖区有 5000 米滨江大街、“水下碑林”白鹤梁、千年名刹法雨寺、百年榨菜原创者邱寿安故居等景观。

【经济发展】 2019 年，崇义街道完成规上工业总产值 53679 万元，同比增长 17%；城镇居民可支配收入实现 40391 元，同比增长 8.5%；固定资产投资完成 24 亿元，同比增长 10%；限额以上批发零售实现销售额 67.37 亿元，同比增速 10.8%；限额以上住宿餐饮实现营业额 0.9 亿元，同比增速 4.8%。全年共新增注册 500 万以上企业 38 家，引进注册亿元以上企业 1 家，完成协议引资 9.3 亿元，到位资金 11.12 亿元；组织开展银企对接活动 6 次，解决企业融资难题；积极开展科技型企业培育工作，辖区企业获得涪陵区 2018 年科技创新促工业转型升级项目资金 86 万元。

【城市管理】 2019 年，街道开展违法建筑清理、市容卫生整治等十大专项整治，累计拆除彩钢棚 288 户、面积 2.67 万平方米；劝离乱停车辆 500 余辆，拖移“僵尸”三轮车 30 辆；修复破损污水管网、破损路面 22 处，整改 6 条背街小巷照明设施，清运暴露垃圾 90 余吨；开展市容市貌、夜市经营等各类大型集中整治行动 40 余次，对各类违法行为立案调查 58 起，罚款 35 余万元。持续开展病媒生物防治工作，全面推进无烟单位创建等工作。专项开展“散乱污”企业整治等行动，排查打击污水偷排偷放点位 51 个。推进河长制工作，完成有效巡河次数 283 次，完成巡查任务的 107%。

【民生保障】 2019 年，街道累计审核发放救助金61户8万元，春节期间慰问贫困人员670人。新增建档特殊困难家庭5户7人，停发17人。新增城镇就业1809人，组织失业（困难）人员适应性、技能培训374人。办理失业保险233人，办理个人创业担保贷款82人，贷款金额1240万元，发放创业担保贷款874万元。医保核查及再动员参保893人，办理特殊疾病申报162人，办理“4050”社会养老保险补贴285人。新增享受养老待遇指纹采集645人。新增低保家庭44户，停发低保105户154人。办理廉租住房申报23户。办理拖欠农民工工资案件11件，调解劳动争议3起。

【平安稳定】 2019年，街道深入开展安全生产大排查大整治大执法行动，全年共下发各类安全生产检查执法文书130余份，行政处罚罚款1万元。共排查危化品、烟花爆竹、道路交通、建筑工地等重点领域和人员密集场所的安全隐患88处，整改41处，监测监控44处，整改中3处。深入开展扫黑除恶专项斗争，共办理区扫黑办移交线索6起。推进治安防控体系建设，开展校园周边环境集中整治联合执法行动。坚持领导干部公开接访、下访制度，共接访约访下访269件次，涉及1641人次，排查矛盾纠纷71件，化解68件；全力做好新中国成立70周年特殊敏感时期的维稳工作，网上信访信息系统受理群众来信来访65件，办结64件。

主要领导名录

党工委书记　张必钧
办事处主任　秦芝明
人大工委主任　周德胜
党政办电话　72800222
传　　　真　72801221

荔枝街道

【概况】 荔枝街道地处涪陵中心和主城西南、西北城郊接合部，是江南主城的政治、经济、文化中心。全街面积126平方千米，辖6个社区、12个行政村，常住人口近20万人。辖区水陆交通便利，319国道、渝怀铁路、渝黔高速、涪南（川）路、涪丰（都）路穿境而过，城区三环路、四环路、涪蒿路等主干道联通其境。境内拥有大量的石灰石、黄沙等矿产资源和生态植被好、气候宜人的旅游资源。商贸发达的中心城区，配套完善的新型城郊，环境优美的生态梓里展现出结构多元、层次丰厚的亮丽风貌，使荔枝街道成为大众宜居宜业的理想之地。

【经济发展】 年度全街地区生产总值达158亿元，同比增长12.8%；非公经济总产值实现129.6亿元，同比增长7.1%；固定资产投资完成16.9亿元；实现本级财政收入1.2198亿元，连续三年突破亿元大关。城乡常住居民人均可支配收入分别为43769元、16749元，同比增长9.1%、10.1%。产业结构进一步优化，三次产业比调整为0.8∶39.5∶59.7。招商引资新引进项目14个，实际到位资金3.9亿元，增长11.4%；新增1户亿元级工业企业，实现5户商贸企业“升限”入统。

【城市提升】 深入推进“四城同创”，序化城市空间，清理违规户外广告和店招牌、占道经营等综合整治行动，实现主次干道和背街小巷监管全覆盖。坚决依法拆除违建彩钢棚和未批先建、私搭乱建等违反城乡规划的建筑820户共75000余平方米。做好路面及人行道修复、排水排污、垃圾清运、管线治理等民生改善工程。提升市民文明素质，以“五百行动”为主线，开展了100场小区活动、评选表彰了100名活动先进。全力攻坚“两线三片一城”项目拆迁，实现项目拆迁全部“清零”。

【乡村振兴】 深入实施“乡村振兴”战略行动计划，统筹推进“五个振兴”。坚决打赢脱贫攻坚战，聚力解决“两不愁三保障”突出问题，入户核实、全面排查出存在问题的96户群众，已由街道主要负责同志带队整改清零。围绕花椒、土鸡、养蜂、花果、蔬菜五大产业，在品种改良、规模增加等方面采取定向扶持政策，全年新发展和改良花椒2000亩，蜜蜂规模突破6000桶、土鸡养殖规模达15万只、新栽种花果1000亩、蔬菜规模种植500亩。金竺、方坪两个贫困村发展2个产业合作社和2个贫困村集体经济发展项目，惠及贫困户80户。以农村人居环境整治为抓手，大力改善提升乡村面貌。集中开展“三清一改”活动，围绕“五沿”带动全域整治，集中清理乱堆乱放2000余处，清理垃圾2000余吨，完成改厕500户。建成“四好农村路”47千米，实施“美化、绿化、亮化”工程，安装维护农村居民点太阳能路灯56盏，美化绿化农村公路面积1.5万平方米。

【生态环保】 切实贯彻构筑绿色屏障、发展绿色产业、建设绿色家园三篇大文章要求，深入实施“河长制”，着力整治乌江、小溪河等流域污染问题，清理河道30千米、两岸白色垃圾1200余吨。加快环保设施建设，城区片加快大塘、顺江居民污水收集工程建设，蔺枝坝片区继续推进污水处理厂及排污管网建设，农村片梓里污水处理厂已建设完成并投入运行。切实加强污染治理，对全街工业企业和再生资源回收公司进行全覆盖排查清理，对不符合环保要求的企业加强督促整改、对于问题较为严重的采取停业整顿、立案处罚等措施，整治污染企业50户，立案查处8起，处理各类环保投诉案件85起。

【民生事业】 滚动实施一批民生工程和民生实事，有序推进乌江居民点建设、移民小区综合改造、安置小区“一户一表”改造；利用“春风行动”等契机大力开展就业创业政策宣传，开展就业培训17场次，合理开发公益性岗位50个，促进就业创业2300余人；落实好低保、医保各项政策，全年清理低保2000人，申报办理医疗保险、养老保险和各类社会补贴660余人次，补贴资金350万元，全年办理居民医保5万人次，参保资金1300余万元。

【平安稳定】 深化完善社会治安综合治理，开展网格化“人巡、车巡、技巡”，对网格内特殊群体实现分类管控，化解矛盾纠纷980余件。纵深推进扫黑除恶专项斗争，营造人人知晓、全民参与的良好氛围，较好地完成了扫黑除恶斗争有关任务。重拳整治安全隐患，对非煤矿山、工贸企业、危化品、道路交通等领域开展专项检查执法，开展检查排查1650次，整改安全隐患271起，查办安全生产领域违法违章18起，行政处罚罚款4余万元。及时化解信访矛盾，落实重点群体、重点对象稳控责任专班，成功阻止重点进京上访对象25人次，实现70周年国庆期间到市进京“零发生、零上访”。

主要领导名录

党工委书记　冯星贵
办事处主任　肖正权
人大工委主任　罗仁华
党政办电话　72865345
传　　真　72870009

江东街道

【概况】 江东街道地处长江、乌江交汇处，与涪陵主城一江之隔，是涪陵“两线三片一城”的一城范围，是城区向东发展的重要拓展区，凭乌江大桥、乌江二桥与主城融为一体；东与焦石镇相邻，南与白涛街道邻，西与荔枝街道、敦仁街道、江北街道分别隔长江和乌江相望，北靠清溪镇、罗云乡。街道辖6个社区、15个行政村，计158个村（居）民小组，2.08万户5.7万人（其中农业户数1.03万户2.7万人）。总面积147.74平方千米，耕地面积4.8万亩，林地面积12万亩。境内有公路30条636.6千米；有各种机动车辆2087辆；有机动车驾驶员2302人；

有江岸线29.1千米，码头3处；有各类船舶200余艘；辖区有党政机关、事业单位27个；各类企业、个体工商户及商业服务网点503个；有中小学校9所、幼儿园9所；有集中社会养老机构3个；有封闭水域型小（二）型水库6座、山坪塘616口。

街道党工委有委员11名，其中党工委书记1名，党工委副书记2名（办事处主任、专职副书记各1名），人大工委主任、纪工委书记、政法书记、组织委员、宣传统战委员各1名，副主任3名（兼武装部长1人），党工委序列外的副主任1名。街道2019年完成机构改革，下设17个部门，其中行政机构部门10个：党政办、党群办、人大办、经发办、民政社会事务办、平安办、建环办、财政办、应急办、综合执法办。事业单位部门7个：综合执法队、社区事务服务中心、文化服务中心、劳动社保所、退军站、农服中心、建设中心。

【经济发展】 街道全年实现GDP30.15亿元，同比增长8%；完成企业总产值109.2亿元，工业总产值33.34亿元，营业收入87.64亿元，分别同比增长9.6%、10.1%、8.1%；固定资产投资19亿元；农村常住居民可支配收入16467元，同比增长10.1%；城镇常住居民可支配收入39674元，同比增长9.4%。财政一般公共预算收入完成3374.89元，为调整预算的99.26%，同比增长4.1%（其中：税收收入3373.31万元，同比增长4.23%）。一般公共预算支出5244.3万元，为预算的157.68%，同比增长16.46%。政府性基金预算支出4767.18万元。

2019年，街道引进企业23家，协议资金2.3亿元，到位资金3.2亿元。水陆运力继续保持全区前列，持续推进水陆运输产业发展，做亮"西部水运之乡"金字招牌。第四次经济普查完成单位847户（其中：法人772户，产业活动单位75户），个体2267户普查工作。新增内资企业105户，总注册34973万元，个体工商户448户，注册7070万元；注册商标发展37件。限额以上法人企业批发零售商品销售额13750万元，同增21.7%。新升限额以上商贸法人1家、个体工商户3个。设立电子商务网点17个，举办大型展销会3次。

【城乡建设】 2019年，街道城市建成区改造40.2公顷，常住人口61073人，户籍人口51264人，常住人口城镇化率达到70%。城镇综合管理开展"马路办公"，处理城市秩序、园林绿化、市容环卫、市政设施问题161个，整改区考核反馈问题99个。为"两线三片一城"建设等重点工作协调服务，保障渝怀铁路、水陆消防站等区级项目建设有效推动。页岩气建设钻井4口（累计119口），产气量30.8647亿方（累计110亿方）。加强城镇建设，建设整治车行道、人行道1.7万平方米，改造水电气"一户一表"887户，安装路灯61盏，新建消防管道2211米，添置消防栓168套，安装监控摄像头44个，新建污水管道1876米，新建化粪池4座，改造外立面44705平方米，整改市政设施50余处。抓好城乡基础设施建设，水库除险加固2座、进水堰整治3处；完成"四好公路"建设51.83千米（其中：贫困村公路建设20.71千米，非贫困村道路建设31.119千米），农村"四类人员"人行便道建设44.165千米。道路养护178.15千米，道路通畅率100%。道路隐患排查70余处，应急抢险整治20余处。农村改厕1135户（其中贫困户543户）。三峡后续项目全年投入5590万元，竣工验收和结算5个、建设完成1个、建设中1个、招标中1个、财评中1个，有效改善移民村（社区）基础设施条件。

【精准扶贫】 2019年街道有扶贫对象718户2210人，脱贫监测户22户69人，边缘户1户1人，年内新完成脱贫80户224人，中国社会扶贫网贫困户注册率100%，需求对接成功率90%，群众满意度高于95%。街道完成了中央第四巡视组指出4个方面、11个问题，国家考核整改信息平台问题9个、任务8个，市级考核整改工作信息平台问题14个、任务33个，市“两不愁三保障”走访发现反馈问题19个、区级督查巡查问题12个。街道新建专业合作社11家（其中股份制合作社6家），吸纳贫困户255人。4个贫困村培育致富带头人12人，带动贫困户38户。贫困户到户产业规划146户，落实资金17.5万元。4个贫困村通过购置门面、入股企业等方式新增集体收入上万元。街道落实住房安全、医疗、教育、饮水“四保障”，完成三类人员D级危房改造43户、C级危房改造15户，解决无房户建房4户，全街三类人员1474户均实现了住房安全保障。健康扶贫签约医生100%，贫困户参保100%，享受补助21万元，住院医疗自付费用比例未超过10%，贫困户医疗减免16万元。教育扶贫受益1361人次，无义务教育辍学情况发生。718户建卡贫困户均安装自来水。扶贫小额信贷发放341户559万元，就业扶贫培训12期546人，落实公益岗位14个，指导就业650人。

【社会事业】 街道全年出生人口501人，出生缺陷一级干预覆盖率100%，全员人口信息准确率达98%，流动人口建档率97.2%。建立居民电子健康档案43725份，建档率80.2%。家庭医生签约服务8279人（建卡贫困户，计生特殊家庭签约率100%）。卫生计生监督协管巡查覆盖率100%。城镇新增就业1187人，办理享受失业保险待遇147人，新增农业富余劳动力非农就业人数249人，回引返乡创业就业213人（其中返乡创业57人）。再就业创业担保小额贷款159户2387万元。居民医保参保35520人，参保率96.3%。街道受理“4050”社保补贴申报177人（其中新增37人）。城乡居民低保上报68户（其中城镇低保23户）。临时救助困难群众309户、26.22万元。慰问空巢老人、百岁老人、困难群众等39户。核查和慰问重点优抚对象、开展退伍军人服务。教育两基实现学前儿童入学率达90%，普惠性幼儿100%；小学入学率100%、巩固率100%。街道全年开展“我们的节日”文化活动、“青春心向党”诵读比赛、庆祝中华人民共和国成立70周年群众合唱音乐会、“感恩生命、健康生活”禁毒知识竞赛等各类文化活动18场，丰富群众精神文化生活；配置健身器材各11件；对27处不可移动文物开展巡查、严格监管。

【平安稳定】 街道全年完成邪教人员解脱7名，防范和处理邪教实现“零聚集、零进京、零传播”目标。铲除非法种植罂粟800余株，实现“零”罂粟毒品目标。落实“党政同责、一岗双责”责任制，开展安全稳定“百日攻坚”行动，对辖区非煤矿山生产等9个行业排查、整改安全隐患700条（其中道路交通纠违595条），全年无一例恶性事件及大小事故发生。开展夏季防火、“119”宣传日、“今冬明春”等防火宣传，发现火灾隐患或违法行为并整改137处，处罚12件，应急处置天福村、御泉村交界处森林火灾一起。开展“群众工作日活动”，联系困难信访群众，街道干部下访1438件次，排查出街道矛盾纠纷239件，化解235件；中央、市上交办信访事项和区委、区政府领导批示交办信访事项办结率100%；化解信访积案2件；到区、市开展劝返处置6起11人次欲进京上访事件，“国庆70周年”期间到市进京上访零发生，重大信访恶性事件零发生。挂牌成立“人民调解委员会驻派出所调解室”，受理矛盾纠纷110件，成功调解106件。

主要领导名录

党工委书记　赵　勇

办事处主任　夏嘉川

人大工委主任　李林森

党政办电话　72372807

传　　　真　72375611

江北街道

【概况】 江北街道成立于1995年12月，位于涪陵城北，总面积81.04平方千米，辖5个社区（点易、黄旗、碧水、北坪、永柱）、9个村（来龙、韩家、二渡、大渡、李寺、邓家、高家、北雁、松坪），2019年末总户数18515户，总人口53092人，其中城镇人口19399人，乡村人口33693人。街道有集体所有农用地6.55万亩，其中：耕地4.26万亩，林地3.51万亩（包括非林业管理林地）。有行政机构10个、事业单位7个，在编在职人员95人。是年，街道为主的国家现代农业产业园、第七批全国农业科技园、全国绿色食品原料（青菜头）标准化生产基地通过验收，二渡村获全国乡村治理示范村称号，保持市级文明单位、市级卫生单位、市一级档案单位称号。全年完成地区生产总值14.95亿元，同比（下同）增6%；非公有制企业总产值29.45亿元，增7%；规模以上工业企业产值4.5亿元，增6%；农林牧渔业总产值3.8371亿元，增2.6%；城乡常住居民人均可支配收入3.14万元，增10.15 %；农村常住居民人均可支配收入1.34万元，增11.43% 。本级财政收入2329万元，增2.32%。

【企业发展】 2019年，街道组织“银企政”座谈会2次，解决民营企业融资难、融资贵的问题。协调解决企业发展中的问题，优化营商环境，如：协调胜园食品厂资产重组问题，寅森橡塑、跃睿包装2家企业2020年的用地计划问题等。完成招商引资项目4个、注册登记企业11个，协议资金116.46亿元，到位资金1.6亿元，超额完成招商引资任务。

【国家现代农业产业园建设】 涪陵区国家现代农业产业园于2018年7月获批创建，2019年完成投资7000余万元。2019年11月7日，根据《科技部办公厅关于公布国家农业科技园第七批验收结果和2019年综合评估结果的通知》，在江北国家现代农业园内的涪陵国家农业科技园通过验收；12月10日，国家农业农村部网站发布了《关于第二批国家现代农业产业园认定名单的公示》，涪陵区现代农业产业园成功入选国家现代农业产业园认定名单。2019年，产业园完成了高标准农田整治综合项目，修建机耕道10.9千米、人行便道5.8千米；提升改造并白改黑园内公路10千米；开展人居环境改造农房整治工程，对460栋房屋的2.7万平方米屋面琉璃瓦改造、14万平方米外墙亮化美化改造；建设集历史文化展厅、产品及荣誉展厅、新修建生产车间大厅、参观长廊、售卖亭等为一体的涪陵榨菜工业旅游基地约1258平方米；制作了精神堡垒大型指路牌、交通指示牌、一二三级导视等旅游导视标识系统；建成观景平台2座，建设旅游厕所2座及旅游停车场。

【文旅康养度假区建设】 涪陵北山国际文旅康养度假区于2019年1月18日签约，项目总投资约115亿元人民币，建设用地约2000亩，主要建设㕛里文化小镇、北山康养度假小镇两大功能区。项目于2019年9月30日由重庆市人民政府批准，于2019年11月18日由涪陵区人民政府发布公告，下达征收命令。2019年12月25日，㕛里文化小镇集体土地和国有土地征地拆迁正式启动；2019年12月27日举行集中开工仪式。

【文明建设】 2019年，街道巩固创文创卫成果，加强志愿服务，160余名志愿者开展文明劝导，新增26处创文创卫公益广告，增加创建氛围。城市综合整治收效明显，整治城区彩钢棚、居民房屋458户；开展“十乱”整治，维护市容市貌，拆除乱搭乱建136起，清理拆除500余条破损及乱牵挂广告横幅、20余块不合标准招牌、20余起路旁晾衣绳、5000余张牛皮癣，取缔违章摊点320个、占道广告牌30余块。城市管理“马路办公”巡查出动257人次，发现和整改问题109个，城市面貌焕然一新；投资998万元完善基础设施，完成黄旗场镇综合环境整治，外立面改造50栋，完善场镇人行道改造、道路路面、道路交通、雨水、照明等设施。投资600万元，完成黄旗居委8组9组、碧水居委8组的污水管网工程整治工程，服务居民2000余人。建成投用北山象园小学至韩家污水厂2千米污水管网。韩家至二渡污水管网项目主体完工，点易一期污水管网项目前期工作进展顺利。

【脱贫攻坚】 全街有建卡贫困户的村（社区）10个，其中，邓家村是精准扶贫示范村。有建档立卡贫困户303户950人，其中272户874人实现了“两不愁三保障一达标”成功脱贫。年内，街道党工委书记遍访303贫困户，贫困户村（社区）书记、帮扶干部分别走访贫困户落实产业规划，解决具体问题，邀请全区54个部门帮助30余户建卡贫困户和种植大户收青菜头。街道成立扶贫办公室，落实了4名专职扶贫员，各村（居）落实了1名扶贫专干，选聘脱贫攻坚村级扶贫信息员3名，在邓家村设立扶贫工作站，有专门办公室和1名专职扶贫工作联络员，街道与有扶贫任务的10个村（居）签订巩固脱贫攻坚成果责任书，新增江北旅游区管委会为投促局扶贫集团成员。街道着力解决“两不愁三保障”突出问题，实施危房改造动态清零行动，对鉴定为C、D级房屋的依程序申报纳入改造，做到不漏一户，严格控制“三类”贫困人员D级危房拆除重建面积在80平方米以内，配齐卫生厕所和厨房，严禁建房大额负债。对无房无证、就地农转非等不符合现行危房改造政策条件的“三类人员”按照《江北街道“三类人员”住房保障临时救助办法》由村（居）委代为租住安全房，街道补助每户每年2000元房屋租金。实施饮水安全保障提升行动，305户建档立卡扶贫人口饮水安全100%合格。对2名因身体原因未读书的适龄儿童实行送教下乡，全街有219名中小学生享受爱心午餐政策。实施就业创业精准服务行动，建立完善全街305户农村贫困劳动力766人就业信息台账，实施劳动力精准技能培训，实现转移就业；街道开发了保洁、护林防火、清扫道路、巡河员等公益岗位16个，可实现贫困户年均增收7200元；解决25名贫困家庭劳动力到邓石坝农产品就业扶贫车间、榨菜集团白鹤梁榨菜厂等龙头企业务工。完成了372户“三类人员”卫生厕所改建任务；实施小额信贷支持扶贫行动，有196户贫困户获得扶贫小额信用贷款543.5万元，用于发展致富产业；实施特色产业带贫惠贫行动，以榨菜为主导产业，同时发展蔬菜、水果和畜禽养殖，新成立18个榨菜、蔬菜、花椒专业合作社，吸纳了305户建卡户贫困户及周边1000余户村民入社。

【综合治理】 2019年，街道开展扫黑除恶专项斗争，设立举报信箱15个，张贴公告1300余份，发放宣传资料19000余份，未发现黑恶势力霸占经济领域，把持基层政权的情况。抓好人民调解、防邪处邪、铁路护路、禁毒戒毒、特殊人群服务管理、法治理论宣传教育等系列工作；排查安全隐患，严格执法检查，开展打非治违行动3次，安全警示约谈4次，罚款4000元；开展非煤矿山等重点领域执法检查100余次，罚款2.96万元；协调处理4件死亡突发事件的善后处理、社会稳定工作；开展企事业单位消防安全知识宣传讲座培训、演练20次，检查各行业领域共1865处，出动检查人员2374人次，排查整改一般隐患1573项。领导干部公开接访、约访、下访群众150余批600余人次，化解矛盾纠纷67件次，化解新老疑难问题5件，申请工作经费15.5万元。动态调整53名信访重点人员，慰问帮扶困难信访群众15人次，累计劝返到市进京上访13批次，平稳度过了全国“两会”等一系列重要时间节点。

【社会事业】 2019年，街道持续推进民政工作，新建北坪社区养老服务站，新建残疾人康复室3个；采集退役军人和其他优抚对象信息共1042条，完成录入系统99%；慰问512人（户）贫困人员，发放资金24.2万元，临时救助123人次11.3万元；落实1837名特困人员、高龄老人、失能老人等福利资金92.7万元；发放义务兵优待金44人43.5万元；落实172人次残疾人补贴、慰问、困难补助资金11.5万元。强化社会保障，城镇新增就业总人数1239人，开发公益性岗位15个，生态公益性岗位就业6人；城乡居民医疗保险参保41625人，参保资金755.7万元；上报调低和停发低保共443户，审批新申请低保39户69人；上报廉租住房申请18户，核查取消廉租房保障对象13户；办理城镇职工保险参保468人，完成养老指纹认证6354人次，申报川汉公路经济民工服务年限43人。落实健康惠民政策，投入资金约140万实现计划生育奖励扶助全覆盖；走访慰问计划生育特殊困难家庭25户40人，发放慰问金1.6万元；免费为1500名妇女进行两癌筛查，为辖区居民建立健康档案，为65岁以上老人免费体检。推进教育事业发展，7所公办学校（1所九年一贯制学校、5所完全小学、1所幼儿园）全部实现班班通，有在职教职工211人，在校学生916人、幼儿园112人；两所寄宿制学校配备有热水沐浴系统和急救箱，各校的饮用水达到规定要求；北雁小学、李寺小学、黄旗小学、碧筱小学都完成单通道的改造；中心幼儿园、李寺小学、黄旗小学完成通槽式厕所的改造以及主水管增压；各学校都按照“双创”要求标准完成照明和无障碍设施的改造；完成世忠小学原址重建和地灾治理，实现江北实验学校、碧水小学分别与十五中、城一校联合办学。

主要领导名录

党工委书记　钟玉秀
办事处主任　熊铁骑
人大工委主任　刘福贵
党政办电话　72160278
传　　真　72160001

李渡街道

【概况】李渡街道濒临长江北岸，地处重庆市三峡库区生态经济圈核心地带，距涪陵主城区15多千米，东邻江北街道、百胜镇，南邻涪陵新城区，西接义和镇，北抵黄草山与长寿区接壤。街道总面积110平方千米，有耕地64000亩（其中田31000亩、土33000亩），林地58000亩；辖区有6个社区、13个行政村，129个村（居）民小组，总户数16396户，总人口39780人，其中农业人口30719人、非农业人口9061人。2019年末，街道办事处内设行政机构11个、有事业单位7个，在编干部职工158人，其中行政57人、事业101人。2019年2月，李渡街道办事处驻地由马鞍街道太乙门社区搬迁至李渡街道致远社区致远路36号。

【经济发展】2019年，街道完成GDP 102153万元，同比增长7.9%；完成固定资产投入10533万元，农业总产值完成46890万元，工业总产值59682万元，实现营业收入157983万元，实现利润3952万元；全年引进项目22个，协议引资61446万元，到位资金10046万元。实现农村居民人均可支配收入16006元，同比增长10.9%；城镇居民人均可支配收入43551元，同比增长10%。完成税收收入2004.17万元，完成支出7723.49万元，为预算的94.32%，比上年同期减少2.53%。辖区企业申报完成发明专利15件，发明专利授权12件；年内“涪陵潞酒”地理标志证明商标成功注册。

【农旅融合】2019年，街道完成十二居农业园脆桃、脆李、梨子、葡萄等4个品种“三品一标”农产品认证。投入45万元，在新龙村实施果园水肥一体化工程。投入700万元，完成国家现代农业产业园项目建设，建成200亩高标准榨菜产业基地项目、榨菜文化展示展览项目、榨菜文化创意景观，新建150平方米传统风脱水手工榨菜制作坊、新建200平方米传统榨菜文化展览体验中心，新建农业便道、步道70.9千米，产业园顺利通过国家验收。完善了兴宏农庄、黄草山十二居、山仓油茶基地等乡村旅游示范点27.9千米的便民路等基础设施，建成2座旅游公厕、1个生态停车场。十二居成功举办黄草山首届风车桃花文化节，吸引游客近5万人，带动周边山庄、农家乐消费额30余万元，农副产品销售8余万元。

【人居环境】 2019年，街道完成新龙村2019年市级“绿色村庄”创建工作。投入35万元，在垭口村、明家湾社区实施农村人居环境整治工程；投入150万余元，新增垃圾桶122个，垃圾箱2个，新建规范化垃圾桶摆放场地10处，实现农村保洁、垃圾收运常态化、规范化、无害化处置；投入210万元，在街道30千米公路沿线和4个集镇街区新栽植花卉13000平方米。投入200万元对石龙、致远、断桥、桂花园社区脏、乱、差等现象进行整治；投入69万元建成石龙集镇3000平方米生态停车场和2000平方米文化广场、投入40余万元新建集镇公厕2座；投入210万元新建成致韩标准化农贸市场1个。完善石龙、韩龙集镇1480米污水管网建设及致韩场甘蔗堡片区居民生活污水收集管网。推进“厕所革命”，补助资金146.1万元完成“三类”人员改厕518户、一般农户改厕425户。

【生态环保】 2019年，街道严格控制面源污染，完成23户异位发酵床“零排放”污染治理设施建设，督促103家养殖场完成环保达标整改，关闭8家环保整改不达标养殖场；建成企业污染防治设施4个，完成企业环评审批1家、环评验收3家、关停4家，处理环保信访投诉11件次。投入200多万元，对岚马河、上桥河、红桥河三条主要河流及40多条沟渠进行环境整治和清理。深入落实河长制，各级河长有效巡河716次，巡河完成率为134.84%。2019年8月15日，《人民日报》第十三版《壮丽70年•奋斗新时代》专栏以《绿水潺潺绕村流》为题正面报道岚马村河长制工作。街道完成全年耕地保护工作，完成300亩新增绿化任务，其中国土绿化200亩、道路两旁新植树100亩；投入76万元开展松材线虫病防治9456.9亩；清理维护防火阻隔带17条12.9千米，设置防火检查站4个。

【脱贫攻坚】 2019年，街道完成中央巡视、国家考核、市级考核、双月攻坚巡视督查反馈等77条问题整改销号。解决11户贫困户饮水、教育、医疗保障问题；推进“三类”人员C、D级危房改造90户，兑付2018年C、D级危房42户127.75万元，解决困难群众住房安全；落实扶贫产业到户项目74户9.504万元；贫困户申请小额贷款413户，贷款金额759.2万元。在3个贫困村建立5个农民股份专业合作社、发展9名致富带头人，带动181户贫困户稳定增收。慰问贫困户824户，发放慰问金32.96万元；完成贫困人口参加精准脱贫保险824户2215人，金额22.15万元。

【民生实事】 2019年，街道投入1800万元完成2019年通组公路通畅工程建设40千米；投入80余万元整修岚马、两龙等村道、石丛路汛期水毁道路。投入437.71万元，完成农村四类人员人行便道65.86千米；投入21万元，解决四类人员824户2220人畜饮水安全问题；投入90万元，为龙塘、两龙、岚马三个村新安装钢管4.5千米，新建过滤池1座，解决了134户季节性缺水问题。投入160万元，对荣兴水库、堰沟桥2号水库实施除险加固工程；投入233万元，完成2018年国家水土保持重点工程项目。完成龙桥社区移民精准帮扶项目4.42千米道路硬化、350米河沟整治和自来水安装。对堰桥等5个村（社区）的农户进行二次农网改造升级。投入880万元，在致韩、石泉、石龙三个集镇及周边安装天然气1445户。完成19个村（社区）土地确权测绘工作、16个村（社区）土地确权颁证工作。

全年办理困难群众临时救助150人次22.5万元，特困群体救助291人252万元；发放特困人员医疗救助金560人次48.6万元，高龄津贴1045人54.1万元，发放生活救济资金320人次5.18万元，特困人员及重点优抚对象慰问12.8万元，独生子女奖扶640人32万元；清理发放残疾人生活、护理补贴612人40.38万元。全年新增低保户129户，发放低保金658户1086人432万元，清退2016—2017年违规领取低保金24.9万元。完成退役军人和其他优抚对象信息采集991条，给予4名退役军人住房修建和维修补助9.5万元。完成医保参保30391人，缴费727.8725万元；征收城乡居民养老保险22747人280万元；完成市外就医报账的登记、核查和就医指导共58例，报销34万元；发放创业担保贷款27人405万元；新增就业1650人。

【平安稳定】 2019年，街道投入20余万元全面施行三级以上严重精神患者以奖代补监护政策和监护人责任保险；采集人口信息40225人，办结处理417条；完成李渡“枫桥式”派出所人民调解室组建；累计开办法制宣传讲座38场次；全年排查化解各类矛盾纠纷359件，其中重大矛盾2件，司法确认案件5件，化解率达98%以上；完成网上受理信访案件61件，办结率100%。检查督查企业及场所2122家次，排查安全隐患498项，已整治498项，投入整改资金198.9万元。

主要领导名录

党工委书记　袁　闯
办事处主任　钟晓平
人大工委主任　项显菊
党政办电话　72101660
传　　　真　72101662

龙桥街道

【概况】 龙桥街道位于涪陵城西长江南岸，东连崇义街道、西接蔺市镇、南靠马武镇、北眺李渡新城区，距主城10千米，2008年5月由原龙桥镇、酒店乡合并组建而成，辖7个社区、6个村共138个村（居）民小组，总人口4.19万人，总面积87.79平方千米，是集城郊、农村和工业园区为一体的城乡接合部。随着中化涪陵化工环保搬迁实质性启动、新老城区之间重要景观通道南滨路二期建成通车，龙桥街道作为新老城区发展的战略支点以及城市建设连接的重要节点，不断融入涪陵新老城区发展。街道境内长江顺境而过，南涪铁路、渝怀铁路等铁路干线横纵全境，沿江高速、南涪高速在街道内纵横交汇，龙头港是5000吨级船舶、万吨级船队常年能够到达的长江上游的最西端港口，是铁、公、水联运枢纽港，是长江上游重要的综合物流基地，街道供热、电力、固废处置场、污水处理厂等配套完善，是全区工业、物流经济发展的主战场。街道现有在职干部职工167人，其中行政45人，事业人员122人。

【经济发展】 2019年全街地区生产总值达到13.41亿元，同比增长12.6%；农村居民人均可支配收入达到16261元，同比增长10.1%；城镇居民人均可支配收入39276元，同比增长8.9%。固定资产投资全年完成12163万元，规模以上工业企业总产值42614万元，完成本级公共财政收入2117万元。全年新注册企业87家，签订招商引资协议7份，协议资金1.7亿元。建有粮油应急供应网点1个，粮食加工销售企业2家，菜市场4个，菜篮子零售网点52个。推进特色农业规模化发展，种植榨菜

28360亩，花椒种植3200亩，晚熟柑橘5700亩。

【创文创卫】 街道营造“双创”良好氛围，制作“讲文明、树新风”文化墙300米。成功创建无烟单位，规范管理经营摊贩168个。实施城镇污水处理提质增效项目，新建雨污水管网2.9千米。整治违建房152户，拆除违建彩钢棚2864.14平方米，修整破损路面4500平方米，园林绿地补植补造1200平方米。推进农村改厕590户，新改建公厕3座。

【环境保护】 街道落实长江沿线及次级河流管护措施，两级河长巡河1152次，建立龙桥河沿线垃圾分类收集系统，辖区长江流域9个重点排污口完成整治。四旁植树100亩，森林抚育2000亩，特色经济林改造1300亩。启动鹅西路项目扬尘污染治理和安静居住小区创建复查工作，完成第二次污染源普查扫尾，成功创建市级生态文明建设示范街道。

【精准扶贫】 街道以“龙头企业+农户”模式，在麻磊村发展花椒1300亩，带动贫困户32户。组建11个专业合作社，对入社贫困户实行农产品保护价收购和收益分红，惠及贫困户264户。开展扶贫技能培训5场250人次，发放扶贫小额信贷272户共计899.9万元，获贷率达51.03%。对四个村（社区）实施饮水安全提升工程，开展送教上门工作，全面落实签约医生服务，资助贫困户参加医保806人。

【民生实事】 2019年，街道新增城镇就业1355人，发放小额创业担保贷款925万元，带动62人创业。新增低保户41户78人，发放临时救助16.27万元，医疗救助9.88万元，冬春生活救助7.96万元。完成退伍军人和其他优抚对象信息采集1220人，发放优抚对象困难救助7.2万元。新建农村通组公路35.85千米，扩建道路4.1千米，农村C、D级危房改造40户。汤家院村、袁家社区农村移民安置区精准帮扶项目建设竣工。实施北拱移民迁建集镇小区环境综合整治，双桂社区农村移民安置帮扶项目、沙溪移民点配套设施建设已完成前期工作。

【平安建设】 2019年，街道在道路交通、危化品、建筑工地等重点领域排查整改安全隐患788起。提升企业安全生产管理能力，三级标准化创建2家，专业达标2家，复评验收4家，推进企业智慧安监项目建设9家。持续开展扫黑除恶专项斗争，深入村社实地走访摸排，加大线索核查力度。抓好特殊人群管控，对精神障碍患者、社区服刑人员等开展日常帮扶。做好渝怀线、南涪线铁路巡防工作，确保铁路运输安全畅通。构建了以街道、村（社区）、社为单位的三级管理网络体系，受理服务管理事件506件，办结率100%。处理信访事项41件次，人民调解组织受理调解矛盾纠纷299件。

【重点项目】 2019年，鹅西路项目签订临时用地协议22.26亩；沙溪温泉项目征收土地18.68亩，拆迁房屋6户；渝怀二线补征用地70.88亩；万凯项目新征地146.75亩，拆迁2户，拆除临时搭建棚18户，龙头港进港2#通道项目已签订征地协议。做好龙桥园区、龙头港和鹅西路建设协调服务，落实专人协助龙头港安置小区成立业委会，公开选择物业公司，抽调工作人员入驻龙头港指挥部和鹅西路项目部，化解矛盾纠纷30起，处置征地拆迁历史遗留问题15件，平稳处置园区群体环保信访事件，确保园区企业正常生产。

主要领导名录

党工委书记 申光杰
办事处主任 骆小龙
人大工委主任 冉龙刚
党政办电话 72132005
传　　真 72132525

白涛街道

【概况】 白涛街道总面积218.13平方千

米，2019年有12个村委会、5个居委会，年末户籍人口46725人，其中城镇人口36231人。2019年，街道设以下党政综合办事机构：党政办公室、党群工作办公室、经济发展办公室（挂统计办公室、扶贫开发办公室牌子）、民政和社区事务办公室（挂卫生健康办公室、物业管理办公室牌子）、平安建设办公室、规划建设管理环保办公室、财政办公室、应急管理办公室，人大办公室单独设置，组建综合行政执法办公室。设事业单位7个：重庆市涪陵区白涛街道社区事务服务中心、重庆市涪陵区白涛街道社区文化服务中心、重庆市涪陵区白涛街道劳动就业和社会保障服务所、重庆市涪陵区白涛街道退役军人服务站、重庆市涪陵区白涛街道综合行政执法大队、重庆市涪陵区白涛街道农业服务中心、重庆市涪陵区白涛街道村居建设服务中心。街道有党工委书记1名，办事处主任1名，人大工委主任1名，专职副书记1名，纪工委书记1名，组织委员1名，政法书记1名，武装部长（兼办事处副主任）1名，宣传委员、统战委员各1名，办事处副主任3名。街道有行政编制40名，机关后勤服务人员事业编制4名，事业编制91名（其中工勤人员编制2名）。

【城市建设】 2019年，街道完成农贸市场建设和山窝场镇改造，建峰东路基本建成，启动中心场镇停车场、巴王路雨污分流等项目建设，完成水源村等9个村规划编制。完成乌江两岸79处6790平方米钢架棚的拆除，平改坡29处3760平方米。拆除清香酒楼等危房1.1万平方米，制止违法建筑13处。街道创文创卫顺利通过国家暗访。

【服务园区发展】 街道全年共完成中化涪陵化工等3个项目的土地征收1260亩、拆迁93户360人；全面完成历年征地拆迁安置房分配320套，涉及242户954人；推进华峰铝业等6个项目、483人的征地养老保险办理。为21个页岩气平台、39千米输气管线、3条供电线路改造协调临时用地1032亩，处理矛盾纠纷129件，解决遗留问题38个。持续开展旅游环线综合整治，开展志愿活动32次，服务游客7000余人次，协助管护好武白路花园环道，816小镇开园试营业。

【农业农村发展】 2019年，街道统筹三峡后续、交通等资金3250万元，新建"四好农村路"51.38千米，村道、便道37.5千米，入户率达90%以上。争取项目资金1451万元，实施农村饮水安全巩固提升工程，建成蓄水池12口、在建11口，安装管网26.2千米、在建150千米，项目建成后，将彻底结束11个村1万余人靠天饮水的历史。实施电力通信提升行动，新建移动基站15座，实施（联农村）农村电网改造升级工程。近半数农村居民安装了天然气，核查、整改完成复垦片块400余亩。推进农村人居环境整治，新增垃圾桶1169个、垃圾箱65个，完成农村改厕831座，三门子村860户无害化厕所改造即将完工，村庄清洁行动的覆盖率、群众的知晓度和参与率均达到100%。

【脱贫攻坚】 2019年，街道动态调整贫困户112人，完成脱贫10户31人，555户贫困户全部脱贫，无返贫现象。健全工作台账，调整帮扶干部66名。改造C、D级危房28户，补助资金25万元。扶贫对象医保参保率100%、享受缴费资助992人4.8万元；实现家庭医生签约全覆盖、服务1541人次。资助困难学生343人，对3名残疾学生开展送教上门，无辍学情况发生。开展农村实用技术、精气神提升等培训937人，开发公益岗位35个，培训农村致富带头人、农业合作社负责人17人。为49户易返贫户、返贫户和未脱贫户规划和发展了到户产业。3个贫困村集体经济项目分红4.6万元。扶贫小额信贷获贷576.4万元，获贷率51.44%。

【社会民生】 2019年，街道停发调整低保88户166人、新增39户62人，清退33人。发放临时、冬春、特困和建卡医疗救助498户

42.64万元，免费为精神障碍患者发放药物190人。新建社区养老服务站2个、空巢老人服务站1个，创建市级城乡社区治理示范点1个。完成建峰社区40户育龄妇女市级人口监测调查采集，完成优抚对象信息采集202人。申报社保补贴、失业保险257人次178万元，城乡医保参保3.1万人，城镇新增就业1316人。建成村级规范化综合文化服务中心15个，开展建国70周年送文艺进基层等各类文体活动45次。

【平安建设】 2019年，街道开展大排查大整治大执法行动300余次，发现并整改隐患问题170个。4家企业完成“智慧应急”信息化系统建设。领导干部接访下访120余次，化解苗头隐患22个。全年完成上级交办件2件，调解矛盾纠纷967件，调解成功率达99%。深化治安防控，组建1300人的“乌江义警”队伍并开展常态化巡逻。打击违法犯罪，破获各类案件155件，打掉犯罪团伙7个，挽回群众经济损失100余万元，A类挂牌整治地区顺利通过市级验收并成功摘牌。推进基层人武部正规化建设，街道是2019年全区唯一获评市级先进基层武装部。

主要领导名录

党工委书记　李如华
办事处主任　高　亮
人大工委主任　代远田
党政办电话　72706001
传　　　真　72706004

马鞍街道

【服务新区】 2019年，马鞍街道把服务项目建设作为服务新区的重要抓手，全年取得各类征地批文17宗，面积5754亩；争取调规空间1164亩；获得市政府追加用地空间指标442亩，节约用地成本8828万；全年签订土地征收协议6928亩。街道站在涪陵发展的全局高度，持续为“两线三片”及重点项目建设排除阻碍，全年新签协议77户，拔除拆迁遗留户98户17000平方米，其中司法强制拆除17户1350平方米，涉及人员最多、情况最复杂的张氏三兄弟违建房屋拆除工作圆满完成。街道以企业需求为导向，做实各项服务工作，全年组织1119家（次）企业开展各类招聘会64场，为企业招聘各类人才4871人次；全年办理单位参保业务1108笔，新开户17家；协调企业骨干干部子女就近入学80余人；全年收集企业问题5大类42个，全部分解到具体部门抓落实，纪工委同步开展问题整改情况专项督查。

【城市管理】 2019年，马鞍街道按照“一节一景，一场一景，一路一景”的思路推进城市景观打造。更换恒大、奥体等重要节点花卉84万余株，实施新通车道路绿化工程，栽植树木17050株，面积2097平方米，恢复荒地、废弃车道口等地带植被绿化14480平方米；太乙门公园、平安公园、双溪社区公园建成投用。全年累计劝导各类违规占道经营、骑跨门经营5114余起；取缔固定摊点202个，设置规范摊区5个，发出限改通知120份，暂扣物品417起，立案查处72起，清理乱堆物品828起；清理违规、脏乱户外广告1480余处，更换踏水桥小区门店招牌124家。顺利完成马鞍老街农贸市场的搬迁；成立由值班领导带队的夜市专项整治工作组，开展日巡查，整顿违规夜市商贩980家次，统一规范辖区夜市经营摊车56辆，成功取缔师院北路夜市经营摊区，将夜市经营规划至万汇路。经过一年的综合整治，太白大道、马鞍老街等主次干道两侧及背街小巷长期形成的以街为市乱象得到有效根治，基本实现“坐商归店、摊点归区、农贸归市”。街道“12319”城市数字管理平台处理案件449条，回复率100%。

【乡村振兴】 2019年，马鞍街道以金广农业园为试点，探索多元化发展模式，全年接待游客50000余人次，实现产值130万元，带动就业104人，发放本地务工人员工资85万元。搭建收购平台，解决农产品销售难题，红星社区联系加工企业收购新鲜柑橘约60吨。联合长江师范学院开展“艺术进乡村”活动，制作反映农村生产生活的艺术墙体3幅，走进农村学校开展“美学培训”4次；开展“送文化下基层”系列活动。推进农村垃圾治理，设置农村垃圾清运点139个，放置户外垃圾桶231个，基本实现农村生活垃圾日产日清；强化农村生活污水治理，投资350万元，完善金银老场二三级污水管网4千米；完成农村改厕218户；拆除违章建筑3万余平方米，拆除10户11.69亩耕地上的“大棚房”，完成复耕任务。植树80亩，新建特色经济林100亩；建设倪峰等3个便民服务中心。

【生态环境保护】 2019年，街道党政主要领导专题研究部署环保工作8次，到一线检查环保工作36次，同时明确四级环保监督管理网格，压实责任。全年开展生态环境保护专题培训4次，设立生态环境保护宣传站3个，开展“美丽中国·我是行动者”主题演讲比赛，通过系列活动，形成“生态环境保护人人有责”的社会共识。垃圾分类工作全面铺开，投入18.28万元，投放第一批分类垃圾桶1100个，建立积分兑换系统，鼓励居民主动参与垃圾分类。创建市级生态文明示范街道顺利通过验收。实施“五大环保行动”，开展11个专项行动，对辖区长江岸线和支流、饮用水源地、居民点、企业、建筑工地、排污口等进行全方位排查整治，发现环境污染隐患25个，整改完成25件，约谈企业1家，立案查处3件。加强污水处理厂监管，城镇污水处理率达82%。处理群众投诉环境问题28件，投诉量与去年同期相比下降了60%，投诉回访满意度达100%。河长制工作全面落实，开展巡河技能培训3次，增加有效巡河记录，乡镇级、村级河长巡河1402次，巩固河库清漂保洁长效管理机制。投资150万元，清理什字河、大堰河、双丰河等三条涞滩河支流河道约3.65千米；投资900万元，开展什字河河道综合整治工程；投资2498万元，对上桥河支流的双丰河中段及水轮泵河下游段进行河道综合治理；投资700万元，完善高岩口老场二三级污水管网工程建设，新建及改造管网6.2千米。优化“一河一策”工作方案，特别是对上桥河（涞滩河）和斜阳溪河实施挂图作战，拆除上桥河下游河道边畜禽养殖场地110平方米，清理处置畜禽粪便4.5吨，及时制止斜阳溪3起违规捕捞、取缔长江二桥取水口洗车洗衣等违法行为。

【社会民生】 2019年，街道城乡居民养老保险覆盖率达96.85%，医疗保险参保率达99.8%，清理并兑付建档立卡贫困人员参加医疗保险资助费用184人8096元；街道有低保524户922人，保障金额39.17万元/月；全年发放各类民政资金约386.5万元。持续实施老旧安置小区“修补”工程，投入500余万元，整改太乙门4个移民安置点732户自来水跑冒滴漏、天然气设备安全隐患问题，整治新华、和平和大堰河安置房屋顶渗漏4350平方米，整改新华B区污水主管道136米，整修双溪安置小区路灯80盏，改造人行通道1200平方米，解决玉屏公厕漏水问题；投入200万元，建设太乙门安置小区、踏水桥居民区露天停车场，面积约7000平方米，设置停车位200余个，缓解居民停车压力。分配安置房2446套，安置6875人；为兰桂园、太乙门2个社区5259安置户办理了房产总证，群众反映强烈的历史遗留问题取得实质进展。实施民安佳苑、锦华雅苑社区用房装修，做好妇幼保健院新区分院、区公共卫生服务中心、中心医院新区分院、十五小项目建设协调工作；涪陵区十八小学建成投用，新区幼儿园、殡仪服务站加快建设。

【安全稳定】 2019年，马鞍街道完善基层调解体系，打造新区派出所驻所调解室，调解成功并达成协议640件，涉及金额近1760万元；坚持社区法律顾问制度，聘请4名法律顾问，实现20个社区全覆盖，调解矛盾纠纷80件。推进"三治结合""三事分流"社会治理模式，将太乙门等5个社区纳入试点，逐步实现"小事不出社、大事不出村"的治理状态。推进扫黑除恶，注重收集问题线索，重点摸排征地拆迁、安置小区等七个领域，收集线索18条，其中立案1条，转交1条。推进社会治安重点地区整治，圆满完成市级A类挂牌整治地区（大石庙社区）的摘牌工作，该社区全年未发生重特大刑事案件，未发生群体性治安案件，刑事发案同比下降44.7%；受理治安案件同比下降56%；破获刑事案件4件。全面摸排辖区重大风险点，收集整理老旧小区隐患等重大风险14项，落实分管领导牵头，逐项逐阶段化解；加强重点时段重点领域重点人员管控，在全国"两会"、新中国成立70周年等重点敏感时间，保证了辖区安全稳定。围绕安全生产开展大排查大整治大执法，在重点行业（领域）开展专项整治，共出动检查人员3427人次，排查出一般隐患277处，整改275处。重视安全教育工作，集中开展大型安全知识宣传活动8次，受教育群众达9000余人次，组织企业、社区开展应急演练8次，督促指导2500名交通驾驶员进行安全警示教育培训，组织企业负责人、安全管理人员180人参加安全管理知识考核培训。

主要领导名录

党工委书记	庹　灿（女）
办事处主任	毛晓东
人大工委主任	陈朝华（2019年11月任职）
	胡　进（2019年11月离任）
党政办电话	72190001
传　　　真	72180166

珍溪镇

【概况】 珍溪镇位居三峡库区，地处涪陵东北长江北岸，涪丰北线贯通全境。上距涪陵城区30千米，下距丰都县城40千米，北与长寿、垫江连界，东北与丰都县接壤，西与百胜镇相连，南与南沱镇隔江相望。全镇总面积181.45平方千米，建成区面积3.82平方千米，辖25个村委会、3个居委会、195个村（居）民小组（其中174个村民小组、21个居民小组），总人口8.4万人，其中镇区常住人口2.3万人。2019年，全镇地区生产总值实现34.7亿元，同比增长8.4%；企业总产值实现34.18亿元，同比增长13%；农业总产值实现9.7亿元，同比增长10.2%；固定资产投资完成2.8亿元，同比增长12%；本级财政收入完成2385万元，同比增长3.92%；2019年农村居民人均可支配收入达到17586元，同比增长10.3%。镇党委、政府设党政综合办事机构26个，其中设党政综合办事机构17个，其中行政单位11个，事业单位6个，有干部职工194人。全镇公路通车里程915.59千米，其中省道17千米，县道58.29千米，乡道35.22千米，村道348.58千米，社道456.5千米。镇区内公交、客运班车路线20条，镇域内通车率达100%。

【服务企业】 2019年，珍溪镇深化"放管服"改革，实行企业审批全程代办制度；开展"三百行动"，全年到企业上门服务300余次，排查梳理问题128个，化解涉企困难124个。全年新发展各类市场主体562户，其中企业98户，个体工商户405户，农民股份合作社59个。年内新注册企业98家，达成招商协议资金2.44亿元，到位资金1.5亿元，新引进劳务类、商贸类企业实现产值1亿余元。做好大业矿山皮带运输机廊道工程建设的服务工作，协调占用土地400多亩，解决各类纠纷300余起。完成四臣矿山34.6亩土地和23亩林地流转，签订4户农房的搬迁协议；大青林矿山流转162.5亩耕地和455.2亩林地，签订49户农户的搬迁协议，已拆房屋7户。

【农业发展】 2019年，珍溪镇稳步发展桑、菜、果、猪四大农业特色支柱产业，全年产茧23793担，蚕农收入实现4045万元；榨菜种植7.7万亩，产量18万吨，菜农收入实现1.3亿元；保有水果面积5.1万亩，产量4.2万吨，果农收入实现7656万元；出栏生猪8万多头，养猪收入超3亿元。年内完成26个村（社区）135个小组18690户土地确权工作；完成20187户134539亩的耕保补贴兑付，兑付资金802.8万元。开工土地复垦项目15个，涉及24个村（社区）860户662个复垦点450亩。推广补贴农机具518台，补贴41.6万元，完成机耕120600亩、机播1800亩、机收27200亩。投资36万元完成永义、三角饮水安全巩固提升工程；投资35万元完成农业综合开发洪湖涵管改造项目；投资30万元完成洪湖水库临水房屋排危整治项目；投资80万元完成斑竹村道路整治一、二期工程；投资30万元完成2018年度国家重点水土保持工程建设；投资510万元完成东桥移民柑橘果园管护等5个库区基金项目建设。投资571万元建成国家现代农业产业园观光示范体验园项目。全面启动开展农村资源变资产、资金变股金、农民变股民的"三变"改革。举办了"第五届桃花节"和"第四届涪陵脐橙采摘节"。

【城乡建设】 2019年，珍溪镇完成了卷洞、百汇等10个村的规划编制工作。开展"马路办公"，现场解决问题90余个，开展珍溪场镇市容、卫生、交通三大秩序整治。新建杉树湾、仁义场镇公厕2座，排查化粪池3次11处，维修整治照明设施5处。全年审批办理农村房屋建设255户，完成157户C、D级危房改造，兑现补助资金319万元。完成长江沿线425户的旧房整治排查、统计、申报工作。对口支援获得捐资140万元，用于基础设施改善；抓住三峡移民后续建设契机，投资2518万元实施三峡后续项目2个，观将村农村移民安置区精准帮扶项目全面完工，兴盛社区精准帮扶项目完成工程量的90%；大兴村精准帮扶项目的道路部分开工建设，梨坪村精准帮扶项目完成招投标工作；申报2020—2022三峡后续项目库项目6个，申报三峡后续专项资金1.4亿元。珍溪镇争取到2019年第一批通畅、通达公路建设计划76.02千米，完成通畅公路27千米，通达公路34千米；争取到2019年第二批通畅公路建设计划17.29千米。投资103万元，整治了坪水二桥和新石桥；争取到300余万元，启动了马滩桥建设。全年完成乡村道路管养268千米，其中乡道42千米、村道181千米、扶贫路45千米。

【环境保护】 2019年，珍溪镇成功创建市级生态文明示范镇。完成全镇长江岸线22千米的147个排入口的调查统计工作和国家第二次污染源普查涉及辖区企业、榨菜加工户802户的普查验收工作，受理群众各类环保举报投诉36起，投诉调查核实100%，处罚榨菜废水偷排乱排案件1起。投资13.6万元，完成了珍溪二水厂、八一水库两座饮用水源地保护建设项目。投资640多万元，完成了珍溪场镇二三级污水管网建设。投资16万元，完成了仁义敬老院和社区办公室片区二三级污水管网建设；投资561.63万元，完成了碧溪河流域面源污染治理项目；投资10万元，改建渠溪河人工湿地6座。珍溪镇扎实开展河长制工作，落实了65户畜禽养殖大户监管责任、与670户榨菜加工户签订了《榨菜加工废水处理承诺书》，坚持谁污染谁治理。完成长江珍溪段24个排污口调查工作，实行分类处理；完成投资35万元的在斑竹村修建断面水质自动监测站建设；多举措确保杉树湾、永义、百汇、仁义四个污水处理厂污水处理达标排放；取缔了渠溪河三峡渔业养殖场的网箱养鱼；开展了渠溪河和珍溪河的浮萍、垃圾等清漂工作；投入整治资金3.575万元，出动船舶32艘次，作业人员64人次，打捞渠溪河、珍溪河垃圾150余吨。

【脱贫攻坚】 2019年，珍溪镇核实补录贫困人口166人，有效解决了“漏统”“错统”问题；识别评议脱贫135户311人，建卡扶贫对象脱贫率达到99.93%；新成立59个农民股份合作社，其中榨菜股份合作社58个、柑橘专业合作社1个，带动帮扶贫困户1016户；对156户未脱贫及易返贫困户进行产业规划，落实产业到户补助资金22.93万元；累计发放扶贫小额信贷2803.9万元，贫困户获贷率50.2%。完成农村“三类”贫困人员改厕875户，落实补助资金175万元。投资581万元，实施了4个贫困人口饮水安全巩固提升工程。投资120万元，完成4个贫困村集体经济组织发展项目。投资79万元，建成永义花椒冻库烤房项目。落实贫困学生义务教育政策补助69.7万元。贫困人员全部参加2019年度基本医疗保险，资助参保36.87万元。全面完成中央巡视、市级考核、扶贫审计、“两不愁三保障”4大类76个任务和问题整改销号。

【社会民生】 2019年，珍溪镇新增城乡低保264户462人，新增特殊困难家庭人员202人，停发特殊困难家庭47人。完成三个敬老院9名工作人员的配备工作；投资10.6万元，完成了对学堂、万灵、百汇五保家园的改造；投资5.8万元完成仁义敬老院下水管网整修工程。全镇新增80岁以上老人305人，发放高龄津贴94万元；组织开展白内障免费复明手术86例；发放残疾人辅助器材170个（副/根）；开展残疾人康复服务218人，争取残疾人康复资金5.23万元；残疾人新增生活补贴173人，新增护理补贴41人。发放临时救助金30万元。为148名优抚对象解决补助资金6.2万元。珍溪镇新增农村独生子女父母增发基本养老金33人，发放独生子女父母一次性奖励金30.1万元。义务教育入学率达100%；2019年考入市级重点高中89人，录取率48.6%；落实各类学生资助金76万多元；投资2000万余元，推进4个新（扩）建项目建设，建成校舍3826.85平方米，扩建校舍5421平方米。投资102万元，修缮了施家祠堂，并被核定为市级文物保护单位；兴达公司员工杨云获得第七届“全国道德模范”提名奖和“中国好人”荣誉称号。

【安全稳定】 2019年，珍溪镇党政干部走访涉邪教人员12人，加强对3名失联邪教人员追踪摸排。防范金融领域系统性风险苗头，加强对参与“善心汇”“聚财道”非法集资人员的管控。排查受理各类矛盾纠纷231件，化解230件，化解率达99.57%；办理完结来信来访47件，办结率81%。实施雪亮工程，安装监控摄像头51个。破获刑事案件26件，打击15人；办理行政案件112件，拘留40余人。群众安全感继续保持在99%以上。珍溪镇全年开展各类安全执法检查1153人次，排查各类隐患1524件（项），整改1505件（项）。安装了乡村道路警示桩和波形护栏15千米，完成了2家非煤矿山企业安全标准化复评，完成了5家危化品企业安全生产标准化建设和监管执法一体化验收，完成了43家烟花爆竹经营户规范化管理及专项整治工作。

主要领导名录

党委书记　秦　学（2019年10月离任）
镇　　长　邱国光
人大主席　张跃仕
党政办电话　72172053
传　　真　72172474

百胜镇

【概况】 百胜镇地处涪陵区北部，东至长江中心线与南岸南沱镇隔水相望；南与江北街道相邻；西至黄草山脉东麓与涪陵新区和长寿区云集镇、华中镇接壤；北与珍溪镇毗邻。涪垫路（涪陵—垫江）、涪杉路（涪陵—杉树湾）、涪丰路（涪陵—丰都）北线纵贯全境。镇人民政府驻兴百路25号，镇党委下辖30个党支部（总支），党员1478人。镇政府机关事业编制175名，其中行政50人、事业125人，乡领导班子成员12人，大学生村干部2人。设行政科级综合办事机构10个、事业单位7个、区级部门派驻机构10个。有百胜社区社区居民委员会1个，葛亮、齐曲、太平市、大石（重点贫困村）、隆兴（市级贫困村）、红花（市级贫困村）、八卦、紫竹、新河、广福、三台、观音（市级贫困村）、花庙（市级贫困村）、双河场、紫微、中心、回龙、桂花、百兴19个村民委员会，下设5个居民小组，135个村民小组。总人口50632人，有苗族、土家、彝族、仡佬、壮族等16个少数民族，东西最大距离15千米，南北最大距离45千米，总面积147.37平方千米，人口密度为每平方千米343人。全镇耕地面积42881亩，其中田16098亩、土26783亩，园地12043.7亩，其中果园2517亩、桑园9526.7亩。主导产业以农业为主，粮食作物主要有水稻和玉米，经济类作物以榨菜为主，拥有“重庆市级榨菜特色产业基地镇”“重庆市中小企业创业基地镇”“全国农产品加工示范基地镇”等称号。丛林西瓜、蜜本南瓜、刀豆、柑橘、红心蜜柚等特色经济作物的种植呈现出良好的发展态势。

【经济指标】 百胜镇全年GDP总量231295万元，同比增长7.4%；农业增加值53915万元，同比增长4.7%；规上工业企业11个，总产值192586万元，同比增长2.6%；固定资产投资额7721万元；规上交通运输企业1个，营业收入4900万元，同比增长44.6%；规上非营利性服务企业1个，营业收入2811万元，同比增长5.5%；限上批发和零售企业3个，销售额19269万元，同比增长13.5%；限上住宿和餐饮企业1个，营业收入1580万元，同比增长18.5%。农村常住居民人均可支配收入17383元，同比增长10.7%；城镇常住居民人均可支配收入39508元，同比增长9.5%。

【教育资源】 有公办中小学幼儿园7所：百胜镇初级中学校、百胜镇中心小学校、百胜镇丛林九年制学校、百胜镇河场小学校、百胜镇河岸小学校、百胜镇中心幼儿园、百胜镇太平幼儿园。民办幼儿园一所：丛林未来之星幼儿园。全镇共有教职工210人，在校中小学生1109人，在园幼儿136人。

【文旅资源】 全镇普查文物共计57处，其中区保文物古迹1处。农家书屋20个，共有各类书籍4000册。旅游资源为“四采摘，一垂钓，一观光”格局：“四采摘”是指丛林片区西瓜采摘、葛亮村桑葚采摘、太平寺樱桃采摘、红花村红肉蜜柚采摘，“一垂钓”是中心村一何园水上垂钓，“一观光”是桂花苑农业观光。

【财政运行】 2019年，百胜镇守住了不新增政府债务风险的底线。全年财政运行总体平稳有序，完成本级财政收入1100万元，同比增长53.84%，完成年初人代会确定目标任务的143.60%；完成地方财政支出8085万元，其中一般预算支出预计完成5034万元，完成预算的109.69%，同比增长10.76%。

【社会综治】 2019年，百胜镇以村（社）为单位，将镇辖20个村（社区）、140个村（居）民小组全部纳入网格化管理，共划分网格20个，配备网格员21名、志愿者巡逻队伍240人。设置公路劝导站22个、重点路段高清摄像头13个。

【社会民生】 2019年，百胜镇发放临时生活困难救济金19万元168户，发放冬春生活救助金25.09万元580户，发放特困人员医疗救助金163人次19万元。全镇有低保1062户，1689人。全镇有重点优抚对象212人，其中伤残军人13人、在乡复员军人24人、带病回乡退伍军人 80 人、参战退役人员 30 人、烈属 10 人、60 岁义务兵 55 人。全年发放 1600 余人的高龄津补贴，61.2 万元。全年共办理一、二孩生育服务登记 287 对，办理再生育证服证 16 对，独生子女父母光荣证 99 人；清理核对疑似婚姻次数逻辑错误 179 条、已婚无配偶信息 6712 条；户籍家庭和居住家庭待确认信息 432 条。落实独生子女父母一次性奖励金 217 户 398 人共 199000 元；落实放计划生育手术并发症医疗补助和纳入奖扶 9 人共 18000 元；落实新增 2019 年度计划生育奖扶对象 57 人。落实 2019 年度计划生育特殊家庭享受城乡居民医保补贴 899 人，补贴 165033 元。全年发放残疾人两项补贴 231 人次、残疾证办证 78 人次、换证 13 人次、建设残疾人康复室 16 个、扶残助学 4 人次、居家托养 20 人次、技术培训 156 人次、扫盲培训 37 人次、燃油补贴 5 人次、无障碍改造 14 人次、需求调查 1471 人次、一户多残专项帮扶 13 户、辅助器材发放 28 人次、危房改造 7 户。全镇城乡居民医疗保险参保 38810 人，征缴医保费 682.52 万元；受理市外就医 108 人次；特殊（重大）疾病成功申办 268 人；补制社保卡 850 张，上报新制卡资料 525 份。全镇建卡贫困户 1041 户 2871 人的医保（含居民医保和职工医保）核查工作完成，做到应保尽保。全镇领取养老待遇总人数 11285 人，采集认证 9588 人。

【农业发展】 2019 年，百胜镇落实农业支持保护补贴政策，推广农作物良种良法和病虫害防控、保险，种植水稻近 2 万亩，种植玉米近 2.4 万亩，粮食总产量达 2.5 万余吨。全镇种植榨菜 6.5 万亩，青菜头产量达 16 万吨，产值 1.2 亿余元。全年出栏生猪 6.3 万头、牛羊 1441 头、禽兔 36 万只，畜牧业总产值达 2.3 亿元。全年种植蔬菜 2.3 万亩、产量 44060 吨，种植西瓜 8000 余亩、产量 14015 吨、产值 4204.5 万元；全年种植紫苏、白芨等中药材 1 万余亩，产量达 560 吨，产值 280 万元；幸安专业合作社 1500 亩红肉蜜柚投产，产量达 25 万千克。镇内花椒、蜂糖李、脆李、胭脂脆桃等特色产业相继引进或投产，“一村一品”产业格局加快形成。2019 年，百胜镇借助涪陵区创建国家现代农业产业园契机，新组建成立农业专业合作社 47 个，区财政投入合作社发展资金 1200 余万元。

【公路建设】 百胜镇 2018 年续建项目硬化水泥道路 236.6 千米完成，其中乡道 43 千米、村道 103.6 千米、社道 90 千米。2019 年 61.3 千米通组公路建设中，贫困村有建设任务 16.29 千米（其中红花村 6.31 千米、观音村 5.55 千米、隆兴村 2.78 千米、花庙村 1.65 千米）。2019 年全年养护道路 257.6 千米，整修红花村、隆兴村水毁公路 13 千米，投入资金 37 万元。

【招商工作】 2019 年，百胜镇新入驻企业 26 家，注册资金达 3 个亿，分别同比增长 420%、900%；小规模纳税人登记 60 家，同比增长 500%；代开票个体 105 个，开票额近 3000 万元，分别同比增长 6 倍、49 倍。

【医疗卫生】 全镇共有医院 3 家，其中公立医院 1 家、私立医院两家。辖区常住及流动儿童建立预防接种证 1023 人，建证率 100%，0—6 岁儿童“八苗”接种率 98.4%；全年管理孕产妇 62 人，早孕建册率 90%，产后及时访视率 98.39%；管理 0—6 岁儿童 526 人，儿童健康管理率 95%；辖区 65 岁以上老年人 5971 人，接受健康管理 4318 人，健康管理率 72.32%；管理原发性高血压患者 3258 人，规范管理率 65%；管理 2 型糖尿病患者 958 人，规范管理率 72%；管理三级以下严重精神障碍患者 184 人，规范管理率 86%，全年辖区内无严重精神障碍患者肇事肇祸情况发生；管理肺结核患者 15 人，管理率 100%；全年接受中医药服务的老年人 3382 人，管理率 56.64%，接受中医药服务的 0—3 岁儿童 202 人，管理率 61.8%；全年共报告法定传染病 3 例，突发公共卫生事件 1 例，报告率 100%，及时率 100%；协助区级部门开展食源性疾病、饮用水卫生安全、学校卫生、非法行医和非法采供血、计划生育实地巡查248次，上报并审核通过食源性疾病18例，报告非法行医2例；辖区家庭医生签约5819户17386人，签约率39.6%，重点人群签约率60%，建卡贫困及计生特殊家庭等特殊人群签约率100%。

主要领导名录

党委书记　杨　军

镇　　长　宋拥军

人大主席　甘立学

党政办电话　72153029

传　　真　72153354

青羊镇

【概况】 青羊镇位于涪陵区西南部，总面积107.64平方千米，辖9个行政村，2个居委，70个村（居）民小组。全镇总人口25355人，其中城镇居民6088人，农村居民19287人，农村外出务工7162人。平均海拔700米，最低海拔300米，最高海拔1314米，有耕地3945公顷，森林面积4997公顷。有中型水库2座，小（一）型水库1座，其中中型水库青羊湖最大库容1580万立方米。镇内设有行政机构10个，在岗职工36人；下属事业单位7个，在岗职工49人。全镇下辖党支部19个，共961名党员。有卫生院1所，乡村医疗点11个，中小学校3所，在校学生1019人。青羊镇曾获得“重庆市环境优美乡镇”“重庆市历史文化名镇”等多种荣誉，并在2019年镇被国家住房和城乡建设部和国家文物局公布为第七批中国历史文化名镇（涪陵区唯一一个国家级历史文化名镇）。

【经济发展】 2019年，青羊镇实现地区生产总值89832万元，可比增长8.4%；完成农业增加值20007万元，同比增长3.4%；规上工业产值达到7310万元，可比增长13.6%；限额以上批零销售额达到13580万元，同比增长10.8%；农村常住居民人均可支配收入达15728元，同比增长10.2 %；完成财政公共预算收入1202万元，完成本级可用财力3266万元，完成固定资产投资2608万元。新申报规上企业3个，新办专业合作社4个，注册个体工商户140余个，共引进新办企业39个，协议资金1.82亿元。

【特色农业】 2019年，水稻绿色高质高效项目示范片建成10000亩，李子产业园建成2000亩，猕猴桃种植基地规模达500亩、初期产量15万千克，花椒基地规模扩大到800亩。全镇种植中药材苦荞头、白花前胡等近500余亩，大梁子山生态牧场规模达3500亩，兴冠农业园基地规模达500亩，观光体验式田园综合体初见雏形。

【乡村振兴】 青羊镇完成2018年农村通组公路建设54.1千米，2019年（第一批）农村通组公路通达通畅工程52.96千米建设实现工期过半任务过半，启动2019年通组公路（第二批）30.34千米前期准备工作；维修整治八新路、毛明路、安桂路等8条乡村道路，确保道路通畅、群众出行安全。年内新申报农技示范户12户，扶持新型职业农民50名，组织参加市区农技培训9名，建成益农信息进村入户站点10个。聘请护林员11名，实现集中管护天然乔木商品林面积6.39万亩；完成2019年国土绿化提升行动，四旁树种植30亩，特色经济林改造120亩，森林抚育500亩。完成龙潭河群英农业园河段综合治理项目工程和水保项目建设，光华水库病险除治项目工程建设全面完工，群英村、三合村71户通过“农村饮水安全巩固提升工程”项目彻底解决饮水问题。全面推行河库长制，完成19条河道“一河一策”和9座水库“一库一策”的精准治理方案，落实河道管护人员11人，人民监督员19人，安装标示标牌47块；集中治理河库较近的21处畜禽粪便污染源，达到零排放、零污染。土地复垦完成实施面积的80%，安镇社区、三合村、兴安村土地整治项目，完成工程量的30%。全年完成C、D级危房改造180户；投入79万元完成农村三类人员改厕395户。青羊村、三合村、兴安村、山大村、吴家村、迎龙村等6个村完成村规划编制成果入库和群英村的村规划编制，启动青羊镇国家级历史文化名镇修编工作；投入44万元购买场镇垃圾清扫、分类、保洁等外包服务，组建13余人的清扫保洁专业队，做到垃圾日产日清。完成平一社区污水处理站技改工程；青羊镇污水处理改扩建完工并投入使用；维修群英村、青羊村和兴安村人工湿地污水管网330米；巡回宣传场镇管理制度，清除“牛皮癣”300余处、非垃圾堆放点40余处，整治场镇乱停乱靠、占道经营86起，签订责任书287份，群众知晓率达90%以上；完成污染源普查工作，累计完成执法检查12次，完成环境突出问题整改3件，办理环保投诉案件3件，群众满意率达100%。

【乡村旅游】 2019年，青羊镇被国家住房和城乡建设部和国家文物局公布为第七批中国历史文化名镇（涪陵区唯一一个国家级历史文化名镇）。依托丰富的历史资源，青羊镇提出以“打造中国历史文化名镇”为工作主线，坚持“规划围绕旅游编，基础围绕旅游抓，产业围绕旅游调，场镇围绕旅游建，保障围绕旅游做”工作方向，以陈万宝庄园周边规划建设为中心，以庄园至大梁子山沿线、青羊湖环湖布局休闲观光体验农业和双石桥水库周边养生康养产业为载体，推进乡村旅游开发建设。投入专项资金140余万元，组织实施并完成了陈万宝庄园步道、围墙、附院的修缮工程，加强推进陈万宝庄园展陈布展工作，陈万宝庄园正厅恢复项目已列入市级文保项目库。同时谋划陈万宝农耕文化主题公园、青羊兴安湿地公园和庄园群保护与开发等方面相应项目规划储备。

【脱贫攻坚】2019年，青羊镇减贫33户93人，建立了707户（2370人）建卡贫困户全覆盖精准帮扶机制，召开院坝会宣传政策560场，解决实际问题200余个，贫困户小额信贷累计放贷共308笔850.2万元，完成扶贫人行便道30.75千米，完成C级危房改造完成71户，D级危房改完成95户；投入79万元完成农村三类人员改厕395户。完成历年问题整改销号累计187个；“两不愁三保障”突出问题实现动态“清零”，全面完成中央脱贫攻坚专项巡视反馈意见整改任务；新建贫困村农业产业发展专业合作社4个，市区两级龙头企业新发展带动贫困农户就业8人；四个股权化改革项目中3个村48户贫困农户持股61.25万元，均实现首次分红；建卡贫困户低保兜底22户47人，为50户贫困农户申报贫困农户产业到户扶贫项目资金7.09万元。开展健康扶贫暖心行动，对贫困户1262人实施了家庭医生签约服务，健康体检225人。充分发挥产业发展带动效应，投入财政资金80万新建贫困村农业产业发展专业合作社4个，投入财政资金122.5万元，申报股权化改革项目4个，申请财政扶贫培训资金3万元实施实用技术人才培训100余人，参加区级厨师技能培训17人，开发生态公益性岗位17个。

【社会事业】 2019年，青羊镇投入80万元完成涪六中塑胶运动场建设，投入27.2万元完成中心校运动场标准化建设；中考市重高升学率达57.14%。镇图书室、电子阅览室完成标准化建设，实行免费开放；成功举办迎接中华人民共和国成立70周年系列活动，开展大型民族传统节庆文艺演出10场，拓展义务书写、赠送春联活动。新建立退役军人之家1个，开展座谈会14场，专题会3场，走访慰问军烈属、退役军人755人次，办理退役军人诉求15件，咨询44人次。张贴“创文创卫”宣传画260余张，创办专栏19期，展板20块，标语横幅96幅，场镇公益广告161块，组建义务监督员及志愿者服务队12支，全年开展义务大扫除76场2630余人，义务植树1600余株，清理河道20余条。

【民生保障】 2019年，青羊镇解决就业人数1131人，办理享受失业保险56人，发放失业金113.9万元，劳务培训187人。居民养老保险参保14554人，缴纳保费18.69万元；城乡居民医疗保险参保18970人，缴纳保费436.9万元，实现应保尽保。投入40万元新建空巢老人服务站3个；累计发放低保金208.98万元；发放特困医疗救助金3.96万元。

【安全稳定】 新中国成立70周年大庆期间，青羊镇平安稳定，无一人上访非访和任何安全事故的发生；开展“领导干部大接访大下访”活动，全年共排查矛盾纠纷97件，化解93件，化解率96%。通过街头宣传、巡逻防控和网格精细化管理，营造扫黑除恶的良好氛围，全年立案处理刑事案件5件，打击处理7人；处理治安案件22件，治安拘留2人；64名刑释解教人员、3名社区服刑人员、61名三级以上严重精神障碍患者、29名在册吸毒人员均在管在控。年内审批食品行政许可24件，完成食品“双随机、一公开”40户，排查出食品药品风险隐患31个，整治率100%；建成视频厨房6户，透明厨房14户，实现学校及托幼机构食堂、大型餐饮单位全覆盖；开展快速检测65批次，查处食药案件6件。全年开展安全知识宣传12场、出动80余人次；查处交通违法行为700余起，罚没收入2.5万余元，三轮电动车贴牌率及参学率均达到90%，守法率平均达到80%；开展行业领域安全大检查，出动检查人员546人次，检查场所489家次，排查整改隐患42起；全年共发生各类事故135起，死亡0人，受伤33人，安全生产大局稳定可控。完成6.3万亩松林林间除治工作；开展非洲猪瘟防疫工作，设立防疫检查站4个，出动检查100余人次，发放资料5653份；引进动物的监督隔离观察24户5527头，实现市场屠宰场消毒42次，车辆消毒427车次。

主要领导名录

党委书记　张　建

镇　　长　况　琼（女）

人大主席　何事穗

党政办电话　72730009

南沱镇

【概况】 南沱镇地处涪陵以东长江“几”字形河套地区，西距涪陵城区24千米，东距丰都县城23千米，国道G348、涪丰石高速公路贯穿全境，拥有长江岸线28千米，码头3座。全镇总面积67.16平方千米，辖1个社区、11个行政村，76个村（居）民小组，共计13057户，37315人，耕地面积3.65万亩，林地面积3.42万亩。2019年全镇实现地区生产总值14.05亿元，同比增长12.7%；农业增加值34447万元，可比增长5%；固定资产投资8279万元，同比增长20%；财政收入1154万元，同比增长2%；城乡居民人均可支配收入分别达到38396元和16742元，同比分别增长8.9%和10.1%。

【产业发展】 2019年，南沱镇巩固发展荔枝、龙眼、柑橘、竹笋、黑猪5大特色农业名片，推进现代农业提质发展。全年完成粮食产量3.6万吨、蔬菜1.8万吨、果品2.2万吨、笋用竹1000吨、蚕茧225吨，种植榨菜26000亩7.2万吨，出栏生猪5.6万头、家禽29.8万只。成功创建重庆市名牌农产品3个、绿色食品5个、无公害农产品11个，新发展农民专业合作社17个，开工建设标准化荔枝示范园300亩，管护提升柑橘果园2000亩。睦和龙哥果品专业合作社入选全国农民合作社典型案例，重庆海林种养友好生猪专业合作社入选全国百强农民专业合作社。南沱镇有榨菜优势产业和笋用竹特色产品，榨菜股份专业合作社全年收购鲜榨菜4863.5吨，626户入股农户获得二次盈利分红23.1万元，村级集体经济增收4.09万元；竹泰笋业股份合作社全年收购鲜笋563吨，123户入股农户创收

250万元。南沱镇突出江岛特色、田园特色、产业特色，立足平西岛、方城寨、红星渡槽、花莲坝牌坊、滴水塘瀑布、四季优质鲜果等历史人文和自然生态资源，发展乡村旅游，2019年完成睦和村旅游观光步道、观光亭、微景观改造及天平居民点旅游厕所建设项目，启动了彭家院子民宿一条街项目建设，成功举办枇杷、荔枝、龙眼、柑橘等采摘节，全年接待游客30余万人次，实现旅游综合收入3500余万元。

【城乡建设】 2019年，南沱镇进一步完善场镇功能，完成南沱客车、片区农客定点始发，在场镇规划小车停车位70个，摩托车停车位40个；完成集镇小区综合帮扶项目，雨污分流系统投入使用；建成南沱集镇文化广场3000平方米，焦岩集镇广场500平方米，停车场7000平方米；整修集镇公共厕所3座，改造人行道3.2万平方米，油化场镇道路3万平方米，改造行道树1400余株，完善集镇照明设施90余盏；加快推进农村公路建设，完成通组公路24.9千米，在建23.7千米；全面完成8个村的村庄规划编制工作；开展南沱境内沪渝南线G50高速沿线居民人居环境综合整治，完成龙驹、秀山、关东3个村56户房屋整治；改造一般农户卫生厕所150户、“三类”人员卫生厕所188户；完成长江流域禁渔退捕转产工作，全镇115条渔船提前完成上岸、切割、销号；持续推进农村生活垃圾专项治理，开展专项整治12次，清运积存或散落垃圾2200吨、沟渠55千米，整治背街小巷卫生死角110处；全面落实河长制，累计开展784次巡河，发现、处理河库问题24个，清理河流垃圾及漂浮物40余吨；实施苏家坝流域养殖场技改1600平方米；长江河道开展消落区种植整治工作，清理违法种植52亩；完成大洞溪流域农业面源污染综合整治，制订了白洞溪、塞马口水库综合整治实施方案；实施国土绿化提升行动和森林城市创建，新造特色经济林280亩，四旁植树60亩。

【脱贫攻坚】 2019年，南沱镇新脱贫34户88人，镇内贫困人口“两不愁三保障”突出问题实现动态清零，贫困家庭子女义务教育阶段入学率及家庭医生签约服务覆盖率均达100%，“四类”贫困人员C、D级危房实现动态消除，所有贫困人口实现正常饮水和水质达标。抓实产业到户扶贫项目，对35户未脱贫户和3户易返贫困户落实了产业到户扶贫项目，兑现补助金额59630元。2019年第三批脱贫攻坚项目柑橘果园管护建设项目顺利通过验收。指导产业大户组建榨菜股份专业合作社16个、花椒股份专业合作社1个，引导全镇11个村332户贫困户入股。建立涪陵黑猪产业园扶贫养殖车间，10户贫困户实现首次分红5万元。强化就业扶贫，公益性岗位安置贫困户就业12人，龙头企业带动贫困户就业31人。

【民生建设】 2019年，南沱镇转移农村劳动力11002人，实现劳务总收入44299万元，培训农村劳动力170人，回引返乡创业就业999人；落实下岗失业人员和返乡农民工小额担保贴息贷款560万元；抓好城乡居民医保、养老保险等工作，做到应保尽保；顺利完成大型清洁能源安置房分房工作；全面落实退役军人各项优待政策，如数按期发放重点优抚对象抚恤补助金，解决重点优抚对象“三难”问题；发放低保、临时困难等各类救灾救济救助资金423.89万元，计生奖扶、特扶资金及一次性奖金113.24万元；全年新纳入五保12人，发放高龄补助44.65万元；整合学前教育资源，关停薄弱民办幼儿园3所，实现公办普惠幼儿园覆盖率100%；深化教育改革，实现南沱中学与涪陵九中合并，南沱中心校与城七校、关东小学与城十校、南沱中心幼儿园与区幼儿园开展合作办学；南沱中心校成功承办重庆市乡村学校少年宫“寻根乡愁·留住农耕”主题展示活动，接待23个区县160个乡村学校少年宫参观考察；开展彩虹跑、象棋比赛、“我们的节日”、庆祝中华人民共和国成立70周年系列活动22场，开展流动文化进村9场；举办惠民电影入村展演172场，覆盖9600余人次；成立民间群众文艺团队7支；以社会主义核心价值观为引领，进一步推进移风易俗、建设文明乡风，成功打造睦和村新时代文明实践站；开展志愿服务16次，参与400余人次，受众达1200余人次。

【平安稳定】 2019年，南沱镇深入推进安全生产大排查大整治大执法工作，全年开展各类安全督查检查执法112余次，检查场所和设施515个；加强安全生产与自然灾害隐患排查治理，开展专项行动14次，监督检查高层建筑、工贸企业、危化品、密集场所及自然灾害686家次，查出安全隐患或问题271项，整改到位252项；查处道路交通违法行为569起，处罚企业违法生产行为8起；统筹推进防汛抗旱、森林防火、地质灾害等自然灾害防治工作，做好自然灾害受灾救灾工作，完成3户9间倒损房屋的恢复重建和138人的冬春救助；做好信访稳定工作，全年共接访116件次，化解115件次，化解率达99%；加强对重点稳控人员的教育疏导和稳控工作，制订劝返稳控工作预案，按照“一人一策一案”的办法落实稳控工作人员，开展心理疏导63人次，成功劝返相关人员19人次，排除到市集访、上访、在区聚集等风险隐患13余起；抓好全国和市、区“两会”、市党代会以及“新中国成立70周年庆祝活动”期间的安保维稳工作，无进京非访行为发生；严厉打击各类违法犯罪，全年破获案件11件；加强校园及周边社会治安综合治理，开展“拉网式”排查4次，消除安全隐患5起；推进扫黑除恶专项斗争，坚持“日排查、周汇报”和紧急事项及时汇报工作机制；践行“枫桥经验”，成立“万良工作室”，调解各类矛盾纠纷426件，其中重大疑难纠纷18件；加强对刑释解教人员、社区矫正人员和社区戒毒康复人员的帮扶教育工作，对在管社区矫正人员、刑释解教人员建立专门档案，坚持定期走访谈心；成立一对一联管小组，加强对精神病患者的管理；开展法制宣传8次，提供法律咨询750余人次。

主要领导名录

党委书记　张　正
镇　　长　董心雄
人大主席　叶相兰
党政办电话　72735002
传　　真　72735124

马 武 镇

【概况】 马武镇位于涪陵西南部，距涪陵城区20千米，涪南公路纵贯全镇，在境内设有出口。2008年5月乡镇建制调整，由马武镇、惠民乡、太和乡合并而成，总面积161.53平方千米，辖17个村、2个社区、126个村（居）民小组，12910户、4万余人，城镇化率32.4%，森林覆盖率48.2%。境内有省级文物保护单位碑记桥，有马武将军文化馆、农耕文化观、古今散文馆、涪陵电大马武新农村学院、全国首个乡镇级中国散文学会创作基地等文化传播基地，也有古今花海、清溪山谷、坪上花溪、林晟园等生态旅游资源。同时还是市级文艺创作基地、市散文学会创作基地和《雾都夜话》栏目群众演员培训拍摄基地。

2019年，马武镇实现GDP 19.93亿元，同比增长（下同）10.1%；农业总产值6.2亿元，增长6.4%；固定资产投资4.31亿元，完成区级目标任务的110%；工业总产值8.82亿元，增长7.45%；农村常住居民人均可支配收入17263元，增长10.7%。

【经济发展】 2019年，马武镇本级财政收入实现2112.01万元。年内新引进企业65家，注册商标36件，新增个体工商户89户，其中：注册资金5000万元以上1家、1000万元以上8家、

500—1000万元7家。年内完成第四次经济普查，辖区有843家法人及产业活动单位、1641户个体工商户。开展服务企业“三百”行动，走访企业50余家，现场办理事项35件，解决各类“梗阻”问题78件。全镇2019年实现产值超亿元级企业5家、5000万元级22家，年纳税500万元级企业2家、100万元级15家。坤和建筑保持全区建筑业10强称号，马武电力公司等13家企业、合作社创建为市级科技型企业，马武商会获评全国“四好”商会。

【农旅发展】 2019年，马武镇农村集体产权制度改革全面推进，清理核实集体资金1805万元、资产3.2亿元、集体土地23.89万亩，完成1.11万户、10.04万亩农村土地承包经营权确权登记颁证。新发展股份合作社5个、家庭农场2个，成功申报市级示范合作社7个。“2+X”特色效益农业产业体系基本形成，榨菜、蔬菜、南方早熟梨分别稳定在5万亩、3万亩、7500亩，新发展中药材2000亩，完成1.5万亩水稻绿色高质高效示范创建项目；畜牧产业有序发展，全年出栏生猪3.87万头、牛羊3452头、家禽42.67万只；农业服务增效明显，实施土地宜机化整治850亩，实现机耕6.03万亩、机收2.3万亩，完成农作物机械化社会化服务项目1万亩，兑现9.44万亩耕地地力保护补贴资金668.6万元。2019年，马武镇依托特色效益农业产业体系，以“十里梨子长廊”为核心，推进惠万路沿线优质水果休闲采摘观光带建设管理，建设A级标准化旅游公厕1个，道路、水渠、饮水管网等农业配套设施进一步完善，“农旅”“文旅”融合发展进一步深化，全年游客达到40万人次，乡村旅游收入突破6000万元。

【基础建设】 2019年，马武镇推进“四好农村路”建设，投资2000余万元完成道路硬化39.17千米、拓改6.63千米。进一步加大道路管护力度，投入80万元完成277千米乡村道路标准化管护和隐患整治。重新确定片区客运经营主体，投入客运车辆12辆，优化调整运营线路11条，实现片区农客规范化运行。实施水利项目，投资1384.19万元除险加固小（二）型水库4座，整治水库渠堰31.7千米、山坪塘2口；投资111.47万元完成蒲江人饮项目，惠及人口1100余人；投资111.2万元实施农村卫生改厕749户（其中“三类人员”363户），启动文观村“三档村”改厕工作；投资256万元完成平桥村电网升级改造工程。村镇管理水平同步提升，结合“创文、创卫”“河长制”工作，全年组织镇容环境治理、交通秩序整治、文明志愿服务等活动8次，清除暴露垃圾8.9吨、“牛皮癣”350余处；新增马武场镇摄像头9个，规范车辆乱停乱放行为，场镇精细化管理、市场化管理、常态化管理成效明显。开展农村人居环境整治，修改完善《人居环境整治考核办法》，制订“五化”“四看”“三必须”评比标准。不断完善农村生活垃圾收运市场化管理制度，形成“户收集、镇转运、区处理”的垃圾收集体系。

【生态环保】 2019年，马武镇落实“蓝天保卫战”工作部署，深化秸秆焚烧管控和综合利用，农作物综合利用率达90%。加强土壤污染防治，落实农药化肥减量增效措施，回收农膜11吨。完成马武污水处理厂升级改造，日处理污水提高到1200吨，12个农环项目实现污水达标排放。全面推行河（库）长制，加大河流巡查力度，巩固龙桥河、小溪河环境整治成果，组织志愿者200余人开展河道清漂保洁活动，清理河道垃圾、漂浮物20余吨。实施国土绿化提升行动，完成2019年退耕还林1500亩、农村“四旁”植树100亩、农田林网和特色经济林1030亩、幼林及森林抚育7960亩。坚持问题导向，整改并销号中央环保督察、生态环境部饮用水源专项督查及区督察组交办的2件投诉案件、现场交办的7个问题。开展环境保护大执法大检查，及时查处环境违法案件6件，清理整顿违法违规企业3个，受理环境信访投诉9件，办结率和满意率均达100%。

【脱贫攻坚】 2019年，马武镇聚焦“两不愁三保障”持续开展脱贫攻坚工作，贫困人口义务教育入学率、医保参保率均达100%，投资285万元实施“三类”贫困人员C、D级危房改造78户，基本消除“三类”贫困人员存量危房；全面解决17户贫困户饮水不达标问题。精准实施产业扶贫，发放扶贫小额信贷422户、990.7万元，林口村荣获首批市级“一村一品”示范村。精准落实扶贫政策，低保兜底脱贫191户360人，资金达116.2万元，落实就业岗位37个、公益性岗位26个，培训实用技术105人。

【民生建设】 2019年，马武镇新增城镇就业985人，城镇登记失业人员就业364人。新增城乡低保51户78人，核查发放临时生活困难救助139人、13.72万元，发放高龄失能老人生活保障金67人、16.08万元，发放居民养老金4580人、659.52万元，申报残疾人两项补贴644人次、54万元，发放困难退役军人救助金7人、6800元，发放参战人员、残疾军人、烈属慰问金3.6万元，补助重点优抚对象251人。

【平安稳定】 2019年，马武镇深入开展安全生产大排查大整治大执法，安全生产形势稳定向好，事故总量同比下降18.18%。落实稳控工作责任，确保“新中国成立70周年”等重要敏感节点社会稳定。全年排查化解疑难信访案件39件，调处民事纠纷32件。召开社区季度民主协商会议8次，推动解决问题23个，共建共治共享的社会治理新格局逐渐形成。全年破获刑事案件26件。

【社会事业】 2019年，马武镇开展联合教研和校本教研活动，推动课堂教学改革，完成区教委下达的40人升入市级重点高中的目标任务。新培育入库市级科技型企业13家，雨杰农业创建为区级科普示范基地。加强基层综合文化服务中心建设，合理布置文化中心户67户。巩固市级卫生镇称号，巩固市级卫生单位5个、市级卫生村2个。

主要领导名录

党委书记 熊国勇
镇　　长 卢　伟
人大主席 李　毅
党政办电话 72732022

新妙镇

【概述】新妙镇位于重庆东部，涪陵西部，长江南岸，与巴南区麻柳镇接壤，古称“新庙”，镇域面积139.12平方千米，辖22个村、1个社区，总人口5.6万人。城镇建成区面积3.9平方千米，城镇长期居住人口3.8万人。有耕地面积83296亩，森林面积92404.4亩。新妙距重庆主城（南岸茶园新区）37千米，距涪陵城区45千米，沿江高速公路、茶涪二级路（103省道）、204省道以及规划中的六横线（两江新区至涪陵龙头港）和渝万高铁贯穿全境，正在修建的南两高速（南川区—两江新区—江北机场）与沿江高速公路交汇新妙，韵达物流西南总部入驻“新（妙）石（沱）组团”园区，具有半小时重庆主城的区位优势，是涪陵的交通副枢纽，重庆至涪陵的陆路中转站，涪陵西部最大的商贸流通中心和农副产品集散地，是全国重点镇，是重庆市级中心镇、市级历史文化名镇、重庆最具投资价值小城镇、首批全市商贸强镇、市级小企业创业基地，是涪陵革命老区乡镇。

【经济建设】 2019年，新妙镇全年地区生产总值实现17.4亿元，同比增长10.2%；中小企业总产值50.9亿元，同比增长9.9%；工业总产值14.5亿元，同比增长7.3%；固定资产投资2.4亿元，同比增长9.1%；财政收入1417万元，同比增长21.4%，占全年目标任务的105%；农村常住居民人均可支配收入和城镇常住居民可支配收入分别达到15974元、39912元，同比分别增长11.5%、10.3%。

【招商引资】 全年招商引资洽谈项目16个，引进上海华联等注册企业11家，完成协议引资1.7亿元，到位资金2.1亿元。程村科技、展迪家具等公司建成投产，粮站地块顺利挂牌出让，海怡天二期项目加速推进。深入开展服务企业“三百”行动，排查梳理破解企业难题70余个，处置化解涉企困难12个，落实减税降费政策，推进提升“双百行动”，完成合众电气、展迪家具等2家企业“小升规”。新增限额以上法人企业1户，限额以上个体2户，限额以上法人企业累计达10户。文旅融合不断彰显，刘伯承护国之役纪念馆和弋阳国民师范学校功能进一步完善，全年接待旅客1万余人次。普陀山开发建设与招商洽谈工作全面推进，油江河沿线田园综合体开发建设配套设施加快推进，7.8千米道路初步建成。

【农业发展】 2019年，新妙镇实现农业总产值5.4亿元，农业增加值3.8亿元，同比增长5%；粮食产量稳定在2.5万吨。青菜头种植面积4.2万亩，实现产值6000余万元。巩固发展特色柑橘8000亩、李子2500亩、桃柚500亩，水果产量达到8000余吨，产值2400余万元。全年出栏生猪5.1万头、家禽71.4万只，畜牧业实现产值2.3亿元，同比增长4.2%。

【脱贫攻坚】 2019年，新妙镇贫困户家庭成员自然增加24人、自然减少48人、脱贫63户163人，脱贫监测户24户55人、卡外边缘户19户35人，排查易返贫困户、边缘户、大病户19户，完成中央巡视、国家考核、市级考核、扶贫审计、“两不愁三保障”5大类41条整改事项。新妙镇抓好“三类人员”C、D级危房改造171户，其中C级69户，D级102户，完善2015年以来享受C、D级危房改造900余户“一户一档”资料。实施“产业带贫惠贫行动”，落实产业发展指导员55名，指导526户建卡贫困户发展种养殖业，落实124户易返贫困户和未脱贫贫困户发展产业到户项目资金12万元。大岭、岔河、北门三个村成立榨菜、畜禽股份合作社，吸纳86户贫困户入社参与产业发展和股权分红。组织大岭、岔河等村股份合作社6名带头人参加培训，640余名贫困人员享受教育资助，针对3名不能随班就读的适龄儿童开展送学到家。全镇建卡贫困户均参加城乡居民合作医疗保险，建立完善家庭医生签约服务档案，医疗救助“05120”政策全部兑现，1014户贫困户2899人实现脱贫，仅有1户3人未脱贫。

【乡村振兴】 2019年，新妙镇开展以“三清一改”为重点的村庄清洁行动，出动干部群众6.3万人次，清理处置公共区域及农房周边存量垃圾280余吨、清理各类农业废弃物59吨，清理沟渠580余千米。规范圈养畜禽、堆放柴草等行为，重点抓好7500余户房前屋后环境卫生，及时清理处置农村生活垃圾，改造农村卫生厕所653户。启动实施“五治带动、全域整治”行动，投入500余万元，完成涉及7个村237户农房风貌改造工程。实施农村垃圾分类处理，抓实“13123”示范工程，成功创建整洁庭院1000户、美丽庭院200户、最美大院30户。开展国土绿化提升行动。落实森林管护面积8.5万亩，植树8万余株，实施退耕还林800亩、四旁植树300亩，特色经济林新造1300亩，幼林抚育2900亩。加强乡村治理，完成金凤等14个村规划编制，北门村成功创建乡村治理市级示范村。

【小城市建设】 2019年，新妙镇完成市级历史文化名镇保护利用规划，开展城镇功能互联互通调研，谋划融入主城都市圈发展路径。投入210万元，加强市政设施维修及绿化日常管护，新建标准卫生厕所2座，改建卫生厕所9座，完成湿地公园二期人行便道工程，栽种观赏树木540株，新增人行彩色步道500米。强化城镇卫生精细化管理，净化城镇环境，清除牛皮癣6000余处，卫生死角63处，清运生活、餐厨垃圾100余吨，清理违规户外广告和店招店牌361块，拆除违规户外广告1160余平方米，整修创文创卫道旗107块，拆除违章、违法、临时建构筑物和彩钢棚520余平方米。探索智能化城镇建设，新增城镇摄像头77个，查处乱停乱放违章车辆2926辆，劝导违章车辆5600余辆，处理违规进入城镇货车11辆；持续优化城镇经营秩序，规范经营摊点2400余个，取缔占道违规经营、骑门摊400余处，劝导900余个商贩进入市场经营。

【基础设施建设】 2019年，新妙镇完成投资2300余万元的“四好农村路”建设60余千米。争取三峡库区基金188万元完成郑家村2社、北门村6社6.6千米道路拓宽硬化工程。投入590万元实施游江村路面加宽、北门村大跳蹬桥项目。投入3000万元推进八新路（两汇至四合）路面拓宽及油化工程，协调配合完成蔺（市）两（汇）路路面改造工程。投入350万元实施玉泉村、北门村高效节水灌溉和新妙（三合）水厂扩网工程。投入3600万元完成十字、普陀、北门等3个村农村移民安置区精准帮扶项目。

【社会事业发展】 全年完成城乡居民养老保险参保2.4万人，医保参保率达96%，农村建卡贫困人员城乡医疗救助对象及计划生育奖扶特殊人员参保率达100%。实施积极就业政策，新增贫困家庭非全日制公益岗位38个，发放扶持创业贷款856万元。加强养老服务机构管理，升级改造两汇敬老院。落实低保、特困、医疗、优抚等社会救助政策，全年新增低保65户96人，清退违规领取低保金17.6万元，兑付三级以上严重精神障碍患者监护资金30余万元，筹措救助金16.5万元，救助123人，落实62.2万元为6638人发放高龄津贴。文广事业繁荣发展，广播“村村响、村村都能讲”工程实现全覆盖。参与全区“晒文化晒风景”大型文旅推介活动、趣味运动会、第二届广场舞大赛和庆祝中华人民共和国成立70周年群众合唱音乐会，均荣获优异成绩。成功举行新妙镇庆祝中华人民共和国成立70周年升旗仪式及书画摄影作品成果展活动。投入300余万元排危改造涪陵十中食堂工程和改善新妙小校、中心幼儿园办学条件。加强村级公共卫生服务标准建设，投入30余万元新建完善十字等6个村卫生室配套功能。中心卫生院成功创建为全国群众满意的乡镇卫生院、市级针灸特色科室，市级甲级卫生院通过初审。

【生态环保】 2019年，新妙镇高度重视中央环保督查及突出环境问题整改巩固工作，对标对表完成问题整改6件。处理污染投诉案12件。投资550余万元启动开平、四合、两汇3个集镇二三级污水管网工程建设。落实镇村两级河长制，巡河率达100%。全年无新增污染源和污染事件发生，辖区梨香溪、油江河等5条河流水质均达到III类水质标准。

【平安稳定】 2019年，新妙镇开展安全大排查、大整治、大执法，检查生产经营单位559家，排查整治隐患460项，落实整改资金110余万元。政府专职消防队出警79次，挽回经济损失65余万元。全年无较大以上安全事故发生。强化重点行业、重点领域安全监测和执法检查，有力防范应对较大洪涝、地灾、森林防火等自然灾害侵袭。阻断非洲猪瘟疫情传入，把人民群众生猪损失降到最低程度。深入开展扫黑除恶专项斗争，加强重点人群、涉稳人员排查稳控，没有发生在册重点人员失控脱管。在全国“两会”和中华人民共和国成立70周年期间等重要敏感节点，全镇无一例到市进京集访和到非接待场所上访，全镇安全稳定可管可控。

主要领导名录

党委书记　张晓藩
镇　　长　张必文
人大主席　李晓明
党政办电话　72702031
传　　真　72701169

蔺市镇

【概况】 蔺市镇位于涪陵西郊，地处长江南岸，距涪陵城区20千米，距重庆主城60千米。全镇总面积163平方千米，集镇建成区面积2.2平方千米，有耕地面积6905公顷，森林面积7130公顷，森林覆盖率50%。下辖17个村、7个社区，人口5.2万人（集镇常住人口1万余人），有基层党组织39个，党员2021人。蔺市镇连续5年经济发展总量保持全区乡镇第一，2016年入选首批中国特色小镇，是全国重点镇、全国特色景观旅游名镇、全国文明村镇，凤阳村被评为全国第三批传统村落。2019年，全镇实现地区生产总值20.75亿元，同比增长8.5%，城乡常住居民人均可支配收入分别增长10%和11.1%。

【经济发展】 2019年，蔺市镇粮食产量持续稳定在3.7万吨，依托浙江种业和涪陵种子公司发展水稻制种2200亩，龙泉村试验种植200亩绿色有机水稻取得初步成效。榨菜、中药材“2+X”产业发展提速，全年榨菜、中药材种植面积分别达到5.3万亩、6500亩。五尧村300亩核桃、桃园村600亩晚熟柑橘开始挂果，泡桐方竹笋完成核心区种植200亩，全镇柑橘、涪陵白茶、南方早熟梨种植面积分别达到1.2万亩、1200亩、3000亩。生猪存栏0.53万头，出栏4.83万头，家禽存栏15.86万只，出栏47.9万只。

年内蔺市镇扎实开展服务企业“三百”行动，持续优化营商环境，全年引进企业16家，协议资金和到位资金均突破2亿元。成功与涪陵重庆商会签订战略合作协议，首家商会主导企业金若管道销售公司落户。新引进新城宇、民安建筑公司两家二级建筑企业，全镇有建筑企业一级2家、二级4家、三级3家。美心集团门业销售公司引资破题，蒙迪门业、麦森门窗销售、麦森商贸等3家公司落户。桥达房地产公司整合桥达集团旗下所有房地产开发集团成立桥达房开集团。武陵建设遗留问题依法处置完毕。全年新增市场主体95户，引进外资企业1户。年内重庆嘉峰中益汽车销售公司新升限额以上商贸法人企业，全镇限额以上商贸企业达2家，销售额达8056万元、同比增长18.63%。完成17个行政村电商扶贫网点建设，以万松村电商为首的农产品网上零售额增长达20%以上。新培育特色农家乐2家，建成行政社区“菜篮子”零售网点98个、连锁品牌超市2个建设、产品冷链库3个。

【旅游建设】 2019年，蔺市镇核心旅游景区建设提速，蔺市古镇牌坊、老石板步行街建设即将完工；美心红酒小镇成功创建国家AAA级景区，景区道路完成白改黑，承接重庆洋人街30户商家落户，新增冰雪世界、动物园等一批游乐设施，泡桐村休闲养老基地建设完成核心区土地流转；万松里民宿文化街已有雏形，大觉山观音寺广场正加紧施工，石器一条街大门、居民点建筑立面改造、庭院石器景观建设完工。旅游环线建设起步，梨香溪两岸11千米绿道项目建设即将招标，连二村农耕文化博物馆、闲置庭院民宿改造、冰雪盟心古道至连二、泡桐村和梨香溪绿道环线等一批乡村旅游项目纳入三峡后续项目。旅游配套逐步完善，涪二中和移民广场停车场纳入三峡后续项目，进入规划设计阶段；全年新改建旅游公厕6座，新改建蔺市、松荫、五马场镇公厕3座；组建旅游志愿者服务队32人，在周末、节假日设立景区志愿者服务点；成功举办梨花节、庆龙节、丰收节、摩托车越野赛等活动，全年接待游客350万人次，实现旅游收入超过4000万元。

【打好三大攻坚战】 打好精准脱贫攻坚战。2019年，蔺市镇对中央脱贫攻坚专项巡视反馈意见以及上级各类巡查、考核问题全面整改销号。全镇有在卡贫困户869户2807人，其中未脱贫1户2人，全年无新增和返贫贫困户。“两不愁、三保障”突出问题有效解决，完成三类人群C级危房改造36户、D级61户，1439户非三类人群D级危房佐证资料全部收集；贫困家庭子女义务教育阶段入学率达100%；贫困户获得各项医疗救助131万元，住院自付比例降至5%。全面完成贫困户饮水管道入户工程，饮水安全巩固提升工程抓紧实施。完成小额信贷放贷466户，获贷率53.08%。新增公益性岗位11个，就近解决11名贫困人员务工难问题。不断强化脱贫工作机制，两级书记遍访贫困户实现全覆盖，帮扶干部动态调整及时落实。

打好污染防治攻坚战。中央第二轮生态环境督察反馈问题整改到位，涪二中、龙门桥涵洞污水混流整治项目完工投用，红旗社区畜禽养殖投诉交办案件整改到位，完成养猪场拆除。华龙榨菜厂、双骏食品公司污水处理设施建成投用。堡子、松荫、长冲、五马、万松等环境连片综合整治项目完成维护，湿地全部进水投用。垃圾分类试点有序推进，河长制工作深入推进，秸秆焚烧、榨菜废水、畜禽养殖等农村面源污染问题得到有效遏制。34户渔民、47艘渔船全部退捕转产，清水塘等集中式饮用水源地完成保护区规范化建设。

打好防范化解重大风险攻坚战。2019年，蔺市镇完善政府债务风险管控机制，严格执行财政支出预算管理，持续压缩一般性支出，加强财政支出动态监管，遏制政府债务发生。

【城乡建设】 2019年，辖区内滨江堤防建设提速，二期工程即将完工。主场镇凤阳大道房屋立面综合改造项目即将完工。农贸市场升级改造完工投用，占道经营彻底规范，老农贸市场建筑垃圾全面清理。场镇新补植补种时令鲜花16万株，配套健身器材22套。

农村人居环境持续改善，五马片区、金竹桃园、泡桐连二等人饮项目全面铺开建设，全镇农村自来水即将实现全覆盖。新建通达道路40.7千米、通畅公路53千米，建成人行便道79.71千米，完成农户改厕2145户，大浩、堰塘湾等6个水库除险加固项目完工投用。连二村完成161户农房风貌改造，绘制墙绘867幅。沪渝南线高速沿线21户农房风貌整治工程全面完工，“五沿”整治效果明显，大棚房清理整治全面完成，拆除一户大棚房350平方米。持续开展“三清一改”、“百日清洁”、环境卫生户评选等活动，在茶涪路沿线4个社区开展乡村物业探索试点。

【农村改革】 2019年，辖区内所有水厂全部交由区供水公司代管，城乡一体化供水格局基本形成。万松村完成农户土地、房屋产权入股前期工作。农村土地承包经营权确权登记顺利完成。双井、桃园率先实施农村集体产权制度改革试点。万松、四坪、五尧三个村完成壮大集体经济组织项目试点，万松、四坪率先实行集体资金入股企业保底分红。新建10个专业合作社，与243户贫困户建立有效利益联结机制。

【民生建设】 2019年，蔺市镇居民医保参保37676人，三类人群实现全覆盖。全年办理失业保险121人，享受失业保险金200.3万元，新增低保57人、停发低保28人，实现应保尽保、应退尽退。发放困难救助金58万元、困难残疾人生活补贴27万元、计生一次性奖励金35.35万元。新增配租廉租房和公租房12套。兑付农户种粮直补740万元，兑付公益林生态补偿和天然商品林停伐管护补助72.7万元，发放农机补贴21万元、水库移民后期扶持各类补助资金144.37万元。桃园便民服务中心以及大桥、红旗社区老年活动中心建成投用，龙门桥社区养老服务中心完成设计。

【社会事业】 2019年，蔺市镇中考市重点上线率56%，高考上线率100%。镇卫生院在全区乡镇中率先使用螺旋CT检查设备，堡子分院业务楼装修和医疗废水处理站竣工投用，完成五四、四坪、清水塘卫生室建设。全年开展文体会演78场次，送演出进村17场次，象棋比赛获区第五届老年人运动会乡镇组第一名。完成1382名退役军人军烈属信息采集录入和262名重点优抚对象身份核查。

【安全稳定】 2019年，蔺市镇深入开展重点行业领域大排查大整治大执法行动，全年未发生重大安全事故。梨香居民点山体滑坡成功预警并适时采取临时避让措施。松材线虫病除治、非洲猪瘟防控、柑橘大实蝇等农业生产安全工作有序推进。办理扫黑除恶信访件15件，排查重点人员和特殊人群230余名，涉黑、涉邪等事件实现“零发生”。深化信访突出问题专项治理，一批多年缠访闹访问题得到有效化解。机场一期建设基本完工，因拆迁引发的信访问题得到逐步化解。新中国成立70周年等关键节点安保维稳工作有力有效。

主要领导名录

党委书记　谢成洪

镇　　长　何　伟

人大主席　周大川

党政办电话　72110001

传　　真　72110604

清溪镇

【概况】 清溪镇位于涪陵区东部，地处长江南岸，距涪陵城区12千米，东邻南沱镇，西连江东办事处，南接罗云，北靠长江，是涪陵再生有色金属特色产业园所在地、西南地区重要的铜铝产品生产基地和全区“四大功能组团”之一，也是三峡移民重镇。清溪镇交通便利，是渝西地区通往丰都、湖北省等地的主要通道，G348国道、渝利铁路、涪丰石高速公路贯穿全境。全镇总面积80平方千米，辖10个村（居）委、84个村（居）民小组，9866户，3.3万人，海拔150—850米，气候特征较为明显，耕地面积54000亩，林地面积36000亩。镇党委下属党支部20个，党员1013人。全年实现GDP 12.8亿元，同比增长7.1%；城乡居民人均可支配收入分别达到38854元和15984元，同比分别增长8.4%和9.8%；规上工业企业总产值4.64亿元、固定资产投资1.5亿元；地方财政收入实现2317万元，较去年增长11.5%。

【农业农村发展】 2019年，清溪镇以榨菜、水果为主导的“2+X”农业产业初见成效，全年扩大青菜头种植3000亩、花椒种植2000亩、柑橘种植1000亩，新培育农业专业合作社8家、种养殖大户24户；全年生猪出栏2.4万头，牛羊出栏2700头只，家禽出栏26.1万只。基础设施提档升级，全年投入资金5720万元，完成农村公路建设115.4千米；基本完成投资210万元的大湾坝桥和聚龙桥建设工程；完成祥和、四合、双龙、土地坡片区天然气安装1800余户。人居环境持续改善，开展村庄清洁行动，引导村民实施垃圾分类处置，农村生活垃圾无害化处理基本实现全覆盖，有效处理率达93%以上。乡村旅游有序发展，完成旅游固投6000万元，扩大丰收观赏荷花种植面积150亩；成功举办枇杷、葡萄、柑橘采摘节活动，吸引采摘游客6000余人，创入200余万元。非洲猪瘟有力防控，累计排查生猪4.7万头次，消毒畜禽圈舍1.6万间次，发放告知书1.5万份。

【产业发展】 2019年，清溪镇常态化开展服务企业“三百”行动，帮助企业化解各类难题34个。做好第四次经济普查工作，清查个体1879个，法人664个，登记个体2个，法人541家。继续做好本土产业培育，全年新发展各类市场主体165户。加大招商引资，全年联系客商113户，签订引资协议43个，协议资金2.1亿元，到位资金1.62亿元，中小企业累计达到154家。

【服务园区】 2019年，清溪镇全年成功化解涉及园区30人以上集访50余次、2000余人次，涉及金额400余万元。配合园区完成大朗二期开工、公租房配电、排洪排污管网等配套项目建设；配合完成赛特刚玉边坡治理工程；

配合做好园区安置房二级消防站选址建设前期工作。协助园区签订抢险排洪管网临时征地协议1.947亩。协助园区做好清溪敬老院临时场地日常管理及选址重建前期工作。帮助园区企业发布用工信息，为园区输送技能人才100余名。

【城镇建设】 2019年，清溪镇《城镇建筑群体风貌提升及街道环境改善设计》已完成；投资350万元的涪四中滑坡治理工程和投资1126万元的中心校运动场主体工程完工；1.3万平方米综合市场以及配套3500平方米文化广场项目完成基础场平及锚桩挡墙护坡工程；1.1千米三环干线西段路面硬化、安民路与G348国道综合改造、1.4千米市政干道油化、清溪大桥两岸绿化、城镇核心区域临街房屋立面整治、涪丰高速匝道升级扩宽至双向四车道及配套2个市政花园、600米城镇排洪系统、中心卫生院综合改造、清石路复线建设等多个城镇重点项目先后启动。完成“五沿”民居风貌整治工作，总计拆除钢架棚371户、37000平方米。完成沪渝南线高速沿线民居风貌整治，平改坡195户、18000平方米。开展全国文明城区、国家卫生区创建工作，劝导不文明行为2000余次，整治清理卫生死角60余处、垃圾10余吨，清理牛皮癣、小广告130余处，处理车辆违停50余起。

【生态环境】 2019年，清溪镇广泛开展“全民义务植树”“环保宣传周”“保护水资源”等公益活动，开展各类宣传32次，发放宣传资料1.2万张，教育群众8000余人次。全部完成中央环保督察30项共性问题、区级暗访10项突出问题的整改销号工作。开展环保专项整治行动13次，处置环保问题和隐患42个，关停企业2个，整改企业3家。办理环保投诉9件，环保矛盾纠纷16起。发现制止野外秸秆焚烧行为96起，罚款3起。严格落实河长巡查、河道管护等八项工作制度，镇、村两级河长共巡河517次、667千米，发现问题52个、已解决49个。开展污染源排查和整治工作。投资240万元，完成榨菜废水处理系统建设，完成金钗堰水库水源地保护规范化建设和国家地表水环境监测清溪镇断面防护区规范化建设。全面完成渔业船舶禁捕和渔民退捕转产上岸工作，切割打捞船21艘、辅助船6艘，落实43户渔民补助资金420.4万元。开展“大棚房”违法违规问题专项整改工作，拆除复耕一宗、700余平方米。查处关停无证非煤矿山6家，查处违法用地4宗。

【脱贫攻坚】 清溪镇对照中央脱贫攻坚专项巡视反馈意见4个方面11个问题，全部完成8条任务、2个问题整改任务。全部完成2018年国家和市脱贫攻坚成效考核反馈42条问题整改任务。申报扶贫补助资金7.8万元，开展扶贫就业培训319人次，解决公益性岗位15人，推荐企业就业23人。贫困家庭子女入学率、贫困人口参保率及家庭医生签约率均达100%。农村低保兜底1001人，特困救助219人，临时救助102人。完成D级危房改造35户，C级危房改造39户。完成农村改厕527户，其中三类人员164户，补助资金32.8万元。完成清溪镇贫困户饮水管道入户工程建设，新建设人饮管网近11000米、新建饮水池2口。

【移民后扶】 2019年，清溪镇投入资金1226万元，完成四合村农村移民安置区精准帮扶项目，新建、硬化村社道路5.3千米，新建改造水渠5.8千米，新建人行便道9.5千米；投入资金1207万元，基本完成双龙村农村移民安置区精准帮扶项目建设，新建人畜饮水池三座共900立方米，新建村卫生室一座，新建、硬化道路6.5千米，新建人行便道5.8千米，修建2500平方米休闲花园广场。推进三峡库区基金项目建设，总投入270万元，完成平原、双龙、四合村基础设施建设项目、四合村8组灌溉水池及道路项目、清石路水毁抢险工程施工。启动清溪移民迁建集镇小区综合帮扶项目，完成总投资1100万元的一期项目的招标挂网工作，完成总投资2200万元的二期项目设计工作。推进2020年三峡后扶项目申报工作，计划申报三个项目共计8000万元。完成三峡移民后期扶持直补、困难补助和特殊救济1600人合计98万元。继续加强移民信访稳定和三峡水库管理工作，有效化解移民信访案件12件。

【社会保障】 2019年，清溪镇兑现各类惠民资金240万元，发放低保金406万元，发放各类困难救助金95万元。完成城乡居民基本养老保险、城乡居民医疗保险征收任务，参保率分别达到区级目标的150％和100%。发放创业担保贷款503万元，新增城镇就业1528人，城镇登记失业人员就业1100人，转移农村劳动力10679人，实现劳务收入16933万元。开展退役军人、优抚对象摸底调查，完成基础信息采集684人，走访慰问优抚对象86人次。兑现计生奖扶政策、计生特扶政策，发放奖扶资金24.6万元。

【社会治理】 清溪镇全年办结信访案件37件，领导干部接访下访群众1400余人次，成功化解各类矛盾纠纷615件。开展扫黑除恶专项斗争五大攻坚行动，全年刑事立案36件，破获15件，起诉10人、待起诉3人。受理各类行政案件63件，行政处罚38人次。对34家茶馆（茶楼）、4家宾馆、13个理发店进行全面清理，移送起诉开设赌场嫌疑人2人。持续开展安全生产和自然灾害防治工作，全年共检查出安全隐患281起，查处违法行为32起，罚款1600元，有效整改249起。道路交通查处530件，消防查处4件，处罚金10770元。投资27.9万元，启动大石敦危岩治理工程。落实食品药品监管责任，检查相关经营单位130余次，立案查处1家。

主要领导名录

党委书记　刘原椿
镇　　长　张言浩
人大主席　曹仿学
党政办电话　72713030

石沱镇

【概况】 石沱镇地处长江南岸，是涪陵西部的移民大镇，上距重庆城区50千米，下距涪陵城区30千米。北临长江与义和镇隔江相望，东与蔺市镇连界，南与新妙毗邻，西与长寿区和巴南区接壤。全镇辖长江航道8千米，设客货码头1个，龙海石化输油专用码头1个，渝怀铁路一线二线横穿全境，设三级客货站一个。境内属沿江、低山丘陵区，平均海拔高度处于150—623米，境内最高点五堡山海拔880.8米。土壤以棕紫泥、冲积土土壤、冷沙黄泥为主，年平均温度18℃，年均降水量1000—1200毫米。全镇总面积102.24平方千米，辖13个行政村、1个居委会，100个农业社11个居民小组，总人口33710人。场镇建成区面积101公顷，耕地面积4406.84公顷，其中水田2098.56公顷，旱地2308.28公顷，森林面积3613.33公顷，森林覆盖率38%。

【经济发展】 2019年石沱镇实现地区生产总值7.91亿元，同比增长11.5%；完成规上工业总产值9758万元，全社会固定资产投资25755万元，农业增加值24855万元；完成财政收入1272万元，同比增长29.13%，其中税收收入1148万元，同比增长58.56%。城镇常住居民人均可支配收入37900元，同比增长8.5%，农村常住居民人均可支配收入14755元，同比增长10.1%，一般公共预算收入3433万元。

【项目建设】 2019年，石沱镇完成投入2808万元的2018年通组公路和2019年第一批通组公路，新硬化道路48.6千米，整治道路5.5千米，辖区道路里程数达到403.02千米，沥青路和水泥路占比67.5%，通组通畅率达100%。投入资金4301万元实施农业综合整治项目1个、土地整治项目3个，共整治修复土地16.76公顷、新修各类生产道路35.85千米、新安装管道18.5千米、新建灌溉沟渠1.8千米、新建蓄水池6个。完成三窍等4个村3735户农村电网升级改造，安装漏电保护器5592户，安装鱼塘硬隔离设施93处。完成场镇道路硬化、油化工程4千米、城镇雨污管网和梯步整治工程、石和污水处理厂建设和鲜花小镇节点绿化工程。石沱移民迁建集镇小区综合帮扶项目和石沱移民迁建集镇小区环境综合整治等4个项目稳步推进。

【三大攻坚战】 石沱镇2019年实现脱贫9户21人，无新增贫困户，无返贫户，脱贫监测户27户67人。共开发公益性岗位26个，完成转移就业17人，纳入低保救助和特困供养11户20人，实施“三类”贫困人员危房改造60户，饮水达标保障率、贫困家庭子女义务教育阶段入学率和医保参保率均达到100%。投入资金6.76万元，向受非洲猪瘟疫情影响的贫困人口发放鸡苗6760只。为全镇703户贫困户规划产业，新组建12个股份专业合作社，吸收建卡贫困户151户、448人入社。累计发放扶贫小额贷款374户、697.6万元。投入110万元专项资金，发展壮大大山、长益、三窍3个贫困村集体经济。完成中央巡视、市级考核及督查、审计等47个问题的整改销号工作。完成审计问题整改2件，办理办结扶贫信访件7件。

石沱镇全年调查处理龙海石化、三峰环保、畜禽养殖、榨菜半成品加工等各类环保投诉案件30起，制止违法建设3起，督查卫片执法案件1起，整改“大棚房”问题1处，化肥用量年度降幅达0.5%。24个镇、村两级河长累计完成巡河1398次，组织开展清漂活动4次，共清运各类垃圾50余吨。三窍村、千秋村、大山村达到市级垃圾分类示范村验收标准，团结社区达到市级分类示范涉农居委验收标准。对4.6万亩天然林资源实行工程式保护，落实22名护林员集中管护，全年森林火灾“零发生”。完成非道路移动机械环保编码登记工作，完成小坪水库集中式饮用水水源地规范化建设。完成51艘渔业船舶、99名船员退捕转产工作。

石沱镇严格执行财政支出预算管理，持续压缩一般性支出。全年调解各类纠纷380件，调解成功376件，各类矛盾纠纷同比下降5%。圆满完成“新中国成立70周年”庆祝活动期间信访稳定工作任务，实现进京越级非访“零”发生。修订应急预案8个，实施危岩治理工程3个，完成突发地质灾害应急避险项目2个，完成加油站标准化建设2个。开展道路交通安全检查104次，查处各类交通违法行为1018次，开展消防安全检查7次，消除各类隐患27处。抓好非洲猪瘟疫情防控工作，扑杀生猪758头，无害化处理800余头，有效遏制了疫情的蔓延。全力做好养殖户的政策解答和情绪疏导工作，协助恢复生产，年底全镇生猪存栏达9000头，基本恢复正常水平。完成水煤浆项目、垃圾发电厂厂区征地拆迁项目50人养老保险参保手续办理，启动高蹬河应急闸门和酒井污水处理厂等5个项目养老保险办理工作。全年受理集体宴席备案32件，查处违法案件7起，罚没1.5万元。

【乡村振兴】 2019年，石沱镇新版详规（2019—2035）的修改编制工作启动，至年底完成千秋、太和、长益、歇凉、三窍5个村的村规划修改及入库，光明、烈火、天府、大山、富广5个村的村规划区政府已批复，对镇区A04—04、A04—06等地块控制性详规进行修改，划定基本农田储备区1753.38亩。依法审批农村建房49户，完成沪渝南线高速（石沱段）沿线居民人居环境整治任务9户。开展“三清一改”村庄清洁行动，打造人居环境示范点5个，完成农村改厕503户，新建旅游厕所1座。开展村庄清洁“251”活动，创建清洁村庄示范村2个，评选美丽庭院50个、清洁农户698户。夯实榨菜、柑橘两大主导产业，围绕“2+X”产业发展规划，新发展中药材70亩，团结社区和天府村早熟糯玉米规模保持在500亩以上，推广种植柑橘新品种“大雅”300亩，发展优质羌脆李550亩。规范化建设家庭农场2个。推进农村土地承包经营权确权登记颁证工作，完成7.07万亩、11.04万个地块的实测工作，签订承包经营合同8372户，完成1715个地块的“两区”划分工作。规范集体土地流转工作，对历年44起、6850余亩流转土地进行登记备案，调处流转纠纷案件2起。完成10个村、82个村民小组集体产权制度改革方案编制及集体经济组织成员调查登记工作。实施农村建设用地复垦项目6个。完成联航蚕业设施农用地审批项目1宗，占地0.1044公顷。吸纳66名文化艺术人才成立石沱镇文联。举办“石沱镇第三届运动会”“青年才艺比赛”“辉煌70载，讴歌新时代”庆祝新中国成立70周年文艺调演活动。评选“文明家庭”14户、“孝顺儿女”“脱贫致富带头人”等先进典型200余人，指导14个村（社区）修订完善村规民约。

【民生保障】 2019年，全镇居民医保参保25680人，农村建档立卡贫困人员、城乡医疗救助对象及计划生育奖扶特扶人员参保率达到100%。全年办理失业保险98人，享受失业保险金173.08万元。审核低保申请61户，通过33户，停发低保36户、45人。发放困难救助金15.08万元。兑付农户种粮直补407.23万元，兑付退捕转产补偿金882.4万元，兑付耕地地力保护补贴407.23万元，兑付公益林生态补偿补助76.12万元，兑付农机购置补贴13.9万元，兑付水库移民后期扶持各类补助资金91.59万元。石沱中学市重高升学率连续9年获全区同类中学第一名。石沱卫生院全年接待门诊病人8361人、住院病人3197人，患者满意度达90%以上。建卡贫困户、计生特殊家庭等两类人群家庭医生签约率达100%。完成800户退役军人家庭信息采集和155名重点优抚对象身份核查，全年为部队输送优质兵员7人。

【基础建设】 2019年，总投资1050万元的2019年“四好农村路”建设项目全面完成，硬化道路21千米。投资250万元的场镇公路油化工程全面完工。总投资4000万元的酒井污水处理厂主体工程完工。投资1345万元的大山村土地整治项目完工，并通过初验。总投资1076万元的团结社区农村移民安置区精准帮扶项目一标段已完工，硬化道路2千米，整治政府办公楼前广场和通往幼儿园、卫生院梯步，新建堡坎一座。

主要领导名录

党委书记　陈松涛

镇　　长　苏　凌

人大主席　傅　文

党政办电话　72720101

传　　真　72720024

龙 潭 镇

【概况】 2008年，涪陵区乡镇体制调整时，原新村乡、龙潭镇合并为龙潭镇。龙潭镇位于涪陵区西南边缘，镇政府距涪陵主城区60千米，距南川43千米，距重庆主城90千米。总面积129.3平方千米，其中场镇建成区面积1.5平方千米，辖22个村（居）委会，123个村（居）民小组；有1.6万户4.7万人，其中城镇常住居民1.5万人。龙潭镇全年地区生产总值达到11亿元，同比增长（下同）8.3%；固定资产投资完成1.41亿元，增加17.5%；农业总产值3.61亿元，增长8.5%；农业增加值2.86亿元，增长8.9%；农村常住居民可支配收入15932元，增长12.2%；财政收入580万元；全镇2019年底存款余额7.76亿元，贷款余额0.58亿元。龙潭镇是重庆市级中心镇、重庆首批“民间文化艺术之乡”，有重庆市级重点中学一所（涪陵十七中）、甲级乡镇卫生院一所（龙潭中心卫生院），龙潭八牌锣鼓是第三批重庆市级非物质文化遗产名录，义和村杨德碧是全国孝老爱亲道德模范，大寨村杨安容是全国三八红旗手、感动重庆十大人物。

【农业发展】 2019年，龙潭镇共发展种植前胡、金荞麦、厚朴等中药材2600亩，发展蔬菜2万亩，发展特色水果4000余亩，发展水产养殖2000亩。全年粮食种植面积8.2万亩，其中水稻4.6万亩（含富硒稻5000亩），农民购买水稻、玉米农业保险3.7万亩，收取保费33.3万元。兑现2019年农业支持性保护补贴11547户512万元，兑现2018年种粮大户补贴29户59.2万元。

【城乡建设】 2019年，龙潭镇完成大同、和睦等11个村规划编制，办理乡村建设规划许可证168户，审批农房改造226户，查处场镇违法建设3件。南两高速路进入铺油阶段，马龙一级路全面开工建设，完工2019年通组公路（第一批）计划65.7千米，投资36万元整改公路安全隐患25处。投资近400万元，完工并投入使用时代广场停车场，新增场镇停车位200余个，同时开展场镇车辆乱停乱靠专项整治及市场秩序整顿，贴罚单1000余份；投资20万元种植新大街、滨河南路鲜花7000平方米，新植行道树230株；完成投资110万元，实施529户农户改厕；实施村庄绿化工程，新增农村“四旁”植树60余亩。落实“门前三包”责任制，推进市容环境专项整治和集中行动，场镇街道实行全天候保洁，垃圾采取密闭储存、运输；组织“义务大扫除”10次，清理积存或散落垃圾46吨，清理废弃秸秆、农膜及露天堆放农业废弃物66吨；新增“分四类”垃圾桶150个，累计配备垃圾桶2530个、垃圾箱体90个，基本实现生活垃圾分类处理全覆盖；投资49万元新采购高压清洗车1辆；年内新创建人民、团田、五显3个区级卫生村。镇领导班子开展“马路办公”204人次，发现并整改问题118个，整改率100%；开展电线电缆乱拉乱挂整治，投资3万余元购置修复路灯升降平台。

【脱贫攻坚】 2019年，龙潭镇扎实开展中央专项巡视反馈问题、市级2018年脱贫攻坚成效反馈问题、区委第一专项巡察组巡察龙潭镇反馈意见、市级2019年脱贫攻坚成效考核涪陵区反馈问题以及2019年市级考核第三方评估发现问题整改工作，共83项，整改率、销号率均为100%。开展动态管理工作，全镇有建卡贫困户1175户3872人，全部实现脱贫；研判讨论出脱贫监测户28户90人、边缘户3户8人。聚焦“两不愁三保障”突出问题，建立贫困户产业“一户一策”、劳动力就业、适龄儿童入学等基础台账，并开展扶贫专项工作督查2次。对全镇三类人员1871户、非“三类”人员C、D级危房4945户房屋情况进行入户核查，并建立一户一档和动态台账，实施“三类人员”危房改造C级31户、D级174户；完成建卡贫困残疾人无障碍设施改造10户。落实教育补助政策，落实贫困户住院免交押金、“先诊疗后付费”和“一站式结算服务”。落实资金11.38万元对易返和新增贫困户按标准规划到户产业项目；累计发放贫困户小额扶贫贷款546户1066.3万元。

【生态建设】 2019年，龙潭镇完成第二次全国污染源普查，共清查工业污染源145处，普查工业企业污染源26处、集中式污染治理设施7个、畜禽养殖场31家、市政排口3个、移动源1个，农村生活污染源普查涵盖全镇22个村（居）。开展畜禽养殖和水产养殖专项整治行动，完成142户规模养殖场养殖废弃物资源化利用和粪污处理设施建设，其中推广零排放异位发酵床建设41户。开展7次环保志愿服务活动，招募志愿者302人，服务时长649小时。全面落实河（库）长制，全年开展巡河（库）2067次，落实河道管护考核经费10余万元，集中开展龙潭河河道清漂、清障、清垃圾工作，清除各类垃圾、堵塞物约5吨。松材线虫病除治一次性通过区级验收；新造特色经济林800亩，实施森林抚育项目3000亩；兑付森林生态效益补偿资金81万余元；审批林木采伐许可证114份、审批蓄积140立方米，代办修农房等占林地手续9件。开展秸秆禁烧劝导120余次，全面禁止肥水养鱼，辖区水体质量总体良好。对全镇辖区内在建工地、企业、私人的非道路移动机械进行环保编码登记备案。查处环境违法案件2件，查处擅自改变林地用途、滥伐林木案件3件，落实森林督查占林地可复绿地块补植树木2处。

【社会事业】 2019年，龙潭中心幼儿园（新园）建成投用，完成龙潭中心校教学楼、学生公寓外墙砖剔除改造工程，3—6岁幼儿学前三年毛入园率达90%、学前1年儿童受教育率达100%，小学适龄儿童入学率、毕业率均达到100%；十七中中考上市重点178人、上线率70%，高考本科上线29人、本科上线率13%。开展14大类55项基本公共卫生服务，全镇在家且有签约意愿的建卡贫困户和计生特困家庭的家庭医生签约服务率达100%；新建发热门诊、肠道门诊，新采购40排40层螺旋CT一台，完成数字化门诊改造，龙潭中心卫生院成功创建为甲级乡镇卫生院；全年门诊突破10万人次，住院4301人次，开展各类大中型手术449例，出院病人治愈好转率92.8%。办理独生子女父母光荣证52人、再生育服务证5人，新增计划生育特别扶助4人、计划生育奖励扶助27人，发放独生子女父母一次性奖励278人13.9万元。全年文体惠民活动广泛开展，播放农村电影296场，自办并播放创文创卫、扫黑除恶等宣传项目60个，组织开展讲座、培训、演讲等文化活动10次，承办“幸福涪陵跳起来”第二届广场舞大赛等龙潭片区赛，组织庆祝农民丰收节暨第二届渝妹儿稻香节、庆祝中华人民共和国成立70周年全民运动会等活动25场。加强综合文化站建设，全面实行免费开放，全年办理图书借阅3000余人次，新建村（社区）综合文化服务中心22个，为20个农家书屋配送图书2640册、音像制品380张。

【民生事业】 2019年，龙潭镇城乡居民基本养老保险参保新增295人、总数达到26618人；新办理城乡居民社会保障卡806张，补换社会保障卡415人次，城乡居民合作医疗保险参保总数35763人，受理异地就医报销业务139人次，申报城乡居民医保参保人员特殊疾病244人次；新增就业1178人，农村劳动力转移就业2000人，各村推荐外出务工58人；更换《就业失业登记证》152人，办理4050人员养老保险补贴42人，办理高校毕业生离校未就业补贴7人共计3500元；新挖掘开发并申报农村生态公益性岗位7人；办理创业担保贷款申请56人次760万元。持续开展农村低保专项治理，2019年有城乡低保593户882人，其中建卡贫困户152户257人，清退2016—2017年违规享受低保金48人52701元，清退2017—2018年违规享受低保金42人108194元。发放各类救助金及慰问金2000余人90余万元，发放高龄补贴4734人次47.8万元；发放建卡贫困残疾人“生活、护理”两项补贴411人次12.6万元、贫困残疾人“生活、护理”补贴享受605人次36.1万元。筹集资金24.6万元启动敬老院改造工程。开展退役军人及军烈属慰问，发放慰问金3万余元。

【安全稳定】 2019年，龙潭镇深入开展安全生产大排查大整治大执法，领导班子成员带队检查安全生产工作120余次，排查并解决问题192个，开展执法检查240次，发现隐患495个，整改491个，整改率99.1%；开展消防检查200余次，排查隐患30条，整改25条，专职消防队出警47次，办理行政处罚案件2件；开展重点车型驾驶员培训8次，受训人员1000余人；查处各类交通违法行为800件，罚没收入4万余元，全年无安全生产死亡事故发生。加强地质灾害防治，对全镇15个隐患点常态化巡查上报，完成双河村4组湾里头地灾滑坡重点隐患的整治。累计上报房屋倒塌损坏14户43间，洪涝和生物灾害受灾人口2424人、紧急转移安置人员13人、农作物受灾193.6公顷、农作物成灾88.9公顷、农作物绝收10.4公顷。开展各类应急演练6次。“七五”普法有序开展，公共法律服务体系覆盖22个村（居），人民调解纠纷199件，其中重大疑难纠纷52件。严格落实肇事肇祸等严重精神障碍患者救治救助管理工作，对全镇226名精神障碍患者逐一落实监护责任人；2019年兑付125名在家管理肇事肇祸等严重精神障碍患者有奖监护协议补助35.63万元。做好特殊人群管理工作，全年新接受矫正对象5名、解除11名，无脱漏管、再犯罪等现象发生；新接茬刑释解教人员30名、帮教率100%。全年破获刑事案件34件、查处各类治安案件67件。持续做好邪教人员的教育转化和回访帮教工作。广泛开展综治、禁毒、防邪、扫黑除恶专项斗争等知识宣传，发放宣传资料5万余份。全年排查并化解矛盾纠纷及不稳定因素158件，办结信访信息系统案件153件，干部接访下访信访事件录入192件。在各村（社区）创新设置“民情回音壁”，分为年度重点项目实施进度表和“有求必应”两个板块，每月10日更新一次实施进度和办理情况，做到民情件件有回音、事事见落实，全年共收集民情问题101条，已解决81条。

主要领导名录

党委书记　陆永华
镇　　长　张浩特
人大主席　秦文书
党政办电话　72118049
传　　真　72118494

义和镇

【概况】 义和镇位于涪陵西北部长江上游北岸，东壤涪陵新城区，西南临长江与蔺市、龙桥、石沱隔江相望，北止黄草山脊与长寿但渡镇相连，因古御河桥谐音而得名。境内有长江水岸线24千米，客货运码头4个，距重庆主城区80千米，距涪陵城区20千米。全镇总面积99.45平方千米，下辖12个行政村，4个社区，139个村（居）民小组，共4.8万余人，有行政事业干部165人。辖区森林面积4000公顷，森林覆盖率40.22%，有“涌秀”石刻、韩公韩婆、巴寡妇•清、万寿桥、刘作勤庄园、巴山夜雨景区、水磨滩湿地公园等文旅景点，形成了花卉苗木、晚熟柑橘、笋竹、葡萄、火龙果、樱桃、李子、蜂蜜等特色农业体系，每年结合“一村一品一景”举行“一汇八节”，打造集休闲度假、亲子采摘、旅游观光、游戏娱乐于一体的乡村旅游地。2019年镇完成地区生产总值26.83亿元，同比增长12.5%；固定资产投入完成2.3亿元，同比增长23.7%；企业总产值93.61亿元，同比增长4.1%；规上服务企业营业收入4.07亿元，同比增长80.7%；农林牧渔总产值5.69亿元，同比增长10.5%，农业增加值4.07亿元，同比增长10.3%；城镇常住居民人均可支配收入3.92万元，同比增长8.5%，农村常住居民人均可支配收入1.63万元，同比增长9.98%；本级财政收入4002万元，同比增长18.3%，位居全区乡镇之首。

【经济发展】 义和镇全年新引进企业41个，超目标任务26个；注册资金3.08亿元，超目标任务2.52亿元，其中注册资金上千万企业19家。年内完成了第四次经济普查排查工作，全镇共有法人单位699家、个体经营户1901家，分别比“三经普”增长207.9%、9.3%。完成清产核资工作，共清理16个村132个组，清理资金2524万元，清理资产2.28亿元，清理资源11.9万亩。年内义和镇进一步巩固“1+2+16”的电商发展模式，促进农特产品销售，带动农民增收致富，上线150多个农特产品，实现网络销售收入100余万元，初步建成益农信息社14个。深化“放管服”改革，开展服务企业“三百”

行动，镇党政工作人员全年遍访重点企业200余次，为企业解决税收兑现、涉法涉诉、环保达标、安全信访等困难问题60余件；年内新增市场主体278个，镇属企业新增发明专利1件、适用新型专利8件、外观设计专利5件、注册商标37件。

【城乡建设】 2019年，义和镇完成中心城区李渡组团义和片区总规、10个村规划、黄草山空间管制规划和巴山夜雨风景区专项规划；土地利用总体规划修改完善，生态保护空间、基本农田空间、建设空间“一张图”加快形成，镇域各层级规划基本实现全覆盖；投入13.5万元完成鸭子村、华东村、松柏村、机房村4个村的村规划编制工作；新拓展城市发展空间3平方千米、新增建设用地1417亩。完善配套设施，投入480余万元完成义和场镇约350户农户天然气的安装和镇安中压管道的铺设工作；建成公共停车场1个、旅游公厕2座，城镇配套设施建设逐步完善。扮靓宜居小镇，全年投入20余万元完成场镇鲜花更换和绿化维护工作。完成163.2亩存量土地的招拍挂和集镇道路成本核算；完成农业园地块11.15亩计划报批；完成义和加油站项目征地7.14亩，拆除房屋面积2311平方米，安置补偿313.6万元；协调综合保税区内炮损危房户79户纳入危房拆迁，预计拆迁房屋2万平方米，安置补偿4000万元。妥善解决拆迁难题8个，解决拆迁遗留问题6起。抓好大棚房专项清理整治工作，代表涪陵区接受市级以上现场督查验收，做好违建别墅清理排查工作，配合做好全区生态保护红线和自然保护地划定工作，如期完成第三次全国土地调查，查处和制止违法建设行为30余件；核实卫片外业图斑6个，复耕复绿图斑1个；比对饮用水源地违建别墅图斑250余个；协助调查立案土地、矿产违法案件3宗；加强耕地保护，实现耕地保有量4010公顷、永久基本农田保护面积2496公顷的目标。完成5个项目的市、区两级验收，并取得合格证，新增耕地61.9亩；完成黄草村土地整理项目的施工；完成总投资519余万元的石岭村土地整理项目规划设计及入库备案工作。

【农旅融合发展】 义和镇农畜产业稳步推进，形成笋竹、葡萄、火龙果、李子、柑橘等特色农业体系；2019年新培育合作社6家、家庭农场3家，发展种养殖大户380户；全年出栏生猪2万头，出栏牛羊1563头只，出栏禽兔29.64万只，存栏蜂1162箱；全面完成春秋两季动物防疫工作；全力抓好非洲猪瘟防控工作，共设立消毒点12个，大力强化屠宰场监管，发放生石灰31.5吨，消毒药160件。二、三产业融合发展，农产品加工业逐步兴起，初步形成竹笋、榨菜、糯米酒、辣木酒、羊肚菌面等加工销售产业链；发展农产品“三品一标”11个，申报绿色食品23个，开展蔬菜农药残留检测工作，检测合格率达100%；注重农旅融合，成功举办“赶年节”“临江李花暨羊肚菌采摘季”和第四届葡萄采摘节暨新大兴集团助力脱贫攻坚启动仪式等节会，全年接待游客10万余人次，实现旅游收入约500万元。

【人居环境整治】 义和镇推进农村“厕所革命”，完成贫困户、低保户和五保户“三类”人员改厕476户，新建、改建5座农村无害化公厕和2座旅游厕所；持续推进农村生活垃圾治理，全年清运垃圾9000余吨；开展农村生活垃圾分类工作，建成生活垃圾分类市级示范村3个，发放宣传资料6000余份，建成四类投放站10个、二类投放站200余个，发放户垃圾分类设施2000多个；梯次推进农村生活污水治理，常态化维修污水管网，投入160余万元完成集中污水处理设施大修13座、升级改造1座，新修建松柏村人居环境示范点三格化粪池4个；不断完善污水管网建设，累计投入近200万元新建大柏社区二级污水管网、屠宰场污水处理站和改造旱厕；全面整治提升镇容村貌，以“五清五改五化”为目标，开展乡村环境卫生整洁行动12次，累计评出美丽庭院20余个，清洁户2000余户；投资100多万元完成松柏村人居环境示范点打造工作和申报市级农村人居环境整治引领建设工作；投资253万元，实施大柏树场镇道路管网改造，实现了路面油化、街道亮化、环境美化。

【基础设施建设】 2019年，义和镇持续推动基础设施建设。道路交通更加便捷，投资4037万元，完成全镇98.9千米“四好农村路”建设，其中实施通畅工程65.2千米、通达工程33.7千米；完成四类人员及两带产业区人行便道硬化58.9千米。水利设施日趋完备，全年维修养护小（二）型水库7座、山坪塘587口，修复水毁工程2处，养护渠道29.5千米；投资245万元，完成了镇安社区10、11社道路硬化；投资688万元启动义和镇鸭子等村水土保持项目建设；投资40万元启动张家嘴泵房维修整治工程；投资290万元完成大柏片区、镇安片区、临江村人饮安全巩固提升工程，农村供水管网全部联通，实现城乡供水一体化；投资91万元启动高峰、鸭子、朱砂等3个村人饮巩固提升工程；投资18万元完成全镇山坪塘和人饮管护工作；投资15万元完成人饮工程安装入户100户；投资350万元完成镇安、临江和石岭3个村的柑橘灌溉和高效节水灌溉项目；投资123万元完成山青、龙井丘水库除险加固扫尾工程。移民工程有序推进，投资1070万元完成临江村农村移民安置区精准帮扶项目建设；投资1387万元完成鸭子村农村移民安置区精准帮扶项目建设。

【脱贫攻坚】 义和镇全年完成C、D级危房改造共97户，其中建卡贫困户危房改造40户，实现常住居住安全率达100%；完成贫困户安全饮水改造，实现饮水安全率达100%；家庭医生签约1860人，做到在家有意愿签约贫困人口应签尽签。“先诊疗后付费”“一站式”结算等医疗救助政策全面落实。贫困家庭子女义务教育入学率达到100%。全镇涉及中央巡视反馈问题共14个、市级成效考核48个、市级审计问题10个，至2019年底各项问题全部整改销号且装订成册，退回区金库资金173.9万，提醒谈话干部1人，罚款2人。义和镇推进产业扶贫，形成一村一品、一户一策，指导贫困户发展种植业412户，发展养殖业313户，产业到户补助48户5.75万元。强化利益联结机制，土地流转213户747亩，户均增收约680元；扶贫项目贫困户量化持股145户370人，持股总额185.56万，享受分红3.05万元；扶贫车间、种养殖大户、专业合作社及镇级农业公司等吸纳贫困户务工136人，人均增收1100元；专业合作社吸纳贫困户入社271人；发放小额扶贫贷款429户939.9万元；全镇建卡贫困户低保兜底91户164人。推进项目扶贫，累计投入232万元组建5个股份专业合作社，扶持3个贫困村发展集体经济组织，组建扶贫车间1个，实施大柏树、镇安、临江饮水安全巩固项目改造。金科、中科集团等爱心企业（单位）扶贫捐款527.7万元；新大兴集团与镇政府及4家农业公司签订基地代销协议，拓宽贫困群众农特产品销售渠道；打造“乡村旅游”节会经济，拉动农产品销售，促进贫困户增收。全镇832户2511人贫困户实现稳定脱贫，建卡贫困户人均年收入突破8000元。

【生态环境保护】 2019年，义和镇全面完成第二次全国污染源普查工作；巩固市级生态文明建设示范镇创建成果，助推国家生态文明建设示范区创建；完成中央环保督察组、国家生态环境部打击固体废物环境违法行为专项行动督查组交办的突出环境问题的整改；代表涪陵区接受中央环保督查组现场督查；开展环境噪声专项整治，巩固市级环境噪声达标区创建成果。义和镇坚守林地和森林红线，全年完成义务植树9万株；开展三峡水库消落带的生态治理与修复，辖区库岸栽植水桦树1400株；

加强森林防火防控和森林防火基础设施建设工作，全年未发生森林火灾；完成辖区1万亩松林松材线虫病除治及疫木清理工作；落实2.4万亩天保林森林管护工作；完成全镇132棵古树名木拍照挂牌；兑现各类林业补助资金301.69万元；完成2019年国土绿化提升行动农村“四旁”植树300亩、农田林网和特色经济林400亩、森林抚育3000亩建设任务；全年林业总产值达2.64亿元，同比增长12%。义和镇狠抓大气污染防治，加强对露天焚烧、砖瓦窑企业、餐饮油烟污染的治理，加大场镇道路扬尘污染防治，强化建筑工地扬尘污染的监管；密切水环境质量监管，污水处理厂全年处理污水35万吨，污水处理率达100%，全年巡查饮用水源地36次；强化环境安全管理，立案查处环境违法案件3件，处理和化解环境信访投诉案件17件。

【民生保障】 2019年，义和镇新增低保37户61人，停发49户66人；新增特殊困难家庭72户75人；发放临时救助金179人18余万元；发放特困人员困难生活补助355人308余万元；发放特困人员的医疗救助金360人44余万元；发放高龄津贴1555人62.6万元；发放现役军人家属、残军、“三属”优待金和老复员军人患重大疾病医疗补助经费17余万元；完成1039人退役士兵信息的采集上报；慰问退役军人中优抚对象、“四类人员”263人5.26万元；发放独生子女父母一次性奖励金30.55万元，坚持计生特殊家庭联系人制度，加强就医服务及日常健康管理，发放特殊困难家庭慰问金3.8万元；完成149户农村建卡贫困残疾人的培训，落实帮扶资金5.96万元；发放残疾人两项补贴863人次65.96万元；投资170万元启动义和敬老院的升级改造。完成城乡居民基本养老保险参保人数2.63万人；完成指纹采集认证7872人；完成2020年度城乡居民医疗保险集中参保3.53万人，筹资总金额近856.74万元，参保率95.4%；完成建档立卡贫困人口2019年度医保参保资助退费1445人7.62万元；完成城镇新增就业1089人，创业担保贷款申报37人，发放金额400万元；开展就业技能培训247人；落实“4050”社保补贴52人18.52万元；发放失业保险金78人次94.47万元；农村生态公益性岗位安置贫困户劳动力16人，补贴资金8.12万元。开展劳动用工网上申报工作，发放通知书33份，指导企业和个体工商户开展网上申报27户；强化劳动保障监察日常巡视检查工作，根治拖欠农民工工资工作。

【城乡社会治理】 2019年，义和镇深入推进扫黑除恶专项斗争，核查上级交办线索2件，核查涉黑涉恶自摸线索4件；规范农村社区网格化管理服务，进一步完善法律顾问制度，落实村居法律顾问经费、人民和行政调解经费及农村网格化服务管理工作经费累计8.32万元；镇辖区域内“雪亮工程”初步完成，高清视频探头对重点区域和重点路段全覆盖，实现镇村综治视频会议系统与区级系统的安装联网；进一步完善宏义、大山、镇安和大柏4个警务室建设，配备民警和协勤，加强巡逻力度，提高路面见警率；全年排查各类矛盾纠纷95件，接待群众来访案件66件，做到件件有落实，未发生到市进京非访、群访、集访事件；落实3件重大信访稳定专项资金11万元；开展重症精神障碍患者排查服务管理工作，对60名重症患者进行专家评估，送医救治30名，救治资金17.3万元；落实邪教人员的巩固转化措施，做好戒毒社区康复人员管理工作，救助社戒人员5人。强化政府债务化解，完成与中科集团债权债务清算，减少历史债务超2000万元，剩余债务由中科集团新注册5家公司的税收偿还。强化安全管控，做好防风险保安全护稳定迎大庆工作，检查各类生产经营单位563个；组织开展交安行动、道路交通重点领域严重违法行为专项整治行动，累计查处酒驾、无证驾驶、违法载人等各类交通违法行为766起，处罚金3万余元；

开展消防、人员密集场所等安全专项整治，定期不定期对全镇214家九小场所，重点单位50家开展消防安全检查，下发行政处罚决定书27份。集中开展工贸、危化和烟花爆竹等行业专项整治；完成宏鑫页岩砖厂安全生产标准化建设；开展自然灾害防治，完成鸭子村3社高坎子危岩地灾治理项目1个，成功避让地质灾害2处，紧急转移人口6人，搬迁3户16人。强化市场监督管理，新组建市场监督管理所，配齐配强监管人员；开展市场主体“双随机、一公开”行政核查120户，发出行政检查通知书120份，吊销企业营业执照14户；开展市场日常监管320户次，发出限期责令改正通知书15户，完成企业主体年报92.78%；开展非洲猪瘟染疫猪肉市场清查、校园周边食品安全、食品加工小作坊等项专项整治行动；查处食品药品违法案件11件，取缔无证食品生产经营3户，没收假冒伪劣食品药品200余千克，处罚金5万余元；完成国家、市级食品抽检任务，对抽检不合格产品后处置率100%；实施食品药品安全量化分级管理率达100%。

【社会事业】 2019年，义和镇争取教育资金400余万元，镇政府支持资金5万余元，开展校舍维修改造、教学资源优化，学前幼儿入园率达96%，小学、初中入学率达100%；教育质量稳步提升，义和教管中心在全区四年级质量抽测中居26个教管中心第6位，其中义和中心校居全区中心校系列第2名。义和镇积极参加涪陵区第五届老年人运动会，其中乒乓球和钓鱼两个项目获得全区团体一等奖；参加全区庆祝中华人民共和国成立70周年群众大合唱音乐会；成功举办义和镇庆祝中华人民共和国成立70周年群众合唱音乐会、迎春全民健身运动会等节日群众性文体活动，完成流动文化下乡文艺演出2场；投资150余万完成市级文物刘作勤庄园保护修缮。义和镇全面实行药品“零差率”、取消医用耗材加成工作，不断推进医疗卫生改革；全年完成门诊诊疗2.61万人、住院2267人、家庭医生签约服务3811人；落实建卡贫困户医救助政策，全年实施医疗救助减免17余万元。

主要领导名录

镇党委书记　代富荣
镇　　　长　陈熙尧
人 大 主 席　肖　强
党政办电话　72150200
传　　　真　72150174

焦 石 镇

【概况】 焦石镇位于涪陵东南部，东邻丰都县，西连江东街道，南接白涛街道，北靠罗云乡，镇政府驻焦石大道229号，距涪陵城区33千米。因镇内有较多深灰色岩石，且风化后表面呈黑色，近似烧焦状，故名“焦石”。主要出产烤烟、榨菜、玉米、水稻、中药材等作物，盛产花椒和蜂蜜，其中烤烟种植面积连续三年位居全区第一。焦石镇于1992年7月撤区建镇，2019年末辖11个村，3个社区居委，户籍人口3.1万余人，总面积166.44平方千米，海拔225—1372米，森林面积15.8万亩，森林覆盖率63%，耕地面积6.8万亩。《焦石山歌》是重庆市第四批非物质文化遗产，正在积极申报国家级非物质文化遗产。焦石镇先后获得国家园林城镇、能矿资源型特色城镇、市级先进基层党组织、市级文明镇、市级卫生镇、市级安全社区、市级应急示范镇、市级平安农机示范镇、市级卫生机关、市级商贸中心等荣誉称号，2019年9月11日顺利通过创建国家卫生镇专家组现场评估，即将正式命名。

【经济发展】 焦石镇2019年实现地区生产总值14.9亿元，同比增长10.3%；农、林、牧、渔业增加值达到2.59亿元，同比增长7%；社会固定资产投资完成6.7亿元，农民人均可支配收入预计实现16731元，同比增长10.7%；限额以上批发零售销售额完成2.3亿元，同比增长13.2%；规模以上交通运输营业收入1923万元，同比增长16%；一般公共预算收入完成1703万元，基金预算收入完成228万元，一般公共预算支出完成3570万元；新招商企业49个，注册资金2.29亿元，到位资金6329万元。

【服务页岩气开发】 2019年，焦石镇继续开展页岩气平台协调服务工作，新增页岩气勘探开发建设临时用地7宗、183亩，待报批永久占地5宗、面积77.41亩。新建6个平台，扩建及新增加密井8个，完成了焦页2号东、23北、26号西、27号东、28号西新建平台的进场及66东平台的前期测量工作。化解企地矛盾纠纷400余件，重点化解了30余起群体性事件，新增平台顺利推进，全部进入钻井阶段。全面启动13个建设项目征地参保工作，涉及589人，至2019年底基本完成4个建设项目征地参保工作。推进焦大路佳玉矿业、三开门电站、鑫淼电站三家企业的拆迁工作。至2019年底，焦石境内共建设页岩气钻井作业平台44个，累计产气量约130亿立方米，约占页岩气公司总产能的50%以上。

【城镇建设】 2019年，按照《焦石镇总体规划》，焦石镇完成楠木、光华等7个村的村规划，推动新型城镇化和能矿资源型特色小镇建设，完成辖区内城镇建设用地报批4宗，全年扩大建成区面积1.5公顷，城镇化水平提高0.6个百分点，新增城镇人口210人，转移农村富余劳动力1.1万余人。投资1455万元全面完成焦石大道沿线建筑物外立面整治116幢、6.4万平方米；投资800万元完成焦石污水处理厂扩能提升工程，日处理能力由1200方提升到1700方；投资200余万元建成悦来污水处理厂；投入50万元硬化场镇周边道路结点面积2695平方米；投资50余万元启动占地5亩的悦来小游园建设。恒山加油站搬迁建设工程启动，完成卷洞加油站、大田湾海源加油站、焦石养老院征地选址报批工作。开展农村“大棚房”清理整治，拆除违建1起，顺利通过市区两级验收；开展卫片执法2次、整改图斑2个；完成违建别墅清查整治专项行动，全镇无违建别墅。

【基础设施建设】 2019年，焦石镇争取到投资1232万元，完成通达工程6条、8.24千米，通畅工程13条、18.22千米；争取到2019年第二批“四好农村路”通达通畅工程计划19.15千米。投资10万元，整治公路安全隐患60余处；卷洞公路桥维修改造完成，江焦路和卷大路升级改造进展顺利。完成2017年度“四类人员”人行便道建设项目的区级验收工作；投资412.71万元，新建蓄水池16口，蓄水1.3万立方米，安装供水管网18千米，有效解决了向阳、坛中、瓦窑、楠木等8个村5180余人的饮水困难问题；完善贫困户饮水工作台账，全镇726户贫困户饮水安全全部达标；投资82.6万元，完成双河沟水库除险加固整治工程；完成向阳、东泉和楠木等3个村居695户天然气安装，启动复兴片区约800户天然气安装工作；启动白鹿村有线宽带建设，推进光纤进村入户，全镇光纤和4G信号有效覆盖率达90%以上。投资100万元完成焦石农贸市场升级改造；投资30万元完善二、三级污水管网建设；投资30万元维修和改建公厕8座；投资10万元建成焦石灯杆堡健康主题公园。全年组织开展全民卫生大扫除20余次，规范“五小店”100余家，病媒生物防治实现公司化和专业化管理。焦石镇于2019年9月顺利通过技术评估，成功创建国家卫生镇。

【脱贫攻坚】 焦石镇共有建卡扶贫户723户、人口2263人，2019年脱贫30户、89人，全镇已脱贫722户、2260人，未脱贫1户、3人，723户贫困户已稳定实现“两不愁三保障”，全面完成区委下达的脱贫任务。年内对全镇43户未脱贫户和易返贫困户进行产业规划，补贴资金5.72万元；开发农村公益性岗位并安置15名建卡贫困人员就业；开展各类扶贫技能培训4期，累计参加培训的建卡贫困户达510余人。完成“三类人员”C级危房改造39户、D级危房改造53户。落实贫困户就医实行“一站式”报销，“先诊疗后付费”，实现贫困人口全部参加医保，建卡贫困户住院享受国家医疗保障627人次、76.99万元。义务教育阶段贫困家庭子女入学率达100%。为向阳、坛中两个贫困村争取补助资金30万元，进一步发展壮大贫困村集体经济。

【社会事业】 2019年，投资1800万元的焦石中心幼儿园新园建成并投入使用，投资430万元新建涪八中学生宿舍、投入23万余元完成涪八中消防管网建设，投入59.7万元实施中心小学校舍设施维修维护；更新维护全镇“班班通”教室18间，开展了“一师一优课、一课一名师”等活动，开展“盟焦合作”支教活动2次。全年开展健康知识讲座79次，设置固定健康专栏21个，规范建立居民健康档案2.1万余份，家庭医生签约服务4718人，建卡贫困户签约率100%；开展了预防接种、孕产妇保健、老年人健康管理、严重精神障碍患者管理等基本公共卫生服务，为页岩气员工提供门诊服务6000余人次、住院医疗服务147人次，为700余名页岩气员工进行健康体检。焦石镇年内举办了“向祖国献礼——志愿者在行动”为主题的第一届青年文艺人才讲习班，开展了经典诗词赏析等群众性文化活动基础知识培训讲座3次，培训140余人次，指导镇山歌队、龙舞队、腰鼓队、老年乐器队等民间文艺团体开展传统节日庆祝活动13次；“焦石民歌”受邀参加“民歌传承人进校园活动”“全国农机安全宣传日活动”和“2019中国原生民歌节活动”等7场演出活动，12月27日在涪陵易家坝广场成功举办“涪陵区第五届焦石民歌节——幸福山歌唱不完”主题歌会。全年城镇新增就业1078人，城镇登记失业人员就业370人，帮扶城镇困难人员就业112人；落实创业扶持政策，完成创业贷款26户，发放创业贷款380万元。全镇城乡养老保险参保20331人，城乡居民医疗保险参保24385人；全镇有低保在册人员607户，年内新增低保70户，取消73户，调标27户。全年开展临时困难救助193人次，发放救助金22万元。继续做好医疗救助工作，市外就医报账52人，报销金额63.3万元，办理特殊疾病和重大疾病132人，发放特病卡120张，完成1413人建卡贫困人员医保退费。发放因灾倒房重建资金16户、15万元，发放冬春生活救助资金170户、8.36万元。发放军属、烈属交通补贴11.9万元，落实现、退役军人慰问救助资金6.9万元，悬挂退役军人“光荣之家”753户。

【产业发展】 2019年，焦石镇积极构建“4+X”特色产业体系，培育壮大焦石黑山羊、肉牛、野猪、中蜂等特色种养业，充分发掘本地特色资源，探索实施“一村一品”产业模式，激发农业产业活力，带动农民增收。全年青菜头种植面积4.5万亩、新种植花椒1500余亩；发展中药材种植5000余亩；完成烤烟种植3040亩，产量5744担，实现产值898.49万元。出栏生猪、肉牛、山羊等家畜2万余头，家禽7.2万只。加强农业品牌建设力度，积极为春汇农业生态有限公司、亮晶晶葡萄等申报“三品一标”认证。开展第三次土地调查，坚守耕地保护红线，保有耕地面积3900公顷，其中基本农田面积3777.72公顷。发挥龙头企业作用，依托华凤榨菜厂和太极集团，由政府出资扶持，新成立7个股份制合作社，通过政府引导、企业主导、合作社牵头、农户参与的模式，构建与村（社区）集体和建卡贫困户利益联结机制，每年为符合条件的建卡贫困户新增2.8万元保底分红。全面开展非洲猪瘟防控及动物疫情普查工作，排查非洲猪瘟疫情3.8万头次，开展结核病、口蹄疫等疫病普查，组织实施强制免疫注射，各类免疫密度达100%，全年未发生较大动物疫情。开展2019年农村土地确权颁证工作，完成

1.2 万亩流转面积合同的审核、签订，成功调解 32 起土地纠纷。投资 57.5 万元，开展森林抚育 5000 亩，完成公益林管护面积 13.74 万余亩。

【生态文明建设】 2019 年，焦石镇设置大型生态文明建设示范创建宣传标语 10 幅；接待处理环保投诉 28 件（次），环保行政执法立案 5 件（次），处罚 5 件，罚款 10 万元，处理率达 100%。做好中央环保第一轮督查“回头看”和第二轮督查 8 个问题整改工作，关闭生猪养殖场 1 家，投资 48 万元修复佳玉矿业废水治理管道 2.8 千米，投资 90 万元完成永丰村木耳山垃圾场垃圾清运工作，清运处理垃圾 5000 余吨，顺利通过了第二轮中央环保督察工作。完成 3 个集中式饮用水源、4 个重点对象、22 个一般对象和 2 个协管对象的日常监管。投入 20 余万元启动“三清一改”村庄清洁行动春夏季战役，落实村级保洁员 30 人，开展 10 余次集中清洁行动，清理垃圾 100 余吨，清理沟渠 22.5 千米，清理农膜等农业废弃物 3.2 吨，试点推进垃圾分类工作。签订榨菜生产加工废水整治责任书 48 份；强化畜禽养殖业监管，把存栏 200 头生猪当量以上的养殖场纳入生态环保日常监管，完成 29 家养殖场的发酵床建设。完成改厕目标任务 499 户，兑付补助资金 76.6 万元（其中“三类人员”383 户）。落实河长工作制，完成辖区河长体系的调整、公示牌更新等日常工作，各级河长累计巡河 541 次，巡河率 106%，清理河道 8.6 千米，清理垃圾 20 余吨，确保河流水质长期保持在二类良好以上。

【社会治理】 2019 年，焦石镇持续推进扫黑除恶专项斗争，开展集中宣传活动 5 次，收到线索举报 4 条，均已核查完毕。全年发生刑事案件 35 起，破获 21 起，查处治安案件 31 起，治安拘留 17 人，刑事拘留 14 人，打击起诉 10 人。吸毒人员、社区矫正人员、邪教人员和精神障碍患者等特殊群体均处于可控状态，没有发生肇事肇祸案件。坚持每月开展矛盾纠纷排查和领导干部接访下访工作，调解各类矛盾纠纷 670 余件，化解信访案件 17 件；做好维稳工作，开展涉教涉军等重点诉求群体走访 190 余人次，成功处置 4 起预警线索，圆满完成新中国成立 70 周年安保维稳工作，确保辖区社会平安稳定；为新井社区四组居民黄治洪、罗安均申报重庆市级见义勇为先进个人表彰。狠抓应急管理和安全生产监管，制订完善事故上报、预警响应机制，修订安全生产、防汛抗旱、地质灾害、防震减灾、森林防火、消防等系列应急预案，强化应急安全事故、地灾、消防实战演练，严格监测 4 个地质灾害点，未发生一起因地灾导致的人员伤亡及重大财产损失事故。开展安全隐患大排查、大整治、大执法和专项整治行动，镇领导带队开展安全生产督查检查 47 次，研究解决安全生产工作中存在的突出问题 9 个，整改隐患 1265 个，处罚 14 起，罚款 8850 元。落实道路交通安全责任，开展联合执法 30 余次，查处交通违法行为 1500 余起，罚款 1.4 万元，处理交通事故 140 起，全年没有发生较大及以上安全事故。

主要领导名录

党委书记　李俊杰

镇　　长　倪　兵

人大主席　岳良安

党政办电话　72743039

武陵山乡

【概况】 武陵山乡地处涪陵区东南端，清代为龙庆场，新中国成立后设龙塘乡，2002 年更名为武陵山乡。乡东南西部与武隆区相接，北与白涛办事处毗邻。海拔最高 1968 米，最低 175 米，地质为“喀斯特地貌”。总面积 132 平方千米，耕地面积 2.04 万亩，森林面积 14 万亩，森林覆盖率 82.7%。有乌江河岸线 12.5 千米。

境内有4A级风景区武陵山大裂谷，有传统村落—角帮风情古寨，有佛教寺院金山寺。全乡辖6个行政村，1个社区，34个村民小组，5个居民小组，3252户、8502人，城镇化率45%。全乡有11个党支部，363名党员。在编干部74名，其中行政干部职工27名（领导班子成员10名），行政工勤5名，事业干部42名。2019年，全乡农村居民人均可支配收入实现15969元，旅游业收入达到3.9亿元，农村居民储蓄余额实现2.92亿元。先后荣获“全国特色景观旅游名镇”“全国美丽宜居小镇”“全国创建无邪教示范乡镇”，通过“国家级卫生乡”“国家园林城镇”技术评估。

【旅游产业发展】 2019年，武陵山乡紧扣服务“5A”创建工作主线，推进全域旅游发展战略。新增旅游项目固定投资1.8亿元，完成24千米旅游道路、3座旅游公厕等8个重点旅游项目建设。拆除龙塘坝房屋15户4436平方米，兑付拆迁款1825万元，发放过渡费235万元。开展旅游环境综合整治65次，查处整改占道经营、乱堆乱放等突出问题74个。开展旅游志愿者活动52场次，服务游客4400人次，游客满意度达100%，武陵山乡旅游志愿服务队被评为全区最佳志愿服务组织。新建乡村客栈14家，增加接待床位500个、餐位2000个，旅游接待能力达到166家7000张床位27000个餐位。2019年共接待游客132万余人次，其中过夜游客41184人次。

【农业发展】 2019年，武陵山乡完成农村承包地确权颁证2125户23460亩。全年累计流转土地13162亩，发展高山鲜食糯玉米3200亩、中药材3030亩、烤烟2344亩、高山蔬菜8000亩。全年生猪出栏6184头、牛出栏1094头、山羊出栏4790头、家禽出栏38500只。引进金枳宜、重庆峻贸等农业有限公司投资发展观光采摘农业500余亩。培育角帮寨村森爽中药材和石夹沟村果蔬种植2家股份专业合作社。投资30万元发展角帮寨村集体经济项目1个。

【工贸发展】 2019年，重庆新能源有限公司风电项目复工建成。招商引进御百氏（重庆）食品饮料有限公司落地百花桥村5组，注册资金达5366万元；发展非公有制企业32家、个体工商户35家。全乡限上企业达8家、规下企业255家，中小企业总产值完成3.01亿元，增长6%。

【三大攻坚战】 2019年，武陵山乡打好防范化解重大风险战。开展安全生产与自然灾害防治工作，交通、消防、旅游、建筑、农机、森林防火等各领域开展专项检查545次，排查整改安全隐患280条。制定综合应急预案1个，专项应急预案6个，开展应急演练6次。处置应急救灾事件9起，治理地质灾害隐患点4处，救济受灾群众236人。开展信访稳定工作，调解处理信访事件26起，矛盾纠纷103件，圆满完成新中国成立70周年大庆各项安保维稳工作。开展“扫黑除恶”专项斗争、“雪亮工程”，新增视频监控摄像头32个，接警出警338次，查处治安案件25件。开展行政执法，开展交通、市政、消防等综合执法64次，查处违章56人次，拆除违章建筑6处2000平方米。开展普法教育，开展法律进村（社区）等活动4场次，受教育人数达5000人次。全年实现去区到市进京集访、群体性事件和重大刑事案件零发生。

打好脱贫攻坚战。全乡有建卡贫困户393户1328人，其中稳定脱贫382户1290人，未脱贫1户1人，脱贫监测10户37人。2019年完成减贫15户33人，群众认可度高于95%，脱贫攻坚成果进一步巩固。全乡6个帮扶单位251名帮扶干部全年入户走访贫困户4323户次，清理解决突出问题130件。规划产业到户扶贫项目40户4.7万元，累计发放扶贫小额贷款202户588.2万元，获贷率50.8%。提供公益性岗位27个解决22户贫困户就业问题。投资112.45万元，完成C级危房改造17户、D级危房改造28户。全面落实签约医生服务，落实“一站式结算”“先诊疗、后付费”等健康扶贫政策，补助建卡贫困户医疗费用156人次6.8万元。落实贫困家庭学生寄宿生活补助和营养改善计划，补助贫困学生227人次28.8万元。角帮寨村建卡贫困户学生任双兰以全区文科状元的优异成绩考入北京大学。

打好污染防治战。武陵山乡认真开展河长制工作，各级河长累计巡河430次，发现整改问题2件；清理河道5次22.8千米，清除各类垃圾137吨，各条河流水质均达到二类标准。持续完善环保基础设施，投资630万元完成污水处理厂升级改造，污水集中处理率达81%；新建二、三级污水管网800米、生物化粪池1口、生物净化池2口。严格落实问题整改，完成中央环保督察问题整改6个，处理大木山自然保护区违法建设11起，拆除违建农房1处、烤烟房1处、别墅3栋共3146平方米。加强森林资源保护，完成退耕还林补植3000亩、四旁植树100亩和农田林网特色经济林200亩，除治死亡松树1350余株约8100亩，兑付森林生态效益补偿资金148.5万元。

【城乡建设】 2019年，武陵山乡投资900余万元，建设标准化足球场4050平方米、全民健身中心5500平方米。投资40万元，建成安置房农贸市场890平方米。投资360万元，建成文化活动广场1250平方米，新增生态停车位103个。栽种花草12万株、树木453株，新增绿化5540平方米。全力打造互联网小镇，完成场镇免费Wi-Fi建设全覆盖。新添分类垃圾桶80个、垃圾收集箱体2个，全乡垃圾集中清运率达到95%，无害化处理率达到100%。成功创建为国家卫生乡、国家园林城镇。

2019年，完成了全乡总体规划修编和5个村规划编制备案工作。持续开展人居环境示范连片整治，新建乡村广场2000平方米、旅游公厕37平方米。投资130万元完成金子山“龙塘月色”二期工程，投资1229万元开工建设金子山移民精准帮扶项目。投资430万元新建蓄水池4个、安装供水管网18千米。完成“四好”农村路建设28.91千米。完成燃气管道安装5.2千米、入户322户。投资26.2万元，完成农村改厕176户。

【民生保障】 2019年，武陵山乡完善了九年制学校运动场塑胶化和教学楼立面改造等教育设施。全乡医保参保7148人、参保率达99.5%，贫困户参保率100%；投入20万元增添医疗设备3台，完成两癌筛查401人，老人健康体检786人次。城乡居民养老保险参保3991人，参保率达94%；发放低保、五保和高龄补贴681人，临时救助75户11万元。走访慰问军人及家属179人，悬挂光荣牌165户，推荐退役军人再就业3人、就学1人，发放优待补贴6.3万元。吸引农民工返乡创业就业545人，劳务输出952人，实现劳务收入4560万元。督促5家企业落实“一金三制”，开展根治欠薪专项整治行动6次，保障农民工工资支付。适龄儿童入学率达100%。

【社会建设】 2019年，武陵山乡开展志愿服务活动60余次、道德讲堂4次、清洁户评选活动11次，评选出乡级文明户、最美家庭20户，最美旅游志愿者8名。开展了“青春心向党，建功新时代”演讲比赛、全民健身活动、送电影下乡等108场次；配合区上承办了“武陵山大裂谷杯”全国国际象棋大师赛。

主要领导名录

党委书记　周　坤
乡　　长　王业平（女）
人大主席　李　伟
党政办电话　72712503
传　　真　72712100

大顺乡

【概况】 大顺乡系涪陵革命老区乡镇之一，地处涪陵西南部，与青羊镇、龙潭镇、增福乡、新妙镇和南川区太平场镇、乾丰乡接壤。全乡总面积96.97平方千米，平均海拔高度700米，辖1个农村社区、10个行政村、76个村（居）民小组，9206户2.44万人。实有耕地5.8万亩，林地面积7万亩，森林覆盖率52%；辖区内有16座小（二）型及以上水库，山坪塘534口，水面400余公顷。全乡公路410千米，其中硬化路200千米。全乡在编行政事业干部70名，其中党政领导10名。有乡级中学1所、小学2所、幼儿园1所，教职工116人，在校学生1738人。有乡级卫生院1所，在职医务人员25名。

【经济发展】 2019年，大顺乡地区生产总值达到5.68亿元、同比增长（下同）12.5%，农业总产值2.5亿元、增长8%，农民人均可支配收入14670元、增长9%，地方财政收入1200万元、完成全年目标任务的200%，完成固定资产投资1.2亿元、增长15%，贫困人口减少105人，综合贫困发生率下降到0.03%，全乡年末人均存款2.3万元，总量达5.52亿元，全年接待游客2.5万人、增长25%，收入达3200万元。

【产业发展】 2019年，乡政府投入240万元用于支持12个中药材专业合作社建立“合作社+村集体+农户”的发展模式，每年为村集体和农户创造至少7.8万元的固定收益；太极集团投入近1000万元为农户免费提供种苗及给予种植三亩以上农户补助等值200元的生产资料。投资近1000万元的中药材初加工厂已开工建设。2019年，建成11个村级种植示范基地、培育30—280亩规模种植户13户、发展种植农户3896户（其中贫困户近400户），新增中药材种植2.3万余亩，其中1—2年生的前胡、金荞麦4068亩，多年生厚朴、四季青1.92万亩，全年保持中药材种植3万亩。年内推广国标2级米标准渝香203品种15000亩，以太极集团、简约山居、共享农庄为主体的有机水稻种植到达3000亩以上，农作物绿色种植面积达2.5万亩。绿色农产品种植面积进一步扩大，新建李子园500亩、桃园200亩、茶园150亩，南方早熟梨达500亩、绿色茶园突破1000亩。开展三品一标认证工作，获绿色认证“健茸”大顺茶和“维芝”南方早熟梨2个，申报奈李、西瓜、脆红李、青菜头等4个种植基地绿色认证。

【交通建设】 2019年，大木乡整治维修明大路、S102、明家社区至明月等主要交通干道近20千米，完成农村“四好路”建设42千米、拓宽改造道路3.4千米，全乡硬化公路里程达到200多千米，村组公路实现全覆盖。马龙一级路建设有序推进，南两高速建设全面提速，进入路面油化阶段，武隆平桥至大顺高速进入可研性阶段。

【生态环保】 2019年，大木乡除治松材线虫病810个小班4.9万亩2.4万株；投资420万元实施退耕还林800亩、农村四旁植树1060亩、森林抚育2000亩、特色经济林2000亩；开展各类环保巡查100余次，处置污染问题2件。落实“河长制”工作，及时发现处理各种问题13个，加强垂钓人员管控，清理河道垃圾50余处；加强污水排放治理，污水处理率达97%；整治环境突出问题6个，实施“厕所革命”投入79.8万元完成399户厕所改造，农村生活垃圾有效处置率达86%，场镇生活垃圾有效处置率达100%。

【民生保障】 2019年，大木乡居民养老保险、医疗保险、农村低保等社会保障体系基本实现全覆盖。新增城镇就业人员401人，市内转移劳动力3665人，市外转移劳动力5521人，实现劳务总收入5.85亿元，办理小额创业担保贷款13个240万元。落实最低生活保障制度，动态调整停发58户88人，新增31户53人，清退违规领取金额8万余元。持续开展群众临时困难救助，新增特困人员11人，注销7人，发放32.5万元解决临时救助、春节困难群众慰问、困难优抚对象、特殊困难老人等705人次。落实计生奖励扶助政策，发放计生奖扶及一次性奖励10万元。加强农村流失儿童、空巢老人排查管理服务，建立健全军烈属、参战退役军人等8类台账585人，悬挂光荣牌585块，走访慰问军烈属、退役军人695人次，发放慰问品等2.78万元。基本医疗保障更加健全，为居民免费提供14大类55项基本公共卫生服务，落实贫困户住院免交押金，“先诊疗后付费”和“一站式结算服务”，家庭医生签约服务率100%。

【脱贫攻坚】 2019年，大木乡推进中央巡视脱贫攻坚反馈意见问题整改工作，完成18件41条问题整改销号。“两不愁三保障”突出问题有效解决，投入500余万元实施C、D级危房改造级180户，累计改造800余户；贫困家庭子女义务教育阶段入学率达100%，贫困人口医保参保率达100%，饮水保障达100%。实施临时救助85户85人10.6万元，补助资金10.18万元用于产业发展，培育贫困村扶贫创业致富带头人9人，带动贫困户27户；开展扶贫技能培训8期690人，提供公益岗位27个。用活金融扶贫政策，发放扶贫小额信贷454户，获贷率达到56.64%。投资2000余万元高标准打造脱贫攻坚示范园区，硬化主要交通干道3.5千米、新建道路4.6千米、便民道路7千米、污水处理设施7处等；投入2300余万元，新建明月村饮水提升塔、改造明家、林和、明月等3个村11个居民小组饮水管网近10千米。2019年全乡成功脱贫38户，减少贫困人口105人，贫困发生率下降到0.03%。

【文化教育】 2019年，投入5000余万元建设的大木乡中心校投入使用、中心幼儿园迁建工程主体建设完成。教师参加“乡村老师访名校”“乡村教师工作坊”等大型“国培”项目30人次、区级培训800余人次，全年获得各类奖项25个。大顺中学连续十四年中考居涪陵区同类学校前列，学生参与各类竞赛获得团体奖、个人奖540人次。文化体育事业更加繁荣，新增图书1000册，书刊借阅达500人次以上，组织开展讲座、培训、演讲等文化活动8次。年内大木乡组织开展了“放歌新时代”“幸福涪陵跳起来”第二届广场舞大赛和“金海湾”之恋群众演艺大赛等文化活动。

【土地利用】 2019年，大顺乡总体规划以及大顺、大田等10个村（居）村规划修编全面完成，规范化审批《乡村建设规划许可证》95户1.29万平方米；场镇建设进一步完善，新增建房面积8730平方米，建成区常住人口5342人，城镇化率达32.3%。土地整治覆盖率进一步提高，全年土地整治项目投入8609万元，全市唯一市级国土综合整治示范项目在大顺开工建设，兴农村、石墙村两个区级土地整治项目全面完成，综合整治面积达1.2万亩。盘活农村闲置宅基地30余处1万余平方米，为村集体及农户增收近300万元，全乡11个村（社区）盘活利用闲置宅基地、土地确权及产权制度改革工作有序推进。

【社会治理】 2019年，大顺乡深入开展重点行业领域大排查大整治大执法，查处交通违法行为600余起、处置森林火情5起、消防火情7起、一般交通事故70起，排查安全隐患50起，全部整改落实到位。防范化解重点领域信访突出问题，全年开展扫黑除恶、禁毒、法制宣传8场次，对52名三至五级易肇事肇祸精神障碍患者加强了排查管控，排查纠纷及不稳定因素376件，化解372件，矛盾纠纷及不稳定因素化解率98.93%；依法处置食品药品等各类违法案件，一般处罚程序案件立案4件，罚没款入库6.57万元。依法打击违法犯罪活动，破获刑事案件6件、处理各类治安违法案件17件。

主要领导名录

党委书记　潘登锡

乡　　长　陈德明

人大主席　李　奇

党政办电话　72128039

传　　真　72128114

同乐乡

【概况】 同乐乡地处涪陵区南部，距涪陵城区56千米，是涪陵、南川、武隆三个区县的交界之地，于2008年5月由原聚宝乡和同乐乡合并而成。全乡总面积97.66平方千米，有13个行政村1个居委会73个村（居）民小组，8499户24182人，劳动力16276人，农业从业人员6081人；有耕地面积4035公顷，森林面积5041公顷，森林覆盖率51%；有领导班子成员10人，设党政综合办事机构11个、事业单位7个，有行政干部职工33人、事业工作人员65人；有中学2所，九年制业务教育学校1所，小学3所，幼儿园2所，教职工129人；有卫生院1所，敬老院2所。2019年完成地区生产总值8.6亿元，同比增长9.7%；固定资产建设资金投入2.4亿元，同比增长9.1%。同乐乡是农业农村部命名的现代农业示范园，是市级文明乡、市级生态建设示范乡。

【农村经济】 2019年，同乐乡在稳定粮食生产的基础上，积极推进土地流转，发展规模特色效益农业，拓宽老百姓的增收渠道。全乡完成2万亩优质稻种植，2000亩绿色优质高效水稻种植。引进农业开发企业和种植大户，新发展中药材种植2960亩、花椒1860亩、辣椒890亩，稳定推进名优白茶特色种植1500亩、红心萝卜2350亩、林业产业油茶8120亩；新增家庭农场2个，专业合作社4个。

【基础设施建设】 2019年，同乐乡深入推进农村四好路建设，启动实施同乐、聚宝场镇饶场路建设，投入3500万元，启动实施通达通畅公路80余千米，完成通达公路15.31千米，通畅公路31.8千米，完成2018年40千米通达通畅公路的验收审核，完成37.6千米农村“四类人员”人行便道验收工作，完成5座小（二）型水库除险加固工程，完成桂花园等7口山坪塘整治；投资300万元启动雪峰山旅游度假区饮水安全工程，投资750万元完成实胜村农综项目，投资633万元启动前进村土地整治项目；启动实施雪峰村、前进村等农村电网升级改造；完成农村饮水安全巩固提升工程，解决实胜、莲池、聚宝、联兴、解放等高山群众饮水难的问题。结合农村公路养护管理，将场镇和乡村公路沿线卫生保洁整体承包给专业保洁公司负责，收到良好效果，连续多次获得区考核等次奖。同时着手对场镇占道经营、乱搭乱建进行集中清理整顿，努力提升场镇管理水平。

【雪峰山旅游发展】 同乐乡以打造“避暑休闲+高山静湖度假+田园养生养老”4A景区为目标，抓好雪峰山旅游度假区开发建设。年内抢抓乡域总体规划、雪峰山旅游度假区总体规划和永久基本农田划定工作机遇，实现雪峰度假区旅游、建设、交通、国土等多规合一，保证各类项目建设落地。抓好雪峰山旅游度假区开发建设，成立雪峰山旅游开发有限公司非公党建支部，与雪峰村党支部一起通过抓基层党建促乡村振兴，稳步推进景区白茶种植1500亩、高山水果800亩、蓝莓280亩，启动景区白茶加工厂和居民点附属设施建设。

【社会民生事业】 同乐中心校科技综合楼附属设施建设、聚宝中学操场项目建设、同乐中学绿色教育实践基地建设完成；更换完善9座水库的河长制公示牌内容的编制及安装，防止因人员变动而无河长的巡河的现象；对全乡12条河流落实村级河长及部门职责，完成14个村（居）12条河流河道清淤、清障工作，组织专项行动2次，处置白色垃圾近23.5吨、打捞漂浮物清理堵塞物近4.2吨，实行巡河常态化，巡河次数位居全区前列。加强场镇保洁，做到日清日扫，完成村社干道263个垃圾桶和52个垃圾箱体的地面硬化，投放垃圾箱体52个、垃圾桶1200余个，落实环境卫生门前三包责任制7000余户；通过民政、扶贫和社会帮扶等各种专项经费发放救助金23.3万元，救助困难家庭492户；发放高龄津贴25万元；办理4050社保补贴15人4.4万元，全面完成2020年医保参保缴费；新增五保户15户，取消低保32户；完成5户贫困残疾人危房改造，补助7.5万元；及时解决优抚对象医疗、住房、生活“三难”问题，补助金额9万元；健全和完善留守儿童管理，兑付一次性奖励金230人11.5万元，完成奖扶581人；兑付农业耕地保护补贴6274户363.3万元，兑付农机补贴285户22.8万元，兑付种粮大户9户20.15万元。开展扶贫动态调整，新脱贫58户166人，抓好未脱贫和易返贫户产业规划工作，落实到户补助资金13.49万元，改造C、D级危房68户，跟进落实81户饮水、101户用电保障。发挥驻村工作队及相关部门帮带作用，逐户排查疑难问题，落实医疗、教育等到户扶持政策。开展建卡贫困户小额信贷工作，发放扶贫小额贷款314户739.3万元。

【平安和谐建设】 2019年，同乐乡领导干部接访下访，接访群众300余人次，下访受理96人次，录入系统96件次，办结96件次，办理信访件14件，办结14件，矛盾纠纷累计排查发现矛盾纠纷42件，协同调处化解41件，成功率97.6%，人民调解司法确认8件。按照“一岗双责”责任制，明确18名涉军人员、5名涉教重点人员、2名老上访户的稳控责任，深入开展扫黑除恶专项斗争工作，集中治理黄赌毒、盗抢骗等突出问题，未发现黑恶线索。深入开展道路交通、建筑施工、危化物品、烟花爆竹、食品药品安全、地质灾害等重点行业领域安全专项整治，全年出具执法文书183份，查处道路交通违法行为366起，罚款1.002万元，查处其他违法行为9起，罚款1.32万元。全年全乡无重大群体性事件、恶性治安和刑事案件，实现了安全生产责任事故零死亡和非法上市进京上访零目标。

主要领导名录

党委书记　高　翔

乡　　长　杨　陵

人大主席　秦朝洪

党政办电话　72125006

传　　真　72125124

罗云乡

【概况】 罗云乡位于涪陵东部，与丰都县接壤，距涪陵城区38千米，是涪陵建立第一个中共党支部的红色根据地，四川红军第二路游击队在这里诞生，是市级爱国主义教育基地和区级革命传统教育基地、2A级红色景区、区级青少年研学旅行基地。全乡总面积72.8平方千米，辖8个行政村和1个社区，42个村（居）民小组，截至2019年12月底，有居民6212户、17980人，其中农业人口17522人。全乡耕地面积2736公顷，森林面积3546公顷，森林覆盖率达48.7%。2019年机构调整后，全乡设行政机构10个，分别为党政办公室、党群工作办公室、经济发展办公室（挂统计办公室、农村经营管理办公室、扶贫开发办公室牌子）、民政和社会事务办公室（挂卫生健康办公室牌子）、平安建设办公室、规划建设管理环保办公室、财政办公室、应急管理办公室、人大办公室、综合行政执法办公室。区编办下达行政编制35名，实有在编在岗33人，其中党政领导班子10人。下属事业单位7个：农业服务中心、文化服务中心、劳动就业和社会保障服务所、退役军人服务站、综合行政执法大队、村镇建设服务中心、产业发展服务中心。区编办下达事业编制46名，其中工勤人员编制2名，实有在编在岗43人。区下伸部门5个：派出所、司法所、卫生院、市监所、教管中心。

2019年，全乡完成固定资产投资总额12100万元，同比增长21%；实现地区生产总值（GDP总量）56998万元，同比增长9.2%；

农业总产值达到15282万元，同比增长3.6%；农村人均可支配收入15064元，同比增长10.5%；本级财政收入实现1136万元，首破千万元大关，较2018年增长17.1%。乡辖卫生院1所，有在职在编医护人员22人；村卫生室9个，有乡村医生14人。

【脱贫攻坚】罗云乡有建卡贫困户741户，2019年新脱贫28户76人，尚有未脱贫户20户。全乡贫困户扶贫小额信贷获贷率超过50%，年内完成危房改造71户，建成扶贫路30千米，完成全乡贫困户“一户一策”规划，扶持20户未脱贫户和30户易返户因地制宜发展产业，落实扶贫产业发展指导员17名，建立扶贫车间1个，吸纳贫困人口就业10余人，为增加贫困户收入拓宽了渠道；组建家庭医生团队9个，贫困人口签约率达100%，落实建卡贫困户在院就医享受“先诊疗、后付费”一站式结算，住院自付5%，门诊慢病、重特大疾病享受自付15%的医疗保障政策；全面落实资助政策，对因病、因残上学有困难的3名适龄儿童坚持每周送教上门，义务教育阶段子女入学率达100%；整改各级巡察检查提出脱贫攻坚问题125个。

【基础设施】 2019年，罗云乡完成工程投资约405万元，新建蓄水池2口2500方；整修蓄水池2口、管网建设28千米，新建提灌设施3套，完成狮子梁林场水池等3个农村饮水安全巩固提升项目，解决贫困人口1235人安全饮水，完成罗云水厂移交供水公司工作。2016年绿荫村优选路面工程和2017年农村公路撤并村通畅工程石盘村优选路面竣工验收。建设完成罗云乡2018年第一、二批农村通组公路27千米和2019年第一批农村公路建设17.5千米，开工建设2019年第二批建设任务12.5千米。鱼亭子村3组白岩湾—桥头边道路拓宽改造项目有序推进；S102江焦路升级改造工程实现通车。投资10万元新建场镇画线停车位160个，罗云场、和兴场临时停车点3个；铺设透水砖280.28平方米，安装车辆指示牌25块，绿化树圈200余个。

【产业结构调整】 2019年，罗云乡继续巩固传统产业，引进和推广优质水稻和优质高产玉米新品种，实现良种推广达97%以上，大春粮食作物种植3.97万亩，其中水稻1.06万亩，玉米0.91万亩；全乡种植烤烟面积2000亩，收购烟叶20.54万千克，完成计划的95.67%，产值827.5万元，其中上等烟叶比例占55%，实现本级税收107.7万元；种植榨菜22000亩，鲜销青菜头1.9万吨，实现产值达4520万元，与西南大学合作建成青菜头示范基地20亩，区榨菜办牵头创建绿色生态原料（青菜头）基地8000亩。同时，罗云乡新兴产业初具规模，中药材种植初步成型，全年种植厚朴1200亩，前胡、紫苏等近500亩；蚕桑种植1500余亩，建设标准蚕房4座、2500平方米；孔雀养殖规模持续壮大，全乡发展孔雀养殖3000余只。特色产业不断壮大，巩固老龙洞村红心猕猴桃园500余亩，培植砂糖柑果园200亩，高标准改建南方早熟梨园160余亩，新发展李子园600余亩、优质西瓜3800余亩，花椒种植达到2500亩。

【社会民生】 2019年，罗云乡城乡居民养老保险参保1.08万人，其中新参保193人，“三类人员”参保率100%；城乡居民医疗保险参保1.48万人，资助特殊人员参保率达100%；全年退休人员社会化管理指纹采集认证4053人，补办社保卡500余张。全年新增就业416人，完成目标任务的166%，发放就业创业贷款150万元。开展大规模根治欠薪攻坚行动2次。全年共发放残疾人“两项补贴”32.6万元；全年发放临时救助183人、20.5万元；新增低保106户、387人，低保动态调整停发37户、104人。全年解决退伍军人困难8件，走访慰问退役军人606人次，发放慰问金及慰问品折合4.34万元，解决退役军人住房难3户，为符合条件的服务对象申报享受优抚待遇5人。全年共完成“三类人员”C、D级危房改造69户，解决边缘人员危房改造2户，全年兑付C、D级危房改造资金146.1万元。在2019年初升高考试中，罗云中学上市级重点中学分数线的33人，其中涪陵五中7人、实验中学3人、涪高中23人。总投资1300万元的罗云中学教学楼项目完成施工。2019年卫生院收治门诊病人1.3万人，住院病人2135人，完成手术190余台；建立电子健康档案1.23万人，电子建档率76.71%；开展居民健康教育讲座12次，0—6岁儿童建卡、建证385人，适龄儿童免疫规划疫苗接种率达到99%以上，儿童健康管理率96.9%。成功创建2A级红色景区和区级青少年研学旅行基地。铜矿山云鸾小镇和云上部落项目成功招商。干龙坝村依托孔雀养殖产业、国土整治、特色水果种植等项目，田园风光打造初显规模。红色教育基地作用进一步发挥，全年烈士陵园共接待各类团体共300余个、9000余人次。

【安全稳定】 2019年，乡领导带队检查安全生产工作累计58次，督促整改隐患39个；开展应急演练1次；设立道路减速带5条；新建消防取水池1口，室外消火栓2座。全年查处各类安全生产违法行为200余起，其中查处、收缴非法销售和储存烟花爆竹3起200余件，共处罚金2万余元；办结李某某未经检疫销售肉类案，处罚金15万元；完成“明厨亮灶”示范工程建设13家。2019年实现安全生产事故零死亡率。2019年累计帮助群众解决困难200余件，化解信访矛盾100余件，信访量同比下降20%以上；加强对重点信访人员的稳控，确保“两节”“两会”和庆祝新中国成立70周年期间的安保维稳；对严重精神障碍患者、吸毒人员和邪教人员进行随访，对全乡108名精神障碍患者进行走访，与严重精神病患者监护人签订了监护责任和有奖监护责任书，兑现有奖监护奖金95250元，全年未发生严重精神障碍肇事肇祸事件；对全乡60名吸毒人员进行了教育帮教；开展了“敲门行动”，对15名邪教人员进行了走访慰问，发放慰问金3000元。建立村（社区）法律顾问制度，各村均与法律服务所签订了顾问合同，为各村（社区）依法开展工作提供法律保障。开展多元化人民调解工作，全年共调解民间纠纷270件，涉及金额61万元，司法确认9件。对全乡51名刑满释放人员开展帮教，全年无一人脱管漏管。法律援助做到应援尽援。

【风险防范】 2019年下半年，面对动物疫病防控的严峻形势，罗云乡建立了动物疫情防控机制，监测疫情225户，发现疫情67户，处置生猪1088头，动物疫病得到有效控制。全年生猪出栏24370头、牛出栏680头、羊出栏3135只、家禽出栏32.754万只，全乡畜牧产值达1.71亿元。强化金融风险管理制度，年初计划消化债务39万元，实际全年偿还62.6万元，完成计划任务的160%。全年共处理环境投诉问题12件，回访满意率达100%；加强对污染企业的日常监管，督促完善排污手续办理；落实中央环保督查整治交办案件1件，加强对顺志矿业的日常监管，督导企业加大整改力度，确保整改成效；开展榨菜半成品加工、养殖污染治理，关停部分榨菜粗加工小作坊；对辖区养殖场（户）进行全面整改，实行雨污分流，有效杜绝了面源污染。

主要领导名录

党委书记　殷志勇
乡　　长　陈　伟
人大主席　张广飞
党政办电话　72751088
传　　真　72751011

增福乡

【概况】 增福乡位于重庆主城东部、涪陵西南部，地处涪陵、南川、巴南三区交界之地，是重庆主城向东第一乡。全乡总面积81.8平方千米，有耕地4.5万亩，林地8.6万亩，森林覆盖率62.9%，海拔208—892米。下辖9个行政村、62个村民小组，户籍人口近2万人。沪渝南线高速公路跨政区北角过境，正在修建的南川——两江新区高速公路纵贯全乡，国道长习路和省道渝建路分别从南北、东西穿越全境。全乡有百岁老人4人，96—99岁12人，90—95岁64人，高龄比例接近全区水平的5倍。乡党委下辖12个党支部，党员712名。乡属机关事业在编职工74人，退休干部13人，大学生村干部2人。增福乡是国家卫生乡，市级文明乡、生态乡和市级应急管理示范乡镇，增福土鸡取得重庆市著名商标、重庆名牌农产品、国家地理标志证明商标、绿色食品认证等。

【乡村振兴】 2019年，增福乡完成4.8千米延寿湖环湖路、麦河桥主体和连接道工程，新修旅游公厕两座，开展旅游资源普查，转型发展乡村旅游；投资132万元新修、改造全乡8个村人饮工程；争取到新妙水厂——增福主管网新建工程，彻底解决了二次污染问题；制作增福土鸡雕塑，引进金凤公司带动发展增福土鸡。开办月嫂、巴渝巧姐菜乡结绳、农村实用技术等新型职业农民培训班8期，600余人参加培训受益。以增福乡革命烈士宋炳清为原型制作的《一张烈士素描》，在第十五届全国党员教育电视片观摩交流活动中获得微视频类二等奖及五佳编导作品奖；继续巩固“33711”工作举措持续整治规范民间办宴行为；以延寿村四点半课堂为载体深化孝老爱亲行动，推进乡村文化振兴。开展国土绿化提升行动，全年种植各类林木4660亩；巡河护河实现常态化，开展“三清一改”，持续整治农村人居环境，推进乡村生态振兴，推进水电气路讯等基础设施建设。

【创建国家卫生乡】 2019年，增福乡成立创卫领导小组，组建11个工作组，划分4个责任路段，分别由班子成员挂帅担任路段长，负责路段和行业创建工作。与9个村、4个责任路段、11个工作组层层签订责任书，建立日巡查、周调度会和问题派单制度，将创卫工作纳入部门、行政村年度综合目标考核。聘请89名楼长，带动做好楼道清洁卫生；投资100余万元整修农贸市场，升级改造16处背街小巷，规范整治4.8千米空中管线；清理占道经营25处，乱停乱放85起，卫生死角65处；建成三合场镇临时污水管网，完成卫生厕所改造384户。新设置创卫专栏16个，横幅、标语75条；利用赶集日、院坝会、主题党日等开展宣传28场次，发放资料5000余份，有效提升群众创卫参与度和满意度。9月11日，增福乡顺利通过国家卫生乡技术评估。

【人居环境整治】 2019年，增福乡合理划分农户房屋功能区，引导群众规范柴草农具堆放、畜禽养殖等2300余处，打造示范户450户。绿化美化公路15千米，发动群众修建花台520个，播撒花种270余斤；在人群聚集区安装太阳能路灯35盏，规范广告宣传牌70块，以小湾村区级“四好公路”示范点创建为中心带动示范带36千米。推行270名村两委成员、人大代表、党员包户，引领带动2000余农户参与整治环境。

【脱贫攻坚】 2019年，增福乡围绕“两不愁三保障”开展大走访大排查，565户建卡贫困户全部实现两不愁三保障，建立健全261户“非三类人群”安全住房档案，开展“三类人群”危房清零行动，实施133户D级危旧房修缮加固和69户C级的危旧房改造。为全乡118户易返贫困户和29户未脱贫建卡贫困户规划了到户产业，申报财政扶贫资金14.8万元。实施脱贫双月攻坚“五大行动”，走访卡外对象4950户，完善565户建卡户档案资料，搜集整理非三类人群其他安全住房佐证资料421户，全面完成巡视问题整改41个，新培育发展农业股份合作社2个，顺利推进危房、道路交通等扶贫项目建设。

主要领导名录

党委书记　田景林（2019年1月任职）
　　　　　夏强伟（2019年1月离任）
乡　　长　张　涛（2019年2月任职）
　　　　　田景林（2019年1月离任）
人大主席　秦大远
党政办电话　72728001
传　　真　72728077

大木乡

【概况】 大木乡位于涪陵区东南部，与武隆区、丰都县接壤，距涪陵城区57千米，总面积96.3平方千米。海拔580—1980米，平均海拔1000米，年平均气温15摄氏度左右，年均降水量1100—1200毫米，7—9月白天平均气温27摄氏度、夜间20摄氏度。全乡辖5个行政村、1个居委会，23个村民小组，总人口4224人，户数1831户。实有耕地15515亩，森林面积82676亩，森林覆盖率82.5%。全乡设行政事业单位15个，在编行政事业干部共计67人，大学生村干部1人。区直属部门5个，分别是派出所、司法所、畜牧站、教管中心、卫生院。辖区有大木花谷•林下花园和武陵山森林公园2个AAAA级景区，大木乡曾获得全国环境优美乡、国家生态乡、全国休闲农业和全国乡村旅游休闲示范点、重庆市特色旅游景观名镇等称号。2019年全乡完成地区生产总值30101万元，增长9.3%；农业增加值4755万元，增长3.3%；居民人均收入达到15833元，同比增长14.8%；固定资产投资20240万元。

【农业发展】 2019年大木乡完成农村经济总收入6819万元，同比增长8.8%。种植高山糯玉米4000亩、高山蔬菜1500亩、甜脆李子150亩、鹰脆桃200亩、种植中药材厚朴1000亩；引种糯玉米、脱毒马铃薯新品种；宣王村成立火棘果种植股份有限公司，栽植火棘2000余亩。大木乡推行“公司＋基地＋农户”“合作社＋农户”等利益联结机制，培育新型经营主体6个，农民组织化程度和土地流转率分别达到60%和25%。推进农村土地确权颁证和农村产权制度改革工作，完成全乡6个村（居）17个村民小组集体土地确权颁证工作；完成全乡6个村（居）23个村民小组清产核资、成员身份确认、经营性资产量化确股，筹建股份经济合作社、经济合作联合社等集体经济组织29个，迎新、土井等2个村（居）10个村民小组已申报集体经济组织赋码。

【基础设施建设】 2019年，全乡完成13.6千米的农村四好公路建设；新建人饮水池3口，维修整治水池8口，安装水管2000米；完成移动4G基站建设1个；完成互联网小镇概念性规划；完成农村电网升级改造350户。安装太阳能路灯320盏，亮化美化公共绿地5000平方米，农家乐民宿品质提升改造30户。完成农村改厕39户，全乡农村卫生厕所普及率达95%。新建日处理700立方的污水处理厂正式投用，场镇污水集中处理率达100%。场镇行道树修枝整形410株、绿地除草4000平方米、添置草本鲜花6000余株。全年完成农房审批63户，开展农村建房挂牌监督施工21户，制止违规建设6起。杨家湾水库如期实现蓄水，双江水库完成基槽开挖并开始大坝回浇填筑，卷大路顺利复工并完成工程量的50%。

【乡村旅游发展】 2019年，大木乡召开旅游产业发展座谈会，收集到意见建议36条。成功举办2019大木花园节暨2019大木花卉旅游研讨会，开展旅游志愿服务活动20余次，旅游业服务培训3次285人次。成功创建为重庆2019年休闲农业与乡村旅游示范乡镇，迎新社区获评重庆市智慧旅游乡村示范点称号。《大木山货（标贴）》获国家知识产权局“外观设计专利证书”称号，制作“大木山货”购物袋10万只、销售广告牌5处，建成面积600平方米“大木山货市场”1个，实现农产品通过包装转换成旅游商品，附加值提升3倍。促成“大木山货”与中国石油重庆销售涪陵分公司成功“结亲”，在各加油站网点设置宣传广告牌和销售专柜，销售“大木山货”近100万元。

【精准扶贫】 大木乡共有建档立卡贫困户161户590人，全部识别精准，无漏评、错评、错退情况，无返贫户。年内培训贫困劳动力268人、输转28人，开发乡村公益性岗位17个。179名符合条件的农村五保、孤儿和一、二类低保对象全部纳入脱贫兜底范围。投入到户产业扶贫资金2万余元，扶持22户贫困户发展以牛、羊为主的养殖业281头（只），种植糯玉米等24.5亩，实现增收超过20万元。区委直属机关工委牵头的扶贫帮扶集团落实资金70余万元，实施帮扶项目12个、受益贫困户66户。各级各类帮扶人员90多人帮办实事400多件。对照中央脱贫攻坚专项巡视反馈意见、2018年国家和重庆脱贫攻坚成效考核反馈问题和脱贫双月攻坚战中存在的问题，乡党委、政府建立任务清单、项目清单和制度清单，对涉及整改的45条任务逐一销号落实，脱贫攻坚工作代表涪陵区接受市级检查4次，受到新华社采访报道1次。

【民生保障】 2019年，大木乡实行家庭医生签约服务，重点人群和贫困人口签约率100%。严格落实建卡贫困户门诊免收挂号费、住院免收预付金及“一站式”结算报销后超出部分救助政策。完成育龄妇女生殖健康检查819人次，完成两癌筛查308例，组织医生“进村义诊”服务12次，共计服务1280人次。进一步规范低保申报程序，加强动态管理2019年新增农村低保7户8人、停止18户25人、动态调整25户33人；全年累计发放农村低保金、优抚对象、五保户、百岁老人、孤儿救助120余万元，受益217人。2019年全乡医保参保3747人，参保率达到88.7%，推广居民网上自助缴费功能，提高医保参保办理效率；加强就业与再就业指导培训，开展各类技能培训9次受益437人次；旅游高峰期开展了为期2个月的旅游志愿服务活动，48名志愿者为广大游客提供了便捷服务。

【安全稳定工作】 2019年，大木乡有序推进扫黑除恶专项斗争，落实反邪教和重点人群管理服务工作，开展基层治理工作，完成雪亮工程建设任务和开展网格化管理工作。全年调处153起矛盾纠纷，成功率100%。强化安全生产和自然灾害防治工作，开展各类安全生产大排查大整治大督查大执法行动，全年开展安全生产检查126次，消除安全隐患34处。强化食品药品监管，开展食品和药品重点领域、重点环节和重点产品专项整治工作。实施全民科学素质行动和“七五”普法宣传工作，开展法律法规宣传活动4次。

主要领导名录

党委书记　夏　晖
乡　　长　刘俞佟（女）
人大主席　杨秀海
党政办电话　72755003
传　　真　72755010

人物·光荣榜

全国职工职业道德建设标兵单位

国家税务总局重庆市涪陵区税务局 国家税务总局重庆市涪陵区税务局有在职干部职工433人，服务全区4.1万户纳税人与89.3万缴费人。该局先后荣获“全国文明单位”“全国工人先锋号”“全国三八红旗集体”“全国巾帼文明岗”“重庆市五一劳动奖状”“重庆市职业道德建设标兵单位”等180多项荣誉。

涪陵区税务局成立了“职工职业道德建设指导小组”，在国税地税机构改革中坚持以组织建设促进职工职业道德建设，新机构挂牌后及时成立区局机关党委和工会联合会，并在区局机关和13个派出单位均设立了党支部和工会委员会，实现了“机构改革推进到哪里，职工职业道德建设就加强到哪里”的零死角全覆盖。涪陵区税务局积极开展“优秀公务员”“人民好公仆”“最美家庭”等多种评选表彰活动，以先进的事迹鼓舞人、带动人；持续开展税收宣传进企业、进社区、进机关、进校园志愿者活动，让每一位公民更加了解税收、支持税收。涪陵区税务局制订了《国家税务总局重庆市涪陵区税务局关于加强职工职业道德建设的意见》，将“坚定信念、为国聚财、服务人民、恪尽职守、依法办事、公正廉洁”的核心要义，融进干部职工的潜意识里，确保职业道德建设工作持续推进。2018年，该局努力克服政策性减税集中兑现、级次区域行业结构性矛盾加大等多重压力，多措并举，不断提升征管质效，组织收入质量明显提升。2019年，聚焦减税降费“一号工程”，积极谋划、主动作为，仅1—4月，完成减税降费5亿元。该局在工作中打破部门壁垒，持续推进“一窗通办”服务，推广税邮合作、网上办税及车辆购置税电子完税，提供延时服务、预约服务，发票代开、领用等业务平均替代率超过90%，节省纳税人办税时间近40%；与国土部门协作，在全市率先实现二手房过户1小时领证；与工商部门协作，设置工商税务一体化办理专窗，解决企业办事人员“来回跑”问题；与金融部门协作，建立“银税互动”机制，帮助290户小微民营企业凭纳税信用获得“无抵押”“无担保”信用贷款共计1.8亿元。2016年至2018年，在国家税务总局组织的第三方满意度调查中，该局连续三年位列全市第一，名列全国前茅；办税大厅主任陈璞荣获国家税务总局“全国百佳办税服务厅主任”表彰；在2018年国税地税征管体制改革中，17名同志被评为全市税务系统“五个一百”先进典型，2名同志分别获得“重庆市十佳税务青年”“重庆市优秀税务青年”荣誉表彰。

全国工人先锋号获得者

重庆市涪陵榨菜集团股份有限公司华龙榨菜厂自动计量包装车间 华龙榨菜厂自动计量包装车间主要从事榨菜生产中的计量和包装工

序，年产量3.5万吨成品榨菜。该班组经验丰富、团结向上、战斗力强，创造出了突出的工作业绩，2014年获评重庆市工人先锋号。

自动计量包装车间在班组长的带领下，对自动计量包装和自动装箱成功调试并有效运行，更是对通用设备进行技术革新，提高生产效率，为厂部带来了较好的企业效益。面对2018年经济运行放缓，停机间歇长，设备状态不稳定，设备故障十分多等问题，该车间立足岗位，在生产一线对现场生产设备认真巡检，做好相关设备数据的采集、分析工作并记录在案，及时反馈。该车间在完成生产任务的同时，还加强团队建设和管理提升，在他们的努力下完成车间技术改造，实现产能提升。三大中心（任务、成本、质量中心）、五大管理（工艺质量、成本、现场作业标准执行、人力资源、安全管理）、五项费用（修理费、低值易耗品、劳动保护费、设备维修费、物料用品费）也是他们的重点工作，每天认真检查各段质量状况统计、物料领用耗用记录、计划执行情况、设备设施运行记录等。在每天班前会上认真总结昨天存在的不足并及时实施整改，对当日生产合理安排及提相关质量要求。特别是对每天的缺陷产品求出最高占比后组织相关人员及时查找原因并实施整改。正是由于这种强烈的工作责任心、高效的工作效率，还有扎实的专业功底以及严谨细致的工作态度从而保证了华龙榨菜厂各项目标能有效完成。

第七届全国敬业奉献道德模范（提名）、敬业奉献“中国好人”

杨　云 男，重庆市涪陵区人，生于1975年5月，汉族，重庆兴达实业（集团）有限公司项目部泥工班组组长。

杨云坚持“人凡事不凡”理念，15年坚守在泥工岗位上，积极学习知识，革新工艺，对待项目一丝不苟，勇于担当，工作中吃苦耐劳，冲锋在前，是工友眼中的“拼命三郎”。

2011年，杨云来到重庆兴达公司泥工组上班。他始终坚持劳动争先、业绩争优，奋战在泥工一线，依靠自身努力和敬业精神，逐步成为工程项目带头人。杨云以强烈的担当精神深钻业务、狠抓质量，一丝不苟、精益求精。每次拿到施工图纸，他都仔细研读，精准核对每个符号、每个数据。遇到疑难问题，他坚持学懂弄通，查阅大量资料深钻细研，向技术人员请教、向一线工人问计，制订出切实可行、避免浪费的方案。凭着这种认真细致负责的态度，他所参与负责的环节和项目从未发生任何质量问题及安全事故。

为更好适应岗位需求，杨云不断学习新技术、改造新工艺，突破技术瓶颈，练就高超技艺，积累丰富的经验。2011年，杨云和工友在清理某工地基槽时，通过参照观察、核对数据，发现道路间距不够，及时上报项目部。经复核，基槽开挖线偏移3.5米。杨云及时发现纠正问题，使公司避免了150多万元的损失。

杨云干起活来，不顾脏累，从不偷懒取巧。不管公司安排的任务多难多重多紧急，从不说一个“不”字。有一次，为能如期开工，公司要求两天内完成某项目挡土墙施工。当时正值夏季暴雨多发季节，天气闷热难当，工友们都说在现有条件下这是“不可能完成的任务”。杨云给工友们鼓劲：“与其抱怨，不如抓紧时间干活，我们会将‘不可能’变为‘可能’。”说完，他率先跳进满是淤泥还夹杂着腐臭味的基坑。在他的带动下，工友们都全身心扑在工地上，最终按时圆满完成任务。

多年来，杨云在建筑行业谋求发展的同时，不忘回馈乡梓。他个人出资为村里修路，资助贫困工友30多人，带动2000多名农民工就业。2017年3月，杨云被中华全国总工会授予“全国五一劳动奖章”。

重庆五一劳动奖状获奖单位

重庆市涪陵区生态环境局
华峰重庆氨纶有限公司

重庆市工人先锋号获得单位

重庆市涪陵区大业建材有限公司预构件车间
重庆天位科技有限公司排水维修队
重庆市涪陵区龙潭镇河长办公室

重庆五一劳动奖章获得者

张连平 中石化重庆涪陵页岩气勘探开发有限公司职工
周斌全 重庆市涪陵榨菜集团党委书记、董事长
冉得圣 重庆市涪陵电子商务产业发展有限公司董事长

重庆市道德模范获得者

张入丹 重庆市涪陵中心医院神经外科副主任医师

“重庆好人”获得者

汤合平 重庆市涪陵区江东街道居民
钟克胜 重庆市涪陵区龙桥街道北拱社区居民
黄亚林 重庆市涪陵区龙桥街道北拱社区居民
洪万良 重庆市涪陵区公安局南沱派出所民警
夏家权 重庆市涪陵区马武镇板桥村村民
杨　云 重庆兴达实业（集团）有限公司项目部泥工班组组长
安　敏 重庆市涪陵中心医院肾内科护士
吴昌勇 重庆市涪陵区义和镇副镇长
高素珍 重庆市涪陵区马武镇兴隆小学退休教师

统计资料

涪陵区国民经济和社会发展主要统计指标数据

指标名称	单位	2015 年	2016 年	2017 年	2018 年	2019 年
一、土地、人口与劳动力						
土地面积	平方千米	2942.34	2942.34	2942.34	2942.34	2942.36
# 建成区土地面积	平方千米	62.0	65.5	68.4	71.5	72.01
年末总户数（户籍数）	万 户	46.20	46.11	45.71	45.37	45.15
年末总人口（公安户籍人数）	万 人	116.19	116.42	115.83	115.13	114.83
# 男性	万 人	59.18	59.27	58.91	58.53	58.36
女性	万 人	57.01	57.15	56.92	56.60	56.47
# 农业人口	万 人	67.57				
非农业人口	万 人	48.62				
# 城镇人口	万 人	53.00	51.90	51.74	51.38	51.28
乡村人口	万 人	63.19	64.52	64.09	63.75	63.55
户籍人口城镇化率	%	45.6	44.6	44.7	44.6	44.7
常住人口（1% 人口抽样调查推算数）	万 人	114.08	114.82	116.02	116.80	117.03
# 城镇人口	万 人	72.76	75.15	77.94	80.26	81.65
常住人口城镇化率	%	63.78	65.45	67.18	68.72	69.77
当年出生人口（公安户籍数）	人	11724	12374	12331	10794	9818
当年死亡人口（公安户籍数）	人	7263	6940	12944	9635	8123
人口自然增长率（公安户籍数）	‰	3.02	2.38	2.41	1.69	1.48
年末劳动力资源总数	万 人	92.8	93.44	94.39	95.02	95.38
年末全部从业人员数	万 人	76.50	76.90	77.60	77.90	78.30
第一产业	万 人	18.68	17.68	17.68	18.08	18.00
第二产业	万 人	26.70	27.40	27.60	26.63	28.83
工业	万 人	14.20	14.50	14.50	12.43	11.11
建筑业	万 人	12.50	12.90	13.10	14.20	17.72
第三产业	万 人	31.12	31.82	32.32	33.19	31.47
从业人员按城乡分						
城镇从业人员	万 人	42.21	43.66	44.36	45.03	47.90

续表

指标名称	单位	2015 年	2016 年	2017 年	2018 年	2019 年
农村从业人员	万 人	34.29	33.24	33.24	32.87	30.40
年末城镇失业人员（登记数）	人	3462	5145	4640	5106	5478
二、综合经济					四经普数据	
地区生产总值（当年价格）	万 元	8131946	8962164	9922417	10580582	11786614
第一产业增加值	万 元	517697	582941	604485	653012	722836
第二产业增加值	万 元	4932925	5386658	6048192	5852641	6508583
#工业增加值	万 元	4237351	4576080	5080194	4389997	4934193
建筑业增加值	万 元	695574	810578	967998	1462644	1574390
第三产业增加值	万 元	2681324	2992565	3269740	4074929	4555195
人均生产总值（按常住人口计算）	元	71430	78306	85968	90891	100814
（按当年平均汇率折算）	美元	11469	11789	12733	13549	14441
年末人民币对美元汇率中间价（人民币/1美元）		6.4936	6.9370	6.5063	6.8755	6.9762
人民币对美元平均价（人民币/1美元）		6.2283	6.6423	6.7518	6.7081	6.9810
地区生产总值指数（%，可比）	上年=100	111.9	111.1	109.7	107.1	108.1
第一产业增加值	上年=100	104.3	104.5	104.1	104.7	103.6
第二产业增加值	上年=100	112.8	112.6	111.4	107.7	108.1
#工业增加值	上年=100	112.1	111.6	111.4	108.1	109.3
建筑业增加值	上年=100	117.9	118.5	111.7	105.7	104.0
第三产业增加值	上年=100	111.2	109.6	107.2	106.7	108.7
人均生产总值指数（%，可比）	上年=100	110.7	110.5	108.7	106.2	107.6
三、农业						
年末常用耕地面积	公 顷	102825	103230	100915	101033	85710
农业机械总动力	万千瓦	76.6	77.0	80.12	80.32	73.3
化肥使用量（折纯）	万 吨	4.03	3.98	3.95		
有效灌溉面积	公 顷	36570	36570	38520	38933	
总播种面积	公 顷	180316	175469	176087	177307	
#粮食作物	公 顷	89671	91818	91820	91765	91619
蔬菜面积	公 顷	72957	75409	76408	77569	78127
农林牧渔业总产值（当年价）	万 元	637498	871871	894255	966741	1078717
农业总产值	万 元	421312	595500	615570	678915	726055
林业总产值	万 元	22760	34017	43414	51318	57666
牧业总产值	万 元	150993	184750	172255	170394	225172
渔业总产值	万 元	32054	44170	46108	47942	49934
农林牧渔服务业	万 元	10382	13433	16908	18172	19890
农林牧渔业总产值指数（可比）	上年=100	104.3	104.5	103.1	105.0	103.1
农产品产量						
粮食产量	吨	425947	434148	437812	440272	438990

续表

指标名称	单位	2015 年	2016 年	2017 年	2018 年	2019 年
油料产量	吨	6581	5402	5512	5903.4	
麻类产量	吨	699	670	605	531	
烟叶产量	吨	1660	1765	1791	1035	
蚕茧产量	吨	2810	2916	3024	3045	2833
茶叶产量	吨	668	750	830	852	
水果产量（含果用瓜）	吨	130110	119222	125200	155751	
蔬菜产量	吨	2071135	2131640	2180707	2269912	2329465
#青菜头产量	吨	1506260	1596151	1600300	1601574	1608098
肉类总产量	吨	68356	66725	66553	68381	63267
#猪肉产量	吨	52168	49693	49516	51184	45053
牛羊肉产量	吨	3207	3522	3694	3625	3747
禽蛋产量	吨	11349	11600	11958	12494	13045
禽肉产量	吨	12981	13510	13343	13572	14467
水产品产量	吨	20960	21250	20810	19100	19250
年末大牲畜存栏头数	万 头	3.96	3.91			
年内出栏肥猪头数	万 头	70.83	67.25	66.72	68.12	59.66
年末生猪存栏头数	万 头	46.67	45.07	44.71	43.83	37.56
当年造林面积	公 顷	7334	5100	4667	5366	2000
四、工业						
全部工业增加值（当年价）	亿 元	423.74	457.61	508.02	505.37	493.42
工业增加值指数（现价）	上年 =100	112.1	111.6	111.4	108.1	109.3
规模以上工业企业单位数	个	268	265	259	259	263
#亏损企业	个	34	27	27	24	37
亏损面	%	12.7	10.2	10.4	9.3	14.1
在规模以上工业企业中：						
#大型企业	个	17	20	14	14	15
中型企业	个	38	36	38	32	32
小型企业	个	213	209	207	213	216
规模以上工业企业总产值	亿 元	1432.24	1616.71	口径调整	1508.41	1589.87
#高技术产业总产值	亿 元	136.59	210.08		173.55	198.05
五、建筑业						
建筑业注册企业单位数	个	143	141	153	146	156
建筑业注册企业从业人员	万 人	12.56	14.62	14.00	15.54	13.88
建筑业注册企业总产值	亿 元	388.93	446.14	476.78	482.39	472.30
建筑业在地企业总产值	亿 元	319.26	369.86	452.53	483.05	544.87
房屋建筑施工面积	万平方米	1320.00	1646.96	1892.69	1674.29	1570.08
房屋建筑竣工面积	万平方米	534.15	624.22	530.24	581.59	711.05

续表

指标名称	单位	2015 年	2016 年	2017 年	2018 年	2019 年
#住宅	万平方米	435.71	531.81	444.55	451.57	580.94
六、交通运输、邮电通信						
公路通车里程	千 米	5711	5728	5827	5814	6131
#等级公路里程	千 米	4877	5046	5181	5236	5672
机动车拥有量	辆	180864	189865	213928	235154	255788
民用汽车拥有量	辆	97177	118092	121028	134186	146946
#私人汽车	辆	83725	106508	115687	126123	138678
货物运输量	万 吨	6177	6703	7328	8035	8351
#公路	万 吨	3395	3470	3762	4236	4361
水运	万 吨	2782	3233	3566	3799	3990
货物周转量	万吨千米	4539274	5319692	6065800	6497341	6966086
#公路	万吨千米	254631	280999	326574	352906	390086
水运	万吨千米	4284643	5038693	5739226	6144435	6576000
客运量	万 人	2951	2631	2324	2567	2257
#公路	万 人	2951	2631	2324	2567	2257
旅客周转量	万人千米	149904	121274	94426	98707	81281
#公路	万人千米	149904	121274	94426	98707	81281
港口货物吞吐量	万 吨	2507	2766	3052	3072	3125
年末邮电局所数	所	71	72	69	63	63
邮政业务总量	万 元	9477	13592	16196	19568	23534
电信业务收入	万 元	61447	65927	65391	69510	70042
年末固定电话用户	户	184896	190237	170900	221047	206471
年末移动电话用户数	户	986094	1084845	1078555	1198380	1226409
国际互联网用户数	户	210546	280275	249114	355448	360195
七、固定资产投资						
固定资产投资额	万 元	6704630	7892108	8000793	4061437	3918672
#基础设施投资	万 元	1786804	2750101	2468252	1195016	894862
#民间投资	万 元	2878459	3150939	3922260	1854521	1938696
按构成分：						
建筑安装工程	万 元	5118623	6348530	7035237	3215393	3104251
设备工器具购置	万 元	1157211	1034766	604761	373310	246873
其他费用	万 元	428796	508786	360795	472734	567548
按三次产业分：						
第一产业	万 元	54313	120717	127212	32291	35968
第二产业	万 元	3271143	3380865	3720166	1546675	1752024
#工业投资	万 元	3217847	3377795	3713166	1546675	1752024
第三产业	万 元	3379174	4390500	4153415	2482471	2130680

续表

指标名称	单位	2015 年	2016 年	2017 年	2018 年	2019 年
＃房地产投资	万 元	932015	985654	1078489	1059305	1128627
商品房屋销售建筑面积	万平方米	126.08	158.80	171.72	139.87	126
＃住宅	万平方米	106.83	137.60	152.97	121.39	103
商品房屋销售额	万 元	657889	750842	844236	765089	782536
＃住宅	万 元	540102	625803	740138	664859	652567
商品房待售面积	万平方米	54.09	63	48.94	75.29	93.94
八、能源						
万元 GDP 能耗	吨标准煤／万元	0.745	0.67	0.668	0.628	
万元 GDP 电耗	千瓦时／万元	754.76	676.65		785.31	
单位工业增加值能耗	吨标准煤／万元	0.657	0.586			
九、国内贸易		各年按四经普结果进行了调整				
社会消费品零售总额	万 元	2765862	3165217	3626544	4105604	4544903
＃批发零售贸易业	万 元	2413185	2758459	3197607	3634873	4181311
住宿餐饮业	万 元	352677	406758	428937	470731	363592
按限额分						
＃限额以上	万 元	1473250	1718649	1708605	1869066	1949727
限额以下	万 元	1292612	1446568	1917939	2236538	2595177
批发零售业商品销售总额	万 元	4970349	5467783	6309845	7170077	8073507
住宿餐饮业营业收入	万 元	406954	482507	495568	557646	613969
十、对外贸易						
进出口总额	万 元		457429	469281	557545	841726
出口	万 元		227131	223200	296108	664058
进口	万 元		230298	246081	261437	177668
实际利用外资额（境外资金）	万美元	6223	15123	12498	15833	16153
国际旅游者人数	人	602	803	61705	104204	73359
国内旅游者人数	万 人	883.63	1201.08	1542.99	1921.23	2142.17
旅游总收入	万 元	478044	721121	980572	1229098	1612532
星级饭店数	个	5	5	5	5	4
十一、财政、金融						
财政总收入	万 元	1517640	1441475	1456958	1702606	2003875
地方财政收入	万 元	1035061	860008	874456	1066416	1226245
＃一般公共预算预算收入	万 元	565304	613950	626305	553085	544449
＃税收收入	万 元	357078	360250	383661	417356	429019
地方财政支出	万 元	1835332	1624214	1601745	1889982	2101424
＃一般公共预算预算支出	万 元	1265070	1180989	1263640	1265402	1268997

续表

指标名称	单位	2015年	2016年	2017年	2018年	2019年
#一般公共服务支出	万 元	108214	99060	101312	96743	108153
教育事业费	万 元	168951	169976	171015	182773	204279
社会保障和就业	万 元	123068	126220	125319	134047	151673
年末金额机构本外币存款余额	万 元	6946320	7294014	7439237	7707578	8317918
年末金额机构人民币存款余额	万 元	6883064	7161260	7377466	7667661	8281763
#住户存款余额	万 元	3750671	4049989	4384092	4583489	5089420
年末金融机构本外币贷款余额	万 元	4448972	4806970	5376599	5426950	5838918
年末金融机构人民币贷款余额	万 元	4408005	4799008	5370076	5422392	5836143
#短期贷款	万 元	1242217	1236672	1511142	1303921	1377807
中长期贷款	万 元	3053143	3400054	3695678	4037410	4337865
票据融资	万 元	105300	162257	163231	81039	120450
十二、教育						
学校数	所	163	162	157	155	155
#普通高等学校	所	3	3	3	3	3
中等专业学校	所	1	1	1	1	1
普通中学	所	48	48	48	48	48
职业中学	所	6	6	6	6	6
小学	所	105	104	99	97	97
专任教师总数	人	10082	10013	10473	10766	10871
#普通高等学校	人	1191	1212	1461	1549	1631
中等专业学校	人	131	128	126	128	124
普通中学	人	4008	3982	4090	4085	4092
职业中学	人	526	543	534	653	665
小学	人	4226	4148	4262	4351	4359
招生数	人	41168	41153	42158	46019	52417
#普通高等学校	人	8130	7261	7666	8011	11802
中等专业学校	人	2349	2132	2168	2215	2418
普通中学	人	15896	16814	18132	21506	24236
#高中	人	7080	7224	7724	7575	8280
初中	人	8816	9590	10408	13931	15956
职业中学	人	3911	3515	3671	3826	3932
小学	人	10882	11431	10521	10461	10029
在校学生总数	人	173596	168915	168832	172228	179547
#普通高等学校	人	30417	26459	26000	26349	30891
中等专业学校	人	6447	6266	6211	6194	6306
普通中学	人	52852	51601	51640	57400	64822
#高中	人	25633	23897	22925	23672	24709

续表

指标名称	单位	2015 年	2016 年	2017 年	2018 年	2019 年
初中	人	27219	27704	28715	33728	40113
职业中学	人	10995	9585	9372	9837	10521
小学	人	72885	75004	75609	72448	67007
毕业生数	人	41327	41349	41914	42240	45511
# 普通高等学校	人	7223	7408	7788	7095	6954
中等专业学校	人	1994	2015	2024	2055	1896
普通中学	人	19274	18934	19101	16819	18019
# 高中	人	10040	9940	9774	8049	8561
初中	人	9234	8994	9327	8770	9458
职业中学	人	4235	3725	2856	2555	2958
小学	人	8601	9267	10145	13716	15684
学龄儿童数	人	71150	72632	73325	69786	64378
小学入学率	%	100	100	100	100	100
幼儿园数	个	174	197	198	220	22
入园幼儿数	人	33104	32196	31163	29897	28581
十三、卫生						
卫生机构数	个	237	225	230	228	238
# 医院、卫生院	个	48	52	56	58	58
疾病预防控制机构	个	2	2	2	2	2
妇幼保健院	个	1	1	1	1	1
卫生机构床位数	张	5964	6221	6367	6834	7197
# 医院、卫生院	张	5808	6065	6161	6624	6987
卫生机构人员数	人	7851	8267	8570	9018	9351
# 卫生技术人员	人	5896	6309	6583	7083	7327
# 执业医师、助理执业医师	人	2272	2365	2518	2749	2869
注册护士	人	2354	2619	2857	2998	3155
十四、科技、文化						
R&D 经费支出占 GDP 的比重	%	1.51	1.59	1.83	1.9	
剧场、影剧院数	个	6	6	9	10	10
广播人口覆盖率	%	99.49	99.91	99.92	99.9	99.94
电视人口覆盖率	%	98.25	97.87	97.88	97.89	99.0
公共图书馆	个	2	2	2	2	2
公共图书馆藏书	万 册	88.5	95.1	111.55	114.58	118.63
十五、人民生活						
全面建成小康社会实现程度	%	95.9	96.4	97.72	98.67	99.5
城镇居民人均住宅建筑面积	平方米	41.1	35.5	35.8	35.93	36.13
农村居民人均住房面积	平方米	40.7	41.6	42.2	42.42	42.74

续表

指标名称	单位	2015 年	2016 年	2017 年	2018 年	2019 年
城镇单位在岗职工年平均工资	元	56644	60123	63267	72724	76104
全体居民人均可支配收入	元	21884	24144	26715	29437	32505
城镇常住居民人均可支配收入	元	28450	30897	33709	36642	39940
城镇居民人均消费支出	元	22463	24321	26604	28477	30421
#食品支出	元	7850	8392	9012	9536	10114
城镇居民恩格尔系数	%	34.9	34.5	33.9	33.5	33.2
农村常住居民人均可支配收入	元	11089	12253	13466	14691	16175
农村居民人均生活消费支出	元	9377	10424	11609	12287	13036
#食品支出	元	3771	4094	4449	4658	4926
农村居民恩格尔系数	%	40.2	39.3	38.3	37.9	37.8
社会福利收养单位	个	37	37	37	36	36
社会福利收养单位床位数	张	3821	3420	2465	2306	2260
城市居民最低生活保障人数	人	19108	16020	15722	14064	12706
农村居民最低生活保障人数	人	28878	26397	26645	21796	21053
年末农村贫困人口	人	52514	3116	4093	2333	51
参加城镇基本养老保险职工人数	人	189232	201168	209078	229159	242912
参加城镇职工基本医疗保险年末人数	人	188900	196727	208768	220784	234247
参加失业保险年末人数	人	107115	108002	112807	117821	121950
参加工伤保险年末人数	人	115521	157972	170315	209659	212940
参加生育保险年末人数	人	91828	96362	101701	135785	141872
十六、社会治安						
火灾事故件数	件	191	196	205	211	224
火灾伤亡人数	人	2	0	3	0	7
火灾损失金额	万元	281.38	93.63	308.73	324	272
交通事故件数	件	240	153	173	161	78
交通事故受伤人数	人	350	182	229	210	101
交通事故死亡人数	人	38	38	35	37	22
交通事故损失金额	万元	54.2	22.86	44.9	119.79	235.8
刑事案件立案数	件	4357	4337	3047	3296	3456
十七、城市建设与生态环境						
年末实有铺装道路面积	平方米	315	338	304	346	424
城市道路长度	千米	142	126	137	144	205
年末自来水厂生产能力	万吨/日	16.5	25.48	25.53	26.03	25.58
供水管道长度	千米	451	695	1089	1527	1512
全年供水总量	万吨	3860	4794	5183	5426	5704
#生活用水量	万吨	1926	2493	2661	2816	2910
用水人口	万人	126.0	91.0	100.5	103.5	101.5

续表

指标名称	单位	2015 年	2016 年	2017 年	2018 年	2019 年
天然气供气总量	万立方米	145935	136600	150980	158470	154434
#生活用量	万立方米	7100	7733	8319	8922	9293
液化石油气供气总量	吨	2156	1994	2222	2125	2200
#生活用量	吨	2156	1994	2222	2061	1870
年末实有公共汽车营运车辆数	辆	468	485	475	490	490
全年公共汽车客运总量	万人次	9812	9301	8612	8609	10136
年末实有出租汽车数	辆	878	878	878	878	878
园林绿地面积	公 顷	2417	2604	2812	2951	3022
#公共绿地面积	公 顷	1777	1895	1936	2075	2095
绿化覆盖面积	公 顷	2734	2701	2904	3050	3126
#建成区绿化覆盖面积	公 顷	2510	2701	2904	3050	3126
人均公共绿地面积	平方米	26.0	28.1	27.6	28.3	29.7
公园面积	公 顷	517	633	756	756	768
环境污染治理投资	万 元	60448	63581	51927	43677	85159
废水排放总量	万 吨	5941	5436	5624	5849	5912
工业废水排放总量	万 吨	1656	1439	1573	1496	1587
工业二氧化硫排放量	吨	95193	87236	65247	43589	38897
工业固体废物排放量	万 吨	0.49	0.38	0.41	0.32	0.21
生活垃圾清运量	万 吨	21.5	21.0	20.5	18.1	14.7
生活垃圾处理量	万 吨	21.5	21.0	20.5	18.1	14.7
城区环境空气质量优良天数	天	344	266	311	333	322

涪陵区乡镇街道基本情况一览表

（2019 年末）

乡镇名称	辖区面积（平方千米）	村委会(个)	社区居委会(个)	年末户籍人口(人)	#城镇人口(人)
合 计	2942.36	303	119	114.83	51.28
一组					
马鞍街道	77.44		20	77909	75847
敦仁街道	1.22		17	68400	68400
崇义街道	12.77		14	53042	53042
荔枝街道	125.45	12	6	100692	89674
江东街道	146.63	15	6	51338	29108
江北街道	81.02	9	5	53064	19387
白涛街道	218.13	12	5	46725	36231
龙桥街道	88.26	6	7	41494	26901
二组					
李渡街道	103.51	13	6	39787	9064
珍溪镇	184.46	25	3	82037	12258
新妙镇	139.12	22	1	46241	12928
南沱镇	68.27	11	1	37306	9374
清溪镇	78.78	9	1	32877	7663
蔺市镇	163.34	17	7	49682	12313
义和镇	95.37	12	4	47889	6080
百胜镇	147.39	19	1	47565	6486
石沱镇	102.27	13	1	33717	6490
马武镇	163.44	17	2	39114	9469
三组					
龙潭镇	129.18	20	2	46028	6974
焦石镇	166.36	11	3	30557	8983
青羊镇	107.62	9	2	25339	6065
同乐乡	97.54	13	1	24151	0
大顺乡	96.69	10	1	23807	0
增福乡	81.89	9		19238	0
罗云乡	72.70	8	1	17989	0
大木乡	80.88	5	1	4227	0
武陵山乡	112.63	6	1	8041	0

2019年涪陵区乡镇街道GDP总量及增速

乡镇名称	GDP 总量（万元）			三次产业增加值		
	2018 年	2019 年	比上年现价增长（%）	第一产业	第二产业	第三产业
一组						
涪陵新城区	3350567	3859634	15.2	19475	3437254	402904
# 马鞍街道	249699	276719	10.8	19475	41544	215700
敦仁街道	777548	853341	9.7	0	205019	648322
崇义街道	423504	477157	12.7	0	117633	359524
荔枝街道	1401570	1579683	12.7	13047	624033	942602
江东街道	182419	205439	12.6	29717	53914	121808
江北街道	155041	171217	10.4	28918	74289	68010
白涛街道	179805	199491	10.9	28279	56579	114633
龙桥街道	119074	134115	12.6	26381	28730	79004
二组						
李渡街道	99515	112585	13.1	34785	20992	56808
珍溪镇	212998	226389	6.3	68415	80855	77119
新妙镇	157147	174661	11.1	41981	37591	95089
南沱镇	124656	140474	12.7	34447	67361	38666
清溪镇	114936	128831	12.1	31541	43114	54176
蔺市镇	182558	205519	12.6	49705	45416	110398
义和镇	238510	268321	12.5	40349	123354	104618
百胜镇	209641	231295	10.3	53915	103575	73805
石沱镇	71949	80822	12.3	24855	10214	45753
马武镇	182399	203867	11.8	43862	55633	104373
三组						
龙潭镇	109485	122956	12.3	29150	21843	71963
焦石镇	151170	165498	9.5	26684	62413	76401
青羊镇	80701	89832	11.3	20007	21007	48818
同乐乡	97480	109473	12.3	17718	30374	61381
大顺乡	59652	66135	10.9	25708	4411	36016
增福乡	57038	63032	10.5	20363	12330	30339
罗云乡	50833	56998	12.1	15282	12404	29312
大木乡	26816	30101	12.2	4755	1405	23941
武陵山乡	40481	45145	11.5	7439	1647	36059

注：2018 年各乡镇街道经济总量按第四次全 1 经济普查结果进行了调整。

2019年涪陵区乡镇街道财政收入和支出

单位：万元

乡镇名称	乡镇财政收入			乡镇财政支出		
	2018年	2019年	增长（%）	2018年	2019年	增长（%）
一组						
涪陵新城区（含马鞍街道）	280493	320243	14.2	308353	305026	-1.1
敦仁街道	4807	4747	-1.2	4607	2962	-35.7
崇义街道	7732	6108	-21.0	9690	2932	-69.7
荔枝街道	11095	12198	9.9	10109	11862	17.3
江东街道	3242	3374	4.1	3493	8066	130.9
江北街道	2276	2329	2.3	3230	5542	71.6
白涛街道	2795	3087	10.4	5832	14208	143.6
龙桥街道	2538	2107	-17.0	5873	9493	61.6
二组						
李渡街道	2541	2004	-21.1	8193	8347	1.9
珍溪镇	2297	2385	3.8	7764	13170	69.6
新妙镇	1167	2058	76.3	5594	9028	61.4
南沱镇	1134	1153	1.7	4982	7057	41.6
清溪镇	2077	2317	11.6	6603	8783	33.0
蔺市镇	3254	3178	-2.3	6160	12686	105.9
义和镇	3403	4024	18.2	6730	9263	37.6
百胜镇	719	1002	39.4	5870	9007	53.4
石沱镇	987	1272	28.9	4198	9364	123.1
马武镇	2336	2116	-9.4	5032	4992	-0.8
三组						
龙潭镇	696	580	-16.7	3655	4622	26.5
焦石镇	1999	1589	-20.5	4483	3670	-18.1
青羊镇	1866	1202	-35.6	3962	3397	-14.3
同乐乡	1571	1477	-6.0	3081	3185	3.4
大顺乡	570	1011	77.4	2334	3227	38.3
增福乡	1001	477	-52.3	2324	2609	12.3
罗云乡	968	1133	17.0	2180	3134	43.8
大木乡	91	92	1.1	2080	6159	196.1
武陵山乡	407	386	-5.2	3541	5917	67.1

2019年涪陵区乡镇街道固定资产投资和农村劳动力转移

乡镇名称	固定资产投资额(万元)			农村劳动力外出务工（人）		
	2019 年合计	5000 万以下	5000 万以上	2018 年	2019 年	增长（%）
一组						
涪陵新城区（含马鞍街道）	1503800	131547	938181	300586	293746	-2.3
敦仁街道	65528	22429	5116	13439	14230	5.9
崇义街道	227615	4503				
荔枝街道	169021	10213	14997			
江东街道	172791	3283		7802	7599	-2.6
江北街道	36989	16875	11596	12579	11679	-7.2
白涛街道	23619	15739	7880	19851	22617	13.9
龙桥街道	12163	1500	400	7245	7887	8.9
二组						
李渡街道	10533	1219	9314	19853	15787	-20.5
珍溪镇	28056	4226	23830	23968	24263	1.2
新妙镇	24092	13513		17558	17530	-0.2
南沱镇	8279	8279		11786	11002	-6.7
清溪镇	15079	6777	7981	10653	10579	-0.7
蔺市镇	32625	9970	20975	12305	12493	1.5
义和镇	24232	4500	19588	8976	6719	-25.1
百胜镇	7721	6221	1500	19923	19059	-4.3
石沱镇	25755	15455	10300	9051	11142	23.1
马武镇	43940	37246	6694	13755	13175	-4.2
三组						
龙潭镇	14323	10282	4041	15775	16093	2.0
焦石镇	67510	3510	64000	12986	12189	-6.1
青羊镇	2608	2608		7383	7550	2.3
同乐乡	30448	7374	23074	9525	10270	7.8
大顺乡	12653	9477	340	12243	12150	-0.8
增福乡	1647	1647		7874	7674	-2.5
罗云乡	12100	2600	9500	6315	6974	10.4
大木乡	20240	20240		1408	1446	2.7
武陵山乡	32776	24408	7568	2985	2284	-23.5

2019年涪陵区乡镇街道农业增加值和粮食产量

乡镇名称	农业增加值（万元）			粮食产量（吨）		
	2017 年	2018 年	2019 年	2017 年	2018 年	2019 年
一组						
马鞍街道	19919	19293	19475	4383	4407	
敦仁街道	-	-	-	-	-	
崇义街道	-	-	-	-	-	
荔枝街道	10986	11869	13047	8303	8360	
江东街道	24948	26904	29717	19474	19583	
江北街道	24158	26129	28918	12770	12781	
白涛街道	23470	25382	28279	18786	18891	
龙桥街道	22128	23977	26381	12062	12129	
二组						
李渡街道	29119	31523	34785	11151	11198	
珍溪镇	57028	61660	68415	37470	37674	
新妙镇	34741	37643	41981	23182	23330	
南沱镇	28725	31065	34447	10122	10178	
清溪镇	26327	28418	31541	14599	14680	
蔺市镇	40975	44484	49705	35709	35917	
义和镇	33531	36237	40349	16391	16382	
百胜镇	44404	48205	53915	23691	23823	
石沱镇	20786	22437	24855	15991	16026	
马武镇	36125	39405	43862	31117	31286	
三组						
龙潭镇	24170	26264	29150	34991	35195	
焦石镇	22446	24228	26684	17518	17616	
青羊镇	16765	18113	20007	18759	18864	
同乐乡	14677	15948	17718	20162	20274	
大顺乡	21438	23207	25708	15581	15718	
增福乡	17113	18472	20363	13258	13382	
罗云乡	12744	13809	15282	12609	12680	
大木乡	3977	4309	4755	1893	1903	
武陵山乡	6222	6767	7439	7951	7995	

2019年涪陵区乡镇街道农村居民和城镇居民人均可支配收入

乡镇名称	农民居民可支配收入（元）			城镇居民可支配收入（元）		
	2018 年	2019 年	比上年增长（%）	2018 年	2019 年	比上年增长（%）
一组						
马鞍街道	14541	16024	10.2	36865	40293	9.3
敦仁街道	-	-	-	38332	42957	9.0
崇义街道	-	-	-	37227	41743	8.8
荔枝街道	-	-	-	40118	43769	9.1
江东街道	15152	16652	9.9	35703	38809	8.7
江北街道	15591	17196	10.3	35980	39398	9.5
白涛街道	14915	16466	10.4	37948	41515	9.4
龙桥街道	14769	16261	10.1	36066	39276	8.9
二组						
李渡街道	14433	15963	10.6	39592	40839	9.3
珍溪镇	15946	17525	9.9	37265	40619	9.0
新妙镇	14454	15943	10.3	36436	39861	9.4
南沱镇	15206	16742	10.1	35258	38396	8.9
清溪镇	14557	15984	9.8	35810	38854	8.5
蔺市镇	15481	17091	10.4	37808	41249	9.1
义和镇	14876	16393	10.2	36149	39366	8.9
百胜镇	15702	17383	10.7	36080	39508	9.5
石沱镇	13426	14755	9.9	34866	37900	8.7
马武镇	15596	17171	10.1	-	-	-
三组						
龙潭镇	14200	15606	9.9			
焦石镇	15114	16640	10.1			
青羊镇	14272	15728	10.2			
同乐乡	14044	15533	10.6			
大顺乡	13459	14764	9.7			
增福乡	14141	15612	10.4			
罗云乡	13633	15064	10.5			
大木乡	13787	15207	10.3			
武陵山乡	14457	15874	9.8			

重庆市涪陵区司法局

2019年，是新中国成立70周年、全面建成小康社会的关键之年，也是司法行政系统完成机构重组、全面履职的开局之年。涪陵司法行政坚持以习近平新时代中国特色社会主义思想为指导，紧扣“一个统筹、四大职能”新的职能定位，按照“124”总体工作思路，强化责任担当，忠实履行职责，各项工作取得明显进步，实现了稳步发展。涪陵区被评为全国“七五”普法中期先进区县，区司法局被司法部表彰为“2019年国家统一法律职业资格考试工作表现突出单位”，新城区司法所被司法部表彰为全国先进司法所。

区委全面依法治区委员会第一次会议

一是统筹推进全面依法治区。认真履行好区委依法治区办职能职责，筹备召开区委全面依法治区委员会第一次会议，推动成立4个协调小组，出台相关工作制度。谋划起草工作要点并督促落实，全年54项任务基本完成。积极做好法治政府建设示范创建，牵头接受市委依法治市办“食品药品执法监管”和“营造法治化营商环境、保护民营企业发展”两个专项督查，有关工作得到充分肯定。

区委政法委书记刘康中指导指挥中心建设

二是扎实推进法治政府建设。强化规范性文件管理，2019年审查政府行政规范性文件14件，清理区政府制发的有效规范性文件198件。加强执法监督协调，积极推进全区行政执法“三项制度”的建立，清理确认行政执法主体72个，办理执法证件1507个，行政复议案件72件，行政执法水平大幅提升。充分发挥政府法治参谋助手作用，列席政府常务会、区长办公会22次，审核各类涉法文件40余件，研究提出意见建议80余条。

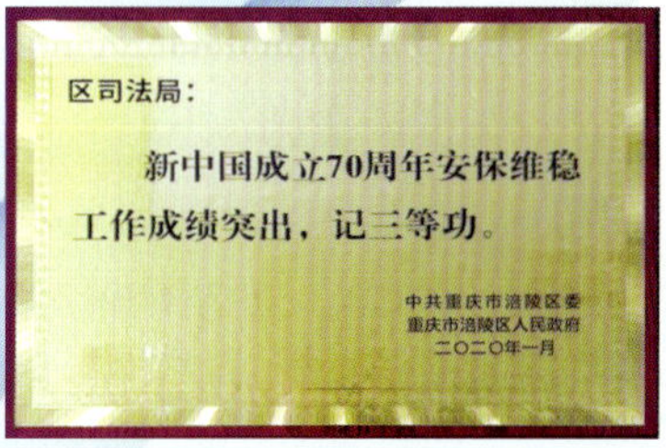
区司法局：

新中国成立70周年安保维稳工作成绩突出，记三等功。

中共重庆市涪陵区委
重庆市涪陵区人民政府
二〇二〇年一月

三是大力推进法治社会建设。认真落实“七五”普法规划，深入推进“谁执法谁普法”责任制，在全社会积极营造尊法、知法、守法、护法的浓厚氛围。充分运用远程视频督查系统等信息化手段，加强“两类人员”的排查监管，对重点人员建立清单、落实责任、包案到人，无脱管漏管或重大恶性案（事）件发生。强化矛盾纠纷防范化解，全年共调解各类民间纠纷14340件，调解成功率98.9%，有力维护了社会大局平安稳定。

群众赠送荔枝司法所锦旗

“梦想驿站”法治宣传

四是不断提升法律服务质效。推动公共法律服务网络从“无”到“有”，建立实体平台450余个，“12348”服务热线1个。全年接听热线电话1049个，接待来访咨询2000余人次。推动法律援助从“有”到“好”，办理法律援助案件642件，为农民、农民工、未成年人、老年人、残疾人、妇女等困难群体挽回损失420万元。推动有偿法律服务从“好”到“优”，持续开展“优秀律师服务民企行”活动，全年律师共代理各类案件3525件，办理公证4112件，法医临床司法鉴定437件，各项办案数和办案质量位居全市前列。

五是持续加强干部队伍建设。按照“四化”建设要求，始终坚持以党建带队建，深学笃用习近平新时代中国特色社会主义思想，认真开展“不忘初心，牢记使命”主题教育，抓紧抓实干部教育培训，举办各类培训班10期，专题讲座20次，集中学习80余次。扎实推进“六为”乱象专项整治和“以案四说”警示教育，全系统党风政风行风持续改进。新提拔年轻干部8名走上中层岗位，干部队伍结构持续优化。律师行业党建提档升级，律师行业党总支正式升格为党委，标志我区律师行业全面加强党的建设进入了新阶段。

涪陵区港航管理局

区委书记周少政检查水上交通春运安全

重庆市交委副主任梁雄耀调研龙头港建设

全市港航系统廉政文化建设
示范单位交流会代表参观局廉政展厅

区港航局以党的“十九大”精神为指引，在区委区政府的坚强领导下，积极主动融入“一带一路”和长江经济带国家战略，以“长江经济带发展纲要”为指南，不忘初心、砥砺前行，持续推进“生态优先、绿色发展”新水运进程，长乌两江航运枢纽建设取得较大突破，水运对地方经济发展的支撑作用更加凸显。

一是安全形势持续稳定。辖区水上交通连续保持186个月“零死亡”。

二是“绿色屏障”建设成效显著。辖区8处饮用水源保护区内码头船舶全部清零，趸船全部实现“零排放”，中央环保督查交办的三项整改任务全面完成。

三是水运行业健康发展。继续保持水运发展三项主要指标世界内河领先、六项指标全市领先的优势地位。成功引进重轮集团集装箱、滚装专业航运公司，水运主要生产指标实现逆市增长。

四是加快基础设施建设。龙头港二期5#、6#泊位完成桩基础和接岸挡土墙浇筑，二号进港通道正在持续推进；建成大石溪项目并完成交工验收；清溪两江物流中转基地项目临时码头完工，永久性码头的前期工作顺利推进。

五是水运科技研发提速。启动船舶智能辅助巡航系统研发工作；进一步优化升级乌江水文预警预报系统功能，增强预警应急准备能力；完成内河液货船舶快速堵漏技术应用课题研究，填补了内河船舶在海损事故中处置液货泄漏技术的空白，对有效防止危化品船舶泄漏污染水体事故具有重要意义。

区港航局局长汪剑波检查运输船舶证照

庆祝建党97周年诵读比赛

重庆市渝东南农业科学院

农业部部长韩长赋考察园区

重庆市渝东南农业科学院成立于1959年，是涪陵国家现代农业产业园与涪陵国家农业科技园的科技创新与科普示范基地，以茎瘤芥（榨菜）为主的芥菜综合配套研究、杂交水稻优质抗病育种和病虫害防治研究三大突出优势，在同行中有较大影响。研究的作物涉及榨菜（芥菜）、水稻、红心萝卜、玉米、苎麻等多种粮食、蔬菜及经济作物，研究学科涉及种质资源、育种、栽培、植保、土化、农副产品贮藏加工与良种繁育等。设有7个专业研究中心和1个生物技术中心，建有“南方芥菜品种改良与栽培技术国家工程实验室”“国家蔬菜改良中心涪陵榨菜研究中心”“国家榨菜加工技术研发专业中心”等国家级市级科技创新平台10个，设有“国家级博士后科研工作站”。院中心实验室（生物技术中心）2000多平方米，拥有价值2500多万元的各类科研仪器设备200多台（套），其中，单台价值60万元以上的有5台。在职职工96人，其中研究员5人，副高职称20人；博士3人，享受国务院特殊津贴专家3人，重庆市有突出贡献的中青年专家1人，重庆市学术技术带头人1人，重庆市“322”人才工程第二层次人选1人，涪陵区科技拔尖人才13人，重庆市农作物品种审定委员会专委会委员2人；聘请了中国工程院院士、华中农业大学傅廷栋教授为学术顾问，国内著名水稻育种专家、四川省农科院郑家奎研究员为技术顾问。是农业部确定的我国芥菜种质资源对国外交换审查单位，被重庆市农作物品审会指定为水稻稻瘟病、榨菜病毒病的唯一抗性鉴定单位，被全国农技推广总站指定为长江中上游水稻稻瘟病抗性鉴定单位。

中药材仿野生栽培林区

改革开放以来，我院始终坚持“科研立院、人才兴院、开发强院”的科研工作指导思想，秉承“允公允能允才、厚德栽物创新”的团队精神，强化科技攻关，累计完成国家及地方重大农业科技攻关项目180项次，获得各级科技成果奖92项，其中省（部）级一等奖4项、地厅级一等奖以上49项；育成农作物新品种40个；获得国家发明专利5项；制定国家标准、地方标准6项；发表研究论文400余篇，参加国际学术会议交流4篇，出版学术专著6部。研究成果在教学、科研、生产中得到广泛应用，取得了300多亿元的社会经济效益。目前，常年执行国家、市级科技攻关项目30余项。

涪陵区消防

涪陵区委副书记、区政府区长种及灵出席支队挂牌仪式

涪陵区委常委、区政府常务副区长杜海波指导消防宣传

2019年，支队面对消防改革转制的政治大考、转型大考和“两个稳定”的现实考验，始终坚持在疑难中选题、在调研中点题、在实践中破题，在市消防总队党委和区委区政府的坚强领导下，认真践行习近平总书记授旗训词精神和黄明书记“五个不动摇”的要求，扎实推进上级党委的各项决策部署在支队落地生根，积极支持改革、主动服从改革、自觉投身改革，在各项工作中勇立潮头、务实笃行、奋发进取、创新发展，较好地完成了各项工作任务，书写了“火焰蓝”开局之年的壮丽华章，留下了深刻的历史印迹。

2019年，支队坚持以习近平新时代中国特色社会主义思想为统领，对标应急救援“主力军”和“国家队”的新职能定位，紧密结合辖区实际和特点，瞄准争先创优的工作目标，紧抓“强党建、统思想、抓队伍、保稳定”的工作思路，团结带领全体指战员顽强拼搏、砥砺前行、奋发有为。支队2个单位被总队评为全市先进单位、3名指挥员被部局表彰、7人荣记个人三等功，22人受到总队通报表彰，支队拍摄的微电影被重庆市委宣传部评为

鹅颈关汽车销售公司火灾

涪陵区消防救援人员
正在处置李渡家具厂火灾

除夕夜消防安保

涪陵城市内涝

救援支队

勤政廉政参观见学活动

主题党日活动

“优秀作品”；在新中国成立70周年安保维稳工作中成绩突出，支队被区委记集体三等功，1人荣立个人三等功，1人受到嘉奖；参加总队微电影评比和青春飞扬律动操比赛荣获二等奖。

2019年，支队接警出动2439次，出动车辆3913台次，出动警力27391人次，抢救疏散被困人员1946余人，抢救财产价值近171.7万元，成功处置了“4·8”江东森林火灾、“6·20”城市内涝排险、“7·11”鹅颈关汽车销售公司火灾、“7·21”长涪高速槽车泄露等一系列灾害事故，以实际行动践行了“刀山敢上、火海敢闯”的铮铮誓言。

逐梦火焰蓝消防文艺晚会

地震演练抢救被困人员

开展纵深灭火救人训练

装备技能比武竞赛

长涪高速槽车泄露

高速路扑救汽车火灾

重庆市涪陵区

区委书记周少政慰问残疾人

市残联党组书记、理事长黎德龙
调研涪陵区贫困失能人员集中供养中心

区政协主席徐志红
慰问残疾人自强模范杨安容

2019年，涪陵区残联机关内设办公室、业务2个职能科室；在职人员11人（彭基银退休，陈贤文、周艺调入），其中理事长1人，副理事长3人（含挂职1人），正处长级干部1人，副处长级干部1人，副调研员1人，中层及以下干部3人，工勤人员1人。下属残疾人就业服务所事业编制8名，在职人员8名。全区残疾人工作坚持以习近平新时代中国特色社会主义思想和党的十九大精神为指引，在区委、区政府的坚强领导下，在区人大、区政协的关心支持下，认真贯彻落实区委、区政府各项决策部署，紧紧围绕全市残疾人工作安排，突出聚焦打赢残疾人脱贫攻坚战这一重点，进一步保障和改善残疾人民生，促进了全区残疾人事业的持续健康发展。在2019年度全市残疾人工作考核中，涪陵区荣获全市残疾人综合目标考核一等奖，残疾人脱贫攻坚工作考核先进单位，残疾人稳定工作考核先进单位。

区委常委、区纪委书记常金辉慰问结对帮扶的残疾人贫困户

副区长钟涛慰问困难残疾人

残疾人联合会

区残联党组书记何小林安排部署
区残联“不忘初心·牢记使命”主题教育工作

区残联向贫困残疾人家庭学生发放扶残助学金

区残联对全区建卡贫困
残疾人开展“一户一技能”培训

区残联党员志愿者
走进贫困残疾人家庭

全区残联系统干部在
孟良崮战役旧址接受爱国主义教育

区残联举办的第29次全国助残日公益宣传活动

重庆市涪陵区

区委书记周少政检查疫情期间春耕农资保障工作

区政府副区长钟涛出席全区供销合作社工作会议并讲话

务实进取的社党委班子

区政协副主席石鹏带队专题调研“三社”融合发展工作

2019年，区供销合作社坚持以习近平新时代中国特色社会主义思想为指导，全面贯彻党的十九大和十九届二中三中四中全会精神，在区委、区政府的坚强领导和市供销合作总社的指导支持下，坚持服务“三农”工作宗旨，以深化供销合作社综合改革为主线，以推进“三社”融合发展为重点，供销系统自身实力与服务能力实现同步提升，在推动现代农业建设、服务乡村振兴战略和助力脱贫攻坚等方面发挥积极作用。全系统实现商品销售总额487171万元，同比增长16.6%；农产品经营额328029万元，同比增长27.8%。实现汇总利润2006万元，同比增长12%；所有者权益36953万元，同比增长7%。全年新发展农民专业合作社43个，新建基层供销社和农村综合服务社52个，创建市级示范基层供销社5个，圆满完成区政府下达的目标考核任务。区供销合作社被全国供销合作总社评为年度信息工作先进单位，2个专业合作社理事长荣获2019年全国明星合作社理事长荣誉称号，珍溪基层供销社主任潘伟被市总社表彰为重庆市“最美基层供销人”。

全面推进“三社”融合发展。推动供销社、农民专业合作社、信用社（重庆农商行）完善功能、相互支持、融合发展，以“三社”融合促“三农”发展，是服务乡村振兴战略的重要举措。区供销合作社经深入调研并广泛征求意见，代拟起草了我区“三社”融合发展指导性文件，区委办公室、区政府办公室于7月联合印发《关于推进“三社”融合发展的实施意见》（涪陵委办发〔2019〕44号）。积极开展“三社”融合发展试点，重点推进15个示范点建设（其中示范亮点4个）。目前全部15家“三社”融合试点农民股份合作社均已通过交叉持股、产业合作、金融服务等方式与供销社、农商行实现了融合发展，密切了与广大农户的利益联结。马武供销社与涪惠沣稻谷种植股份合作社实现股权融合，共同建设3万吨稻米加工厂和200亩稻谷示范种植基地，积极打造精制稻米全产业链。重庆农商行涪陵分行与11家试点合作社建立了信贷关系，根据各个合作社经营情况制订一二三产业融合金融服务产品，已发放优惠贷款5笔共计590万元。积极争取区政府设立“三社”融合发展专项资金，同意建立信贷风险补偿资金并提供农民专业合作社贷款贴息，进一步夯实“三社”融合发展投入保障。

持续完善基层供销组织。2019年新建江北、百胜、同乐3个基层供销社（公司），全区基层社总数达到21个，基本实现涉农乡镇街道全覆盖。规范打造蔺市、新妙、清溪等5个服务能力强、与农民联结紧的市级基层供销社示范社（总数达到9个），成为推动农村产业

供销合作社

兄弟省市供销合作社调研区“三社”融合发展示范点

市供销合作社党委委员、副主任申雄调研区废弃农膜定点加工企业

发展、提供农业社会化服务的中坚力量。持提质增效和规范发展原则，大力引领创办农民专业合作社，目前全区合作社总数达到1179个，在扶贫村加快发展股份合作社，努力消除产业空白村、“空壳村”。立足我区2+X主导产业，引领发展榨菜、中药材以及烤烟、笋竹、花椒、柑橘等方面的专业合作社，为农户提供生产技术指导并搭建销售平台。成功创建国家级、市级示范社31个，引领农民专业合作社规模化、规范化发展。2019年在村（社）配套建设农村综合服务社49个（累计达到155个）支持基层供销社与村集体经济组织、农户、专业合作社共同持股组建了10个星级农村综合服务社。强化农民合作社服务中心功能，2019年工商代办83家、代账服务52家，为专业合作社提供小额贷款5笔，共计850万元。完善农村现代流通服务网络，新建清溪农资综合配送中心，改造提升6个乡镇农资配送中心，目前已建成村社级农资经营服务网点348个，继续保持全区70%以上的市场份额，新建清溪、珍溪、马武、蔺市4个“村村旺”农产品电商服务站，吸纳村支两委和农户建设“村村旺”服务点22个，与全市电商平台对接。

“三社”融合发展示范点——马武涪惠沣稻谷种植股份合作社

增强农业社会化服务能力。推动基层供销社、农资企业从单纯农资购销服务向全产业链服务拓展延伸，2019年罗云、义和、南沱、马武等基层社积极拓展业务覆盖面，向辖区内的果园、水稻种植基地以及相关专业合作社大力推广以土地流转、农资供应、代耕代种、机播机收、统防统治、统购统销为主要内容，覆盖产前、产中、产后的全过程农业社会化服务，全年服务面积达到2.1万亩。

基层供销社开展农业社会化服务现场

开展废弃农膜回收利用。全年新建乡镇废弃农膜回收站点25个，确定重庆伍久塑胶公司为定点回收加工企业，建成分拣中心1个、年产能8000吨加工生产厂1个，全面承接涪陵及周边区县的废弃农膜回收加工服务。截至12月，总计回收废弃农膜345.1吨，回收率超过72%，完成年度目标任务并通过市级第三方验收，废弃农膜“村级回收点+乡镇街道回收站+区域分拣（贮运）中心”三级回收利用体系基本成形。

即将投入运营的涪陵农资商贸城

重庆市涪陵区

农业农村部部长韩长赋调研生猪稳产保供

区政协委员专题调研

春节慰问贫困户

2019年底，全区共有常年存栏20头生猪当量以上畜禽规模养殖户1374户，其中生猪1080户，肉牛73户，山羊111户，家禽98户，肉兔7户,其他5户；全区共有畜牧龙头企业15家，其中国家级农业产业化重点龙头企业2家，市级龙头企业3家，区级10强农业企业2家，区级重点农业龙头企业11家；共有畜牧品牌28个，其中国家驰名商标1个，获“中华老字号”称号1个，国家地理标志证明商标4个，入选国家级“畜牧遗传资源保护品种”目录1个，获农产品地理标志2个，获无公害畜产品认证3个，获绿色食

助农砍收青菜头

“不忘初心、牢记使命”主题教育

畜牧兽医局

品认证2个，获重庆市名牌农产品2个，获重庆著名商标4个，入选重庆市级非物质文化遗产1个，入选“重庆名特农产品”目录7个。2019年，全区出栏生猪59.66万头，同比下降12.43%；出栏家禽953.15万只，同比增长6.32%；出栏山羊10.69万只，同比增长0.66%；出栏肉牛1.62万头，同比增长6.58%；肉类总产量6.33万吨，同比下降8.37%；牧业总产值22.52亿元，同比增长32.15%。地方特色畜牧业继续保持平稳发展，全年出栏涪陵黑猪4.25万头，出栏增福土鸡285.10万只，出栏渝东黑山羊3.35万头，均超额完成年度目标任务。

参加社区新中国成立70周年活动

畜禽粪污资源化利用整县推进项目

马鞍街道

区委书记周少政到马鞍街道调研疫情防控工作

区人大主任李景耀调研马鞍街道全面健身工作

区政协主席徐志红到高岩口社区调研创卫工作

马鞍街道成立于2016年6月，位于涪陵新城区腹地，北部与李渡街道接壤，西南与义和镇毗邻，东部与江北街道交界，南部与龙桥街道隔江相望，融城市、乡村、园区、城郊于一体，是涪陵新城区、涪陵综合保税区、高新技术产业开发区所在地。面积80平方千米，辖20个社区，173个居民小组，户籍人口7.79万，常住人口20万。街道党工委下辖党组织51个，党员1967名。在编干部109名，行政干部职工40名（其中领导班子成员12名），行政工勤6名，事业干部63名，机构改革后，下设

区委常委、组织部长喻显镔到马鞍街道督查小区疫情防控工作

马鞍街道召开网友座谈会

浓情端午

浙江省台州市市长吴海平一行到马鞍街道调研

马鞍街道党工委书记庹灿到建卡贫困户家中进行政策宣传

11个行政机构和7个事业单位。规下企业共计1988个，注册个体6000余户。辖区现有党政机关、企事业单位20家，医院（诊所）等医疗机构29家，各级各类学校40家，在校学生58000人。

2019年，马鞍街道坚持城乡统筹发展，农村人均可支配收入16024元，较上年同期增加10.2%；城镇可支配收入42093元，较上年同期增加9.3%，农林牧渔总产值29180万元。

马鞍街道办事处主任带队开展马路办公

马鞍街道新时达文明实践所
开展“清洁庭院 秀美农家“主题活动

马鞍街道开展“吃得文明”主题活动

马鞍街道开展“我和我的祖国”专题文艺晚会

龟陵城二期考古挖掘完成

马鞍街道举办第二届全民“嗨走节”活动

李渡街道

区委书记周少政到街道调研城乡发展

区人大常委会主任李景耀到街道督战脱贫攻坚工作

区政府副区长赵昌辉调研街道城市规划

李渡街道濒临长江北岸，地处重庆市三峡库区生态经济圈核心地带，距涪陵主城区15余千米，东邻江北街道、百胜镇，南邻涪陵新城区，西接义和镇，北抵黄草山与长寿区接壤。街道面积110平方千米，耕地64000亩（其中田31000亩，土33000亩），林地58000亩；辖区有6个社区、13个行政村，129个村（居）民小组，总户数16396户，总人口39780人，其中农业人口30719人，非农业人口9061人。2019年2月，李渡街道办事处由原驻地马鞍街道太乙门社区搬迁至李渡街道致远社区致远路36号。

区政协副主席唐勇到街道督查疫情防控工作

区委常委、政法书记刘康中督查街道疫情防控工作

2019年街道完成GDP102153万元，同比增长7.9%；完成固定资产投入10533万元，农业总产值46890万元，工业总产值59682万元，实现营业收入157983万元；全年引进项目22 个，协议引资61446万元，到位资金10046万元。实现农村居民人均可支配收入16006元，同比增长10.9%；城镇居民人均可支配收入43551元，同比增长10%。

2020年街道围绕“服务新区、做美城镇、振兴乡村、建强队伍”的工作思路，统筹推进稳增长、促改革、调结构、惠民生、防风险、保稳定等工作，全面深化党的建设，不断增强人民群众获得感、幸福感、安全感，坚决打赢新冠肺炎疫情防控阻击战，保持经济持续健康发展和社会大局稳定，努力在全市“一区两群”协调发展中积极担当、奋力作为。

重庆警备区官应权大校，区委常委、人武部部长李毅，
到李渡街道检查指导街道基层武装规范化建设

街道党工委书记袁闯巡查疫情防控卡点工作开展情况

区民政局长蒋国辉督查敬老院疫情防控工作

第一届居民议事代表推荐部署会

街道组织干部职工集中观看警示教育片

敦仁街道

区政府区长种及灵马路办公

区委宣传部常务副部长王屏峰到街道宣讲

区人大常委会副主任黄华慰问残疾群众

敦仁街道位于涪陵江南主城区长乌两江交汇处，是千年涪州古城所在地，涪陵城市的发祥地，是涪陵区唯一的纯城区街道。街道面积4.3平方千米，户籍人口71311人，常住人口12余万人。有党政机关、企事业单位240个，有各类企业、个体工商户及商业服务网点7000余个，中小学校11所，幼儿园23所，公园2个，各种文化娱乐场所223家，涪陵天主教堂亦坐落界内。境内有两江广场、大剧院、金科世界走廊、涪州古城墙、白鹤梁水下博物馆等多处浏览观光景点。

充分发挥都市核心区域的优势，多措并举，辖区经济稳步增长，2019年全街实现总产值839277万元，同比增长8%；完成固定资产投资85941万元；实现城镇居民可支配收入42165元，同比增长10%；完成规上工业总产值445319万元，工业增加值134887万元，同比增长10%。本级财政收入完成5914万元。新增限额以上商贸单位16个，全年限额以上法人企业批发零售商品销售额和住宿餐饮营业额均保持了较快增速。坚持内引外联、内外并举，2019年新引进重庆桥渝实业有限公司、明昀实业公司、重庆法尔物联网科技有限公司等企业8户，招商引资协议资金2亿元，实际到位资金1.5亿元。同时，街道党政领导分别走访对接企业，现场协调解决了企业问题8件，走访辖区重点民营企业61家，收集企业困难15件并落实科室予以跟踪帮办、协调解决。

年内街道先后被区委、区政府表彰为先进领导班子、创建全国文明城区提名城区工作先进集体、信访稳定工作集体三等功、尊师重教单位、征兵工作先进单位、涪陵区第五届运动会先进集体等殊荣。

机关干部学习心得交流

七一表彰活动

台属慰问

庆祝中华人民共和国成立70周年活动

露天电影进社区

志愿者助农活动

丰富多彩的国庆活动

文明出行宣传

敦仁街道两江广场

敦仁街道两江交汇

崇义街道

街道党工委书记张必钧深入所联系
指导社区，解决群众热点难点问题

街道办事处主任秦芝明深入所联系
社区，解决群众热点难点问题

街道全体班子成员前往罗云乡烈士陵园、816地下核
工程开展“不忘初心、牢记使命”革命传统教育活动

崇义街道位于涪陵江南主城西城，面积11.24平方千米，辖13个社区、1个移民小区，常住人口15.2万。

崇义街道滨长江，守西关，枕云山，水秀山绿，城兴人和。辖区交通便捷，设施完善，产业兴旺，资源丰富，文化厚重。6000亩城市森林“氧吧”，5000米重庆最美滨江大街，“水下碑林”白鹤梁，“天赐香汤”温泉城，千年名刹法雨寺，百年榨菜原创者邱寿安故居等，彰显着这座现代化新城的深厚底蕴。

美丽崇义，幸福社区。崇义是涪陵城市新兴区、绿色宜居区、商贸集聚区。全街将以党建引领，以现代服务业为抓手，以“商贸强街”“管理兴街”为主题，以“1311”为工作目标，按照“136”为产业格局，即建成一个中心：鹅颈关商贸物流产业中心；三个产业集群：滨江路餐饮休闲娱乐产业集群、兴华西路建材产业集群、迎宾大道汽贸产业集群，打造批零、物流、餐饮、建材、汽贸、电子商务等6大支柱产业，全力抓好产业发展、城市管理、社会民生等各项工作，使辖区产业更强、城市更靓、环境更美、生态更优、民生更加幸福。

深化细化常态化开展服务企业“三百”行动

美丽崇义

幸福社区

街道召开庆祝中国共产党成立98周年大会

街道开展“我们的节日·春节”迎新春系列活动

街道全力做好学校复学准备 确保疫情防控和有序复课“两手抓”

街道开展防灾减灾暨消防应急救援演练

街道开展春季集中义务植树活动

砍青菜头志愿服务活动

荔枝街道

2019年，在区委、区政府的正确领导下，我们以习近平新时代中国特色社会主义思想为指导，深入贯彻习近平总书记对重庆提出的“两点”定位、“两地”“两高”目标、发挥“三个作用”和营造良好政治生态的重要指示，按照区委、区政府部署要求，围绕“1241”工作思路（一个要务即发展，两大版块即城市和农村，四大保障即生态、改革、民生和稳定，一个统领即党的建设），上下一心、加压奋进，着力助推建设高质量发展、高品质生活的美丽涪陵幸福涪陵。

重庆市市委常委、政法委书记刘强
检查督导网格化管理和防范化解重大风险工作

区委常委、区政府常务副区长杜海波慰问街道群众

区委常委、统战部部部长夏艺
副区长董代文慰问街道残疾人

我们始终抓住发展不放松，推动经济又快又好发展。预计全街地区生产总值实现143亿元，同比增长10%左右，位居全区乡镇街道前列。一是扎实落实“双百”行动。我们全面摸排辖区工业企业和商贸企业，建立“小升规”“小升限”动态培育库，开展分类走访座谈，宣传“双百”等各类政策，打消企业顾虑，帮助解决困难，加强申报指导。全年共有5户（区上下达任务1户）工业企业实现“升规”，

街道党工委书记冯星贵入户走访贫困户

街道办事处主任肖正权检查辖区钢材企业生产

区委书记周少政走访金竺村贫困户

区政府区长种及灵检查荔枝农贸市场

另有还有3户工业企业已做好“升规”准备，并且新增1户亿元级工业企业。5户（区上下达任务2户）商贸企业已实现“升限”入统。二是开展全员招商引资。针对用地受限、信息稀缺等问题，一方面对闲置土地、厂房进行全面清理，着力挖掘存量厂房、土地潜力，充分利用产生经济效益；另一方面，动员全街干部职工和客商，增强招商意识，积极提供招商引资信息，形成全员招商、合力招商、精准招商的浓厚氛围。全年新引进项目14个，协议资金4.8亿元，到位资金3.9亿元，均大幅超额完成目标任务，位于全区各乡镇街道前列。三是千方百计增加财政收入。深化拓展“三百行动”，积极帮助企业解决融资难等问题，全年已为83家创业型企业获得贷款1300万元，帮助10家小微企业入库科技型企业，获得科技型企业知识价值信用贷款资格；同时通过主动到区级部门汇报沟通、积极营造诚信良好的营商环境，争取和吸引一些优质企业到我们街道注册纳税，较好地新增培育了一些优质税源，实现财政收入逆势较快增长。全年本级财政收入实现1.25亿元，同比增长15%左右。

市委政法委督导网格管理
和防范化解重大风险战工作

市委研究室调研街道网格化管理建设

街道创文创卫推进会

区人大常委会副主任、
区总工会主席冉义明参加脱贫攻坚座谈会

全街干部职工参观
重庆党风廉政教育基地

街道2019年森林防火应急演练

江东街道

区委书记周少政到江东街道调研扶贫工作

区政府区长种及灵到江东街道调研特色农业

江东街道地处长江、乌江交汇处，与涪陵主城一江之隔，是涪陵“两线三片一城”的一城范围，是城区向东发展的重要拓展区，凭乌江大桥、乌江二桥与主城融为一体；东与焦石镇相邻，南与白涛街道接壤，西与荔枝街道、敦仁街道、江北街道分别隔长江和乌江相望，北靠清溪镇、罗云乡。街道辖6个社区、15个行政村，计158个村（居）民小组，2.08万户5.7万人（其中农业户数1.03万户2.7万人）。辖区面积147.74平方千米，耕地面积4.8万亩，林地面积12万亩。境内现有公路30条636.6千米；有江岸线29.1千米，码头3处；辖区有党政机关、事业单位27个；各类企业、个体工商户及商业服务网点503个；有中小学校9所、幼儿园9所；有集中社会养老机构3个。

江东街道坚持以“建设山水绿城、宜居江东”为统揽，围绕“1366”总体思路、实现“1351”奋斗目标，坚决打好“三大攻坚战”，推进政治生态示范街道创建，深化“四城同创”创建，启动“五沿”综合环境整治，有效防控“非洲猪瘟”，取得经济社会发展的明显成效。2019年，街道实现GDP30.1505亿元，同比增长(以下简称同增）8%；完成企业总产值109.2021亿元，工业总产值33.3382亿元，营业收入87.642亿元，同增9.6%，10.1%，8.1%；固定资产投资19亿元；农村常住居民可支配

江东街道党工委书记赵勇遍访贫困户

江东街道党工委书记赵勇在院坝会上与村民交心谈心

江东街道办事处主任夏嘉川向杭州市党政代表团介绍菜场移民小区综合帮扶项目情况

江东街道办事处领导向区政协一行介绍街道扶贫产业建设情况

江东街道组织党员干部赴江东戒毒所开展“不忘初心、牢记使命”主题教育警示教育学习

收入16467元，同比增10.1%；城镇常住居民可支配收入39674元，同比增9.4%。财政一般公共预算收入完成3374.89元，为调整预算的99.26%，同比增4.1%（其中：税收收入3373.31万元，同比增4.23%）。

江东街道2019年度企业工作总结表彰大会

涪陵区

农业部部长韩长赋视察涪陵国家现代农业园工作

区委书记周少政检查北山坪新学校——象元学校工作

区政府区长种及灵江北街道检查指导工作

江北街道成立于1995年12月，位于涪陵城北，街道面积81.04平方千米，辖5个社区（点易、黄旗、碧水、北坪、永柱）、9个村（来龙、韩家、二渡、大渡、李寺、邓家、高家、北雁、松坪），2019年末总户数18515户，总人口53092人，其中城镇人口19399人，乡村人口33693人；集体所有农用地6.55万亩，其中：耕地4.26万亩，林地3.51万亩。现有行政机构10个、事业单位7个、内设机构2个。实有在编在职人员95人。共获得国家、市、区各种奖项34项。全年完成地区生产总值14.95亿元，同比增加（下同）6%；非公有制企业总产值29.45亿元，增7%；规模以上工业企业产值4.5亿元，增6%；农林牧渔业总产值3.8371亿元，增2.6%；城乡常住居民人均可支配收入3.14万元，增10.15%；农村常住居民人均可支配收入1.34万元，增11.43% 。本级财政收入2329万元，增2.32%。完成招商引资项目4个、注册登记企业11个，协议资金116.462亿元，到位资金1.6亿元，超额完成招商引资任务。

以街道为主战场的涪陵区国家现代农业产业园和涪陵国家农业科技园成功创建，全国绿色食品原料（青菜头）标准化生产基地通过验收。园区内建成全国唯一水上植物工厂。水上植物工厂是现代设施农业发展的高级阶段，通过设施内高精度环境控制实现农作物周年连续生产的高效农业系统，可以突破土地资源的约束，大幅度提高土地资源利用效率，代表着未来农业的发展方向。工厂内建有森林氧吧、人工光植物工厂、创客空间、森林会客厅、全息投影、社区菜园等功

江北街道

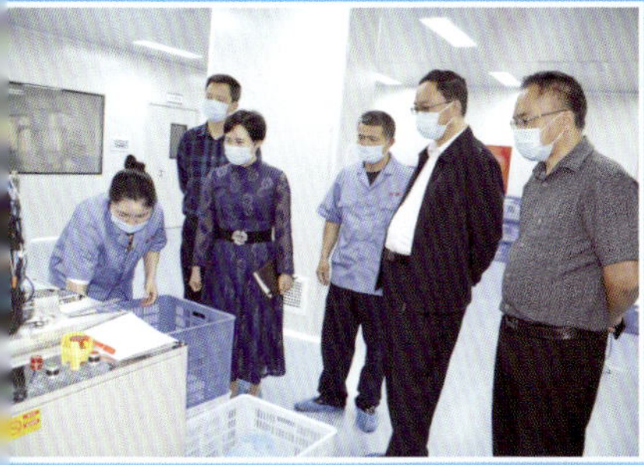

区政府副区长董代文到生产口罩、防护服等医用物资的重庆市祥恩医疗器械有限公司检查指导工作

街道党工委书记钟玉秀、区就业局副局长谢陵江共同为涪陵区邓石坝农产品就业扶贫车间授牌

街道党工委副书记、办事处主任熊铁骑检查学校复学准备工作

能区，主要以物联网，人工智能、大数据处理技术为基础，构建综合一体化平台，可展示最先进的农业及都市农业。目前，已吸引了国内外众多专、家游客、中小学生、职业农民前来参观调研，接待量达到10000余人次。涪陵北山国际文旅康养度假区项目顺利落地，该项目由区政府于1月18日与伟光汇通集团签约，项目总投资约115亿元人民币，主要建设爻里文化小镇、北山康养度假小镇两大功能区，项目于12月27日举行集中开工仪式。这标志着江北街道更加接近全域旅游发展目标。

街道加强精细管理，提升城市品质。巩固创文创卫成果，城市综合整治收效明显，守护文明志愿者认真志愿服务，江北街道成为新时代文明实践所。社会事业持续推进，新建北坪社区养老服务站，新建残疾人康复室3个；退役军人和其他优抚帮扶工作有序开展，社会保障不断强化，健康惠民政策落实到位；教育事业向好发展，重庆市涪陵象元小学校在北山新城招生开学，学校有教职工53人，16个教学班，666名学生。自此辖区有公办学校6所，

江北街道人大工委主任刘福贵带领辖区人大代表视察企业寅森橡塑，为企业发展出谋划策

私立学校2所，幼儿园8所，在校学生2235人。江北实验学校与十五中、碧水小学与城一校联合办学成果丰硕；脱贫攻坚完成既定目标；社会治理成效显著，二渡村获全国乡村治理示范村称号。

全街坚持以人民为中心，深入贯彻新发展理念，紧紧围绕区委区政府对江北“时尚江北特色小镇”的发展定位，坚持“从全局谋划一域、以一域服务全局”，扎实推进党的建设和经济社会事业顺利开展。

涪陵国家现代农业产业园——水上植物工厂

涪陵国家现代农业产业园——天畴观景平台——风脱水榨菜

涪陵区

区委书记周少政走访白涛街道石门村

区委书记周少政走访白涛街道崇山村贫困户游来勤

区委常委、政法委书记刘康忠到白涛调研政法工作

2019年，街道设以下党政综合办事机构：党政办公室、党群工作办公室、经济发展办公室（挂统计办公室、扶贫开发办公室牌子）、民政和社区事务办公室（挂卫生健康办公室、物业管理办公室牌子）、平安建设办公室、规划建设管理环保办公室、财政办公室、应急管理办公室，人大办公室单独设置，组建综合行政执法办公室。设事业单位7个：重庆市涪陵区白涛街道社区事务服务中心、重庆市涪陵区白涛街道社区文化服务中心、重庆市涪陵区白涛街道劳动就业和社会保障服务所、重庆市涪陵区白涛街道退役军人服务

白涛街道

区委书记周少政到白涛街道天星村走访贫困户

区委书记周少政走访白涛街道石门村贫困户陈启芳

站、重庆市涪陵区白涛街道综合行政执法大队、重庆市涪陵区白涛街道农业服务中心、重庆市涪陵区白涛街道村居建设服务中心。街道有党工委书记1名，办事处主任1名，人大工委主任1名，专职副书记1名，纪工委书记1名，组织委员1名，政法书记1名，武装部长（兼办事处副主任）1名，宣传统战委员1名，办事处副主任3名。街道有行政编制40名，机关后勤服务人员事业编制4名，事业编制91名（其中工勤人员编制2名）。

白涛街道党工委书记　李如华

白涛街道办事处主任 高亮

涪陵区

区委书记周少政、副书记周波调研龙桥街道麻磊村扶贫工作

区政府区长种及灵调研龙桥街道企业工作

龙桥街道位于涪陵城西长江南岸，东连崇义街道、西接蔺市镇、南靠马武镇、北眺李渡新城区，距主城10千米，2008年5月由原龙桥镇、酒店乡合并组建而成，辖7个社区、6个村共138个村（居）民小组，总人口4.19万人，总面积87.79平方千米，是集城郊、农村和工业园区为一体的城乡结合部。随着中化涪陵化工环保搬迁实质性启动、新老城区之间重要景观通道南滨路二期建成通车，龙桥街道作为新老城区发展的战略支点以及城市建设连接的重要节点，不断融入涪陵新老城区发展。街道境内长江顺境而过，南涪铁路、渝怀铁路等铁路干线横纵全境，沿江高速、南涪高速在辖区内纵横交汇，龙头港是5000吨级船舶、万吨级船队常年能够到达的长江上游的最西端港口，是铁、公、水联运枢纽港，是长江上游重要的综合物流基地，辖区供热、电力、固废处置场、污水处理厂等配套完善，是全区工业、物流经济发展的主战场。街道现有在职干部职工167人，其中行政45人，事业人员122人。

龙桥街道领导走访慰问贫困户

龙桥街道领导检查社区创文创卫开展情况

龙桥街道

龙桥街道开展“不忘初心，牢记使命”主题教育

龙桥街道庆祝中华人民共和国成立70周年升旗仪式

职工运动会

龙桥街道志愿者开展义务植树活动

涪陵南滨路二期建成通车

开展义务大扫除活动

新妙镇

区委书记周少政到新妙镇大岭村走访贫困户

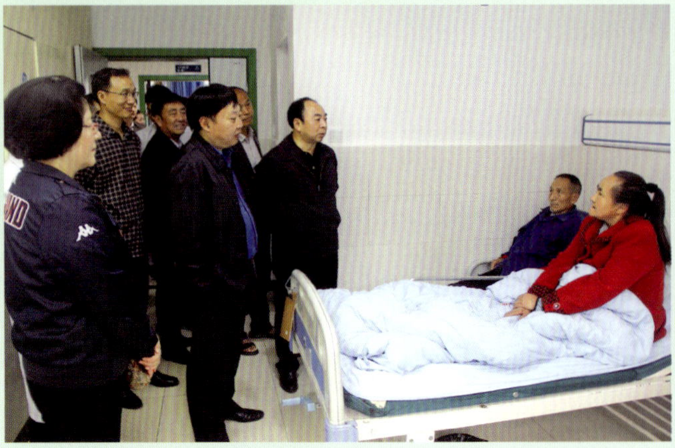

区人大;领导到新妙镇中心卫生院调研

区政协主席徐志红到新妙镇巡河

新妙古称“新庙”，因庙宇多而得名。最早有记载的是乾隆51年《涪州志》：新庙子属长滩里下二甲。1932年更名为“新妙”。新妙几经行政区划调整，至2008年为现行的新妙镇。

新妙镇位于重庆东部，涪陵西部，长江南岸，与巴南区麻柳镇接壤，镇域面积139.12平方千米，辖22个村、1个社区，总人口5.6万人。城镇建成区面积3.9平方千米，城镇长期居住人口3.8万人。有耕地面积83296亩，森林面积92404.4亩，森林覆盖率达44.3%。境内既有著名的川东古刹普陀寺、木鱼山佛教文化名胜景点和弋阳国民师范学校、刘伯承涪陵护国之役纪念馆

市国土局领导到新妙镇岔河村调研扶贫工作

市委扶贫专项督查组到新妙镇检查扶贫工作

区委常委、组织部部长喻显镔到新妙镇检查关工委工作

区委常委、统战部部长夏艺到新妙镇走访贫困户

等红色革命文化传播基地，也有梨香溪、四合竹海、木鱼山等生态旅游资源。

新妙距重庆主城（南岸茶园新区）37千米，距涪陵城区45千米，沿江高速公路、茶涪二级路(103省道)、204省道以及规划中的六横线（两江新区至涪陵龙头港）和渝万高铁贯穿全境，正在修建的南两高速（南川区—两江新区—江北机场）与沿江高速公路交汇新妙，韵达物流西南总部也入驻“新（妙）石（沱）组团”园区，具有半小时重庆主城的区位优势，是涪陵的交通副枢纽，重庆至涪陵的陆路中转站，涪陵西部最大的商贸流通中心和农副产品集散地。

新妙是全国重点镇，是重庆市级中心镇、市级历史文化名镇、重庆最具投资价值小城镇、首批全市商贸强镇、市级小企业创业基地，是涪陵区工贸型小城市、涪陵革命老区乡镇。

区政府副区长古明洪到新妙镇调研派出所建设工作

新妙镇党委书记张晓藩走访贫困户

新妙镇镇长张必文检查危旧房改造工作

珍溪镇

区委书记周少政到珍溪督导扶贫工作

区政府区长种及灵到珍溪调研

区人大常委会副主任黄华到珍溪巡河

珍溪镇位居三峡库区，地处涪陵东北长江北岸，濒临长江黄金水道，涪丰北线贯通全境。上距涪陵城区30千米，下距丰都县城40千米，1992年撤区设镇和2008年撤乡并镇两次行政区划调整后，北与长寿、垫江连界，东北与丰都县接壤，西与百胜镇相连，南与南沱镇隔江相望。全镇面积181.45平方千米，建成区面积3.82平方千米，辖25个村委会、3个居委会、195个村（居）民小组（其中174个村民小组、21个居民小组），总人口8.4万人，其中镇区常住人口2.3万人。2019年，全镇地区生产总值实现34.7亿元，同比增长8.4%；企业总产值实现34.18亿元，同比增长13%；农业总产值实现9.7亿元，同比增长10.2%；固定资产投资完

区政协主席徐志红到珍溪督导扶贫工作

区委副书记周波到珍溪督导扶贫工作

区委常委、纪委书记，
区监察委员会主任常金辉到中江船厂调研

区委常委、区政府常务副区长到珍溪调研大业矿山工作

成2.8亿元，同比增长12%；本级财政收入完成2385万元，同比增长3.92%；2019年农村居民人均可支配收入达到17586元，同比增长10.3%。镇党委、政府设党政综合办事机构26个，其中设党政综合办事机构17个，其中行政单位11个，事业单位6个，有干部职工194人。全镇公路通车里程915.59千米，其中省道17千米，县道58.29千米，乡道35.22千米，村道348.58千米，社道456.5千米。镇区内公交、客运班车路线20条，镇域内通车率达100%。

区委常委、区政府常务副区长杜海波到大业公司指导工作

市委第六巡视组巡视带巡察
第二巡查组巡察珍溪镇党委情况反馈会

珍溪镇召开企业座谈会

浙江平阳县县长黄慧等一行人到珍溪开展对口支援工作

珍溪镇举行“送新兵”仪式

区委书记周少政调研义和镇场镇建设

区政府区长种及灵视察义和中心校

义和镇

重庆市市级文明镇
重庆市市级卫生镇

义和镇位于涪陵西北部长江上游北岸，东壤涪陵新城区，西南临长江与蔺市、龙桥、石沱隔江相望，北止黄草山脊与长寿但渡镇相连。全镇面积99.45平方千米，下辖16个村（社区），139个村（社区）民小组，共4.8万余人。有长江水岸线24千米，距重庆主城区80千米，距涪陵区政府5千米，距恒大高速路口6千米，长涪高速路在辖区红春村建有高速路口。境内历史文化悠久，人杰地灵、人才辈出，素有“文化之乡”的美誉，辖区旅游资源丰富，有“涌秀”石刻、韩公韩婆、巴寡妇清、万寿桥、刘作勤庄园、巴山夜雨景区等景点，目前已形成花卉苗木、晚熟柑橘、竹笋、葡萄、火龙果、樱桃、李果等特色农业体系，每年结合“一村一品一景”举行“一汇八节”。全镇集生态农业、观光、休闲、度假为一体，是重庆市生态文明建设示范镇、重庆市市级卫生镇和重庆市市级文明镇。

副区长董代文调研扶贫项目建设情况

2019年，全镇完成地区生产总值23.24亿元，同比增长10.3%；企业总产值93.61亿元，同比增长4.1%；农林牧渔总产值5.69亿元，同比增长10.5%；城镇常住居民人均可支配收入3.92万元，同比增长8.5%，农村常住居民人均可支配收入1.63万元，同比增长9.98%；本级财政收入4002万元，同比增长18.3%，位居全区乡镇之首。

区委宣传部长徐瑛调研义和镇精神文明建设工作

重庆市民政局儿童福利处
处长谭华等慰问义和镇留守儿童

义和镇党委书记代富荣走访松柏贫困户

义和镇镇长陈熙尧入户走访贫困户

葡萄采摘节

李子采摘节

柑橘采摘节

义和镇巴山夜雨旅游中心

首届丰收节

义和镇一隅

义和镇柚子

义和镇李花

义和镇葡萄

义和镇柑橘

义和镇古树名木

马武镇

重庆市政府副市长陆克华到
马武镇开展脱贫攻坚蹲点“促改督战”

国务院发展研究中心农村部调研马武镇土地经营权入股试点工作

区委书记周少政到马武镇开展蹲点“促改督战”行动

区政府区长种及灵到马武镇督导大棚房整治工作

区政协主席徐志红带队调研马武镇四好农村路建设

2019年，马武镇坚持以习近平新时代中国特色社会主义思想为指导，认真贯彻落实党的十九大和十九届二中、三中、四中全会精神，紧紧围绕习近平总书记对重庆提出的“两点”定位、“两地”“两高”目标和发挥“三个作用”和营造良好政治生态的重要指示要求，聚力推进“三大攻坚战”“八项行动计划”“三篇大文章”等重点任务，紧紧围绕全镇“131”奋斗目标，聚焦脱贫攻坚和乡村振兴，团结和带领全镇人民奋勇拼搏，苦干实干，较好地完成了各项目标任务，在全面建成小康社会的道路上迈出了坚实步伐。全年经济指标总体平稳，其中：GDP19.93亿元，同比（下同）增长10.1%；农业总产值6.2亿元，增长6.4%；固定资产投资4.31亿元，完成区级目标任务的110%；工业总产值8.82亿元，增长7.45%；农村常住居民人均可支配收入17263元，增长10.7%；持续保持经济健康发展的良好态势。

浙江省台州市椒江区对口支援马武经济发展

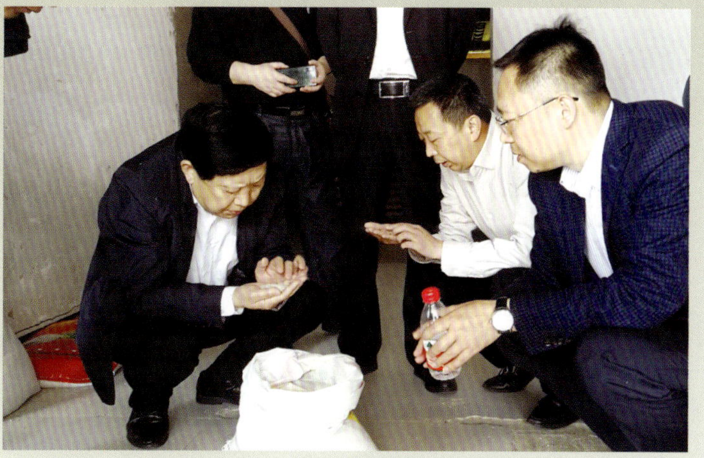

市供销控股集团总经理万仲成指导涪惠沣合作社种植基地建设

疫情期间镇长卢伟带队检查指导企业生产

组织党政领导班子成员开展革命传统教育

马武镇“不忘初心、牢记使命”主题教育部署

组织开展“我们的
节日·中秋”慰问活动

组织留守儿童参观816地下核工程

马武专职消防队连续三年
获全区技能比武竞赛第一名

涪 陵 区

区委书记周少政调研石沱镇三窍村

区政府区长种及灵来石沱调研疫情防控和春耕生产工作

市委脱贫攻坚专项督查组第7组到石沱检查，涪陵区委副书记周波陪同

石沱镇地处长江南岸，是涪陵西部的移民大镇，上距重庆城区50千米，下距涪陵城区30千米。北临长江与义和镇隔江相望，东与蔺市镇连界，南与新妙毗邻，西与长寿区和巴南区接壤。全镇辖长江航道8千米，设客货码头1个，龙海石化输油专用码头1个，渝怀铁路一线二线横穿全境，设三级客货站一个。境内属沿江、低山丘陵区，海拔高度处于150米—623米，境内最高点五堡山海拔880.8米。土壤以棕紫泥、冲积土土壤、冷沙黄泥为主，年平均温度18℃，年均降水量1000—1200毫米。全镇面积102.24平方千米，辖13个行政村、1个居委会，100个农业社11个居民小组，总人口33710人。场镇建成区面积101公顷，耕地面积4406.84公顷，其中水田2098.56公顷，旱地2308.28公顷，森林面积3613.33公顷，森林覆盖率38%。

2019年度实现地区生产总值7.91亿元，同比增长11.5%；完成规上工业总产值9758万元，全社会固定资产投资25755万元，农业增加值24855万元；完成财政收入1272万元，同比增长29.13%，其中税收收入1148万元，同比增长58.56%。城镇常住居民人均可支配收入37900元，同比增长8.5%，农村常住居民人均可支配收入14755元，同比增长10.1%，一般公共预算收入3433万元。

2019年我镇坚持以项目建设为抓手，着力推动三大攻坚战攻坚战，有序有效落实推动乡村振兴战略。一是聚精会神抓项目。完成2018年通组公路和2019年第一批通组公路，实施农业综合整治项目1个，土地整治项目3个，4个村3735户农村电网升级改造，稳步推进石沱移民迁建集镇小区综合帮扶项目和石沱移民迁建集镇小区环境综合整治等4个移民项目。二是凝聚共识抓攻坚。精准脱贫攻坚战：

区政府副区长钟涛走访石沱镇长益村贫困户

石沱镇

镇党委书记陈松涛慰问低保户罗顺强

镇领导慰问石沱敬老院老人

2019年实现脱贫9户21人，无新增贫困户，无返贫户，脱贫监测户27户67人。共开发公益性岗位26个，实施“三类”贫困人员危房改造60户，为703户贫困户规划产业，新组建12个股份专业合作社，发展壮大大山、长益、三窍3个贫困村集体经济。污染防治攻坚战：全年调查处理各类环保投诉案件30起，制止违法建设3起，督查卫片执法案件1起，整改“大棚房”问题1处，完成巡河1398人次，完成51艘渔业船舶、99名船员退捕转产工作。防范化解重大风险攻坚战：全年调解各类纠纷380件，调解成功376件实施危岩治理工程3个，完成突发地质灾害应急避险项目2个，完成加油站标准化建设2个，开展消防安全检查7次，消除各类隐患27处。扑杀生猪758头，无害化处理800余头。三是突出重点抓乡村振兴。启动石沱镇新版详规（2019—2035）的修改编制工作，划定基本农田储备区1753.38亩。深入开展“三清一改”村庄清洁行动围绕“2+X”产业发展规划，新发展中药材70亩、柑橘300亩、羌脆李550亩，有序推进农村土地承包经营权确权登记颁证工作和农村集体产权制度改革工作，实施农村建设用地复垦项目6个。

石沱镇第三届人民代表大会第五次会议

石沱镇文学艺术联合会成立大会暨第一次代表大会

涪陵区工商业联合会石沱分会第三届换届选举大会

石沱镇规划和自然资源所挂牌成立

石沱镇庆祝新中国成立70周年文艺调演（大合唱《向往》）

石沱镇落实中央脱贫攻坚专项巡视反馈意见整改工作安排部署会

南沱镇

重庆市政府副市长陆克华考察南沱脱贫攻坚

区委书记周少政调研南沱人居环境整治

区政府副区长赵昌辉调研南沱场镇建设

南沱，因地处长江南岸，长江流过半岛形成回水沱而得名，面积67.16平方千米，辖1个社区、11个行政村，76个居民小组，共计13057户，37315人，耕地面积3.65万亩，林地面积3.42万亩。西距涪陵城区24千米，东距丰都县城23千米，国道G348、涪丰石高速公路贯穿全境，拥有长江岸线28千米，码头3座，素有“涪陵东大门”之称。

近年来，南沱镇认真贯彻落实新发展理念，突出现代农业和乡村旅游两大重点，构建“1+3”现代农业产业体系，成功打造了荔枝、龙眼、柑橘、竹笋、黑猪5大特色农业名片，形成了“山水田园秀美，四季花果飘香”的乡村休

区政府副区长钟涛调研南沱“三变”改革

区政协副主席杨平走访贫困户

魅力涪陵第八届三峡库区龙眼文化节开幕式

中华人民共和国成立七十周年庆祝活动

“涪陵黑猪”产业园扶贫养殖车间启动

风向堡合作社“三变”改革首次分红

“涪陵黑猪”扶贫养殖车间分红

闲体验游产业，被评为全国农村创业创新园区、全国休闲农业与乡村旅游示范点、市级现代农业综合示范工程实施乡镇。全年完成地区生产总值14.05亿元，同比增长12.7%；固定资产投资8279万元，同比增长20%；财政收入1154万元，同比增长2%；城镇居民人均可支配收入38396元，同比增长8.9%；农村居民人均可支配收入16742元，同比增长10.1%。所辖睦和村被评为全国文明村、全国生态文化村、全国“一村一品”示范村、全国休闲农业与乡村旅游示范点、国家森林乡村；秀山村被评为重庆市文明村；睦和龙哥果品专业合作社入选全国农民合作社典型案例；重庆海林种养友好生猪专业合作社入选全国百强农民专业合作社。

采摘荔枝

采摘杨梅

脐橙丰收

龙眼丰收

焦石镇

自然资源部矿权司司长姚华军到涪陵页岩气田调研

国家财政部北京监管局副专员李臻到涪陵页岩气田调研

焦石镇位于涪陵东南部，东邻丰都县，西连江东街道，南接白涛街道，北靠罗云乡。据《焦石镇志》记载，因镇内有较多深灰色岩石，且风化后表面呈黑色，近似烧焦状，故名“焦石”。

焦石镇于1992年7月撤区建镇，全镇现辖11个村，3个社区居委，户籍人口3.1万余人。面积166.44平方千米，海拔225—1372米，森林面积15.8万亩，森林覆盖率63%，耕地面积6.8万亩。镇内可开发的旅游资源较多，植被丰富，民风淳朴，环境优美，气候宜人，着力打造的白鹿村高山生态旅游初具接待能力；文化底蕴深厚，《焦石山歌》成功申报为重庆市第四批非物质文化遗产，目前正在积极申报国家级非物质文化遗产；国家级卫生乡镇创建卓有成效，2019年9月，我镇顺利通过创建国家卫生镇专家组现场评估，即将正式命名。

2019年，全镇完成地区生产总值14.9亿元，同比增长10.3%；农、林、牧、渔业增加值2.59亿元，同比增长7%；社会固定资产投资完成6.7亿元，农民人均可支配收入预计实现16731元，同比增长10.7%；限额以上批发零售销售额完成2.3亿元，同比增长13.2%；规模以上交通运输营业收入1923万元，同比增长16%。

区委书记周少政到涪陵页岩气田调研

区委副书记周波到向阳村检查扶贫工作

区委常委、组织部部长喻显镔到焦石镇检查东泉社区党建工作

区委常委、政法委书记刘康中
调研市级贫困村坛中村中药材种植情况

区政协副主席刘加胜
到焦石中心幼儿园调研

中国工程院士李阳到涪陵页岩气田调研

重庆市警备区常委、涪陵区人武部政委
王同海检查我镇基层武装部规范化建设

重庆主城向

区委书记周少政调研增福扶贫工作

区政府副区长董代文调研增福中心幼儿园

增福乡位于重庆主城东部、涪陵西南部，地处涪陵、南川、巴南三区交界之地，是重庆主城向东第一乡。全乡面积81.8平方千米，其中耕地4.5万亩，林地8.6万亩，森林覆盖率达62.9%，负氧离子高达6.2万至11.5万个/立方厘米，海拔居208-892米。下辖9个行政村、62个村民小组，户籍人口近2万人。沪渝南线高速公路跨政区北角过境，在建南川——两江新区高速公路纵贯全乡，国道长习路和省道渝建路分别从南北、东西穿越全境。全乡山清水秀，溪流纵横，自然环境优美。现有百岁老人4人，96—99岁12人，90—95岁64人，高龄比例接近全区水平的5倍，素有“增福”“延寿”之美誉。

增福乡领导班子成员11名，行政内设机构7个，分别是党政党群办、财政办、经发办、平安建设办、民政和社会事务办、人大办、高协办。下属事业单位部门6个，分别是农业服务中心、劳动就业和社会保障服务所、村镇建设服务中心、文化服务中心、综合行政执法大队、退役军人服务站。直管部门6个，分别是国土所、派出所、司法所、卫生院、教管中心、市场监管所。乡党委下辖12个党支部，党员712名。乡属机关事业在编职工68人，退休干部13人，大学生村官2人。

2019年，全乡经济社会发展实现了稳中向好的发展态势。全年实现地区生产总值55369万元，同比增长7.5%。农业总产值29505万元，同比增长6.9%。工业总产值27160万元，同比增长12%，固定资产投资18187万元。农民人均可支配收入15580元。地方本级财政收入475.5万元。全乡综合实力明显增强。

近年来，我们成功创建为国家卫生乡，市级文明乡、生态乡和市级应急管理示范乡镇，增福土鸡取得重庆市著名商标、重庆名牌农产品、国家地理标志证明商标、绿色食品认证等。场镇、交通、水电气等基础设施不断完善，社会民生得到进一步保障，安全稳定持续巩固。

东第一乡

——增福乡

乡党委书记田景林和乡长张涛调研永红村阵地建设

增福土鸡形象雕塑

增福乡成功创建国家卫生乡

增福乡开展不忘初心，牢记使命主题教育活动

全民健身运动会

农民丰收节暨农事趣味运动会

涪陵区

区委书记周少政在干龙坝参加传统榨菜拌料

罗云乡位于北纬29°43′30至29°48′57,东经107°28′21至107°38′10,地处涪陵区东部，东与丰都县湛普镇、包鸾镇接壤，西邻江东街道，南邻焦石镇，北接清溪镇、南沱镇，距离涪陵城区38千米，全乡海拔高度在385至1200米。

镇、包鸾镇接壤，西邻江东街道，南邻焦石镇，北接清溪镇、南沱镇，距离涪陵城区38千米，全乡海拔高度在385至1200米之间。

全乡面积72.8平方千米，辖8个行政村和1个社区，42个村（居）民小组，耕地1559公倾，林地3392.7公倾，森林覆盖率46.6%。全乡6551户18020人。全乡现有党支部17个,其中农村党支部9个；共有党员681名；乡政府在编干部67人，其中行政干部31人，事业干部336。

罗云乡工作目标：一是结合乡村振兴和我乡实际，初步谋划了“3+3+X”特色农业产业发展思路。在保障粮食生产安全基础上，巩固青菜头、烤烟、核桃三大现有产业种植规模，积极发展中药材、蚕桑、孔雀等三大新兴种养殖产业，鼓励发展红心猕猴桃、李子、梨子、花椒等小特精产业，力争到2020年，保持青菜头22000亩、烤烟3000亩、核桃5000亩的种植规模，新发展中药材5000亩、优质蚕桑3000亩、孔雀10000只。二是围绕绿色矿山创建目标，积极推动顺志、浩洋、龙源等升级改造，创建绿色矿山，加快推进龙凤石矿业建设，形成符合生态文明建设要求的绿色矿业发展新模式。三是依托本乡生态和红色资源，着力打造铜矿山高山农业旅游康养和罗云坝、干龙坝田园乡村旅游以及红色旅游融合发展模式。

区人大常委会副主任项显文到文昌宫村蹲点促改座谈会

罗 云 乡

党委书记殷志勇到非煤矿山龙凤石检查安全

池沱坝全景

乡长陈伟在铜矿山参加义务植树

干龙坝村全景

党委书记殷志勇、乡长陈伟给罗云乡的涪陵区
2018年度孝顺儿女、文明市民、十星文明户颁奖

红军文化广场效果图

区委书记周少政一行到乡专题研究
市级自然保护区违法违规问题整改工作

区委副书记、区政府区长种及灵，区政府副区长钟涛
一行来乡专题研究市级自然保护区违法违规问题整改工作

大木乡坚持以习近平新时代中国特色社会主义思想和党的十九大、十九届二三四中全会精神为指导，认真贯彻落实市、区的战略部署和工作安排，坚持生态立乡、旅游强乡的工作定位，以乡村振兴试验示范统揽农业农村工作全局，深入实施农旅融合的产业调整和转型升级，全力打好乡村振兴、生态环保、民生幸福、安全稳定和党的建设五大攻坚战，全乡经济社会保持平稳健康发展。

区委组织部部长喻显镔9月24日到乡
指导“不忘初心 牢记使命”主题教育开展

大木桃花节

大木乡党委书记夏晖走访贫困户

大木剪纸活动

大木乡接受创国家园林城镇检查

大木山货

大木林下花园

绣球花开

武陵山乡

武陵山乡地处涪陵区东南端，面积132.46平方千米，耕地面积20385亩，地质多为“卡斯特地貌”。最高海拔1968.3米，最低175米，森林面积17.7万亩，森林覆盖率达82.7%，是涪陵区最大的林区乡，森林资源十分丰富。距离涪陵主城区38千米，距重庆主城区108千米。全乡辖7个行政村（社区），39个村（居）小组，共3481户，8841人，其中少数民族48人。全乡有11个党支部，362名党员。在编干部75人，行政干部29人，行政工勤5人，事业干部41人，大学生村官1人。2019年，全乡农村居民可支配收入实现15969元，旅游业收入达3.9亿元，农村居民储蓄余额实现2.92亿元。境内旅游资源丰富：有4A及风景区武陵山大裂谷，有传统村落——角帮风情古寨，有佛教寺院——金山寺。先后荣获“市级卫生乡镇”“市级特色小城镇”“市级最佳绿化城镇”“市级文明乡标兵”“市级优秀绿化单位”“市级休闲农业与乡村旅游示范乡镇”“全国特色景观旅游名镇”和“重庆市第三届人民满意公务员集体”“全国美丽宜居小镇”“国家卫生乡镇”“国家园林城镇”等殊荣。

区委书记周少政参加武陵山乡专题民主生活会

武陵山乡创建“国家级卫生乡”迎接国家专家组检查

区委常委、组织部部长喻显镔调研走访慰问贫困户

区委第二巡察组对武陵山乡党委开展巡察工作

黔南州来武陵山乡交流交通道路管理工作

石柱县有关领导到武陵山乡参观交流“国家卫生乡”创建工作

武陵山乡第六届人民代表大会第七次会议

北京软实力创新教育公司捐助我乡贫困家庭

武陵山乡配合承办全国国际象棋大师赛

武陵山乡开展建党98周年系列活动

武陵山乡开展安全生产月应急演练活动

百胜镇

百胜镇地处涪陵区北部，距城区约15千米，面积147.37平方千米，镇辖19个行政村、1个社区，140个村（居）民小组，总人口5万余人。主导产业以农业为主，经济类作物以榨菜为主，有“榨菜之乡”的美誉，拥有“全国农产品加工示范基地镇”“重庆市级榨菜特色产业基地镇”等美称。

2019年，在区委、区政府的坚强领导下，在区级各部门的大力支持下，百胜镇坚持以习近平新时代中国特色社会主义思想为指导，深入贯彻落实新发展理念，全力推进“两学一做”学习教育常态化制度化，扎实开展“不忘初心、牢记使命”主题教育，在重点工作上发力，在难点问题上攻坚，在薄弱环节上补短，实现全镇经济快速、健康、协调发展和社会全面进步。全年GDP总量231295万元，同比增长7.4%；农业增加值53915万元，增长4.7%；规上工业企业11个，总产值192586万元，增长2.6%；农村常住居民人均可支配收入17383元，增长10.7%；城镇常住居民人均可支配收入39508元，增长9.5%；本级财政收入1002万元，增长39.36%。

重庆市政府副市长陆克华调研红花村脱贫攻坚工作

区委书记周少政调研隆兴村脱贫攻坚工作

市人力社保局副局长苏静在百胜镇
葛亮村调研就业扶贫政策措施落实情况

百胜镇第三届人民代表大会第七次会议

百胜镇文化站组织送文化下乡文艺演出活动

百胜镇参加庆祝祖国70周年音乐合唱会

青羊镇

——千年古镇 庄园之乡

镇党委书记张建镇党委副书记、镇长况琼
陪同区委书记周少政在青羊镇群英村慰问贫困户

镇党委书记张建陪同
区人大常委会主任李景耀在青羊镇调研

镇党委书记张建镇党委副书记、镇长况琼
陪同副区长赵昌辉调研青羊镇脱贫攻坚工作

青羊镇庆祝新中国成立70周年

青羊因1082年修建文昌宫时发现东部山崖石壁刻有一羊而得名。青羊镇于1992年由原涪陵市青羊、双石两乡合并而成，北距涪陵城43千米。全镇面积107.64平方千米，辖9个行政村，2个居委，70个村(居)民小组。2019年，全镇地区生产总值8.983亿元，农业总产值2.0007亿元，农村常住居民人均可支配收入达到15728元，完成财政公共预算收入1202万元，完成本级可用财力3266万元，完成固定资产投资2608万元。

青羊镇交通区位优势明显。目前正在修建的马龙一级路、南两高速路建成通车后，青羊将具备10分钟上高速，半小时内到达涪陵的便利交通优势。同时青羊与相邻周边区、镇四通八达，现已逐步成为涪陵坪上交通枢纽中心。

青羊镇历史文化底蕴深厚。被誉为“千年古镇、庄园之乡”，是涪陵人文历史旅游资源最丰富的乡镇，有“西部民居瑰宝”陈万宝庄园古建筑群，有千年历史文化沉淀的青羊铺古遗迹群，有建于清代的神仙桥、十三洞桥，有雕刻精美、保存完好的古墓群和充满神秘传说的古寨堡，还有历史悠久的青羊民歌、莲萧、八排锣鼓及农耕文化。

青羊镇自然生态环境优美。年均气温16−18℃，气候温润，植被良好，森林覆盖率约56%，平均海拔在最适应人类居住的700−800米。镇内东南大梁子山脉逶迤而过，长领岗山、铁深宝山、雨台山、天井寨山、华龙坡山等数百座丘陵山地。有龙潭河、青羊河、同乐河等数十条河流环绕交汇。更有因升起缕缕青烟而得名青烟洞瀑布。

青羊镇金字招牌享誉国内。先后成功创建为市级历史文化名镇、市级环境优美乡镇、市级文明镇，2019年获批为第七批中国历史文化名镇（涪陵区唯一一个国家级历史文化名镇），政府所在地的安镇村也被评为全国第一批传统村落、全国第六批历史文化名村，是迄今为止重庆市唯一的一个中国历史文化名村。

今后几年，青羊镇将按照区委、区政府整体部署，紧密结合镇情，以“打造中国历史文化旅游名镇”为工作主线，稳步推进乡村旅游开发建设，努力打造和谐美丽新青羊。

陈万宝庄园百年樱花树

蔺 市 镇

人大代表调研农村饮水工作

蔺市镇位于涪陵西郊，地处长江南岸，距涪陵城区20千米，距重庆主城60千米。全镇面积163平方千米(集镇建成区面积2.2平方千米，耕地面积6905公顷，森林面积7130公顷，森林覆盖率50%,)，下辖17个村、7个社区，人口5.2万人（集镇常住人口1万余人），基层党组织39个，党员2021人。通过不懈努力，蔺市镇已连续5年经济发展总量保持全区乡镇第一，15次被评为涪陵区红旗乡镇。2016年入选首批中国特色小镇，是全国重点镇、全国特色景观旅游名镇、全国文明村镇，凤阳村被评为全国第三批传统村落。

2019年，是蔺市经济社会发展难中求进、稳中向好的一年。蔺市镇坚持以习近平新时代中国特色社会主义思想为指导，在区委、区政府和镇党委的坚强领导下，认真落实区委作出的在全市“一圈两群”协调发展中担当更大使命、实现更大作为，加快打造成渝城市群区域性综合交通枢纽、重庆市区域性中心城市、重庆重要的现代制造业基地、重庆建设内陆开放高地的重要支点和长江上游重要生态屏障区部署要求，紧紧围绕镇党委提出的“1673”工作思路，以推动蔺市全域旅游建设为工作主线，抓实城镇提升和乡村振兴两大基本面，坚决打好“三大攻坚战”，以国家园林城镇和国家卫生镇创建为工作抓手，全力以赴稳增长、调结构、谋发展、惠民生，朝着高质量发展、高品质生活的美丽蔺市幸福蔺市迈出了坚实的一步。2019年，全镇实现地区生产总值20.75亿元，同比增长8.5%。总量继续保持全区乡镇街道第一，城乡常住居民人均可支配收入分别增长10%和11.1%。

助农砍收青菜头

建成区房屋立面改造

蔺市连二村油菜花

连二村墙绘

洁小青徒步活动

涪陵区龙潭镇

区委书记周少政到龙潭调研扶贫工作

区人大常委会副主任于淑萍到龙潭调研扶贫工作

区委副书记周波慰问道德模范杨德碧

2008年，涪陵区乡镇体制调整时，原新村乡、龙潭镇合并为龙潭镇。龙潭镇位于涪陵区西南边缘，镇政府距涪陵主城区60千米，距南川43千米，距重庆主城90千米。总面积129.3平方千米，其中场镇建成区面积1.5平方千米，辖22个村（居）委会，123个村（居）民小组；有1.6万户4.7万人，其中城镇常住居民1.5万人。龙潭镇全年地区生产总值达到11亿元，同比增长（下同）8.3%；固定资产投资完成1.41亿元，增长17.5%；农业总产值3.61亿元，增长8.5%；农业增加值2.86亿元，增长8.9%；农村常住居民可支配收入15932元，增长12.2%；财政收入580万元；全镇2019年底存款余额7.76亿元，贷款余额0.58亿元。龙潭镇是重庆市级中心镇、重庆首批“民间文化艺术之乡”，有重庆市级重点中学一所（涪陵十七中）、甲级乡镇卫生院一所（龙潭中心卫生院），龙潭八牌锣鼓是第三批重庆市级非物质文化遗产名录，义和村杨德碧是全国孝老爱亲道德模范，大寨村杨安容是全国三八红旗手、感动重庆十大人物。

不忘初心、牢记使命专题教育党课

70周年全民运动会

稻香节

清溪镇

区委书记周少政检查清溪镇疫情期间重点项目复工情况

清溪镇位于涪陵区东部，距涪陵城区12千米，是涪陵再生有色金属特色产业园所在地和涪陵城市四大功能组团之一。全镇面积80平方千米，辖10个村（社区）、84个村（居）民小组，人口3.3万。

2019年，实现GDP12.8亿元，同比增长7.1%；城乡居民人均可支配收入分别达到38854元和15984元，分别增长8.4%和9.8%；规上工业企业总产值4.64亿元、固定资产投资1.5亿元；地方财政收入实现2317万元，增长11.5%。

滨江风貌特色镇建设拉开帷幕，涪四中滑坡治理工程、中心校运动场主体工程已完工；三环干线西段路面硬化、清溪大桥两岸绿化、涪丰高速匝道升级扩宽至双向四车道及配套2个市政花园等多个城镇重点项目已先后启动。完成“五沿”民居风貌整治，拆除钢架棚371户37000平方米，开展沪渝南线高速沿线民居风貌整治，完成平改坡195户18000平方米。

2020年，清溪镇将进一步贯彻上级决策部署，按照“135”工作思路，积极作为，努力在成渝地区双城经济圈建设实践中展现更多风采、实现更大作为。

区长种及灵检查清溪镇疫情防控工作

区委常委、区纪委书记、
区监委主任常金辉走访清溪镇建卡贫困户

镇党委书记刘原椿遍访贫困户

镇长张言浩检查丰收村公路建设情况

全体镇领导到涪陵
页岩气1号井参观学习

全体镇领导到区廉政
教育基地接受廉政教育

全体镇领导开展蹲点式调研

大顺乡

重庆市市级生态文明建设示范乡

大顺乡地处重庆东南、涪陵西南部，系革命老区乡镇之一，是重庆市市级生态文明建设示范乡、市级卫生乡镇，是中国传统村落保护发展市级示范点。全乡面积96.97平方千米，辖11个村（社区）76个村（居）民小组2.4万人，常住人口1.2万人。区位优势明显，南两高速、马武至大顺的一级公路建成后，大顺至重庆、涪陵和南川城区均可在40分钟内到达。自然资源丰富，有耕地5.8万亩、林地7万亩、林草覆盖率达68%，有水库16座、山坪塘534口，半径25千米范围内无工业污染源。辖区主要特色农产品有涪陵红茶、有机大米、生态鱼、蓝莓、南方早熟梨、李子等，其中涪陵红茶是涪陵本地产的茶叶加工而成。60年代当地百姓开始改良种植茶叶，主要以涪陵红茶制作为主，因涪陵独特的自然环境产出的茶叶，制作的涪陵红茶内涵物质丰富，色泽乌润，条索紧秀，内质香气高纯，汤色亮红。冲泡后，似蜜糖香，又蕴含自然花香，因独特的品质曾出口前苏联。历史文化厚重，有李蔚如烈士陵园、旧居，李家祠堂，民国初期中西合璧建筑典范“洋房子”，原川东第一古刹天宝寺遗址，农耕时代独具军事防御功能的天保大寨及48道寨门，清乾隆年间的太子太傅、兵部尚书、工部尚书周煌墓，有大顺、大田2个中国传统村落75处古民居等。

副市长陆克华到大顺调研脱贫攻坚

全区乡村振兴及脱贫攻坚现场会在大顺召开，实地考察中药材种植基地

大顺是一幅泼墨的山水画，是一首风情的田园诗。有道是“顺水顺风顺心，宜游宜商宜居”正是大顺的真实写照。热忱欢迎社会各界有识之士前来大顺考察投资、观光旅游，共谋发展！

2+X产业中药材拆挖现场会

2+X产业中药材金荞麦种植现场

重庆工贸

党委书记 马传松

院长 宋正富

重庆工贸职业技术学院是重庆市人民政府举办的全日制普通高等职业学校，自1936年建校以来，为国家培养了7万余名技术人才和管理人才。

学院占地27.85万平方米，校舍面积16.4万平方米，固定资产4.7亿元，馆藏图书57.43万册，教学实训仪器设备总值7366万元，有9个校内生产性实训基地、151个校内实训室。

学院现有教职工352人，其中专任教师297人。教师中有硕士及以上学位82人，教授13人，副教授108人，双师型教师199人，重庆市高校中青年骨干教师4人，全国行业职业教育教学指导委员会委员4人，全国技术产品文件标准化技术委员会委员1人，涪陵区名教师2人，还聘请了一批实践经验丰富的兼职教师。

学院设有财经学院、机电工程系、生物化学工程系、建筑工程系、汽车与电子工程系、艺术与文化传播系、曙光学院、国际教学部，开办会计、智能控制技术、药品生产技术、汽车检测与维修技术、建筑工程技术、学前教育等41个专业，有中央财政支持的实

成立学院理事会

开展“不忘初心、牢记使命”主题教育

推进“丝路学院”建设

职业技术学院

CHONGQING INDUSTRY & TRADE POLYTECHNIC

训基地4个、国家级骨干专业2个，重庆市骨干专业5个、重庆市高等职业院校应用技术推广中心1个、市级精品开放课程（精品视频公开课）5门、市级教学团队1个。学院在校生10481人，毕业生就业率98%以上。

学院秉承“厚德博学强技创新”的校训，坚持“突出高等性、保持职业性、体现区域性”的办学思路，树立“能力为本，就业为先，全面发展”的育人理念，探索和实践“校地、校企、校校合作”的协同办学模式，实施“行业、企业、专业相衔接设置专业，岗位、能力、课程相衔接开发课程，政府、学校、企业相衔接建立人才培养体制机制”的“三个三衔接”人才培养模式和“思政教育立德树人、专业教育强化技能、人文教育提升素质、强身健体锻造体魄”的“四位一体”素质教育模式，培养专业有特长、就业有优势、创业有能力、提高有基础、发展有空间的“五有”人才。

成立混合所有制二级学院

深化二级学院改革

学院以深化产教融合、校企合作为主线，以专业建设为重点，对接“中国制造2025”、重庆“6+1”支柱产业及“2+10”战略性新兴产业，服务国家战略和地方经济，建设以智能制造、药品食品、汽车与电子、财经商贸为主要特色，以工为主，工贸结合的专业群，为区域经济社会发展提供人才支撑。学院建立稳定的校外实习实训基地，组建“华通智造班”“华晨鑫源班”等现代学徒制订单班。学院是重庆市高技能人才培养基地，重庆市“企业科技特派员——百人计划行动”首批派出单位。

开展对外合作交流

学院是重庆市优质高等职业院校建设项目立项建设单位、重庆市示范性高等职业院校、高职高专人才培养工作水平评估“良好”学校、全国平安和谐校园、全国德育管理先进学校、重庆市文明单位、重庆市文明校园、重庆市依法治校示范校、重庆市平安校园、重庆市语言文字规范化示范校、重庆市园林式单位、重庆市职业教育先进集体、新中国成立60年重庆教育功勋特色高职院校。

重庆市涪陵城区第六小学校

领导指导防疫工作

学校位于涪陵区人民东路4号，创办于1913年。2018年，形成了南门山校区、乌江校区两大校区格局。

学校占地面积27469平方米，建筑面积29808平方米。学校现有92个教学班，5092名学生，在职教职工250人。专任教师中有名校长1名，市、区级名教师5人，区级科技拔尖人才5名，市、区级学科带头人、骨干教师81名

一年来，涪陵城六校深入实施精细化管理，围绕“好老师、好学校、好教育”工作总要求，按照“一个统领、三个坚持、一个目标、四个核心”的工作总思路，全力创办老百姓身边的好学校。

一是扎实推进党建工作。开展“守教育初心，担教师使命”活动学做合一；“六校榜样”引领比学赶超；“主题党日”活动镌刻红色烙印；“壮丽70年，唱响新时代”文艺展演抒发爱国真情怀；“学习强国”晒积分照亮向党红心。

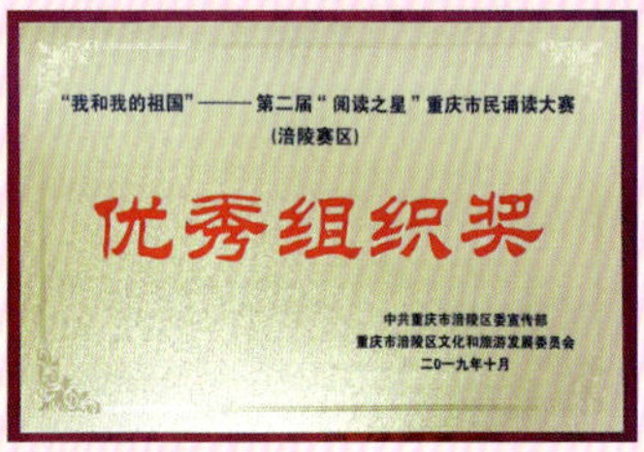

二是深入推行教学常规精细化管理。“六重六强”推行“管班提质”。深入推进“生态课堂”建设，推行“导—学—生—成”要素课堂，着力打造灵动、有生命力的生态课堂。实施“1231”读书工程，不断提高师生学识和修养。

三是行为导航立德树人。坚持德育工作训研结合，锻造“有范”好老师；知行相映，培育文明好少儿；行为导航，点亮德育好品牌；活动载体，丰富品行新体验。全年共开展主题活动10次，评选出两批次共计348名文明礼仪标兵。

革命传统教育主题党日

四是深入实施素质教育，综合成效彰显。学校着力建设“臻善为美”的校园文化，打造“共生共荣”的师生共同体，实施课程辅助活动、阳光体育活动，取得显著成效。学校获涪陵区2019年小课题成果评比一等奖，涪陵区第十九届小学生篮球比赛（城区女子组）第一名，教育系统“我身边的党员好故事”展演一等奖，涪陵区第二十届幼苗杯国际象棋学校冠军赛第一名，获第二十一届重庆市涪陵区青少年科技创新大赛优秀组织奖，第二十一届全国小学生作文大赛作文教学先进单位，航模比赛全区一等奖，科学素养大赛全市一等奖。中国国际科技促进会同意设立我校为“青少年人工智能教育示范基地”。

我们将继续以开拓进取的工作作风，谦虚谨慎、互相合作的工作态度，坚定不移地走生态教育特色学校发展之路，推动学校整体发展，真正让师生员工活出精彩。

“我和我的祖国”文艺演出

“新时代好少年，我为祖国点赞”朗诵比赛

我是一名光荣的中国共产党党员

涪陵区结核病防治所

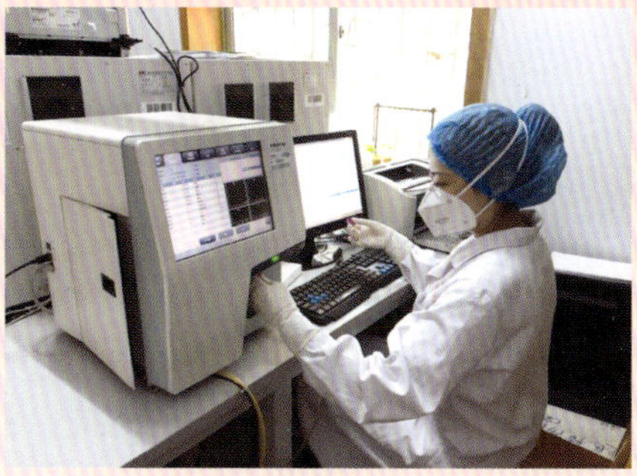

血常规检测

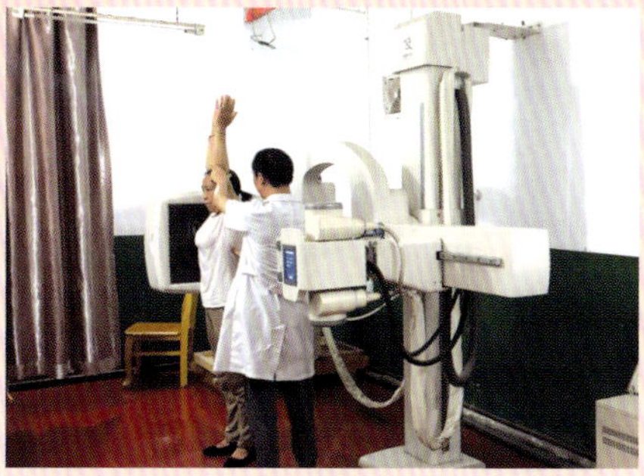

DR影像系统

CRP检测仪

涪陵区结核病防治所（简称区结防所）成立于1988年4月，是区卫生计生委直属全额拨款卫生事业单位。区结防所位于涪陵城区实验路5号，占地面积667平方米。业务用房863.54平方米。自成立以来，先后实施世界银行贷款中国结核病控制项目（简称卫V项目），世界银行贷款/英国赠款中国结核病控制项目（简称卫X项目）、全球基金项目、中国－盖茨基金项目以及疾病控制等项目。

目前，全所有职工20人，其中在职管理人员3人，副主任医师1人、主治医师1人、主管检验师1人、医师4人、检验士2人、护师1人、护士1人，其他专技及工勤人员8人。现设有门诊部、防治科和办公室及检验室。现有DR影像系统、全自动生化分析仪、全自动血球计数仪、彩超、心电图机、溶解曲线快速检测仪等医疗检查设备。

区结防所是全区唯一结核病专业防治机构，执行国家结核病免费政策，减轻结核病人负担。致力于为群众健康提供结核病防治服务。主要承担结核病防治政策和防治知识宣传；承担结核病疫情分析、检测和处置；承担结核病防治指导和重点人群防治；承担结核病患者诊断、治疗和规范管理工作；承担区卫生健康委交办的其他工作任务。单位核准登记有内科、结核病科、医学检验科、医学影像科和中医科等5个诊疗科目。已建成片区中心实验室。拥有DR影像系统、全自动生化分析仪、全自动血球计数仪、彩超、心电图机、结核分枝杆菌快速检测系统（蓝谱生物）、结核分枝杆菌耐药检测系统（溶解曲线）等医疗检查设备。

到高校进行街头宣传

高二学生筛查

高笋塘大屏幕宣传

学校结核病知识讲座

重庆市涪陵

涪陵区中心血站成立于1993年7月1日，位于涪陵区太极大道31号，是重庆市渝东片区区域性中心血站，目前承担涪陵区、武隆区、丰都县、石柱县等两区两县共计260余万人口，100余家医疗机构临床用血的保障工作。按照市卫健委血液集中化检测部署，2018年新增对长寿区的血液核酸检测任务。

建站20年来，在党的卫生工作方针的指导下逐步发展成为功能齐全、技术精湛、设备先进、管理科学的采供血机构。血站现有职工68人，其中高级职称8人，中级职称18人，卫生技术人员比例占77%。设有9个职能科室。现有业务用房4000平方米，拥有费米—2420前后处理系统、E—STAR全自动酶免分析系统、全自动生化分析仪、血液辐照仪、全自动核酸检测系统、储血冻库、3台采血车、4台送血车、1辆献血房车、1间献血屋等采供血关键仪器设备350多台，所有冷链设备实行24小时监控管理，

团结的领导班子

接受创卫公共卫生与医疗服务专项
国家级技术评估对献血服务科现场检查评价

开展“微视频党课开讲啦”活动

开展夏季新冠肺炎疫情防控培训

区中心血站

连续5次向湖北恩施、宜昌、荆州
三个疫情高发地支援血液220000毫升

在涪陵区人大、政协机关开展无偿献血宣传、招募、采集活动

实现信息化管理采供血业务和相关服务全过程，建立与社会联系沟通的公众信息平台。

认真贯彻落实“一法两规”，以血液质量为核心，坚持源头管理和过程质量控制，确保向用血医院提供100%的符合国家标准的血液。年供血量约10吨，开展红细胞悬液、机采血小板、冰冻红细胞等10余种成分血。目前成分输血比例达98%以上，标志着本区在科学用血、合理用血方面已迈进了国内先进行列。

在涪陵区人民医院开展
无偿献血宣传、招募、采集活动

目前本采供血辖区内自愿无偿献血者已突破22万余人次，固定献血者2万余人，成分血捐献者近5000人，400毫升献血率达80%。本区连续获得3次“全国无偿献血先进城市”的荣誉，本区共174名献血者荣获“全国无偿献血奉献奖金奖”。

开展“献血百次达人和稀有血型”表彰座谈会

开展6•14世界献血者日活动

在重庆红岩革命历史博物馆
参观白公馆开展“缅怀革命先
烈 弘扬革命精神”主题教育活动

重庆首键医药包装股份公司

区政府区长种及灵调研工作

重庆首键医药包装股份公司（以下简称“首键药包”）成立于2008年，位于重庆市涪陵区聚龙大道204号，是一家专业从事药用瓶盖研发、生产、销售于一体的高新技术企业。2015年11月6日在全国中小企业股份转让系统正式挂牌上市（证券简称“首键药包”，证券代码“834071”），2016年获“全国新三板优秀创新企业”。

首键药包自成立以来，坚持以“科技领先、智能制造、首键药包、安全可靠”的发展理念，致力于医药事业的创新发展，斩获了一系列科技创新成果，现拥有自主知识产权20多项，是重庆市打造医药产业链上关键的一环，是全国众多制药企业的战略合作伙伴。

近年来，公司获得了“创新基金培育企业”“高新技术企业”“专精特新”中小企业、重庆市“新型研发机构”、重庆市认定“企业技术中心”“重庆市数字化车间”“重庆英才•创新创业示范团队” 等殊荣。公司董事长唐光文获“涪陵区拔尖人才”“重庆英才•创新创业领军人才”“涪陵区第四届劳动模范”称号。

庆祝祖国成立70周年董事长讲话

联合研发创新中心暨首瀚智能揭牌仪式

2016年新三板挂牌敲钟仪式

2020年初，新冠肺炎疫情爆发，首键药包闻“疫”而动，迅速复工复产，用“小瓶盖”发挥抗疫“大助力”，确保了多家药企抗病毒药品的顺利生产，并带头捐款捐物，以实际行动践行了一个民营企业的社会责任，相关事迹获中国新闻网、重庆电视台、重庆日报、今日头条、大国人才报等众多主流媒体多次报道。

口罩捐赠仪式

首键药包坚持以科技创新赢得未来，在发展道路上创新突破，以“追求卓越质量、打造行业标杆”为目标，全心全意致力于医药事业，立足品牌建设、深耕医药产业链，以信息化带动工业化，以工业化促进信息化，充分发挥人才、资源、科研实力优势，立足西南，面向全国，放眼世界，打造成全国具有影响力的科技研发型制造企业！

数字化车间一角

重庆市通信产业服务有限公司涪陵分公司

重庆市通信产业服务有限公司涪陵分公司成立于2007年12月4日，隶属于中国通信服务股份有限公司。

公司主要经营范围：通信工程勘测、设计、施工；国家、地方通信干线工程建设和通信运营商网络托管维护服务；通信设备安装及维护；通信信息化、建筑智能化等工程项目。

作为全球最大电信基础设施服务提供商、千亿级央企，公司秉承“上善若水”企业文化，坚持全面创新、求真务实、以人为本、共创价值的服务理念，在助力三大电信运营商企业网络建设、通信保障的同时，深化创新转型，加快智慧领域的集团客户拓展，参与完成政府、企事业单位多项工程建设，在业界树立了良好的企业形象。

分公司领导带队勘查龙冉项目

5G隧道基站施工

2019年中国通服主要获奖情况：

2019年《财富》中国500强第86位

2019年《福布斯》全球2000强-世界最大上市公司

2019年“金港股上市公司评选”中荣获“最佳TMT股公司”及“最具社会责任上市公司”奖项

2019年中国软件和信息技术服务综合竞争力百强第五名

2019年中国电子信息行业十大领军企业第四名

2019年重庆服务业企业100强（重庆通服）

2019年主要项目情况：

涪陵电信公司5G试点基站建设项目；

涪陵铁塔公司土建、外市电、电源配套、室分项目；

重庆龙冉100万方日天然气液化工厂35KV变电站及钢结构安装工程；

涪陵区武陵山旅游区公共安全应用管理系统项目；

涪陵金科博翠府、集美郡、长江星辰弱电智能化项目；

2019年重庆智博会通信保障。

重庆四合燃气有限公司

公司开展应急抢险桌面推演

公益环保宣教培训

公司开展消防安全培训

重庆四合燃气有限公司（以下简称“公司”）是涪陵区政府为解决工业企业能源瓶颈而招商引进的一家主营供气、输气两大业务的专业燃气公司。由中石化龙禹天然气有限公司、重庆燃气集团股份有限公司、重庆远能投资有限公司、重庆涪陵能源实业集团有限公司等股东共同出资组建。公司成立于2012年3月，注册地在涪陵白涛化工园区，注册资本9000万元。

公司拥有中石油、中石化“双气源”。中石油气源来自涪陵石沱中石油南干线东段长江西分输站。中石化气源来自中石化涪陵白涛门站（承接焦石页岩气）和长寿川维末站（承接普光气田和元坝气田的天然气）。公司主要承担向涪陵白涛化工园区、龙桥工业园区及拓展区、清溪工业园区新增工业用户供气，同时，跨区域代输部分页岩气至长寿，满足长寿经开区部分工业企业用气，并与重庆燃气集团管线并网，将涪陵页岩气输入主城，分输到各区县。

公司设有股东会、董事会、监事会，其中股东代表（法定代表人）4人，董事9人，监事5人。公司内设财务部、生产运行部、安全环保部、工程部、材料设备部、销售部、行政人事部。现有职工72人，外聘巡线队22人。其中董事长1人，总经理1人，副总经理2人，财务总监1人，中层管理人员9人，具有高级职称2人，中级职称7人。

2019年供输气总量6.38 亿方，同比增长28.6%。其中，销售天然气4.48亿方，代输天然气1.9亿方，实现利润总额1960.22万元，同比增长394.13%。

公司项目招投标

重庆祥龙天然气有限公司

重庆祥龙天然气有限公司是经中石化和涪陵区政府批准，由龙禹天然气有限公司（占股50%）和重庆涪陵能源实业集团有限公司（占股50%）合资设立的一家国有公司，公司成立于2015年1月，注册资本金2亿元。

祥龙天然气公司紧紧围绕武陵山天然气管道，主营管道天然气输送、销售和液化天然气（LNG）贸易等，主要依托中石化南川水江页岩气和涪陵焦石页岩气双气源优势，大力发展武陵山沿线渝东南、黔东北及湘西地区的天然气业务。初步形成以武陵山天然气管道为基础，逐步延伸、覆盖重庆渝东南、湖南大湘西、贵州铜仁、湖北鄂西等地的跨省区域性地方气网。

武陵山天然气管道工程起自涪陵页岩气田中石化白涛增压站，经重庆市涪陵区、武隆区、彭水县、黔江区、酉阳县，到酉阳县大溪镇与湖南省规划的天然气管网交界处止，管道全长260千米，设计压力10MPa，管径DN400，设计最大输气能力12.5亿立方米/年，沿线设武隆、彭水、黔江、酉阳4个分输站场和9座阀室。其一期工程涪陵到黔江段已于2018年2月2日投产通气；二期工程黔江到酉阳段于2019年6月6日主体工程完工，2020年6月22日配套湖南花垣段管道正式投产，标志着涪陵页岩气正式打通湖南大湘西市场。

重庆三爱海陵实业有限责任公司

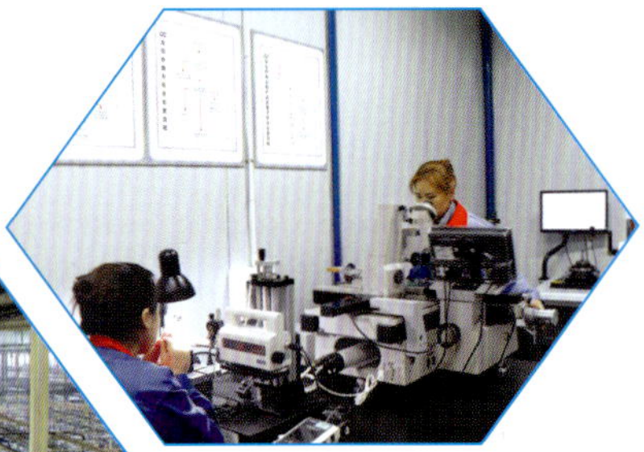

公司1965年由上海内迁至涪陵，是中国历史最悠久、世界产销规模最大、市场占有率最高的汽车发动机进排气门产品制造商，是中国内燃机工业协会常务理事和多项行业标准制定单位，是奥迪、大众、通用、福特、一汽锡柴、广汽丰田、长安、吉利、奇瑞、BYD等全球众多知名品牌汽车的战略合作伙伴。公司通过了IATF16949国际质量管理体系、ISO14000职业健康和OHSAS18000环境管理体系认证审核。装备水平、研发能力、制造工艺、生产环境等处于国内领先地位，关键的制造、检测设备达到国际先进水平。现气门产品年产能达2.2亿只。

享有“国家高新技术企业”“中国驰名商标”“中国内燃机零部件行业排头兵”“全国工业品牌培育示范企业”“德国大众集团全球优秀供应商”“长安QCA卓越质量供应商”“重庆市优秀民营企业”“重庆市数字化车间”“重庆市绿色工厂”“涪陵区工业企业综合十强”和“涪陵区纳税十强”等殊荣。

澳海富春山居项目简介

PROJECT BRIEF INTRO

⊙ 效果图

澳海富春山居系澳海匠工精作鼎级臻品，有联排合院、洋房、高层以及商业广场多种物业形态满足不同客户群体需求，致力于以匠工精神筑品质臻品，礼献有识之士。

澳海富春山居，位于涪陵新城－玉屏生态宜居区，于长江畔打造约 80 万立方米健康生态城，南瞰长江、近拥滨河保护带，北依约 286 亩铜鼓湖湿地生态公园与约 2289 亩玉屏公园，天然生态鲜氧人居；紧邻南涪高速，东接交通纽带李渡长江大桥，502/503/125/122/123 等多条公交路线，通达出行；近邻公安局、气象局、国税分局、环保局等行政部门；携手国际健康资源及优质合作伙伴，将健康理念全面贯彻，打造世界级全龄友好健康范本；靠近妇幼保健院、中医院、涪陵中心医院李渡分院等三甲医院，全系医疗配套，健康护航；咫尺繁华，近享宝龙广场、百汇广场（建设中）、奥特莱斯广场，加持新区繁华。

澳海富春山居，致力于打造涪陵理想人居典范，树涪城人居新高度，匠筑百余亩纯院社区，3.0 升级智能社区，创新未来生活；择贤邻而居，于鲜氧生活中，际会城市层峰；独立庭院、星空露台，满足优雅人生，礼献尊崇世家。

澳海富春山居，无论是对建筑或是社区运营、配套设施的打造都是大健康生态社区的典范，未来也将大健康生态社区的概念继续贯彻和实施，成为健康美好生活新标杆。

⊙ 效果图

重庆市吉力建设集团有限公司

路沿街日景透视图

不忘初心牢记使命主题教育

党日活动缅怀先烈

吉力爱心助学

健身运动会

重庆市吉力建设集团有限公司，位于重庆市涪陵区滨江路港航大厦，于2010年成立集团公司，涉及建筑施工、园林景观、商贸物流、设备租赁、劳务输出等多个领域、多元化发展的综合性企业。

集团公司已通过GB/T19001—2016、GB/T50430—2007质量管理、GB/T24001—2016环境管理、GB/T28001—2011职业健康安全管理等体系认证，具有建筑工程施工总承包壹级、市政公用工程施工总承包壹级、建筑装修装饰工程专业承包壹级、机电工程施工总承包贰级、防水防腐保温工程专业承包贰级、钢结构工程专业承包贰级、建筑幕墙工程专业承包贰级、电子与智能化工程专业承包贰级、消防设施工程专业承包贰级、公路工程施工总承包叁级、水利水电工程施工总承包叁级、河湖整治工程专业承包叁级、环保工程专业承包叁级、古建筑工程专业承包叁级、城市园林绿化等资质。

集团公司技术力量雄厚，施工经验丰富，经营管理科学，具有较强的经济实力，现有各类专业技术人员、经营管理人员和各类持证上岗人员，以及各种工程机械、设备，完全能满足各类工程施工的需要，具备城市商住小区综合开发建设的能力。所建的各类工程合格率达100%，并创建了一大批优良、精品工程，多项工程荣获“三峡杯”“楚天杯”“涪州杯”“隆中杯”等优质工程奖。

集团公司被重庆市人民政府评选为市民营企业五十强，被重庆市工商联、市经信委联合评选为重庆民营100强，被中共重庆市委组织部评选为重庆市“两新”组织党建工作“示范党组织”，荣获市AAA诚信建筑业企业、区建筑业十强企业、劳动保障守法诚信合格企业等多项荣誉称号。

集团公司一贯秉承重信、守义、优质、高效理念，坚持强化现代化管理，以打造公司品牌为目标，为推动经济发展、构建和谐社会不懈努力，愿与各界朋友真诚合作，携手共创美好未来。

集团宗旨：质量为先 信誉为荣

集团精神：开拓创新 追求卓越

集团经营理念：立足重庆 面向全国

北坪村安置房

正宇精神：注重细节、严守承诺、执行到位、精诚团结

经营理念：思想开放、技术创新、工作高效、体现价值

正宇方针：人才战略、专业品质、诚信经营、百年正宇

重庆市正宇集团有限公司

重庆市质检总站来公司调研

董事长　薛丹华

召开年度工作总结表彰大会

重庆市正宇混凝土有限责任公司成立于2008年8月8日，法定代表人薛丹华，注册资金5000万元整，位于重庆市涪陵区红星居委9组98号，占地面积25.7亩。2013年8月8日成立集团公司，注册资金1.36亿元。公司涉及领域有：混凝土生产、销售；预拌砂浆生产、销售；运输、矿业、投资、旅游、地产、商贸等。集团下设重庆市正宇混凝土有限责任公司、重庆市正宇混凝土有限责任公司武陵山分公司、重庆市正宇混凝土有限责任公司清溪预拌混凝土分公司、重庆正尚运输有限公司、重庆市正宇混凝土有限责任公司采石场、重庆市宇恒汽车修理有限责任公司、重庆市一洣商贸有限责任公司、重庆市正宇投资控股有限公司。现公司固定资产1.5亿元，年产值达7.6亿元，年实现税收2700万元。

重庆市正宇混凝土有限责任公司拥有5条混凝土生产线（型号：H180），年设计生产能力350万立方米，2个千吨级工艺水池，生产工艺控制采用全软件计算机配料，自动化程度高；双道砂石分离机设备五套、零排量污水处理系统1套、专项实验室。矿山年设计生产450万立方米砂、石材料，2条生产线设备，运输设备罐车88台（三一重工），拖泵（电、柴）10台，车载泵9台（三一重工），臂架泵52米、48米、46米、37米共10台（三一重工），砂、石材料运输车45辆，挖机7台，装载机8台（50型）。后勤保障有：办公用车30台，职工专用及交通班车21台，200T柴油加油站一个，生产用电配置3950千瓦。行政办公大楼、生产指挥中心大楼、运输公司办公大楼、实验楼、职工宿舍楼共计7815平方米，生产车间用房14326平方米。集团公司员工537人，其中有中、高级工程师35人，助理工程师55人，中、高职称的专业技术人员占公司员工总人数68%以上。

专项力学实验室

专项检测实验室

新型材料A8砂浆生产基地

混凝土生产基地

集团公司办公大楼

重庆升信置业有限公司

区委书记周少政一行在董事长吴晓勇陪同下调研CBD

区人大常委会主任李景耀一行在董事长吴晓勇陪同下调研CBD

重庆升信置业有限公司成立于2011年9月，按照区委区政府安排，作为中央商务区的业主，由重庆市涪陵国有资产投资经营集团有限公司和重庆市涪陵区新城区开发（集团）有限公司合资组建的房地产开发公司。注册资金贰亿元，经营房地产开发、销售、建设管理、土地整治、自有物业出租、出售、建筑材料销售、项目投资与投资管理、酒店管理业务。

目前公司主业开发的是中央商务区核心区的开发建设、销售、招商、管理。按照公建先行（统一打造）、择优招商的原则统筹推进CBD整体项目建设的原则，将涪陵新区中央商务区重点打造为集商务商贸、娱乐休闲、会展服务为一体的区域性核心商业功能组团和未来的城市形象门户。项目位于新城区太白大道以东、聚龙大道以南、兰馨路以西、馨苑路以北，占地256亩，总建筑面积100万平方米（商务45万平方米、商业12万平方米、公寓13万平方米，地下建筑30万平方米），总投资约35亿元。按照一轴（核心景观轴）、两环（地面和地下交通环道）、三区（核心商务、活力商业区、高档居住区）进行总体布局。

涪陵新城区中央商务区CBD鸟瞰图

升信·星辰中心5#公寓楼盘大开盘

销售员为顾客介绍楼盘情况

买房卖房 腾宇帮忙！

腾宇
TENGYU ESTATE

公司简介

重庆腾宇置业顾问有限公司是一家从事房屋置换、房地产项目策划、楼盘代理、居间代理、代办交易手续、房地产信息、咨询服务等业务的综合性服务型企业；公司成立于2007年6月，经过多年发展腾宇先后获得“房地产中介A级资质”“重庆市房地产经纪行业AAA级资质信用机构” “消费者信得过企业”“涪陵区诚信消费倡导单位”等荣誉称号。公司总部位于重庆市涪陵区泽胜中央广场A幢30楼，截止目前已在重庆市江北区、渝北区、渝中区、九龙坡区、南岸区及涪陵区开设直营连锁门店60余家，旗下员工超过500人。

腾宇抗疫捐赠

腾宇户外拓展

腾宇党支部

重庆泰升生态农业发展有限公司

重庆泰升生态农业发展有限公司成立于2008年，注册资金2200万元，现有资产10069余万元，是重庆市农业产业化市级龙头企业、重庆市农业综合开发重点龙头企业、涪陵区农业产业化经营十强龙头企业，泰升牌活体猪获中国知名品牌，“泰升”商标被认定为中国驰名商标，“姚式”牌腌腊制品生产所采用的“涪州腌腊肉传统制作技艺”被录入涪陵区第三批（2015年4月）、重庆市第五批（2016年6月）非物质文化遗产名录，公司被命名为“重庆市第三批非物质文化遗产生产性保护示范基地”（2017年11月）。公司主要从事生猪和水产养殖、蔬菜和柑桔种植、腌腊制品加工、商超配送经营和休闲观光农业开发，为地方农业农村经济发展做出了应有的贡献。

公司在珍溪镇刘家村、观将村、东桥村各建有一个生猪养殖场，年出栏生猪规模达5万余头，现存栏母猪1500多头（其中泰升牌黑土猪母猪200多头），常年出栏肥猪3万头（其中泰升牌黑土猪4000头）、仔猪2万头。

公司在珍溪镇东桥村（沿江）和武陵山乡金子山村（高山）建有蔬菜生产基地1000余亩，被重庆市农委认定为“无公害蔬菜产地”，黄瓜、丝瓜、苦瓜、番茄、豇豆、茄子等多个品种被认定为“无公害农产品”，其中，黄瓜、苦瓜、茄子三个品种荣获“2018年度重庆名牌农产品”。在东桥村，公司建设的高标准优质柑橘果园占地面积近800亩，其中涪陵沃柑种植面积达500亩。

公司在珍溪镇刘家村建成了年生产能力500吨的腌腊制品加工厂，传承的“涪州腌腊肉传统制作技艺”被录入重庆市非物质文化遗产名录，所生产的“姚式”牌老腊肉、香肠等产品已通过QS质量安全认证，风味独特，很受消费者欢迎，央视一套《生活早参考》、北京电视台《年货来了》等栏目作了专题报道。

2020年2月捐赠新鲜柑橘慰问援鄂医护人员家属

2020年2月向湖北省人民政府捐款抗击新冠肺炎疫情

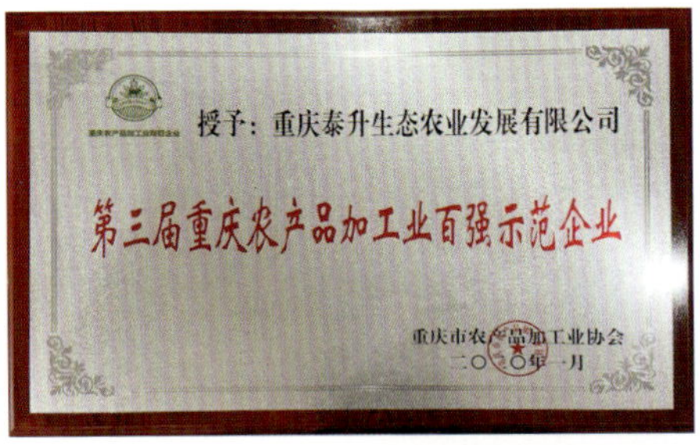

公司在涪陵城区开设有泰升·涪陵特色农产品直销中心春江花月店以及武陵山乡金子山店共2个超市，营业面积2000多平方米；同时，还为涪陵20多家机关及企事业单位食堂配送直供各类食材；运用多样化销售模式，淘宝、微盟旺铺同步上线营业，宣传和销售涪陵特色农产品。

重庆泰升生态农业发展有限公司作为重庆市农业产业化市级龙头企业，也是涪陵沃柑产业的领头人。在20世纪70 年代，涪陵沃柑产业已有所发展，2006年起，涪陵区先后在“重庆市百万吨柑桔产业化项目”“绿化长江经果林项目”“沿江高速公路涪陵段晚熟柑桔基地建设项目”的支持下，发展涪陵沃柑产业，其中重庆泰升生态农业发展有限公司是涪陵沃柑的主要生产者，对涪陵沃柑的发展以及品质的规范做出了较大的贡献，同时也带动了当地特色农业的发展。涪陵区69.2% 的乡镇（街道）均有涪陵沃柑种植，栽培面积占全区总耕地面积的13%。涪陵沃柑属于晚熟型的杂交柑橘品种，系“坦普尔”橘橙与“丹西”红橘杂交种，在涪陵区培育和生长的涪陵沃柑具有长势旺盛、冬季果实落地少、挂果能力强、挂果采收期长的特点，果实的VC含量高。在春节前后上市，错开了与其他品种的上市时间，重庆泰升生态农业发展有限公司在涪陵沃柑上市期间积极推动其外销工作，同时，涪陵沃柑以其皮薄汁多、外观饱满且口感较好也深受顾客的喜爱，因此价格好、销量高。每到上市的季节，消费者争相采购。

现在涪陵沃柑已成为涪陵区第一大水果产业，并以晚熟为特色。在珍溪镇东桥村，公司依托已建成的高标准优质涪陵沃柑果园，整合运营多年的无公害蔬菜基地、生态养殖场等产业资源，配套建设休闲垂钓山坪塘、观光长廊、阳光餐厅等基础设施，打造的“泰升现代农业休闲观光示范园”，是一个以果（柑橘）菜（榨菜）优质高产栽培、种苗繁育、畜禽养殖、循环农业、技术示范、培训推广、旅游度假为一体的多功能现代农业休闲观光园区，是实施农业产业结构调整以及一二三产业融合发展的示范基地，对涪陵沃柑规模的增长以及当地的经济发展起到了较大的促进作用。公司在武陵山乡金子山村建设的高山纳凉避暑山庄，也是践行乡村振兴战略的有力举措。未来公司拟利用拥有50年承包经营权的21.5千米长江支流碧溪河流域的自然生态景观，完善旅游设施，打造融休闲观光、采摘体验、品果赏花、休闲垂钓、度假娱乐为一体的乡村生态旅游景区。

2020年2月，为抗击新冠肺炎疫情，公司董事长姚成岚带领全体员工向湖北省人民政府捐款125670元（其中：公司捐款10万元，技术总监姚德平捐款1万元，董事长姚成岚捐款1万元，公司员工捐款5670元）。

重庆海源物业管理有限公司

重庆海源物业管理有限公司成立于1998年，经过20余年的发展，已由传统物业服务劳动密集型企业向社区资源多元化、智能化运营升级转型。海源物业搭建“社区O2O”商业服务平台，涉足了社区文化教育、社区商业贸易、社区旅游服务、社区物业保值增值、社区园林绿化、社区劳务输出和家政服务等延伸产业链，正围绕“智慧物业”“互联网+物业”、商学院、社区康养等新型业态发展。

2020年5月13日，中国指数研究院、中国房地产TOP10研究组隆重举办了“2020中国物业服务百强企业研究成果发布会暨第十三届中国物业服务百强企业家峰会”。研究组运用科学的因子分析法，从管理规模、经营绩效、服务质量、发展潜力和社会责任等方面对中国优秀物业服务企业进行系统研究，形成2020中国物业服务百强企业研究成果。会上，重庆海源物业管理有限公司凭借优异的表现获得“2020中国物业服务百强企业”50强殊荣，这已是自2017年以来连续第四次获此奖项。

一直以来，海源物业将品质作为服务的基础，努力实现“具有管家责任感的贴心品质服务”。海源物业的“至尊海源”国际化管家体系、10s服务体系、三标一体化管理体系，关注业主生活的每处角落，让业主体验源自内心的无微不至。

TOP50强！这就是重庆海源物业，新的起点，新的挑战！在董事长张峪的带领下，海源必将越走越远，用真诚拥抱业主的每一个梦想。

技能大赛

颁奖仪式

重庆华峰新

区委书记周少政调研重庆华峰疫情防控情况

重庆市经信委党组书记、主任陈金山调研重庆华峰

涪陵区、华峰集团战略合作十周年庆暨项目签约仪式

重庆华峰新材料产业园（简称“重庆华峰”）是中国500强企业华峰集团2010年在重庆白涛工业园区开始投资建设的产业园，占地4000亩，员工5000余人。产业园主要生产聚氨酯新材料及原料，以及铝热传输复合材料，现有华峰化工、华峰氨纶、华峰铝业、华峰新材料、华峰研究院、华峰聚酰胺等6家独立法人公司入驻。产业园规划建设115万吨己二酸项目、20万吨环己酮项目、30万吨尼龙66一体化项目、16万吨差别化氨纶项目、20万吨聚氨酯树脂项目、50万吨铝热传输复合材料项目和相关配套项目。目前，产业园已拥有年产75万吨己二酸、20万吨环己酮、5万吨己二腈和5万吨己二胺、11万吨差别化氨纶、15万吨聚氨酯树脂、20万吨铝热传输复合材料生产能力，建成全球最大己二酸生产企业和全球最大氨纶生产基地。2019年，重庆华峰实现产值138.35亿元，同比增长17%，出口创汇9.97亿元，实现税收3.76亿元。“十四五”期间，重庆华峰聚氨酯和聚酰胺产业链基本形成，产值有望超过300亿元，利税达50亿元，解决就业6000余人。

重庆华峰化工有限公司于2010年6月成立，注册资本12.03亿元，总投资120亿元，占地2600亩，现有员工2200余人，是重庆市100强企业、涪陵区综合10强企业、涪陵区优秀民营企业、涪陵区守合同重信用企业、银行AA级信用企业和涪陵区A级纳税企业，公司目前已建成75万吨己二酸生产装置，系全球最大的己二酸生产企业，获工信部“单项冠军产品”、重庆市“智能工厂”及重庆市和中国石化联合会“绿色工厂”等荣誉。

公司专注于己二酸系列产品的研发、生产和销售。产品已远销韩国、日本、印度、土耳其、俄罗斯、马来西亚、德国、巴西等几十个国家或地区。己二酸产品是环保型基础化学原料，系无毒无味的白色结晶体，广泛应用于国民生活中，是尼龙66纤维及工程塑料、聚氨酯泡沫、合成革（PU）、合成橡胶等主要原料，可作为食品酸化剂、酯类增塑剂和纺织品处理剂，以及用于医药、农药、香料、粘合剂与助焊剂等生产，是建设未来美好新生活必不可少的中间体材料。

公司在快速发展的同时，还充分重视技术创新和环境保护工作，目前公司成功创建市级企业技术中心，申请国家专利42项，获得授权专利